Katrin Marx-Rajal • Will ich, was ich werden will?

Katrin Marx-Rajal

Will ich, was ich werden will?

Der andere Einblick in die Berufswelt

Leykam

© by Leykam Buchverlagsgesellschaft m.b.H. Nfg. & Co KG, Graz 2013

Covergestaltung: Atelier Am Stein
Lektorat: Mag. Dorothea Forster
Satz: Strobl, Satz·Grafik·Design, Neunkirchen
ISBN 978-3-7011-7806-3
Gesamtherstellung: Leykam Buchverlag
www.leykamverlag.at

Inhalt

VORWORT 9

BAUWESEN 11
Architekt 11
Bauingenieur 15
Baumeister 19
Bauprojektmanager 22
Bautechniker („HTL-Ingenieur") 25

BERATUNG / BÜRO / KUNDEN-BETREUUNG / VERKAUF 29
Buchhändler 29
Callcenter-Agent 33
Immobilienmakler 36
Personalberater 40
Reisebüroassistent 44
Unternehmensberater 48
Verkäufer 52
Versicherungsberater 57

DESIGN / GESTALTUNG 60
Grafiker 60
Modedesigner 63
Schmuckdesigner 67

FINANZEN 71
Bankangestellter 71
Buchhalter 77
Fondsmanager 80
Steuerberater / Wirtschaftsprüfer (Wirtschaftstreuhänder) 83
Vermögensberater (Finanzberater) 87

GASTRONOMIE / HOTEL 91
Gastronom / Gastwirt 91
Kellner 95
Koch 100
Rezeptionist 104

GESETZ / RECHT ... 109
Jurist / Unternehmensjurist ... 109
Notar ... 113
Rechtsanwalt ... 117
Richter ... 122
Staatsanwalt ... 127

HANDWERK ... 132
Elektriker ... 132
Florist ... 135
Friseur ... 138
Kfz-Techniker (früher: Kfz-Mechaniker) ... 141
Kosmetiker ... 145
Rauchfangkehrer ... 149
Tischler ... 151

IT ... 155
Anwendungsprogrammierer / Softwareentwickler ... 156
Datenbankadministrator ... 159
Datenbankentwickler ... 162
IT-Projektmanager / IT-Projektleiter ... 164
Netzwerktechniker / Systemadministrator ... 167

KINDER / AUSBILDUNG ... 173
Kindergärtnerin ... 173
Lehrer ... 175

KULTUR / KUNST ... 179
DJ ... 179
Fotograf ... 183
Galerist / Kunsthändler ... 186
Künstler – Maler ... 190
Künstler – Musiker (Instrumentalist) ... 192
Künstler – Musiker (Sänger) ... 196
Schauspieler ... 202
Zauberer ... 206

MARKETING / PR / WERBUNG ... 210
Creative Director ... 210
Eventmanager ... 214
Kontakter ... 217
Marketingleiter / Marketingassistent ... 220
Mediaplaner ... 224

PR-Berater 227
Werbetexter 230

MEDIZIN / GESUNDHEITSWESEN / SOZIALES **234**
Aerobic-Trainer 234
Apotheker 237
Arzt 241
Arzt im Krankenhaus 243
Praktischer Arzt 247
Fitnesstrainer 251
Gerichtsmediziner 254
Hebamme 258
Krankenschwester / Krankenpfleger 261
Notarzt bei der Rettung 265
Pflegehelfer 269
Physiotherapeut 272
Psychiater 275
Psychologe 278
Psychotherapeut 282
Sozialarbeiter 285

NATUR / UMWELT / TIER **290**
Förster / Forstwirt 290
Kulturtechniker 293
Landschaftsplaner / Landschaftsarchitekt 296
Landwirt 299
Tierarzt 301

SICHERHEIT / ZIVILSCHUTZ **306**
Berufsfeuerwehrmann 306
Kriminalbeamter 309
Polizist 313

SONSTIGES **318**
Berufsdetektiv 318
Croupier 321
Historiker 323
Model 326
Modelbooker 329
Pilot 332
Profifußballer 336
Steward / Stewardess 340

TECHNIK **345**
Elektroniker. 345
Elektrotechniker. 347
Maschinenbautechniker 349
Ziviltechniker 353

ZEITUNG / RADIO / TV / FILM **354**
Filmproduzent 354
Redakteur / Journalist 357
Regisseur 361

QUELLEN **366**

STICHWORTVERZEICHNIS **367**

Vorwort

Soll ich den Job wechseln oder nicht? Ich würde gerne etwas anderes machen, aber was? Was erwartet mich in dem Job, den ich für mich gewählt habe? Was kommt auf mich zu? Oder überhaupt: Was soll aus mir werden?

Das Problem ist, dass man üblicherweise wenig Einblick in die Berufe erhält. Unsere Vorstellungen sind von Idealbildern eines Jobs, beispielsweise aus TV-Serien, geprägt, die uns einen Beruf ergreifen lassen, der eigentlich gar nicht zu uns passt oder den wir uns anders vorgestellt haben. Eine falsche Berufswahl führt zu Unzufriedenheit und nicht selten zu dem Entschluss, den Job zu wechseln und sich neu – möglicherweise vollkommen anders – zu orientieren. Nur, wer sagt uns, dass wir dieses Mal die richtige Entscheidung treffen?

Die Idee zu diesem Buch entstand vor dem Hintergrund, dass heute kaum jemand mehr mit seinem einmal gewählten Beruf in Pension geht und Job-Hopper, Unzufriedene, Unschlüssige oder überhaupt junge Leute (Berufseinsteiger) vorweg einen „echten" Einblick in die infrage kommenden Berufe benötigen, um eine reale Einschätzung dessen, was sie erwartet, vornehmen zu können.

Aufschluss über den Alltag, die Realität im Job, können diejenigen geben, die in dem jeweiligen Beruf tätig sind. Wie kommt man zu den Informationen? Man redet mit den Leuten über ihren Beruf. Und genau das habe ich getan: Meine Tätigkeit bestand darin, 100 Berufe unterschiedlicher Branchen auszuwählen und über 300 Leute zu verschiedensten Aspekten ihres Arbeitsalltags zu interviewen. Das heißt, hinsichtlich jedes einzelnen Berufes habe ich mit mehreren Leuten gesprochen, um eine gewisse Streuung zu erreichen, und zwar mit Selbstständigen, Unselbstständigen, Leuten am Land, in der Stadt, in großen und kleinen Unternehmen. Darunter waren auch Prominente und bereits national/international bekannte Berufsträger, die wissen, wovon sie reden. Das war konkret bei den Berufen Modedesigner, Regisseur, Filmproduzent, Profifußballer, DJ, Musiker und Schauspieler der Fall.

Das Ergebnis dieser Interviews in Schriftform ist dieses Buch – es enthält Erfahrungsberichte und bietet einen Einblick in verschiedenste, größtenteils „gängige" Berufe aus der Sicht von Arbeitnehmern und Selbstständigen. Damit erheben diese Ausführungen auch keinen Anspruch auf Richtigkeit und Vollständigkeit. Sie beruhen auf den Erfahrungen meiner Interviewpartner und spiegeln deren subjektive Meinung wider.

Dazu kommen noch Angaben über die Verdienstmöglichkeiten, die Chancen am Arbeitsmarkt und die Ausbildung, wobei diesbezügliche Informationen auch aus Quellen außerhalb der Interviews stammen.

Diese Zusammenstellung bietet Ihnen die Möglichkeit, Berufe hautnah kennenzulernen und aus erster Quelle Informationen über eine Vielzahl von beruflichen Tätigkeiten zu erhalten.

Die Berufsdefinitionen orientieren sich an den sachlichen Berufsbeschreibungen der Wirtschaftskammer Österreich (WKÖ), veröffentlicht auf der Website der WKÖ http://www.bic.at.

Bauwesen

*Architekt**

Definition:

Architekten entwerfen, planen und schreiben Bauvorhaben aus (zum Beispiel Wohnbauten, Industriegebäude, Bürohäuser). Anschließend überwachen sie die Arbeiten am Bau und führen die Kostenabrechnung durch. Für die Entwurfs- und Planungsarbeiten verwenden sie spezielle Planungs- und Designprogramme. Architekten arbeiten in Büros und auf Baustellen mit Bautechnikern, Statikern, Vermessungstechnikern usw. zusammen. Sie haben direkten Kontakt mit ihren Auftraggebern und kooperieren außerdem mit Berufskollegen aus den Bereichen Bau, Bauausstattung und -einrichtung. (Siehe Hinweis am Ende des Vorworts)

Voraussetzungen / Aus- und Weiterbildung:

Der Zugang zum Beruf des Architekten führt über ein Studium an einer technischen Universität oder an einer Meisterklasse für Architektur einer Kunsthochschule. Möglich ist auch ein Fachhochschulstudium für Architektur. Um sich selbstständig zu machen, muss die Ziviltechnikerprüfung abgelegt werden.

Arbeitsalltag / Vor- und Nachteile:

Der Boden der Realität
Viel Geld verdienen, kreativ sein und die Nachwelt mit seinen Bauwerken prägen – das wollen wohl alle, die von einer Karriere als Architekt träumen. Das Studium ist verglichen mit der Praxis oft spannender: Man bekommt Projekte, baut Modelle und hat ausreichend Zeit für eine einzelne Planung. Es gibt folglich wenig Stress oder Druck und man kann der architektonischen Kreativität freien Lauf lassen. Doch die Berufspraxis unterscheidet sich von dieser Studienwelt grundsätzlich und man landet schnell wieder auf dem Boden der Realität: Zum einen sind oft mehrere Projekte parallel zu betreuen und es ist nicht wie

---

* Die verwendeten Berufs- und Personen(gruppen)bezeichnungen sind geschlechtsneutral zu verstehen. Auf die durchgängige Verwendung der weiblichen und der männlichen Form bzw. geschlechtsneutraler Begriffe wurde aus stilistischen Gründen verzichtet.

an der Uni, wo man für nur ein einziges vergleichsweise viel Zeit hat. Zum anderen kann man seine eigenen Ideen nur selten umsetzen: Budget und Vorstellungen des Auftraggebers stecken der eigenen Kreativität enge Grenzen. Nach Abschluss des Studiums ist man noch lange kein „Zampano", aber Absolventen glauben oft genau das. Doch um in diesem Beruf wirklich Großes zu erreichen, ist mehr nötig als Talent. Man muss bereit sein, vieles neben dem Job auf der Strecke zu lassen. Auch ist es realitätsfern zu denken, dass ein Architekt ausschließlich „künstlerisch" tätig ist. Nur etwa 10 Prozent eines Projektentwurfs bestehen aus kreativer Arbeit, der Rest dreht sich um Berechnungen und Zeichnungen erstellen (Ausarbeitung – das kann langwierig und mühsam werden, da Projekte während der Planungsphase für gewöhnlich zigmal geändert werden), Gespräche mit Bauherrn, Ingenieurkonsulenten (Statiker, Bauphysiker, Geophysiker usw.) und Behörden, Überzeugungsarbeit auf der Baustelle (Bauarbeiter müssen motiviert werden) sowie Organisatorisches und Administratives. Viele Details müssen koordiniert werden und man ist mit technischen und wirtschaftlichen (es gibt immer ein Budget) Themen beschäftigt: Welche Art der Konstruktion wird gewählt, wie viele Baufirmen schreibt man an, um Angebote einzuholen, welche Firma bekommt welche Aufträge ... – das sind die Fragen, mit denen man sich befassen muss. Ein Architekt ist zudem in der Regel viel unterwegs: bei Präsentationen, bei Behörden, auf Baustellen, bei Treffen mit dem Bauherrn und Investoren ...

Architekten auf der Baustelle?
Auf der Baustelle werden die Bauarbeiten koordiniert, die Kosten kontrolliert und die Übereinstimmung mit den Plänen wird überprüft („örtliche Bauaufsicht"). Doch nicht jeder Architekt übt diese Art der Tätigkeit aus. Es kann nämlich auch vorkommen, dass diese Arbeit von „externen" Architekten, Baumeistern oder „HTL-Ingenieuren" *(siehe auch Bautechniker)* übernommen wird. In kleineren Büros ist es eher üblich, dass man ein Projekt von A bis Z betreut und auch auf Baustellen eingesetzt wird. In größeren Büros aber werden die Aufgaben meist verteilt: So gibt es beispielsweise die Entwurfsarchitekten, die für Wettbewerbe arbeiten und kaum je eine Baustelle sehen, oder die Ausführungsarchitekten, die für die „technischen" Zeichnungen (Polier- und Detailpläne) zuständig sind. Letztere arbeiten den Entwurf aus, sodass dieser auf der Baustelle umgesetzt werden kann. Als „Projektleiter" begleitet man ein Projekt meist von Anfang bis Ende, leitet es bürointern, ist Ansprechpartner nach außen und nimmt an den wöchentlichen Baubesprechungen teil – als örtliche Bauaufsicht oder als „künstlerische Oberleitung". Bis dahin ist es aber ein großer Schritt – es dauert in der Regel vier bis fünf Jahre, bis man mit dieser Aufgabe betraut wird.

Der raue Wind auf der Baustelle
Auf der Baustelle wird man täglich mit den unterschiedlichsten Problemen konfrontiert und es herrschen dort wahrlich andere „Gesetze": Es gibt nichts, was es nicht gibt. Man muss sehr bestimmt sein und sich dem Ton „am Bau" anpassen. Mit „bitte" kommt man nicht sehr weit – nur mit „Das wird gemacht, und zwar jetzt". Ein Architekt muss mit Leuten „können" und auch fähig sein, Handwerker direkt von der Baustelle weg zu entlassen, wenn es nicht anders geht. Vor allem als Frau muss man sich durchsetzen, um nicht als „das Pupperl" zu gelten.

Profilierungssucht, persönliche und fachliche Konkurrenz
Jeder (insbesondere Bauingenieure) möchte mitreden und sich hervorheben beziehungsweise durchsetzen, wenn es darum geht, eine Entscheidung zu treffen oder etwas besser zu machen. Dazu kommt die persönliche (nicht fachliche) Konkurrenz zwischen den Bauingenieuren und den Architekten. Architekten werden angefeindet: Sie dürfen gestalten und der Name des Architekten(-teams), und nicht jener des Bauingenieurs, wird an erster Stelle genannt, wenn über das Gebäude berichtet wird. Die Ingenieure fühlen sich daher vielfach untergeordnet – so entstehen Feindbilder, was dazu führt, dass den Architekten oft massive Widerstände entgegengebracht werden. Damit muss man klarkommen. Viele scheitern an diesen Gegebenheiten.

Fachliche Konkurrenz gibt es zwischen den Architekten und den Baumeistern („gewerberechtliche Architekten"). Letztere dürfen nicht nur planen, sondern das Gebäude auch errichten, was Architekten nicht erlaubt ist. Die Konkurrenz spielt sich allerdings eher bei der Planung und Errichtung von Einfamilienhäusern auf dem Land ab. Denn vor allem dort beauftragen die Leute lieber den Baumeister als den „teuren" Architekten. Der Baumeister kann dem Kunden zudem noch genau sagen, was das Haus kostet: Er setzt den Bau um und schätzt daher selbst den Aufwand, die Baukosten, die Arbeitsstunden usw.

Der Architekt ist schuld!
Planungsfehler sind peinlich, passieren aber manchmal, weil man eben nicht nur ein einziges Projekt betreut und zudem meistens unter Zeitdruck steht. Wenn beim Errichten des Gebäudes etwas schiefgeht, wird gestritten und die Schuldzuweisung trifft oft als Erstes den Architekten. Es beginnt der Streit darüber, wer die Mehrkosten trägt – die Baufirma weigert sich, der Bauherr auch. Hat der Architekt erwiesenermaßen den Fehler zu verantworten, kann er sich nicht „rausreden": Aufgrund der Kosten, die für die Behebung des Fehlers aufgewendet werden müssen, kann der Schaden genau beziffert werden. Als Architekt wird man oft in Streitigkeiten mit hineingezogen, so gut kann man seine Arbeit gar nicht machen. Kommt die Klärung einer Streitfrage vor Gericht, vertritt der Richter sehr oft die Meinung, dass der Architekt den Fehler „hätte sehen können". Damit ist man in der Haftung. Zwar besteht eine Haftpflichtversicherung, aber auch die kann den Vertrag nach einem Haftungsfall kündigen oder die Versicherungsbeiträge erhöhen. Also alles in allem sehr unangenehm.

Arbeitszeiten sind familienfeindlich
Ein 9-to-5-Job ist dieser Beruf nicht, in den meisten Büros sind Arbeitszeiten bis 20 Uhr durchaus üblich, und wenn man irgendwelche Termine (zum Beispiel Abgabetermine) einhalten muss, kann es auch später werden. Grundsätzlich gilt: In Büros mit „tollem Namen" ist mit Sicherheit viel zu tun (und die Bezahlung ist nicht einmal so toll, weil die Posten dort begehrt sind). Aber auch in den kleineren Büros ist es nicht unbedingt ruhiger: Hat man dort ein größeres Projekt, ist es stressig, weil es nicht genug Mitarbeiter gibt, die Entlastung schaffen könnten. In manchen Büros ist es ein unausgesprochenes Gesetz, dass die Architekten, die an einem Wettbewerb arbeiten, die letzte Nacht vor dem Abgabetermin durcharbeiten. Hat man als Architekt die Bauaufsicht auf der Baustelle über, ist man eben-

falls immer unter Zeitdruck – Termine (zum Beispiel Fertigstellungstermine) müssen eingehalten werden. Hinzu kommt, dass die Baustellen oft weiter weg sind und es möglich ist, dass man monate-, manchmal sogar jahrelang mehrmals pro Woche Hunderte Kilometer hin- und zurückfahren muss.

Generell ist ein Architekt wenig zu Hause und viel unterwegs – oft auch noch abends mit dem Bauherrn und/oder dem Baustellenteam zur „notgedrungenen" Geselligkeit.

Als Frau und Mutter hat man es nicht einfach: Büros, die Mitarbeiter halbtags ins Team holen, sind sehr, sehr rar gesät, da aufgrund der Termine Teilzeitregelungen nur schwer umsetzbar sind und dieser Beruf grundsätzlich Flexibilität erfordert. Frauen werden nicht zuletzt aus diesem Grund nicht so gerne beschäftigt.

Finanzieller Aspekt / Chancen am Arbeitsmarkt:

90 Prozent der Architekten verdienen nicht mehr als circa 32.000 Euro brutto im Jahr für 50 Stunden und mehr in der Woche, Architektinnen meist noch weniger als ihre männlichen Kollegen. Die Einkommensschere zwischen den „Stars" und den „normalen" Architekten ist sehr groß. Es gibt nur sehr wenige, die wirklich gut verdienen, der Durchschnitt bekommt weniger Geld als ein Bauingenieur. Viele Architekten um die 35 satteln daher um und wechseln zu Baufirmen oder in ein Amt, weil sie dort ein höheres Gehalt bekommen.

Besonders schlecht ist die Lage für freie Dienstnehmer in einem Architekturbüro: Ist die Auftragslage schlecht, hat man nichts zu tun und bekommt kein Geld.

Wenn man nicht schon während des Studiums gearbeitet hat, ist es nicht so einfach, einen Job in einem Architekturbüro zu bekommen. Die meisten Büros verlangen Erfahrung, die man nach der Uni ohne entsprechende Praktika nicht vorweisen kann. Findet man einen Arbeitsplatz, ist es in der Regel so, dass man nicht angestellt, sondern als freier Dienstnehmer oder Werkvertragsnehmer herangezogen wird und außerdem seine Befugnis zum Architekten nicht ausübt, weshalb diese damit „ruhend" gestellt ist. Das ist Usus und nichts Besonderes: In den meisten Büros gibt es nur einen einzigen Architekten mit „aufrechter Befugnis" als eingetragener Ziviltechniker (er unterschreibt dann die Einreichpläne und haftet im Rahmen seiner Befugnis). Dies deshalb, weil an die Architektenkammer sehr hohe Beiträge zu bezahlen sind.

Ein eigenes Büro zu führen – alleine oder im Team – ist hart. Gerade junge Architekten bieten ihre Arbeitsleistung meist unterpreisig an, um an Aufträge zu gelangen. Unterm Strich arbeitet man daher oft – mehr oder weniger – gratis. Man braucht Referenzen, muss also „gute" Projekte vorweisen können, um weitere Aufträge zu bekommen. Viele Büros klammern sich daher an Wettbewerbe, die eine Möglichkeit darstellen, sich zu profilieren. Aber: Die Teilnahme an Wettbewerben erfordert oft bereits spezielle Empfehlungen, ist eine zeitliche Belastung und es gibt Büros, die nie gewinnen. Als Architekt ist es auch wichtig, intensives „Networking" zu betreiben. Kennt man Bauträger, Investoren, Immobilienentwickler usw., erhöhen sich die Chancen, Aufträge zu bekommen.

Resümee:

Ein großer Nachteil ist die verhältnismäßig schlechte Bezahlung, die man als junger Architekt vielleicht noch eher hinnimmt. Die seltene Freizeit und die zunehmende „Klagefreudigkeit" der Bauherrn sowie die Frustration, die einen packt, wenn Projekte nicht – wie ursprünglich geplant – umgesetzt werden, können einem diesen Job zusätzlich vermiesen. Architektinnen sind von der chauvinistischen Baubranche und Unvereinbarkeit des Berufs mit einem Familienleben genervt. Der Beruf kann aber auch extrem viel Spaß machen, weil man im Team zusammenarbeitet: Das Endergebnis lässt sich nur gemeinsam mit dem Bauherrn, den Baufirmen und den Ingenieurkonsulenten erzielen. Toll an dem Beruf ist, am Ende vor einem „sichtbaren" Ergebnis zu stehen – dem fertigen Bauwerk. Das bietet unbeschreibliche Erfolgserlebnisse.

Bauingenieur

Definition:

Bauingenieure planen, konzipieren, konstruieren und berechnen den Bau von größeren Einzelbauwerken oder Bauwerksgruppen nach den Vorgaben der dafür zuständigen Architekten. In diesem Zusammenhang werden auch Fragen des technischen Umweltschutzes, beispielsweise lärmtechnische Maßnahmen und Schadstoffuntersuchungen, behandelt. Bauingenieure verwenden dafür computergestützte Programme, sie arbeiten mit Raumplanern, Geologen, Statikern usw. zusammen und stehen in Kontakt mit ihren Auftraggebern und Vertretern der Behörden. (Siehe Hinweis am Ende des Vorworts)

Voraussetzungen / Aus- und Weiterbildung:

Der Zugang zum Beruf des Bauingenieurs führt nach der Matura über ein Studium an einer technischen Universität oder Fachhochschule. Der Abschlusstitel des „Dipl.-Ing." wurde vom Bachelor bzw. Master abgelöst.

Im dritten und letzten Abschnitt der Studienrichtung Bauingenieurwesen an der TU hat man sich zu spezialisieren und zwei der angebotenen Gebiete zu wählen. Das können beispielsweise konstruktiver Ingenieurbau (Statik), konstruktiver Erd- und Tiefbau, Baukonstruktion, Tunnel- und Hohlraumbau, Ressourcenbewirtschaftung, Baubetrieb und Bauwirtschaft oder konstruktiver Wasserbau sein, um nur einige Gebiete zu nennen.

Der Vollständigkeit halber: Beim Wasserbau (zum Beispiel Kraftwerksbau, Fließgewässerregulierung) kommt es zu Überschneidungen mit den Landschaftsplanern und den Kulturtechnikern, die an der BOKU studiert haben.

Das Arbeitsgebiet eines Bauingenieurs (beispielsweise bei einer Baufirma) kann die Bauleitung oder die Statik umfassen. Nach dreijähriger Berufspraxis besteht die Möglichkeit, die Ziviltechnikerprüfung zu absolvieren und als Bauingenieur selbstständig zu arbeiten. Aber Achtung: Die Spezialisierung bestimmt das Tätigkeitsfeld; nicht jeder Bauingenieur plant Brücken und Kraftwerke, nicht jeder Bauingenieur ist Statiker und nicht jeder Bauingenieur erstellt Schalungs- und Bewehrungspläne.

Das in der Öffentlichkeit oft angesprochene mathematische Können ist zwar grundlegend gefordert, wird aber in vielen Bereichen nicht in allzu hohem Maße verlangt.

Arbeitsalltag / Vor- und Nachteile:

Was unterscheidet die Bauingenieure von den Architekten?
Die Unterschiede sind sogar wesentlich. Vereinfacht gesagt, sind Bauingenieure mehr für die statische und konstruktive und Architekten für die „künstlerische" Planung zuständig. Bei einem Hochbau (Haus, Industriegebäude, Wohnungen und Ähnliches) liefert der Architekt den Entwurf, den Einreich- und den Polierplan (Konzept, das auf der Baustelle verwendet wird und nach dem gearbeitet wird). Dabei plant der Architekt bis ins kleinste Detail. Als Bauingenieur hingegen berechnet man zum Beispiel, wie stark die Decke sein muss, wo die Decke einen Knick macht, wie stark die Eisenstreben sein müssen und wo sie in welchen Abständen zu verlegen sind: Man erstellt den sogenannten Schalungs- und Bewehrungsplan (auf Grundlage der Berechnungen des Baustatikers, der zumeist auch Bauingenieur ist). Auf der Baustelle werden sowohl der Polierplan des Architekten als auch der Schalungs- und Bewehrungsplan des Bauingenieurs gebraucht. Bauingenieure sind allerdings dann für die gesamte Konstruktion (und damit auch Planung) zuständig, wenn es um die Errichtung von Brücken, Kraftwerken, Eisenbahnbauten, Straßen und Ähnlichem geht. Architekten (wenn überhaupt) werden dabei lediglich fürs „Behübschen" herangezogen. Als Bauaufsicht (die Aufsicht vor Ort auf der Baustelle, also die Bauleitung) können bei Gebäuden Architekten oder Bauingenieure fungieren, meist sind es jedoch die Architekten. Bei Kraftwerken, Brücken usw. sind es hingegen die Bauingenieure. Kurzum, je konstruktiver der Bau und je mehr Projektmanagement auf der Baustelle gefragt ist, desto eher sind es die Bauingenieure, die für die Aufsicht zuständig sind.

Ist das Bauvorhaben statisch überhaupt möglich?
Dabei handelt es sich um eine wesentliche Vorfrage, mit der man sich als Baustatiker (der, wie bereits erwähnt, auch meist Bauingenieur ist) beschäftigt. Man berechnet, wie die Kräfte abgeleitet werden müssen, damit der Bau „hält". Je nach Bauphase unterscheidet man die Vorentwurfs-, die Einreich- und die Ausführungsstatik, man liefert nicht nur Berechnungen für Neubauten, sondern wird auch bei Umbauten, Durchbrüchen, Dachgeschoßausbauten usw. beigezogen. Je nachdem erbringt man „lediglich" den Nachweis für die Tragfähigkeit, das heißt dafür, dass das Bauvorhaben statisch in Ordnung ist (zum Beispiel, dass der Dachstuhl bei einem Dachgeschoßausbau bleiben kann, wie er ist) oder aber berechnet die Statik neu (zum Beispiel: Das Dach muss teilweise gestützt oder gehoben und die Schalung neu gemacht werden, weil zusätzliches Gewicht anfällt). Ebenfalls vom Statiker wird vor Ort auf der Baustelle überwacht und kontrolliert, ob die Bauausführung mit der berechneten Statik übereinstimmt; ob beispielsweise die Profile passen, ob die Stahlstreben entsprechend eingebaut wurden und Ähnliches. Es geht darum, konstruktive Bauteile, die ja später nicht mehr sichtbar sind, zu kontrollieren. Das Mühsamste dabei ist, dass oft unter Zeitdruck

Aussagen getroffen werden müssen: Es kommt vor, dass ein Architekt noch schnell Angaben über zum Beispiel eine Sicherheitsfrage braucht – statische Berechnungen sind jedoch komplex und es gibt viele Faktoren, die man berücksichtigen muss; ein Rechenfehler oder Annahmen, die nicht der Realität entsprechen, haben weitreichende Folgen.

Die Beziehung zwischen Bauingenieur (Statiker) und Architekten
Da mangelt es immer wieder an gegenseitigem Verständnis. Architekten wollen aus optischen Gründen oft komplizierte Vorgehensweisen, obwohl es auch einfacher ginge: Möchte ein Architekt an einer bestimmten Stelle keine Stütze, weil sie ihm dort nicht gefällt, dann wird der Statiker höchstwahrscheinlich eine andere Möglichkeit finden, dem Bauwerk trotzdem die nötige Tragfähigkeit zu verleihen. Er kann es nur oft nicht verstehen, weil „es auch einfacher geht".

Nicht vermeidbare Konfrontationen
Ist der Bauingenieur wegen der örtlichen Bauaufsicht vor Ort, kontrolliert er die Arbeiten auf dem Bau, insbesondere, ob sie den Plänen entsprechend ausgeführt werden, und/oder er hat die Bau- und Projektleitung über und koordiniert damit die gesamte Abwicklung und Durchführung der Errichtung des Gebäudes. Auf einer Baustelle jedenfalls gibt es immer Reibereien. Bauarbeiter, die nicht so arbeiten, wie man das möchte, Baufirmen, die unvollständig oder falsch liefern, usw. Wichtig ist es, nicht persönlich zu werden (der Ton kann ganz schön rau sein) und auch die Auseinandersetzungen nicht auf sich zu beziehen. Man agiert zwar „hart" – gemeint ist, man macht seinen Standpunkt klar – schafft es aber immer, dass keiner auf den anderen „böse ist" und man zwei Stunden später gemeinsam ein Bier trinken gehen kann. Man muss in dem Job „gut mit Menschen können", weil man ja auf der Baustelle ständig mit Leuten zu tun hat. So muss man die Bauarbeiter motivieren, auch weiterzuarbeiten, wenn das Wetter schlecht ist. Oder dem Bauherren (das ist derjenige, für den gebaut wird) klarmachen, dass der Bauablauf nicht immer so verläuft, wie geplant. Wichtig ist das Teamwork auf der Baustelle. Das Team aus Bauleiter (Projektleiter), Abschnittsbauleiter, Techniker, Polieren und Vorarbeitern muss gut zusammenarbeiten.

Nicht nur auf der Baustelle
Viel Zeit verbringt man auch mit Baubesprechungen oder bei Terminen mit Behörden. Mühsam ist, dass bei umfangreicheren Projekten E-Mails von allen Seiten kommen – so viele Infos und auch Belangloses werden elektronisch an alle Beteiligten verschickt. Früher war das anders: Man hat geredet und nicht jeden Tag Briefe gesendet.

Termine und Geld – Hauptprobleme
Der Investor möchte schnellstmöglich vermieten und so sein investiertes Geld zurückbekommen, deshalb soll der Bau schnell fertig werden; oft fehlt das Verständnis, dass es nicht schneller geht, denn Zeitverzögerungen gibt es immer. Geld ist ein Problem, wenn die Kostenschätzung nicht eingehalten werden kann.

Verdrängungswettbewerb
Immer mehr Billiganbieter aus dem Osten drängen auf den Markt. Um Kosten zu sparen, lassen manche Ingenieure unter Umständen die Schalungs- und Bewehrungspläne in Ungarn, in der Slowakei usw. zeichnen, wo es billig vonstattengeht und alles per Mausklick geschickt wird. Mit diesen Preisen kann man kaum mithalten.

Wie kommt man zu den Aufträgen? Wie schwierig ist es, in der Branche als Selbstständiger Fuß zu fassen?
Einfach ist es nicht. Eine Möglichkeit ist, über eine Baufirma Aufträge zu erhalten. Ein Netzwerk und gute Beziehungen machen das Akquirieren von Aufträgen leichter. Oder man hat Kontakte zu Architekten; dann könnte man von diesen mit der Erstellung der Schalungs- und Bewehrungspläne oder auch mit der Bauleitung (örtlichen Bauaufsicht) beauftragt werden. Daneben kann man auch über öffentliche Ausschreibungen Aufträge (zum Beispiel von Bund, Ländern oder Gemeinden) ergattern – der Beste (meist der Billigste) bekommt den Auftrag. Schwierig ist Letzteres für „Einmannbüros", weil diese kaum die Voraussetzungen erfüllen können. So wird zum Beispiel verlangt, bereits ein Projekt über beispielsweise 50 Millionen geleitet zu haben. Ein Einmannunternehmer kann solche Referenzen kaum vorweisen.

Angestellter Bauingenieur?
Ziviltechniker, die Bauingenieure nach der Ziviltechnikerprüfung sind, dürfen nicht angestellt sein; eine Ausnahme besteht nur für die Tätigkeit als Lehrbeauftragter, das heißt, wenn man an der Uni, FH, HTL usw. unterrichtet. Allerdings muss man die Befugnis zum Ziviltechniker nicht aktiv ausüben; ist die Befugnis „ruhend" gestellt, kann man auch im Angestelltenverhältnis arbeiten, zum Beispiel in einem Architektur- oder in einem anderen Ziviltechnikerbüro (meistens ist man aber nicht angestellt, sondern als freier Mitarbeiter tätig) – das ist natürlich auch ohne Ziviltechnikerprüfung möglich – als Bauingenieur nach Abschluss des Studiums (das machen auch viele so).

Zeiteinteilung
Als Selbstständiger ist man in seiner Zeiteinteilung frei. Ein Gutachten beispielsweise kann man auch am Wochenende oder abends schreiben – das muss nicht um 10 Uhr vormittags sein. Damit hat es sich schon mit der freien Zeiteinteilung, weil viel Zeit, die man einteilen könnte, bleibt nicht übrig. Grundsätzlich ist das kein Job, bei dem man um 17 Uhr nach Hause gehen kann, außer man legt keinen Wert darauf, in der Hierarchie aufzusteigen, Karriere zu machen. Arbeitet man beispielsweise als angestellter Techniker für einen österreichischen Baukonzern auf Baustellen, kann das eine Arbeitszeit von halb sechs Uhr früh bis neun Uhr abends oder länger bedeuten. Es heißt, bei jedem Wetter und zu jeder Uhrzeit auf die Baustelle kommen, wenn ein Problem auftritt, durchaus auch 48 Stunden nonstop.

Wo bleibt das Privatleben?
Es gibt keines, will man wirklich erfolgreich sein und viel Geld verdienen. Man ist sehr oft abends noch unterwegs; geht später noch mit dem Baustellenteam etwas trinken (das

gehört dazu). Es gibt Zeiten, wo man drei bis vier Abende die Woche nicht zu Hause ist und erst um Mitternacht oder später heimkommt. Manchmal sind auch die Baustellen vom Wohnort weit entfernt. Die Statiker, die „nur" die Berechnungen übernehmen und im Büro sitzen, haben hingegen einen sehr geregelten Tagesablauf; diejenigen, die auch für die Ausführungsabnahme auf den Baustellen zuständig sind und dafür dorthin fahren, haben ebenfalls einen eher planbaren Tagesablauf.

Finanzieller Aspekt / Chancen am Arbeitsmarkt:

Das tarifliche Anfangsgehalt in der Bauindustrie beträgt monatlich zwischen 2800 und 3300 Euro brutto. Im Vergleich mit anderen Ingenieurberufen befindet sich der Job eines Bauingenieurs auf den letzten Plätzen der Einkommensliste. Das Gehalt von Frauen liegt mit einem Prozentsatz von ca. 23 unterhalb des Gehalts männlicher Kollegen. Das Einkommen erhöht sich im Allgemeinen bei größeren Betrieben und mit zunehmender Berufserfahrung. Als Selbstständiger hat man mehr Möglichkeiten, man kann sehr viel verdienen. Doch wie gesagt: auf Kosten des Privatlebens und der Freizeit.

Es sind meist weniger gute Bauingenieure verfügbar, als „der Markt" vertragen würde, außerdem ist jeder dritte Bauingenieur über 50 Jahre alt. Viele werden also in den kommenden Jahren in den Ruhestand gehen. Und auch wenn es der Baubranche mal besser und mal schlechter geht: Junge, engagierte Bauingenieure finden, zumindest momentan, ziemlich sicher einen Job.

Resümee:

Vertreter dieses Berufs sagen oft: „Einmal Bauingenieur – immer Bauingenieur"; denn ist man einmal in der Baubranche tätig und fühlt sich wohl darin, bleibt man dabei – trotz der bekannten Vor- und Nachteile in der Branche. Es handelt sich um einen sehr interessanten Beruf, in dem man zwar kaum Zeit für ein Privatleben, dafür einen sehr vielfältigen Arbeitsalltag hat.

Baumeister

Definition:

Baumeister planen, berechnen, leiten und überwachen die Ausführung von Bauprojekten (zum Beispiel Einfamilienhäuser). Sie führen auch Abbrucharbeiten von und an Bauwerken durch, arbeiten in Büros und direkt auf den Baustellen. (Siehe Hinweis am Ende des Vorworts)

Voraussetzungen / Aus- und Weiterbildung:

Baumeister dürfen planen wie ein Architekt und – was ein Architekt nicht darf – auch ausführen. Ihre (Gewerbe-)Berechtigung ist damit umfassend, aber auch schwer zu bekommen. Die genauen Voraussetzungen sind in der sogenannten „Baumeister-Verordnung" geregelt und unterscheiden sich in der verlangten Praxiszeit je nach zurückgelegter Vorbildung. Uniabsolventen (zum Beispiel Architektur, Bauingenieurwesen) müssen lediglich eine dreijährige Praxiszeit nachweisen, HTL-Absolventen eine vierjährige. Das Baumeistergewerbe ist aber auch unter anderem Maurern, Zimmerern oder auch bautechnischen Zeichnern zugänglich; sie benötigen dafür allerdings bereits eine mindestens sechsjährige Praxiszeit. Für alle gilt: Von der vorgeschriebenen Praxisdauer müssen zwei Jahre in leitender Position (Bauleiter oder Polier) nachgewiesen werden. Für einen Maurer reicht es damit nicht, nur als Maurer gearbeitet zu haben. Ist die Praxiszeit absolviert, muss noch die Baumeisterprüfung abgelegt werden. Erst dann bekommt man den Gewerbeschein für das Baumeistergewerbe und kann sich selbstständig machen.

Es gibt aber auch Baumeister, die „nur" planen und nicht ausführen, die also gar nicht um die umfassende Gewerbeberechtigung ansuchen. Oder aber man lässt sich von einer Baufirma anstellen, wenn man nicht selbstständig arbeiten möchte.

Arbeitsalltag / Vor- und Nachteile:

Der Vorteil des Planers
Viele Baumeister bleiben auf der planenden Schiene; der Vorteil daran ist, dass man als Einzelunternehmer arbeiten kann, kein Personal braucht und sich um kein Materiallager kümmern muss.

Ein derartiges Lager ist jedoch auch für planende und ausführende Baumeister nicht zwingend, die Sachen können ebenso gut laufend zugekauft werden – man trifft Vereinbarungen mit Baumärkten, und je kontinuierlicher die Auftragslage wird, desto stärker wird die eigene Verhandlungsposition beim Aushandeln der Konditionen. Das funktioniert aber nur bei einem kleineren Baumeisterunternehmen. Aber: Je kleiner man ist, desto geringer sind die Ressourcen und mit einem Projekt ist man schnell „zu". Ein Annehmen weiterer Projekte parallel dazu ist nicht möglich und „die große Kohle" lässt sich somit auch nicht verdienen. Fakt ist aber auch: Je weniger Leute, desto überschaubarer bleibt die Firmenstruktur und desto abschätzbarer das Risiko. Der „typische" Baumeister übrigens hat eine Firma mit 30 und mehr Mitarbeitern, oft bis zu 300.

In der planenden Funktion – was unterscheidet den Baumeister vom Architekten?
Wieso soll man Architektur studieren, wenn auch ein Baumeister planen darf – und das sogar ohne um die umfassende Gewerbeberechtigung (Planen und Errichten) ansuchen zu müssen? Ein Baumeister darf nur Projekte bis zu einer gewissen Größe planen. Das sind grob gesagt Einfamilienhäuser und „ein bisschen was". Die Planung größerer Projekte – zum Beispiel von Gewerbeimmobilien wie Einkaufszentren – bleibt den Architekten vorbehalten. Daher:

Hauptkunde: der „kleine Häuslbauer" am Land
Die „kleinen Häuslbauer" am Land haben meistens bereits Ideen im Kopf und wissen, wie sie den Bau haben möchten, sie wollen keinen – nach ihrer Meinung teuren – Architekten beauftragen, sie brauchen lediglich jemanden, der die Pläne (oft bereits nach konkreten Vorstellungen) zeichnet und alles einreichfähig macht. Oder sie möchten einen Zubau bzw. Umbau. Auch dann ist es für sie einfacher, einen Baumeister zu beauftragen. Die Leute wissen, dass der Baumeister die erforderlichen Pläne zeichnen, bei der Gemeinde einreichen und die Arbeiten auch gleich ausführen kann. Das ist für sie praktisch, weil sie darauf vertrauen können, dass einer alles für sie koordiniert und erledigt. Dadurch, dass man den Bau auch ausführt, kann man die Kosten genau kalkulieren und dem Kunden vorab eine recht zuverlässige Kosteneinschätzung liefern.

Am Bau ist es grundsätzlich schwierig
Es passiert oft unvorhergesehene Dinge: Mängel und Bauschäden kommen vor, Zeitverzögerungen gibt es immer; abgesehen von Diskussionen mit Handwerkern sind Gespräche mit dem Auftraggeber notwendig, dem erklärt werden muss, wieso manches nicht läuft wie geplant. Dazu kommt noch, dass man Handwerker (Elektriker, Installateure usw.) koordinieren und motivieren muss – auf einem Bau ist man mit vielen Leuten konfrontiert. Wenn man die sogenannte „örtliche Bauaufsicht" überhat (und damit den Architekten ersetzt), muss man stets alles im Auge behalten. Diese Bauaufsicht ist aber erst bei größeren Vorhaben und nicht bei jedem Zu- oder Umbau Voraussetzung. Hat man kleinere Baustellen und ist die örtliche Bauaufsicht offiziell nicht nötig, dann laufen Koordination und Aufsicht mit.

Arbeitszeiten
Wie jeder Beruf, den man als Selbstständiger ausübt, lebt man den Job und arbeitet in der Regel auch am Abend und am Wochenende. Oft haben die Kunden eben nur dann Zeit. Im Winter ist oft „tote Hose", da plant man eher. Im Frühling geht es dann wieder los, dann muss man sich die Wochenenden bewusster freihalten.

Finanzieller Aspekt / Chancen am Arbeitsmarkt:
Reich wird man als „kleiner" Baumeister nicht. Bei der Planung und Ausführung von Einfamilienhäusern ist nicht so viel zu verdienen und der Konkurrenzdruck wird immer größer. Ist man bereits ein viel gefragter „Zampano", beispielsweise in einem Gebiet, wo immer viel zugebaut wird, verdient man recht ordentlich. In kleineren Strukturen ist das Einkommen aber unberechenbarer – es kommt auf die Baustelle an. Nicht zu vergessen, dass die Baubranche konjunkturabhängig ist – geht es den Leuten schlechter, wird weniger gebaut und das spürt der Baumeister.

Ist man bei einer Baufirma beschäftigt, bekommt man ein fixes Honorar.

In der Baubranche ist immer Bewegung, was einen positiven Einfluss auf die Jobaussichten hat. Will man sich selbstständig machen, könnte ein vergangener Konkurs ein Problem sein, nämlich dann, wenn der Konkurs „mangels kostendeckenden Vermögens" nicht eröffnet werden konnte und drei Jahre noch nicht vergangen sind.

Resümee:

Als Baumeister ist man nicht automatisch auf der Baustelle und als „Ausführender" tätig. Man kann auch „nur" planen, was viele in diesem Beruf machen. Ansonsten gilt für den (auch ausführenden) Baumeister das für die Baubranche Gesagte: Am Bau gibt es immer Probleme, nie läuft alles ab, wie geplant, die Errichtung eines Gebäudes ist ein Zusammenspiel vieler dort Werkender. Aber wenn man eine Affinität zur Baubranche hat, kommt man nicht mehr los davon.

Bauprojektmanager

Definition:

Der Projektleiter ist für die operative Planung und Steuerung des Projektes, in diesem Fall für das Bauvorhaben, zuständig. Er trägt die Verantwortung für das Erreichen von Sach-, Termin- und Kostenzielen im Rahmen der Projektdurchführung. Im Bereich der Planung legt er Ziele sowie benötige Ressourcen für deren Erreichung fest. Er übernimmt die Projektdefinition, -organisation, -planung und -dokumentation sowie das Projektcontrolling, die Kommunikation, das Umfeldmanagement und die Mitarbeiterführung. (Siehe Hinweis am Ende des Vorworts)

Voraussetzungen / Aus- und Weiterbildung:

Entweder man hat eine bautechnische Ausbildung *(siehe Bautechniker, „HTL-Ingenieur")* oder man besucht ein Projektmanagement-Seminar. Zusätzlich ist es möglich, den postgradualen Lehrgang „Bauprojektmanagement" zu absolvieren *(www.archingakademie.at)*. Man kann aber auch von seiner Arbeit bei einer Baufirma und/oder in einem Architekturbüro, in dem man sich bereits in Richtung Projektmanagement entwickelt, ins Bauprojektmanagement umzuschwenken. Die Zugangsmöglichkeiten zu diesem Beruf sind vielseitig.

Arbeitsalltag / Vor- und Nachteile:

Wozu „braucht" man einen Bauprojektmanger?
Geht es auch ohne? Ja, das tut es, und insbesondere bei kleineren Bauvorhaben (privates Hausbauen) wird auf oft darauf verzichtet. Die Frage ist, will man verzichten? Im Grunde wird ein Bauprojektmanager geschätzt und es ist bei Bauvorhaben – insbesondere bei größeren Projekten – schon eher die Regel beziehungsweise in bestimmten Fällen sogar vorgeschrieben, einen solchen einzusetzen. Die Projekte reichen dabei vom Wohnungs- oder Dachgeschossumbau über Sanierungen von Baudenkmälern bis hin zur Errichtung von Gewerbeimmobilien, Wohnhausanlagen, Hotels, Fabriken, Produktionsstätten, Lager- und Ausstellungshallen usw. Ein Bauprojektmanager spart demjenigen, der das Bauvorhaben in Auftrag gibt, Zeit und

Geld: Er überwacht und koordiniert die Umsetzung eines Bauvorhabens, steuert das gesamte Projekt und trägt insbesondere dafür Sorge, dass die Leistungen zur richtigen Zeit in der vereinbarten Qualität und zum besten Preis erbracht werden. Unter Umständen schafft man es, die Kosten bis zu 10 Prozent zu minimieren. Er kontrolliert, ob die Kosten im Rahmen bleiben. Wenn keine „Instanz" da ist, die den Überblick über ein Projekt bewahrt und die Leistungen und deren Abfolge überwacht beziehungsweise managt, würde jeder machen, was er will. Dem Fliesenleger ist es zum Beispiel egal, was der Elektriker wann macht, nur für das Projekt macht es einen Unterschied. An einer Bauausführung sind verschiedene „Akteure" beteiligt: Architekten, Baufirmen, Handwerker, Bauingenieure, gegebenenfalls Statiker und Bauphysiker. Es macht Sinn, deren Leistungen aufeinander abzustimmen beziehungsweise zu koordinieren. Daneben kümmert man sich um die wirtschaftliche Seite: Der Architekt ist ein Künstler; er kümmert sich nicht darum, was es kostet, das Bauvorhaben umzusetzen – dafür ist der Projektmanager da. Dieser erstellt Kostenschätzungen, holt Angebote von Baufirmen ein, vergleicht sie und sucht nach dem günstigsten Angebot; er verhandelt mit Banken auch die Finanzierungen aus. Punkt ist: Je besser das Projekt vorbereitet wird, desto ökonomischer kann es umgesetzt werden. Das meiste Geld geht verloren, weil/wenn keiner da ist, der diese verschiedenen Bereiche aufeinander abstimmt.

Alles im Griff! (?)
Beim Bauen gibt es mehrere Seiten: die technische, die wirtschaftliche, die finanzielle und die rechtliche. Wird ein Architekt mit der Planung für ein Haus beauftragt, der Plan bei der Baubehörde eingereicht und lehnt die Behörde die Bewilligung ab, weil die entsprechende (Bau)Widmung im Flächenwidmungsplan fehlt – dabei hapert es an einer rechtlichen Voraussetzung –, gehen Geld (der Architekt muss trotzdem bezahlt werden) und Zeit (im Worst Case muss ein neuer Baugrund gesucht werden) verloren. Diesen Aufwand muss man als Bauprojektmanager vermeiden; man muss alle Bereiche im Griff haben – gerät eine Seite aus dem Ruder, kostet das Projekt mehr Geld.

Die Idee am Anfang – die Verwertung am Ende
Manch ein Bauprojektmanager ist auch im „Entwicklungsmanagement" tätig: Ein Grundstückseigentümer möchte zum Beispiel Vorschläge hören, wie er sein Grundstück optimal nutzen könnte. Als Projektmanager entwickelt man Ideen, arbeitet ein Konzept aus (beispielsweise die Errichtung eines Einkaufszentrums) und wenn es dem Grundstückseigentümer gefällt, betreut man das Projekt die ganze Zeit hindurch: angefangen von der Finanzierung über die Planungs- und Ausführungsphase bis hin zur Unterfertigung der – um beim Einkaufszentrum zu bleiben – Mietverträge. Hat man aktuell keine Projekte laufen, kann man auch Ideen für Projekte entwickeln, die man dann bei Bedarf eventuell später tatsächlich umsetzt.

Erfahrung und Learning by doing!
Vieles kommt mit der Erfahrung. Der „perfekte" Bauprojektmanager ist man nicht mit Abschluss der Ausbildung. Man lernt bei jedem Projekt wieder etwas dazu. Jeder macht Fehler oder denkt sich im Nachhinein, was er besser machen hätte können. Was man seinen Kunden als Bauprojektmanager anbietet, ist genau diese Erfahrung.

Jeder möchte sich darstellen

Viel zu viele Leute reden bei einem Bauvorhaben mit. Das ist insbesondere dann störend, wenn die Mitredenden keine Ahnung vom Fach haben. Zum Beispiel bei Bauprojekten auf Gemeindeebene, also dem (Um-)Bau von Schulen, Kindergärten, Veranstaltungsräumlichkeiten usw. Mühsam kann es nämlich werden, wenn die Gemeinderatsmitglieder aktiv Ideen einbringen, Vorschläge machen und Änderungen fordern, hauptsächlich, um sich zu profilieren. Aber nicht nur im Vorfeld, sondern auch auf der Baustelle möchte jeder mitmischen. Spannungen zwischen Architekten, Bautechnikern und Baufirmen sind Alltag. Im Schnitt fährt man ein bis zwei Mal in der Woche auf die Baustelle, kontrolliert den Baufortschritt und versammelt alle Beteiligten zu einer Baubesprechung, in der der alles Nötige diskutiert wird.

Fehlende Handschlagqualität

Vor 20 Jahren haben sich bei Bauvorhaben alle zusammengesetzt und vereinbart, wie es weitergeht – und jeder hat sich daran gehalten. Heute setzt man sich oft nicht mehr zusammen, um Probleme und Lösungen zu besprechen. Die Situation hat sich dahingehend geändert, dass die Beteiligten misstrauischer geworden sind, alles hinterfragen und den Haken suchen („Der andere will mich linken"). Dadurch ist das Arbeiten schwieriger geworden. Aufs Geld hat man früher auch geschaut, nur haben alle Beteiligten an einem Strang gezogen – jeder bekam ein Stück vom Kuchen. Heute will jeder alles, die Leute sind gierig und streiten. Und sehr schnell werden Rechtsanwälte beigezogen. Das trägt aber nicht primär zur Streitschlichtung bei, sondern führt dazu, dass die Dinge noch länger dauern und teurer werden. Wird dann wegen einer mangelhaften Ausführung ums Geld gestritten, ist das (auch) für den Projektmanager mühsam: Man muss auf sein Honorar warten, denn Akonti (Vorauszahlungen) sind im Baugeschäft nicht üblich. Bezahlt wird nach Erbringung der Leistung.

Die Bonität eines Selbstständigen

Man könnte als Projektmanager auch angestellt in einem Ziviltechnikerbüro arbeiten, viele machen sich aber selbstständig. Besonders schwierig ist es am Beginn dieser Selbstständigkeit: Die eigene Bonität sackt schlagartig auf null ab. Man steht vor der Situation, dass man Startkapital bräuchte, um die Anlaufkosten zu decken und sein Leben/seine Ausgaben vorzufinanzieren, bekommt von der Bank aber keinen Kredit. Es gibt oft monatelange „Leerläufe", was die Zahlungseingänge auf dem eigenen Konto betrifft – man wird ja erst nach Abschluss des Projekts bezahlt. Aber auch später machen diverse Wirtschaftskrisen das Berufsleben schwierig. Nicht zu vergessen, dass die Baubranche eine konjunkturabhängige ist: Geht es der Wirtschaft schlecht, wird weniger gebaut; das wiederum bedeutet weniger Aufträge für die Projektmanager beziehungsweise überhaupt für alle, die mit Planen, Bauen & Co ihr Geld verdienen.

Finanzieller Aspekt / Chancen am Arbeitsmarkt:

Ein Projektmanager verdient im Durchschnitt 4.000 Euro brutto im Monat, doch wie in allen anderen Bereichen dieser Branche hängt der Verdienst vom Projekt und der Auftragslage ab.

Die Chancen am Arbeitsmarkt stehen ebenso in Zusammenhang mit der Auftragslage, doch an und für sich sind Bauprojektmanager sehr gefragt.

Auch hier gilt für die Selbstständigen: Networking ist sehr wichtig, um zu Aufträgen zu kommen. Wenn man aber schon einige berufliche Stationen hinter sich hat und in dem Business „drinnen" ist, hat man wichtige Kontakte schon nebenbei aufgebaut.

Resümee:

Kein Tag gleicht dem anderen und man lernt nie aus. Die meisten Bauprojektmanager möchten nicht ausschließlich auf der Baustelle oder ausschließlich im Büro arbeiten – sie brauchen die Abwechslung und Vielfältigkeit, die dieser Beruf bietet. Wenn man von den Handicaps absieht, welche die Zusammenarbeit mit so vielen verschiedenen Menschen, auf die man im Laufe eines Projekts trifft, mit sich bringt, ist es ein toller Job – mit überdurchschnittlich gutem Verdienst.

Bautechniker („HTL-Ingenieur")

Definition:

Wenn in der Baubranche von „Bautechnikern" die Rede ist, sind meistens die „HTL-Ingenieure" gemeint, also jene, die einen HTL-Abschluss haben. Den Ingenieurtitel bekommt man nach drei Jahren einschlägiger Praxis, die nach dem Abschluss zu absolvieren sind, verliehen; macht man die Diplomprüfung, wird man Diplom-Ingenieur.

Auch „Bauingenieure" sind Techniker. Sie haben auf der Technischen Universität studiert, aber dennoch sagt man nicht „Bautechniker", sondern „Bauingenieur" zu ihnen. Umgekehrt sind die „HTL-Ingenieure" Ingenieure und dennoch sagt man nicht „Bauingenieur" zu ihnen, sondern Bautechniker oder entsprechend ihrer Spezialisierung zum Beispiel Hochbautechniker oder Tiefbautechniker.

Klingt verwirrend, ist es auch – also kurz: Bautechniker waren auf der HTL, Bauingenieure haben einen Uni-Abschluss. (Siehe Hinweis am Ende des Vorworts)

Voraussetzungen / Aus- und Weiterbildung:

Siehe Bauingenieur + Definition von Bautechnikern.
Mögliche Betätigung auch als Bauprojektmanager *(siehe dort)*.

Arbeitsalltag / Vor- und Nachteile:

„Mehr dürfen" als ein Architekt oder Bauingenieur?
Bautechniker dürfen ein Gebäude nicht planen, weder konstruktiv statisch wie der Bau-

ingenieur noch künstlerisch wie der Architekt – genauer gesagt, sie haben keine Befugnis, die Pläne in ihrem Namen bei der Behörde, die ja die Bauausführung bewilligen muss, einzureichen: „Bauvorlageberechtigt" sind nur die Architekten und die Bauingenieure mit Ziviltechnikerprüfung *(siehe Ziviltechniker)*. Ein anderes Thema ist, was sie leisten: Viele können planen, arbeiten auch in Ziviltechnikerbüros bei Architekten oder Bauingenieuren und erstellen Pläne. Eingereicht werden die Pläne im Namen des Ziviltechnikers, der auch die Verantwortung für Fehler in der Planung trägt.

Legt ein Bautechniker allerdings die Baumeisterprüfung ab, darf er planen wie ein Architekt und die Pläne im eigenen Namen bei der Baubehörde einreichen. Hier herrscht somit zwischen den Architekten und Bautechnikern (mit Baumeisterprüfung) echte Konkurrenz. Als Baumeister darf er dann sogar – was Bauingenieure und Architekten gleichermaßen nicht dürfen – einen Bau ausführen, sprich: das Gebäude errichten. Wichtig: Für die Prüfung zum Baumeister ist Voraussetzung, dass man gewisse Zeit bei einem Baumeister beziehungsweise in leitender Position gearbeitet hat *(siehe Baumeister)*.

Was macht ein Bautechniker?
Man arbeitet zum Beispiel bei einer Baufirma, ist dort als Techniker oder Bauleiter angestellt, in einem technischen Büro oder Ziviltechnikerbüro bei einem Architekten oder Bauingenieur, oder man ist selbstständig, hat sein eigenes technisches Büro und kann unterschiedlichste Leistungen anbieten, die mit dem Baugeschehen zu tun haben. Meist machen Bautechniker de facto alles, was bei der Errichtung eines Baus anfällt – mit Ausnahme der Ausführung. Sie beraten denjenigen, für den der Bau errichtet wird – den Bauherrn – und vertreten dessen Interessen. Ihre Leistungen gehen auch in den Bereich des Projektmanagements hinein *(siehe Projektmanager/Bauwesen)*. Man ermittelt, was die Errichtung des Gebäudes kosten wird (berechnet das Material und die Arbeitsstunden), kontrolliert Abrechnungen, überwacht die Bautätigkeiten, koordiniert die auf der Baustelle erbrachten Leistungen und kontrolliert dann auch, ob die Leistungen ordnungsgemäß erbracht wurden. Teilweise gibt es keine strikte Trennung der einzelnen Tätigkeitsbereiche – manche Aufgaben können und dürfen Bauingenieure, Baumeister und Bautechniker gleichermaßen erledigen; größtenteils arbeiten sie nebeneinander.

Man plant und berechnet Bau- und Sanierungsmaßnahmen, wobei damit gemeint ist, dass man die Aus- und Durchführung plant, und nicht, dass man den (Architekten-)Plan zeichnet. Ein Aufgabenbereich kann auch das Erstellen von Leistungsverzeichnissen sein. Das ist zum Beispiel dann notwendig, wenn der Bauherr den besten Anbieter unter den Baufirmen finden will. Es wird festgehalten, welche Baumaterialien in welchem Umfang erforderlich sind; man legt die technischen Vorgaben fest, berechnet beispielsweise, wie viele Kubikmeter Beton gebraucht werden. Man holt aufgrund dieses Leistungsverzeichnisses Angebote von Baufirmen ein und kann sie miteinander vergleichen. Leistungsverzeichnisse können zwar auch Architekten erstellen, doch diese bieten das zum Teil nicht an: Sie planen lieber und überlassen derartige Aufgaben gerne den Technikern. Daneben bewertet ein Bautechniker auch Liegenschaften und erstellt Gutachten über Baumängel. In der Funktion als Bausachverständiger ist er oft vor Gericht und erklärt dort sein Gutachten.

Bauen heißt „Krieg führen"
Man befindet sich oft im Dauerzoff mit den Baufirmen, mit den Arbeitern, mit der Natur/ dem Wetter, mit den Behörden und mit dem Bauherrn (das ist derjenige, für den gebaut wird). Auf der Baustelle muss man sich durchsetzen, die Arbeiten werden nicht erledigt, nur weil man es will. Ausführende Handwerker kommen unpünktlich, sind betrunken, arbeiten schlampig – das sind die Alltagsdinge, die einen ärgern. Wenn etwas schiefläuft (ins Haus regnet es zum Beispiel an einer Stelle hinein, weil jemand schlampig gearbeitet hat), dann wird man zur (Mit-)Verantwortung gezogen und zur Kasse gebeten (beziehungsweise die Haftpflichtversicherung). Findet sich keine andere Lösung, sieht man sich vor Gericht wieder. So etwas lässt sich nicht vermeiden – man kann nicht jedem Arbeiter auf die Finger schauen. Oder ein Investor lässt ein Bürogebäude errichten und die Mieter bleiben aus – auch dieser findet im Bautechniker neben dem Architekten einen Schuldigen: Warum wurde das so und nicht anders gemacht? Man trägt also stets die Last der Unzufriedenheit der Kunden.

Bewegen und verändern
Das ist das Schöne an dem Beruf. Mit der Errichtung eines Gebäudes bewegt sich etwas und es ist toll, wenn man an einem Bauwerk vorbeifährt, dessen Errichtung man (mit)koordiniert hat. Der Beruf wird nicht langweilig – ständig steht man vor neuen Situationen, kein Bauvorhaben gleicht dem anderen. Selbst wenn man die Errichtung gleicher Häuser koordinieren würde: Man hat ständig mit verschiedenen Arbeitern zu tun und es ergeben sich jeweils andere Probleme.

Wie kommt man zu Aufträgen?
Das ist dieselbe Frage wie bei den Bauingenieuren und dieselbe Antwort: Es ist sehr schwierig und Aufträge akquirieren liegt auch nicht jedem. Gerade im planenden und koordinierenden Bereich ist es nicht einfach, weil der Markt überfüllt ist. Wer vergibt einem „Namenlosen", der noch keine Referenzen hat, Aufträge? Als Neueinsteiger kann man aber noch über keine Referenzen verfügen … Die Katze beißt sich in den Schwanz.

Zeitmanagement
Für viele Angestellte klingt es gut, selbstständig zu sein, weil man sich seine Zeit frei einteilen kann. Das stimmt, aber man ist noch mehr gezwungen, nicht auf die Uhr zu schauen. Man hat im Bauwesen grundsätzlich immer Arbeitszeiten mit „open end". Will man super verdienen, ist das mit viel Arbeit verbunden. Will man auch noch ein Privatleben haben, braucht man einen verständnisvollen Partner an seiner Seite.

Finanzieller Aspekt / Chancen am Arbeitsmarkt:
Das Einstiegsgehalt liegt bei durchschnittlich 2.300 Euro brutto im Monat je nach Aufgabengebiet. Ein Abrechnungstechniker/bautechnischer Zeichner verdient nach einigen Dienstjahren 2.000 Euro brutto, ein Bauleiter mit einigen Jahren Praxis liegt schon zwischen 3.500 und 4.000 Euro brutto.

Wie in den anderen Berufen in der Baubranche hängen die Chancen am Arbeitsmarkt (für den Selbstständigen auch der Verdienst) mit der Auftragslage zusammen.

Resümee:

Teilweise ist es mühsam, weil man immer unter Termin- und Zeitdruck steht und beim Bauen nie alles so abläuft, wie es optimalerweise ablaufen sollte. Und es gibt Dinge, die man vielleicht nicht so gerne erledigt, wie Stundenlisten und Abrechnungen überprüfen, Rechnungen nachkontrollieren usw. Doch es bewegt sich stets etwas, der Beruf wird nie langweilig.

Beratung / Büro / Kundenbetreuung / Verkauf

Buchhändler

Definition:

Buch- und Musikalienhändler handeln mit Büchern, Musikalien und anderen Medien (zum Beispiel CDs, Hörkassetten, Videos, Computersoftware). Sie arbeiten zu einem überwiegenden Teil im Verkauf und beraten und informieren ihre Kunden bei der Auswahl des gewünschten Produkts. Zu ihrem Aufgabenbereich zählen weiters das Bestellen und Präsentieren der Waren, kaufmännische Tätigkeiten (Zahlungen abwickeln, Rechnungen ausstellen) sowie das Durchführen von Werbemaßnahmen usw. Je nach Tätigkeitsbereich hat man Kontakte zu Berufskollegen aus dem Verlags- und Medienwesen (beispielsweise Verlagskaufleute, Mitarbeiter von Bibliotheken). (Siehe Hinweis am Ende des Vorworts)

Voraussetzungen / Aus- und Weiterbildung:

Voraussetzung für die Ausbildung zum Buchhändler ist der Hauptschulabschluss. Allerdings haben die meisten Auszubildenden die Matura. Die Ausbildung dauert drei Jahre. Dabei erwirbt man umfassendes kaufmännisches Wissen, welches mit Kenntnissen der Literatur und Wissen über eine ordentliche Kundenberatung ergänzt wird.

Große Buchhandlungen bieten Möglichkeiten zur Weiterbildung an. Man kann zum Abteilungs- und Filialleiter aufsteigen. In kleineren Läden nicht; dafür wird man zum Beispiel als Urlaubsvertretung eingesetzt, wenn der Chef nicht da ist, oder übernimmt unter Umständen andere verantwortungsvolle Aufgaben.

In diesem Beruf ist lebenslanges Lernen wichtig und notwendig. Denn Sortimente, Trends und Kundenbedürfnisse ändern sich ständig, deshalb gehören Produkt- und Verkaufsschulungen fast schon zum Arbeitsalltag. Außerdem ist die Weiterbildung zum Buchhandelsfachwirt oder zum Vertriebsassistenten möglich.

Arbeitsalltag / Vor- und Nachteile:

Buchhändler sitzen im Geschäft und lesen den ganzen Tag!
Das ist natürlich ein Klischee. Das romantische Bild des Buchhändlers, der in der kleinen Buchhandlung sitzt, umgeben von Büchern, die sich bis zur Decke stapeln, hat wohl in den heutigen Zeiten kaum noch jemand im Kopf; hartnäckiger hält sich die Vorstellung, dass Buchhändler (während der Arbeitszeit) Zeit zum Lesen haben. Obwohl, wenn man (bewusst) überlegen würde und sich das Geschehen in einer Buchhandlung vorstellt, wird schnell klar, dass es sich auch dabei um eine Fehleinschätzung handelt. Ein anderes, richtigeres Bild entsteht wahrscheinlich: Buchhändler sind Verkäufer ... Man ist im Handel tätig – was die Berufsbezeichnung bereits aussagt. Man verkauft und berät, wie es eben Aufgabe eines Verkäufers ist.

Wonach „verlangt" das Produkt Buch?
Klar, der interessierte (!) Buchhändler ist belesen. Man sollte laufend einen Überblick über Neuerscheinungen haben; man liest daher Rezensionen und Verlagsvorschauen und möglichst viele Bücher. Der Vorteil einer „echten" Buchhandlung im Vergleich zum Internetbuchhandel liegt in der persönlichen Betreuung und Beratung. Ist Letztere nicht kompetent, gibt es für Kunden keinen Grund mehr, überhaupt in die Buchhandlung zu kommen. Es ist zwar so, dass jeder Begriffe googeln und nach Büchern suchen kann, einige Kunden kommen aber immer noch gerne in die Buchhandlung und lassen sich Vorschläge machen oder fragen Meinungen zu bestimmten Produkten ab. Man freut sich, wenn man einem Kunden das Richtige empfehlen kann – das hat einen ideellen Wert. Es macht Spaß, mit interessierten Käufern zu fachsimpeln. Generell ist es wichtig, informiert zu sein und eine Ahnung vom Tagesgeschehen zu haben – kommt man mit Kunden über das Beratungsgespräch hinaus ins Plaudern, macht man keinen guten Eindruck, wenn man ungebildet wirkt. Es kommt aber darauf an, welcher Art die Buchhandlung ist, in der ein Buchhändler arbeitet. In einer Handelskette kommt er selten zum Fachsimpeln. Dort ist die Erwartungshaltung der Kunden nicht so ausgeprägt. Die potentiellen Käufer erwarten sich hier vor allem ein riesen Angebot und niedrigere Preise.

Auf Menschen zugehen – oder geht es anders auch?
Nein. Man kann noch so belesen sein und Freude an Büchern haben, wenn man kein Geschick im Umgang mit Menschen hat, wird man den Beruf nicht lange ausüben. Ein Buchhändler hat ständig mit Leuten zu tun – verkaufen und beraten muss ihm liegen. Besitzt man eine kleine Buchhandlung, läuft noch mehr auf persönlicher Basis mit den Kunden ab. Teilweise fühlt man sich dann wie ein Psychologe, die Menschen erzählen sehr viel Persönliches, man wird oft zum Ratgeber in allen Lebenslagen. Einige tun sich mit manchen Kunden anfangs schwer; wenn diese mit der Zeit zu Stammkunden werden, baut man über die Jahre eine Beziehung auf und lernt die Eigenheiten des anderen kennen. Das kann sehr schön sein. Der Beruf ist – auf den Punkt gebracht – intensiv in der Auseinandersetzung mit dem Kunden.

Kisten schleppen – mit Verlagsvertretern verhandeln
Was macht der Buchhändler noch außer Kunden beraten und Bücher verkaufen? Er bestellt Produkte, übernimmt sie (in Kartons) vom Zulieferer und packt sie aus den Schachteln aus, erfasst die gelieferte Ware in der EDV, legt die Rechnungen für denjenigen ab, der für die Überweisung zuständig ist (oder macht das unter Umständen selber – wenn er zum Beispiel selbstständig oder als Angestellter dafür zuständig ist), räumt die Bücher in die Regale, schlichtet im Regal um, sortiert Bücher, die sich nicht verkaufen lassen, aus und schickt sie an den Verlag retour. Bestellungen von Kunden werden nach der EDV-Erfassung ins Abholfach gelegt usw. Die meisten Buchhandlungen gestalten ihre Schaufenster selbst – auch dafür kann man herangezogen werden. Als Geschäftsführer einer (mittelgroßen) Buchhandlung kümmert man sich auch um Personalangelegenheiten und die Haustechnik und hat immer Aufgaben im Kopf: die Neugestaltung/Aktualisierung der Homepage, das Organisieren von Veranstaltungen, Gespräche mit Autoren, um sie für ein Vorlesen in seiner Buchhandlung zu gewinnen usw. Etwa zwei Mal im Jahr kommen übrigens die verschiedenen Verlagsvertreter ins Geschäft, um Neuerscheinungen vorzustellen. Bei kleineren Verlagen kauft man direkt ein – es kommt also kein Verlagsvertreter in den Laden. Man hat meistens ein freundschaftliches (geschäftliches) Verhältnis zu „seinen" Verlagsvertretern – der Einkauf läuft auf einer persönlichen Ebene ab (aufs Aushandeln der Rabatte wird dennoch nicht verzichtet).

Die Buchhandlung – Bibliothek und Selbstbedienungsladen?
Zumindest benehmen sich viele Kunden, als wäre dem so. Es gibt tatsächlich Leute, die Seiten aus Büchern mit ihrem Smartphone, Blackberry & Co fotografieren und nicht einmal auf die Idee kommen, dass das nicht in Ordnung ist. Es gibt keine Hemmschwelle mehr. Spricht man die Leute darauf an, wundern sie sich einfach nur. Das wird nun dem angestellten Buchhändler egal sein, nicht aber dem selbstständigen, der ja davon lebt, seine Bücher zu verkaufen.

Konkurrenz der Ketten und Internetanbieter
Als kleinere bis mittelgroße Buchhandlung spürt man die Konkurrenz der großen Buchhandlungen – der „Ketten". Sie haben ein breites Angebot, sind finanziell stärker und können sich niedrigere Preise leisten. (Sofern das Preisbindungsgesetz das zulässt.) Dazu kommt die Konkurrenz diverser Internetanbieter, die auch die Ketten zu spüren bekommen: Viele Leute bestellen heute online, weil's praktisch ist; man muss sein Haus nicht verlassen und das Buch kommt – meistens noch versandkostenfrei – ins Haus. Und das E-Book? Was, wenn alles nur noch elektronisch läuft? Die Entwicklung des E-Books bleibt abzuwarten, sie ist noch nicht abgeschlossen, hier wird sich noch einiges tun.

Wer liest heute noch?
Man muss sich nur an einem Samstag den Ansturm auf Saturn, Mediamarkt & Co anschauen, dann weiß man, wo die Interessen der Bevölkerung liegen (und das Geld hinfließt). Die Minderheit liest. „Buchmenschen" allerdings schätzen Buchhandlungen und den Beruf des Buchhändlers an sich.

Netzwerke – wichtig für Selbstständige!
Von alleine kommen die Kunden – vor allem in die kleinen und mittelgroßen Buchhandlungen – nicht. Man muss Geschäftsfelder suchen und aufbauen; sich darum bemühen, mögliche Geschäftspartner zu eruieren und kontaktieren. Man sollte Werbungen und Aussendungen hinausschicken oder auf Messen ausstellen – sich Präsenz verschaffen.

Was fordert die Selbstständigkeit?
Das Hauptproblem der Selbstständigkeit ist für niemanden eine große Überraschung: Man ist sehr „angehängt". Zu den ohnehin weitreichenden Öffnungszeiten von Montag bis Samstag kommt hinzu, dass auch vor und nach der Ladenöffnung Dinge zu erledigen sind. Sehr wichtig ist es daher, Angestellte zu finden, die das notwendige Know-how mitbringen, auf die man sich verlassen kann und die gut mit Menschen umgehen können, damit man auch etwas Freizeit gewinnt. Das wirtschaftliche Überleben stellt sich als Herausforderung dar und man ist frustriert, wenn man nicht genug verdient: Es ist hart, sehr viel Arbeit, man trägt das finanzielle Risiko (man kauft die Bücher meist ein) und hofft, dass sie sich verkaufen. Umsatzeinbußen in schwierigen Zeiten sind hinzunehmen und trotzdem müssen Miete, Personal, Steuer, Telefon und neue Bücher bezahlt beziehungsweise eingekauft werden. Das Traurige ist, dass man mit Büchern immer weniger Geschäft macht.

Arbeitszeit und Privatleben
Stresszeiten zu Weihnachten, Arbeitszeiten von Montag bis Samstag. Ist man selbstständig, zieht der Job ins Privatleben ein. Die Arbeitszeiten eines Selbstständigen sind quasi nie 9-to-5.

Finanzieller Aspekt / Chancen am Arbeitsmarkt:

Der größte Nachteil an dem Beruf ist der geringe Verdienst. Man ist im Einzelhandel tätig und jeder weiß, was – will heißen: wie wenig – Verkäufer verdienen: Mehr als 1.800 Euro brutto im Monat sind kaum möglich. Das durchschnittliche Einstiegsgehalt liegt bei 1.500 Euro brutto.

Buchläden, vor allem kleinere Läden, verschwinden immer mehr von der Bildfläche. Vieles wird schnelllebiger, das Umfeld wird flexibler. Der Buchhandel hat durch den medialen Einfluss, durch den Internethandel, durch die großen Ketten gravierende Veränderungen hinnehmen müssen. Wie es weitergeht, kann man nicht abschätzen – das kann wohl (noch) niemand.

Resümee:

Ein wunderschöner Beruf, vor allem für jede „Leseratte", die noch dazu gerne Kontakt mit Menschen hat und diese berät. Leider ist nicht abschätzbar, wohin sich dieser Beruf entwickelt.

Callcenter-Agent

Definition:

Callcenter-Agents (m/w) arbeiten in der Kundenbetreuung von großen Unternehmen des Handels- und Dienstleistungssektors oder von öffentlichen Institutionen. Häufig sind sie das Bindeglied zwischen Kunden und Unternehmen. Sie sitzen am Telefon, erteilen Auskünfte, beraten die Kunden und nehmen Aufträge entgegen. Die Anrufe werden automatisch gereiht und den einzelnen Mitarbeitern zugeteilt. In manchen Unternehmen betreiben die Callcenter-Agents aktiven Telefonverkauf (Telemarketing) oder führen telefonische Umfragen durch (zum Beispiel für Marktforschungsinstitute). Sie arbeiten zusammen mit Berufskollegen in Großräumen mit vielen Telefonarbeitsplätzen. (Siehe Hinweis am Ende des Vorworts)

Voraussetzungen / Aus- und Weiterbildung:

Eine Ausbildung zum Callcenter-Agenten gibt es nicht, eine Vorbildung ist in der Regel nicht erforderlich. Es existieren aber auch Callcenter, die vorab gewisse Ausbildungen verlangen, weil ihre Agents zum Beispiel rechtliches, bankenspezifisches, technisches usw. Wissen haben müssen, um die Fragen beantworten zu können.

Die Leute werden intern geschult. Auch im technischen Support (Kundenbetreuung, technische Beratung) braucht man kein Vorwissen und wird vom Unternehmen auf die Aufgabe vorbereitet. Den Schulungen folgt oft ein Einzelcoaching, außerdem gibt es laufend Kommunikationstrainings und Trainings für Konfliktmanagement.

Die Aus- und Weiterbildungen sind verschieden niveauvoll – klar: Es kommt aufs Unternehmen an. Je nach Struktur des Callcenters ist ein Aufstieg zum Beispiel zum Teamleiter möglich. Eine andere Frage ist aber, ob überhaupt Bedarf gegeben ist – die Teamleiterposten sind meistens langfristig besetzt.

Arbeitsalltag / Vor- und Nachteile:

Furchtbare Arbeitsbedingungen, furchtbarer Job?

Als ich begonnen habe, mich mit dem Beruf des Callcenter-Agents zu beschäftigen, erschien zufällig zeitgleich ein Artikel, der über die schlechten Arbeitsbedingungen in einem namentlich genannten Callcenter berichtete: Die gesetzlich vorgeschriebenen stündlichen Bildschirmpausen von zehn Minuten würden nicht eingehalten; in Spitzenzeiten würde die „Power-hour" ausgerufen, wo im Akkord unter hohem Druck Anrufe entgegenzunehmen sind, um das Service Level zu halten; es würde kontrolliert, wie viele Anrufe ein Agent in der Stunde entgegennimmt; die Häufigkeit der Toilettenbesuche würde dokumentiert; die Bezahlung sei schlecht und Ähnliches.

Vorweg: Die im Artikel beschriebenen Arbeitsbedingungen treffen nicht auf jedes Callcenter schlechthin zu – in den meisten Unternehmen ist das Arbeitsklima o.k. bis nett. In der Callcenter-Agentur, auf den sich der Bericht bezog, wird im Auftrag für andere Firmen telefoniert. Die Agents sind nicht angestellt, sondern arbeiten auf Werkvertragsbasis, was für die Beschäftigten ein weiterer Nachteil ist.

Entspannter geht es mit Sicherheit in einem „Inhouse-Callcenter" zu, also in Callcentern, die vom jeweiligen Unternehmen intern betrieben werden beispielsweise in den Branchen Telekommunikation, Internet, Fernsehen und Media, sowohl im allgemeinen Kundendienst als auch im technischen Support. Sie nehmen Anrufe entgegen („Inbound-Calls") und rufen nicht aktiv Leute an, um Leistungen zu verkaufen oder Umfragen durchzuführen („Outbound-Calls").

Eintönig? Es kommt darauf an, was man daraus macht!

Der Job kann lustig sein, ist dafür, dass man keine Ausbildung haben muss, ganz gut bezahlt, aber mit der Zeit wird er eintönig. Im Grunde betrifft im technischen Support jeder Anruf dasselbe Thema. Als Agent eines Internetunternehmens bekommt man womöglich laufend den Satz „Mein Internet geht nicht" zu hören. Er kann sich ärgern und bemitleiden oder etwas daraus machen, indem er sich denkt, dass jeder Anrufer eine andere Person ist und damit jedes Gespräch anders verläuft. Man hat unter Umständen mit vier bis fünf Problemen zu tun, die sich laufend wiederholen, im Callcenter eines Telekommunikationsunternehmens lauten diese: Kündigung, Tarife, Rechnungen und Roaming-Gebühren. Auf Dauer wird der Job eintönig und die Motivation muss von innen kommen.

Als Nebenjob o.k.

Am besten macht man diesen Beruf Teilzeit. Vollzeit wäre der Job den meisten viel zu anstrengend: Kommunikation ist mühsam, acht Stunden am Tag telefonieren laugt aus, das Telefon läutet ständig ... Und man braucht wirklich sehr viel Geduld, vor allem dann, wenn die Leute unhöflich sind. Selbst wenn man den Job in Teilzeit macht, ist man manchmal nach der Arbeit völlig fertig. Man wird laufend mit Problemen konfrontiert, von den Anrufern vereinnahmt und muss aufpassen, dass man den Frust nicht mit nach Hause nimmt.

Der Stress

Der Agent sieht auf einer Anzeige vor sich, wie viele Anrufer er in der Leitung hat. Stressig ist es im Callcenter eines Telekommunikationsunternehmens insbesondere zu Weihnachten, wenn Aktionen laufen oder ein neuer Tarif auf den Markt kommt. Sieht man 100 wartende Anrufer in der Leitung, hat man nicht die Zeit, aufs Klo zu gehen. Man leistet Akkordarbeit und nimmt einen Anruf nach dem anderen entgegen. Es steht ein „Supervisor" hinter den Agents, der die Arbeit kontrolliert und überprüft, ob sie schnell genug die Anrufe abarbeiten. Diesen Stress haben die Agents im technischen Support anderer Unternehmen nicht: Man hat zum Beispiel die Vorgabe, sieben bis acht Calls pro Stunde zu beantworten, was locker zu schaffen ist. Oft geht es auch mehr um Qualität als um Quantität. Denn gerade im technischen Bereich rufen die Leute abermals an, wenn man sie kurzhält und versucht, sie loszuwerden. Ziel muss sein, ihr technisches Problem zu lösen. Daher kann ein Telefonat je nach Problem bis zu einer halben Stunde dauern. Es gibt zwar monatliche Statistiken über die entgegengenommenen Anrufe beziehungsweise die Wartezeiten der Anrufer, diese haben aber für den Agent keine Konsequenzen. Manchmal erledigt man daneben auch Büroarbeit (gibt Formulare ein) und kann – wenn man Glück hat – auch E-Mail-Dienste übernehmen, also schriftliche Anfragen beantworten. Diese Dienste sind ruhig und sehr beliebt. Den Wunsch, etwas anderes als Telefonieren zu machen, hat jeder Agent einmal. Callcenter-Agent ist aber grundsätzlich ein Job, wo man einen Anruf nach dem anderen annehmen muss. Wenn man darauf nicht eingestellt ist, ist man falsch in dem Beruf.

Multitask-fähig
Man telefoniert und gibt gleichzeitig ins Kundenprofil ein: Warum der Kunde anruft, was er braucht beziehungsweise welcher Art sein Problem ist. Man lernt relativ schnell, zu telefonieren und gleichzeitig zu dokumentieren. Oft hat man nach Beendigung des Telefonats eine automatische Pause von rund 10 Sekunden. Wenn die nicht ausreicht, kann der Agent auf „nicht bereit" drücken und bekommt erst dann den nächsten Anruf durchgestellt, wenn er „bereit" ist. Manchmal sind auch Nacharbeiten erforderlich. Es wird einem aber oft dadurch, dass man gleich nach dem Auflegen den nächsten Anruf entgegennehmen muss, unmöglich gemacht, Dinge gleich zu erledigen. Das erzeugt Stress.

Das Problem sind die Leute, die anrufen!
Sehr viele der Anrufer sind schwer von Begriff, verstehen Antworten nicht oder wollen sie nicht verstehen. Teilweise ist es sehr schwierig, ihnen etwas zu erklären, weil sie die einfachsten Dinge nicht begreifen. Und man ist immer der Buhmann – die Leute, die anrufen, ärgern sich meistens über etwas: Die Rechnung ist falsch oder überhöht, sie haben ein technisches Problem und Ähnliches. Teilweise behandeln die Anrufer den Agenten wie den letzten Dreck. Man wird angeschnauzt, angeschrien und beschimpft. An ihm entlädt sich ihre Wut – man wird oft für ihre Probleme persönlich verantwortlich gemacht. Manche Anrufer, die ein technisches Anliegen haben, sind schon grantig, weil sie bereits im Vorhinein denken, dass man ihnen ohnehin nicht helfen kann. Man hört ihnen zu und lässt sie „runterkommen". Wenn man ihnen allerdings helfen kann, sind sie sehr dankbar. Höflich zu bleiben kann oft eine wahre Herausforderung werden. Das wichtigste Werkzeug eines Agents ist die „Stummtaste": Man schaltet den Kunden weg (beziehungsweise der Kunde hört den Agenten nicht) und man kann dazwischen Dampf ablassen.

Nur abheben?
Wenn man den Job gut machen will, muss man einiges aufweisen können. Hat man eine Position inne, bei der man alle Anfragen hereinbekommt (Rechnungen, Kündigungen usw.), ist ein sehr breit gefächertes Wissen erforderlich. Vor allem bei technischen Anfragen muss man sich gut auskennen. Im Internet beziehungsweise im technischen Support ist zu eruieren, was der Kunde braucht und wo sein Problem liegt, um ihm dann erklären zu können, was zu tun ist – man muss dieselbe Sprache finden. Denn in der Regel rufen Leute ohne technische Vorbildung an. Gerade als „Techniker" ist es eine Herausforderung, dem Kunden technische Dinge so zu erklären, dass er sie versteht.

Arbeitszeiten

Es ist ein Beruf, der super neben anderen Projekten (Studium, Zweitjob etc.) zu machen ist. Es kommt zwar aufs Unternehmen an, wie flexibel man die Arbeitszeiten gestalten kann, grundsätzlich ist es aber kein 9-to-5 Job. Es ist ein Schichtjob, wobei man ein bis zwei Monate vorher seine Wunschdienste für jeweils einen Monat bekannt gibt. Ein „gutes" Unternehmen ist grundsätzlich bemüht, den Wünschen zu entsprechen, soweit das möglich ist. Überstunden? Sind meist freiwillig, werden bezahlt oder als Zeitausgleich abgegolten. Ob man am Wochenende Dienste haben kann, hängt ebenfalls vom Unternehmen ab. Manche Callcenter sind sonntags nicht besetzt, andere sind an 365 Tagen im Jahr in Betrieb.

Finanzieller Aspekt / Chancen am Arbeitsmarkt:

Geht man von einem Vollzeitjob aus, verdient ein Callcenter-Agent durchschnittlich 2.200 Euro brutto im Monat (Einstiegsgehalt im Durchschnitt 1.300 Euro brutto). Je mehr Abend- und Wochenenddienste man macht, desto höher wird das Gehalt, es kann auf bis zu 2.600 Euro steigen.

Callcenter wird es noch lange geben und gute Agents werden immer gesucht, da die Fluktuation hoch ist (viele Studenten üben diesen Job nur eine gewisse Zeit lang aus).

Resümee:

Ein Beruf, der als eintönig, auf Vollzeitbasis und langfristig als zu anstrengend beschrieben wird, der aber auch seine positiven Seiten, wie flexible Arbeitszeiten und keine erforderliche Vorbildung, hat. Callcenter bieten nicht per se katastrophale Arbeitsbedingungen – es ist ratsam, sich seinen künftigen Arbeitsplatz gut anzusehen und auszuwählen. Stressig – im Sinne von einem laufenden Beantworten von Telefonaten – wird es in einem typischen Callcenter immer sein.

Immobilienmakler

Definition:

Immobilienmakler sind Fachleute für alle Haus-, Wohnungs- und Grundstücksangelegenheiten. Sie vermitteln den Kauf und Verkauf sowie die Vermietung und Verpachtung von Immobilien (Häuser, Wohnungen und Grundstücke). Von der ersten Besichtigung bis zum Vertragsabschluss stehen die Immobilienmakler ihren Kunden beratend zur Seite. Sie holen Angebote ein, prüfen und berechnen die Kosten. Bei ihrer Arbeit, vor allem bei den Büro- und Schreibarbeiten, werden sie von Immobilienkaufleuten unterstützt. Immobilienmakler arbeiten als Selbstständige oder bei Hausverwaltungen und Immobilienfirmen. Sie haben engen Kontakt mit ihren Kunden sowie zu Bankkaufleuten, Hausverwaltern usw. (Siehe Hinweis am Ende des Vorworts)

Voraussetzungen / Aus- und Weiterbildung:

Um als Immobilienmakler tätig sein zu können, muss eine Bewilligung der Gewerbebehörde vorliegen und ein sogenannter Befähigungsnachweis erbracht werden. Je nach Schulabschluss ist eine ein- bis zweijährige Berufspraxis nachzuweisen und eine Prüfung abzulegen. Diese Prüfung ist dann nicht erforderlich, wenn ein facheinschlägiger Universitätslehrgang oder Fachhochschulstudiengang absolviert wurde.

Weiterbildungsmaßnahmen, vor allem in den Bereichen Kommunikation/Verkaufstechniken und Wirtschaftlichkeit/Finanzen, sind mittels Schulungen möglich.

Arbeitsalltag / Vor- und Nachteile:

Nur Wohnungen herzeigen?

Ein guter Makler erbringt eine komplette Dienstleistung an den Kunden und das ist weit mehr als den Schlüssel umdrehen, Wohnung/Haus herzeigen und fragen, ob's gefällt. Grundsätzlich beginnt die Tätigkeit des Maklers mit dem Beschaffen möglichst vieler Infos, die er einerseits für das Inserat (das er gestaltet und in Printmedien und/oder im Internet schaltet) benötigt und andererseits für die Kunden, die aufgrund des Inserats anrufen und darüber hinausgehende Details zu der Immobilie wünschen. Im Idealfall besichtigt der Makler das Objekt selbst, macht Fotos und beschafft (wenn die Immobilie verkauft werden soll) den Grundbuchsauszug, setzt sich mit der Hausverwaltung in Verbindung und informiert sich über Vorschreibungen, Rücklagen, Sanierungsdarlehen, Wohnbauförderungen, über den Zustand des Daches und des Gebäudes im Allgemeinen usw. – Kurzum: Er sammelt alle Informationen, die für den Käufer rechtlich und praktisch von Relevanz und Interesse sein könnten. Bei einer Vermietung fallen diese Punkte weg; aber wie hoch die Betriebskosten sind, wie das Objekt geheizt wird und wie der Zustand der Fenster ist, wird auch einen Mieter interessieren.

Umso genauer man als Makler über die Wohnung oder das Haus informiert ist, desto besser: Wenn der Interessent bereits am Telefon erkennt, dass das Objekt für ihn nicht infrage kommt, und nicht erst vor Ort, erspart man dem Interessenten und damit sich selbst unnötige Leerläufe.

Daneben gibt es Schreibarbeit zu bewältigen (zum Beispiel Erstellen von Angeboten) und es gilt auch zwischen den Parteien zu vermitteln – so zum Beispiel, wenn der Preis verhandelt wird.

Das Schalten der Inserate ist heute durch das Internet billiger geworden (der Makler bezahlt das!), allerdings auch aufwändiger: Die Interessenten erwarten möglichst viele Bilder vom Objekt, den Grundriss und eine detaillierte Beschreibung. Die Arbeit des Maklers beginnt somit nicht damit, dass er die Immobilie aufsperrt und sie herzeigt.

Der schlechte Ruf

Wie soeben beschrieben, ist der gute Makler informiert, kompetent und hat bereits sämtliche Infos für den Kunden aufbereitet. Aber in der Praxis gibt es Makler, die keine Ahnung vom Markt und/oder vom Objekt haben, das sie anbieten, die nicht auf Qualität abzielen, sondern auf Masse – also möglichst viele Objekte vermitteln möchten. Das (in Verbindung mit der vorherrschenden Ansicht, Makler kassieren zu hohe Provisionen) führte im Bewusstsein der Allgemeinheit dazu, dass man als Vertreter dieses Berufes auf der Beliebtheitsskala ziemlich weit unten angesiedelt ist.

Abwechslungsreich
Jeder Temin ist anders, selbst wenn er dasselbe Objekt betrifft. Zeigt man eine Wohnung oder ein Haus 15 Mal her, dann wird sich jeder Termin vom vorhergehenden unterscheiden. Die unterschiedlichen Vorstellungen der Kunden führen zu jeweils anderen Fragen als zuvor. Daneben vermittelt man meistens mehrere Objekte gleichzeitig und es kommen immer wieder neue Immobilien dazu. Das ständige Telefonieren (Anfragen zu Objekten, Vereinbaren von Besichtigungsterminen) und das Vermitteln zwischen Verkäufer- und Käuferseite beziehungsweise zwischen Mieter- und Vermieterseite kann einem persönlich Spaß machen. Nicht so angenehm ist es, wenn eine (schlechte) Immobilie hergezeigt werden muss, bei der auch dem Makler klar ist, dass sie nur schwer vermittelbar ist.

Wie kommt man zu Immobilien?
Die Kundenakquise ist sicherlich für die Makler am schwierigsten, die klein am Markt sind und nicht dem Netzwerk eines bekannten Immobilienunternehmens angehören. Zu 90 Prozent lebt der Makler von Empfehlungen. Zufriedene Kunden sind also die beste Werbung für einen Makler. Fühlen sich Vermieter, Verkäufer, Mieter und Käufer gut beraten, dann werden sie den Makler im Freundes- und Bekanntenkreis weiterempfehlen.

Überzogene Preisvorstellungen
Manche Verkäufer/Vermieter und manche Käufer/Mieter haben zu hohe Ansprüche beziehungsweise schätzen die Marktsituation falsch ein. Auf den ersten Blick mag es vielleicht vorteilhaft erscheinen, ein Objekt zu einem höheren Preis anzubieten – bemisst sich ja daran die eigene Provision. Dass das allerdings kein sinnvoller Denkansatz ist, zeigt sich dann, wenn man das überteuerte Objekt schon zum fünfzigsten Mal hergezeigt hat. Das kostet Zeit und leere Kilometer, die einem niemand bezahlt. Hinzu kommt, dass man das Inserat (auf eigene Kosten) ändern beziehungsweise aktualisieren und immer wieder Rücksprache mit dem Vermieter/dem Verkäufer halten muss.

Flexibilität – die Stärke der Selbstständigkeit
Freie Zeiteinteilung! Als Makler legt man die Termine mit Kunden so, wie es für einen (am besten) passt. Man kann sich also seine Arbeits- und Freizeit selber einteilen. Wochenendarbeit hat man nur dann, wenn man das auch möchte oder ein Kunde zu keinem anderen Zeitpunkt abkömmlich ist. Abendtermine lassen sich nicht vermeiden – haben doch viele Menschen erst nach der Arbeit Zeit, eine Immobilie zu besichtigen.

Viel Provision – no work?
Ins Kreuzfeuer der Kritik geraten die Makler immer wieder: für das „bisschen Wohnung-Herzeigen, solch überzogene Provisionen", so die Stimme der Allgemeinheit. Die Makler-

provisionen seien im Europavergleich zu hoch, so die Stimme der Arbeiterkammer. Wie dem auch sei – leben muss ein Makler mit dieser Kritik allemal. Aber wie sieht es aus der Perspektive des Maklers aus? Vorweg: Ein Einkommensfixum gibt es nur in wenigen Fällen. Darüberhinaus – unabhängig davon, ob man angestellt oder selbstständig ist – arbeitet man als Immobilienmakler auf Provisionsbasis. Einen Anspruch auf die Provision erhält man nur dann, wenn der Miet- oder Kaufvertrag unterschrieben ist, also bei erfolgreichem Abschluss. Wie viele Abschlüsse man in einem Monat tätigt, ist ganz unterschiedlich.

Die Flaute

Es wird Monate geben, wo man 10.000 Euro oder mehr an Provisionen einfährt, und dann wieder mehrere Monate lang nichts. Das ist in der Branche absolut üblich. Sicher – verkauft man ein Haus, verdient man eine relativ (je nach Verkaufspreis) hohe Provision. Was vor allem neu in dem Geschäft tätige Makler nicht einkalkulieren, ist aber, dass sie nicht jeden Monat ein Haus oder ein Penthouse in der Wiener Innenstadt verkaufen. Außerdem hat man als Makler Fixkosten, die man decken muss; das wären beispielsweise Franchisegebühren, Inseratkosten oder die Büromiete; und: Die Provision ist zu versteuern!

Puffer einplanen

Angestellte haben einen bestimmten Überziehungsrahmen bei ihrer Bank, als selbstständiger Immobilienmakler hat man das meistens nicht. Aufgrund des unregelmäßigen Einkommens wird man bei den Banken oft nicht den gewünschten Überziehungsrahmen bekommen, weil die Bank (ebenso wenig wie der Makler selbst) nicht weiß, wann das nächste Geld aufs Konto kommt. Man sollte daher einen Puffer haben, bevor man mit dem Job beginnt. Die Schwankungen im Einkommen machen die eigene Lebensplanung (kann man einen Kredit in monatlichen Raten zurückzahlen usw.) schwierig – man muss sich sein Geld einteilen.

Und wie bereits gesagt: Der Provisionsanspruch entsteht erst mit Abschluss des Vertrages – mit der Betonung auf „Anspruch". Als Makler muss man auch damit rechnen, dass Kunden die Provision nicht zahlen. Es bleibt dann nur der Gang zum Gericht … und dieser Gang ist mühsam!

Finanzieller Aspekt / Chancen am Arbeitsmarkt:

Das Einkommen ist, wie bereits erwähnt, von Monat zu Monat verschieden. Und man darf nicht glauben, dass es von Anfang an leicht ist, das große Geld zu machen.

Immobilienmakler wird es immer geben, da sie bei den meisten Immobilien-Transaktionen beigezogen werden. Doch die Maklerbranche lockt viele Glücksritter an, daher ist die Fluktuation groß, weil sich viele den Provisionsregen erwarten und die – unerwarteten – Flauten finanziell nicht verkraften.

Resümee:

Wenn man Makler werden möchte, um möglichst viel Geld in kurzer Zeit zu verdienen, wird man recht schnell auf dem Boden der Realität landen – denn so funktioniert dieser Beruf nicht. Nur wer seine Arbeit langfristig gut macht, wird am Markt bestehen.

Personalberater

Definition:
Der wichtigste Aufgabenbereich von Personalberatern ist die Vermittlung von Arbeit. Hierzu gehört die Personalsuche und -auswahl für Unternehmen ebenso wie die Unternehmens- und Stellensuche für Bewerber. Personalberater übernehmen darüber hinaus auch Aufgaben im Bereich des Personalmanagements, wie zum Beispiel Personalcontrolling, -entwicklung oder -bedarfsplanung. (Siehe Hinweis am Ende des Vorworts)

Voraussetzungen / Aus- und Weiterbildung:
Die Wege in die Personalberatung sind vielfältig. Häufig sind es Wirtschaftler, Juristen und Psychologen (mit wirtschaftlichem Hintergrund), die in die Personalberatung gehen. Englisch sollte man wirklich gut können. Eine Ostsprache wäre nicht schlecht, weil viele Kunden aus dem Osten kommen.

Man fängt als Junior-Berater an, unterstützt den Senior-Berater und übernimmt Aufgaben im Research und in der Projektdokumentation. Bei „kleineren" Projekten (das heißt niedrigeren Positionen, einfacheren Besetzungen usw.) können Junior-Berater an Interviews teilnehmen oder diese selbst führen; sie könnten eventuell auch einen Projektteil oder ein kleineres Projekt übernehmen. Jedenfalls wächst man über die Jahre erst langsam hinein. Zum Senior-Berater muss man sich hocharbeiten.

Arbeitsalltag / Vor- und Nachteile:

Kernbereich?
In der Personalberatung gibt es unterschiedliche Segmente, aber das Recruiting – also die Personalbeschaffung – ist die Kerntätigkeit eines Personalberaters: Man versucht, Leute zu finden. Organisationsberatung, Personalentwicklung und Ähnliches gehen schon eher ins Coaching und gehören damit dem weiten Thema Personalberatung an.

Große oder kleine Firma?
Der Personalberatermarkt an sich ist gesplittet: Es gibt wenige ganz große, einige mittelgroße und viele kleine Unternehmen. Der Prozess, die Arbeitszeiten und der Verdienst sind ähnlich – die Größe macht hier keinen Unterschied. Unterschiedlich sind die Möglichkei-

ten: In kleinen Personalberatungsunternehmen kann man nicht auf internationale Datenbanken oder auf internationale Netzwerke zugreifen. Führungspositionen zu besetzen, zum Beispiel in Rumänien von Österreich aus, bleibt den größeren wegen ihrer besseren Infrastruktur vorbehalten.

Wie findet man die „Kandidaten"?
Das ist die erste Frage, die sich einem stellt, wenn man einen Auftrag bekommen hat. Man setzt sich mit dem Kunden/Klienten zusammen und erstellt ein Anforderungsprofil. Der Kunde hat selten ein fixfertiges Stellenanforderungsprofil parat und selbst wenn, muss man sich ein eigenes Bild machen und die notwendigen Infos einholen. Also fährt der Personalberater zum Unternehmen vor Ort: Wie sind die Leute dort? Ist das Team jung, älter, gemischt? Wer passt hinein? (Oft wird ohnehin im Betrieb über den Auftrag geredet, sodass er sich gleich bei der Gelegenheit ein Bild machen kann.) Man unterhält sich mit den Leuten, lässt sich schildern, wie die Situation im Team ist usw. Ziel ist, jemanden zu finden, der ins Unternehmen passt; dabei geht es nicht rein ums Fachliche – das ist schnell abgeklärt – es geht auch ums Persönliche. Die Arbeit ist damit eine Mischung aus Kopf und Bauch: Man muss verstehen, was das Unternehmen tut, was es braucht (Kopf); und man muss einen Kandidaten finden, von dem man denkt, dass er ins Team passen kann (Bauch). Danach legt man mit dem Klienten fest, wie die Suche angelegt sein soll: Online oder im Print, in welcher beziehungsweise in welchen Zeitungen, oder auch ob eine Direktsuche möglich ist. Man verfasst die Stellenbeschreibung, inseriert sie, bekommt dann zahlreiche Bewerbungen (150 oder mehr), liest etliche Lebensläufe durch und führt Interviews mit den betreffenden Personen. So zumindest läuft es üblicherweise in den Personalberatungsfirmen ab, die überwiegend inseratgestützt nach Personal suchen.

Wenn jemand für höhere Positionen gesucht wird – in der mittleren Managementebene und aufwärts – passiert das durch Direktsuche: Direct bzw Executive Search *(Mehr dazu weiter unten)*.

Must-Haves und Nice-to-Haves
Kunden kommen oft mit überzogenen Vorstellungen. Die Sekretärin soll blond und fesch sein und Modelmaße haben, daneben ist sie auch noch allwissend und extrem fleißig. Nur, diese Sekretärin gibt es nicht. Man muss eruieren (oft nicht einfach), was der Kunde wirklich braucht beziehungsweise welche Fähigkeiten die gesuchte Sekretärin realistischerweise haben sollte. Dann erst hat man ein Bild von dem, was gesucht wird.

Direktsuche nach Fach- und Führungskräften (Executive Search/Direct Search)
Auch hier gilt: Zunächst gibt es ein Briefing mit dem Klienten, in dem die fachlichen und persönlichen Anforderungen an den Kandidaten abgesprochen und festgelegt werden. Danach definiert man das Suchfeld – wo und in welcher Position könnte derjenige jetzt arbeiten, den der Klient sucht. Hat man das abgeklärt, sind die Leute in der Researchabteilung an der Reihe: Deren Aufgabe ist es, die infrage kommenden Unternehmen und die Namen der Personen, die in diesen Positionen sind, zu eruieren und über diese Personen möglichst viel herauszufinden. Dies geschieht in enger Absprache und Abstimmung mit

dem Personalberater. Dezent spricht der Researcher mögliche Kandidaten an und fragt, ob die Stelle für sie von Interesse wäre; manchmal (speziell bei größeren Projekten) macht man das als Berater selber. Je nachdem werden Stellenbeschreibung und Lebenslauf ausgetauscht und ein persönlicher Termin vereinbart. Im Ergebnis erkennt man, ob es passt oder nicht. Wenn ja, bleibt der Kandidat im Prozess. Das wendet man bei mehreren Kandidaten an, pickt die besten heraus und stellt sie dem Unternehmen vor.

Wenig Hebel im Executive Search

Die Interviews muss man als Senior oder Partner selber machen: Man besetzt Managementposten – da kann man nicht den jungen Berater zu den Interviews schicken. Insofern ist es nicht möglich, das Team zu vergrößern und Arbeit abzugeben, und es bleibt vieles an einem selbst hängen.

Akquisition

Irgendwann muss man selbst akquisitorisch tätig werden, also Aufträge an Land ziehen und Kunden gewinnen, nicht nur als Selbstständiger, sondern auch als Angestellter (!): Als Einsteiger beziehungsweise Junior Consultant noch nicht, aber je mehr man sich dem „Senior" nähert, desto mehr muss man das. Wichtig ist es, ein Netzwerk aufzubauen und zu pflegen. Das Netzwerk ist das Um und Auf. Man nimmt daher meist auch abends (zwei bis drei Mal unter der Woche) an verschiedenen Veranstaltungen teil, um dort Kontakte zu knüpfen, aus denen sich möglicherweise neue Aufträge entwickeln. Die ersten zwei/drei Jahre sind die schwierigsten und sehr mühsam. Danach entwickelt sich eine Dynamik und es wird einfacher. Das Schwierige ist, die Balance zu halten, nämlich zwischen hinausgehen und Projekte/Aufträge finden auf der einen Seite und Kandidaten suchen und finden auf der anderen Seite.

Engpassfaktor Zeit

Zeitlich wird es immer eng. Der Punkt ist, dass ein Personalberater nicht ein Projekt, sondern zehn Projekte in unterschiedlichen Phasen parallel betreut und alles unter einen Hut bringen muss. Man hat de facto einen Zehn- bis Zwölf-Stunden-Tag. Besonders schwierig ist das im Executive Search, wo ein Interview schon um die 1,5 Stunden dauert. Hat man fünf Interviews am Tag, sind damit schon acht Stunden vergangen und noch keine E-Mails beantwortet, keine Berichte geschrieben, keine Angebote erstellt, keine Klienten zurückgerufen, der Research-Abteilung ihre Fragen nicht beantwortet usw. Diese Dinge müssen auch erledigt werden. Dazu kommen die Abendtermine *(siehe oben Akquisition)*.

Im Prinzip immer dasselbe

Die Abläufe sind immer dieselben: Man bekommt 100 Lebensläufe und führt 100 Interviews durch. Auch im Executive Search befragt man unterm Strich tagein tagaus Leute. Irgendwann kommt Routine in die Sache – der Prozess ist immer derselbe. Die Frage ist, wie lange man das macht. Der analytische und intellektuelle Ansatz kann einem auf die Dauer fehlen.

Hohe Frustrationsgrenze
Es springen immer wieder Leute ab: Man findet einen Kandidaten, der dem Kunden gefällt, alles passt und der Kandidat springt kurzfristig ab. Oder der Klient stoppt das Projekt. Das ist schade, weil man seine Zeit auch woanders investieren hätte können. Danach muss man noch Diskussionen mit dem Klienten führen, was zu bezahlen ist. Das Nervigste daran ist, dass man manchmal viel Zeit in ein Projekt gesteckt hat, das dann nicht klappt. So ein Projekt geht ja über Monate – insbesondere im Executive Search. Rückschläge erleidet man immer wieder – wöchentlich. Man arbeitet mit dem Faktor Mensch und der ist unberechenbar.

Selbstständig?
Sind schon einige, aber nie junge Leute. Als Junger hat man weder Erfahrung noch einen Namen noch ein Netzwerk. Man sammelt jeden Tag neue Erkenntnisse. Man lernt auch von jeder Branche, außer man ist als Personalberater von vornherein auf nur eine (zum Beispiel Pharma) spezialisiert.

Man muss zur Verfügung stehen, wenn andere Zeit haben
Hat ein Kandidat abends oder in der Früh Zeit, muss man sich selbst auch Zeit nehmen. Es ist kein 9-to-5 Job. *(Siehe auch oben „Engpassfaktor Zeit".)* Die Kunden zahlen Geld, damit man ihr Problem löst, und fordern Ergebnisse auch ein. Es gibt zwar keinen Endzeitpunkt, aber es ist meistens der Kunde, der anruft und fragt, ob es etwas Neues gibt und wie weit man mit der Suche ist.

Nicht familienfreundlich und dennoch ein idealer Job für Frauen?
Macht man den Job voll und ganz – was die ersten zehn Jahre unumgänglich ist, um ein Netzwerk aufzubauen –, ist er nicht sehr familienfreundlich, denn man ist ja auch abends unterwegs. Wenn allerdings das Netzwerk aufgebaut ist, könnte man theoretisch die Anzahl seiner Projekte herunterschrauben. Erhält man seine Kontakte aufrecht, fällt man nicht unbedingt aus der Karriereschiene hinaus.

Finanzieller Aspekt / Chancen am Arbeitsmarkt:

Die Beratung ist grundsätzlich gut bezahlt. In der Regel bekommt ein Consultant in einem Personalberatungsunternehmen ein mittelhohes Monatsfixum. Dazu kommt ein variabler Anteil zwischen 30 und 40 Prozent, der sich daran bemisst, wie viele neue Kunden man gewonnen hat, mit denen man dann in der Folge einen Auftrag auch tatsächlich abgeschlossen hat.

Das Geschäft der Personalberatung boomt nach wie vor, gute Leute sind immer gefragt. Das Ziel – und das quasi von Anfang an – ist immer, selbst stark zu akquirieren. Ist man darin gut und kann sich durch Zuverlässigkeit und eine „gute Nase" für das richtige Personal das Vertrauen der Klienten sichern, macht man sich schnell einen Namen – dann ist man damit sowohl als Selbstständiger erfolgreich wie auch als Angestellter.

Es gibt verschiedene Personalberatungsunternehmen in Österreich. Prinzipiell ist es empfehlenswert, zu einem renommierten Unternehmen zu gehen: Dort lernt man das Geschäft auf eine seriöse Art und Weise kennen; außerdem ist das Akquirieren leichter, weil man sagen kann, dass man für dieses bekannte Unternehmen arbeitet.

Resümee:

Ein Job, der Spaß machen kann und abwechslungsreich ist: Man lernt viele verschiedene und interessante Leute kennen und erfährt auch vieles über Branchen und deren Bedürfnisse. Es ist kein Beruf, bei dem man sich zurücklehnen kann: Ein Netzwerk muss aufgebaut beziehungsweise Kunden akquiriert werden – das gilt nicht nur für den Selbstständigen und erfordert viel Engagement.

Reisebüroassistent

Definition:

Reisebüroassistenten informieren und beraten über Reisen und Veranstaltungen aller Art. Sie vermitteln Reisen ins In- und Ausland und betreuen ausländische Touristen. Sie arbeiten in Büro- und Verkaufsräumen von Reisebüros und bei Reiseveranstaltern. Dabei verwenden sie Informations- und Kommunikationsmittel wie Computer, Telefon und Fax. Nach Absprache mit ihren Kunden buchen sie Hotelzimmer und Flugtickets und kümmern sich um Fahrtrouten und Führungen. Sie arbeiten eng mit Reiseverkehrsfachleuten, Tourismuskaufleuten, Reiseleitern usw. zusammen und stehen in Kontakt mit ihren Kunden. (Siehe Hinweis am Ende des Vorworts)

Voraussetzungen / Aus- und Weiterbildung:

Die duale Ausbildung erfolgt im Ausbildungsbetrieb und in der Berufsschule und dauert drei Jahre.

Für die erfolgreiche Berufsausübung ist eine ständige Weiterbildung vor allem in den Bereichen der Fremdsprachen und der EDV notwendig. Daneben bieten Reiseveranstalter Weiterbildungsmöglichkeiten durch Verkaufsseminare, Vorstellungen von neuen Reiseprogrammen und Reiseleiterkurse an. Große Reisebüros führen auch innerbetriebliche Verkaufstrainingsseminare und Persönlichkeitsbildungskurse durch.

Arbeitsalltag / Vor- und Nachteile:

Anfragen auf Verfügbarkeit von Kunden überprüfen – That's it?
Die wenigsten Leute kommen mit einem Budget von 10.000 Euro ins Reisebüro und lassen sich vom Reisebüromitarbeiter eine Reise zusammenstellen. In der Regel erscheinen sie mit einem Katalog in der Hand, haben ihr Wunschhotel schon ausgewählt und erwarten nur noch, dass die Verfügbarkeit zur gewünschten Zeit im Computer überprüft wird. Ist dieses Hotel ausgebucht, wird nach Alternativen gesucht.

Wenn man zusätzlich gerne telefoniert und sich über den Kontakt zu Menschen freut, den man täglich hat, wird man damit auch kein Problem haben.

Zum Beraten und Zusammenstellen aufregender Reisen ist meist wenig Gelegenheit. Aber:

Wie die Arbeit als Reisebüroassistent ist, hängt davon ab, wo man arbeitet
Die Arbeit in der Branche kann sehr unterschiedlich sein, je nachdem, wo man arbeitet. In den Reisebüroketten ist es offenbar eher so, dass man den Kunden Kataloge mitgibt, sich diese ihr Hotel selbst aussuchen und dieses dann bei einem weiteren Besuch im Reisebüro buchen lassen. Die Beratung ist nicht so gefragt. In kleineren oder spezialisierten Reisebüros oder in Reisebüros, die auch selbst Reisen veranstalten und möglicherweise zudem Gruppenreisen organisieren, sieht die Arbeit anders aus: Sie ist abwechslungsreicher. Bei einer 0815-Pauschalreise nach Mallorca ist es auch so, dass man lediglich Flug und Verfügbarkeit prüft, bucht und die Daten abgleicht. Allerdings ist grundsätzlich mehr Beratung gefragt und mehr zu tun. Golfreisen zum Beispiel sind sehr speziell: Man checkt ab, ob der Kunde sein Golf-Pack an Board des Flugzeuges nehmen kann, und bucht Zeiten am Golfplatz; oder bei Tauchreisen werden Tauchkurse mitgebucht. Es kommt auch vor, dass man nicht nur Gruppenreisen organisiert, sondern auch die Gruppe begleitet und vor Ort betreut. Das ist zwar kein Urlaub, aber Abwechslung bringen solche Möglichkeiten allemal.

Ein Reisebüroassistent ist nicht zwingend Mitarbeiter in einem Reisebüro – er kann auch beim Reiseveranstalter (Touropa, TUI usw.) oder im Flugverkehr arbeiten. Manche Reisebüroassistenten sitzen auch in der Telefonbuchungszentrale und beantworten Fragen von Reisebüromitarbeitern, die die Verfügbarkeit oder die Gegebenheiten vor Ort betreffen. Eines muss einem dabei jedenfalls klar sein: Direkten Kundenkontakt hat man dann nicht.

Von A bis Z
Kunden wollen alles wissen. Bei einem Strandurlaub, wie man zum Hotel kommt, wo es liegt, wie das Wetter in der gewünschten Reisezeit ist, ob es Gastronomie vor Ort gibt, welche Farbe der Sand am Strand hat; bei einem Städtetrip, wie weit diese und jene Sehenswürdigkeit vom Hotel entfernt ist; bei Rundreisen kann das richtig kompliziert werden. Weiß man vorher, welches Reiseziel der Kunde anstrebt, kann man sich bereits vorbereiten. Ansonsten, wenn man die Fragen nicht beantworten kann, liest man am besten in den Katalogen nach oder versucht, die gewünschten Infos direkt beim Reiseveranstalter zu erfragen; was auch nicht einfach ist, weil das Personal dort nicht (mehr) so gut informiert ist wie zu

früheren Zeiten: Die „Veranstalterszene" hat sich geändert. Früher hatte jedes Gebiet seine Betreuung, heute gibt es diese Einteilung nicht mehr, was dazu führt, dass die „Kollegen" beim Reiseveranstalter oft nicht mehr wissen als man selbst.

Weiters denkt der Reisebüroassistent für die Kunden mit: Bei exotischen Reisen ist es wichtig, den Kunden darauf hinzuweisen, dass er zum Beispiel ein Visum benötigt und/oder sich bei seinem Arzt über etwaige Impfungen erkundigen muss – in manche Länder gibt es ohne vorgeschriebene Impfung keine Einreise. Hier darf kein Fehler passieren.

Man muss immer freundlich sein und sich alles anhören, selbst wenn es nichts mit der Reise an sich zu tun hat. Hin und wieder passiert es auch, dass man um Stornogebühren kämpfen muss, – nicht immer soll sofort der Rechtsanwalt eingeschaltet werden – oder man hat mit Beschwerden von Kunden zu tun. Wichtig in jedem Fall ist, dass man Begeisterung für den Job mitbringt und ein Gefühl für Menschen hat; denn wie überall, wo man mit Individuen umgehen muss, gibt es auch Probleme.

Man kennt alle Kataloge und schaut sich Hotels vor Ort an?
Nein, man kann nicht alle Kataloge und Angebote sämtlicher Veranstalter auswendig wissen und man kennt auch nicht alle Hotels, aber durchaus einige davon. Reisebüromitarbeiter bekommen immer wieder Einladungen von Veranstaltern, um sich bestimmte Hotels anzusehen – manchmal gratis, manchmal trägt man einen Selbstbehalt. Einige Reisebüroeigentümer legen sehr viel Wert darauf, dass sich die Mitarbeiter ein Bild von den Hotels vor Ort machen können, und unterstützen Reisen ins Ausland. Viele Reisebüroassistenten finden es auch sehr wichtig, den Kunden nach der Reise anzurufen und zu fragen, wie der Urlaub war, ob er mit dem Hotel und den Leistungen zufrieden war, um abzuchecken, ob die Beschreibung im Katalog zutreffend ist. Das bietet die Möglichkeit, ein Feedback zu erhalten, ohne selbst am Zielort gewesen zu sein. Grundsätzlich kann man aber eine Reise besser verkaufen, wenn man vor Ort war: Bei Städten ist das nicht so schwierig. Meistens kennt man überall in jeder Preisklasse ein Hotel persönlich, das man empfehlen kann. Bei einer Rundreise durch die USA wird das schon komplizierter.

Höhere Gewalt
Nicht immer läuft alles glatt. Man bucht und Unruhen brechen aus; man bucht und das Meer wird verschmutzt; man bucht und ein Hurrikane zieht übers Land; Aschewolken oder Ähnliches verhindern den Abflug. Oder Flugzeiten werden geändert, was dazu führt, dass der Kunde den geplanten Anschlussflug nicht erwischen würde – wieder heißt es umorganisieren. Haben die Kunden umgekehrt ihre Reise schon angetreten und sitzen im Urlaubsland fest (Flug gecancelt), muss zumindest geschaut werden, dass sie vor Ort betreut werden und zurückkommen können. Hat das Reisebüro die Reise selbst veranstaltet, ist es für deren Rückreise überhaupt verantwortlich.

Stress
Ab dem Zeitpunkt, wo der Kunde das Reisebüro betritt und eine Reise/einen Flug gebucht haben will, muss man schnell sein. Es greifen ja auch alle anderen Reisebüros auf den Internet-Pool zu.

Wenn Spezialreisen vermittelt werden, die das ganze Jahr über gebucht werden können, oder zwei Mal im Jahr Gruppenreisen organisiert werden (ist man mit einer fertig, beginnt man schon die nächste zu organisieren), hat man kaum ruhigere Zeiten.

Konkurrenz Internet?
Grundsätzlich muss die Frage wohl bejaht werden. Ein Großteil der Sommerreisen (= Haupturlaubsreisen) wird bereits übers Internet gebucht. Schwierig ist es auch, vom Kunden pro Bearbeitung Vermittlungsgebühren zu verlangen. Bei einer Internetbuchung fallen diese nämlich nicht an.

Umsatzdruck
Man hat Umsatzvorgaben – diese treffen sowohl den Angestellten im Reisebüro als auch den Reisebüroinhaber. Die Mitarbeiter – vor allem in Reisebüroketten – werden nach ihren Umsätzen bewertet. Macht man zu wenig, muss man mit einer Kündigung rechnen. Einige Reisebüroassistenten haben das in der Wirtschaftskrise stark gespürt. Jede Buchung ist im Computer – die Reisebüroleitung weiß mit einem Click, wie viel Umsatz der einzelne Mitarbeiter gemacht hat. Aber auch die Reisebüroinhaber stehen unter Druck (beziehungsweise geben diesen an ihre Mitarbeiter weiter): Reiseveranstalter setzen sie unter Zugzwang und geben ihnen ebenfalls Umsatzziele vor; die Provisionen werden gekürzt, wenn die Ziele nicht erreicht werden.

Arbeitszeiten
Gearbeitet wird auch samstags.

Finanzieller Aspekt / Chancen am Arbeitsmarkt:

Grundsätzlich keine gut bezahlte Branche. Man muss darum kämpfen, etwas mehr als den kollektivvertraglichen Mindestlohn zu erhalten – das Durchschnittsgehalt liegt bei 1.750 Euro brutto pro Monat (das durchschnittliche Einstiegsgehalt bei 1.495 Euro). Man muss sehr viel Umsatz machen, um gut zu verdienen *(siehe auch oben „Umsatzdruck").*

Die Chancen, eine interessante Anstellung in einem kleineren Reisebüro zu erhalten, sind eher gering, etwas besser sind die Jobaussichten bei Reisebüroketten oder einem Reiseveranstalter.

Resümee:

Es kann ein toller Beruf sein, wenn man für sich den passenden Arbeitsplatz gefunden hat. Leute möchten verreisen – es ist eine schöne Aufgabe, Reisen zu verkaufen. Die Bezahlung ist allerdings eher schlecht. Wo und wie es mit der Branche weitergeht, ob Internetbuchungen oder Internetreisebüros das traditionelle Reisebüro in absehbarer Zeit mehr und mehr zurückdrängen werden, kann man schwer abschätzen. Die Tendenz ist jedenfalls da.

Unternehmensberater

Definition:
Unternehmensberater arbeiten sowohl freiberuflich, in der Regel im eigenen Büro, als auch angestellt und unterstützen Betriebe, Institutionen und Organisationen. Ihr Ziel ist es, den wirtschaftlichen Erfolg ihrer Kunden zu sichern. Sie analysieren die wirtschaftliche Situation des Betriebes, helfen mit, Einsparungspotentiale aufzudecken, legen betriebswirtschaftliche Ziele fest und erarbeiten Konzepte und Lösungsvorschläge zur Erreichung dieser Ziele. (Siehe Hinweis am Ende des Vorworts)

Voraussetzungen / Aus- und Weiterbildung:
Unternehmensberatungen beschäftigen in der Regel Hochschulabsolventen aus nahezu allen Fachrichtungen. Insbesondere bei den großen Gesellschaften sind „nur" etwa 50 Prozent Absolventen der Betriebswirtschaftslehre zu finden. Daneben sind besonders die Studiengänge Physik, Mathematik, Pädagogik, Psychologie und Medizin vertreten. Zu einem kleinen Anteil werden auch Personen mit Berufserfahrung angestellt.

Daneben gibt es auch nichthochschulische Ausbildungsprogramme.

Eine Weiterbildung kann an entsprechenden Instituten (Wifi, Universität, private) erfolgen, beispielsweise in den Bereichen Strukturierung von Beratungsprojekten, Beratungsvertrag, Umsetzung und Changemanagement oder Reporting und Follow-up-Aktivitäten – man erhält Tipps für die professionelle Gestaltung erfolgreicher Beratungsprozesse.

Arbeitsalltag / Vor- und Nachteile:

Unternehmensberatung geht in alle Richtungen
Man kann organisatorische Veränderungen unterstützen (Organisationsberatung), bei strategischen Fragestellungen (Strategieberatung) und Marketing-Fragestellungen (Marketingberatung) mit Rat und Tat zur Seite stehen oder Unternehmen auch bei der Einführung neuer Software (IT-Beratung) helfen beziehungsweise diese auch einführen *(siehe dazu IT-Projektmanager)* – es gibt viele spezifische Bereiche. Im Grunde umfasst Unternehmensberatung alles, wo ein Unternehmen die Unterstützung Externer in Anspruch nimmt. Im weiteren Sinn sind auch Personalberatungsunternehmen *(siehe dazu Personalberater)* oder PR-Agenturen *(siehe dazu PR-Berater)* Unternehmensberater. Und aus genauso vielen Richtungen kommen die Leute, die in der Unternehmensberatung arbeiten.

Erstrebenswerte Karriere in den größten Unternehmensberatungen der Welt?
Der überwiegende Teil der Consultants ist in einem Beratungsunternehmen angestellt. Viele Uniabsolventen beginnen in einer der fünf größten Unternehmensberatungen zu arbeiten: Mc Kinsey, Boston Consulting, Roland Berger, Booz und Deloitte. Nur, die Entscheidung alleine, dort einen Job zu wollen, genügt nicht: Es ist sehr schwer hineinzukom-

men – das Auswahlverfahren ist streng: Neben tollen Noten muss man auch sonst noch etwas vorweisen können, was einen von anderen abhebt. Man arbeitet dort international und durch die strengen Aufnahmekriterien in einer gewissermaßen elitären Umgebung. Das Großartige dabei ist, dass man in sehr kurzer Zeit sehr viel sieht und lernt – mehr als andere in zehn Jahren Berufserfahrung. Aber es muss einem auch bewusst sein, dass die Anforderungen sehr hoch sind: 14-Stunden-Tage und Arbeit am Wochenende sind Standard; der Job ist sehr vereinnahmend, um seinen Urlaub muss man kämpfen und wenn man ihn hat, wird man auch an seinen freien Tagen angerufen und gebeten zu kommen. Durch das strenge Bewerbungsverfahren bleiben eben die Leute übrig, die hoch motiviert sind, Karriere machen wollen und eine hohe Leistungsbereitschaft zeigen. Zu den Arbeitszeiten kommt dann noch der Zeitdruck, dem man in der Unternehmensberatung grundsätzlich ausgesetzt ist – in den Top-Unternehmensberatungen ist dieser noch größer, weil sie für „Feuerwehrfälle" bewusst ausgewählt werden. Kunden, die in zum Beispiel zwei Wochen eine tiefgreifende und richtungsweisende Entscheidung treffen müssen, wenden sich an die Top-Beratungen; das sind dann auch zwei Wochen, in denen man kaum zum Schlafen kommt. Dafür ist der Verdienst überdurchschnittlich: Es gibt kaum einen Job, wo man als junger Berufstätiger schon so ein hohes Einkommen hat.

Up or Out
Nach diesem Prinzip läuft die Karriere in den größeren Unternehmensberatungen der Welt (nicht nur in den Top five) ab: Entweder man steigt auf oder fliegt raus. Man wird nach jedem Projekt bewertet und alle zwei bis drei Jahre wird entschieden, ob man befördert wird oder nicht. Mit einer Beförderung geht es auch gehaltsmäßig bergauf. Die Bezeichnung der Positionen in den einzelnen Unternehmensberatungen ist unterschiedlich, häufig ist die Hierarchie: Analyst, Junior Consultant, Consultant, Senior Consultant, Manager, Senior Manager, Director, Partner. Die „natürliche" Karriereentwicklung endet beim Manager. Will ein Berater zum Senior Manager aufsteigen, muss er noch zusätzliche Assets bringen, zum Beispiel im Verkauf gut sein. Jedenfalls setzt spätestens an dieser Stelle der Akquisitionsdruck ein: Nun heißt es neue Klienten gewinnen. Networking ist dabei sehr wichtig. Die Chance, dass man Partner in einer der größeren Unternehmensberatungen wird, ist sehr gering. Dagegen ist, eine Führungsposition in einem Unternehmen zu bekommen, viel wahrscheinlicher. Das Prinzip „up or out" zwingt einen jedenfalls, sich ständig weiterzuentwickeln – zurücklehnen kann man sich nie.

„Out" beziehungsweise es geht auch anders!
Ein Berater kann nach einer gewissen Zeit – freiwillig oder unfreiwillig – zu einer anderen Unternehmensberatung, meist einer kleineren Firma, wechseln. Das kann man natürlich auch von vornherein machen beziehungsweise ist es oft nicht anders möglich, weil man in keine der größten Consulting-Unternehmen hineinkommt. Der Markt besteht nicht ausschließlich aus großen Unternehmensberatungen. Im Grunde ist alles vertreten, bis hin zur „Boutique"-Unternehmensberatung, die sich auf ein bestimmtes Beratungsfeld spezialisiert hat, oder zur „One-Man-Show" (Einzelkämpfer). Die Bandbreite ist extrem groß. Man könnte sich (nach einigen Jahren Berufserfahrung) auch selbstständig machen: Viele

tun das und gehen in ein Unternehmen, in dem um die 10 bis 15 Berater arbeiten, die alle selbstständig unter der Dachmarke des Beratungsunternehmens tätig sind. Am schwersten haben es aber in jedem Fall die Einzelkämpfer, denn man braucht dafür ein sehr gutes Netzwerk und Kontakte, um zu Aufträgen zu kommen.

Relativ schnell zu Verantwortung
Am Anfang (als Analyst) arbeitet man noch eher im Hintergrund, es geht aber relativ schnell, dass man Kundenkontakt bekommt und bereits als junger Mensch Diskussionen mit Vorständen und anderen Führungspersönlichkeiten von großen Unternehmen führt. Das ist toll, sehr interessant und gibt einfach ein „starkes" Gefühl.

Die Rolle als Unternehmensberater – damit muss man leben
Ein Berater übernimmt eine gewisse Rolle: Er arbeitet vor Ort in einem Unternehmen (dem Auftraggeber) und ist damit als Externer in einer Firma für gewisse Zeit, nämlich solange das Projekt dauert, eingebunden. Grundsätzlich ist er in diesem Unternehmen nicht so beliebt: Er wird vom Vorstand/vom Management eingesetzt und alle Leute darunter „hassen" einen. Denn in einem Unternehmen, in dem es den Leuten schlecht geht, bekommt man meist die negativen Emotionen ab, weil Unternehmensberatung oft mit Rationalisierung gleichgesetzt wird, die Entlassungen nach sich ziehen könnte. Daneben fühlen Interne durch den Einsatz Externer die eigene Kompetenz angezweifelt und stehen einem feindselig gegenüber. All das erschwert die Zusammenarbeit. Man muss sich dann die Frage stellen, wie man die Leute, die einen nicht mögen, dazu bringt, zu kooperieren. Ihre Mitarbeit ist nötig, um an gewisse Daten und Infos zu kommen und zu verstehen, was das Problem ist. Man muss es auch aushalten, unangenehme Dinge zu erledigen, zum Beispiel zwischen zerstrittenen Vorständen zu vermitteln; manchmal betreut man Projekte, die über mehrere Unternehmensbereiche gehen, aber nicht alle Bereiche ziehen an einem Strang – ein Teil möchte das, ein anderer etwas anderes. Man muss kommunizieren, vermitteln und geschickt vorgehen.

Viel Luft und viel Papier
Ein Unternehmensberater kann nicht in die Meetings gehen und sagen: „Das machen wir so", er kann nur empfehlen und raten. Er hat keine Entscheidungsgewalt: Er muss damit leben, dass das, was er produziert hat, nicht umgesetzt wird – also unter Umständen im Mistkübel landet – und einfach nichts passiert. Denn es entscheidet die Unternehmensleitung. Oft (das ist projektabhängig) analysiert und sagt man Dinge, die im Unternehmen ohnehin schon bekannt, nur noch nicht niedergeschrieben waren: Das Management holt sich einen Externen, der dann die unangenehme Aufgabe hat, schwarz auf weiß zu bestätigen, dass zum Beispiel Personal abgebaut werden muss. Die Unternehmensleitung kann dann bei ihrem Tun auf das Ergebnis der Unternehmensberater verweisen.

Karrieremöglichkeiten außerhalb der Unternehmensberatung
Die meisten in der Branche sind jung, weil die Leute irgendwann aussteigen oder etwas anderes machen. Hat man fünf/sechs Jahre Erfahrung in der Beratung, ist man sehr gefragt,

zum Beispiel in der Managementfunktion in einem Unternehmen. Es kommt auch vor, dass man abgeworben wird, wenn man in einem Betrieb gut gearbeitet hat.

Job-Hopping nicht übertreiben
Das Job-Hopping – also das Wechseln der Jobs – ist in dieser Branche relativ gängig. Teilweise ist es auch gut, aber irgendwann – vor allem in den 30-ern – sollte man schauen, dass man länger bei einem Unternehmen bleibt. Denn mit den wechselnden Jobs kann man eines nicht zeigen: Verantwortung und Ergebnisse.

Auftreten
Es wird erwartet, dass man top aussieht, weil man auch mit den oberen Ebenen zu tun hat. Hemd und Krawatte beziehungsweise Kostüm sind Pflicht.

Ständig irgendwo – sehr viel im Ausland und ein Leben aus dem Koffer
Man muss dorthin gehen, wo das Projekt ist. Typischerweise ist man von Montag bis Freitag im Ausland; man fliegt Sonntag abends oder Montag morgens zum Projektort und Freitag abends retour. Ein Berater ist damit die Woche über nicht zu Hause, außer er ist nur national tätig. Arbeitsplatz ist nicht das Beratungsunternehmen, das einen angestellt hat, sondern das Unternehmen, das man berät. Man hat damit keinen fixen Standort und klappt seinen Laptop dort auf, wo wer gebraucht wird.

Verlust des Privatlebens – Arbeitszeiten
Der Job geht auf Kosten des Privatlebens, vor allem in großen Unternehmen – dessen muss man sich bewusst sein. Die Scheidungsrate wird höher, je mehr es in Richtung Senior Manager geht – ab einer gewissen Ebene sind die Beziehungen, die funktionieren, die Ausnahme. Aber auch in den mittelgroßen Beratungsunternehmen arbeitet man seine 12 Stunden am Tag. Die Arbeitszeiten sind auch stark vom Betrieb abhängig, in dem man sein Projekt hat: Wenn in einem Unternehmen alle um sechs gehen, wird man auch um sechs Uhr gehen. Nur das ist nicht die Regel! Je kürzer die Zeit ist, die man für ein Projekt hat, desto länger werden die Arbeitszeiten und 16-Stunden-Tage sind dann nichts Außergewöhnliches. Der Kunde zahlt eben einen Tagessatz zwischen 1.000 und 4.000 Euro für einen Consultant und saugt einen dafür aus.

Wenn man selbstständig ist, kann man sich seine Arbeitszeiten schon besser einteilen. Generell ist man aber ständig im Stress und unter Druck. Hat man „Langläuferprojekte" – das sind Aufträge, die über ein bis zwei Jahre laufen – kann man Spitzen abfedern und es ist nicht ganz so schlimm.

Frauen in der Unternehmensberatung
Es gibt nicht viele Frauen in der Unternehmensberatung, zumindest langfristig nicht, obwohl diese dort grundsätzlich geschätzt werden. Die Probleme fangen dann an, wenn man eine Familie hat: Teilzeit (und das heißt nicht 20 Stunden, sondern nur kein 14-Stunden-Tag mehr) bedeutet das Ende der Karriere: Man wird nie wieder befördert und macht keine interessanten Dinge mehr. Das heißt, Mütter können für die meisten Projekte nicht

eingesetzt werden, weil diese zumindest eine gewisse zeitliche Flexibilität erfordern. Man sucht sich daher entweder einen anderen Job, macht sich als Unternehmensberaterin selbstständig oder beschäftigt ein Kindermädchen von 0 bis 24 Uhr.

Finanzieller Aspekt / Chancen am Arbeitsmarkt:

Der Verdienst ist sehr gut, bereits als Einsteiger bekommt man zumindest in den größeren Unternehmensberatungen ein hohes Gehalt. Ab dem Senior Manager wird es finanziell wirklich interessant – das Gehalt kann sich dann verfünf- beziehungsweise versechsfachen.

Konkret verdient ein Anfänger in Top-Unternehmen knapp 59.000 Euro brutto im Jahr, in kleineren Unternehmen im Durchschnitt 47.000 Euro. Wer in einer der großen Beratungsfirmen bis zum Partner aufsteigt, kann bis zu 386.000 Euro brutto im Jahr verdienen. Bei kleineren Unternehmen liegt das Einkommen nicht einmal bei der Hälfte.

Studienabgänger haben meist kein Problem, einen Job zu finden.

Resümee:

Es kann ein toller Job sein, wenn man die richtigen Kunden hat. Man ist fast ständig unterwegs, lernt viele interessante Leute kennen – es ist ein kommunikativer und fordernder Job. Er ist abwechslungsreich und man kann sich immer wieder neuen Herausforderungen und Problemen stellen. Mit der Zeit wird man aber möglicherweise intoleranter, was die Arbeitszeiten und das viele Reisen betrifft. Mit dem Aufstieg in der Hierarchie wächst dann auch der Akquisitionsdruck. Irgendwann stellt man sich die Frage, ob man das bis zu seiner Pension machen möchte. Viele unterschätzen die langen Arbeitszeiten und den Stress, der dazukommt. Auf der anderen Seite lernt man sehr viel in kurzer Zeit.

Verkäufer

Definition:

Angestellte Verkäufer arbeiten zum Beispiel im Einzelhandel und Großhandel für kleine und große Unternehmen. Zu ihren Aufgaben gehören die Fachberatung, das Kassieren und das Einräumen der Ware aus dem Reservelager in das Verkaufslager. (Siehe Hinweis am Ende des Vorworts)

Voraussetzungen / Aus- und Weiterbildung:

Hauptsächlich Absolventen von Hauptschulen und Realschulen sind in diesem Ausbildungsberuf anzutreffen, aber auch Personen ohne Abschluss. Die Diskrepanz zwischen den Anforderungen und der Qualifikation der Auszubildenden wird durch eine relativ hohe Abbruchquote von ca. 15 Prozent während der Ausbildung deutlich.

Die Ausbildungsdauer beträgt hier nur 2 Jahre, bei einer Vergütung von ca. 600 Euro brutto im Monat. Anstatt einer Lehre kann auch ein Kurs am bfi sowie am WIFI absolviert werden. Aufstieg mit Personal- und/oder Gebietsverantwortlichkeit ist möglich.

Arbeitsalltag / Vor- und Nachteile:

Der Job kann so und so sein
Alles steht und fällt mit dem Arbeitsplatz beziehungsweise der Arbeitsumgebung. Der Job kann Spaß machen oder auch nicht. Das ist nicht nur eine persönliche Einstellungssache (Mag ich den Umgang mit Kunden? Komme ich mit den Arbeitszeiten zurecht?), sondern hängt sehr stark von dem Unternehmen/dem Geschäft ab, in dem man als Verkäufer arbeitet. Es kommen so viele Branchen infrage, in denen man arbeiten und seine Ausbildung (Einzelhandel in den verschiedensten Richtungen) machen kann. Auch ist nicht jeder Verkäufer für Warenbestellungen, für das Einräumen von Regalen oder für Kundenbetreuung zuständig. Neben branchenspezifischen und arbeitsplatzbedingten Unterschieden gibt es aber auch Gemeinsamkeiten, die sich durch alle Branchen ziehen.

Was man jedenfalls braucht ...
... ist Stehvermögen, oft gute Nerven und Freude im Umgang mit Menschen. Der Job ist in der Regel ein stehender und damit sehr anstrengend: Ein Verkäufer ist den ganzen Tag auf den Beinen, läuft herum und hat kaum Möglichkeiten, sich zwischendurch auszurasten. Neben Stehvermögen ist auch eine gewisse mentale Stärke hilfreich, weil man vieles vertragen und einstecken muss – und man sollte (!) immer freundlich bleiben. Es gibt unhöfliche, nörgelnde, unfaire und schlecht gelaunte Kunden, mit denen man in seinem Alltag konfrontiert wird; und ein Verkäufer wird für alles verantwortlich gemacht, auch wenn das oft Dinge sind, für die man nichts kann. Eine ruhige Art macht einem das Alltagsleben sicher einfacher – man darf sich auch nicht alles zu Herzen nehmen und muss unberechtigte Angriffe schnell beiseiteschieben. Neben den Kunden sind es die Kollegen, mit denen man auskommen muss – und das sind Leute von jung bis alt. Oft machen auch die zwischenmenschlichen Dinge die Arbeit schwierig oder nehmen einem die Freude am Job. Wenn man Glück hat, findet man nette Kollegen. Genauso gut kann man in einer „Schlangengrube" landen, wo die Kollegen lästern, faul sind oder sich unfair und unkollegial verhalten. Auch der Neid oder die Eifersucht spielen in diesem Job eine große Rolle – wenn der Umsatz mit einer Provision belohnt wird.

Kundenberatung?
Ein Verkäufer ist nicht automatisch in einem beratenden Beruf tätig – das hängt von der Branche und vom Informationsbedürfnis des Kunden ab. Im Lebensmittelhandel ist Beratung eher weniger gefragt, im Verkauf von Kleidung und technischen Geräten zum Beispiel ist sie Bestandteil des Aufgabengebietes, wobei es in der Textilbranche vom Konzept des Unternehmens abhängt: In einer Handelskette ist man „Einräumer und Wegräumer", aber kein Berater. Man muss nicht einmal freundlich sein oder grüßen. Man kann seinen Gedan-

ken nachhängen, während man einordnet und zusammenlegt. In einem kleinen Geschäft oder einem Designer-Shop betreut man den Kunden vom Anfang bis zum Ende. In einem Baumarkt hätten die Kunden zwar oft Beratungsbedarf, nur hat man als Verkäufer meist nicht die Zeit, sich um die Kunden zu kümmern – es gibt oft zu wenig Personal (ein grundsätzliches Problem ...). Einen Großteil seiner Zeit verbringt ein Verkäufer dort mit Warenpacken, Regalauffüllen, Preisauszeichnen, Warennachbestellen usw.

Überwiegend Routine
Die Tage bestehen aus Routine und man hat quasi immer dasselbe zu tun. Die Arbeiten sind monoton und es gibt keine Überraschungen. Nur durch Kundengespräche – soweit man welche hat – verlaufen Tage anders und werden aufgelockert.

Lebensmittelhandel
Als Kassaabteilungsleiterin in einem Lebensmittelgeschäft (Supermarktkette) am Land ist man vielleicht ausschließlich für den Kassabereich zuständig. Wenn Tabakwaren an der Kassa verkauft werden, kümmert man sich um deren Bestellung. Auch Zeitungen können hier in den Zuständigkeitsbereich fallen: In der Früh räumt man die alten aus und die neuen ein. Als Kassaabteilungsleiterin stellt man auch den Zeitplan für die Kollegen auf. Im Übrigen sitzt man „nur" an der Kassa und wechselt nicht den Bereich, sprich: Man räumt keine Regale ein und bedient auch nicht in der Feinkost. Verkäufer (anderer Supermarkt und in der Stadt) können auch teilweise an der Kasse sitzen oder nehmen Waren entgegen und räumen Regale ein und um, wieder andere sind für das Ein- und Ausräumen, Kistenherumschleppen und ähnliche Dinge zuständig. Im Wesentlichen ist der Job so, wie man ihn als Außenstehender registriert: Man nimmt Waren entgegen, kontrolliert Lieferscheine, räumt Waren ein; überprüft in den Regalen, was nachzufüllen ist, und sortiert abgelaufene Produkte aus. Frischwaren müssen täglich kontrolliert, Verfaultes aussortiert werden. Man sieht nach, ob die Regale in Ordnung sind, räumt Produkte weg, die ein Kunde irgendwo abgestellt hat, und entsorgt leere Kartons. Eine körperliche Arbeit: Man muss auspacken und umräumen und hat deswegen ständig irgendwo Kratzer und blaue Flecken, weil einem etwas herunterfällt oder man sich stößt. Daneben sollte man ein offenes Auge haben, weil in Supermärkten viel gestohlen wird. Es ist aber nicht immer einfach, einen ertappten Dieb zu stellen: Oft bitten Verkäuferinnen lieber einen männlichen Kollegen um Hilfe, denn bei manchen Kunden sind Angstgefühle angebracht. In einigen Supermarktketten muss man nicht nur während der Arbeitszeiten putzen, sondern auch nach Schließung des Geschäfts – und bekommt die Überstunden nicht einmal bezahlt. Die angenehmste Arbeit im Supermarkt ist an der Kassa: Man kann sitzen! Man fragt nach der Kundenkarte, nimmt Geld entgegen, gibt Wechselgeld heraus. Dabei ist Konzentration gefordert, weil man für seinen Kassastand verantwortlich ist. Es gibt viele Tricks, mit denen Betrüger versuchen, an Geld zu gelangen. Die Kunden sind zwar in der Regel freundlich, aber auch sehr ungeduldig – die Leute haben keine Zeit, keiner will warten: „Können Sie nicht noch eine Kassa aufmachen?" – würde man gerne, nur meistens fehlt es an zur Verfügung stehenden Kollegen (zu wenig Personal ...). Oder Leute regen sich auf, wenn der Kunde vor ihnen länger braucht oder man die Kassarolle wechselt, als wäre das Absicht. Auch sonstige Kritik kommt oft beim Bezah-

len zum Ausbruch: Ein Kunde hat sich in der Fleischabteilung geärgert und regt sich an der Kasse beim Verkäufer darüber auf.

In Geschäften am Land, wo beziehungsweise wenn man die Kunden kennt, hat ein Verkäufer sicher einen persönlicheren Job und ist nicht nur Kassier, sprich, das Monotone geht ein bisschen unter: Man unterhält sich mit den Leuten, tauscht Rezepte aus, bekommt Fragen gestellt („Haben Sie diese Fertigmischung schon einmal ausprobiert?", „Und wann machen Sie Urlaub?") – das ist sehr nett. Beziehungsweise das macht den Job für die betreffende Verkäuferin zu einer Arbeit, die sie gerne ausführt, obwohl sie „nur" an der Kasse sitzt. In der Stadt kommt es sehr auf die Filiale und das Klientel an. Daran sieht man, wie der „Wohlfühlfaktor" für den Verkäufer von äußeren Umständen abhängig ist.

Textilbranche

Das Dekorieren von Schaufenstern und/oder Umdekorieren im Geschäft kann Spaß machen. Treffen neue Waren ein, packt man sie aus und ordnet sie ein. Je nach Geschäft und Aufgabengebiet hat ein Verkäufer dabei freie Hand. Daneben werden in Schulungen die neuen Kollektionen vorgestellt. In manchen Geschäften bekommt man als Angestellter sogar ein Saisonoutfit billiger: Klingt super. Wenn man allerdings in einer Designerboutique arbeitet, kann man sich das Teil nicht einmal dann leisten, wenn es stark verbilligt ist. In einer solchen noblen Boutique hat man Umgang mit der sogenannten „guten österreichischen Gesellschaft" und bekommt mit, wie wenig fein sie sich oft verhält. Leute regen sich auf, wenn irgendein Teil in ihrer Größe nicht da ist oder wenn es Lieferschwierigkeiten gibt. Frustrierte Frauen kommen mit ihren Kindern ins Geschäft, probieren stundenlang und setzen währenddessen ihren Nachwuchs im Eck ab. Ein Verkäufer muss sich hier viel gefallen lassen: Man ist Dienstleister und „Bediener" und es gibt genug Leute, die einen das auch spüren lassen. Daneben gibt es auch sehr nette Kunden, teilweise auch Stammkunden, über deren Kommen man sich immer freut, sogar wenn sie nichts kaufen.

Manche Verkäufer haben einen gewissen Umsatzdruck: Dann, wenn Umsatzlisten geführt und Provisionen bezahlt werden. Wenn man vorgegebene Summen nicht erreicht, steht erst einmal ein Gespräch mit der Filialleitung an. Durch das Provisionssystem werden manche Kollegen unkollegial und es entsteht Streit um die Kunden.

In ein Männerbekleidungsgeschäft kommen Kunden, die von vornherein wissen, was sie wollen, und solche, die für eine kompetente Beratung sehr dankbar sind. Daneben kaufen aber auch Frauen für ihre Partner ein – man hat also nicht ausschließlich mit dem männlichen Geschlecht zu tun. Nicht alles läuft einfach ab und oft hat man komplizierte oder schwierige Kunden. Das ist aber nichts Außergewöhnliches.

Wenn man in einer großen Textilkette arbeitet, ist man eher eine Nummer und wird noch mehr ausgebeutet, als es bei Verkäufern ohnehin der Fall ist. Die Fluktuation ist relativ hoch.

Outfit

Ein gewisses Outfit ist oft Pflicht: Uniformen, Hemden, Shirts mit Firmenlogo, Anzüge und Kostüm – alles ist möglich. Das Styling muss passen – es wird von der Firma auferlegt.

Man ist im Handel – mit den Arbeitszeiten muss man leben!

Ein Verkäufer arbeitet von Montag bis Samstag. Zum Glück ist der Sonntag noch (!) geschlossen. Viele Geschäfte – vor allem in städtischen und stadtnahen Gegenden – haben von Montag bis Freitag von neun oder zehn bis 20 Uhr abends und am Samstag von zehn bis 18 Uhr geöffnet. Über ein langes Wochenende kann man sich nur sehr selten freuen. Tage wie Ostern, vor Weihnachten, zu Weihnachten und nach Weihnachten sind Stresstage – viele Geschäfte verhängen da eine Urlaubssperre und man kann sich keinen Tag freinehmen. In Kleidungsgeschäften, vor allem in nicht allzu großen, gibt es auch während des Sommer-Sales Urlaubssperren und man muss Überstunden machen. Zeitausgleich kann man sich kaum leisten, weil zu wenig Personal zur Verfügung steht. Manche Angestellten arbeiten in Schichten, andere haben Fixzeiten. Die Öffnungszeiten und der Personalmangel können dazu führen, dass man an manchen Tagen deutlich mehr als acht Stunden arbeiten muss. Für eine Mutter können die Arbeitszeiten bitter sein. Ein weiterer Nachteil ist, dass das Arbeitsaufkommen unterschiedlich und nicht planbar ist. Ein abendliches Privatleben ist die Ausnahme – man will auch nicht mehr um acht oder später Freunde treffen – man ist zu müde.

Finanzieller Aspekt / Chancen am Arbeitsmarkt:

Der Job ist grundsätzlich nicht so toll bezahlt, die Spanne allerdings kann riesig sein: Der Verkäuferjob kann vom schlecht bezahlten Kassajob mit 1.000 Euro Monatsgehalt bis hin zur super bezahlten Facharbeit mit Umsatzbeteiligung reichen, die im Monat 3.000 bis 6.000 Euro (jeweils brutto) einbringt. Es gibt grundsätzlich ganz gute Aufstiegsmöglichkeiten: Man kann sich zum Abteilungsleiter, Filialleiter, Verkaufsleiter beziehungsweise Shopleiter usw. (die Begriffe und Hierarchien sind unterschiedlich) hocharbeiten. Ein Vertriebsleiter beispielsweise mit zehn Jahren Berufserfahrung kann auf ein Jahresgehalt von 115.600 Euro kommen.

Die Chancen am Arbeitsmarkt sind stabil – gute, engangierte Verkäufer werden immer gebraucht und gesucht.

Resümee:

Wie zu Beginn beschrieben – der Beruf bietet Positives und Negatives. Manche Verkäufer machen ihren Job gerne, andere hassen ihn und würden ihn nicht empfehlen. Es kommt auf die jeweilige persönliche Situation an.

Versicherungsberater

Definition:
Der Versicherungsberater berät und betreut Selbstständige, Unternehmen, Privatkunden und Behörden über alle Formen der Versicherung und ist zu einer am festgestellten persönlichen Bedarf orientierten Beratung verpflichtet.

Nicht zu verwechseln mit dem Versicherungsmakler, der selbstständig ist und Versicherungen verkauft. (Siehe Hinweis am Ende des Vorworts)

Voraussetzungen / Aus- und Weiterbildung
Versicherungs*fach*leute haben die sogenannte „BÖV-Prüfung" absolviert, die bei der Bildungsakademie der Österreichischen Versicherungswirtschaft („BÖV") nach mindestens 18 Monaten Tätigkeit in einer Versicherung abgelegt werden kann. Bis zur Prüfung hat man laufend Seminare und für jede Versicherungssparte Schulungen zu besuchen. Versicherungs*kauf*leute haben hingegen eine Lehre gemacht und schließen mit der Lehrabschlussprüfung ab.

Daneben wird man in beiden Fällen im jeweiligen Versicherungsunternehmen intern ausgebildet. Diese Ausbildung umfasst unter anderem Fachkurse, Verkaufstrainings, Kundenanalysen, Produkteinschulungen, persönlichkeitsbildende Seminare, EDV-Trainings usw. Um auf Dauer im Beruf bestehen zu können, beziehungsweise wenn man den Job ernst nimmt, muss man sich laufend fortbilden und lernen. Die Versicherungsbranche ist ein schnelllebiger und sich laufend ändernder Wirtschaftszweig.

Arbeitsalltag / Vor- und Nachteile:

Man muss kontaktfreudig sein
In der Versicherungsbranche wird grundsätzlich viel kommuniziert. Insbesondere ein Außendienstmitarbeiter muss auf Menschen zugehen können und kontaktfreudig sein; man hat schließlich die Aufgabe, fremde Menschen anzusprechen, und Abfuhren sind notgedrungen auch zu verkraften. Eine Versicherung zu verkaufen ist eine Herausforderung, weil Leute für etwas bezahlen sollen, was sie nicht angreifen können und aktuell nicht brauchen. Aber auch in unterschiedlichen Bereichen des Innendienstes hat ein Versicherungsberater mit Kunden oder Kollegen (zum Beispiel den Außendienstmitarbeitern) zu tun; im Callcenter telefoniert man zum Beispiel ständig. In anderen Ressorts gibt es wiederum keinen Kundenkontakt. Zudem ist man mit unterschiedlichsten Bevölkerungsschichten konfrontiert – vom Handwerker bis zum Akademiker ist alles vertreten. Und man muss auch einstecken können: Kunden werden – gelinde ausgedrückt – auch schon einmal unhöflich, wenn zum Beispiel die Versicherung nicht oder zu wenig bezahlt.

Innendienst

In der Regel übernimmt man im Innendienst einen bestimmten Bereich (zum Beispiel in einer Schadens- oder Vertragsabteilung ein bestimmtes Themengebiet, etwa Kfz, Unfall, Eigenheim usw.). Im Prinzip macht man immer dasselbe, die Aufgaben können monoton werden (wenn man den 1000. Kfz-Vertrag polizziert). Umgekehrt bietet das die Möglichkeit, sich zu einem Experten zu entwickeln. Man lernt sehr schnell sehr viel von seinem Aufgabengebiet. Probleme können auf personeller Ebene auftreten: Posten werden gestrichen und nicht nachbesetzt. Die zu betreuenden Fälle werden mehr – und ebenso der Rückstand, den man aufzuarbeiten hat. Kunden verlangen schnelle Erledigungen und dadurch entsteht ein Zeitdruck.

Außendienst

Ein Außendienstmitarbeiter will neue Kunden gewinnen: Er ruft potenzielle Kunden an und versucht, sie zu einem Treffen zu motivieren. Seinen Kalender mit Kundenterminen vollzubekommen ist nicht so leicht, vor allem für jemanden, der das noch nie gemacht hat: Man muss eine Person anrufen und nach einem Termin fragen; das verlangt viel Übung und Training. Wenn eine Terminvereinbarung glückt, bespricht man, welche Versicherungsprodukte derjenige hat, und schaut, was und ob man das besser machen kann. Das ist auch der Punkt, wo sich die Spreu vom Weizen trennt: Als seriöser Berater prüft man wertfrei auch fremde Versicherungen. Im besten Fall ist der Kunde zufrieden und empfiehlt einen weiter. So wächst das Geschäft Schritt für Schritt.

Die Herausforderung im Außendienst ist, alles unter einen Hut zu bringen. Denn die Arbeit liegt nicht nur darin, Verträge abzuschließen, sondern auch bestehende zu betreuen, zum Beispiel auch immer wieder zu schauen, ob die Versicherung noch passt. Mit 300 Kunden wird das schwieriger und auch stressiger.

Man ist übrigens nicht ständig unterwegs, sondern hat auch einen fixen Arbeitsplatz im Versicherungsgebäude, weil man so manches „inhouse" zu erledigen hat: Es gibt zum Beispiel Dienstbesprechungen.

Arbeitszeiten

Im Innendienst hat man grundsätzlich Gleitzeit und kann sich seine Arbeit – je nach Regelung mehr oder weniger flexibel – einteilen. Im Außendienst werden keine fixen Arbeitszeiten vorgegeben und man kann steuern, wann man arbeitet. Wie man seine Termine einteilt und sich bewusst Zeit freihält, lernt man mit den Jahren.

Der Ruf

Der Außendienst zieht oft Leute an, denen es nur darum geht, anderen eine Versicherung anzudrehen und die Provision zu kassieren, egal, ob diese sie brauchen oder nicht. Daher kommt der schlechte Ruf der Branche – es gab und gibt genügend schwarze Schafe. Dieses schlechte Image führt auch dazu, dass man sich oft für seinen Beruf rechtfertigen muss.

Finanzieller Aspekt / Chancen am Arbeitsmarkt:

Im Gegensatz zum Innendienst (Einstiegsgehalt rund 1.650 Euro brutto pro Monat) kann man im Außendienst sehr gutes Geld verdienen. Als Außendienstmitarbeiter lebt man nämlich von den Provisionen: Man bekommt ein bestimmtes Fixum (etwa um die 1.400 Euro brutto pro Monat) und hat auch noch die Provisionen für verkaufte beziehungsweise abgeschlossene Versicherungen. Vom „Schmäh" kann man als Außendienstmitarbeiter allerdings nicht leben – das durchschaut ein Kunde schnell!

Es gibt immer Chancen einzusteigen. Am einfachsten ist es über den Außendienst, wo man relativ schnell einen Job bekommt. Man hat zwar zunächst keinen tollen Verdienst (noch kein Netzwerk aufgebaut), dafür bezahlt die Versicherung die Ausbildung (die Seminare und Schulungen, die bis zur BÖV-Prüfung anfallen). Später kann man in den Innendienst umsteigen, wenn man das möchte. Für jede (Führungs-)position in einem Versicherungsunternehmen ist es positiv, erlebt zu haben, wie das Geschäft im Außendienst abläuft.

Resümee:

Kein Beruf, den man erlernt und sich dann ausrasten kann – man bildet sich immer weiter. Wenn man sich bemüht, hat man tolle Möglichkeiten und Entwicklungschancen. Seinen Fuß in die Branche bekommt man am leichtesten über die Tätigkeit als Außendienstmitarbeiter. Allerdings hat man im Alltag mit dem schlechten Ruf der Sparte zu kämpfen. Aber auch das lässt sich überwinden.

Design / Gestaltung

Grafiker

Definition:

Grafiker gestalten Printprodukte (wie Zeitschriften, Prospekte, Flyer, Plakate, Inserate, Verpackungen) sowie Internetseiten oder CD-ROMs. Sie besprechen ihre Entwürfe mit den Kunden und arbeiten eng mit Werbefachleuten, Programmierern und Textern zusammen. Ihr Aufgabenbereich beinhaltet alle Schritte von der visuellen Konzeption und Gestaltung bis hin zur druckreifen Reinzeichnung beziehungsweise technischen Umsetzung. (Siehe Hinweis am Ende des Vorworts)

Voraussetzungen / Aus- und Weiterbildung:

Die Ausbildung ist nicht einheitlich. Es gibt das Fach Grafikdesign an der Werbeakademie Wien sowie an verschiedenen Fachhochschulen und Hochschulen als Studiengang oder auch als Bachelor-/Master- sowie Diplomstudium an einer Universität. In den letzten Jahren entstanden etliche öffentlichen und privaten Schulen, die eine „Designer-Ausbildung" anbieten – viele davon auch im grafischen Bereich.

Ist man in einer Agentur angestellt, ist ein Aufstieg zum Art Director und Creative Director *(zumindest theoretisch, siehe unten)* möglich.

Arbeitsalltag / Vor- und Nachteile:

Die Realität

Es ist nicht so, wie man es vielleicht erwartet – man brütet nicht stundenlang bei Kaffee gemütlich über lustigen Ideen. In Wahrheit arbeitet man meistens unter Zeitdruck. Man hat permanent Deadlines und Abgabetermine und muss zum Beispiel für eine Präsentation zu einem fixen Termin ein Konzept liefern. Kreativ sein auf Knopfdruck ist nicht einfach. Der Stress brennt viele aus. Nicht alles ist hip und lässig – man muss auch langweilige Dinge machen oder hat Aufträge, die einen nicht so interessieren.

Selbstverwirklichung?

Man kann sich nicht selbst verwirklichen, sondern muss sich dem Produkt und dem Kunden unterordnen. Wenn man in einer Werbe- oder Grafikagentur arbeitet, untersteht man außerdem der Teamleitung (dem Art-Director) und der Agenturleitung. Oft findet man seine eigene Idee einfach perfekt, nur scheitert die Umsetzung am Kunden, der zu konservativ ist. Das ist oft die Gefahr bei Dingen, die zu kreativ sind: Sie werden abgelehnt. Das Wenigste, was man entwirft, wird eins zu eins übernommen.

Oder bei der Gestaltung von Homepages entsteht oft das Problem, dass man seine Ideen nicht so umsetzen kann, wie man sich das vorstellt, weil die Programmierer das nicht können oder wollen (weil zu mühsam). Langweilig ist der Job, wenn man das Pech hat, nur für einen großen Kunden zu arbeiten, und so zum Beispiel nur Etiketten für ein Produkt gestaltet. Große und vor allem bekannte Unternehmen haben zudem Vorgaben für die Form ihrer Flyer und Folder. Innerhalb solcher Vorgaben (Schrift, Größe, Farben) bleibt für Kreativität daher nicht viel Platz. Wenn man aber unterschiedliche Kunden (vor allem auch kleinere und mittelgroße Unternehmen) mit verschiedensten Bedürfnissen und Produkten hat, ist das wesentlich spannender.

Am tollsten, aber auch am schwierigsten, ist es, eine neue Designlinie oder ein neues Verpackungsdesign zu entwickeln. Das Hauptgeschäft für viele sind aber Poster, Folder, Logos und Visitenkarten. Und: Nicht die gesamte Arbeit des Grafikers ist kreativ. Ein großer Anteil der Zeit geht in die Ausarbeitung („Reinzeichnung"): die Vorbereitung der Vorlage für den Druck. Das Layout steht und man arbeitet für die Druckerei das Dokument auf, kontrolliert die Schrift, die Farben, die Abstände usw.

Agenturgrafiker – Cooles Dasein in einer Werbeagentur?
Die Arbeit in einer Werbe- oder Grafikagentur muss man mögen und viele zieht es auch – klassisch – zu Beginn ihrer Grafikkarriere in eine Agentur (bevor sich viele dann selbstständig machen). Man beginnt mit einem geringen Gehalt und arbeitet viel. Überstunden werden erwartet, aber nicht bezahlt und auch nicht durch Zeitausgleich ausgeglichen. Überwiegend sind Überstundenpauschalen vereinbart, mit denen der gesamte Arbeitsaufwand abgegolten ist. Ein 40-Stunden-Job ist es in einer Agentur selten, am ehesten noch in sehr kleinen. In der Regel arbeitet man zwischen 50 und 70 Stunden in der Woche. Einerseits wird beim Personal eingespart, andererseits versuchen Agenturen durch Gratis-Präsentationen oder andere Gratis-Leistungen zu Aufträgen zu kommen. Für diese Arbeiten muss das Team länger sitzen, weil solche Dinge neben dem Tagesgeschäft erledigt werden müssen. Je nach interner Struktur arbeitet man dem Art Director oder direkt dem Creative Director (*siehe Creative Director*) zu: Man bekommt die Aufträge auf den Tisch und erledigt sie. Vom Art Director bekommt man gesagt, wie eine Idee grafisch umgesetzt werden soll, was viele stört. Die kreative Idee – das, was wir als Werbung sehen, – wird im Team aus Werbetextern und Grafikern bzw. Art Directors unter der Leitung des Creative Directors entwickelt.

Ein Agenturgrafiker hat den Kunden nicht gesehen und vor allem nicht mit ihm gesprochen. Dazu kommt noch, dass man meistens nur zwei oder drei Kunden betreut und für sie oft immer dasselbe macht, beziehungsweise immer in derselben Richtung tätig ist. Als Junior muss man auch eher die unbeliebten und uninteressanten Dinge übernehmen.

Übersteht man die Zeit als Junior- und Senior-Grafiker und schafft es bis zum Art Director, könnte man noch weiter zum Creative Director aufsteigen. In ganz kleinen Agenturen sind die Hierarchien flacher: Es gibt keine Unterscheidung zwischen Junior, Senior und Art

Director. In einer solchen Agentur arbeitet man freier, erhält aber ebenfalls Anweisungen – meistens vom Creative Director oder Agenturinhaber, der mit den Kunden gesprochen und die Ideen abgesteckt hat. Vorgaben in der einen oder anderen Form wird man meistens bekommen. Damit muss man leben. Man darf übrigens nicht damit rechnen, dass man in einer Agentur als angestellter Grafiker in Pension geht *(Siehe Creative Director: „Wo sind die Älteren in der Branche?")*.

Selbstständiger Grafiker – Visualisieren von Ideen – das Briefing vorab

Ein Grafiker setzt sich nicht hin und entwirft „einfach nur" ein Logo oder eine Homepage für den Kunden – er erarbeitet ein Konzept/ein Design und setzt so die Wünsche des Auftraggebers um. Nur wissen diese oft nicht, was sie eigentlich aussagen möchten, oder rechnen nicht damit, dass die Umsetzung einer Idee auch für sie mit Arbeit verbunden sein kann. Am Beginn steht daher das Briefing mit dem Kunden *(außer der Grafiker arbeitet in einer Agentur – siehe oben)*. Man setzt sich mit dem Kunden zusammen, unterhält sich mit ihm und „saugt" aus ihm raus, was er konkret braucht. Was will er aussagen und wie? Wie möchte er das beziehungsweise sich darstellen? Dann erarbeitet man ein Grobkonzept. Erst wenn dafür das Ok des Kunden da ist, startet der Grafiker – im Fall eines Internetauftritts zum Beispiel – mit dem Layout der Homepage. Wird ein Logo oder Ähnliches beauftragt, dann arbeitet man zunächst mehrere (möglichst unterschiedliche) Entwürfe aus und versucht im Gespräch mit dem Kunden, eine Richtung einzuschlagen.

Den grünen Zweig mit Kunden finden

Wenn der Kunde nicht weiß, was er will, ist es immer schwierig und der Auftrag kann eine „Never-Ending-Story" werden, weil er es sich vielleicht zig Mal anders überlegt. Den „grünen Zweig" zu finden kann dauern. Es passiert unter Umständen, dass ein Kunde nach einigen Logo-Entwürfen endlich so weit ist, dass er mit der Idee einverstanden ist, und nach drei Wochen hat er es sich doch wieder anders überlegt. Oder man liefert dem Kunden einen Entwurf und dieser gibt erst nach Wochen ein Feedback und möchte alles anders haben; es wird ein neuer Entwurf erarbeitet, der Kunde braucht wieder Zeit zum Überlegen … Und dann ist es auch möglich, dass man auf überhaupt keinen gemeinsamen Nenner kommt: Man trifft die Vorstellung des Kunden nicht – dann wird die Zusammenarbeit ohne Ergebnis beendet. Im Grunde merkt man schon beim ersten Gespräch mit einem Auftraggeber, ob die Chemie stimmt und ob man sich einigen kann.

Zahlungsmoral der Kunden

Man hat immer wieder Diskussionen mit Kunden zu führen, wenn es ums Zahlen geht, und wartet oft Monate, bis bezahlt wird. Kunden unterschätzen den Wert eines fertigen Logos und sehen nicht gerne ein, dass sie für eine Idee, die kreativ umgesetzt wird, einen gewissen Preis bezahlen müssen. Das Problem ist, dass man eine Arbeit macht, die nicht bewertet werden kann. Die Kunden versuchen immer wieder zu verhandeln und würden oft am liebsten erst dann bezahlen, wenn das (erwartete) Feedback von dritter Seite kommt, beziehungsweise beim ersten Mal gar nicht bezahlen. Mit diesem Usus in der Branche muss man zurechtkommen.

In den Tag hinein leben? Arbeitszeiten!

Grafiker haben meistens lange Arbeitstage – das gilt für Selbstständige und Angestellte gleichermaßen *(siehe oben Agenturgrafiker; wichtige (weitere) Infos zu Arbeitszeiten, Verdienst und der Werbebranche an sich sind beim Creative Director zusammengefasst. Das Thema Arbeitszeiten ist bei allen Kreativen, die in einer Werbeagentur arbeiten, dasselbe; daher siehe auch den diesbezüglichen Absatz bei den Werbetextern).*

Als Selbstständiger arbeitet man unterschiedlich lang – je nach Auftragslage. Manche zwischen 20 und 100 Stunden in der Woche, manche acht/neun Stunden täglich. Am Anfang einer Selbstständigkeit ist ein freier Tag in der Woche Luxus; man ist vielleicht von acht Uhr morgens bis in die Nacht hinein tätig. Aber das ist ein „anderes" Arbeiten. Man steht – auch wenn man Abgabetermine hat – nicht unter einem permanenten Leistungsdruck und die Arbeit macht deshalb mehr Spaß.

Finanzieller Aspekt / Chancen am Arbeitsmarkt:

Schwer zu sagen, was angestellte Grafiker verdienen – es kommt auf die konkrete Tätigkeit und die Größe des Unternehmens/der Agentur an und damit kann der Verdienst sehr unterschiedlich sein. Das durchschnittliche Einstiegsgehalt liegt bei 1.700 Euro (Mittelschul-, Hochschulabschluss) bzw. 2.280 Euro (Universitäts-, Fachhochschulabschluss), jeweils brutto pro Monat. Für selbstständige Grafiker gilt: Es kommt wie immer auf das Netzwerk und die Auftragslage an. Manche jobben auch als Freelancer – also als freie Mitarbeiter – und arbeiten einer Agentur zu. Man wird weiterempfohlen und vieles entwickelt sich.

Grafiker bekommen, wenn sie gut sind, immer einen Job.

Resümee:

Als selbstständiger Grafiker arbeitet man in einem Netzwerk mit Textern, Druckereien, Fotografen, Programmierern und auch anderen Grafikern. Diese Arbeit im Team bzw. die eigene Präsenz bis zur Umsetzung der Idee (das wäre beispielsweise ein Foto-Shooting, bei dem sich der Grafiker noch einbringen kann) macht den Selbstständigen Spaß. Das Arbeiten in Agenturen ist eher weniger beliebt, es kommt aber auch auf den Arbeitsplatz und die Persönlichkeit an. Jedenfalls ist die Arbeit dort ein Beginn und kann ein gutes Sprungbrett in die Selbstständigkeit sein.

Modedesigner

Definition:

Modedesigner entwerfen Bekleidungsstücke, wie zum Beispiel Sakkos, Jacken, Kleider, Röcke, Anzüge, Hemden und Blusen in Einzelmodellen oder für die Kollektionsfertigung.

Sie beachten dabei neben gesellschaftlichen Entwicklungen und Trends auch Materialeigenschaften, Fertigungstechniken und Produktionskosten. Modedesigner arbeiten freiberuflich, als Selbstständige im eigenen Betrieb oder angestellt in Textil- und Bekleidungsunternehmen. (Siehe Hinweis am Ende des Vorworts)

Voraussetzungen / Aus- und Weiterbildung:

Eine Ausbildung ist empfehlenswert, um sich eine gute Basis zu verschaffen. Dazu gibt es verschiedene Möglichkeiten. Ob man mit der Schule früher oder später beginnt, ist nicht unbedingt ausschlaggebend dafür, ob man später einen Platz in der Modewelt findet. Man könnte nach der Unterstufe in eine Hochschule für Modedesign gehen (beispielsweise nach Hetzendorf in Wien) oder nach der Matura ein Kolleg besuchen (bekannt: Herbststraße in Wien). Modedesign wird auch als Studiengang oder Studienschwerpunkt eines Designstudiums an einer Universität, mehreren Kunsthochschulen, Hochschulen, Fachhochschulen und Berufsfachschulen angeboten.

Arbeitsalltag / Vor- und Nachteile:

Traumbranche Modedesign? Hat mit Idealismus zu tun!
Modedesigner zu werden ist für viele ein Traumberuf: Man macht etwas Kreatives, die Arbeit bereitet Freude und bestenfalls wird man international ein Star. Wie sieht die Realität aus? Als angestellter Modedesigner Fuß zu fassen ist beinahe aussichtslos, man findet in Österreich fast keinen Job, weil der Markt im Vergleich zu anderen Ländern relativ klein ist. Die Alternative ist die Selbstständigkeit. Das damit verbundene finanzielle Risiko ist aber hoch, weil gerade in der Modebranche nicht abschätzbar ist, ob es funktionieren wird. Und die Chance, Geld zu verdienen, ist gering. Nur sehr wenige von den vielen Modeschulabsolventen haben Erfolg, sprich entwerfen und produzieren eigene Kollektionen und werden uns namentlich ein Begriff. In Österreich als Designer zu arbeiten und zu leben ist sehr schwierig, selbst wenn man schon einen Namen hat. Bleibt man dabei, dann aus Idealismus.

Erfolg oder Misserfolg hängt oft vom finanziellen Background ab
Ohne Förderungen oder andere finanzielle Unterstützungen ist es kaum möglich, als Designer zu arbeiten, und es ist schwierig, von diesem Job allein zu leben. Viele sind lediglich nebenberuflich als Designer tätig oder haben jemanden, der sie unterstützt. Startkapital ist in der Anfangszeit wichtig – man ist gezwungen zu investieren und verdient kaum etwas. In den ersten drei bis fünf Jahren der Selbstständigkeit muss man viel zurückstecken, private Anschaffungen sind unwichtig, man investiert sein Geld in Stoffe und Materialien, um seine Ideen in Kollektionen umzusetzen. Es ist sehr hart, bis man etabliert ist. Aber selbst später wird es nicht einfach: Man muss ständig investieren. Auch die Teilnahme auf internationalen Messen und Shows kostet Geld. Einen Platz zu bekommen ist nicht das Problem – die sogenannten „Showrooms" schreibt man an und hat ihn schon. Es ist vielmehr eine Frage des Geldes. Besitzt man davon genug, ist alles kein Problem. Designer, die von Haus

aus einen guten finanziellen Background haben und sich über die Finanzen keine Gedanken machen müssen, haben es jedenfalls leichter. Ob sie sich langfristig halten, ist dann allerdings eine Frage des Talents.

Sich durchsetzen – in Österreich und international
In der Branche entscheidet oft das Glück über Erfolg und Misserfolg: Man muss die richtigen Leute kennenlernen und zur richtigen Zeit am richtigen Ort sein. Es ist wichtig, Menschen hinter sich zu haben, die an einen glauben, einen unterstützen und einem dadurch Möglichkeiten eröffnen. In Österreich erhöhen sich die Erfolgschancen, wenn man im Ausland bekannt ist – zu Hause ist das eigene Design nicht viel wert. Für die internationale Karriere ist es übrigens kein Nachteil, österreichischer Designer zu sein. Man sucht sich zum Beispiel einen Showroom auf der Pariser Fashionweek und präsentiert dort seine Kollektion. Die internationalen Einkäufer sind vor Ort und kaufen Mode ein. Dabei spielt es keine Rolle, woher diese kommt. Im ersten Jahr wird kaum etwas passieren, wahrscheinlich auch im zweiten nicht. Die Einkäufer beobachten, wie sich ein Jungdesigner über ein Jahr oder zwei entwickelt. Anfangs ist es daher wichtig, das Vertrauen der Leute zu gewinnen und nicht zu schnell aufzugeben.

Ein Atelier zu Hause und später vielleicht ein eigener Shop?
Die meisten richten sich zunächst bei sich zu Hause ein Atelier ein, wo sie arbeiten und auch ihre Kunden empfangen. Man beginnt damit, von zu Hause aus sein Geschäft aufzubauen und sich einen Namen zu machen. Das spart Kosten. Damit verbunden ist aber der Nachteil, dass es keine Laufkundschaft gibt. Irgendwann kann man es sich – hoffentlich – leisten, ein Geschäft anzumieten, dort zu produzieren und zu verkaufen. Keine Boutique oder andere Verkaufsstelle ist dazwischengeschaltet, was den Vorteil hat, dass niemand extern mitverdient, beziehungsweise die Stücke nicht um den Einkaufspreis abgegeben werden müssen. Andere wiederum wollen von vornherein kein Geschäft in Österreich eröffnen, sondern ihre Karriere ausschließlich vom Ausland aus aufbauen. Ein Atelier haben sie zwar trotzdem, am eigenen Shop in Österreich sind sie aber nicht interessiert. Ihr Ziel ist, ihre Kollektionen auf den internationalen Modemessen an die internationalen Einkäufer zu verkaufen.

Seine Kreativität ausleben?
Sicher ist der Beruf auf der einen Seite ein sehr „freier" – man ist kreativ und nützt seinen Einfallsreichtum insbesondere zum Entwerfen. Daneben muss aber immer darauf geachtet werden, dass man etwas macht, das den Leuten gefällt und tragbar ist – sprich: Die Sachen müssen verkaufsfähig sein. Insoweit sind der Kreativität auch Grenzen gesetzt. Besonders in Österreich ist es nicht so einfach, sich im Design frei zu bewegen, weil die Menschen im Vergleich zu anderen Ländern weniger offen für gewagte Designs und Kreationen sind.

Das Design und die Umsetzung
Designer sind die Kreativen, die entwerfen. Umgesetzt wird der Entwurf von Schnittmachern und Nähern. Es ist daher gut, alle drei Berufe zu beherrschen, weil man nur dann alles selber machen kann: die Kollektion entwerfen (Modedesigner), Erstentwürfe anfer-

tigen, Vorlagen schaffen, nach denen produziert werden kann, sprich Schnitte machen (Schnittmacher) und nähen (Modenäher, Modeschneider). Manche fertigen nur ihre Prototypenkollektion an und lassen diese dann extern anfertigen (aus Kostengründen oft im Ausland). Eine solche externe Produktion läuft aber selten reibungslos ab, das kostet Nerven (Händler lassen einen hängen usw). Produziert man alle Kleidungsstücke selbst und richtet sich dabei nach dem Bedarf seiner Kunden, hat das den Vorteil, dass man flexibel ist und das finanzielle Risiko gering hält.

Irgendwann reich werden?
Die Chance ist relativ gering; will man viel Geld verdienen, sollte man einen anderen Beruf wählen. Manche meinen wiederum, dass es nicht schwieriger ist als in anderen Branchen. Die mediale Präsenz muss nicht immer ein Garant für einen höheren Verdienst sein.

Freizeit und Privatleben
Außer viel Geld muss man gerade in den Anfangszeiten – und die dauern Jahre – sehr viel Zeit investieren und auf vieles verzichten. Man arbeitet während der Woche länger und auch am Wochenende; 60 bis 80 Stunden sind keine Seltenheit. Vor Präsentationen, zum Beispiel auf der Pariser Fashionweek, kommt ein Designer überhaupt nur stundenweise zum Schlafen. Urlaub gibt es kaum – das geht zeitlich und finanziell nicht anders. Es dauert zumindest drei Jahre, bis das Geschäft ins Laufen kommt, eine Zeit, in der man nicht viel Privatleben haben kann. Manche Designer haben zehn Jahre lang keinen Urlaub und das ändert sich erst, wenn man Mitarbeiter aufnimmt. Die Entscheidung für zusätzliche Mitarbeiter erfordert jedoch viel Mut, denn das finanzielle Risiko begleitet einen ständig. Zuerst beschäftigt man Leute meist geringfügig oder als freie Dienstnehmer, um sich nicht zu binden und die Kosten gering zu halten. Damit verschafft man sich mehr Freizeit und Privatleben.

Sonstiges
Es gibt in der Modebranche nicht nur den Job Modedesigner. Die Modebranche bietet unterschiedliche Möglichkeiten. Viele, die eine Ausbildung auf einer Modeschule absolviert haben, arbeiten zum Beispiel als Stylisten, Trendscouts, Schnittmacher, Redakteure für Modeseiten diverser Magazine beziehungsweise in Presseagenturen oder in der Vermarktung.

Finanzieller Aspekt / Chancen am Arbeitsmarkt:

Als angestellter Modedesigner verdient man in Österreich relativ schlecht, die Aufstiegschancen in diesem Beruf sind außerdem gering.

Als Selbstständiger wird man am Anfang mehr Geld investieren als verdienen. Wenn man sich einen Namen gemacht hat und immer wieder Aufträge erhält oder einen guten Kundenstock aufgebaut hat, kann man recht gut verdienen, Garantie für einen konstanten hohen Verdienst gibt es jedoch keine.

Der Markt „schreit" in Österreich ganz gewiss nicht nach neuen Modedesignern, doch wenn man wirklich Talent hat und den erforderlichen Individualismus mitbringt, kann man seinen Platz im Mode-Olymp früher oder später finden.

Resümee:

Der Job ist hart, man muss viel Zeit und Geld investieren – ohne finanzielle Unterstützung läuft es nicht. Und selbst wenn man sich einen guten Namen in der Branche gemacht hat, ist es unwahrscheinlich, dass man „die große Kohle verdienen wird". Dennoch lieben viele Modedesigner ihre Arbeit, finden darin ihre Erfüllung und nehmen daher alle Einschränkungen und Schwierigkeiten in Kauf.

Schmuckdesigner

Definition:

Schmuckdesigner sind einerseits Künstler, wenn sie Skizzen von Schmuckstücken entwerfen, zeichnen und gestalten; andererseits arbeiten sie auch handwerklich, wenn sie schmelzen und gießen, bohren, löten, fräsen und ätzen. Ihr Arbeitsgebiet reicht vom Entwurf bis hin zur Herstellung künstlerisch gestalteter Gebrauchs-, Zier- und Schmuckgegenstände aus unterschiedlichsten Werk- und Hilfsstoffen (zum Beispiel Metall, Perlen, Holz, Stein, Keramik, Glas, Textilien, Plastik). (Siehe Hinweis am Ende des Vorworts)

Voraussetzungen / Aus- und Weiterbildung:

Als Qualifikationen für Berufe in diesem Bereich kommen einschlägige Fachschulen, die Fachschulen für Kunsthandwerk sowie insbesondere die Höheren Lehranstalten für Kunst und Design in Betracht. Weitere Ausbildungsmöglichkeiten bieten entsprechende Kollegs und Aufbaulehrgänge. Aber auch spezifische technische Ausbildungen können gute Voraussetzungen für eine spätere Tätigkeit im Umfeld Design, Gestaltung usw. sein.

Weiterbildungsmöglichkeiten für Kunsthandwerker bieten sich aber auch in Form von Kursen über verschiedene Bereiche und Techniken des Kunsthandwerks, die zum Beispiel das Wirtschaftsförderungsinstitut (WIFI), das Berufsförderungsinstitut (bfi), die Volkshochschulen und private Veranstalter beziehungsweise Künstler abhalten.

Arbeitsalltag / Vor- und Nachteile:

Hauptbonus: Kreativität!

Das Wichtigste eines Schmuckdesigners ist seine Kreativität. Konkurrenz gibt es genug, aber auch Schmuckdesigner, die nach einem 0815-Schema arbeiten. Man braucht ein Konzept, gute Ideen, dann kann es schon laufen.

Es gibt Schmuckdesigner, die in einer Nische arbeiten und Schmuck auf eine ungewöhnliche Art herstellen, wie etwa Grafikkomponenten in ihre Schmuckstücke legen. Das wären also zum Beispiel Schmuckdesigner, die eher einen coolen, lässigen Kundenkreis ansprechen und nicht den „klassischen" Stil verfolgen. Solchen Schmuck findet man oft im Kontext mit Fashion (in ausgewählten Designerboutiquen kann man – neben Kleidung – solche Stücke kaufen). Mancher Schmuckdesigner entwirft seinen Schmuck, fertigt ihn selbst an, fotografiert ihn selbst, um ihn auf seine Homepage zu stellen, und bietet ihn dann in seinem Geschäft an. Andere Schmuckdesigner lassen im Gegensatz zu ihren Kollegen ihren designten Schmuck von Goldschmieden nach ihren Entwürfen anfertigen – und haben dabei auch ihren jeweiligen Stil. Probleme mit ihrer Kreativität kennen die meisten nicht. Ganz im Gegenteil: Man könnte zig Schmuckstücke entwerfen und anfertigen lassen, wäre da nicht ein Grund, der einen davon abhält, all seine Ideen immer gleich in vollem Umfang umsetzen zu lassen:

In Vorleistung treten

Die Schwierigkeit ist nicht die Kreativität, sondern eher, die entworfenen und angefertigten Schmuckstücke zu verkaufen. Nur entwerfen und anfertigen geht nicht, denn wer zahlt die Steine und den Goldschmied, wenn man die entsprechenden Einnahmen nicht hat, um zu investieren? Man braucht in dem Beruf die finanziellen Mittel, um seine Ideen umsetzen zu können. Ohne Geld, um die Materialen bezahlen zu können, wird es nichts mit der tatsächlichen Realisierung des Schmuckstücks.

Wenn man mit Amethyst, Aquamarin, Brillanten, Diamanten, Südseeperlen usw. arbeitet, bedarf es wohl keiner weiteren Erklärung, dass man eine Menge Geld in die Hand nehmen muss, bevor man die Schmuckstücke anfertigen lassen kann. Bei manchen sieht das so aus: Sie kaufen die Steine und lassen sich durch sie zu Entwürfen inspirieren. Wenn man das Glück hat, zu Beginn seiner Laufbahn das nötige „Kleingeld" (Startkapital) zur Verfügung zu haben, kann man Steine einkaufen und die ersten Schmuckstücke bereits gewinnbringend veräußern. Das Konzept kann aber auch anders aussehen. Man hat im Geschäft eine Vorzeigekollektion, fertigt dann aber für jeden Kunden Maß an. Das Risiko, bereits vor einem Auftrag Schmuck herzustellen, wäre – gerade zu Beginn – manchen zu groß.

Die PR und Mundpropaganda

Das Aufbauen eines Namens/einer Marke, bekannt zu werden und in Folge Kunden zu gewinnen, ist harte Knochenarbeit. Ein PR-Manager mit guten Kontakten zu Printmedien kann hier sehr gute Arbeit leisten, kostet allerdings auch Geld – manche PR-Manager mehr, als sie einem nützen. Leider lässt sich das oft erst im Nachhinein feststellen. Man kann auch seinen Schmuck auf diversen Designer-Messen – zum Beispiel auf der Vienna Fashion Week – bewerben. Nicht unwesentlich ist Mundpropaganda. Es ist auch gut, wenn man auf internationale Schmuckmessen (Vicenza, München, Paris) fährt, um sich Steine und Schmuck anzusehen und auch um dort einzukaufen. Die Messen sind toll, weil man sieht, was andere Schmuckdesigner anbieten. Das ist wichtig. Man erfährt, in welche Richtung das Design international geht, was kommt, wie es läuft; sich über seine Konkurrenz ein Bild zu machen ist nichts Schlechtes – es ist spannend, interessant und inspirierend. Außerdem lassen sich über Messen Kontakte zu internationalen Schmuckdesignern knüpfen, mit denen man dann auch vielleicht zusammenarbeitet oder wodurch sich sonst etwas ergeben kann. Networking ist bei diesem Beruf sehr wichtig: Kontakte hegen, Prominente zu den Events einladen usw.

Der Ring passt nicht. Viel zu modern.
Steht man selbst im Geschäft, hat man direkten Kundenkontakt. Wie überall im Handel bringt das auch die typischen erfreulichen und weniger erfreulichen Erlebnisse mit sich. Schön ist, wenn man ein Schmuckstück an jemanden verkauft, der Wochen später nochmals betont, wie zufrieden und glücklich er über den Kauf ist. Manchen Schmuckdesignern machen die Beratung und der Kontakt zu ihren Kunden Spaß. So kann es mitunter vorkommen, dass eine Kundin mit einer bestimmten Vorstellung in das Geschäft kommt und mit einem ganz anderen Schmuckstück wieder hinausgeht – und das zufrieden (und nicht überredet). Dann gibt es natürlich auch immer wieder Kunden, die sich über den Preis „beschweren". Leute, die ungern und selten 100 Euro für einen Ring ausgeben, beklagen sich oft erst im Nachhinein und entpuppen sich als mühsam: Der Ring passt doch nicht. Er ist zu weit, zu eng, er zwickt, hat sich verwaschen ... Manche Leute sind sehr pitzelig und regen sich wegen jeder Kleinigkeit auf, ohne zu bedenken, dass sich zum Beispiel der Fingerumfang jahreszeit- beziehungsweise hitzebedingt ändern kann.

Zeiten – in der Arbeit und im Stehen
Ein „Problem" ist, dass/wenn man alles selber macht. Es ist sehr schwierig, eine gute Hilfe zu bekommen und zu bezahlen. Oft beginnt man um sechs Uhr morgens zu arbeiten und hört erst um acht Uhr abends auf. Wenn man genug Aufträge zu erfüllen hat, ist das natürlich toll. Seine Arbeit sieht man oft nicht als Arbeit – es ist ein Hobby, macht Spaß und glücklich. Viele Schmuckdesigner sind es aus Leidenschaft. Etwas langweilig können hingegen die Stehzeiten sein. Manche Stücke kosten unter Umständen bis zu 3.000 Euro und aufwärts – da ist klar, dass nicht ständig jemand in das Geschäft kommt, der es kaufen will. Außerhalb der Geschäftszeiten und wenn man nicht entwirft, hat man oft Termine mit Steinhändlern, mit Goldschmieden und Knüpfern.

Selbstständig oder in einer Firma angestellt?
Bei einem Schmuckunternehmen angestellt zu sein wäre manchen zu langweilig, weil die Vorgaben beziehungsweise die Rahmenbedingungen für die zu entwerfenden Schmuckstücke sehr konkret beziehungsweise eng sind, für Kreativität bleibt dann kaum Platz. Daneben gibt es Schmuckdesigner, die für ein international sehr erfolgreiches Label arbeiten, durch die Welt gondeln, denen Kreativreisen nach London, Paris usw. bezahlt werden und die ihre Kreativität schon mehr ausleben können. Nur entscheidet der angestellte Schmuckdesigner eben letztlich nie, was produziert wird und was nicht – dafür sind andere zuständig. Viele, die als Goldschmiede angestellt sind, haben überwiegend Reparaturarbeiten auszuführen – auch nicht gerade spannend.

Finanzieller Aspekt / Chancen am Arbeitsmarkt:

Kann man davon leben? Die Konkurrenz ist sehr groß in dem Business – den Markt muss man sich aufteilen. Wichtig ist es daher, kreativ zu sein und sich eine Nische zu schaffen. Man muss schon realistisch sein; wenn man glaubt, dass man kein Konzept braucht, wird es nicht so toll funktionieren. Ein Startkapital zu Beginn ist wichtig – Leerläufe und Anfangsschwierigkeiten muss man übertauchen können; Fixkosten wie Geschäftsmiete usw. laufen weiter. Manche Kreative mieten sich zu Beginn miteinander eine Geschäftsräumlichkeit an und teilen sich damit das Risiko. Das Schwierige ist, dass Schmuck kein lebenswichtiges Grundbedürfnis erfüllt. Wenn es den Leuten finanziell schlechter geht, verzichten sie auf Dinge, die sie nicht notwendig brauchen. Andererseits lässt sich die Miete mit Schmuck leichter bezahlen als mit Dingen, die nicht so teuer verkauft werden können. Je nachdem kann nämlich bereits ein verkauftes Schmuckstück die Monatsmiete begleichen.

Wenn man sich erst einmal einen Namen gemacht hat, ist es sicher einfacher. Ein Spaziergang wird es dennoch nie sein.

Resümee:

Man kann seine Leidenschaft zu seinem Beruf machen. Schmuck ist eine Augenweide – man ist mit schönen Dingen umgeben und kann Materialien verarbeiten, zu denen man eine Beziehung hat. Manchen Designern gefällt bei ihrem Job, dass sie einen Kontext zu Fashion herstellen können. Hat man Talent und einen zahlungskräftigen Kundenstock, lässt sich sehr gut verdienen.

Finanzen

Bankangestellter

Definition:
Bankangestellte sind in Geld- und Kreditinstituten tätig. Sie übernehmen unterschiedliche Aufgabenbereiche und Funktionen, außerdem je nach beruflicher Erfahrung und Ausbildung entsprechende Fach- und Führungsaufgaben. Bankangestellte bearbeiten unter anderem Routinevorgänge wie Belegein- und -ausgänge, betreuen Privat- und Kommerzkunden (Großkunden), wickeln innerbetriebliche Vorgänge ab usw. Sie arbeiten in Büro-, Kassa- und Schalterräumen mit Berufskollegen und Vorgesetzten zusammen und haben Kontakt mit Kunden. (Siehe Hinweis am Ende des Vorworts)

Voraussetzungen / Aus- und Weiterbildung:
Gibt es einen bankspezifischen Ausbildungsweg, den jeder „Kandidat" durchlaufen muss? Gibt es eine „typische" Laufbahn in karrieretechnischer Hinsicht? Absolventen von höheren kaufmännischen und wirtschaftlichen Schulen (HAK, HASCH) müssen zunächst eine bankinterne fachliche Grundausbildung und danach diverse Zusatzausbildungen absolvieren. Jungen Menschen, die „lediglich" die allgemeine Schulpflicht aufweisen können, steht es offen, eine dreijährige Lehre zum Bankkaufmann beziehungsweise zur Bankkauffrau (Lehrstelle in einer Bank plus Berufsschule) abzuleisten, die sie mit einer Berufsmatura beenden können. Mit dieser erhält man Zugang zu Universitäts- und Fachhochschulstudien und hat es wahrscheinlich auch karrieretechnisch einfacher, in einer Bank weiterzukommen. Aber auch mit einer Matura in einem zum Beispiel humanistischen Gymnasium (also ohne kaufmännische Ausbildung) kann man sich in einer Bank bewerben. Man muss dann allerdings die kaufmännischen Grundlagen in einem Schnellverfahren erlernen. Daneben gibt es Fachhochschulstudiengänge und verschiedene Kollegs, die bankenspezifische Ausbildungen anbieten. Akademiker (Jus, WU) wiederum werden sofort – entsprechend ihrer Studienrichtung – in einer Fachabteilung eingesetzt. Für Bachelors, Master und Uniabsolventen gibt es auch die Möglichkeit, an verschiedenen Trainee-Programmen teilzunehmen. Hat man letztlich aber mit den unterschiedlichen Ausbildungen – vor allem was die Lehre im Vergleich zu einem HAK/HASCH-Abschluss mit anschließender bankinterner Ausbildung betrifft – die gleichen Karrierechancen? Oder sind – je nach Ausbildung – gewisse Beschäftigungsmöglichkeiten nicht möglich? Man kann, mit Ausnahme einiger Fachabteilungen, wo zum Beispiel tatsächlich nur Uni-Absolventen eingestellt werden, in jeder Abteilung Fuß fassen, vorausgesetzt, man eignet sich das dafür erforderliche Wissen an.

Zwei Karriereschienen
Den typischen Bankangestellten beziehungsweise den typischen Aufgabenbereich gibt es ebenfalls nicht. Auch wenn viele den Herrn/die Dame hinter dem Schalter im Kassenbereich im Kopf haben, ist das bei Weitem nicht alles, besser gesagt lediglich ein kleiner Teil eines möglichen Aufgabenbereiches in einer Bank. Grob eingeteilt gibt es zwei Karriereschienen: die Betreuer-Ebene in den Bereichen Firmen-, Privat- und Geschäftskunden, wobei auch hier wiederum eine Unterteilung in bestimmte Berufs- und Unternehmensgruppen möglich ist. Die zweite Schiene ist die Arbeit als Spezialist in einer Fachabteilung, wie zum Beispiel Risikomanagement oder Treasury (= Wertpapierhandel; Mitarbeiter dieser Abteilung handeln mit Wertpapieren, kaufen und verkaufen diese und beobachten via Internet die Kurse). Oder Private Banking, wo man sich um die Verwaltung (und Vermehrung) des von Kunden veranlagten Vermögens kümmert. Daneben gibt es interne Abteilungen wie unter anderem die Personalabteilung, die IT, die Revision, die Rechtsabteilung, das Controlling. Vor allem existieren auch in den einzelnen Fachabteilungen wiederum Untergruppen. Jede Bank bietet in der Regel jährlich eine bestimmte Anzahl von Praktikumsplätzen oder auch Trainee-Programme an, was einem ermöglicht, sich einen Über- und Einblick in die Vielfältigkeit des „Banklebens" zu verschaffen.

Arbeitsalltag / Vor- und Nachteile:

Interne und externe Abteilungen
Eine grundlegende Entscheidung, die ein Bankangestellter über kurz oder lang trifft, ist, ob er in seinem beruflichen Alltag Kundenkontakt haben möchte oder nicht – sprich, ob er in einer internen (kein oder wenig Kundenkontakt) oder einer externen (Kundenkontakt) Abteilung arbeiten möchte.

Kundenbetreuung
Seit erst rund 10 Jahren ist es so eingerichtet, dass jeder Kunde einem bestimmten Betreuer zugeordnet wird. Vorher war es so, dass ein Betreuer am Schalter jeden Kunden beraten hat.

Vielfältigkeit verlangt viel Wissen
Ein Kundenbetreuer ist erste Anlaufstelle für alle Belange des Kunden und muss somit auch viel wissen. Man ist quasi für alles zuständig, unter anderem auch für Überziehungsrahmen und Kreditanträge, Leasing und Wertpapierveranlagungen, bis hin zu allen Besonderheiten der Branche. Bei speziellen Fragen kann der Kundenbetreuer allerdings auf die jeweiligen Spezialabteilungen der Bank zurückgreifen und/oder er arbeitet bei manchen Angelegenheiten mit anderen Abteilungen zusammen: Ein Kreditvertrag, der von Bank und Kunde unterschrieben wird, wandert durch die Risiko- und Rechtsabteilung. Gerade bei Kreditabwicklungen ist ein gewisser Zeitdruck dahinter. Kunden wollen (oder brauchen) einen Kredit oft in sehr kurzen Zeiträumen bewilligt und ausbezahlt. Eine Finanzierung über einige Hunderttausend Euro dauert locker zwei Wochen, so etwas geht nicht auf Knopfdruck; aber genau so stellen sich das viele Kunden vor.

Das „gewöhnliche" Tagesgeschäft
Dazu kommt das Tagesgeschäft: Zum Beispiel möchte der Kunde eine Überweisung rückgängig machen, ein Kunde sucht Auszüge, hat seine Bankomatkarte verloren, benötigt eine kurzfristige Überziehung usw. Manchmal ist es sehr turbulent und das Telefon läutet ständig. Insgesamt betreut man bis zu 500 Kunden und hat am Tag drei bis vier Termine. Vieles erledigt man selber, andere Aufträge werden weitergeleitet (zum Beispiel eine Rückbuchung an die technische Abteilung) oder sind wegen vorgegebener Pouvoir-Grenzen von übergeordneter Stelle zu erledigen.

Widersprüche zwischen Kundenwünschen und Vorgaben der Bank
Man versucht ständig, eine Lösung für den Kunden zu finden beziehungsweise dessen Wünschen nachzukommen. Der Weg, den man im Auge hat, trifft nur oft nicht die fixen Vorgaben der Bank. Es muss also ein „goldener Mittelweg" gefunden werden, mit dem Bank und Kunde leben können – so etwas kann auf Dauer eine psychische Belastung sein.

Bunte Kundenwelt – Probleme und nicht alle sind nett ...
Je nach örtlicher Lage der Filiale hat man mit unterschiedlichen Kundengruppen zu tun. Die Klientel in einer Filiale im ersten Wiener Bezirk ist anders als im 20. Nicht allen Kunden geht es finanziell gut und nicht alle Gespräche sind einfach. Kunden sind unzuverlässig, nicht jeder ist freundlich, oft hat man mit ungehaltenen, ungeduldigen, unhöflichen Menschen zu tun – eine Tatsache, die sich durch alle (Dienstleistungs-)Bereiche zieht, in denen man Kunden betreut. Das Schöne an diesem Beruf ist mitzuerleben, wenn ein Kunde eine schlechte Zeit übersteht und man an dessen finanzieller Erholung mitwirken konnte. Kunden müssen Vertrauen zu ihrem Betreuer haben, das ist wichtig, wenn es ums Geld geht. Und das ist nicht so einfach. Die Kunden wissen im Grunde, dass Kundenbetreuer da sind, um Produkte zu verkaufen, die Bank lebt davon; a b e r das Kundenbedürfnis steht im Vordergrund beziehungsweise sollte im Vordergrund stehen. Wenn man das seinen Kunden vermitteln kann, klappt's auch mit dem Vertrauen. Gegebenheiten machen es mitunter erforderlich, zu manchen Kunden „nein" zu sagen, „das geht nicht". Das muss man lernen und vor allem ist das „Nein-Sagen" dort schwer, wo die Vertrauensbasis passt.

Kreditrisikomanagement (als Beispiel) – Analytisch und betriebswirtschaftlich
Interessant ist im Kreditrisikomanagement das Zusammenspiel aus juristischer und betriebswirtschaftlicher Tätigkeit. Vom Kundenbetreuer bekommt man einen Antrag auf Gewährung eines Kredites auf den Tisch, mit dem eine Immobilie finanziert werden soll. Die Aufgabe eines Kreditrisikomanagers ist es nun, wie der Name schon sagt, das Risiko zu prüfen: Bonität des Kunden, kann er zurückzahlen, allgemeine und besondere Risiken, Sicherstellungen und so weiter. Nach der Prüfung gibt man zum Kreditantrag eine Stellungnahme ab und erteilt – falls erforderlich – weitere Auflagen (verlangt beispielsweise weitere Sicherheiten). Es können auch andere Abteilungen (Rechtsabteilung, betriebswirtschaftliche Abteilung) für Detailfragen herangezogen werden. Gibt es komplizierte Rechtsfragen zu beantworten, leitet man das an die Kollegen der Rechtsabteilung weiter.

Objektive Instanz
Man analysiert also die Gesamtsituation, wägt die Für und Wider hinsichtlich einer Kreditgewährung ab, beurteilt auf der Grundlage der Ergebnisse objektiv die Risiken der Kreditvergabe und entscheidet – wiederum objektiv –, ob der Kredit gewährt werden kann oder nicht. Objektiv entscheiden – das ist Voraussetzung im Risikobereich. Man muss also nicht für den Kunden sprechen (wie das die Kundenbetreuer machen). Es ist auch nicht wichtig, dass der Kunde einen sympathisch findet; es geht ausschließlich darum, einen Kompromiss zu suchen, eine Mittellösung, mit der Kunde und Bank leben können und die möglichst objektiv ist.

Ist das nicht immer dasselbe?
Wenn man laufend Kreditanträge prüft, wird das nicht fad? Nein, da sich die zu beurteilenden Fälle unterscheiden. Wird zum Beispiel für ein konkretes Einkaufszentrum ein Kredit aufgenommen, prüft man Parameter wie Lage, potenzielle Mieten, die Erfahrung des Kunden, Eigenmittel und Ähnliches für diesen konkreten Fall. Bei einem Kredit für ein Einkaufszentrum eines anderen Kunden an einem anderen Ort sieht die Prüfung inhaltlich auch anders aus. Weiters macht es einen Unterschied, ob ein Einkaufszentrum, ein Betriebsstandort oder ein Zinshaus finanziert werden soll. Man klopft zwar immer in etwa dieselben Parameter ab, aber inhaltlich ist jeder Fall anders.

Konfliktsituationen mit der Kundenbetreuung
Objektiv (Risikomanagement) trifft auf subjektiv (Kundenbetreuung, diese ist „parteiisch"). Bei den Kundenbetreuern ist man nicht gerade beliebt – Konfliktsituationen mit ihnen gehören zum Tagesgeschäft. Wieso? Weil der Kundenbetreuer den Kredit „durchbringen" möchte – er ist „Verkäufer" und muss Umsätze bringen (im Risikomanagement muss man das nicht). Man sollte also der Typ sein, der Konfliktsituationen austragen beziehungsweise damit umgehen kann. Diese ergeben sich nämlich zwangsläufig und gehören zum Job.

Allgemeiner Druck des Wirtschaftslebens
Es nervt beizeiten, wenn von der Kundenbetreuung Druck gemacht wird, über einen Kreditantrag rasch zu entscheiden – heute muss alles schnell gehen. Eine Antragsprüfung dauert zwischen einem Tag und mehreren Wochen. Vor allem bestimmt man nicht über unwesentliche Kreditsummen, manche liegen im 15-Millionen-Euro-Bereich. Fehleinschätzungen haben für die Bank dann oft Konsequenzen in Millionenhöhe. Die Erfahrung, um die verschiedenen Parameter (Branche, Objekt, Lage usw.) einschätzen zu können, gewinnt man mit der Zeit.

Kundenkontakt
Der Kontakt mit und zu Kunden ist gering. Man lernt zwar einige Kunden kennen, manchmal um einen Eindruck zu gewinnen, aber grundsätzlich ist man bei Kundenterminen nicht anwesend. Im Vorfeld – bevor noch ein Kreditantrag an die Risikoabteilung zur Prüfung weitergeleitet wird – ist man häufig in Verhandlungen mit einbezogen (mit oder ohne Kundenanwesenheit).

Was ist an der Arbeit in einer „Landbank" anders?

Es läuft anders ab!
Die Arbeit ist sehr abwechslungsreich, weil in einer kleinen Filiale auf dem Land von der Beratung und Kreditfinanzierung bis hin zum Schaltergeschäft alles von einer Person erledigt wird, seltener allerdings „Spezialfälle".

Arbeitsplatz und wohnen an einem Ort
Es ist zwar ein Vorteil, weil man in wenigen Minuten am Arbeitsplatz beziehungsweise zu Hause ist. Der Nachteil ist, dass man in seiner Freizeit die Leute trifft, mit denen man untertags Geschäfte macht. Sich in seiner Freizeit mal „daneben" benehmen kann man sich als Geschäftsstellenleiter nicht leisten.

Arbeit über die Arbeitszeit hinaus?
Dass man das bei Banken übliche Gleitzeitmodell in einer kleinen Filiale am Land nicht umsetzen kann, ist verständlich, Vertretungen gibt's meist nur im Krankheitsfall und Urlaub. Überstunden sind an der Tagesordnung: Für manche Kunden muss man abends für Beratungstermine in Sachen Finanzierungen zur Verfügung stehen. Im Sommer ist in einer Filiale am Land übrigens weniger los. Im Frühjahr, wenn die Leute renovieren und sanieren, ist „Hochsaison" – die Leute brauchen (Wohnbau-)Finanzierungen. Im Übrigen wird erwartet, dass man als Geschäftsstellenleiter am sozialen Leben des Ortes teilnimmt und so anfallende Veranstaltungen (Feuerwehrheuriger, Theateraufführungen etc.) besucht. Das mag vielleicht nett klingen, ist aber oft mühsam, weil man manchmal am Wochenende lieber etwas anderes unternehmen würde, als diesen Verpflichtungen nachzukommen.

Erste Anlaufstelle für Tombola & Co
Schulen und Vereine versuchen Geschenke für Tombolas, Wettbewerbe oder Sponsorengelder zu erhalten, sind aber nicht bereit, mit der Bank Geschäfte zu machen. „Bettelaktionen" kommen häufig vor.

Termintreue ist nicht sehr ausgeprägt
Vielleicht liegt es daran, dass am Land doch vieles freundschaftlicher abläuft, jeder kennt jeden privat. Es erfolgen Zusagen von Kundenseite, die nicht eingehalten werden, oder es werden Besprechungstermine nicht besucht. Die Termintreue scheint beispielsweise Ärzten gegenüber ernster genommen zu werden als gegenüber dem Bankangestellten. Das ist gerade dann ärgerlich, wenn man sich einen Abendtermin freihält und auf den Kunden wartet.

Allgemeines

Mehr Bürokratie und Aufklärungspflichten
Es gibt immer strengere gesetzliche Regelungen, die die Aufklärungspflichten dem Kunden gegenüber und die Bürokratie immer mehr werden lassen. Musste man bei Abschluss eines

Kreditvertrages vor zehn Jahren dem Kunden vier Vertragsseiten erklären und übergeben, sind es heute um die 15.

Auch langweilige Dinge sind zu erledigen
Listen abarbeiten, Mahnschreiben kontrollieren, und, und, und ... – Dinge eben, die ein Außenstehender nicht sieht, die aber dennoch erledigt werden müssen. „Euch ist ja eh fad", bekommt mancher Bankangestellte zu hören; nach dem Motto: Ist kein Kunde da, ist nichts zu tun. Die Leute glauben, dass der Job sehr locker abläuft und die Tätigkeit darin besteht, die Laufkundschaft zu betreuen und hinter dem Schalter zu stehen. Das ist nicht so – es läuft vieles im Hintergrund ab (viel Bürokratie, E-Mails ...), wovon der Kunde nichts mitbekommt.

Karriere für Frauen?
Bis zu einer gewissen Ebene ist es kein Problem, als Frau aufzusteigen. Je höher es allerdings die Karriereleiter hinaufgeht, desto dünner wird die Luft. Vor allem auf Vorstandsebene sind sehr selten Vertreter des weiblichen Geschlechts zu finden. Frauen, die bankintern vorwärtskommen, sind sehr tough, sie leisten viel, mehr als Männer in derselben Position.

Thema Teilzeit – Karriereabbruch
Auch 30 Wochenstunden sind möglich, aber die Karriere ist dann eher vorbei, vor allem für Frauen. Dennoch bieten Banken heute relativ flexible Teilzeitmodelle an.

Arbeitszeiten – um 15 Uhr ist Schluss!
Das glaubt die Allgemeinheit teilweise noch heute. Für die Kassiere ist auch tatsächlich mit dem Ende der Öffnungszeiten (plus halbe Stunde für Abschlussarbeiten) Schluss mit dem Arbeitstag. Für alle anderen Bankangestellten gilt das nicht. Viele ihrer Kunden haben für einen Besprechungstermin selbst erst nach Ende ihres Arbeitstages Zeit, was dazu führt, dass man unter Umständen nicht vor sieben Uhr abends nach Hause geht. Dafür fängt der Arbeitstag dann später an. In der Regel arbeitet man mehr als 40 Stunden die Woche, in ruhigeren Zeiten baut man die Überstunden mit Zeitausgleich ab. Die meisten Banken haben Gleitzeitmodelle. Das ist sehr angenehm, weil man keine fixen Arbeitszeiten (außer möglicherweise den Kernzeiten) einhalten muss und in seiner Zeitenteilung relativ flexibel ist. Je höher die Position in einer Bank, desto mehr Stunden in der Woche wird gearbeitet. Abteilungs- und Ressortleiter sind zumeist auch am Wochenende tätig.

Finanzieller Aspekt / Chancen am Arbeitsmarkt:

Das durchschnittliche Einstiegsgehalt liegt bei 1.300 Euro (Lehre) bzw. 1.600 Euro (Mittelschul-, Hochschulabschluss) brutto pro Monat, wobei in dieser Branche einer leistungsorientierten Vergütung hohe Bedeutung zukommt und das Gehalt auch viel höher ausfallen kann. Generell gilt dieser Beruf als gut bezahlt. Das Bruttoeinkommen für einen Bankangestellten mit acht Jahren Berufserfahrung im Bereich Privatkundenbetreuung liegt bei etwa 2.700 Euro brutto. Je höher qualifiziert die Stelle, desto besser die Bezahlung.

Auf dem Arbeitsmarkt für ausgebildete Bankkaufleute werden vor allem Spezialisten gesucht, wobei insbesondere die Erfolgsaussichten für Bankkaufmänner und -frauen gut sind, die sich in den Bereichen Vertrieb und Investment-Banking beruflich weiterbilden.

Resümee:

Zumindest zwei Fehlvorstellungen müssten nun ausgeräumt sein: Bankangestellte arbeiten nicht länger als bis drei Uhr nachmittags und jeder macht dasselbe.

Bankangestellte können übrigens in gewissen Bereichen für ihr schuldhaftes Fehlverhalten (Überschreiten von Pouvoir-Grenzen, Beratungsfehler gegenüber Kunden) von der Bank in Anspruch genommen werden. Es ist also nicht ein so „lockerer Job", wie viele Außenstehende annehmen, auch sollte man relativ stressresistent sein, da der Druck seitens der Kunden oder einfach aufgrund eines hektischen Arbeitstages oft hoch ist. Und man trägt in manchen Bereichen eine hohe Verantwortung dem Kunden und der Bank gegenüber.

Die Möglichkeiten in einer Bank sind vielseitig und die Ausbildungs-, Weiterbildungs- und Spezialisierungsmöglichkeiten sehr ausgeprägt.

Buchhalter

Definition:

Buchhalter zeichnen die laufenden Geschäftsvorgänge eines Unternehmens auf, indem sie sie auf Buchhaltungskonten verbuchen, und wirken bei der Bilanzerstellung mit. Dafür verwenden sie spezielle EDV-Programme. In Kleinbetrieben sind die Buchhalter für alle Bereiche des betrieblichen Rechnungswesens zuständig. In größeren Betrieben sind sie zumeist auf einzelne Teilbereiche wie zum Beispiel Bilanzierung, Lohn- und Gehaltsverrechnung, Kostenrechnung und Controlling spezialisiert. Dieser Beruf ist branchenübergreifend, das heißt, Buchhalter sind in Betrieben des Handels, der Industrie, des Handwerks oder im Dienstleistungssektor tätig. Je nach Art und Größe des Betriebes erledigen sie ihre Aufgaben sowohl eigenständig als auch gemeinsam im Team mit Kollegen oder Mitarbeitern anderer Abteilungen. (Siehe Hinweis am Ende des Vorworts)

Voraussetzungen / Aus- und Weiterbildung:

Um als Buchhalter tätig zu sein, kann man entweder die Handelsschule oder die Handelsakademie absolviert haben. Ebenso ist ein Einstieg in den Beruf nach einer kaufmännischen Lehre möglich.

Ein Buchhalter kann mittels Kursen – Vollzeit, berufsbegleitend oder im Fernlehrgang – eine Aufstiegsfortbildung zum geprüften Bilanzbuchhalter absolvieren.

Arbeitsalltag / Vor- und Nachteile:

Kein besonders aufregender Job
Beim Gedanken an den Buchhalter haben viele vielleicht das Bild eines Mannes mittleren Alters mit Brille und Schnauzbart vor Augen, der über verstaubten Akten sitzt und Rechnungen sortiert. Langweilig und verstaubt ist also das Klischee des Buchhalters – und sicher wird's welche geben, die diesem auch gerecht werden, aber natürlich finden sich auch junge und fesche Vertreter dieses Berufes.

Ist man bloße „Eingabekraft", entspricht der Job dem Klischee – er ist langweilig. Man kontrolliert Rechnungen, verbucht und bezahlt sie. Im Wesentlichen besteht die Tätigkeit in Kontrollfunktionen, es geht lediglich darum, möglichst viel abzuarbeiten: Wie viel haben wir bestellt, was wurde verrechnet, stimmt der Betrag, sind auf der Rechnung alle vorgeschriebenen Merkmale enthalten? Dann werden die Beträge überwiesen und gebucht – immer dasselbe.

Wann wird die Tätigkeit interessant?
Einige Buchalter machen die Bilanzbuchhalterprüfung und dürfen somit buchhalterische Aufgaben erledigen, die dem „normalen" Buchhalter vorenthalten sind beziehungsweise an denen er lediglich mitwirken darf (zum Beispiel Erstellung von Jahresabschlüssen, Gewinn- und Verlustrechnungen). Wird der Job spannender mit der Bilanzbuchhalterprüfung und dem damit verbundenen umfangreicheren Aufgabengebiet? Eigentlich nicht, man macht zwar alles von „A bis Z" (also den Jahresabschluss, Abschlussbuchungen, Rückstellungen, Steuererklärungen), was sicher ein Vorteil ist, aber trotzdem wird der Job irgendwann langweilig – es ist immer dasselbe, nur mit anderen Zahlen. Natürlich werden mit der Bilanzbuchhalterprüfung die Tätigkeiten anspruchsvoller und verantwortungsvoller – schließlich hantiert man mit hohen Beträgen, berechnet die Steuer, den Gewinn und Verlust – aber auch das automatisiert sich. Glück hat derjenige, der „Spezialfälle" zu lösen hat, beispielsweise wenn er für einen international tätigen Handelskonzern arbeitet und Ansprechpartner für alle Fragen der (ausländischen) Tochterfirmen ist, die das Rechnungswesen betreffen.

Groß versus klein
Grundsätzlich gilt: Je kleiner das Unternehmen, desto weitreichender die Tätigkeitsbereiche. In größeren Unternehmen hingegen werden die buchhalterischen Tätigkeiten auf mehrere Abteilungen aufgeteilt.

„Erbsenzählerei"
Mit diesem Wort könnte die Tätigkeit des Buchhalters bösartig bezeichnet werden. Man muss sehr genau sein und exakt arbeiten, sich für die Materie interessieren und für Zahlen begeistern, sich mit Gesetzestexten auseinandersetzen und darf mit der EDV nicht auf Kriegsfuß stehen. Ohne Zahlenverständnis und Organisationstalent wird man sich bei den meisten Aufgaben schwertun. Man muss organisieren können, um den Überblick zu bewahren – je mehr Bereiche man abdecken muss, desto organisierter ist zu arbeiten. Buchhaltung ist grundsätzlich eine sehr theoretische und trockene Arbeit – das muss man mögen.

Macht es einen Unterschied, wenn man für einen Produktionsbetrieb die Buchhaltung erledigt?
Keinen wesentlichen. Die Kalkulation ist genauer und man stellt sich mitunter andere Fragen – im Grunde Kleinigkeiten, die in den Augen mancher keine weltbewegenden Unterschiede in der Tätigkeit des Buchhalters nach sich ziehen.

Keine Rücksicht auf die Buchhaltung – im Handel geht es immer ums Produkt
Ein Handelsunternehmen möchte viel verkaufen und Kunden binden: mit Rabattgutscheinen, Sofortrabatten oder der Möglichkeit, Gutscheine in Bargeld abzulösen – das ist alles super für den Kunden, aber mühsam für die Buchhaltung. Manche Ideen der Firmenleitung machen in der Buchhaltung viel Arbeit, aber danach wird nicht gefragt. Wichtig ist der Markt.

Einsamer, endloser Job?
Eher ja. Buchhalter zu sein bedeutet, einen Bürojob zu haben und vor dem Computer zu sitzen. Alles geht übers Internet – auch Erklärungen und Eingaben an das Finanzamt. Man hat auch nicht viel sozialen Kontakt: Es gibt Telefonate mit Lieferanten, mit Kunden (wenn Zahlungen ausständig sind), mit internen Abteilungen. Je nach Tätigkeitsbereich ist es möglich, dass man zu Besprechungen mit Banken und Steuerberatern beigezogen wird. Aber grundsätzlich sitzt man alleine im Büro vor dem PC.
   Und Buchhaltung ist etwas, womit man kaum fertig wird. Es geht immer weiter, es kommen immer wieder neue Rechnungen – ein Hamsterrad, in dem man sich befindet!

Als Buchhalter sollte man Englisch können und Überstunden machen?
Zumindest dann, wenn man Karriere machen will. Wenn man Englisch spricht und bereit ist zu reisen, hat man gute Aufstiegschancen – vor allem in international tätigen Unternehmen. Dann allerdings muss man auch gewillt sein, mehr als die üblichen acht Stunden täglich zu arbeiten.

Arbeitszeiten
Diejenigen, die typische Buchhaltertätigkeiten verrichten, können ihre Arbeitszeit gut einteilen. Überstunden gibt es kaum. Anderes gilt im Dezember und Jänner für jene Bilanzbuchhalter, die (bis zu bestimmten Umsatzgrenzen) die Bilanzen beziehungsweise Jahresabschlüsse erstellen. Diese Monate sind arbeitsintensiver, aber danach kann man wieder durchatmen. Eine zeitliche Belastung sind die monatlich an das Finanzamt abzugebenden Umsatzsteuervoranmeldungen: Alle Umsätze des betreffenden Monats müssen in dieser Meldung erfasst sein. Für Kleinunternehmen (Jahresumsatz unter 100.000 Euro) gibt es seit Jahresbeginn eine Erleichterung: Umsatzsteueranmeldungen sind vierteljährlich abzugeben; eine Entlastung für die Buchhaltung.

Finanzieller Aspekt / Chancen am Arbeitsmarkt:
Buchhaltungsangestellte arbeiten für gewöhnlich in einem Dienstverhältnis und verdienen im Vergleich zu ähnlichen Berufen relativ gut. Das durchschnittliche Einstiegsgehalt liegt

bei 2.000 Euro brutto im Monat, später bei durchschnittlich 2.600 Euro. Als Bilanzbuchhalter kann man durchschnittlich 4.000 Euro brutto im Monat verdienen.

Der Job ist krisensicher – Buchhalter werden immer gebraucht – und man kann in jedem Unternehmen arbeiten. Die Sparte zu wechseln ist kein Problem. Die am schlechtesten bezahlte Sparte für den Buchhalter soll die Arbeit bei einem Steuerberater sein.

Resümee:
Entweder man mag den Job oder nicht, jedenfalls muss man Spaß daran haben, mit Zahlen zu jonglieren. Große Überraschungen, wenn man im Kerngebiet der Buchhaltung tätig bleibt, wird man nicht erleben. Interessant sind oft die mit dem Job verbundenen Begleitumstände: Man bekommt einen Einblick, wie das Unternehmen finanziell dasteht.

Fondsmanager

Definition:
Fondsmanager arbeiten in Banken, Fonds- und Investmentgesellschaften sowie an Börsen. Sie entwickeln und betreuen Investmentfonds und vergleichbare Anlageprodukte. Sie kaufen und verkaufen Wertpapiere gemäß den Veranlagungsrichtlinien und -strategien für beziehungsweise aus den/dem jeweiligen Fonds und erstellen Analysen und Berichte für die Anleger. Sie beobachten und analysieren laufend die verschiedenen Märkte, die wirtschaftliche Lage und die Kursentwicklungen und versuchen die Fondzusammensetzung so zu gestalten, dass eine optimale Ertragsentwicklung und ein Wertzuwachs erreicht werden. Fondsmanager sind häufig auf bestimmte Produkte und Märkte spezialisiert (zum Beispiel Anleihen-, Aktien-, Hedge-, Osteuropa- oder Umweltfonds). Die Arbeit von Fondsmanagern ist sehr anspruchsvoll, da sie äußerst schnell auf Marktveränderungen reagieren und die richtigen Entscheidungen treffen müssen. (Siehe Hinweis am Ende des Vorworts)

Voraussetzungen / Aus- und Weiterbildung:
Klassisch studiert man BWL mit Finanzschwerpunkt. Einschlägige nationale und internationale Zusatzausbildungen (zum Beispiel CFA- (Chartered Financial Analyst) oder CIIA-Lehrgang (Chartered International Investment Analyst) und/oder CPM (Certified Portfolio Manager)) sind heutzutage beinahe schon Voraussetzung für den Fondsmanager, der sich international orientieren möchte. Man steigt allerdings nicht sofort als Fondsmanager ein, sondern erarbeitet sich diese Position. So beginnt man zum Beispiel zunächst als Aktienanalyst.

Arbeitsalltag / Vor- und Nachteile:

Nicht so spektakulär, wie im Fernsehen dargestellt
Ein Fondsmanager entscheidet, wie das Geld der Anleger investiert wird beziehungsweise welche Produkte (welche Wertpapiere) gekauft werden und damit in einen Fonds kommen, den man als Fondsmanager verwaltet. Man ist dafür verantwortlich, dass die richtige Wahl getroffen wird. Bei der Entscheidung für oder gegen eine Aktie handelt es sich um eine Prognose. Die Märkte verändern sich sehr schnell und man kann nicht immer richtig liegen. Es muss einem gelingen, die Lage richtig abzuschätzen, ansonsten ist man längste Zeit Fondsmanager gewesen ... Im Übrigen gibt es unterschiedliche Fonds (Geldmarkt-, Renten-, Aktien- oder Hedgefonds und viele mehr). So verschieden die Fonds, so unterschiedlich auch die Anlageschwerpunkte und damit das Aufgabengebiet eines Fondsmanagers. Ein Hedgefonds-Manager z. B. versucht jedes Jahr einen positiven Ertrag zu erwirtschaften oder ein Fondsmanager von Indexfonds – der sogenannte Indextracker – den Markt abzubilden ... und das möglichst genau. Die Hauptaufgabe eines Aktienfonds-Managers ist es, besser als der Markt zu sein, das heißt, seine „Benchmark" (Vergleichsindex, der der Beurteilung des Anlageerfolges dient) zu schlagen. Wenn man das auf Dauer schafft, ist man gut in seinem Job.

Wie trifft man die Entscheidungen?
Es gibt viele verschiedene Ansätze, nach denen man seine Entscheidungen treffen kann. Zum einen vergleicht man Aktien, wertet Daten und Fakten aus, erarbeitet Modelle und schätzt anhand derer zukünftige Kursverläufe. Zum anderen – wenn man einen fundamentalen Ansatz wählt – bewertet man Unternehmen. Dann trifft man sich auch, meist quartalsweise, mit den jeweiligen Unternehmensvorständen, Analysten und Marktexperten, um zu einer fundierten Einschätzung zu kommen. Dabei ist es wichtig, die Konzepte und Planungen der Unternehmen kritisch zu hinterfragen. Bei manchen stehen auch technische Modelle hinter der Entscheidungsfindung.

Was macht einen guten Fondsmanager aus?
Talent lässt sich hier nicht durch Fleiß ersetzen. Man muss vorausblickend denken und sich vorstellen können, was passieren kann – die Märkte mit ihren Unwägbarkeiten bedenken, Wahrscheinlichkeiten berechnen und Prognosen erstellen. Dafür muss man nah am Markt sein und das kommt üblicherweise mit der Erfahrung. Außerdem sollte man schnell denken und handeln können und ein gutes Zahlenverständnis besitzen. Jemand, der langfristig positive Leistungen erbringt, ist ein guter Fondsmanager. Es geht um eine gewisse Kontinuität.

Viel am Telefon?
Durch die Infosysteme, die einem zur Verfügung stehen (Bloomberg & Co), telefoniert man nicht mehr so viel, man bezieht die meisten Infos aus dem Internet. Der Beruf ist insgesamt leiser geworden.

Gestresst?

Man gewöhnt sich daran, mit irrsinnig viel Geld zu jonglieren, das einem nicht gehört. 200 Millionen Euro zu transferieren stresst manchmal mehr, vor allem wenn man weiß, dass die Märkte krachen. Es kommt auf den persönlichen Zugang an. Ob man seine Entscheidungen schnell und unter Druck treffen muss, hängt davon ab, wie sich der Fonds zusammensetzt. Eine Aktie zum Beispiel kann sich an einem Tag um 15 Prozent bewegen; wenn man nun 100 Aktien im Fonds hat, die man traden (handeln) muss, dann ist der Stress sehr groß.

Ein „Overnight-Job"

Ein Fondsmanager schaltet nie ab, weil sich die Welt ständig verändert. Man steht auf und checkt bereits die Aktienkurse, dauernd liest man sich etwas durch, seinen Blackberry hat man immer dabei und schaltet ihn auch im Urlaub nicht ab. Selbst nach einem 8- oder 10-Stunden-Tag ist der Arbeitstag nicht zu Ende. Man hat immer zu wissen, was sich am Markt tut, um schnell darauf reagieren zu können. Es wird einem schnell klar, dass man den Beruf leben muss – es ist ein „Overnight-Job", der einen im Traum begleitet. In der Regel hat man von Freitag 22 Uhr bis Sonntag in der Früh „Ruhe" (die Börsen sind zu). Ein guter Fondsmanager liest aber auch am Wochenende die Zeitungen und muss politisch (wirtschafts- und weltpolitisch) interessiert sein, weil die Politik enorme Auswirkungen auf die Kurse hat.

Finanzieller Aspekt / Chancen am Arbeitsmarkt:

Reich wird man nicht automatisch. Es gibt Fondsmanager, die sich zum richtigen Zeitpunkt selbstständig gemacht haben und zu viel Geld gekommen sind. Ist man in einer Bank angestellt, verdient man auch wie ein Bankangestellter. Zusätzlich gab beziehungsweise gibt es Prämien, die allerdings zurzeit eher schlecht sind. Als Selbstständiger könnte man schon viel verdienen – man müsste nur einige Leute finden, die viel Geld haben und es investieren. Das ist allerdings schwieriger, als den Fonds zu managen. Wenn man große Summen verdienen möchte, muss man nach New York, Frankfurt oder London gehen. Aber auch dort wird die Luft dünner.

Derzeit ist es schwer, ins Fondsmanagement hineinzukommen – es werden wenig Junge aufgenommen (wegen der Finanzkrise). Deshalb ist im Moment eher Stillstand angesagt.

Resümee:

Es wird einem rasch klar, dass man diesen Beruf leben muss. Wenn man ein guter Fondsmanager sein will, muss der Job zum Alltag gehören. Es wird einem allerdings nie langweilig, es warten ständig Herausforderungen auf einen und man ist nah dran an den Dingen, die die Welt bewegen.

Steuerberater / Wirtschaftsprüfer (Wirtschaftstreuhänder)

Definition:

Steuerberater unterstützen ihre Auftraggeber bei der Bearbeitung ihrer Steuerangelegenheiten und der Erfüllung ihrer steuerlichen Pflichten. Sie beraten ihre Klienten in allen Fragen der Buchführung und Bilanzierung, Steuererklärung, Steuerdurchsetzung und Steuergestaltung und vertreten diese als Bevollmächtigte vor Finanzbehörden.

Wirtschaftsprüfer führen die gesetzlich vorgeschriebenen oder freiwillig durchgeführten Überprüfungen der Jahresabschlüsse von Unternehmen durch. Dabei untersuchen sie unter anderem, ob der Jahresabschluss den gesetzlichen Bestimmungen entspricht, Inventuren und Bewertungen richtig vorgenommen und Rücklagen wie auch Rückstellungen richtig verbucht wurden und alle Bilanzpositionen vollständig und richtig erfasst sind.

Wirtschaftstreuhänder ist der Oberbegriff für Steuerberater und Wirtschaftsprüfer. (Siehe Hinweis am Ende des Vorworts)

Voraussetzungen / Aus- und Weiterbildung:

Ein eigenes Studium „Steuerberatung" gibt es nicht. Es ist grundsätzlich egal, welchen Hochschulabschluss man hat, in der Praxis allerdings haben die meisten Betriebswirtschaftslehre studiert. (Ebenso aber könnte man etwa auch Jus oder auf der Fachhochschule z. B. Betriebswirtschaft oder Banking und Finance studiert haben.) Nach dem Studium sucht man sich eine Stelle in einer Wirtschaftstreuhandkanzlei und beginnt dort als sogenannter Assistent (Berufsanwärter zum Steuerberater) seine Ausbildung. Aber durch diese Arbeit alleine wird man nicht zum Steuerberater: Größte Zugangshürde zu dem Beruf – weil sehr schwierig und umfassend – ist die Steuerberaterprüfung, zu der man nach einer dreijährigen Praxiszeit antreten kann. Parallel dazu oder danach könnte man die Prüfung zum Wirtschaftsprüfer machen. Ein Wirtschaftsprüfer ist damit immer auch Steuerberater, umgekehrt ist ein Steuerberater aber kein Wirtschaftsprüfer. Übrigens: Wenn man schon mit 14/15 Jahren weiß, dass man Steuerberater werden möchte, sollte man die HAK oder eine andere Schule besuchen, wo man bereits Rechnungswesen lernt. Man hat es dann im beruflichen Alltag viel leichter als Leute vom Gymnasium, die Buchhaltung nur kurz während des Studiums gestreift haben – Buchungen schafft man nach der HAK aus dem „Effeff".

Arbeitsalltag / Vor- und Nachteile:

Kleine, mittelgroße oder große Steuerberatungskanzlei?
Nach dem Studium trifft man zunächst die Entscheidung, in welcher Kanzlei man arbeiten möchte beziehungsweise seinen Karriereweg beginnt: In einer kleinen, mittelgroßen oder in einer der vier großen Kanzleien, die den Markt der Wirtschaftsprüfer dominieren, sprich in einer der „Big Four": Deloitte, PricewaterhouseCoopers, Ernst & Young und KPMG. Je

größer die Kanzlei, desto spezialisierter arbeitet man, deckt dort einen Bereich von vielen ab. In einer mittelgroßen oder kleinen Kanzlei arbeitet man eher als Generalist. Wofür man sich entscheidet, ist eine persönliche Sache. Manche sind lieber in einer mittelgroßen Kanzlei tätig, weil der Job abwechslungsreicher ist: Meistens betreut man einen Klienten alleine und berät ihn umfassend – man gibt Steuererklärungen für ihn ab, informiert ihn in betriebswirtschaftlichen Fragen, macht Unternehmensbewertungen – eben alles, was der Klient braucht; außerdem gibt es in kleinen und mittelgroßen Büros viel früher persönlichen Kontakt zu den Klienten. Andere wiederum lieben es, spezialisiert und qualifiziert zu arbeiten. Wobei auch zu sagen ist, dass in den mittelgroßen Kanzleien – vor allem in den größeren unter ihnen – auch immer mehr einzelne Mitarbeiter auf Spezialgebiete abgestellt werden.

Karriere in der Kanzlei
Sich in einer der Big-Four-Kanzleien langfristig durchzusetzen ist sehr schwer. Partner (= am Umsatz beteiligter Mitinhaber der Wirtschaftstreuhandgesellschaft) kann man nur werden, wenn man ehrgeizig ist, sehr viel arbeitet und neue Klienten an Land zieht – wenn man also viel Zeit und Privatleben in seine Karriere investiert und einen langen Atem hat. Nach der Steuerberater- und in der Regel auch Wirtschaftsprüfer-Prüfung ist das erste Karriereziel, Geschäftsführer (beziehungsweise Prokurist) einer Niederlassung zu werden. Das geht heute allerdings auch nicht mehr so einfach; am ehesten noch über Nischenthemen (man kann und weiß etwas Besonderes) und/oder über Nischenregionen (oft heißt es raus aus Wien). Geschafft ist es damit allerdings noch lange nicht. Man hat zwar den Sprung in eine Position geschafft, wo es eher unwahrscheinlich ist, dass man gekündigt wird, und man verdient jetzt auch recht gut; die „große Kohle" gibt es damit aber noch nicht. Dafür muss man noch Partner werden und damit am Umsatz der Kanzlei beteiligt sein. Bis dahin – wenn überhaupt – heißt es noch mehr arbeiten, Umsätze bringen und vorgegebene Umsatzzahlen erreichen. Am Ende eines Jahres zählt das, was übrig bleibt. Unterm Strich ist man – strebt man die große Karriere an – bis zur Pension ein Getriebener/eine Getriebene. Man könnte in einer Geschäftsführerposition auch „ewig" bleiben; es kommt eben darauf an, was man erreichen möchte. Die Partnerposition wird einem aber nie einfach so angeboten: In einer Kanzlei jeder Größe heißt es, sich dafür ordentlich reinknien und Umsätze bringen.

Klienten bringen und eigene Umsätze machen?
Solange man noch nicht Steuerberater ist, wird nicht erwartet, dass man selbst Klienten gewinnt. Mit der Prüfung allerdings ändern sich die Anforderungen: Neben Cross-Saling (Neugeschäft von bestehenden Kunden an Land ziehen) wird erwartet, dass man neue Klienten und damit Umsätze bringt. Das gilt zumindest dann, wenn man auf „Partnertrekk" ist, und übrigens für Kanzleien jeder Größe. Will man nicht Partner werden, sondern weiterhin Akten abarbeiten, besteht diese Möglichkeit in den meisten mittelgroßen Kanzleien; dann jedenfalls, wenn genug Arbeit da ist, die erledigt werden muss. In den kleinen Kanzleien ist selten ausreichend Geschäft vorhanden – will man bleiben, wird auch hier erwartet, dass neue Klienten an Land gezogen werden. Ein Zurücklehnen nach der Steuerberatungsprüfung gibt es nicht. Überhaupt wird man die ganze Zeit an seinem Umsatz gemessen und

das bereits vor der Steuerberaterprüfung. Jede Steuerberatungskanzlei schaut sich an, ob der Mitarbeiter auch „etwas bringt". Einen gewissen Umsatzdruck hat man damit schon während seiner Ausbildungszeit. Kein entspanntes Leben.

„Ausweg" Selbstständigkeit?
Und wenn man sich irgendwann selbstständig macht und seine eigene Kanzlei eröffnet? Auch nicht einfach. Es ist – überhaupt als „One-Man-Show" – sehr schwierig, eine Struktur aufzubauen und Klienten zu gewinnen. Die großen und mittelgroßen Kanzleien fangen sehr viele Aufträge ab. Man hat entweder einen Vater oder Onkel, dessen Kanzlei und Kundenstock man übernehmen kann, oder kauft sich bei älteren Steuerberatern ein und übernimmt deren Kanzlei und Kundenstock, dann jedenfalls wird es einfacher.

Stille und einsame Arbeit in der Steuerberatung?
Es kommt darauf an, was man aus dem Job macht, aber grundsätzlich ist das nicht die Realität. Das Kommunikationsbedürfnis der Leute ist gewachsen. Der Steuerberater, der im stillen Kämmerchen vor sich hinarbeitet, ist ein Auslaufmodell und entspricht nicht mehr der beruflichen Praxis. In erster Linie ist der Beruf *(als fertiger Steuerberater! Nicht unbedingt als Assistent, siehe oben)* ein Kommunikationsberuf: Man redet viel mit seinen Klienten, erklärt ihnen das Steuerrecht, was sie tun müssen, was sie tun können, berät sie, wie man Steuern vermeidet beziehungsweise Geld zurückbekommt; man kommuniziert mit den Finanzbehörden und „erklärt" ihnen, wieso sie das, was man ihnen vorgelegt hat, glauben sollen. Kommunikation und der richtige Draht zum Klienten sind wichtiger, als manch einer vielleicht denkt.

Vom zeitlichen Faktor her gesehen überwiegt die Büroarbeit allerdings erheblich.

Spezialisierung?
In den meisten Kanzleien wird es erforderlich, dass man sich spezialisiert, weil die Gebiete immer umfassender, komplizierter und komplexer werden. Man kann nicht mehr in jedem Bereich gut sein und hat schon genug damit zu tun, in seinem Spezialgebiet up to date zu bleiben. Zumindest dann, wenn man auch die Wirtschaftsprüfung hat und damit Steuerberater und Wirtschaftsprüfer ist, muss man sich – zumindest bei den Big Four, aber auch in den mittelgroßen Kanzleien – entscheiden, ob man sich auf die Steuerberatung oder Wirtschaftsprüfung spezialisiert. (Grundsätzlich hat man in den beiden Bereichen dasselbe Gehalt und im Jahresschnitt dieselben Arbeitsstunden.) Als Wirtschaftsprüfer muss man bei der Abschlussprüfung für gewisse Fehler seinen Kopf hinhalten und kann haften. Ein Wechsel zwischen den Bereichen, wenn man schon Jahre in einem Bereich tätig ist, ist schwer möglich.

Man muss dranbleiben
Wenn man gut bleiben will beziehungsweise gut werden will, muss man pausenlos lernen und Massen an Infos verarbeiten. Die einzelnen Steuergesetze werden sehr oft novelliert (geändert), einzelne um die fünf Mal im Jahr. Dazu kommt, dass vieles im Steuerrecht auf europäischer Ebene geregelt ist und damit auch EU-Recht eine Rolle spielt. Die Herausfor-

derung liegt jedenfalls darin, diese Informationsflut zu bewältigen, und das bleibt einem nicht erspart. Einer, der sich nicht informiert, kann vielleicht eine Zeit lang so weiterarbeiten, aber irgendwann ist Schluss.

Langeweile?
Der Job kann einfach, aber auch sehr schwierig und komplex sein. Routinearbeiten wie Jahresabschlüsse, Steuererklärungen, Buchhaltung von kleineren und mittelgroßen Unternehmen sind nicht so aufregend. Spannend wird der Job, wenn man in die Lage kommt, Unternehmen in steuerrechtlichen und wirtschaftlichen Fragen zu beraten. Im Transaktionsbereich oder wenn Gutachten zu komplexen steuerrechtlichen Fragen zu erstellen sind, wird es schwierig, komplex und sehr interessant.

Zeitdruck – stark und ständig
Zeitdruck ist immer vorhanden. Das Steuerrecht an sich hat sehr kurze Fristen und man unterliegt als Steuerberater einem ständigen Fristenstress; als Wirtschaftsprüfer insbesondere von November bis März. Es sind gesetzliche Termine einzuhalten und auch konzerninterne – Druck kommt also auch von den eigenen Klienten. Oft ist der von Klienten gemachte Zeitdruck nicht notwendig: Man bekommt ein Mail von einem zu steuerrechtlichen Fragen und es kann durchaus der Fall sein, dass dieser nach einer halben Stunde anruft und fragt, wieso man nicht antwortet. Die Leute erwarten, dass alles schnell geht und die Arbeit perfekt ist. Dass sich drei Fragen nicht in fünf Minuten beantworten lassen, sondern möglicherweise drei Stunden Literaturrecherche dahinterstecken, ist für sie oft nicht nachvollziehbar.

Arbeitszeiten
Es ist kein 9-to-5-Job, auch nicht für Berufsanwärter (Assistenten) und angestellte Steuerberater. In der Steuerberatung hat man in Spitzenzeiten durchaus 10/12-Stunden-Tage. In den vier großen Kanzleien sind 12-Stunden-Tage eher die Regel. Aber es gehört nicht zum „guten Ton", bis neun oder zehn Uhr abends zu sitzen – wenn man seine Arbeit erledigt hat, geht man. In der Wirtschaftsprüfung hat man von November bis etwa März am meisten zu tun und längere Arbeitstage (70-Stunden-Wochen). Dafür steht im Sommer weniger Arbeit an und 40-Stunden-Wochen sind normal. In der Steuerberatung hat man das ganze Jahr über eher gleichmäßig zu tun. Wenn man sich hocharbeiten und etwas erreichen möchte, muss man sich voll und ganz dahinterklemmen und das geht nicht ohne zeitlichen Einsatz. Die Work-Life-Balance darf einem dann nicht wichtig sein.

Familienleben
Der Job ist nicht unbedingt familienfreundlich und für eine Frau nicht einfach mit der Familie zu vereinbaren. Wenn man die Möglichkeit erhält, Teilzeit zu arbeiten, ist das de facto nur schwer durchzuhalten: Die Chefs vergessen es, dass man nachmittags gehen muss. Die Umsetzung scheitert oft in der Praxis, vor allem in den größeren Kanzleien. Viele hören daher mit dem Teilzeitjob auch wieder auf.

Finanzieller Aspekt / Chancen am Arbeitsmarkt:

Der Verdienst ist am Anfang nicht so toll, nach der Steuerberaterprüfung wird er jedoch viel besser. In einer mittelgroßen Kanzlei werden oft höhere Einstiegsgehälter (um die 2.200/2.400 Euro brutto) bezahlt als in einer der Big Four. Letztere haben sowieso so viele Leute, dass sie Nachwuchs nicht übers Geld gewinnen müssen. Nach der Steuerberatungsprüfung macht man einen ordentlichen Gehaltssprung und verdient um die 30 bis 40 Prozent mehr. Dann zahlen übrigens die größeren Kanzleien in der Regel besser als die kleinen. Sehr gut verdient man, wenn man auch die Wirtschaftsprüferprüfung ablegt und damit Steuerberater und Wirtschaftsprüfer ist. Grundsätzlich gilt gerade am Anfang: viel Arbeit für wenig Geld.

Gerade deshalb ist auch die Fluktuation in der Branche groß: Viele hören vor der Steuerberaterprüfung auf und wechseln in die Wirtschaft, weil sie dort besser verdienen (übersehen aber, dass man nach der Steuerberaterprüfung einen riesen Sprung macht). Der Job ist krisensicher und man kann ein sorgenfreies Leben führen.

Resümee:

Es kommt darauf an, wie man den Beruf lebt beziehungsweise in welchem Gefüge man arbeitet, aber grundsätzlich trifft das Klischee „einsamer, langweiliger Job" nicht zu. Die Arbeit an sich, die Arbeitszeiten, Anforderungen und Verdienstmöglichkeiten hängen von der Größe der Wirtschaftstreuhandkanzlei und der eigenen Position ab; Verdienst und Position wiederum von der eigenen Bereitschaft, Zeit in den Job zu investieren (neben fachlichem Können). Für eine Karriere müssen Zeit und Privatleben in den Beruf gesteckt werden.

Vermögensberater (Finanzberater)

Definition:

Vermögensberater klären ihre Kunden über möglichst vorteilhafte und gewinnbringende Anlagestrategien ihrer Vermögensteile auf. In diesem Zusammenhang haben Vermögensberater sehr gute Verbindungen zu Banken, Sparkassen und Versicherungen und verfügen über erstklassige Kenntnisse des Kapital- und Aktienmarktes. Ihre Dienstleistungen umfassen Anlagenberatung, Wirtschaftsberatung oder Finanzierungs- und Wertpapierberatung. Sie arbeiten dabei mit Spezialisten, wie zum Beispiel Finanzanalysten, Steuerberatern und Unternehmensberatern zusammen. (Siehe Hinweis am Ende des Vorworts)

Voraussetzungen / Aus- und Weiterbildung:

Es gibt verschiedene Hochschulen, Collegs, Fachhochschulen und selbst Unternehmen, die zum Vermögensberater ausbilden. Dies ist auch oft berufsbegleitend möglich. Möchte man selbstständig das Gewerbe der Vermögensberatung ausüben, muss die sogenannte „Befähigungsprüfung" abgelegt werden oder ein „einschlägiges" Universitäts-/Fachhochschulstudium (heißt mit Schwerpunkten in den Bereichen Finanzierung, Investitionen, Lebens- und Unfallversicherung) und eine einjährige Tätigkeit nachgewiesen werden.

Möglichkeiten, sich ständig weiterzubilden und sein Wissen auszubauen, sind ausreichend vorhanden. Arbeitet man mit einem Wertpapierdienstleistungsunternehmen auf Kooperationsbasis zusammen, kann man sehr von dessen intern veranstalteten Fortbildungsseminaren und Produktschulungen profitieren.

Arbeitsalltag / Vor- und Nachteile:

Haftung
Vermögensberater müssen unter Umständen für Fehler in der Beratung einstehen. Wohin diese führen können, wissen die meisten aus den Medien: Anleger, die nicht vollständig über das Wertpapier und die damit verbundenen Risken aufgeklärt wurden und ihr Geld verloren haben, wollen es zurückhaben und klagen.

Was also tun, um möglichst nicht haftbar zu werden?
In erster Linie, sich inhaltlich mit den Produkten auseinandersetzen, in zweiter Linie die Aufklärungs- und Beratungspflichten gegenüber den Kunden penibel erfüllen und in dritter Linie die Aufklärung schriftlich dokumentieren.
   Es ist wichtig, dass man sich genauestens mit den Risken der Produkte, die man verkauft, auseinandergesetzt hat. Nur dann ist es einem möglich, Kunden über ein solches Risiko aufzuklären. Wenn man möchte (!), kann man sich ständig weiterbilden und intensiv jede Menge Wissen aneignen, denn Selbstüberschätzung ist in diesem Beruf eventuell eine teure Angelegenheit.

„Guter Schmäh" und viel Geld verdienen?
So einfach läuft das nicht. Das Geld (die Provision) verdient man, indem man Wertpapiere, Versicherungen usw. vermittelt; je höher die Veranlagungssumme, desto höher wird die Provision sein. Also um über ein gewisses Einkommen zu verfügen, muss man ausreichend Geschäftsabschlüsse vermitteln. In diesem Fall gilt „von nichts kommt nichts". Ein „guter Schmäh" (zumindest alleine) reicht nicht, um Geschäftsabschlüsse zu tätigen. Networken ist angesagt. Einen guten Ruf muss man sich erst erarbeiten und ein Kundenstamm muss aufgebaut werden – und das kann dauern. Die meisten beginnen damit in ihrem Freundes- und Bekanntenkreis. Fakt ist, anfangs kommen die Kunden nicht von alleine; diese Fehleinschätzung hat schon viele Vermögensberater dazu veranlasst, nach einigen Monaten den Job wieder an den Nagel zu hängen; klar – ohne Kunden kein Geschäft – ohne Geschäft kein Geld. Übrigens gibt ein Vermögensberater einen Teil seiner Provision ab – wie viel, ist abhängig vom Unternehmen. Das kann mitunter stark differieren. Aber man „bekommt" auch etwas für die Provision: Man nützt die EDV, das Marketing der Firma

(kann bei der Vermittlung weiterhelfen) und profitiert von Ausbildungskursen und Infomaterial.

Für Vermögensberater ist die Arbeit seit der Finanzkrise schwieriger geworden; die Leute wollen nicht so recht in Aktien & Co investieren; kennt doch jeder in seinem Bekanntenkreis zumindest einen, der im Zuge der Finanzkrise Geld verloren hat. Die Tendenz zur Wiederaufnahme von Veranlagungen ist allerdings steigend und die Nachwehen der Wirtschaftskrise sind allmählich vergessen. 2008 haben viele Vermögensberater ihre Gewerbeberechtigung zurückgelegt (angeblich 50 Prozent); ca 70 Prozent in der Branche hören nach drei Monaten wieder auf, weil sie nicht kostendeckend beziehungsweise lebenserhaltend arbeiten können.

Der schlechte Ruf

Einen guten Ruf hatten die Vermögensberater schon vor der Finanzkrise nicht. Das Problem in der Branche war und ist, dass es viele unter ihnen gibt, die nicht seriös arbeiten. Sie schwatzen ihren Kunden Produkte auf, ohne eigentlich zu wissen, was sie verkaufen. Das bringt die ganze Branche in Verruf und wird als Belastung von jenen Beratern empfunden, die seriös, will heißen im Interesse des Anlegers und gut informiert, arbeiten. Andererseits ist das aber wiederum eine Chance für diejenigen in der Branche, die engagiert sind und gute Arbeit leisten; sie heben sich von den „schwarzen Schafen" ab – auch das spricht sich herum.

Wenn die Börsenkurse fallen ...

Es gibt schon Zeiten, wo es eng und stressig wird. Wenn es sich auf den Börsen abspielt, kann es schon sein, dass man in zwei Tagen 150 Kundenanfragen bearbeiten muss; aber grundsätzlich ist es lediglich so stressig, wie man es sich selber macht.

Trockener Job?

Nein, interessant und abwechslungsreich! Langweilig ist es nie. Man hat ganz unterschiedliche Kunden mit unterschiedlichen Bedürfnissen, unterschiedlichen Zielen und unterschiedlichen finanziellen Voraussetzungen. Ein Vermögensberater vermittelt ja nicht nur Wertpapiere, sondern berät umfassend in allen finanziellen Belangen. So kommt es nicht selten vor, dass man mit Banken Kreditbedingungen und Ähnliches ausverhandelt. Es ist verblüffend und sehr ausfüllend, wie man als Berater seinen Kunden in den verschiedensten Lebenslagen helfen kann. Der Finanzmarkt ist ein sehr lebendiger Markt – ständig kommen neue Wertpapiere, mit denen man sich auseinandersetzt. Spannend! Vor allem, wenn man die Funktionsweisen der einzelnen Produkte verstehen möchte/muss.

Zusammenarbeit mit Geschäftspartnern

… kann manchmal ganz schön mühsam sein. Die Arbeit der Banken und Versicherungen muss überprüft werden und es darf nicht davon ausgegangen werden, dass sie die Aufträge richtig erledigen. Es kommt nicht selten vor, dass man Vertragsunterlagen für eine Versicherung oder ein Wertpapier bekommt, die/das der Kunde nicht bestellt hat. Man überprüft auch regelmäßig, ob die Versicherungen zur gegebenen Zeit mit ihren Auszahlungen diverser Prämien an den Kunden beginnen – darauf kann man sich nämlich auch nicht verlassen.

Freie Zeiteinteilung und flexibles Arbeiten

Flexibel DARF man nicht nur, sondern MUSS es auch sein. Wünscht man sich einen 9-to-5-Job, ist man in der Branche nicht gut aufgehoben. Seine Termine richtet man nach den Kunden. Man muss schon mit zwei Abendterminen in der Woche rechnen und manchmal auch am Wochenende erreichbar sein. Alles in allem kann ein Berater seinen Tagesablauf aber gestalten, wie er es möchte. So ist es ihm möglich, sich einen Tag freizuhalten oder an einem Nachmittag einfach „blau zu machen". Die Hälfte der Zeit verbringt man mit Terminen, die andere Hälfte mit Checken der Börsenkurse, Beantworten von Kundenanfragen, Führen von Telefonaten mit Kunden, Versicherungen, Banken usw. Man ist oft nur ein Mal in der Woche im Büro; die Termine finden meistens bei den Kunden zu Hause oder in deren Unternehmen statt.

Finanzieller Aspekt / Chancen am Arbeitsmarkt:

Als Vermögensberater kann man viel Geld verdienen, wie in etlichen anderen Berufen auch. Der Weg ist aber immer ähnlich: gediegene Ausbildung, hineinwachsen in den Beruf, Erfahrung sammeln, weiterbilden. Das dauert je nach Tätigkeit (viele) Jahre.

Vermögensberater wird es immer geben – auch wenn uns finanzielle Krisen oft das Dasein erschweren.

Resümee:

Es ist ein vielseitiger und interessanter Beruf. Angenehm ist auch, dass man als Vermögensberater keine Logistik braucht, keine Arbeitnehmer hat. Manche Vermögensberater kämpfen aber sehr mit der Kundenakquise. Außerdem muss man damit rechnen, dass auch viel „Papierarbeit" anfällt.

Gastronomie / Hotel

Gastronom / Gastwirt

Definition:
Gastwirt ist, wer Gäste in einer Gastwirtschaft gewerbsmäßig beherbergt. Gastwirte und -wirtinnen leiten als selbstständige Unternehmer oder als Angestellte eines Unternehmens fachlich und kaufmännisch eigenverantwortlich einen Gastronomiebetrieb. (Siehe Hinweis am Ende des Vorworts)

Voraussetzungen / Aus- und Weiterbildung:
Von Hotelfachschulen über Lehrlingsausbildung bis hin zum „Selbstprobierer" ist hier alles möglich. Gewiss ist, dass man je nach Lokalwahl bereits Praxis haben sollte – in der Schule gelernt oder als Kellner angeeignet – und auch ein gewisses Händchen für Wirtschaft, Personalmotivation und PR/Marketing benötigt, um sein Geschäft „in Gang" zu bringen.

Arbeitsalltag / Vor- und Nachteile:

Lokal aufsperren und „es rennt"
Mit dieser Erwartung eröffnen viele Gastronomen ihr Lokal – und werden enttäuscht. Einen Gastronomiebetrieb aufzubauen, ihn zu führen und am Laufen zu halten, ist nicht einfach (das lässt sich auch anhand der jährlich von Gastronomiebetrieben eingereichten Konkursanträge belegen ...). Fakt ist: Ohne gezieltes und laufendes Input funktioniert in der Gastronomie gar nichts. Wer sich nicht schon vorher überlegt, welchen Typ Lokal er eröffnen will, welches Publikum er ansprechen möchte, wie er sein Konzept umsetzen wird (und dranbleibt), wird früher oder später scheitern. So kann man zum Beispiel nicht überall ein Haubenlokal oder eine Cocktailbar eröffnen. Man sollte schon darüber nachdenken, ob ein (zahlendes) Publikum für ein solches Lokal vor Ort gegeben ist. Es ist eine Herausforderung, sich vor seiner Lokaleröffnung zu überlegen, welche Zielgruppe man ansprechen möchte und wie man es anstellt, sein Publikum auf sein Lokal aufmerksam werden zu lassen; man sollte es zumindest schaffen, dass die Leute ein Mal reinschauen, damit man überhaupt die Chance hat, die Leute zu überzeugen.

Nach der ersten Hürde laufen lassen?

Man schaut ständig, was nicht so gut läuft, was man besser machen oder verändern könnte/sollte, wo Defizite vorhanden sind und wie sich diese beheben lassen – sei es im Service, in der Küche, im Ambiente oder im Erscheinungsbild nach außen. Ein viel besseres Gespür für sein Lokal und für seine Gäste – und damit auch für Defizite – entwickelt man, wenn man selbst im Lokal anwesend ist und mitarbeitet. Manche Gastronomen sind nur anfangs in ihrem Lokal anzutreffen, manche gar nicht und manche immer. Vor allem in großen, gut strukturierten Lokalen muss es nicht sein, dass der Chef anwesend ist – solche Lokale sind personalorientiert. Dann allerdings ist es umso wichtiger, dass man verlässliche Angestellte hat.

Dolce Vita und eine goldene Nase verdienen?

Könnte mancher glauben, wenn das Lokal randvoll ist und der Blick auf die eigene Rechnung einen vermuten lässt, wie viel der konkrete Gastronom an einem Tag einnimmt. Einige Dinge: Nicht jedes Lokal ist gut gefüllt (das zu erreichen, ist das Ziel!!!), nicht jeder Kellner ehrlich, es sind nicht alle Tage gleich und schließlich: Beim vom Personal kassierten Geld handelt es sich um den Umsatz und nicht um den Gewinn – das scheinen viele beim Anblick der dicken Börse nicht zu bedenken. Von den Einnahmen sind Personalkosten, Miete, Gas, Strom usw. und vor allem der Einkauf zu bezahlen (wobei sich der Wareneinsatz von Lokaltyp zu Lokaltyp unterscheidet). Zu guter Letzt werden die Einnahmen noch versteuert. Reich wird man (mit Ausnahme einiger weniger Szenegastronomen oder starker Familienunternehmen) als Gastronom nicht. Man kann gut leben, vorausgesetzt man macht seine Sache ordentlich und ist gut besucht. Die meisten Gastronomen haben Schulden und das oft nicht zu knapp – und zwar von Beginn an. Für die Einrichtung eines Lokals, eine Renovierung, einen Aus- oder Umbau, für die Ausstattung und Anschaffung der Geräte, eine Ablöse usw. muss eine Menge Geld in die Hand genommen werden. Glücklich der, der keine Schulden hat. Dazu kommen vielleicht noch Auflagen von der Gewerbebehörde, die man umsetzen – und bezahlen – muss. Die Schaffung eines Nichtraucherbereichs kann zum Beispiel sehr teuer werden. Ein Startkapital ist am Anfang schnell weg. Wenn man unerfahren ist, hat man noch keine Ahnung, wie und wo man es investieren soll und was man braucht. Vieles lernt man mit der Erfahrung einzuschätzen. Wenn der Steuerberater oder man selbst ein Tagesumsatzziel ausrechnet, das es zu erreichen gilt, um die Kreditraten zurückzahlen, seine Angestellten bezahlen und selbst überleben zu können, gerät man zusätzlich unter Druck. Macht man weniger Umsatz, weiß man, dass es knapp wird. Fixkosten laufen bekanntermaßen auch, wenn man nichts oder nicht genug verdient. Jeder Gastronom wird Zeiten haben, wo das Geschäft nicht so gut läuft – und macht sich Sorgen: „Geht sich das aus? Kann ich mir das leisten? Kann ich meine Rechnungen/mein Personal zahlen?" Das Frustrierende an der Gastronomie ist auch, dass man zwar nach außen hin ein super Lokal führen kann, das Geschäft sich aber nicht rentiert: Man hat unglaublich hohe Fixkosten in der Haubengastronomie – nicht nur von den hochwertigen Lebensmitteln her, die man einkaufen muss, ohne zu wissen, ob man sie brauchen wird, sondern für das Personal: Zwölf Köche muss man sich mal leisten können. In der Gastronomie verdientes Geld ist hart verdientes Brot. Die Frage ist immer: Was bleibt unterm Strich übrig?

Die Leute sehen nicht, wie viel Zeit in einem Lokal steckt

Die Allgemeinheit nimmt das wahr, was sie sieht, und übersieht das, was (auf den ersten Blick) nicht sichtbar ist: Der Gast sieht den lächelnden, entspannten Chef und das (hoffentlich) gut gefüllte Lokal. Was er nicht wahrnimmt, sind die Zeit und Kraft, die hineingeflossen sind, um das alles überhaupt zu erreichen, sowie die Zeit, die man täglich investiert, um sich das Geschaffene zu erhalten. Zu Beginn braucht man Zeit, um ein Konzept zu entwickeln, Geldgeber zu finden, sich durch den „Behördendschungel" zu kämpfen, ein Konzept so umzusetzen, dass es tatsächlich zu gefüllten Plätzen führt. Das erfordert Qualität und Originalität. In Städten sind auch PR und Werbung verstärkt notwendig. Toll ist natürlich, wenn man das Glück hat und in einer Zeitungskolumne über die Lokaleröffnung berichtet wird. Aber über 0815-Lokaleröffnungen, ohne originelle Idee, ohne bekannten Koch oder bekannten Gastronomen wird kaum berichtet ... Dass es zwei Welten sind, ob nun ein Szenegastronom oder man selbst als Unbekannter ein Lokal eröffnet, ist wahrscheinlich jedem klar. Und ist das Lokal eröffnet, muss, wiederum in der Regel, genügend eigener (zeitlicher) Einsatz geleistet werden. Gerade wenn man neu eröffnet, kann man sich nicht viele Angestellte leisten – vielleicht auch keinen. Man arbeitet selbst, um Kosten zu sparen, und hat einen 20-Stunden-Tag. Abgesehen von dem Aufwand, wenn man während der Öffnungszeiten im Lokal steht, im Service mitarbeitet und/oder in der Küche kocht, sind Dinge zu erledigen, bevor der erste Gast kommt und nachdem der letzte Gast gegangen ist. Am Anfang ist man möglicherweise Manager, Putzfrau und Kellner zugleich. Nachdem der letzte Gast gegangen ist, muss man den Kassastand überprüfen, abrechnen, Getränke für den nächsten Tag in die Kühlung stellen. Am darauffolgenden Morgen um sieben Uhr muss man womöglich wieder im Geschäft sein, sich um Bestellungen kümmern, Lieferungen übernehmen, aufräumen, Gläser und Besteck polieren, aufdecken, Gäste begrüßen, Getränke und Speisen servieren – und hat bei all dem immer ein freundliches Lächeln im Gesicht. Je kleiner das Lokal oder je persönlicher es geführt wird, desto mehr wird an einem selbst hängen bleiben. Schließt man das Lokal persönlich ab, bleibt man bis zur Sperrstunde. Am Land kann das sehr lange dauern. Das Mühsame daran ist oft, dass man ein Gasthaus führt und die Gäste an der Bar lehnen, Bier trinken und im Endeffekt nicht viel Geld ausgeben. Was an Arbeit und Zeit hinter dem Führen eines Lokals steckt und dass die Gastronomie keine Goldgrube ist, wollen viele Gastronomie-Neulinge nicht glauben. Aber selbst wenn man aus dem Business kommt, kann es Überraschungen geben.

Das Problem mit dem Personal

Es ist nicht einfach, gutes Personal zu finden: Kellner, die freundlich und nicht frech zum Gast, verlässlich und ehrlich sind. Die Belegschaft muss man bei Laune halten und auch Vertrauen haben, dass sie sich anständig dem Gast gegenüber benimmt und sich nicht selbst an der Kassa bedient. Man hat sie ständig unter Beobachtung und leitet sie. Tut man das nicht, macht bald jeder, was er will. Führt man ein Restaurant und steht man nicht selbst in der Küche, hat man auch Troubles mit den Köchen: Sie wollen mehr Geld, sie werden abgeworben, man muss wieder jemanden suchen usw. Das ist vor allem dann problematisch, wenn man nicht das „nette Lokal ums Eck" führt, sondern in der „Gault Millau Haubenliga" mitspielt und dort bleiben möchte.

Für die man den ganzen Aufwand betreibt: die Gäste
Ziel ist, bei den Gästen gut anzukommen – sie bringen das Geld, von ihnen lebt ein Lokal. Man sollte ein sehr kommunikativer Mensch sein, der gerne mit den Gästen plaudert (wenn diese das wollen). Sicher wird es immer schwierige, unzufriedene und präpotente Kunden geben, die dem Personal im Service das Leben erschweren, aber es gilt der Grundsatz „Der Gast ist König", und Probleme mit Gästen werden dadurch gelöst, dass jemand anderer den „schwierigen Tisch" übernimmt. An problematische oder unhöfliche Gäste gewöhnt man sich und lernt, mit ihnen zu leben. Im Lauf der Zeit wird man auch toleranter und nimmt vieles leichter. Vor allem geht man Konfrontationen auch deshalb aus dem Weg, weil unzufriedene Gäste nur zu gerne negative Propaganda machen – ob es schadet, erfährt man selten. Führt man ein kleines Lokal, ist es ärgerlich, wenn Personen reservieren und ohne abzusagen nicht kommen – vor allem, wenn man Stunden zuvor eine Reservierungsanfrage hatte, die man wegen Platzmangels absagen musste, oder wenn man dafür extra mehr oder besondere Lebensmittel eingekauft hat.

Schwierigkeiten gibt's täglich
Mit den Gästen, mit Lieferanten (liefern zu spät, gar nicht, schlechte Ware, nicht das Bestellte, nicht in der angeforderten Menge/Qualität und und und), mit dem Personal (Leute fallen aus, arbeiten schlecht, sind unpünktlich) – viele Faktoren also, die darüber entscheiden, ob ein Tag super oder schlecht läuft.

Die Freiheit
Man braucht eine Liebe zur Gastronomie und zu Menschen, dann macht der Job Spaß. Ergreift man den Beruf des Geldes wegen, wird man nicht glücklich werden. Man ist sein eigener Chef, keiner redet einem drein – das sind die Hauptgründe, wieso viele den Sprung in die Selbstständigkeit wagen. Nun setzt man seine eigenen Ideen um. In der Lokalgestaltung, in der Wahl des Küchenstils, der Art der Präsentation, der Wahl der Öffnungszeiten usw. ist man frei.

Keine Freizeit
Man hängt dran, aber das dürfte inzwischen klar sein. Die Tage, die „frei" – nämlich geschlossen – sind, verbringt man wiederum mit Dingen, die fürs Geschäft zu erledigen sind. Zeit für den Partner, für Freunde gibt es kaum. Privatleben ist keines drin, wenn man diesen Beruf zu 100 Prozent betreiben will. Im Grunde gibt es oft nur einen Abend in der Woche, den man mit seinem Partner verbringen kann – ansonsten steht man im Geschäft. Eine Beziehung zwischen Gastronomen und Nichtgastronomen ist sehr schwierig. Und Urlaub? Die erste Zeit wird wohl keiner ans Zusperren für eine Woche denken oder sein Lokal den Angestellten überlassen. Es gibt Gastronomen, die in 20 Jahren kein einziges Mal vier Wochen Urlaub am Stück hatten. Nicht jedes Geschäft verkraftet es, so lange geschlossen zu haben. Man muss selbst entscheiden, ob man auf die Einnahmen verzichten möchte beziehungsweise kann. Am Land ist es kein Problem, im November oder Jänner/Februar einen Monat zuzusperren; die Frage ist eher, ob man sich einen Urlaub – im Sinne von Wegfahren – wegen der Schulden, die viele haben, leisten kann. Zu Weihnachten oder zu

Silvester zuzusperren ist jedoch undenkbar – das sind Stoßtage, vor allem in der ländlichen Gastronomie.

Finanzieller Aspekt / Chancen am Arbeitsmarkt:

Zu Anfang muss man sich in der „Szene" erst einen Namen erarbeiten und lebt vor allem von Mundpropaganda. Wenn man es dann endlich geschafft hat, dass das Lokal meistens voll ist, muss man trotzdem damit rechnen, dass es auch Tage geben wird, an denen kein Gast kommt. Der Verdienst ist absolut umsatzabhängig und damit unberechenbar.

Lokale gibt's genug, aber das heißt nicht, dass nicht auch noch ein weiteres Erfolg haben kann.

Resümee:

Gastronom zu werden, um Geld zu scheffeln? Unwahrscheinlich. Es ist viel Arbeit, sehr anstrengend und zeitintensiv. Ein Abend- beziehungsweise Nachtbetrieb zehrt an den Kräften und man bekommt zu wenig Schlaf. Daneben muss man aufpassen, dass man nicht selbst zum Alkoholiker wird. Liebe zur Gastronomie und Leidenschaft an der Arbeit sind wesentlich – man wird es sonst nicht durchhalten.

Kellner

Definition:

Kellner servieren Speisen und Getränke, beraten und betreuen Gäste und kassieren den Rechnungsbetrag. Sie richten die Tische her, empfangen die Gäste, nehmen die Bestellungen auf und leiten diese an das Küchenpersonal weiter. Kellner arbeiten vor allem in Governäumen und Gastgärten gastronomischer Betriebe. Dabei tragen sie zumeist Berufskleidung. Sie arbeiten in Teams gemeinsam mit anderen Restaurantfachleuten sowie mit weiteren Mitarbeitern wie Köchen, Küchenhilfskräften, Buffetpersonal und haben Kontakt zu ihren Gästen. (Siehe Hinweis am Ende des Vorworts)

Voraussetzungen / Aus- und Weiterbildung:

Kellner kann jeder werden, der Übung hat, keine Getränke verschüttet und die Teller gerade hält. Für Lokale in gehobener Gastronomie ist es allerdings auch wichtig, zum Beispiel über die Speisen und Weine Bescheid zu wissen. Viele Kellner kommen aus Hotelfachschulen oder haben eine Lehrlingsausbildung gemacht.

Es gibt eine Vielzahl an Weiterbildungsmöglichkeiten für einen Kellner, beispielsweise die Schulung zum Sommelier, oder man kann sich zum Restaurantleiter hocharbeiten. Noch erwähnenswert: Als Kellner kann man auch im Ausland oder auf einem Schiff arbeiten.

Arbeitsalltag / Vor- und Nachteile:

Speisen- und Getränketräger?
Vordergründig ja, das ist die Hauptaufgabe eines Kellners. Allerdings gehört auch mehr dazu: Kommunikation und ein „Gespür" für Menschen sind das Um und Auf in dem Beruf. Jemand, der den direkten Kontakt mit Menschen nicht mag, ist in dem Job fehl am Platz. Ein guter Kellner ist der, der gut mit Leuten umgehen kann, und nicht unbedingt der, der am meisten Bier tragen kann. Gäste fühlen sich dann wohl in einem Lokal, wenn ihnen die Kellner sympathisch sind. Man unterhält sich ab und an mit Gästen und baut insbesondere zu Stammkunden eine Beziehung auf. Sie erzählen Privates und man erfährt viel von ihnen. Als Kellner nimmt man den Gästen auch die Entscheidung über die Bestellung ab – sie warten oft geradezu, dass man sagt: „Der Wein/die Speise ist gut, den/die hab ich selber probiert."

Aber: Kellnerjob ist nicht gleich Kellnerjob
Dass man in einem Lokal der gehobenen Gastronomie nicht so einen lockeren Umgang mit den Gästen führen kann wie in einem Wirtshaus, einer Bar, einem Szene- oder Bierlokal, liegt auf der Hand. In der gehobenen Gastronomie würde so manches (nett gemeinte) Verhalten vom Gast als aufdringlich empfunden werden. Höflichkeit, (kompetente) Beratung und Wissen um die Speisen und Getränke und deren Präsentation beim Servieren sind enorm wichtig. Der Gast wird beim Betreten des Lokals begrüßt, es wird ihm die Garderobe abgenommen und man bringt ihn zu seinem Tisch. Aber nicht nur im Umgang mit den Gästen unterscheiden sich die verschiedenen Kellnerjobs voneinander, die Unterschiede sind oft tiefgreifender. Man sollte Verschiedenes ausprobieren.

Stoßzeiten
Mittagszeit ist Stresszeit (vorausgesetzt man arbeitet in einem Lokal, das zu Mittag geöffnet hat und gut besucht ist). Das Team im Service ist dann gefordert und „schwimmt" manchmal. Die Leute kommen auf einmal, wollen möglichst schnell bedient werden und möglichst schnell wieder weg. Ihre Zeit zu Mittag ist begrenzt. Wenn der Gast oft nur seine Mittagspause nützen will, dann drängt er: „Wie lange dauert es? Ich hab's eilig." In diesem Fall muss man schnell sein und sollte nie die Fassung verlieren. Und auch dann cool bleiben, wenn man unnötig viel hin und her läuft: Ein Gast eines Tisches bestellt ein Getränk, man fragt in der Runde nach weiteren Wünschen, was verneint wird. Man bringt das bestellte Getränk, der Nächste überlegt es sich dann doch anders – und man läuft schon wieder. Das ist dann ärgerlich, wenn viel zu tun ist, weil man damit Zeit für einen anderen Gast verliert. Aber auch abends kann der Job einen herausfordern – Kellnerjob ist eben nicht gleich Kellnerjob: Ob man ins Strudeln kommt, hängt auch davon ab, wie groß der Ansturm ist (teilweise gemäßigt, teilweise viele auf einmal) und wie gut das Team besetzt ist. Manchmal findet man nicht einmal Zeit, um aufs Klo zu gehen oder eine Zigarette zu rauchen.

Die Ungeduld der Österreicher ...
... kann einem den Nerv ziehen. Der Stress entsteht, weil die Leute nicht warten wollen und fordernd sind. Wenn ein Gast ein neues Getränk möchte, akzeptiert er oft das Warten nicht:

Er ruft und winkt dem Kellner. Das wäre kein Problem, hätte man nur einen Gast, der winkt und ruft – es sind aber meistens zehn, die gleichzeitig bedient werden wollen. Der Gast glaubt oft, der Kellner ist nur für seinen Tisch da. Aber man kann sich nicht zerteilen; man bedient nacheinander, organisiert und verbindet Bestellungen. In der gehobenen Gastronomie darf man es sich als Kellner nicht leisten, den Gast ungeduldig werden zu lassen: Man hat immer im Blick zu behalten, ob die Gläser der Gäste gefüllt sind, ob abzuservieren oder sonst ein Wunsch zu erfüllen ist. Einen Gast warten zu lassen könnte eine herbe Rüge der Restaurantleitung zur Folge haben.

Chamäleon Kellner
Man lernt laufend neue Leute kennen, und zwar ganz unterschiedliche. Als Kellner muss man sich von einer Sekunde auf die nächste auf seinen Gast einstellen – ob nun Anwalt oder Billa-Verkäufer. Oft kommt man in die Situation, die Balance zwischen „Schmähführen" und Distanz zu halten.

Warum beginnt die Arbeit (grundsätzlich) nicht mit der Lokalöffnungszeit?
Ein Dienst beginnt ein bis zwei Stunden, bevor das Lokal öffnet. Die Tische sind den Reservierungen entsprechend umzustellen, Getränke zu kühlen, Besteck und Gläser zu polieren, die Tische aufzudecken, Servietten zu falten usw. In der gehobenen Gastronomie muss man sich auch einen Überblick über die tagesaktuelle Karte verschaffen, um dem Gast das Gericht erklären zu können (zum Beispiel „Sautierter Langoustino mit gelber Linsensauce, confierte Aubergine mit Korianderöl"; ein Gericht wird man sich noch leicht in einer Minute merken können – aber bei zehn Gerichten wird es schon verständlicher, wieso auch dafür Vorbereitungszeit erforderlich ist ...). Gegebenenfalls sollte der Kellner auch Fragen des Gastes zur Zubereitung beantworten können, ohne in der Küche nachfragen zu müssen (denn wie schaut denn das aus, wenn man keine Antworten geben kann). Manche lernen die Erklärungen des Küchenchefs auswendig. Hier ist es von Vorteil, wenn man sich fürs Kochen und für (teilweise sehr exotische) Gerichte interessiert.

Womit man noch zu kämpfen hat
Die Herausforderung in der Bargastronomie ist auch, entsprechende Härte zu entwickeln und kein „Weichei" zu sein. Manche Leute sind aggressiv, drohen, sind sehr unfreundlich und manchmal wird es auch gefährlich. Das bleibt einem nicht erspart, wenn man im Abendgeschäft tätig ist. Auch in gehobenen Lokalen trinken Gäste über den Durst; aber „die Leute saufen sich nicht an – es läuft gesitteter ab". Das Flair ist auch anders und das Arbeiten oft schöner. Aber: Unfreundliche, überhebliche, herablassende, freche Gäste, Gäste, die den Abstand, vor allem zum weiblichen Personal, nicht einhalten möchten, Querulanten, Leute, die sich beschweren (Beschwerden kommen häufig erst im Nachhinein), wird man als Kellner immer haben.

Jeder nutzt jeden aus
In der Abend- und Bargastronomie kann einen die „Kleinbetrügerei" sehr belasten. Jeder versucht, dem anderen Geld abzunehmen: die Kellner dem Chef, der Chef den Kellnern

(indem er sie Überstunden machen lässt, diese schlecht bezahlt; Lehrlingen wird in manchen Betrieben das Trinkgeld abgenommen usw.). Dazu kann auch noch der Neid zwischen den Kellnern kommen.

Gesundheit – Job bis ans Lebensende??
Typische Kellnerkrankheiten sind Sehnenscheidenentzündungen, Gelenksschmerzen, Rückenschmerzen (man hebt und trägt schwer). Die Füße müssen sich ans Hin- und Herlaufen gewöhnen – gutes Schuhwerk ist unverzichtbar, schließlich sind die Füße Werkzeug eines Kellners. Nach der Arbeit ist man erschöpft und erledigt und braucht Zeit zum Regenerieren. Der Job ist körperlich anstrengend. Man kann aber auch bis 60/70 Kellner sein. Es kommt darauf an, wo man den Beruf ausübt. Wenn man sehr lange Zeit in der Nachtgastronomie arbeitet oder in diversen Lokalen, wo in den Stoßzeiten „die Hölle" los ist, kann das sehr anstrengend sein. Bis ins höhere Alter ist das wahrscheinlich nicht machbar. In einem netten Wiener Kaffeehaus hingegen oder in einem Restaurant, wo einem die Leute nicht die Türe einlaufen, sondern wo es gemächlicher zugeht, kann man sehr wohl bis ins Pensionsalter arbeiten – aber die Gesundheit muss mitspielen.

Keine „Ladenschlusszeiten" – die Arbeitszeiten
Die Entscheidung für diesen Job inkludiert die Akzeptanz der (bekanntermaßen nicht humanen) Arbeitszeiten, nämlich abends, am Wochenende (ein Wochenende im Monat wird man im Schnitt freihaben), an Feiertagen, zu Weihnachten und Silvester. Arbeitet man als Kellner in einem Abend- bzw Barbetrieb, dann lässt man sich auf Arbeitszeiten bis in die Morgenstunden ein. Diese Arbeitszeiten sind Vorteil und Nachteil zugleich. So hat man unter der Woche oft frei und kann sich ausschlafen (hat man nicht Schichtdienst und muss vormittags arbeiten), kann untertags Dinge erledigen und beginnt am späten Nachmittag seinen Dienst. Von der Problematik her ist die Situation des Kellners ähnlich wie die des Kochs, nur mit dem Unterschied, dass der Koch geht, wenn der letzte Gast versorgt ist beziehungsweise die Küchenzeiten beendet sind. Als Kellner bleibt man, bis der letzte Gast geht – und das ist auch im „normalen" Restaurantbetrieb (also nicht Barbetrieb) oft um ein oder zwei Uhr morgens. Mühsam, wenn man für einen Gast länger bleiben muss und das regelmäßig vorkommt. Danach ist noch notwendig, dass einer des Teams den Stand zählt (was wurde getrunken?) und gegebenenfalls die Abrechnung macht.

Sehr anstrengend sind Schichtdienste. Das heißt, ein Mal hat man von morgens bis nachmittags, dann wieder von nachmittags bis in die Morgenstunden Dienst. Der Wechsel aus Früh- und Spätdienst zehrt am Körper und fordert sein Tribut: Schlafstörungen vergleichbar mit dem Jetlag, den Piloten und Stewardessen haben. Man ist um zwei Uhr morgens aufgekratzt und kann nicht sofort nach der Arbeit einschlafen: Man braucht Zeit, um „runterzukommen".

Privatleben? Man verpasst das Social Life!
Man verliert unter Umständen den sozialen Anschluss. Obwohl der Beruf kommunikativ und alles andere als isoliert ist, muss man achtgeben, sozial nicht zu vereinsamen. Wenn sich die eigenen Freunde abends treffen, hat man zu arbeiten. Dasselbe gilt fürs Wochen-

ende. Durch den Abendjob verpasst man sehr viel – spontane Treffen, aber auch Fixtermine, die regelmäßig stattfinden. Man trifft seine Freunde dann zwar zu anderen Zeiten, aber das ist oft nicht dasselbe. Und der Job ist sehr beziehungsschädigend, vorausgesetzt der eigene Partner ist nicht auch in der Gastronomie oder Hotellerie beschäftigt. Wenn man einmal Kinder bekommt, ist es besser, beispielsweise in die Hotellerie, in den Food & Beverage-Bereich, umzusatteln.

Finanzieller Aspekt / Chancen am Arbeitsmarkt:

Oft ist das „Fixum" sehr gering (um die 1.300 Euro brutto) und man arbeitet auf Trinkgeldbasis. Waren „früher" noch 10 Prozent Trinkgeld von der Rechnungssumme üblich, sind es heute zumeist um die 5 bis 8 Prozent. Alles in allem kommt es auch darauf an, in welchem Lokal man arbeitet (wie groß die Fluktuation ist, wie viel konsumiert wird, welches Publikum dort ist, wie viel Prozent von der Rechnungssumme als Trinkgeld üblich sind, zum Beispiel im Kaffeehaus weniger als im Restaurant). In saisonalen Betrieben kann es schon vorkommen, dass man in der Saison 4.000 bis 5.000 Euro (netto pro Monat) verdient, außerhalb der Saison aber nicht mehr als 1.000 Euro. Kellner sind teilweise schlecht versichert; vor allem in der Abend- und Bargastronomie ist das Personal nur geringfügig angemeldet, gearbeitet wird aber Vollzeit. Doch grundsätzlich ist die Belegschaft in der Gastronomie eher niedrig eingestuft. Das Problem ist, dass man dann nicht entsprechend pensions- und krankenversichert ist.

Der Kellnerjob ist ein krisensicherer Job – und man findet immer eine Anstellung, die man, ist man fleißig und zuverlässig, auch behält.

Resümee:

Die Persönlichkeit/das Wesen fürs Kellnerdasein sollte man mitbringen – man muss auf Leute zugehen können, freundlich sein (zumindest ein entsprechendes Gesicht aufsetzen können) und den Kontakt zu Menschen wollen. Die Arbeit hat psychologische Ansätze (wenn auch nicht im wissenschaftlichen Sinn) und verlangt nach sozialer Intelligenz. Menschenkenntnis erwirbt man zwangsläufig. Man sieht zum Beispiel den Gästen an, welcher Typ Mensch sie sind, sobald sie über die Schwelle treten. Manche Kellner aus der Bargastronomie hören mit dem Job auf, weil ihnen die Arbeitsweise auf die Nerven geht („Jeder nutzt jeden aus") und der Stress auf Dauer zu viel wird. Zudem gibt es in der Bargastronomie kaum Langzeitkellner, die nicht dem Alkohol und/oder Drogen verfallen sind. Wie auch sonst kann man den Job auf DAUER durchhalten?

Koch

Definition:
Köche sind in Betrieben des Hotel- und Gastgewerbes beschäftigt, wo sie Speisen aller Art zubereiten. Sie erstellen die Speisekarten und sorgen für den Einkauf und die fachgerechte Lagerung der Lebensmittel. Sie teilen das Küchenpersonal ein und achten auf die Einhaltung der Hygienebestimmungen. Köche arbeiten im Team mit Berufskollegen, Küchenhelfern und Restaurantfachleuten. Sie haben weiters Kontakt zu Lieferanten und teilweise auch zu den Gästen. (Siehe Hinweis am Ende des Vorworts)

Voraussetzungen / Aus- und Weiterbildung:
Die dreijährige Ausbildung erfolgt im dualen Ausbildungssystem an den entsprechenden Berufsschulen und bei Lehrbetrieben im Hotel- und Gastgewerbe, in Großküchen oder Kantinen. Der verwandte Lehrberuf Gastronomiefachmann kann mit verkürzter Lehrzeit zusätzlich absolviert werden. Viele berufsbildende Schulen bieten Ausbildungen für Gastronomie an, die angerechnet werden können.

Als Koch könnte man auch sein eigenes Lokal eröffnen (*siehe Gastronom*).

Arbeitsalltag / Vor- und Nachteile:

Der Kampf in den Stoßzeiten

In der Regel ist Koch kein gemütlicher Job. Der ärgste Stress in der Küche spielt sich mittags zwischen 11 Uhr 30 und 14 Uhr 30 und abends zwischen 19 und 22 Uhr ab, vorausgesetzt, das Lokal hat mittags und abends geöffnet. Bis zu einem gewissen Grad kann man sich auf die Stoßzeiten vorbereiten und einstellen – aber eben nur bis zu einem gewissen Grad: Denn ob die Gäste alle auf einmal um halb eins kommen oder sich auf zwei Stunden aufteilen beziehungsweise wie viele kommen, ist nicht absehbar. In den Stoßzeiten jedenfalls arbeitet ein Koch auf Hochdruck. Er kann die einzelnen Gerichte nicht in Ruhe zubereiten und aus der Küche schicken. Die Gäste (und das ist nicht eine Handvoll) wollen ihr Essen zügig und schmackhaft auf den Tisch bekommen. Ein grundlegendes Problem ist auch, dass die Küchen meistens unterbesetzt sind. In den wenigsten arbeitet genug Personal.

Der raue Ton

Der Stress jedenfalls führt zu mehr oder weniger groben Umgangsformen zwischen den Köchen beziehungsweise zwischen dem Küchenchef (der Ranghöchste in der Küche) und der restlichen Mannschaft. Der Ton ist rau und es fallen schon ab und an derbe Schimpfwörter. Jeder zweite Küchenchef schreit mit seinem Personal während der Stoßzeiten, weil er selber überfordert ist: Er schimpft die anderen Köche, wenn sie nicht schnell genug sind oder nicht so arbeiten, wie er sich das vorstellt. Dies nicht nur in der „normalen gut-bürgerlichen" Küche, sondern auch – und vielleicht sogar vor allem – in den prämierten „Haubenlokalen". Andere Köche wiederum arbeiten in einem sehr harmonischen Küchenteam; man hört in der Küche vielleicht sogar Musik und jeder kann konzentriert vor sich hinarbeiten. Das ist aber nicht die Regel. Frauen haben es in der Küche übrigens nicht leichter und werden nicht sanfter als ihre männlichen Kollegen behandelt. Man braucht als Koch eine dicke Haut und wenn man in dem Beruf bestehen will, darf man sich die Beleidigungen der Kollegen nicht zu Herzen nehmen oder hinterfragen, ob sie vielleicht stimmen. Sie sind Folge des Stresses und des Drucks, unter dem die Küchenleitung in den Stoßzeiten steht, – und im Übrigen auch nicht ernst gemeint. Nachher ist man wieder versöhnt und alle sind gut – ohne dass man sich entschuldigen müsste. Wie es in einer Küche abläuft, erfährt man schnell, nämlich gleich zu Beginn der Lehre. Die Zeit ist hart, aber wenn man wirklich Koch werden möchte, darf man sich nicht einschüchtern lassen.

Die Ruhe vor und nach dem Sturm ... was ist dazwischen?
Die Arbeit eines Koches beginnt nicht mit der ersten Bestellung eines Gasts, sondern schon vorher. Die Speisekarte steht zwar schon (es muss ja entsprechend eingekauft werden; ein Koch beziehungsweise Küchenchef muss auch gut kalkulieren; man wäre seinen Job schnell los, wenn zu viel gekaufter Fisch in der Mülltonne landet). Was zu tun ist: Das Personal wird eingeteilt und der Zeitplan erstellt; es wird besprochen, was wann fertig sein muss. Auch der größte Herd bietet nur begrenzt Platz und es muss feststehen, wer wie lange wo kochen darf. So eine Besprechung dauert fünf Minuten und dann wird begonnen: Man putzt das Gemüse und schneidet es zu; das eine wird zur Suppe verarbeitet, das andere für eine Beilage vorbereitet; mit der Vorbereitung der Sauce wird sofort begonnen, damit sie dann fertig ist, wenn man sie braucht, usw. Es geht darum, das „Mise en place" vorzubereiten, das heißt, alles Notwendige beziehungsweise alles, was geht. Je höher die Qualitätsanforderungen an die Küche sind, desto mehr Zeitaufwand bedeutet das Mise en place. In einem Gasthaus braucht man dafür weniger Zeit als in einem Haubenlokal, wo sich verschiedenste Saucen, Beilagen und Geschmacksnuancen auf einem (!) Teller wiederfinden. Zwischen Mittags- und Abendgeschäft wäre an und für sich Pause (wenn man einen Teildienst hat; bei einem Volldienst sind die Stunden „am Stück"). Diese Ruhephase ist de facto aber unrealistisch. Meistens ist so viel zu tun, dass man schon wieder mit den Vorbereitungen für das Abendgeschäft beginnen muss.

Der Koch – ein Einzelkämpfer?
Kochen ist Teamarbeit. Vor allem in Haubenküchen sind die Aufgaben verteilt und jeder hat seinen Posten: Saucen, Fleisch und Fisch (Saucier), Beilagen (Entremetier), kalte Küche (Gardemanger). Man muss seine Arbeit aufeinander abstimmen und sich zusammenreden, damit das Gericht und seine Beilagen, Saucen, Schäumchen gleichzeitig fertig werden. Dauert die Beilage länger als das Steak, kann man gleich nochmals mit dem Braten eines (neuen) Steaks beginnen; denn das Fleisch zieht nach und verlässt den gewünschten Garzustand. Ein Koch konzentriert sich nicht auf eine Pfanne, sondern hat zehn davon im Auge. Dass da nichts anbrennt und zum Beispiel die gebratene Forelle gleichzeitig mit dem Rehfilet fertig wird (weil Reh und Forelle am selben Tisch sitzen und gemeinsam essen möchten), erfordert Timing und hohe Konzentration. Von wegen, Kochen sei keine mentale Arbeit ...

Die Herausforderung besteht darin, die Speisen, die auf einen Tisch kommen, gleichzeitig zu servieren. Das muss auch unter Zeitdruck funktionieren – reine Übungssache, mit der Zeit lernt man das. Man bekommt es in den Griff, womit anzufangen ist und was wie lange dauert.

Der „Teamleiter"
Als Küchenchef sitzt man auch im Büro. Man kümmert sich um Rechnungen, um die Buchhaltung, um Personalangelegenheiten usw. Man muss fähig sein, seine Mitarbeiter zu führen – man teilt das Personal ein und lenkt es. Auch nicht immer einfach, weil sich oft nicht jeder mit jedem versteht. Gerade in größeren Crews gibt es stets jemanden, der sich nicht einordnen will.

Kreative Flexibilität
Das Schöne an dem Job ist, dass man abseits der 0815-Küchen kreativ sein kann beziehungsweise sogar sein muss und laufend neue Speisen ausprobiert. Die Abwechslung ist für die Gäste wichtig – vor allem im Mittagsgeschäft, wo Leute unter Umständen täglich essen kommen. Man will Gäste ans Lokal binden und kann daher nicht wochenlang dieselbe Karte führen.

Auf Saison gehen und Jobs wechseln
Toll ist, auf Saison zu gehen und sich andere Betriebe anzuschauen. Wenn man selten im Krankenstand war, wird man von anderen Betrieben gerne genommen. Wechselt man alle drei Monate den Arbeitsplatz, macht das kein gutes Bild. Aber es ist auch nicht günstig, immer in ein und demselben Lokal zu kochen. Für die Karriere ist es förderlich, wenn man zwei bis drei Mal gewechselt und bei verschiedenen (bekannten) Küchenchefs gelernt hat.

Gault Millau & Co
Klar, eine gute Bewertung ist tolle Werbung – es gibt genug Menschen, die nach Hauben- und Sterneschema essen gehen – und es ist eine Bewertung der eigenen Leistung, also Lob und Anerkennung. Aber genauso schadet im umgekehrten Fall eine Negativbewertung. Der Verlust eines halben Punktes oder schlimmer – einer Haube – hat extreme Auswirkungen auf den gesamten Betrieb und man muss mit der Kritik ein Jahr lang leben, bis eben die neue Ausgabe des Kritiker-Guides erscheint. Als Küchenchef nimmt man die Bewertungen persönlich, es ist Kritik an der eigenen Leistung und oft wird er persönlich niedergeschmettert. Aber es müssen nicht immer die Gourmetkritiker sein, die – berechtigte oder unberechtigte – Kritik üben, auch in der „normalen" Gastronomie muss man eine Bemängelung der Gäste einstecken können.

Mangelerscheinungen?
Wohl eher nicht, aber körperlich sehr anstrengend. Koch zu sein bedeutet, Schwerarbeit zu leisten, vor allem für Frauen. Man muss auch schwere Kisten heben und tragen. Vielleicht ein Grund, wieso es mehr männliche als weibliche Köche gibt. Typische gesundheitliche Nebenwirkungen dieses Berufs sind Rückenprobleme, Sehnenscheidenentzündungen,

Schleimbeutelentzündungen, Schnitt- und Brandwunden, trockene Hände vom Desinfizieren und ständigem Händewaschen dazwischen. Heikel darf man auf seine Hände nicht sein. Das Stehen in Verbindung mit der Hitze in der Küche unterstützt das Entstehen von Krampfadern. Man baut dem vor, indem man Stützstrümpfe trägt. Den Job hält man besser durch, wenn man körperlich fit ist. Sport ist deshalb sehr wichtig. Ein Problem in der Szene sind Drogen und Alkohol – der Druck ist teilweise so hoch, dass Köche regelmäßig zu Alkohol und auch zu Drogen greifen.

Feierabend!!
Köche arbeiten in der Regel auch am Wochenende und abends (außer, es ist zu diesen Zeiten geschlossen). Eine 40-Stunden-Woche gibt es de facto nicht; es ist mehr eine 50- bis 70-Stunden-Woche. Es gibt Zeiten, da arbeitet man 10 Tage ohne freien Tag dazwischen durch. Öfters kommt es vor, dass es draußen dunkel ist, wenn man in die Arbeit kommt, und dunkel ist, wenn man nach Hause geht. Das Privatleben steht an zweiter Stelle und der Beruf ist alles andere als familienfreundlich. Man kann nicht abends und am Wochenende (in der Regel) seine Freunde treffen und ausgehen – man arbeitet, wenn die anderen freihaben. Viele Betriebe haben zu Weihnachten und/oder zu Silvester geöffnet – das bedeutet auch für den Koch arbeiten gehen. Man muss sich für Feste im Familien- und Freundeskreis (Hochzeiten usw.), die am Samstag sind, einen Urlaubstag nehmen. Das kann anfangs eine große Umstellung sein, aber man gewöhnt sich dran. Oft ist man auch mit Leuten aus dem Küchen- und Serviceteam befreundet und verbringt mit ihnen seine freien Tage unter der Woche. Es gibt ebenso Betriebe, deren Konzept grundsätzlich „nur" das Mittagsgeschäft unter der Woche ist. In einem solchen Betrieb hat man eine 40-Stunden-Woche inklusive freiem Wochenende wie jeder andere Büroangestellte auch; das wäre dann aber auch schon die einzige Gemeinsamkeit mit dem Job im Büro ...

Finanzieller Aspekt / Chancen am Arbeitsmarkt:

In der Gastronomie ist der Verdienst grundsätzlich nicht berauschend. Als Jungkoch verdient man meistens nicht mehr als 1.000 Euro netto. Je höher die Position wird, desto größer ist das Einkommen. Hat man sich einen Namen gemacht, kann man als angestellter Küchenchef oder auch als Sous-Chef (Position unter dem Küchenchef) sehr gut verdienen. Ist man selbstständig – führt man also quasi als Unternehmer einen Betrieb –, schaut das schon wieder anders aus: Nach außen wirkt es vielleicht toll, aber man muss es erst einmal schaffen, das Geld, das man für einen Haubenbetrieb ausgeben muss (Köche, Ware), wieder zu verdienen *(siehe auch unter Gastronom)*. Überstunden werden meistens nicht entlohnt. In Haubenküchen ist übrigens die Bezahlung schlechter: Die top-prämierten Betriebe in Österreich können sich unter zig Jungköchen aussuchen, wen sie einstellen – und jeder ist überglücklich, wenn er die Chance bekommt, dort zu lernen. Deshalb bezahlen diese Betriebe meist nicht mehr, als sie kollektivvertraglich verpflichtet sind. Angenehm ist übrigens, dass man sich Geld spart, weil man in der Küche essen kann und zu Hause nichts mehr kochen muss.

Gute Köche werden, genau wie fleißige Kellner, immer gesucht.

Resümee:

Vielleicht würde manch ein Koch den Job nicht mehr wählen, weil er – wenn man zum Durchschnitt zählt – zu wenig verdient und zu viel arbeiten muss. Außerdem ist der Job nicht familienfreundlich. Andere sind trotz der Nachteile Koch aus Leidenschaft, obwohl auch sie auf vieles verzichten müssen und der Job sehr hart ist. Gerade, wenn man hochkommen möchte, braucht man einen eisernen Willen.

Rezeptionist

Definition:

Der Rezeptionist ist nicht nur Schnittstelle zwischen Gast und Hotel, sondern auch zwischen allen anderen Abteilungen im Haus, wie Restaurant, Küche, Etage. Er koordiniert die Zusammenarbeit zwischen den Teilbereichen und ist zusätzlich Ansprechpartner für Lieferanten und Handwerker. In kleineren Hotels erledigt die Rezeption auch die anfallende Gästekorrespondenz, erstellt Rechnungen, pflegt Daten zum Beispiel in Online-Buchungssysteme ein, erstellt Statistiken und bereitet Abrechnungen für die Buchhaltung vor. Eine weitere Aufgabe besteht in der Entgegennahme und Bearbeitung von Reservierungen. (Siehe Hinweis am Ende des Vorworts)

Voraussetzungen / Aus- und Weiterbildung:

Rezeptionisten sind Hotel- und Gastgewerbeassistenten (Lehre) beziehungsweise HAK-Maturanten, die durch diese Ausbildung die kaufmännischen Kenntnisse mitgebracht und den Rest in der Praxis gelernt haben. Es gibt auch andere Möglichkeiten. In Tourismus- und Hotelfachschulen kann man den Beruf ebenfalls erlernen, jedoch ist festzuhalten, dass man mit den genannten Ausbildungen nicht auf den Beruf Rezeptionist beschränkt ist.

Arbeitsalltag / Vor- und Nachteile:

An der Rezeption stehen und auf Gäste warten?

Ist es das, wonach es für uns Außenstehende aussieht? Sprich: Machen Rezeptionisten nichts anderes, als an der Rezeption zu stehen und auf Gäste zu warten? Dazwischen einige Anfragen beantworten und Reservierungen durchführen??? Von „herumstehen" und „auf Gäste warten" – was so viel hieße wie „dazwischen nichts tun" – kann nicht die Rede sein. Im Grunde ist immer etwas zu tun, und wenn nicht im „Front Office" – also direkt an der Rezeption – dann im „Back Office", wobei die Tätigkeiten im Back und Front Office in Stadthotels und Hotelketten auch getrennt sein können – dort arbeitet man dann entweder vorne am Reception-Desk oder hinten im Büro. Die grundlegenden Aufgaben, die im Front Office zu erledigen sind, überraschen nicht wirklich: Man begrüßt Gäste, checkt sie ein, führt sie durchs Hotel und ins Zimmer, legt Infobroschüren im Hotelfoyer auf und steht für Fragen aller Art – des Gastes oder Interessierter per Telefon – zur Verfügung. Man checkt Gäste auch aus und stellt Rechnungen aus. Es ist zwar so, dass alle Leistungen im Computer erfasst sind und die Rechnung mit einem Click erstellt ist, nachkontrolliert wird diese dennoch immer. Fehlerhafte Rechnungen verstimmen Gäste und insbesondere in einem Familienbetrieb, der auf zufriedene Kunden und positive Nachrede angewiesen ist, kann man sich Fehler (zum Nachteil des Gastes) nicht leisten. Manche erstellen auch den täglichen Menüplan. Im Back Office bearbeitet man Anfragen (Privater und Firmen), macht Angebote, führt Reservierungen durch, plant die Zimmerbelegung, nimmt Telefonate entgegen. Um die Infos geben zu können, muss man das Hotel kennen und über alles Bescheid wissen. Dabei sollte man sich nicht auf die bloßen Antworten beschränken, sondern erzählen – im Grunde will man ja etwas verkaufen, nämlich Leistungen des Hotels. Redet man nett mit dem Anrufer, hat dieser ein angenehmes Gefühl und denkt sich vielleicht: „Dort fahr ich hin – klingt nett." Viele Rezeptionisten identifizieren sich mit „ihrem" Hotel. Man könnte auch nicht dafür sprechen, wäre man nicht überzeugt.

Als Rezeptionschef ist man den übrigen Mitarbeitern an der Rezeption überstellt. Er trägt die Verantwortung für die Abläufe an der Empfangsstelle und hat dafür zu sorgen, dass diese organisiert und koordiniert vonstattengehen. Im Übrigen (also von der Verantwortung abgesehen) unterscheiden sich seine Aufgabengebiete nicht wesentlich von jenen des Rezeptionsmitarbeiters.

Welche Funktionen der konkrete Mitarbeiter an der Rezeption übernimmt, hängt vom Hotel, dessen Größe und Organisation ab. In kleinen Gefügen gibt es viel mehr Dinge, die man selber in die Hand nimmt, man muss eher für seine Vorgesetzten mitdenken und fühlt sich dadurch mehr verantwortlich; in Hotelketten sind die Aufgaben strikt verteilt. Es gibt dort Grenzen, was man übernehmen kann und vor allem d a r f (Manche Aufgaben muss man an Kollegen weitergeben!). Im Ergebnis macht man dann eher immer dasselbe. Es kann also verallgemeinernd festgehalten werden, dass Rezeptionisten für Organisations- und Verwaltungsarbeiten zuständig sind.

Was bedeutet es, an der Rezeption zu stehen?
Womit wird man im Alltag konfrontiert? Es gibt verschiedene Charaktere von Menschen und als Mitarbeiter an der Rezeption ist man der Erste, an dem sich die Wut eines Gastes entlädt: Die Anreise war furchtbar, viel zu lange, die Kinder waren anstrengend, der Flug war verspätet ... Eltern, die mit ihren Kindern eine mehrstündige Fahrt hinter sich haben, sind anders gelaunt als der Geschäftsmann, der via Flugzeug angereist ist, was aber nicht heißt, dass Geschäftsleute die angenehmeren Gäste sind. Vor allem sie können oft nicht abschalten, was sich in Unfreundlichkeit und Ignoranz äußert. Sie müssen hier schlafen und würden viel lieber zu Hause sein. Wer privat kommt, hat eine andere Erwartungshaltung – er will sich erholen und genießen. Unterm Strich muss man mit Menschen umgehen können und vieles einstecken. Man ist gezwungen, sich viel anzuhören, wofür man nichts kann. Beschwerden gibt's immer und man muss freundlich bleiben – jeden Tag! Immer! Auch, wenn der Gast unrecht hat – man ist verpflichtet, trotzdem zuzuhören und höflich zu bleiben. Man kann nicht das Gesicht verziehen, wenn einem etwas nicht passt oder man

sich über einen Gast ärgert. Mit der Zeit lernt man, damit umzugehen, nach der Arbeit abzuschalten und Beschwerden (wenn sie möglicherweise sogar einen selbst betreffen) nicht mit nach Hause zu nehmen. Ist man müde, hat man sich soeben über einen Mitarbeiter geärgert oder ist man selbst nicht so gut drauf, darf man sich das vor dem Gast ebenfalls nicht anmerken lassen. Im Grunde arbeitet man kundenorientiert wie im Verkauf, es dreht sich alles um den Gast.

Immer was zu tun
Wie bereits eingangs festgehalten, hat man an der Rezeption generell nie Ruhe. Steht man vorne an der Rezeption, hat man oft im Hinterkopf, welche Arbeit im Back Office auf einen wartet. Aber es gibt auch ruhigere Zeiten. In einem Hotel, wo eher Geschäftsleute absteigen, ist am Wochenende weniger los. Dann spielt sich die Arbeit mehr im Back Office ab. Manchmal gibt es dann auch Leerläufe.

Erwartungen der Gäste
In Vier- oder Fünfsternehotels haben die Gäste gewisse Grunderwartungen: Sie wollen nicht warten und sie bestehen auf bestes Service. Das kann mitunter Stress erzeugen, weil manchmal vieles zusammenkommt. Ist man etwas gereizt, sollte man sich das dem Gast gegenüber ebenfalls nicht anmerken lassen – nicht immer einfach.

Gehen Sie bitte zum nächsten Schalter!
Überstunden sind die Regel. Man hat zwar Dienstzeiten von bis, aber keine Öffnungszeiten. Ein „Gehen Sie bitte zum nächsten Schalter – ich habe bereits geschlossen" gibt es an einer Rezeption nicht. Der Verdienst und die geleistete Arbeitszeit stehen außer Verhältnis. Selten wird über den kollektivvertraglichen Mindestlohn bezahlt und das ist gerade zu Beginn nicht berauschend. Manchmal bekommt man an der Rezeption Trinkgeld. Und hin und wieder auch von Taxis und Schi-Verleih-Unternehmen Provisionen, wenn man seine Gäste vermittelt.

Viel zurückstecken – beziehungs- und familienfeindlich
Zurückstecken – das muss man in dem Job wie allgemein in der Tourismus- und Gastronomiebranche. Man arbeitet samstags und sonntags, zu Ostern und zu Weihnachten. Man hat nie Urlaub, wenn andere Urlaub haben – zum Beispiel nicht in den Sommermonaten oder in der Weihnachtszeit – man hat Früh- und Spätdienste und schiebt Überstunden. Kurz: Es ist kein 9-to-5-Job. Wenn zum Beispiel ein Tagesdienst auf einen Spätdienst folgt, wundern sich die Gäste, wenn sie einen am Vortag bis 22 Uhr arbeiten sahen und auch wieder in der Früh. Familienfreundlich ist der Job nicht: Das Wochenende ist selten frei, dafür gibt's freie Tage unter der Woche, und auch abends wird gearbeitet. Als Single ist dies kein Problem, mit Familie, vor allem als Frau, eher schwierig zu praktizieren. Kinder sind für Frauen fast ausgeschlossen. Das funktioniert wahrscheinlich nur, wenn man in den Tourismus hineingeboren ist und im eigenen Familienbetrieb mitarbeitet – dann wird man einen Halbtagsjob ausüben können. Grundsätzlich aber gibt es im Tourismus keine Teilzeitbeschäftigungen. Man könnte – soweit die Möglichkeit besteht – administrative Tätigkeiten im Hotel über-

nehmen, dann hat man schon eher Bürozeiten, aber viele wollen an der „Front" – in Kontakt mit den Gästen – stehen. Sogar in einer Zweierbeziehung ohne Kinder ist ein Privatleben zu führen nicht einfach: Die Arbeitszeiten sind ein Beziehungskiller. Es funktioniert eher nur, wenn auch der Partner aus der Hotel- oder Gastronomiebranche ist. Dann ist das Verständnis da. Aber selbst wenn ein Partner, der nicht aus der Branche kommt, das Verständnis aufbringen würde, wird er nicht glücklich sein, wenn er zum Beispiel Weihnachten alleine verbringen muss oder es keinen Urlaub im Sommer gibt.

Nichtsdestotrotz
… macht der Beruf meistens Spaß. Grantige Kunden, viel Arbeit auf einmal, nie Ruhe – das sind Punkte, die nicht unbedingt stören. Der große Nachteil (klar: nicht für jeden) sind die Arbeitszeiten. Der Job an sich ist sehr abwechslungsreich. So etwas wie eine tägliche „To-do-Liste" gibt es nicht. Man hat zwar fixe Punkte zu erledigen, doch weiß man vorab nicht, welche Anfragen per E-Mail oder Telefon zu beantworten sein werden oder was sonst auf einen zukommt. Alltagstrott kann sich gar nicht einstellen. Man hat ein ständiges Kommen und Gehen um sich, Kontakt zu Menschen, im besten Fall Zusammenhalt (und Freundschaften) im Team – die Atmosphäre in einem Hotel ist eine eigene. Nur in wenigen anderen Berufen lernt man so viele Leute aus fremden Ländern kennen. Die Atmosphäre ist sehr international und die Praxis widerlegt Klischees: Franzosen sind nicht unfreundlich, Briten nicht distanziert usw. Und man kann selbstständig arbeiten; die Mitarbeiter der Rezeption unterstehen nur dem Rezeptionschef, dieser der Direktion. Ein Rezeptionist sollte so eigenständig arbeiten können, dass er zum Beispiel Fragen eines Gastes nicht mit: „Warten Sie einen Moment – ich muss jemanden fragen" beantworten muss, sondern selbst Bescheid weiß.

Weite Welt – ich komme!!
Man kann ja quasi weltweit arbeiten. In der Karibik, in London – wo es einem gefällt (man muss dazu allerdings Englisch perfekt beherrschen und sollte auch der jeweiligen Landessprache halbwegs mächtig sein)! Aber so einfach ist es wiederum nicht. Will man nach Deutschland oder in die Schweiz, ist es dort gleich schwer beziehungsweise leicht wie in Österreich, einen Job zu bekommen. Will man in andere Länder, braucht man mehr Zeit und Glück.

Aufstieg in die Hoteldirektion?
In einer Hotelkette ist es einfacher als in einem „Privathotel". Arbeitet man für Novotel, Marriott, Hilton & Co, kann man – je nachdem, was man erreichen will, welchen Einsatz man zeigt und welche Ausbildung und Erfahrung man hat – die Karriereleiter im Konzern hochklettern. In einem Privathotel ist diese Möglichkeit auf das eine Hotel beschränkt. Theoretisch geht das, praktisch eher nicht. Leitende Positionen sind meistens von Leuten besetzt, die fest im Sattel sitzen und noch jahrelang sitzen bleiben.

Finanzieller Aspekt / Chancen am Arbeitsmarkt:

Als Rezeptionist verdient man zu Anfang meistens nicht mehr als 1.000 Euro netto. Hin und wieder erhält man von den Gästen Trinkgeld.

Ein absolut krisensicherer Job, denn reisen und im Hotel wohnen ist immer aktuell.

Resümee:

Den Tourismus liebt man oder nicht. Durch den Job wird man offen und lernt mit verschiedensten Situationen umzugehen. Die Arbeitszeiten ermöglichen zwar kein intensives Privatleben, aber die Kollegen sind meistens auch Freunde.

Gesetz / Recht

Jurist / Unternehmensjurist

Definition:
Juristen beraten und vertreten in allen Rechtsangelegenheiten. Sie sind meist auf bestimmte Arbeitsbereiche spezialisiert (zum Beispiel Wirtschaftsrecht, Finanzrecht, Arbeitsrecht). Sie arbeiten in eigenen Rechtsabteilungen von großen Wirtschaftsunternehmen oder auch in Einrichtungen des öffentlichen Dienstes (Bund, Länder, Gemeinden). Sie prüfen Sachverhalte, erstellen Gutachten, lösen Rechtsfragen und -probleme. (Siehe Hinweis am Ende des Vorworts)

Voraussetzungen / Aus- und Weiterbildung:
Es gibt viele Möglichkeiten für Juristen nach Abschluss des Jusstudiums (dieses ist für den Beruf unbedingt erforderlich). Die einen schließen ans Studium die erforderliche weitere Ausbildung zu einem der juristischen Kernberufe Richter, Staatsanwalt, Notar oder Rechtsanwalt an *(siehe auch unter Notar, Rechtsanwalt, Staatsanwalt und Richter)*, andere versuchen auf der Uni einen Assistentenjob zu ergattern, andere wiederum wollen in einer Behörde als Jurist arbeiten, andere wiederum in der Rechtsabteilung eines Unternehmens, einer Bank oder einer Versicherung, um nur einige Möglichkeiten – nämlich die „Trampelpfade" der Juristen – zu nennen.

Es bestünde auch die Möglichkeit, in die Steuerberatung *(siehe Steuerberater)* einzusteigen oder sich als Personalberater oder Unternehmensberater *(siehe jeweils dort)* zu betätigen.

Arbeitsalltag / Vor- und Nachteile:

„Abnicker" oder hat man etwas zu sagen?
Die interessanten Fälle werden an extern arbeitende Rechtsanwälte abgegeben und dem Unternehmensjuristen verbleiben die eher uninteressanten Causen? Der Job in einer Rechtsabteilung soll daher nicht so anspruchsvoll sein? De facto haben Juristen in der Rechtsabteilung nichts zu sagen? Gehört wird auf das externe Urteil des Anwalts? Das sind die gängigen Meinungen, die um den Beruf des Unternehmensjuristen kursieren. Wie interessant ist nun der Job in der Rechtsabteilung eines Unternehmens wirklich?

So interessant, wie das Unternehmen seine Rechtsabteilung aufstellt. Ob man also intern lediglich ein „Abnicker" ist oder ob man an der Gestaltung von Verträgen und Geschäftsfällen mitarbeiten kann, hängt von der Stellung der unternehmensinternen Rechtsabteilung ab, davon, was ein Unternehmen seine Rechtsabteilung machen lässt. Es gibt Unternehmen, die ihre Rechtsabteilungen nicht optimal einsetzen. Banken haben meist starke Rechtsabteilungen; ebenso große, internationale Unternehmen oder Unternehmen in Staatshand beziehungsweise solche in staatsnahen Bereichen. Dort wird dem „Legal Counsel" (dem Unternehmensjuristen) ein hoher Stellenwert eingeräumt und auf seinen Rat auch eher gehört.

Kann man sich den Anwalt nicht ohnehin sparen?
Wieso braucht man überhaupt einen externen Rechtsanwalt, wenn man in der internen Rechtsabteilung (neben „gewöhnlichen" Juristen) auch Rechtsanwälte sitzen hat? Das ist das System: Als Rechtsanwalt offiziell auftreten (vor Behörden, Gerichten und gegenüber dem „Gegner") darf ein ausgebildeter Rechtsanwalt nur dann, wenn er in einer Rechtsanwaltskanzlei arbeitet; ist er in einem Unternehmen beschäftigt, darf er das nicht. Das führt dazu, dass ein Unternehmen in Verfahren, wo es zwingend (weil gesetzlich vorgeschrieben) durch einen Rechtsanwalt vertreten sein muss, einen externen Rechtsanwalt zu beauftragen hat, obwohl es möglicherweise in der eigenen Rechtsabteilung Rechtsanwälte beschäftigt.

Konkret – was bleibt im Unternehmen?
Die „stärksten" Rechtsabteilungen – unter den ohnehin schon „starken"– sind in internationalen Konzernen zu finden. Dort nämlich werden alle rechtlichen Dinge intern von den Juristen erledigt, für die nicht zwingend ein Rechtsanwalt vorgeschrieben ist. Das wundert auch nicht weiter, denn deren Rechtsabteilungen sind mit mehreren Mann gut aufgestellt und haben damit oft die Größe einer mittelgroßen Kanzlei. Und außerdem wissen externe Anwälte von einer Branche zu wenig beziehungsweise bringen das unternehmensspezifische technische Wissen nicht mit, was aber oft Voraussetzung für die Lösungen der Rechtsfragen ist. Kurzum: In solchen Rechtsabteilungen hat man als Jurist viel zu sagen – ohne seinen Sanctus geht nichts. Ist zwar eine tolle Position und damit eine verantwortungsvolle und spannende Arbeit, aber – by the way – beliebt macht man sich damit bei den Kollegen der anderen Abteilungen nicht: In vielen Fällen gibt es kein Ok vonseiten der Rechtsabteilung – das ist dann für jene, die das Ok brauchen, unangenehm.

In den Rechtsabteilungen einer Bank und jenen eines staatsnahen Unternehmens ist es relativ ähnlich, wobei es in einer Bank nicht nur eine einzige Rechtsabteilung gibt, sondern mehrere. Grob eingeteilt ist meistens eine für Gesellschaftsrecht zuständig, eine andere für Eintreibungen, Insolvenzen und Exekutionen sowie weitere beratende Abteilungen fürs Privatkundengeschäft und für komplexere Transaktionen wie zum Beispiel Kapitalmarktrecht. Bei ihnen jedenfalls werden ebenfalls nur Gerichtsverfahren, bei denen ein Rechtsanwalt zwingend vorgeschrieben ist, abgegeben, aber auch dann, wenn „von oben" offiziell (mit Brief und Siegel) die rechtliche Beurteilung eines Rechtsanwaltes gewünscht ist. Bei größeren Verfahren zum Beispiel holt sich ein Unternehmen meistens einen „externen Stempel": Große Umstrukturierungen könnte man zwar fachlich selber machen, muss sie allerdings abgeben, weil die Geschäftsführung das so will.

Was macht man grundsätzlich?
Je nach Branche, in der das Unternehmen tätig ist, hat man in einer Rechtsabteilung mit unterschiedlichen Rechtsgebieten und Anforderungen zu tun. Man berät sein Unternehmen, verfasst Stellungnahmen, Rechtsgutachten, Verträge, führt Vertragsverhandlungen, bereitet gesellschaftsrechtliche Beschlüsse vor usw. Bis auf die Gerichtsverfahren unterscheiden sich die Tätigkeiten in einer Rechtsabteilung nicht grundlegend von jenen in der Rechtsanwaltskanzlei. Die Arbeit kann aber auch abwechslungsreicher sein: Ist man in einem Unternehmen beschäftigt, das Bauprojekte oder andere Vorhaben plant und umsetzt, kann es auch sein, dass man vor Ort auf der Baustelle bei Baubesprechungen dabei ist. Die Arbeit ist vielfach sehr vielschichtig, verantwortungsvoll, herausfordernd, spannend und schwierig– aber auch genau das Gegenteil.

Hierarchien und selbstständiges Arbeiten?
Man ist zwar in die Hierarchie des Unternehmens eingebunden, was aber nicht gleich heißen muss, dass auch die Rechtsabteilung hierarchisch organisiert ist. Einige Rechtsabteilungen sind eher flach aufgebaut: Es gibt keine fachliche Ebene darüber, man arbeitet frei und selbstständig. Anders sieht es in einem staatsnahen Unternehmen aus: Die Dinge werden größtenteils politisch und nicht sachlich/juristisch abgehandelt. Weiters muss man die Dinge in der Reihenfolge erledigen, die die Chefetage vorgibt; und die richtet sich danach, wie wichtig derjenige ist, für den die Sache erledigt werden soll. Die Politik spielt eben eine große Rolle und davon ist auch die eigene Karriere betroffen: Ohne Parteibuch kommt man die Karriereleiter nicht hoch. Manche Fälle dauern ewig und aus simplen Dingen wird eine „Staatsaffäre" gemacht. Aber das ist für staatliche Unternehmen beziehungsweise staatsnahe Unternehmen typisch. Anstatt von Hierarchie sollte man von Bürokratie/Organisation sprechen – es dauert, bis man sich in der Organisation zurechtfindet.

Nachteil der Arbeit in einem riesen Unternehmen
Es ist spürbar, dass man auf einem „riesigen Kahn" mitfährt und teilweise nicht sichtbar ist. Man kann zwar eventuell Veränderungen auf regionaler Ebene steuern, aber nicht auf Konzernebene. Letztlich hat man nicht die Möglichkeit, am Erfolg des Unternehmens teilzuhaben, zumindest nicht unmittelbar: Man wird in einer Rechtsabteilung nicht spüren, ob man gut gearbeitet hat oder nicht. Aber:

Man ist viel näher dran
Bei Projekten ist der Unternehmensjurist von Anfang an involviert. Er kennt die Leute, hat – falls erforderlich – unternehmensspezifisches Fachwissen (keine Angst: Das eignet man sich an), kennt in etwa den Hintergrund der einzelnen Projekte und weiß eher, worauf es ankommt. Das macht die Arbeit spannend und vor allem nicht ausschließlich juristisch, sondern wirtschaftlich und unternehmensbezogen. Der externe Rechtsanwalt wird meist erst zu einem späteren Zeitpunkt hinzugezogen.

Sollte man die Rechtsanwaltsprüfung haben?
Ist vorteilhaft, aber nicht Voraussetzung. Bei manchen Stellenausschreibungen ist die abge-

legte Rechtsanwaltsprüfung oder langjährige Erfahrung als praktizierender Rechtsanwalt gewünscht. War man schon einmal als Anwalt tätig, hat das den Vorteil, dass das eigene Wort mehr zählt („Der/Die war schon einmal Anwalt, der/die kann das abschätzen, wie sich das Verfahren vor Gericht/vor der Behörde entwickeln würde").

Lebensqualität – die Welt läuft „grad und nicht verkehrt"
Der massive Unterschied zwischen der Arbeit in einer Rechtsanwaltskanzlei und einer Rechtsabteilung ist die Lebensqualität. Wo man als Anwalt in einer Kanzlei vor lauter Arbeit unterzugehen droht und zertrampelt wird, am Wochenende und abends arbeiten muss, im Urlaub angerufen wird, weil es ein Problem gibt, man auf sein Privatleben verzichten muss, seine Kinder unter der Woche nicht sieht, keine Zeit hat, um zum Arzt zu gehen, oder Schuldgefühle hat, wenn man mal früher das Büro verlassen muss, haben das viele Juristen in Unternehmen nicht: Überstunden gibt es nur in Ausnahmefällen, der Druck und der Stress sind geringer, die Zeiteinteilung ist flexibel, manche haben Gleitzeit, andere können sogar einen Tag in der Woche von zu Hause arbeiten, sie werden aufgefordert, ihren Urlaub zu konsumieren. Wenn man 39 Grad Fieber hat, kann man daheim bleiben und muss sich nicht in die Arbeit schleppen. Und als Frau ist es nicht das Ende der Karriere, wenn man ein Kind bekommt. Man hat Zeit für Sport und Hobbys und lebt gesünder. Auf den ersten Blick ist es ein Prestigeverlust, sich gegen die Karriere als Rechtsanwalt zu entscheiden und in eine Rechtsabteilung zu wechseln, aber die Lebensqualität, die man durch diese Entscheidung gewinnt, lässt einen nicht weiter über Prestige nachdenken.

Finanzieller Aspekt / Chancen am Arbeitsmarkt:

Man muss bei einem Wechsel von einer Rechtsanwaltskanzlei in die Rechtsabteilung eines Unternehmens mit Gehaltseinbußen rechnen. Aber man darf nicht nur das Nettoeinkommen vergleichen, sondern auch die Arbeitszeiten. Man arbeitet quasi die Hälfte (das sind noch immer 40 Stunden!!!), verdient aber nicht die Hälfte. Grundsätzlich kann man sehr gut verdienen – im Durchschnitt etwa 5.000 Euro brutto im Monat (als geprüfter Rechtsanwalt) beziehungsweise etwa 3.000 Euro brutto als Jurist (ohne Anwaltsprüfung).

Resümee:

Wenn man das (Berufs)Leben in einer Anwaltskanzlei nicht mag oder bereits von Grund auf mehr Interesse hat, in einer Rechtsabteilung zu arbeiten, kann es durchaus eine Herausforderung sein, wenn man das tut. Es ist keine absolut gültige Aussage, dass man in einer Rechtsabteilung nichts Interessantes macht und die spannenden Causen extern in Rechtsanwaltskanzleien bearbeitet werden. Es kommt darauf an, welchen Stellenwert ein Unternehmen seiner Rechtsabteilung einräumt. Im Vergleich zur Arbeit in einer Rechtsanwaltskanzlei gewinnt man sehr viel Lebensqualität und Lebenszeit (!). Man gibt Prestige auf – für Außenstehende unverständlich („Sie waren Anwalt! Wieso sind Sie jetzt in einer Rechtabteilung und engagieren einen Anwalt???") – aber man arbeitet, um zu leben, und nicht umgekehrt.

Notar

Definition

Notare sind staatlich bestellte Juristen, die für genau festgelegte juristische Tätigkeitsbereiche zuständig sind. In ihr Arbeitsgebiet fallen grundsätzlich nur Rechtsangelegenheiten, die nicht vor Gericht ausgetragen werden (= außerstreitige Rechtsangelegenheiten), wie zum Beispiel die Verfassung und Verlesung von Testamenten und Schenkungen oder die Ausstellung von notariell beglaubigten Urkunden. Fallweise können Notare die Rechtsvertretung ihrer Klienten wahrnehmen. (Siehe Hinweis am Ende des Vorworts)

Voraussetzungen / Aus- und Weiterbildung:

Wer Notar werden möchte, muss Jus studiert haben und eine Gerichtspraxis von mindestens fünf Monaten nachweisen. Danach muss er von einem Notar als Kandidat („Notariatskandidat" – so werden die Anwärter für den Beruf des Notars genannt) aufgenommen werden. Nach einer gewissen Praxiszeit im Notariat kann die Notariatsprüfung abgelegt werden.

Richter, Staatsanwälte und Rechtsanwälte können zum Notarberuf wechseln, indem sie eine Ergänzungsprüfung ablegen. Das Prozedere – der Aufstieg in der Liste sowie das Warten auf eine freie Notarstelle – bleibt einem nicht erspart. Umgekehrt kann man als Notar mit entsprechender Ergänzungsprüfung Rechtsanwalt, Richter oder Staatsanwalt werden.

Arbeitsalltag / Vor- und Nachteile:

Jobeinstieg – leichter mit Beziehungen?
Die Suche nach einem „Ausbildungsnotar" ist für Berufsanwärter die erste Hürde. Notariate gibt es (noch) nicht an jeder Ecke und der Bedarf an Notariatskandidaten ist nicht so stark gegeben. Denn in der Regel stellt jeder Notar lediglich einen Notariatskandidaten beziehungsweise einen Notariatssubstituten *(= Notariatskandidat, der die Notariatsprüfungen geschafft hat und den Notar offiziell vertreten darf)* ein. Weiters ist die Fluktuation nicht so groß: Ist eine Stelle erst einmal besetzt, bleibt sie es meistens für die nächsten fünf bis zehn Jahre. Freilich ist es grundsätzlich mit Beziehungen leichter. Der Eindruck der Allgemeinheit, dass man lediglich als Sohn, Verwandter oder Bekannter in ein Notariat aufgenommen wird, stimmt aber nicht. Von 150 Kandidaten kommen immerhin 100 „unbedarft" an ihre Stelle. Das Bild heute ist auch deshalb entschärft, weil in der Zwischenzeit mehr Notariate geschaffen wurden. Wie auch immer. Wenn man Kompromisse in Kauf nimmt, sollte es klappen. Man darf sich nur nicht auf ein bestimmtes Notariat versteifen und muss bereit sein, außerhalb seines Wohnortes zu arbeiten.

„Ewig" Kandidat – sehr spät Notar!
Dass man letztendlich als Notar arbeiten kann, hängt nicht von der Leistung und vom Erfolg ab, sondern von äußeren Umständen. Selbst wenn man die gesetzlichen Voraussetzungen erfüllt (u. a. die Notariatsprüfungen und Praxiszeit absolviert hat), hat man noch keinen Anspruch auf die Ernennung zum Notar: Es wird von der zuständigen Notariatskammer eine Liste geführt, die Notariatskandidaten ab ihrem Eintritt in den Stand (also vom ersten Tag an) reiht. Die Jahre vergehen und man rückt in der Liste nach vorne. Irgendwann – Ende 30/Mitte 40 – ist man an einer Stelle auf der Liste, wo es realistisch ist, sich für eine frei gewordene oder neu geschaffene Notarstelle erfolgreich zu bewerben. Man könnte sich aber unter Umständen schon früher um ein kleines Landnotariat bemühen. Die Frage ist nur, was man erreichen will: Auf eine Notarstelle mit kleinem Einzugsgebiet werden sich nicht viele bewerben – denn aus den zehn kleinsten Stellen in Niederösterreich lässt sich nur wenig herausholen: Die Klientel ist nicht vorhanden und man wird nie toll verdienen.

Warum eröffnet man nicht einfach ein Notariat und lässt sich zum Notar ernennen?
Weil das nicht geht. Ähnlich wie bei den Apotheken ist auch die Regelung bei den Notariaten: Ein Notariat kann nicht beliebig eröffnet werden. Man bewirbt sich auf eine (vorhandene) Notarstelle, die örtlich gebunden ist. Man ist also grundsätzlich nicht in der Lage zu entscheiden, wann man sich selbstständig machen wird und wo.

Zurücklehnen nach der bestandenen Notariatsprüfung?
Nach der Prüfung geht es erst richtig los. Hat man vorher die Unterlagen vorbereitet, darf man nun (was auch vom Notar erwartet wird) unterschreiben und macht alles selbstständig. Der Ausbildungsnotar erwartet vom geprüften Notariatskandidaten, dass dieser seine Agenden eigenständig führt und quasi dieselbe Arbeitsqualität erbringt wie er selbst. Er muss auch das Notariat in Abwesenheit des Notars eigenständig führen können. Zurücklehnen kann man sich nie – in jeder Phase hat man seine Probleme. Nervenstärke muss man sich antrainieren. Es gibt immer Akten, bei denen man Sorgen hat und Probleme auftreten könnten – im schlimmsten Fall haftet man. Damit muss man zu leben lernen.

Nur Verlassenschaften und beglaubigen?
Das sind zumindest die Aufgaben, die das Gesetz dem Notar übertragen hat. Daneben muss bei der Errichtung bestimmter Verträge, Erklärungen oder öffentlicher Urkunden ein Notar mitarbeiten, damit sie wirksam sind. Ist mit diesen „Muss-Geschäften" die Arbeit des Notars definiert? Ist das alles? Der Beruf des Notars ist sehr unterschiedlich – und zwar in vielerlei Hinsicht. Tätigkeitsbereiche, aber auch Arbeitszeit und Verdienst unterscheiden sich je nachdem, wo sich das Notariat befindet: Es ist ein Unterschied zwischen Stadt und Land, aber auch innerhalb der (Bundeshaupt)Stadt, ob das Notariat in der Innenstadt oder in einem anderen Bezirk liegt. Dort, wo es viel Industrie gibt, beziehungsweise Gesellschaften schwerpunktmäßig ihren Unternehmenssitz haben, sind der Bedarf an Beratung und Betreuung in Gesellschaftsrecht, Stiftungsrecht und Liegenschaftsrecht, und damit verbunden die Vertragsgestaltung und -errichtung größer. In anderen Notariaten gehören verlassenschaftsrechtliche Angelegenheiten, Familienrecht und Liegenschaftsrecht zu den

Hauptbetätigungsfeldern. Ausschließlich von Verlassenschaftsverfahren kann heute kaum ein Notar mehr leben.

Trocken?
Für viele Notare ist der Beruf abwechslungsreich. Bei familien- und erbrechtlichen Angelegenheiten bekommt man Einblick in die sozialen Zusammenhänge und durch das Verfassen von Publikationen lassen sich Kanäle in andere Bereiche eröffnen. Aber man muss sich auch bewusst sein, dass dieser Beruf grundsätzlich ein Bürojob ist, bei dem man viel sitzt und sein Notariat kaum verlässt. Ist man mehr im Gesellschaftsrecht tätig, sind Auswärtstermine häufiger.

Frauenfeindliche „Zunft"
Für die Ernennung zum Notar ist unter anderem entscheidend, an welcher Stelle der Liste man steht. Weiblichen Notariatskandidaten wird allerdings die Karenzzeit von höchstens einem Jahr auf die Praxiszeit angerechnet. Ist man länger in Karenz oder bekommt man mehr als ein Kind, „verliert" man diese Zeit: Man wird von der Liste gestrichen (ist ja nicht in „praktischer Verwendung") und kann folglich nicht vorrücken. Es hilft den weiblichen Kandidaten auch nicht weiter, halbtags zu arbeiten, soweit sie bereits „ihr Jahr" Karenz konsumiert haben. Eine Teilzeitbeschäftigung wird ebenfalls nur für höchstens ein Jahr angerechnet, dies allerdings dann nicht, wenn man bereits ein Jahr in Karenz war. Man wird also – mit Ausnahme des beschriebenen einen Jahres – nur dann auf der Liste geführt, wenn man voll arbeitet. Ein großer Nachteil gegenüber Männern – die Wartezeit auf eine Notarstelle verlängert sich. Es hat zwar Änderungen zugunsten der Frauen gegeben, grundsätzlich ist es aber nach wie vor ein „patriachalischer Stand".

Wo geht die Entwicklung hin?
Die Entwicklung des Berufsstands über die nächsten Jahrzehnte ist schwer abschätzbar. EU-Bestrebungen gehen dahin, Geschäfte möglichst formfrei (also ohne Mitwirkung eines Notars) zu gestalten. Wenn die Formpflicht fällt, verliert der Notar sein Standbein im Gesellschaftsrecht und damit eine Einkunftsquelle, da gerade in diesem Bereich die Mitwirkung des Notars bei vielen Geschäften vorgesehen ist. Druck kommt auch von den Rechtsanwälten, sie möchten Angelegenheiten übernehmen, die den Notaren vorbehalten sind.

Fehlende Erfolgserlebnisse
Erfolgserlebnisse wie in anderen juristischen Berufen gibt es nicht. Es gibt kein positives Feedback vom Mandanten, wenn eine Sache abgeschlossen ist. Es gibt nur dann Feedback, wenn ein Fehler passiert.

Monopolstellung? „Sicheres" Geschäft?
Akquirieren, sich also aktiv um Aufträge kümmern, muss heutzutage jeder Notar, wenn er keine starken Einkommenseinbußen hinnehmen möchte. Die Leute können sich aussuchen, welchen Notar sie beauftragen; ausgenommen davon ist das Verlassenschaftsverfahren, wo eine fixe Zuteilung zu einem Notar durch das Gericht erfolgt. In den übrigen

Bereichen teilt sich der Notar das Feld mit den anderen Notaren und auch Rechtsanwälten. Dort herrscht Wettbewerb zwischen den Notaren.

„Hinter jedem Akt lauert die Haftung"

Passiert dem Notar ein Fehler, muss er beziehungsweise seine Haftpflichtversicherung dafür (finanziell) einstehen. Ausgenommen davon sind Fehler bei Verlassenschaftsabhandlungen, wo der Notar vom Gericht bestellt wird und in „Sonderfunktion" handelt – hier haftet der Staat.

Kanzleiinfrastruktur

Gutes Personal zu finden ist immer ein Problem, aber für Notare sehr wichtig. Als Notar ist man grundsätzlich darauf angewiesen, dass das Sekretariat eigenständig arbeiten kann und gewisse Sachbearbeitertätigkeiten selbstständig erledigt. Unter Umständen kann dies eine langwierige Suche sein.

Ruhige Kugel? Arbeitszeiten und Familienleben

Wie man zeitlich eingesetzt ist, kommt (wieder einmal) auf die Lage des Notariats und auf die Mandantenstruktur an. In der Innenstadt ist man als Notar ständig „on demand". Wenn der Mandant einen Termin will, wird das gemacht, und zwar sofort. Die Zeiten sind vorbei, wo sich die Mandanten nach dem Notar zu richten hatten. Aber grundsätzlich muss man keine Abend- oder Nachtschichten einlegen, die Arbeitszeiten sind gut planbar. Man arbeitet zwar untertags sehr intensiv, dafür aber hat man am Abend Freiraum für seine Familie und für Sport. Kooperiert man viel mit Rechtsanwaltskanzleien beziehungsweise ist man schwerpunktmäßig im Gesellschaftsrecht tätig, wird es schon eher erforderlich, dass man von Zeit zu Zeit abends arbeitet. Generell haben Notare aber Arbeitszeiten von halb neun bis halb sechs, der Job ist also relativ familienfreundlich. Notariatskandidaten haben es – was in der „Juristenbranche" nicht unbekannt ist – mit den Arbeitszeiten angenehmer als Rechtsanwaltsanwärter. Als Notar baut man „seine" Notariatskandidaten auf, man bringt ihnen was bei und schafft für sie angenehmere Arbeitsbedingungen, weil man sie langfristig binden möchte – sie werden daher nicht ausgebeutet. Schwierig kann die Urlaubsplanung für den Notar sein: Das Notariat kann man nur drei Tage im Jahr zusperren. Hat man keinen Notariatssubstituten beschäftigt oder keinen Kollegen im Notariat, braucht man für längere Urlaube eine Vertretung.

Finanzieller Aspekt / Chancen am Arbeitsmarkt:

Als Notariatskandidat/Notariatssubstitut verdient man zwar bereits nach der Notariatsprüfung relativ gut, dennoch gehen finanzieller Aufstieg und Ernennung zum Notar Hand in Hand.

Der Job bietet die Möglichkeit auf ein gutes Einkommen. Sich zurücklehnen und auf den Geldregen warten spielt es dennoch nicht. Allerdings ist die Existenz einmal gesichert, wenn man zum Notar ernannt wurde. Die Unterschiede im Einkommen zwischen einem kleinen Notariat auf dem Land im „Nowhere" und einem Wiener Notariat in der Inneren

Stadt oder einem „starken" Notariat am Land sind eklatant. Fakt: Die Bandbreite im Einkommen ist groß und man wird als Notar nicht automatisch reich.

Resümee:
Wenn man es geschafft hat, zum Notar ernannt zu werden, ist es ein „super Job". Dass der Berufswunsch mit langen Wartezeiten verbunden ist, muss man wissen. Ein Notar kann sich seine Mandanten nicht aussuchen – zumindest bei den Verlassenschaftsverfahren: Man hat einen Querschnitt der Bevölkerung vor sich und muss sich damit auseinandersetzen. Detail am Rande: Als Notar muss man immer konservativ und „korrekt" (Anzug, Kostüm) gekleidet sein.

Rechtsanwalt

Definition:
Rechtsanwälte beraten Privatpersonen, Unternehmen und juristische Personen wie Vereine, Gesellschaften, Organisationen usw. in allen rechtlichen Bereichen (zum Beispiel Arbeits-, Wirtschafts-, Steuer-, Familien- und Sozialrecht), in der Regel sind sie jedoch auf bestimmte Arbeitsbereiche spezialisiert. Sie vertreten ihre Klienten vor Gericht und Behörden, sie verfassen und begutachten Verträge und unterstützen ihre Klienten in speziellen Rechtsfragen, zum Beispiel im Rahmen von Firmengründungen oder bei größeren Verkaufsgeschäften. Sie arbeiten als Freiberufliche in einer eigenen Kanzlei oder in Rechtsanwaltskanzleien. (Siehe Hinweis am Ende des Vorworts)

Voraussetzungen / Aus- und Weiterbildung:
Grundvoraussetzung ist ein erfolgreich abgeschlossenes Studium der Rechtswissenschaften („Jus") sowie eine fünfjährige praktische Berufsausbildung. In deren Rahmen müssen mindestens fünf Monate bei Gericht und mindestens drei Jahre in der Kanzlei eines Rechtsanwaltes als Berufsanwärter („Konzipient"/„Rechtsanwaltsanwärter") verbracht werden. Nach erfolgreicher Rechtsanwaltsprüfung kann die Eintragung in die bei der Rechtsanwaltskammer geführte Liste erfolgen. Erst dann ist der Rechtsanwalt berechtigt, eine Kanzlei selbstständig zu führen.

Notare, Richter und Staatanwälte können Rechtsanwälte werden, indem sie eine Ergänzungsprüfung ablegen. Umgekehrt kann auch ein Rechtsanwalt in die genannten Rechtsberufe wechseln, soweit er eine Ergänzungsprüfung macht.

Weiterbildungsmöglichkeiten: internationale Master-Programme.

Arbeitsalltag / Vor- und Nachteile:

Wissen, was auf einen zukommt?
Das Studium ist im Vergleich zur Realität „easy": nette, lösbare Fälle, kein Druck von Mandanten (= Auftraggeber des Rechtsanwalts) und vor allem viel Zeit – für das Lösen der Fälle und für sich selbst. Eines vorweg: Solche Fälle, wie man sie auf der Universität serviert bekommt, wird es in der Realität kaum geben. Auch die Gerichtspraxis, die man absolvieren muss, um Anwalt zu werden, gibt nur einen punktuellen Einblick in die Tätigkeit des Anwalts: Er ist kein Richter – sein Hauptarbeitsplatz ist seine Kanzlei und nicht das Gericht. Und nicht alles, was man als Anwalt machen muss, wird einem Spaß machen – auch mit „mühsamen" und nicht so interessanten Causen hat man sich dann auseinanderzusetzen.

Steht alles in den Gesetzen?
Weitverbreitete Fehleinschätzungen Außenstehender sind, dass das Studium sehr trocken ist, man die Gesetze auswendig lernen muss und dort auch alles drinsteht. Die Tätigkeit des Anwalts wird allgemein als eher einfach angesehen. Dass man aber zum Beispiel für die Beantwortung einer Frage unter Umständen sechs Stunden Judikatur (gerichtliche Entscheidungen) studieren muss, weil eben nicht alles im Gesetz steht, in vielen Büchern recherchieren und Artikel lesen muss, ist für viele nicht nachvollziehbar; noch weniger, dass man unter Umständen selbst dann kein sicheres Ergebnis liefern kann. Das liegt daran, dass Formulierungen in Gesetzen unklar sind oder es zu manchen Dingen keine höchstgerichtlichen Entscheidungen und keine Fachmeinungen gibt oder man nicht sicher sein kann, dass das Gericht das zu beurteilende Problem nicht anders auslegt. Letzteres trifft vor allem die Anwälte, zu denen keine Mandanten mit 0815-Anliegen kommen, sondern mit hochkomplexen Sach- und Fragestellungen. Es ist fast nie so, dass ein Anwalt aus dem Stegreif beraten kann, ohne seine Meinung durch Judikatur abzusichern. Die Kunst eines Anwalts ist es auch, umfassend und vernetzt zu denken und überhaupt alle Eventualitäten zu berücksichtigen. Eine rein vom gesellschaftsrechtlichen Standpunkt optimale Lösung kann steuerrechtliche/finanzielle Folgen haben, die der Mandant nicht tragen möchte. Oder man bedenkt wichtige gesetzliche Bestimmungen nicht beziehungsweise übersieht sie. Manchmal steht man schon zu Beginn vor dem Problem herauszufinden, ob eine Bestimmung überhaupt auf den eigenen Fall anzuwenden ist – keine Folge möglicher Dummheit des Anwalts, sondern Folge der hohen Komplexität des Aufgabengebietes. Ließen sich Fälle locker anhand der Gesetze lösen, wären Anwälte quasi arbeitslos. Fakt ist, als Anwalt hat man nie alles im Kopf, man muss viel lesen, recherchieren und nachdenken.

Leben à la Ally McBeal?
Schön wär's. So ganz ohne Stress, genug Zeit, um mit supersympathischen Kollegen zu plaudern, am Abend gemütlich und entspannt in einer Bar sitzen und voller Elan in den nächsten Tag gehen. Das soziale Umfeld in Anwaltskanzleien ist oft langweilig. Und: Erfolgreiche Anwälte (mit Betonung auf erfolgreich) haben einen 14- bis 16-Stunden-Tag, meistens Probleme in der Beziehung (außer sie haben einen – auf Lebensdauer! – verständnisvollen

Partner oder einen, der ebenfalls zeitlich in der Arbeit aufgeht ...), sind überarbeitet, schlafen zu wenig, arbeiten am Wochenende und haben jede Menge Stress. Viel Zeit fürs Social Life, will man erfolgreich sein, hat man nicht, selbst wenn man wollte.

Nicht jeder Anwalt ist ein Strafverteidiger!
Viele denken beim Anwalt an den Strafverteidiger – an den Anwalt, der in Strafverfahren vor Gericht auftritt und große Reden schwingt. Tatsächlich sind die meisten Anwälte aber nicht Strafrechtsanwälte, sondern in anderen Bereichen tätig. Strafrecht ist nur ein Teilbereich des Rechts. Auch ist es nicht wie im Film, dass man als Strafverteidiger Angeklagte „rausboxt" und die Beweislage umdreht. Überraschungen gibt es in der Realität selten und oft ist klar, wie das Urteil ausschauen wird. Die bekannten Star-Strafverteidiger sind die Minderheit. Die meisten vertreten nicht so berühmte Mandanten und haben eher kleinere, nicht so medienwirksame Verfahren zu betreuen. Ein erfolgreicher Strafrechtsanwalt verfügt über Beziehungen und lebt von seinem Netzwerk. Damit man überhaupt in die Lage kommt, rentable Fälle zu übernehmen, muss man auch gesellschaftlich mit diesen Leuten verkehren.

Viel vor Gericht?
Hängt davon ab, worauf man spezialisiert ist. In einer allgemeinen Streitkanzlei oder Strafrechtskanzlei hat man verhältnismäßig viel zu verhandeln, aber auch nicht nur. Den Verhandlungen vor Gericht geht immer ein Schriftverkehr voran, in dem die wesentlichen Argumente bereits enthalten sind. In Kanzleien mit anderen Schwerpunkten verbringt man im Schnitt 80 Prozent der Zeit sitzend im Büro und arbeitet schriftliche Dokumente aus, die an Gerichte, Behörden und Mandanten gehen. Einen mehr oder weniger geringeren Teil seiner Zeit verbringt man vor Gericht oder Behörden (manche Wirtschaftsanwälte gar nicht!!!) und einen gewissen Anteil mit Mandantenbesprechungen. Überwiegend also eine sitzende und schriftliche Tätigkeit.

Erfolgserlebnisse
Sind toll und machen die Arbeit schön. Man gewinnt einen Fall, verhilft dem Mandanten zur Durchsetzung seiner Position, spart ihm oft Geld – stellt ihn und sich selbst zufrieden. Wenn das gelingt, sieht man ein Ergebnis, das hat man nicht in jedem Beruf. Die juristische Arbeit ist abwechslungsreich, jeder Fall ist anders. Ein schönes Gefühl ist es auch, wenn man sich selbstständig gemacht hat und seine erste Honorarnote ausstellt.

Gemachter Mann/gemachte Frau nach der Anwaltsprüfung?
Ist man dann, wenn man in eine (gutgehende) Anwaltskanzlei einsteigen kann, ansonsten ist es ein harter Weg. Nach der Anwaltsprüfung kann man sich entweder selbstständig machen oder man ist „Substitut" in einer Kanzlei. Das bedeutet, man ist zwar nach außen selbstständig (gegenüber dem Finanzamt, der Rechtsanwaltskammer, den Gerichten und Behörden), de facto aber angestellt (man legt seine monatlichen Honorarnoten – immer in derselben Höhe – an die Kanzlei; angenehm: Man hat damit ein fixes Einkommen!). Man ist nach wie vor im Gefüge einer Kanzlei und muss sich (zunächst) nicht darum kümmern,

Mandanten zu gewinnen. Man bekommt die Akten auf den Tisch und arbeitet sie ab – wie vorher als Konzipient. Je nach eigenem Können, wird man mehr oder weniger selbstständig arbeiten dürfen. Als Substitut ist man noch nicht sein „eigener Herr" und unterliegt den Weisungen des Chefs, kann nicht mitreden, hat nicht wirklich Entscheidungsgewalt und muss laufend reporten. Substitut zu sein kann nur ein Zwischenschritt sein, man bleibt es nicht ewig: Entweder man wird Partner in der Kanzlei *(Partner sind die Chefs oder Inhaber der Kanzlei)* oder man geht beziehungsweise muss irgendwann gehen: Der geringste Anteil der Juristen wird Partner in einer Kanzlei – die Kanzleien würden sonst übergehen. Das ist dann oft der Punkt, wo man (meist mit Mitte 30) bemerkt, dass man mit leeren Versprechungen bei Laune gehalten wurde. Gerade in Großkanzleien sind die Karrierechancen innerhalb der Kanzlei sehr unsicher. Allerdings kann die Arbeit in einer bekannten Großkanzlei ein gutes Sprungbrett in andere Kanzleien oder in ein Unternehmen sein.

Der Aufbau einer Mandantenstruktur
Egal, ob man sich nun selbstständig macht oder in einer Kanzlei Partner werden möchte – in beiden Fällen gilt, dass man selbst Mandanten an Land ziehen muss. Eine eigene Mandantenstruktur aufzubauen ist die schwierigste Aufgabe überhaupt. Man muss sich gut verkaufen können, sollte keine fachlichen Schwächen zeigen und so weit kommen, dass es jemand überhaupt in Erwägung zieht, sich von einem beraten zu lassen. Die Zeiten sind vorbei, als die Mandanten zum Anwalt kamen und ihn baten, das Mandat zu übernehmen. Anders ist das nur bei bekannten Strafrechts- oder Top-Scheidungsanwälten, die werden wirklich noch um eine Vertretung gebeten. Mandanten gewinnen heißt „Klinken putzen" wie für jeden anderen Wirtschaftstreibenden auch.

Die Umsätze stehen im Vordergrund
Substitute – vor allem in Großkanzleien, aber ebenso in mittelgroßen Wirtschaftskanzleien – werden primär über den Umsatz beurteilt. In den meisten Kanzleien gibt es gewisse Umsatzvorgaben, die zu erreichen sind. Schafft man das nicht, ist man zwar nicht sofort draußen, nach oben kommt man aber auch nicht und irgendwann ist es dann aus. Man kann nie sagen „Ich bin jetzt gut genug, um bestehen zu können" – man muss immer mehr Umsatz machen. Selbst als Partner einer Großkanzlei ist es mit dem Run auf die Umsätze nicht vorbei, ein Ausruhen auf Lorbeeren gibt es nicht. Als 60-jähriger Partner kann man genauso gefeuert werden wie ein 30-jähriger Anwalt.

Ist man selbstständiger Anwalt, hat man den Umsatzdruck, den man sich selber macht.

Der Zeitdruck und der Arbeitseinsatz
Es wäre der optimale Beruf, gäbe es den 40-Stunden-Anwaltsjob. Ein solcher wird der Anwaltsberuf aber nie werden. Schon ein Konzipient arbeitet im Schnitt 50 bis 60 Stunden die Woche (Ausnahmen wird es immer geben, nämlich rauf und runter). Eingebürgert hat sich zumindest ein 10-Stunden-Tag. Die wenigsten haben das Glück, um sieben aus der Kanzlei zu kommen – noch eher in kleineren Kanzleien und in den Bundesländern (dann gibt es aber auch weniger Gehalt). Als Substitut – vor allem wenn man Partner werden möchte – arbeitet man noch mehr und muss damit rechnen, auch am Wochenende und an

Feiertagen eingespannt sein zu müssen. Es kommt eben darauf an, was man karrieremäßig erreichen möchte. Und die Arbeit wird nicht weniger. Im Grunde wird es nach der Anwaltsprüfung noch schlimmer: Es wird mehr von einem erwartet.

Als selbstständiger Einzelanwalt hingegen gibt man selbst die Zeitschiene vor. Grundsätzlich ist es so, dass man gerade während des Kanzleiaufbaus sehr viel arbeitet (und nicht toll verdient). Später kommt es darauf an, wie viel man verdienen möchte.

Der Zeitdruck kommt übrigens nicht nur von Fristen (für alles Mögliche gibt es Deadlines), sondern überwiegend vom Mandanten. Alles muss heutzutage schnell gehen und optimale Lösungen bieten. Selbst bei perfekter Planung weiß man nicht, was einen am Tag erwartet: Es kommen unerwartete, dringende Angelegenheiten, die zu erledigen sind. Ein gutes Management bedeutet also noch nicht, dass man nie in zeitliche Schwierigkeiten kommt. Der ständige Zeit- und Umsatzdruck führt letztlich dazu, dass man die Arbeit nicht so erledigen kann, wie man das gerne möchte – und man verliert den Spaß am Geschäft.

Privatleben

Die Schwierigkeiten hinsichtlich der Vereinbarkeit des Berufes mit dem Privatleben ergeben sich aus dem zeitlichen Einsatz, den dieser Beruf fordert. Das Privatleben kommt nur dann nicht zu kurz, wenn man zeitlich herunterschraubt. Diese Wahlmöglichkeit hat man aber nur als selbstständiger Anwalt und auch hier steht einem oft die eigene Gier nach mehr Geld im Wege. Das Privatleben konzentriert sich meistens aufs Wochenende; das Problem vieler ist aber, dass sie eben auch am Wochenende arbeiten (möchten?). Als Einzelanwalt ohne Mitarbeiter ist es quasi unmöglich, zwei Wochen auf Urlaub zu fahren. Als Anwalt in der Großkanzlei wird einem meistens im Urlaub hinterhertelefoniert. Krank sein will man sich nicht leisten beziehungsweise man geht auch krank arbeiten. Je mehr man eingespannt ist, desto wichtiger wäre Sport, nur dafür ist quasi keine Zeit. Vor allem für Frauen, die Kinder haben, ist es ein äußerst undankbarer beziehungsweise schwer umsetzbarer Beruf – außer man hat Baby-Sitter/Au-Pairs/Familienmitglieder, die abends auf das Kind schauen. Oder man arbeitet in der Nacht, wenn das Kind schläft, und am Wochenende, wenn der Partner das Kind betreuen kann.

Finanzieller Aspekt / Chancen am Arbeitsmarkt:

Anwälte sind nicht automatisch reich. Man verdient nur dann wirklich gut, wenn man einen entsprechenden Arbeitseinsatz liefert. Mit einer 40-Stunden-Woche und freiem Wochenende ist diese Zielerreichung äußerst unwahrscheinlich. Die Einkommensschere zwischen dem Durchschnittsanwalt und dem Anwalt in einer Großkanzlei geht in der Regel weit auseinander, von 2.000 Euro brutto bis 20.000 Euro brutto und mehr im Monat ist alles möglich. Anwälte und Substituten müssen noch die jährlichen Fixkosten decken: Das sind Kammerabgaben, Versicherungsbeiträge (Kranken-, Pensions- und Haftpflichtversicherung), die sich im Jahr auf ungefähr 12.000 Euro belaufen.

Größere Kanzleien zahlen schon an Konzipienten sehr gute Einstiegsgehälter, vom Verdienst her wesentlich besser als in kleinen und mittelgroßen Kanzleien, vom Arbeitsaufwand meist größer, aber auch in den mittelgroßen Kanzleien arbeitet man heute nicht mehr unbedingt weniger. Als Substitut in einer Großkanzlei verdient man sehr gut. Tatsache ist: Will man viel verdienen, geht das auf Kosten der Freizeit und des Privatlebens.

Gute Anwälte sind immer gefragt, allerdings muss man sich beweisen, um in dem Beruf bestehen zu können.

Resümee:

Es gibt Anwälte, die ihre Arbeit nicht gerne machen, und solche, die den Beruf gerne ausüben, bis hin zu Anwälten, die den Job lieben. Es gibt Anwälte, die in Großkanzleien und mittelgroßen Kanzleien als Substituten oder Partner arbeiten, Einzelanwälte, Kanzleigemeinschaften, kleine bis große Gefüge eben. Wie immer, kommt es auf die eigene Person und Einstellung an, ob man mit den – nicht wegdiskutierbaren auch negativen Gegebenheiten – leben kann/will oder nicht. Schade ist, dass der Zeitdruck und das Streben nach Umsätzen die Freude am juristischen Arbeiten in den Hintergrund drängen. Löst man sich als Anwalt vom Klischee, dass man reich werden muss, und arbeitet daher weniger, verdient man auch extrem weniger, gewinnt aber Freizeit zurück. Grundsätzlich (mit wenigen Ausnahmen) ein Job mit Dresscode: Anzug, Hemd, Krawatte beziehungsweise Kostüm.

Richter

Definition:

Richter leiten Gerichtsverhandlungen und fällen Urteile. Sie sorgen für die Rechtsprechung in den Bereichen der Zivil- und Strafgerichtsbarkeit, in der Verwaltungs- und Verfassungsgerichtsbarkeit sowie in Außerstreitverfahren (zum Beispiel Exekutions- oder Konkursangelegenheiten). Richter sind an Bezirks- und Landesgerichten, Oberlandesgerichten, Verwaltungsgerichten und Höchstgerichten tätig. Sie arbeiten eigenständig und eigenverantwortlich. (Siehe Hinweis am Ende des Vorworts)

Voraussetzungen / Aus- und Weiterbildung:

Grundvoraussetzung sind das Jusstudium und die fünfmonatige Gerichtspraxis, wobei bei dieser bereits anzugeben ist, dass man Richter werden möchte. Bringt man diese Zeit gut hinter sich, bewirbt man sich um eine vom Präsidenten eines Oberlandesgerichts öffentlich ausgeschriebene Planstelle eines Richteramtsanwärters. Mit der Ernennung zum Richteramtsanwärter erfolgt die Aufnahme in den richterlichen Vorbereitungsdienst, der grundsätzlich vier Jahre dauert, wobei die Dauer der Gerichtspraxis in diese Ausbildungszeit eingerechnet wird. Nach bestandener Richteramtsprüfung kann sich der Anwärter um eine freie Richterplanstelle bewerben.

Rechtsanwälte, Notare und Staatsanwälte können zum Richterberuf wechseln und sich auf eine Planstelle bewerben; Anwälte und Notare müssen dafür eine Ergänzungsprüfung ablegen, bei Staatsanwälten geht es ohne. Umgekehrt kann auch ein Richter umsatteln und als Rechtsanwalt oder Notar arbeiten (Ergänzungsprüfung!) oder auch als Staatsanwalt.

Arbeitsalltag / Vor- und Nachteile:

Vorstellung und Realität klaffen auseinander
Das Bild des Richters ist geprägt von diversen amerikanischen Fernsehserien. Denkt die Allgemeinheit an den Richterberuf, sieht sie den Strafrichter vor sich, der über Raub, Mord und Totschlag entscheidet. Davon einmal abgesehen, dass sich die Tätigkeit eines Strafrichters nicht nur um diese drei genannten Verbrechen dreht, ist der Großteil der Richter nicht Strafrichter, weil Strafrecht nun einmal nicht das einzige Rechtsgebiet ist. Jeder ist einem Bereich zugeteilt, mit Ausnahme von Richtern kleinerer Bezirksgerichte in ländlichen Gegenden – dort ist der Richter für alles zuständig. Die Rolle des „Fernsehrichters" besteht darin, den Ausführungen der Anwälte zuzuhören, Einsprüche zuzulassen oder abzulehnen. Im Übrigen lehnt er sich zurück und folgt dem Verhandlungsgang. So ist es nicht in der Realität: Der Richter führt und leitet eine Verhandlung, größtenteils stellt er die Fragen an Kläger und Beklagte beziehungsweise Angeklagte, Opfer, Zeugen und Sachverständige. Erst wenn er fertig ist, können die Anwälte ihre Fragen stellen. Diese haben es in einer Verhandlung auf weiten Strecken relativ gemütlich: Der Richter stellt zwei bis drei Stunden oder länger Fragen – der Anwalt kann sich währenddessen entspannen und zuhören. Noch anstrengender ist eine Verhandlung für einen Strafrichter, der während der gesamten Hauptverhandlung konzentriert und aufmerksam zuhören, mitdenken, sich die Aussagen aller merken muss und sich nichts entgehen lassen darf, weil er noch am Ende der Verhandlung das Urteil mündlich zu verkünden hat. Nach einer solchen Verhandlung, die oft Stunden oder den ganzen Tag dauert, ist man völlig ausgelaugt.

„Nur" verhandeln?
Ein Richter hat nicht eine Verhandlung nach der anderen. Wie viel man verhandelt, variiert. Es sind um die 30 bis 40 Prozent seiner Tätigkeit. In der restlichen Zeit erledigt man Schriftliches – man schreibt Urteile und entscheidet über Anträge oder Ähnliches – und bereitet sich auf Verhandlungen vor. Man liest den Akt *(die Behauptungen des Klägers und Beklagten; das steht in den „Schriftsätzen" – das sind schriftliche Ausführungen – der Anwälte)* und bildet sich meistens eine erste rechtliche Meinung, die man den Anwesenden bei der ersten Verhandlung auch mitteilt. Man überlegt sich das Prozessprogramm (Wie gehe ich weiter vor? Brauche ich einen Sachverständigen? Welche Zeugen will ich wann vernehmen?). In weiteren Verhandlungen befragt man dann den/die Kläger, den/die Beklagten, Zeugen und Sachverständige. Gerade bei komplizierten Akten muss man sich gut überlegen, wie man die Parteien und Zeugen sinnvoll vernimmt, und dazu muss man wissen, worauf es rechtlich ankommt. Wenn alle vernommen sind, beginnt man, das Urteil auszufertigen, das kein Richter aus dem Ärmel schüttelt oder in einem Guss schreibt; jedenfalls ist in den seltensten

Fällen ein Urteil in einigen Stunden geschrieben. Wieso? Weil eben nicht alles im Gesetz steht *(siehe dazu auch die diesbezüglichen Ausführungen beim Rechtsanwalt)* und am Ende eines Verfahrens ein Akt ziemlich umfangreich sein kann. Man sitzt schon einen halben Tag und länger, um einen Akt überhaupt einmal durchzulesen. Je komplexer der Fall ist, desto schwieriger ist es, ein gutes Urteil zu schreiben: Die Fälle werden immer komplizierter und umfangreicher, die Rechtsfragen immer kniffeliger. Wichtig bei der Arbeit ist nicht die Geschwindigkeit, mit der man ein Urteil verfasst, sondern die Qualität.

Sonderfall Strafrichter
Strafrichter verhandeln im Durchschnitt mehr als die anderen Richter *(die man übrigens „Zivilrichter" nennt)* und benötigen auch eine intensivere Vorbereitung vor der Hauptverhandlung. Denn im Gegensatz zu den anderen Richtern müssen Strafrichter das Urteil am Ende der Hauptverhandlung (im Idealfall gibt es nur eine Verhandlung) mündlich verkünden und kurz begründen (zusätzlich fertigen sie auch ein umfangreiches schriftliches Urteil aus). Es ist also eine Grundvoraussetzung für den Job, dass man den Akt und die darin enthaltenen Vernehmungsprotokolle (Wer hat was ausgesagt?), Gutachten von Sachverständigen und vor allem auch die Rechtslage vor der Verhandlung kennt: Man muss am Ende des Prozesses fähig sein, über die Sache zu entscheiden.

Ein Verfahren? Hunderte!
Viele, die ein Verfahren vor einem Gericht anhängig haben, wundern sich, wieso alles so lange dauert. Ein Verfahren zieht sich oft hin, bis es zu einem Urteil kommt. Das liegt daran, dass die Allgemeinheit der Fehlvorstellung unterliegt, ihr Fall wäre der einzige, den der Richter betreut. Tatsächlich aber hat man einige hundert Akten pro Jahr zu bearbeiten. Die Leute unterschätzen im Allgemeinen, was Richter tun. Fast täglich langen neue Klagen ein – auf manchen Gerichten eine wahre Arbeitsflut.

Immer up to date sein
Es ist schwierig, hinsichtlich aller Neuigkeiten und rechtlichen Änderungen immer am letzten Stand zu sein und den Überblick über Gesetzesänderungen, Entscheidungen der Höchstgerichte, des Europäischen Gerichtshofes und Meinungen anerkannter juristischer Autoren zu behalten. Man muss sich anstrengen, um auf dem Laufenden zu bleiben.

Kommunikativer Beruf
Man sitzt nicht nur über Akten, schreibt Urteile und agiert in seinem Richterzimmer, sondern verhandelt und hat dadurch Kontakt zu ganz unterschiedlichen Menschen aus verschiedensten Bevölkerungsschichten. Der Vorteil, dass man Menschen um sich hat, kann beizeiten auch anstrengend werden, denn manchmal sind die Leute schwierig und lästig: Betroffene und ihre Anwälte rufen den Richter außerhalb der Verhandlung an. Eine Seite nimmt aussichtslose Standpunkte ein, einer provoziert den Richter, Anwälte sind auf die Verhandlung nicht vorbereitet oder frech, man hat mit Querulanten zu tun, die sich beim Gerichtsvorsteher über einen beschweren, oder man wird möglicherweise sogar „gestalked" und bedroht, wenn jemand mit dem Urteil nicht zufrieden ist – das alles ist Teil des Berufs.

Ein Richter lernt eine Menge über das Verhalten der Menschen und macht sich ein Bild über deren Glaubwürdigkeit – das ist ebenso Teil der Arbeit.

Wie kommt man mit der Verantwortung zurecht?
Was, wenn man falsch entscheidet? Von „Fehlurteilen" wird nur im Zusammenhang mit Strafprozessen gesprochen – dann nämlich, wenn ein Unschuldiger verurteilt oder ein Schuldiger freigesprochen wird. Im Strafrecht gilt der Grundsatz „Im Zweifel für den Angeklagten". Ist die Schuld nicht bewiesen oder gibt es Unsicherheiten, ist der Angeklagte freizusprechen. Ein Strafrichter hätte vielleicht kein emotionales Problem damit, einen Einbrecher oder Wirtschaftskriminellen wegen Mangels an Beweisen freisprechen zu müssen. Anders ist das bei sexuellem Missbrauch oder pornografischer Darstellung von Kindern – mit einem Freispruch im Zweifel hat man eher ein emotionales Problem. Besonders schlimm ist es, wenn man einen freigesprochenen Sexualstraftäter Jahre später wegen desselben Verbrechens wieder auf der Anklagebank sitzen hat.

Für Zivilrichter stellt sich die Frage „Schuldig oder nicht schuldig" nicht, sondern sie entscheiden, wie eine Sache rechtlich richtig zu sehen ist, ob dem Kläger das zusteht, was er fordert, oder nicht. Am Ende eines Verfahrens, nachdem man alle einvernommen und sich ein Bild von deren Glaubwürdigkeit gemacht hat, ist meistens klar, wie man zu entscheiden hat.

Angestellt und doch unabhängig
Natürlich gibt es Regelungen dafür, wie eine Verhandlung zu führen und wie ein Urteil aufgebaut ist – das sind „äußere Umstände", die gesetzlich vorgeschrieben sind. Das ist mit der Unabhängigkeit aber auch nicht gemeint, sondern: Man ist weisungsfrei. Man entscheidet so, wie man es für richtig hält. Kein Gerichtspräsident oder Justizminister tritt an einen heran und weist an, in die eine oder andere Richtung zu entscheiden. Man hat als Richter in dem Sinn keinen Vorgesetzten. Das ist toll! Man kann auch nicht gegen seinen Willen versetzt werden. Allerdings gibt es eine Dienstaufsicht und disziplinäre Maßnahmen, die sehr wohl zu einer Versetzung oder Absetzung führen können. Auch werden Statistiken über die offenen Causen und über die Anzahl der Urteile, die der einzelne Richter verfasst, geführt. Würde man seine Akten einfach liegen lassen, würde der Gerichtsvorsteher nachfragen, was los ist. Organisatorisch ist man in die Justizverwaltung eingegliedert, aber inhaltlich (in der Rechtsprechung) ist man frei. Eine Überprüfung der Arbeit kann nur durch ein übergeordnetes Gericht stattfinden (wenn nämlich einer der Betroffenen etwas gegen ein Urteil unternimmt, sprich ein „Rechtsmittel" einbringt), nicht aber durch die Justizverwaltung.

Planstellen
Ob man Richter werden kann, ist größtenteils eine Frage, ob Plätze („Planstellen") frei sind. Man ist also leider von äußeren Umständen abhängig. Planstellen werden vom Justizministerium beschlossen und vom jeweiligen Oberlandesgericht ausgeschrieben. Sie sind knapp bemessen, es gibt also zu wenig Planstellen und folglich auch zu wenig Richter (darüber sind sich alle Vertreter dieses Berufes einig). Es kommt immer wieder vor, dass Richter gesucht werden und daher mehrere Planstellen ausgeschrieben sind. Außerhalb dieser „Schübe" ist

es relativ schwierig, aufgenommen zu werden. Ist man einmal Richter und hat man eine Planstelle, kann man sich von dieser auch wieder wegbewerben und um eine andere ausgeschriebene Stelle ansuchen. Irgendwann wird eine Stelle frei, die man gerne hätte, und man kann sich dem Rechtsgebiet widmen, mit dem man sich gerne beschäftigen würde.

Dem System „ausgeliefert"
Etwas störend ist der Verwaltungsapparat, auf den man keinen Einfluss nehmen kann. Ist die eigene Kanzleikraft (als Richter hat man Geschäftsabteilungen, die – vereinfacht gesagt – Sekretariatsarbeit erledigen) unzuverlässig, schlampig oder arbeitet sie nicht gut, kann man sie nicht – wie es in der Privatwirtschaft der Fall wäre – kündigen. Man kann nichts tun – das ist unter Umständen mühsam. Geht man in Arbeit unter, kann ein Gericht nicht einfach weitere Richter aufnehmen, es müssen Planstellen frei sein. Hier ist man als Richter dem System ziemlich ausgeliefert. Auch gibt es keine Rückendeckung aus der Justiz, wenn in den Medien ein Urteil zu Unrecht zerfetzt wird.

Halbtagsjob?
Der Beruf hat sich in den letzten 20 Jahren geändert. War der Richterberuf vor Jahren ein „Halbtagsjob", findet man das heute vielleicht nur noch in einigen kleineren Bezirksgerichten auf dem Land. Um drei Uhr nachmittags hört quasi kein Richter mehr auf zu arbeiten. Dadurch, dass der Arbeitsanfall gewachsen ist und bei den Richterplanstellen gespart wird, arbeiten die meisten Richter mindestens 40 Stunden die Woche, ob nun von zu Hause aus oder im Gericht. In seiner Zeiteinteilung ist man relativ flexibel. Es gibt nicht wirklich Kernzeiten, die Verhandlungstermine setzt man selbst fest. Als Strafrichter ist man sicher mehr im Gericht anwesend, weil es sogenannte „Haftfristen" gibt: Innerhalb sehr kurzer Zeit (48 Stunden ab Einlieferung in die Justizanstalt) hat man den Verdächtigen zu vernehmen und dann darüber zu entscheiden, ob man ihn freilässt oder die Untersuchungshaft über ihn verhängt. Bis man den Akt erhält, sich ein Bild gemacht hat, ist schon einige Zeit vergangen. Richter haben übrigens genauso viel Urlaub wie andere Angestellte auch (und nicht mehr). Es gibt zwar verhandlungsfreie Zeiten im Sommer und im Winter, das heißt aber nicht, dass man damit automatisch freihätte: Es liegt am Richter, wann er Urlaub nimmt. Und das ist relativ unkompliziert: Man muss sich nur mit seinem Vertretungsrichter absprechen.

Familien- und frauenfreundlich
Mit dem Privatleben lässt sich der Beruf gut vereinbaren. Da man unabhängig und (relativ) frei in der Entscheidung ist, wann und wo man arbeitet, hat man die Möglichkeit, Kinder und Karriere unter einen Hut zu bringen. Außerdem kann man auf „halbe Stelle" gehen. Das bedeutet, man bekommt die halbe Anzahl der Akten, was aber nicht gleichbedeutend mit einer 20-Stunden-Woche ist – meistens wird es mehr.

Finanzieller Aspekt / Chancen am Arbeitsmarkt:

Richter werden nach einem gesetzlichen Gehaltsschema (es erfolgt eine Zuteilung zu einer Gehaltsgruppe und -stufe) entlohnt. Mit fortgeschrittenem Dienstalter steigt man in den

Gehaltsstufen, mit höherer Position (zum Beispiel vom Bezirksgericht in ein Landesgericht) auch in der Gehaltsgruppe. Alle Richter einer bestimmten Gehaltsgruppe und -stufe bekommen gleichviel bezahlt, unabhängig davon, wie viel sie arbeiten oder wie gut sie arbeiten – der Verdienst liegt dabei zwischen rund 2.400 und 9.600 (Präsidenten der Höchstgerichte) Euro brutto pro Monat.

Chancen am Arbeitsmarkt: Siehe oben unter *Planstellen*.

Resümee:

Das Schöne an dem Beruf ist, dass man objektiv und weisungsungebunden entscheidet: Man muss nicht eine Seite vertreten, sondern macht sich ein Bild und fällt dann das Urteil, wie die Angelegenheit – objektiv – rechtlich richtig ist. Und der Beruf ist sehr abwechslungsreich: Man hat ständig mit anderen Menschen zu tun und jeder Fall ist anders. Der Richterberuf ist zwar in der Öffentlichkeit angesehen, die Allgemeinheit weiß aber nicht, wie viel Richter leisten, wie lange sie sitzen und wie sorgfältig und gewissenhaft sie arbeiten; der Job wird oft schlechter dargestellt, als er ist.

Staatsanwalt

Definition:

Staatsanwälte vertreten die staatliche Anklagebehörde, das heißt, sie prüfen und beurteilen, ob Delikte (Verbrechen und Vergehen) gerichtlich zu verfolgen sind. Zur Feststellung des Sachverhaltes einer strafbaren Handlung führen sie unter Einschaltung der Polizei Ermittlungsverfahren durch. Sie erheben öffentliche Anklage und sind in Strafprozessen als Anklagevertreter im Namen der Republik Österreich tätig. (Siehe Hinweis am Ende des Vorworts)

Voraussetzungen / Aus- und Weiterbildung:

Richter und Staatsanwälte durchlaufen dieselbe Ausbildung *(siehe daher ausführlich dort)*. Man muss also die Richteramtsprüfung ablegen, nach deren erfolgreichem Bestehen man sich sowohl auf eine Staatsanwalt- als auch auf eine Richter-Planstelle bewerben kann.

Rechtsanwälte und Notare können eine Ergänzungsprüfung ablegen und sich ebenfalls als Staatsanwälte bewerben. Umgekehrt können Staatsanwälte eine Ergänzungsprüfung ablegen und in den Beruf des Rechtsanwalts oder Notars wechseln.

Arbeitsalltag / Vor- und Nachteile:

... „vertreten die staatliche Anklagebehörde" – was heißt das eigentlich?
Der Staatsanwalt ist derjenige, der die Untersuchungen beziehungsweise Ermittlungen in einem Kriminalfall leitet. Es geht darum herauszufinden, ob jemand schuldig ist oder nicht. Man prüft unparteiisch, ob sich jemand strafrechtswidrig verhalten hat. Je nachdem kommt es zu einer öffentlichen Anklage oder eben nicht. Erhebt man Anklage, veranlasst man damit, dass gegen einen Verdächtigen ein Gerichtsverfahren eingeleitet wird, in dem man als „staatlicher Ankläger" beim Richter beantragt, den Angeklagten zu verurteilen; in dem Stadium ist man nicht mehr unparteiisch, sondern parteiisch: Man ist Ankläger („vertritt die staatliche Anklagebehörde").

Vorstellung und Realität – Es liegen wohl Welten dazwischen
Verhandlungen vor Strafgerichten sind in der Regel öffentlich, das heißt, jeder kann bei einer Strafverhandlung zuschauen und sich ein Bild davon machen, wie es in der Realität abläuft – nämlich nicht so, wie im Fernsehen dargestellt: Eine (Haupt-)Verhandlung läuft sehr sachlich und meist unspektakulär ab (Zuschauer beziehungsweise einen vollen Verhandlungssaal gibt es selten!). Der Staatsanwalt trägt dem Richter die – sehr förmliche – Anklageschrift vor, der Richter befragt Zeugen, den Angeklagten und eventuell Sachverständige; auch der Staatsanwalt und der Verteidiger des Angeklagten (dessen Rechtsanwalt) können Fragen stellen. Man hat nicht die Aufgabe, medienwirksam zu arbeiten beziehungsweise sich gut zu präsentieren und/oder tolle Plädoyers zu halten. Das kann man, wenn man möchte; aber in erster Linie geht es darum, eine Anklage zu erheben, die Hand und Fuß hat. Gefühlsausbrüche oder unerwartete, krasse Wendungen in dem Sinne, dass sich der Angeklagte als unschuldig entpuppt, sind die Ausnahme: Als Staatsanwalt hat man nämlich den Sachverhalt (Was ist passiert? Was sind die Tatsachen?) – mithilfe der Polizei – genauestens recherchiert. Man klagt jemanden nur an, wenn man davon ausgeht, dass er auch verurteilt wird. Fälle mit kompliziertem Sachverhalt oder Fälle, die rechtlich nicht einfach sind, werden nicht in einer einstündigen Verhandlung erledigt – diese kann sich dann schon auch über Tage und Wochen ziehen.

Im Verfahren eher Nebenrolle
Wenn es zu einem Prozess kommt, nimmt man eher eine Nebenrolle ein. Man ist „Herr des Vorverfahrens", erledigt die Vorarbeit, erhebt öffentliche Anklage und erst dann kommt der Richter ins Spiel. Letzterer leitet dann den Prozess. Was wirklich als störend angesehen werden kann, ist, dass man nicht in „seinen" Fällen als Staatsanwalt auftritt. Das heißt, die Fälle, die man vorbereitet hat, in denen man öffentliche Anklage erhoben hat und einen Prozess beginnt, übernimmt dann ein Kollege; und selbst sitzt man ebenfalls in Verhandlungen, für die ein anderer Staatsanwalt das Vorverfahren geführt hat. Lediglich zu 10 Prozent verhandelt man seine eigenen Fälle.

Mord und Totschlag – Ist das alles?
Nicht alles ist Mord, Totschlag und Sexualverbrechen – das macht lediglich einen Teil des

Strafrechts aus. Diebstahl, Raub, Drogendelikte, Körperverletzung, Wirtschaftskriminalität zum Beispiel sind weitere Bereiche. Als junger Staatsanwalt macht man in der Regel Allgemeines beziehungsweise alles: vom Diebstahl bis zum Mord. Erst später wird einem ein bestimmtes Gebiet zugewiesen. Ist man auf Wirtschaftsstrafrecht spezialisiert, kann man das als Privileg betrachten: Man hat eine andere Schicht von Straftätern vor sich als ein Staatsanwalt, der gegen Diebe und Räuber vorgeht. Man hat „intelligente" Gegner; mit dem „Abschaum der Straftäter" hat man nichts zu tun und steht meistens einem „Heer" von Anwälten gegenüber. Die Fälle sind meist hochkomplex, interessant und herausfordernd. Man kann aber auch Bereiche bearbeiten müssen, in denen die Tatbestände rechtlich nicht so anspruchsvoll sind, zum Beispiel Rauschgift- oder Verkehrsdelikte. Dann kann der Job auch „frustig" werden.

(Nüchterner) Bürojob?

Seinen Arbeitsplatz hat man bei Gericht (und nicht in einer Anwaltskanzlei) und man ist im Bereich Strafrecht tätig. Der Beruf ist nicht so spektakulär, wie mancher vielleicht denkt: Man liest viel (Akten, Berichte und Protokolle von der Polizei), telefoniert häufig, trägt der Polizei auf, wo und wie sie noch ermitteln soll, welche Beweise man noch braucht (die diesbezüglichen Anordnungen verfasst man schriftlich). Man arbeitet also mit der Polizei zusammen: Als Staatsanwalt leitet man das sogenannte „Ermittlungsverfahren" und es ist die Polizei, die hauptsächlich ermittelt – also Verdächtige und Zeugen vernimmt und Hausdurchsuchungen durchführt – dies in Absprache mit dem Staatsanwalt und unter dessen Kontrolle (beziehungsweise für eine Hausdurchsuchung mit richterlicher Anordnung). Man könnte das auch selber machen, nur fehlt dafür in 90 Prozent der Fälle die Zeit. Derlei Ermittlungen können ein halbes Jahr und auch länger dauern. Wenn ein Verdächtiger in Untersuchungshaft („U-Haft") kommt, hat man ebenfalls zahlreiche Leitungs- beziehungsweise Entscheidungsbefugnisse. Daneben setzt man sich mit der rechtlichen Seite des Falls auseinander. Kommt man zum Ergebnis, dass der Verdächtige zu verurteilen wäre, verfasst man die öffentliche Anklage, die sehr formell und sehr umfangreich sein kann. Das Verfahren, bevor man Anklage erhebt (oder auch nicht), ist sehr arbeitsintensiv und darin liegt auch die hauptsächliche Tätigkeit des Staatsanwalts. Man sitzt schon die meiste Zeit in seinem Zimmer und arbeitet dort. Die Hauptverhandlung, die dann durchgeführt wird, ist „nur" das Ergebnis der Arbeit des Staatsanwalts (und der Polizei). Ein reiner Bürojob muss es aber nicht sein: Es kommt darauf an, was man daraus macht. Man kann zum Beispiel bei einem Mord, wenn man von der Kriminalpolizei angerufen wird, ebenfalls an den Tatort kommen und sich ein Bild machen und auch sonst die Polizei begleiten, soweit man dafür überhaupt Zeit hat.

Abhängig von der Arbeit anderer

Zu 99 Prozent ist man von der Qualität der Arbeit der Polizei abhängig, weil sie die Einvernahmen, Befragungen und sonstigen Ermittlungstätigkeiten faktisch durchführt, außer man nimmt sich die Zeit und macht das selbst. Die Güte der Arbeit kann der Staatsanwalt allerdings insofern lenken, als er die Fragen, welche die Polizei stellen soll, vorbereitet und dies möglichst detailliert macht. Daneben möchte man das, was man dem Richter offeriert, auch durchsetzen. Das geht aber nur, wenn der Richter geistig auf derselben Linie ist wie man selbst. Die eigene Arbeit ist mit der öffentlichen Anklage getan, die alles Wesentliche (Sachverhalt, Rechtliches, Argumente) enthält. Man kann dann nicht mehr viel machen – es entscheidet der Richter (beziehungsweise Geschworene oder Schöffen). Gegen die Entscheidung des Richters hat man nur ein „lächerliches" Rechtsmittelrecht – es ist dann fast ausgeschlossen, das Urteil zu ändern. Man arbeitet lange an einer Sache und ein Richter kann sie zu Fall bringen. Das kann frustrierend sein.

Weisungsgebundenheit – beeinflusst die Politik die Arbeit?
Anders als ein Richter ist der Staatsanwalt weisungsgebunden. An der Spitze der Weisungspyramide steht der Justizminister. Von „oben" könnte die Weisung kommen, Anklage zu erheben oder das Verfahren einzustellen. Die Weisungsgebundenheit spielt im Alltag meistens keine Rolle und stört sehr selten. Man bekommt sie erst bei den „heiklen" Fällen zu spüren. Je wichtiger ein Fall, desto mehr Leute reden mit und Weisungen werden eher erteilt. Dann kann es nervig sein, dass man nicht unabhängig ist wie eben ein Richter – viele Köche verderben den Brei. Davon abgesehen hat man der Oberbehörde über wichtige Fälle (also nicht über jeden) zu berichten.

Hohe Verantwortung
Man entscheidet mit, ob jemand eingesperrt wird; man setzt jemanden einer Strafverfolgung aus. Man hat hohe Verantwortung, weil es um Schicksale anderer geht. Das Finden der Wahrheit ist schon im privaten Bereich schwierig; noch schwieriger ist die Wahrheitsfindung als Staatsanwalt.

Einstieg und Aufstieg
Die Ausbildung ist dieselbe wie beim Richter. Wenn man die Prüfung geschafft hat, ist noch immer das Problem gegeben, dass man eine Planstelle bekommen muss *(siehe dazu beim Richter)*. Später dann, wenn man Staatsanwalt ist und es darum geht aufzusteigen, muss man damit rechnen, dass Leute, die weniger tüchtig und weniger gut sind als man selbst, tolle Positionen bekommen. Denn in diesem System läuft vieles über Sympathie und Antipathie. Das ist frustrierend, weil nicht die Leistung honoriert wird – weder im Fortkommen noch im Verdienst. Das ist das System.

Es ist ein Beamtenjob
Wenn man sich nicht „blöd anstellt", hat man den Job bis zur Pension – angenehm. Auf der anderen Seite ist es ein großer und starrer Verwaltungsapparat, in dem man arbeitet. Die Infrastruktur ist sehr beschränkt: Wenn man keine Hilfskräfte hat, denen man Dinge übertragen kann, muss man alles selber machen.

Arbeitsanfall und Arbeitszeiten
Man hat viele Fälle gleichzeitig zu bearbeiten, die in unterschiedlichen Stadien sind: Man bekommt Anzeigen der Polizei oder von Privatpersonen auf den Tisch, denen man nachgehen muss, man hat Verdächtige in U-Haft, in anderen Fällen ermittelt man, in ande-

ren wiederum steht man vor der Anklage oder der Hauptverhandlung. In Wien bearbeitet man etwa 700 Akten pro Jahr – und hat damit nur schwer die Zeit, einen Fall intensiver zu behandeln. Der Arbeitsanfall ist sehr hoch. Die Zeit des „Halbtagsjobs" ist in diesem Beruf vorbei. Die Arbeitszeiten schwanken zwar, aber grundsätzlich arbeitet man als Staatsanwalt schon sehr viel und intensiv. (Als junger Staatsanwalt hat man noch mehr zu tun, weil man noch nicht die Routine besitzt.) Dafür allerdings ist man – was die Anwesenheit im Gericht betrifft – relativ flexibel: Bei der geringen Anwesenheitsverpflichtung kann man – wie ein Richter – viel zu Hause arbeiten.

Familienfreundlich – und damit frauenfreundlich
Beruf und Familie sind sehr gut vereinbar. Das ist auch der Grund dafür, wieso die Justiz an sich (Richterschaft, Staatsanwaltschaft) verweiblicht – man kann am Nachmittag zu Hause arbeiten und sich seine Zeit freier einteilen. Außerdem hat man bis zum Schuleintrittsalter seiner Kinder Anspruch auf einen Halbtagsjob, kann aber trotzdem dasselbe – nur in geringerer Quantität – machen und ist nicht dazu verdonnert, weniger Anspruchsvolles zu erledigen.

Finanzieller Aspekt / Chancen am Arbeitsmarkt:

Staatsanwälte unterliegen demselben Gehaltsschema wie Richter. Der Verdienst ist unabhängig von der Güte der eigenen Leistung (es zählen die Dienstjahre), dafür hat man einen sicheren Job (wenn man sich nicht disziplinär verantwortlich macht) und bekommt weniger Stress ab als in der Privatwirtschaft.

Staatsanwälte werden immer wieder gesucht.

Resümee:

Man braucht sich keine Illusionen machen – man ist Beamter und als solcher in ein System eingegliedert, das mehr oder weniger starr und unflexibel ist. Dazu kommt, dass man nicht weisungsfrei arbeitet. Der Job kann so und so sein – je nachdem, was man daraus macht und wie man mit gewissen Vorgaben umgeht. Man ist mitunter mit viel Emotionalem konfrontiert und muss es auch schaffen, Abstand zu den Fällen zu halten. Zu Beginn seiner Karriere ist man vielleicht noch idealistisch, je länger man in dem Beruf arbeitet, desto abgebrühter wird man. Die Allgemeinheit hat schon Respekt vor Staatsanwälten, doch von den Medien wird man oft angegriffen; es ist aber meist nicht der einzelne Staatsanwalt, sondern die Staatsanwaltschaft als Apparat, die in die Mangel genommen wird. Das allerdings ergeht den Richtern und Rechtsanwälten nicht anders.

Handwerk

Elektriker

Definition:
Elektriker sind in den unterschiedlichsten Bereichen von Industrie- und Gewerbebetrieben, auf Baustellen und in privaten Haushalten tätig. Sie planen, montieren, installieren, warten und reparieren verschiedenste elektrische und elektronische Geräte und Anlagen: Stark- und Schwachstromanlagen, Steuerungs- und Regelungsanlagen, Alarmsysteme, Überwachungssysteme, elektrische Türen und Tore, elektrische Gebäudeinstallationen (Stromleitungen), Elektromaschinen, Küchen- und Haushaltsgeräte bis hin zu industriellen Maschinen und Systemen sowie Energieversorgungsanlagen. Elektrotechniker arbeiten in Betrieben des Elektroinstallationsgewerbes, in Industriebetrieben aller Branchen, in Verkehrsbetrieben und Energieversorgungsunternehmen sowie für spezielle Wartungs- und Serviceunternehmen. (Siehe Hinweis am Ende des Vorworts)

Voraussetzungen / Aus- und Weiterbildung:
Wer heute Elektriker werden möchte, absolviert die Lehre „Elektrotechniker", einen Modullehrberuf. Die verschiedenen, bis vor Kurzem noch bestehenden Lehrberufe Anlagen-, Elektroanlagen-, Elektrobetriebs-, Elektroenergie-, Elektroinstallations- und Prozessleittechniker können seit Juli 2010 nicht mehr ergriffen werden und wurden eben im Modullehrberuf Elektrotechniker zusammengefasst. Fachrichtungen gibt es aber nach wie vor: Man muss sich nämlich während seiner Ausbildung für einen Bereich entscheiden und ein sogenanntes „Hauptmodul" wählen. Infrage kommen Elektro- und Gebäudetechnik, Energietechnik, Anlagen- und Betriebstechnik, Automatisierungs- und Prozessleittechnik. Man könnte seine Ausbildung um ein weiteres halbes Jahr auf vier Jahre verlängern und ein zweites Hauptmodul oder ein Spezialmodul (zum Beispiel Gebäudeleittechnik, Gebäudetechnik-Service, Sicherheitsanlagentechnik) wählen.

Seit Jahrzehnten tätige Elektriker raten von einer bloßen Lehre ab: Ohne Matura beziehungsweise Zusatzausbildungen habe man keine guten Aufstiegschancen. Am besten sei ein HTL-Abschluss: Der Verdienst ist besser, aber vor allem auch die Karrierechancen. Als Problem bei der Wahl von Lehre und einer möglichen Weiterbildung danach ergibt sich oft, dass man für Weiterbildung nach der Arbeit keine Power mehr hat. Man ist den ganzen Tag auf den Beinen, müde und erledigt, kann sich auch nicht schmutzig (wie man nach einem Arbeitstag auf der Baustelle ist) in die Schule setzen, müsste also vorher duschen ...

Arbeitsalltag / Vor- und Nachteile:

Der typische Elektriker (?)
Die Arbeitsbereiche von Elektrikern sind wie gesagt sehr verschiedenartig und hängen vom jeweiligen Fachbereich, von Spezialisierungen und von der Ausbildung ab. Viele Elektriker sind Elektroinstallationstechniker und arbeiten im Service-Bereich, das heißt auf Baustellen, in Werkstätten oder im Kundendienst: Sie verlegen Leitungen, stemmen und bohren in Beton, Mauerwerk, Rigips oder Holz die erforderlichen Kanal- und Dosenbereiche, gipsen die Dosen ein, schließen die Steckdosen und Schalter sowie Leuchten, Schaltkästen, Geräte und Maschinen an. Am Ende wird überprüft, ob alles funktioniert. Gegebenenfalls heißt es auf Fehlersuche gehen. Im Grunde macht man in einem Rohbau, Umbau beziehungsweise Gebäude alles, was erforderlich ist, damit sämtliche elektrischen/elektronischen Geräte und Anlagen funktionieren (= Installationstechnik). In elektrotechnischen Bereichen installiert ein Elektriker zum Beispiel Alarmanlagen, Brandmeldesysteme, Sprechanlagen, Videosprechanlagen u. Ä (= Elektrotechnik). Mit einem HTL-Abschluss oder einer entsprechenden Ausbildung erstellt man auch die Installations- und Schemapläne, nach denen die Leitungen verlegt werden beziehungsweise nach denen gearbeitet wird. Im Kundenservice wartet der Elektriker diverse elektrische Geräte, auch Reparaturarbeiten gehören dazu. Diese Arbeit ist insofern angenehm, als man nicht auf der Baustelle sein muss und daher nicht schmutzig wird und zudem Trinkgeld von den Kunden bekommt.

Schnelllebig – vor allem in der Elektrotechnik
Das Betätigungsfeld ist sehr breit und in vielen Bereichen verlässt der Elektriker die Rolle des Monteurs. Die Herausforderungen sind eher in der Elektrotechnik (nicht so in der Installationstechnik) zu finden, eben bei Alarmanlagen, Steuerungs- und Regelungsanlagen. Hier geht die Entwicklung schnell voran: Ein Lichtschalter ist seit Jahrzehnten unverändert, eine Telefonanlage nicht. Das ist auch der Grund, wieso sich kleinere Unternehmen auf bestimmte Themen spezialisieren – es kann nicht alles abgedeckt werden.

Zeichen der Zeit – nichts kann in Ruhe erledigt werden
Die Kunden sind generell nicht bereit zu warten – zwei Tage sind zu lange. Speziell in der Störungsbehebung fordern sie vom Elektriker ein promptes Erscheinen. Dass die Techniker verplant sind, wird nicht akzeptiert, andere Termine könnten doch abgesagt werden ... Solche und ähnliche Diskussionen sind öfters zu führen.

Die Arbeit auf der Baustelle
Man arbeitet bei jedem Wetter – im Winter bei Minusgraden und im Sommer bei großer Hitze – im Dreck: Staub, Schmutz und Lärm dürfen einen nicht stören, sauber kommt der Elektriker nach dieser Arbeit nie nach Hause. Außerdem ist es eine körperlich anstrengende Tätigkeit. Manche bekommen Probleme mit den Kniegelenken, weil man viel kniet, zum Beispiel wenn man Steckdosen bodennah installiert, und/oder auch Probleme mit den Bandscheiben beziehungsweise der Wirbelsäule. Daneben kann die Zusammenarbeit zwischen Elektrikern und Bauarbeitern (insbesondere Trockenbau) schwierig sein: Es nimmt

keiner mehr auf den anderen Rücksicht. Früher war das nicht so. Wenn jemand aus einer anderen Berufsgruppe/Firma gesehen hat, dass man einen Fehler gemacht hat, hat er es einem gesagt. Heute ist jeder selbst so unter Druck, dass er dafür keine Zeit hat. Angenehm ist, dass man zu 50 Prozent druckfrei arbeiten kann, man sich nicht darum kümmern muss, keinen Dreck zu hinterlassen, und der Schutt nach getaner Arbeit nicht weggeräumt werden muss. Außerdem ändert sich der Arbeitsplatz laufend – für manche positiv.

Von Vorteil – zusätzlich Installationsgewerbe
In vielen Bereichen ist es notwendig, dass Installateure und Elektriker zusammenarbeiten. Gerade in den Bereichen alternative Energie und Heizanlangen wäre daher von Vorteil, auch das zweite Gewerbe ausüben zu können – es kann mehr von einem selbst erledigt werden, was sich wahrscheinlich wiederum positiv auf die Auftragslage auswirkt.

Selbstständigkeit
Als größte Schwierigkeit unter den Selbstständigen wurde der Zugang zum Gewerbe empfunden – die Auflagen und Voraussetzungen sind hoch. Ist das geschafft, ist der Schritt in die Selbstständigkeit ein kleiner. Mit ein „paar tausend Euro" kann man sich bereits selbstständig machen. Im Übrigen gilt hinsichtlich des wirtschaftlichen Überlebens wie für jeden Selbstständigen – Kundenstamm aufbauen, Aufträge einbringen …

Arbeitszeiten
Die Arbeitszeiten sind nicht wirklich flexibel – man ist von morgens bis frühabends im Einsatz, wenn es erforderlich ist, auch am Wochenende – nicht selten muss man auf eine Baustelle, um Jobs außerhalb der regulären Arbeitszeit zu erledigen. Ob man Überstunden macht oder nicht, hängt aber sehr vom Betrieb ab, in dem man beschäftigt ist. Als Servicemitarbeiter im Kundendienst hat man seine fixen Stunden, die sich in der Regel an den Bürozeiten orientieren.

Finanzieller Aspekt / Chancen am Arbeitsmarkt:

So schlecht wie sein Ruf ist der Verdienst nicht. Elektriker liegen mit den Mechanikern verdienstmäßig eher im oberen Bereich der handwerklichen Berufe, und zwar bei durchschnittlich 2.300 Euro brutto pro Monat. In Wien verdient man mehr als am Land. Im Übrigen kommt es auf die Ausbildung, die Branche, die Größe der Firma und die Position an: In leitender Stellung verdient man mehr.

Die Nachfrage nach Leuten mit speziellem Fachwissen ist immer vorhanden. Je besser die Ausbildung, desto besser sind die Chancen am Arbeitsmarkt. Man hat mehr Berufschancen, wenn man sich Spezialwissen aneignet und sich zum Beispiel mit industrieller Elektronik, moderner Steuerungs- und Regeltechnik, Hydraulik, CNC-Maschinen auskennt.

Resümee:

Ein herausfordernder und zukunftsorientierter Beruf – es gibt laufend Neuerungen, das ist toll. Tipp: Zeit in die Ausbildung stecken, denn will man mehr als die „typischen" Installationsarbeiten erledigen, muss man dafür etwas tun.

Florist

Definition:

Floristen oder Blumenbinder und -händler arbeiten in Gärtnereien oder im Blumenhandel. Sie stellen aus Schnittblumen, Trocken- und Kunstblumen sowie Dekormaterial verschiedene Blumengestecke und Kränze für bestimmte Anlässe (Advent, Weihnachten, Muttertag, Ostern oder für Hochzeiten und Trauerfeiern) her. Nach Auftrag dekorieren sie Ball- und Festsäle oder Empfangshallen mit Blumenschmuck. Nebenbei kreieren sie für Kunden Blumensträuße, beraten sie und verkaufen Pflanzen. Sie arbeiten mit Berufskollegen und Hilfskräften zusammen und stehen in Kontakt mit Lieferanten und Kunden. (Siehe Hinweis am Ende des Vorworts)

Voraussetzungen / Aus- und Weiterbildung:

Florist ist ein dreijähriger Lehrberuf (Blumenbinder, -händler), die Ausbildung übernehmen meist Gartencenter, Gärtnereien, Blumengeschäfte oder Blumengroßhändler, die auch oft die späteren Arbeitgeber sind.

Möchte man die Ausbildung nachholen oder sich weiterbilden, kann man Seminare oder Kurse zu Floristik, Marketing oder Gestaltungslehre besuchen oder sich mit einiger Berufserfahrung zum Floristikmeister qualifizieren und sich selbstständig (Meisterprüfung!) machen.

Arbeitsalltag / Vor- und Nachteile:

Weit mehr als nur Blumen binden

Das Berufsbild des Floristen hat sich in den letzten Jahren stark geändert – hat sich der „gewöhnliche" Rosenstrauß vor zwanzig Jahren sensationell verkauft, muss der Florist heute mehr beziehungsweise etwas anderes bieten. Viele Floristen verbinden daher Handwerk mit Kunst. Fakt ist, es gibt den 0815-Blumenstand vor dem Bahnhof und es gibt das Geschäft der besonderen Art. Blumen x-beliebig zusammenbinden kann wirklich jeder, aber auch da wird sich jeder Strauß vom anderen unterscheiden. Die echte Qualität erkennt man einerseits an der Ausbildung, andererseits aber auch an der Kreativität des Floristen, an seiner Liebe zu den Pflanzen und an seinem Gespür für Farben und Ästhetik.

Das Schöne an dem Beruf ist, dass man sich mit schönen Dingen umgeben kann und mit einem lebendigen, vielfältigen und individuellen „Material" arbeitet. Blumen sind immer kombinierbar, untereinander, aber auch mit Holz, Glas und Plastik. Der Beruf ermöglicht wie kaum ein anderer, seine Kreativität auszuleben und daneben auch auf die einzelnen Kundenwünsche einzugehen.

Als selbstständiger Florist hat man sich allerdings auch um die Buchhaltung und die Personalaufgaben zu kümmern.

Schmutzig und kalt
Florist zu sein, ohne sich die Hände und die Fingernägel schmutzig zu machen, oder sich hin und wieder auch an Dornen oder Stacheln zu verletzen, geht nicht. Die Verfärbungen auf den Fingern und unter den Nägeln bekommt man am besten mit Bleichmittel weg, mit dem viele abends ihre Haut „bearbeiten". Im Übrigen steht man als Florist unter Umständen den ganzen Tag „im Dreck" (Matsch, Pflanzenabfälle …). Außerdem ist die Arbeitsumgebung oft kalt, da viele Pflanzen niedrige Temperaturen bevorzugen – Rheuma und Blasenentzündungen sind keine seltenen Folgeerscheinungen dieses feucht-kalten Arbeitsklimas.

Um sechs Uhr Tagwache – und das sechs Mal die Woche
Vor allem als selbstständiger Florist hat man sich auch um den Einkauf der Blumen und Pflanzen zu kümmern. Das bedeutet – soweit man diese Aufgabe nicht delegieren kann – zeitig aufstehen, auf den Markt gehen, Waren einkaufen, danach ins Geschäft fahren, Blumen auspacken, arrangieren und um neun Uhr öffnen. Große Blumenläden haben freilich eigene Einkäufer und die Ware wird zugestellt. Als selbstständiger Florist arbeitet man im Schnitt 60 bis 70 Stunden die Woche, verteilt auf Montag bis Samstag. Der „angestellte" Florist (= Arbeiter) werkt 40 Stunden und hat ebenfalls eine 6-Tage-Arbeitswoche. Überstunden gibt es meist nur zur Weihnachtszeit und die werden in der Regel bezahlt.

1.000 Blumen …
… müssen täglich ausgepackt und geputzt werden – das bedeutet, jede Blume einzeln in die Hand nehmen und zuschneiden; erst danach werden Sträuße gebunden und das Geschäft dekoriert beziehungsweise eingeräumt. Vieles passiert, während das Geschäft schon geöffnet hat: Bestellungen werden telefonisch entgegengenommen, geordnete Sträuße oder Gestecke angefertigt, Blumen arrangiert und Kunden bedient, dazwischen wird immer wieder aufgeräumt. Gegen Ende des (Arbeits-)Tages beginnt man, alle Vasen zu waschen und die Blumen zu „versorgen". Das sind Tätigkeiten, die täglich erledigt werden müssen.

Die lieben Kunden
Als Florist hat man viel mit Menschen zu tun: Leute kommen ins Geschäft oder bestellen telefonisch und wie immer, wenn man permanenten Kontakt mit Kunden hat, kann es zu zwischenmenschlichen Konfliktsituationen kommen.

Hier ein paar Beispiele, die aus dem (Floristen-)Leben gegriffen sind:

Eine Kundin bestellt telefonisch ein Gesteck: Es soll in Rot gehalten und länglich sein, hauptsächlich Rosen enthalten und darf nicht mehr kosten als 15 Euro. Der Hinweis, dass sich um diesen Preis kein Rosengesteck ausgeht, wird überhört, mehr als 15 Euro will sie jedenfalls nicht bezahlen. Die Kundin wird erneut darüber informiert, dass man andere

Blumen verwenden würde. Die Floristin fertigt ein in rot gehaltenes Gesteck an, allerdings ohne Rosen. Das führte dazu, dass sich die Kundin (telefonisch am nächsten Tag, nachdem sie das Gesteck abgeholt hatte) über die maßlose Unverschämtheit beschwerte, dass ihren Wünschen nicht entsprochen wurde.

Ein anderer Kunde bestellte über Fleurop (eine Art Lieferservice für Blumen) einen Weihnachtsstern-Hochstamm. Dabei handelt es sich um einen schmalen (kahlen) Stamm mit einer Blüte oben drauf. Die Floristin liefert an den (von Fleurop vermittelten) Kunden, der wenig später anruft und schreit, was ihr denn einfalle, einen kaputten Weihnachtsstern zu liefern. Es stellte sich heraus, dass der Kunde zwar einen Hochstamm bestellt hatte, aber offenbar nicht wusste, wie ein solcher aussieht: Er dachte, die Pflanze habe am Stamm sämtliche Blätter verloren.

Andere Kunden beschweren sich darüber, dass es im Winter kein Katzengras gibt. Daraufhin erklärt die Floristin, dass das Katzengras im Winter zu kurz sei und sie es deshalb nicht kaufe. Auf Kundenwunsch besorgte die Floristin Katzengras und bekam danach zu hören, wie sie nur so ein kurzes Katzengras anbieten könne.

Der Preiskampf mit Billigketten und Supermärkten
Mit ihrem Blumenangebot stehen Blumengeschäfte schon lange nicht mehr alleine da. Supermärkte bieten ebenso Sträuße und Gestecke an – und das zu Dumping-Preisen. Freilich spüren Blumenhändler die Konkurrenz, die hart sein kann. Wenn Supermärkte den vermeintlich „handgefertigten steirischen" Adventkranz um einen Spottpreis auf den Markt schmeißen, schadet das den selbstständigen Floristen. Umso wichtiger ist es, dass sich das eigene Angebot von jenem der Supermärkte unterscheidet. Allerdings sind Blumen & Co ein Luxusartikel, auf den die Leute auch verzichten können oder aber weniger dafür ausgeben möchten. Und anstatt auf Qualität achten sie dann lieber auf den Preis.

Finanzieller Aspekt / Chancen am Arbeitsmarkt:

Geld darf keine Rolle spielen, denn als Florist wird man nicht reich. Als unselbstständiger Florist verdient man etwa 1.500 Euro brutto im Monat. Als Selbstständiger bezahlt man die Miete und seine Mitarbeiter und Steuer(nach)zahlungen können einem das Überleben noch zusätzlich sehr schwer machen. Unterm Strich übt man diesen Beruf nur aus, wenn man ihn wirklich gerne mag, und nicht, weil man damit reich wird.

Eine Lehre oder einen Job als Florist zu bekommen ist momentan sehr schwer – Glück muss der Mensch haben.

Resümee:

Ein Beruf, der sehr schön ist, wenn man Pflanzen mag, gerne mit ihnen arbeitet und kreative Ideen umsetzen will – und wenn es einem nichts ausmacht, sich dabei schmutzig zu machen und stundenlang in einem feucht-kalten Klima zu arbeiten. Die Bezahlung ist eher lausig.

Friseur

Definition:

Friseure (Stylisten) schneiden, pflegen und gestalten Haare und Frisuren von Damen, Herren, Jugendlichen und Kindern. Sie vereinbaren Termine mit ihren Kunden, beraten sie über typgerechte Frisuren sowie geeignete Haar- und Hautpflegeprodukte und setzen schließlich deren Wünsche um. Dabei hantieren sie mit Kämmen, Scheren, Haartrockengeräten und kosmetischen Präparaten. Sie arbeiten gemeinsam mit ihren Kollegen in den Räumlichkeiten von Frisiersalons. (Siehe Hinweis am Ende des Vorworts)

Voraussetzungen / Aus- und Weiterbildung:

Die Friseur-Ausbildung läuft über 3 Jahre im dualen System ab.

Es ist ein Vorteil, sich während der Schulzeit um ein privates Praktikum oder einen Ferienjob zu bemühen, damit man bereits praktische Erfahrung vorweisen kann, wenn man sich um eine Lehrstelle bewirbt.

Lehrlinge werden oft – wie auch in anderen Jobs – ausgenützt und für Arbeiten „missbraucht", die nichts mit der eigentlichen Arbeit zu tun haben (Wände nach Dienstschluss oder am Wochenende anstreichen, Botengänge, Prellbock für die schlechten Launen der anderen ...). Wenn man jung ist, traut man sich nichts zu sagen und ist froh, dass man eine Lehrstelle hat.

Weiterbildung ist in diesem Beruf enorm wichtig (Produkte und Techniken ändern sich laufend), diese wird fast immer vom Arbeitgeber bezahlt.

Arbeitsalltag / Vor- und Nachteile:

Nur Haare schneiden – wird das nicht mit der Zeit eintönig?
Es ist doch immer dasselbe, so zumindest scheint es für Außenstehende zu sein. Der zentrale Punkt, warum einem der Job auch nach Jahren nicht langweilig wird, ist die Kommunikation. Man hat keinen „stummen" Job – ein Friseur hat Menschen vor sich sitzen, mit denen er sich – mehr oder weniger intensiv – unterhält. Damit ist die Abwechslung automatisch da. Man plaudert mit quasi fremden Menschen über Privates, Geschäftliches oder auch Bangloses. Das ist interessant, weil es zum (Groß-)Teil Menschen sind, mit denen man im „normalen" (Alltags-)Leben nicht ins Gespräch kommen würde. Daneben ist auch die Arbeit an sich nicht monoton. Das wäre vielleicht so, wenn man ausschließlich Haare schneiden würde – aber ein Friseur wäscht Haare, coloriert, schneidet und föhnt sie; die Kunden sind Frauen, Männer, Kinder mit unterschiedlichen Wünschen. Gut ist die Mischung zwischen Routine und Kreativität. Langweilig wird es dann, wenn nicht viel zu tun ist.

Kommunikationsprofi Friseur?
Erwarten die Kunden, dass sie unterhalten werden? Muss man ein kommunikativer Typ sein in dem Job? Nervt das nicht auch, wenn man ständig „gezwungen" ist, seine Kunden zu unterhalten? Wie man als Friseur auf seine Kunden zugeht, liegt bei einem selber – jeder hat seinen eigenen Zugang. Die einen reden gerne, die anderen nicht. Problem ist das nicht – wer sich nicht unterhalten will, wird das wahrscheinlich nicht tun. Im Grunde finden Friseure und Kunden, die zusammenpassen, auch zusammen. In dem Job geht es eben nicht nur darum, dem Kunden einen super Haarschnitt zu verpassen, sondern auch um die persönliche Ebene. Hat man das nötige Gefühl, kann man auch einschätzen, ob jemand plaudern möchte oder nicht. Schnappt sich der Kunde eine Zeitschrift, will er wohl in Ruhe gelassen werden.

Fehlende Wertschätzung – und trotzdem top motiviert?
Die Menschen schätzen die Arbeit des Friseurs nicht wirklich. Das Gros der Leute möchte nach dem Motto „wenig Zentimeter – wenig bezahlen" verfahren. Oder manche Kunden sind mit sich selbst unzufrieden und – egal, wie gut der Haarschnitt oder die Färbung ist – sie werden am Ergebnis herummeckern – doch diejenigen, die unzufrieden sind, kommen kein zweites Mal. Die Herausforderung im Berufsalltag ist, motiviert zu bleiben und nicht nachzulassen oder schlampig zu werden.

Das Gefühl
Was einem Kunden steht und was nicht, hat man im Gefühl oder es kommt mit der Erfahrung (oder auch nie – aber vieles ist bekanntlich auch Geschmackssache). Wie die Haare getragen werden, muss zum Typ einer Person passen, zu seinem Charakter und zu seinem Auftreten. Erkennt man den Charakter seines Kunden, wird man auch die passende Frisur finden und ihn entsprechend beraten können.

Ich hätte gerne den Schnitt von Meg Ryan!
Gut ist es, wenn ein Kunde mit bestimmten Vorstellungen oder einem Foto kommt. Das macht es dem Friseur möglich, eine Vorstellung von dem zu bekommen, was sich der Kunde vorstellt. In den meisten Fällen wird es zwar so sein, dass der Wunsch aufgrund der eigenen Haarstruktur, Länge usw. nicht genauso umgesetzt werden kann, aber das kann man der Kundschaft erklären. Inwieweit die Kunden dem Friseur glauben oder dessen Können anzweifeln, hängt davon ab, wie fachlich kompetent dieser „rüberkommt". Fakt ist, je besser man in seinem Fach ist, desto einfacher wird auch der Umgang mit den Kunden sein.

In einen Salon muss man reinpassen
Manche Friseure wandern von einem Salon in den nächsten, weil sie den passenden Arbeitsplatz noch nicht gefunden haben. Zwischenmenschlich muss es mit dem Chef und den Kollegen passen. Starallüren können einem den Arbeitsalltag vermiesen. Je mehr „Schicki-Micki"-Friseur, desto abgehobener meistens der Chef und desto schlechter fast immer das Arbeitsklima. Ein Salon mit „gutem Namen" und tollem Ambiente mag zwar für den Kunden toll sein, muss aber nicht auch für den Mitarbeiter eine Wohlfühloase bedeuten. Als

solcher bekommt man auch die Launen des Chefs zu spüren: Macht er weniger Umsatz, jammert er; hat er Stress, bekommt man das auch zu spüren. Aber auch die Kollegen können einem das Leben schwer machen: wenn sie nicht mithelfen, faul sind usw.

Unterschiedliche Interessenslagen
Klar, dass man als Unselbstständiger eine andere Sicht der Dinge hat als als Selbstständiger – das ist nichts Neues. Unselbstständige Friseure beschweren sich über die schlechte Bezahlung, wenig Feedback vom Chef und fragen sich auch, wieso sie nicht mehr verdienen, wo sie doch so viel Umsatz machen. Ein selbstständiger Friseur weiß, dass gewisse Dinge für die Mitarbeiter nicht nachvollziehbar sind, vor allem was die wirtschaftlichen Belange betrifft. Das begreift man – wie so oft – erst, wenn man selbst in der Situation ist. Mitarbeiter sehen nur den Umsatz. Dass dieser noch zu versteuern ist, dass davon – neben dem Gehalt des Teams – Fixkosten wie Miete, Strom, Lagerbestand bezahlt werden müssen, wird oft nicht wahrgenommen. Ein Beschäftigter finanziert mit seinem Umsatz das Unternehmen mit, er finanziert sein eigenes Gehalt. Er konsumiert seinen Urlaub und wird auch mal krank sein; alles Zeiten, wo er Gehalt bekommt, aber keinen Umsatz macht.

Freiheit in der Selbstständigkeit?
Wie so oft, reicht für die Selbstständigkeit nicht nur die Entscheidung, sich selbstständig zu machen – man braucht auch die finanziellen Mittel dafür. Ob man diese auf der Seite hat oder einen Kredit aufnehmen muss: Über zumindest 100.000 Euro sollte man verfügen können. Für eine Saloneinrichtung muss man mit etwa 75.000 Euro rechnen. Außerdem sollte man in seine Überlegungen mit einbeziehen, dass man die erste Zeit kaum Umsätze machen wird, vor allem wenn man noch keinen Kundenstamm hat. Mit Werbung, Mundpropaganda, einer kontinuierlich guten Leistung und vor allem Zeit kann man sich einen solchen aufbauen. Wenn man aber erwartet, dass mit dem Öffnen der Pforten die Kunden den Salon stürmen, wird man ziemlich schnell enttäuscht werden. Daher machen sich viele erst selbstständig, wenn sie über das nötige Kapital verfügen, um die Fixkosten (Miete, Gehalt der Angestellten, eigene Überlebenskosten) für ein halbes Jahr bis Jahr decken zu können. Ein Problem ist sicher auch, dass man als Friseur „fachbezogen" ist: Man hat eine Ahnung vom Haareschneiden, aber nicht unbedingt von Unternehmensführung. Das ist auch nicht verwunderlich, weil man ja keine wirtschaftliche Ausbildung bekommt.

Gesundheit
Friseure haben mit Chemikalien zu tun und ihre Hände kommen viel mit Wasser in Berührung. Die Haut verliert durch das häufige Waschen der Hände ihre Schutzschicht. Das führt bei manchen zu Allergien oder Hautausschlägen. Ein Friseur arbeitet meistens im Stehen und die Bewegungen sind monoton.

Arbeitszeit
Wie immer kommt es auf den konkreten Arbeitsplatz an, aber viele stöhnen, weil sie keine Zeit zum Mittagessen haben und zu keinen Pausen kommen. Die Termine sind so gelegt, dass einer auf den anderen folgt. Dann werden auch Kunden kurzfristig eingeschoben oder

man muss länger bleiben. Ein Friseur arbeitet auch samstags, unter Umständen bis abends. Dafür hat er montags frei (allerdings gibt es immer mehr Salons, die mittlerweile auch am Montag offen haben). Das Privatleben beschränkt sich auf den Sonntag (wenn der Partner einen „Montag bis Freitag Job" hat).

Finanzieller Aspekt / Chancen am Arbeitsmarkt:
Grundsätzlich ist man schlecht bezahlt. Das Durchschnittsgehalt für Einsteiger liegt bei 1.400 Euro brutto im Monat zuzüglich Trinkgeld (spielt durchaus eine Rolle!). Oft ist mit den Beschäftigten vereinbart, dass Überstunden nicht ausbezahlt werden, sondern in Zeitausgleich abgegolten werden. Die Umsetzung scheitert in der Praxis: Zeitausgleich bekommt man nicht wirklich. Meistens ist es egal, wie gut man arbeitet – man erhält immer dieselbe Bezahlung. Selten wird Leistungslohn bezahlt. Geht es der Allgemeinheit finanziell schlechter, spürt man das als Selbstständiger – die Zeitabstände zwischen den Besuchen werden größer und der Umsatz geht zurück.

Es ist eher schwierig, einen Ausbildungsplatz zu bekommen. Ist man bereits „Profi" und arbeitet gut, wird man früher oder später irgendwo „unterkommen". Selbst einen Salon zu eröffnen ist aufgrund der Konkurrenz riskant – vor allem muss man sich gut überlegen, wo man das tut und ob man dorthin passt.

Resümee:
Ein schöner und kommunikativer Beruf, wenn die Begleitumstände passen. Außerdem ein Job, den die Leute immer brauchen werden. Als Friseur kann man kreativ sein, auf Menschen eingehen und weltweit arbeiten. Mehr Gehalt, mehr Freizeit und oft mehr Feedback wären allerdings wünschenswert.

Kfz-Techniker (früher: Kfz-Mechaniker)

Definition:
Kraftfahrzeugtechniker arbeiten in KFZ-Werkstätten und führen Wartungs- und Reparaturarbeiten an Kraftfahrzeugen durch. Allein oder im Team bauen sie schadhaft und unbrauchbar gewordene Teile aus und ersetzen diese durch neue, sie nehmen Einstellungen am Motor, an den Bremsen, an der Lenkung oder an der Lichtanlage vor und führen das für Kraftfahrzeuge gesetzlich vorgeschriebene jährliche Service durch. Dabei hantieren sie mit elektronischen Mess- und Prüfgeräten, aber auch mit gewöhnlichem Handwerkzeug wie Hämmern, Schraubenziehern, Feilen, Zangen usw. (Siehe Hinweis am Ende des Vorworts)

Voraussetzungen / Aus- und Weiterbildung:

KFZ-Techniker ist eine Modullehrausbildung. Die Ausbildungszeit beträgt dreieinhalb Jahre, wobei die ersten beiden Jahre schwerpunktunabhängig sind, die letzten anderthalb Jahre schwerpunktspezifisch.

In Österreich besteht die Möglichkeit, an vielen Höheren Technischen Lehranstalten (HTL) den Ingenieurgrad (fünf Jahre) oder den Techniker (vier Jahre) zu erwerben.

Auch ein Studium zum Mechatroniker ist möglich.

Arbeitsalltag / Vor- und Nachteile:

Früher und heute

Heute ist man nicht bloß Mechaniker – heute ist man „Mechatroniker". Dies ist der offizielle Begriff dieses Ausbildungsberufes in Deutschland und in der Schweiz, denn ein Mechaniker macht mehr, als an Fahrzeugen „herumzuschrauben". Er muss sich mit der Elektronik eines Fahrzeuges auskennen – er ist also quasi auch Elektriker beziehungsweise Elektroniker. Die Fahrzeuge beziehungsweise die Systeme im Fahrzeug werden immer komplexer und elektronischer – sie sind eine Mischung aus Mechanik, Elektronik und Informatik. Die Technik ändert sich ständig, wird weiterentwickelt und laufend kommt etwas Neues dazu. Ein Mechaniker kann sich nicht zurücklehnen und einige Jahre mit seinen einmal erworbenen Kenntnissen gute Arbeit leisten, er muss sich ständig neuen Herausforderungen stellen und Neues lernen. Den Beruf hat man sich früher leichter angeeignet, er war nicht so umfangreich und eine Technik blieb vorerst ein paar Jahre auf demselben Stand. Die Anforderungen im Kraftfahrzeugtechnikerhandwerk haben sich geändert: Er ist definitiv kein „Schrauberberuf" mehr. Die Lehrzeit ist eigentlich zu kurz dafür, um das vermittelt zu bekommen, was man wissen und können sollte. Aber sehr viel lernt man ohnehin in der Praxis und wenn man wirklich gut werden will, muss man sich auch in seiner Freizeit mit dem Beruf beschäftigen.

Mit dem Laptop ans Fahrzeug

Ende der 80er gab es kaum Elektronik, die Arbeit war rein mechanisch. Heute arbeitet man mit Computer: Checklisten fürs Service sind auf CD (und werden laufend „upgedated") und mit dem Laptop (Diagnosegerät) begibt man sich auf Fehlersuche, wenn ein Fahrzeug mit unbekannter Fehlerursache in die Werkstätte gestellt wird. Wo ist die Herausforderung, wenn einem der Computer sagt, wo der Fehler ist? Ist die Arbeit überhaupt noch schwierig? Technik und Elektronik haben die Arbeit sogar viel schwieriger gemacht und die Fehlersuche – trotz Diagnosegerätes – ist länger und auch komplizierter geworden. Das Gerät kann nur elektronische Fehler anzeigen, aber keine mechanischen. Zeigt es zum Beispiel an, dass die Einparkhilfe kaputt ist, muss nicht das elektronische Teil Einparkhilfe betroffen sein, es kann auch deren Kabelverbindung, die beim Auto von hinten bis nach vorne läuft, unterbrochen sein. Ob das der Fall ist, zeigt das Diagnosegerät genauso wenig an, wie wo der Mangel liegt. Das herauszufinden ist Aufgabe des Mechanikers. Ein Diagnosegerät kann also Fehler richtig erkennen oder auch nicht, und es dauert womöglich Stunden, bis man den Schaden gefunden hat. Zeit, die dem Kunden meistens nicht verrechnet werden kann, vor allem dann nicht, wenn sich der Fehler in zehn Minuten beheben lässt. Man steht immer wieder vor neuen Herausforderungen, man hat immer ein neues Problem, das man lösen muss.

Wie läuft es in einer Werkstätte ab?
In einer mittelgroßen Werkstätte arbeiten um die fünf bis sechs Mechaniker. Meistens sind die Werkstätten so organisiert, dass es einen bis zwei „Spezialisten" gibt – erfahrene Mechaniker, die schon über ein Jahrzehnt im Job sind und die schwierigeren Fälle erledigen. Nicht, dass die Jungen die Fehler nicht finden könnten – erfahrene Mechaniker sind einfach schneller und damit kostengünstiger. Nicht jeder ist also mit der Fehlersuche oder anderen kniffeligen Dingen beschäftigt. Die anderen Mechaniker sind für Standardangelegenheiten wie Service, Wartung oder das Auswechseln von Verschleißteilen zuständig. In größeren Firmen kann es auch sein, dass Mechaniker auf die Reparatur einzelner Teile spezialisiert sind – zum Beispiel auf Getriebe oder Motoren. Man muss sich in eine Werkstätte eingliedern (können), es gibt Hierarchien und man hat sich erst zu beweisen.

Vertragswerkstätten – „Spezialisierung" und unrealistische Zeitvorgaben
Vertrags- oder Markenwerkstätten sind Kfz-Werkstätten, die einen Vertrag mit einem (oder auch mehreren) Autohersteller(n) (VW, Peugeot, Honda usw.) haben und von diesem/diesen autorisiert sind, Reparaturen, insbesondere Garantiefälle, vorzunehmen. Für den Mechaniker hat die Arbeit in einer Vertragswerkstätte den Vorteil, dass er nur auf einen Fahrzeughersteller oder einige wenige spezialisiert zu sein braucht. Die Fahrzeuge sind von der Technik und Elektronik sehr unterschiedlich und entwickeln sich laufend weiter – selbst Mechaniker von Vertragswerkstätten, die „nur" eine Marke reparieren, besuchen laufend Schulungen „ihres" Autoherstellers. Man kann sich nicht bei der Technik und Elektronik von jedem Fahrzeugtypen auskennen. Dieser Vorteil wird von einem großen Nachteil überschattet: Das Mühsame und gleichzeitig die Hauptschwierigkeit bei der Arbeit in einer Vertragswerkstätte sind die Vorgabezeiten der Hersteller für gewisse Reparaturarbeiten, zum Beispiel ein Bremsbelag ist in x Minuten zu wechseln. Das wäre nicht weiter schlimm, wenn die Zeiten realistisch bemessen wären, sind sie aber nicht. Die Reparaturen sind in den Vorgabezeiten nicht zu schaffen. Das setzt die Mechaniker unter Druck. Vertragswerkstätten werden übrigens auch regelmäßig vom Hersteller überprüft: Fahrzeuge mit diversen Schäden werden eingestellt und so die Arbeit und Qualität der Vertragswerkstätte getestet.

Früher Mechaniker – heute Tauscher
Hauptsächlich werden schadhafte Teile ausgebaut und neue Teile eingebaut – repariert wird nur noch selten. Zum einen, weil Reparaturen nicht mehr möglich sind (es sind keine Ersatzteile erhältlich; man kommt an den schadhaften Teil nicht ran, weil er in einem größeren Teil integriert ist, und kann ihn damit nicht zerlegen und reparieren usw.) zum anderen – sollte eine Reparatur einmal möglich sein – wird sie selten durchgeführt, weil sie zu zeitaufwändig und damit zu teuer wäre. Die Teile auszutauschen geht schneller, ist billiger und unkomplizierter.

Man wird dreckig,
kann sich verletzen und im Winter ist es kalt. Damit kommt man zurecht oder nicht. Es gibt genug junge Leute, die mit dem Job insbesondere deshalb aufhören, weil er ihnen zu schmutzig ist. Man hat Arbeiterhände, die man erst nach 14 Tagen Urlaub sauber bekommt. Und man kann sich wehtun – hie und dort klemmt man sich ein; aber es ist nichts Tragisches zu befürchten.

Einstieg und Aufstieg (?)
Die Suche nach einer Ausbildungswerkstätte ist nicht einfach. In größeren Werkstätten fragt pro Woche ein Lehrling an, ob er anfangen kann. Teilweise werden Lehrlinge für „mindere" Arbeiten herangezogen: Autos putzen und Reifen wechseln. Wenn sie es nicht schaffen, sich zu etablieren, haben sie es schwer, einen Job als Geselle zu finden oder in der Werkstätte, wo sie ihre Ausbildung machen, zu bleiben. Wenn Lehrlinge Interesse zeigen und Können an den Tag legen, dann werden ihnen anspruchsvollere Arbeiten übertragen. Absolviert man die Meisterprüfung, kann man sich selbstständig machen oder man bleibt in einer Werkstätte angestellt. Danach allerdings „steht man an" – wirklich mehr geht nicht. Als Meister muss man damit rechnen (je nach Organisation und Größe der Werkstätte), dass man nur noch sehr wenig am Fahrzeug arbeitet. Dann ist man unter anderem für die Qualitätssicherung zuständig, kontrolliert die am Auto durchgeführten Arbeiten, hilft eventuell bei der Fehlersuche und ist für die fachgerechte Entsorgung (gefährlicher) Abfälle verantwortlich. In kleineren Betrieben macht man auch Kostenvoranschläge.

Selbstständigkeit
Als Selbstständiger führt man seine eigene kleine Werkstätte, vielleicht mit zwei Gesellen und einem Lehrling – man ist meistens keine Vertragswerkstätte. Es werden alle Marken und Typen repariert. Das ist sehr viel schwieriger als in einer Vertragswerkstätte, aber es ist nicht einfach, einen Vertrag mit einem Autohersteller zu bekommen; mit einem koreanischen würde es vielleicht klappen, aber die großen deutschen sind oft sehr schwer beziehungsweise nicht mehr greifbar. Es gibt sehr viele Auflagen, die man erfüllen muss und deren Umsetzung sehr viel Geld kostet. So schreibt VW zum Beispiel zwingend Sonderwerkzeug vor (um die 1.800 Stück), das die Vertragswerkstätte haben muss. Einfach kaufen? Ja, wenn um die 250.000 Euro dafür zur Verfügung stehen! Und das wäre nur eine Auflage von vielen. Erforderlich ist unter anderem auch ein „Schauraum", wo die Autos ausgestellt werden können – auch dessen Errichtung kostet einiges an Geld. Heute sind es meistens große Unternehmen, die hinter den Werkstätten stehen und Verträge mit den großen Autoherstellern haben. So bleibt den einzelnen Kfz-Technikern, die sich selbstständig machen wollen, oft nichts anderes übrig, als als Allrounder eine „freie" Werkstätte (keinen Vertrag mit einem Autohersteller) zu eröffnen. Wieso will man überhaupt einen Vertrag mit einem Autohersteller? Weil man damit – nebst Investitionen – auch viel Geld verdienen kann. Nur als Vertragswerkstätte darf man zum Beispiel Reparaturarbeiten, die noch in die Garantiefrist fallen, durchführen. In den Garantie- und Servicearbeiten steckt das Geld.

Abnützungserscheinungen

Mechaniker, die lange in dem Job arbeiten, bekommen irgendwann Abnützungserscheinungen (zum Beispiel Probleme mit der Wirbelsäule). Man ist mit Motoröl und anderen Flüssigkeiten ständig in Kontakt und atmet sie auch ein.

Arbeitszeiten

Überstunden sind in der Branche nicht üblich. Lediglich in Stoßzeiten, wenn zum Beispiel Winter- und Sommerreifen gewechselt werden oder es Hagelschäden gibt, wird erwartet, dass man länger bleibt. Dann werden die zusätzlichen Stunden in der Regel entlohnt oder durch Zeitausgleich ausgeglichen. Als Mechaniker kann man meist seine Mittagspause halten und geht relativ pünktlich nach Hause. Ein Selbstständiger kennt keine Arbeitszeiten.

Finanzieller Aspekt / Chancen am Arbeitsmarkt:

Es wird meistens nicht mehr als nach dem jeweils gültigen Kollektivvertrag erforderlich bezahlt. Von den handwerklichen Jobs liegt der Kfz-Techniker verdienstmäßig etwa in der Mitte (ca. 2.000 bis 2.500 Euro brutto). Mit dem „normalen" Lohn kommt kaum jemand durch, manche versuchen ihr Gehalt mit etwas Arbeit außerhalb der Arbeitszeit aufzubessern. Aber so einfach, wie das früher war, ist das heute auch nicht mehr; man will ja keine Troubles bekommen oder seinen Job verlieren.

Mechaniker werden immer gebraucht, denn die Autos werden nicht weniger. Eine Stelle als Lehrling zu finden ist allerdings nicht so einfach.

Resümee:

Ob einem die Arbeit – viel und sich ständig ändernde Technik, komplexe Elektronik, Austausch statt Reparatur – Spaß macht, ist eine persönliche Sache. Ein Meister muss sich vielleicht auch erst daran gewöhnen, dass seine Arbeit nicht mehr überwiegend am Fahrzeug abläuft.

Kosmetiker

Definition:

Kosmetiker führen pflegende, gesundheitsfördernde und dekorative Tätigkeiten an ihren Kunden durch. Zur pflegenden Kosmetik gehört die Behandlung der Haut an Gesicht und Dekolleté, Körperteilbehandlungen, Hand- und Nagelpflege sowie das Entfernen von Gesichts- und Körperbehaarung. Zur dekorativen Behandlung gehören Make-up und Schminken. Kosmetiker verwenden verschiedene Behandlungsgeräte, Präparate und kosmetische Mittel. Sie arbeiten in Kosmetiksalons und Kosmetikfachgeschäften zusätzlich noch in Beratung und Verkauf und haben engen Kontakt zu ihren Kunden. (Siehe Hinweis am Ende des Vorworts)

Voraussetzungen / Aus- und Weiterbildung:

Die Lehrzeit beträgt zwei Jahre und erfolgt im dualen System. Lehrlinge beenden die Ausbildung mit der Lehrabschlussprüfung. Zahlreiche private Institutionen bieten ebenfalls Ausbildungswege an, meistens in Form von Kursen. Der Zugang zur selbstständigen Berufsausbildung (reglementiertes Gewerbe der Kosmetik) ist gesetzlich geregelt und hängt von der Ausbildung beziehungsweise Berufserfahrung ab.

Die Weiterbildungsmöglichkeiten sind in Deutschland besser als in Österreich. Hierzulande steht man im Grunde mit der Meisterprüfung an. Dennoch sind die Seminare und Schulungen, die in Österreich angeboten werden, wichtig: Man sollte laufend welche besuchen, um up to date zu bleiben. Es ändert sich ständig etwas: Produkte, Behandlungsmethoden und Erkenntnisse. Oft wissen Kunden, die sich mit Neuerungen auseinandersetzen, was es zum Beispiel für aktuelle Anti-Aging-Erkenntnisse und dazugehörige Produkte gibt. Wenn man selbst nicht am letzten Stand ist, kann es passieren, dass die Kunden besser informiert sind als man selbst. Weiterbildungsmaßnahmen werden meist vom Arbeitgeber bezahlt.

Unabhängig von der Ausbildung zum Kosmetiker, kann ein Visagisten- oder Make-up-Artist-Kurs angeschlossen werden. Kosmetiker zu sein ist dafür nicht Voraussetzung.

Arbeitsalltag / Vor- und Nachteile:

Ein bisschen cremen, ein bisschen schminken ...
Nicht nur Branchenfremde, sondern auch viele Lehrlinge unterschätzen den Beruf und glauben, Kosmetiker zu werden, bedeutet „ein bisschen cremen und ein bisschen schminken". Man muss aber in der zweijährigen Lehre eine Menge über die Haut und den ganzen Körper lernen (zum Beispiel über das Lymphsystem, die Organe, den Blutkreislauf). Grundkenntnisse über das Funktionieren des Körpers sind deshalb wichtig, weil man als Kosmetikerin vor (!) Durchführung einer Behandlung beurteilen können sollte, welche angebracht ist beziehungsweise welche man meiden sollte oder welche dem Kunden bei konkreten Problemen helfen könnte. Man muss also eine Menge wissen – und auch „dranbleiben".

Der Alltag
Ein Kosmetiker hat seine Termine, die sich mehr oder weniger aneinanderreihen, erstellt auf den Kunden individuell abgestimmte Behandlungspläne – und hat kaum Pausen. Je nachdem, in welcher Art Kosmetiksalon man arbeitet, hat beziehungsweise kann man sich auch kurz auf den nächsten Termin vorbereiten: Man sucht die Kundenkartei des Stammkunden heraus, liest sie durch (Was soll erreicht werden? Was wurde beim letzten Termin gemacht oder besprochen? Was ist geplant? In der dekorativen Kosmetik, wo geschminkt wird, fällt diese – kurze – Vorbereitung weg). Mit dem Kunden klärt man ab, ob sein Ziel

noch dasselbe ist (Wünsche ändern sich). Zwischen den Behandlungen kümmert man sich um Abrechnungen und führt Telefonate (vereinbart neue Termine, bestellt Produkte und Ähnliches), räumt im Behandlungsraum auf, legt neue Handtücher auf und desinfiziert Instrumente. Grundsätzlich ist man von 9 bis 19 Uhr durchgehend gebucht. Aber es kommt immer wieder vor, dass jemand absagt oder ausfällt. Zusätzlich zu den erwähnten Dingen, die zwischen den Kundenterminen erledigt werden müssen, nutzt man die durch Ausfälle frei gewordene Zeit für die Buchhaltung, fürs Dekorieren des Schaufensters oder einfach für Privates. Wenn niemand ausfällt, wird es ganz schön anstrengend. Solange die Qualität dadurch nicht leidet, ist das ok. Wenn dazwischen eine Gesichtsmassage an der Tagesordnung steht, freut man sich – bei dieser kann man sich nämlich auch selbst entspannen.

Medizinische Kosmetik – helfen können
Kosmetiker arbeiten zum Beispiel in der klassischen Kosmetik und machen Gesichts- und Körperbehandlungen, Maniküre, Fußpflege, Harzen und Make-up. Oder in der rein pflegenden Kosmetik, insbesondere im Bereich der medizinischen Kosmetik. Was aber ist medizinische Kosmetik beziehungsweise was macht man in diesem Bereich? Man führt zum Beispiel Anti-Aging-Behandlungen durch und wendet spezielle Behandlungsmethoden wie Microdermabrasion und Fruchtsäurebehandlungen an, widmet sich Aknefällen, arbeitet mit Lasern, um Pigmentflecken und Äderchen im Gesicht und Haare dauerhaft zu entfernen. Man kann sichtbare Erfolge erzielen, das Hautbild verbessern und so Leuten wirklich helfen. Ein besonders tolles Gefühl hat man, wenn man bei Problemfällen etwas bewirken kann – denn diese Leute brauchen die Hilfe wirklich, weil ihr Hautbild für sie eine Belastung ist.

Umgang mit Menschen
Ohne Kommunikation geht nichts. Man muss einen „Draht zu seinen Kunden" haben – man muss sich mit ihnen verstehen, um sie langfristig an sich zu binden beziehungsweise seine Produkte zu verkaufen. Man kann nämlich nicht alleine von einer Gesichtsbehandlung oder Fußpflege leben. Außerdem dauert zum Beispiel eine solche Gesichtsbehandlung eine bis eineinhalb Stunden – versteht man sich nicht mit dem Kunden, wird es mühsam, die Sitzung zieht sich in die Länge. Manche wollen grundsätzlich nicht reden – das muss man erkennen und schweigen. Im Übrigen ist ein Kosmetiker – wie jeder, der mit Menschen zu tun hat – mit grantigen und schlecht gelaunten Menschen konfrontiert. Man fühlt sich oft als „psychischer Aufbauer".

Ist es nicht auch eine Überwindung?
Zumindest manchmal? Unreinheiten ausdrücken und Fußpflege sind nicht unbedingt angenehme Arbeiten. Grundsätzlich nicht. Durch die Art des Kosmetikstudios findet bereits eine Selektion der Kundschaft statt. Als Angestellter einer Kosmetikkette kann man sich die Kunden allerdings nicht aussuchen – jeder kommt (viele glauben fälschlicherweise auch die Behandlungen sind dort billiger als in einem privaten Studio – das trifft aber meistens nicht zu, führt aber dazu, dass man als dort tätige Kosmetikerin alle Gesellschaftsschichten vor sich hat). Im Übrigen trägt man bei manchen Behandlungen ohnehin Handschuhe. Die

zieht man sich auch dann über, wenn es vorkommt, dass man jemanden nicht angreifen möchte.

Vorteil und Nachteil einer „Kette"
Macht es für eine Kosmetikerin einen Unterschied, ob man nun in einer Kosmetikkette oder in einem privaten Kosmetikstudio arbeitet? Ja und beide Arbeitsplätze haben Vor- und Nachteile. Das Problem bei den privaten Studios ist, dass man oft nur teilweise bei der Sozialversicherung angemeldet ist (und damit teils „schwarz" bezahlt wird. Ketten melden voll an). Auch vom Ausbildungsplatz – also aus Sicht des Lehrlings – ist eine Kette besser: In privaten Studios werden Lehrlinge kaum an Kunden rangelassen (die Kunden sind zu wichtig – was, wenn der Lehrling einen Fehler macht?). Bei den Ketten ist das einfacher – den dort tätigen Kosmetikerinnen ist es – mehr oder weniger – egal, ob der Lehrling etwas falsch macht. Der größte Vorteil bei der Arbeit für eine Kette ist, dass man keinen Chef hat und die Angestellten für sich und unter sich arbeiten. Nachteile sind, dass man ausschließlich nach den Umsatzzahlen beurteilt wird *(dazu gleich)* und im Wesentlichen „nur" die klassischen Behandlungen durchführt: Gesichtsbehandlungen und/oder Fußpflege. Es ist also nicht so abwechslungsreich, wie es mitunter in einem privaten Studio sein kann; dort wechseln sich die Behandlungen ab: Einer klassischen Gesichtsbehandlung folgt harzen, dem eine Behandlung mit dem Laser, dem eine Microdermabrasion oder Körperbehandlung usw.

Umsatzdruck
In einer Kette wird der Kosmetiker nach Umsatzzahlen beurteilt. Passt der Umsatz nicht, kann es sein, dass man von 40 auf 20 Stunden reduziert oder überhaupt gekündigt wird. Auf der anderen Seite erhält man aber oft eine Umsatzbeteiligung – soweit der eigene Umsatz passt.

Arbeitszeiten
Viele Studios haben unter der Woche längere Öffnungszeiten – bis 19 Uhr etwa. Als Selbstständiger hingegen arbeitet man am Abend unter der Woche unterschiedlich lange: Manchmal bis sechs, manchmal bis acht – ein privates Kosmetikstudio muss flexibel sein. Einen freien Tag muss man langfristig planen und freihalten – denn oft ist es so, dass Termine Wochen im Voraus eingetragen sind.

Finanzieller Aspekt / Chancen am Arbeitsmarkt:
Die Bezahlung ist mies, sogar Verkäufer verdienen besser!!! – großer Wermutstropfen. In der medizinischen Kosmetik bekommt man mehr Geld als in der klassischen Kosmetik, wo eine Kosmetikerin für 40 Stunden im Schnitt um die 900 Euro netto im Monat verdient. Wenn wir schon beim Finanziellen sind: Will man nach seinem Lehrabschluss noch „den Meister machen" – also die Meister- und Befähigungsprüfung ablegen – muss man einige hundert Euro (derzeit knapp 700) jeweils für Kosmetik und Fußpflege – das sind zwei Gewerbe! – aufwenden.

Es ist einfacher, in einer Kette einen Job zu bekommen als in einem kleinen Salon. Doch die Stellen sind begrenzt – man wird viel Geduld benötigen, um als Kosmetikerin arbeiten zu können, oder muss Glück haben.

Resümee:

Das Tolle an dem Beruf ist, dass man nicht gezwungen ist, in der „klassischen" Kosmetik tätig zu bleiben. Aufbauend auf seiner Ausbildung (die nicht Voraussetzung ist) kann ein Make-up-Artist- oder Visagistenkurs angeschlossen werden. Am besten im Ausland (z. B. Deutschland), wo es dazu geregelte Ausbildungen gibt. Leider ist die Bezahlung nicht so gut. Grundsätzlich ein netter und kommunikativer Beruf.

Rauchfangkehrer

Definition:

Rauchfangkehrer kehren, reinigen und kontrollieren auf Grundlage gesetzlicher Bestimmungen private, öffentliche und industrielle Feuerungsstätten und Abgasleitungen (Kamine, Schornsteine). Sie erstellen bei nachträglichen Ein- und Umbauten Kaminbefunde, beraten Kunden in feuerungs- und heizungstechnischen Belangen, in Energiespar-, Umwelt- und Klimaschutzfragen usw. Rauchfangkehrer arbeiten bei den Kunden vor Ort, auf hohen Dächern im Freien, auf Dachböden und in Kellern. (Siehe Hinweis am Ende des Vorworts)

Voraussetzungen / Aus- und Weiterbildung:

Der Lehrberuf Rauchfangkehrer ist mit einer Lehrzeit von drei Jahren eingerichtet.

Zur Weiterbildung verpflichtet sind lediglich Bio-Rauchfangkehrer, ein „normaler" Rauchfangkehrer kann sich, wenn er das möchte, bis zum Meister weiterbilden.

Arbeitsalltag / Vor- und Nachteile:

Man ist nicht „nur" Rauchfangkehrer
Man muss während seiner Lehrzeit eine Menge lernen, eine Menge wissen und man trägt Verantwortung: Es geht in dem Beruf nicht nur darum, Kamine und Schornsteine durchzuputzen, Abgasmessungen durchzuführen, Thermen zu kontrollieren usw., sondern man hat bei Kontrollbesuchen in Haushalten/Betriebsstätten seine Augen stets offenzuhalten und gefährliche Situationen zu erkennen, um einen möglichen Brand zu vermeiden. Wenn zum Beispiel eine Heiztherme zu nah an etwas Brennbarem angebracht ist, muss das einem auffallen. Ein Rauchfangkehrer hat sorgsam zu arbeiten und sollte mit seinen Gedanken

immer beim Job sein: Wenn er zum Beispiel vergessen sollte, die sogenannte Putztür (Kehrtür) im Kamin zuzumachen, kann das einen Brand auslösen. Im Übrigen ist der Beruf nicht ungefährlich – passt man nicht auf, könnte man vom Dach fallen.

Einblicke in persönliche Lebensbereiche
Ein Rauchfangkehrer betritt die Häuser und Wohnungen seiner Kundschaften und sieht damit deren persönlichen Lebensbereich. Dadurch, dass der Arbeitstag so früh beginnt, öffnen einem meistens die Leute im Nachtgewand/in der Unterwäsche und verschlafen die Türe. Man erlebt mit, wie sie ihren Tag starten, und es gibt oft erheiternde Situationen. Nett ist es, wenn die Kunden Kinder haben – diese sind oft sehr interessiert und fasziniert von der Arbeit eines Rauchfangkehrers und wollen einiges wissen. Aber auch die Erwachsenen haben vielfach Anliegen (die teils nicht unmittelbar mit dem Job zu tun haben; zum Beispiel „Der Heizkörper funktioniert nicht"). Dadurch wird der Beruf abwechslungsreich. Angenehm ist auch, dass man immer zu denselben Leuten kommt, da ein Rauchfangkehrerbetrieb immer ein bestimmtes Gebiet zugeteilt bekommt. Außerdem ist es kein Bürojob, obwohl an der Stelle auch erwähnt werden muss, dass „Schreibarbeit" zu erledigen ist: Befunde und Berichte.

Nicht schmutzempfindlich sein
Schmutz darf einen nicht stören. Man arbeitet im Dreck, wird rußig, staubig usw. Manchmal kann es erforderlich sein, einen Mundschutz zu tragen.

Selbstständigkeit
Sich mit einem Rauchfangkehrerbetrieb selbstständig zu machen ist nicht einfach, weil man dabei nämlich von „äußeren" Umständen abhängig ist. Selbst wenn man alle persönlichen und fachlichen Voraussetzungen zur Erlangung der umfassenden Gewerbeberechtigung erfüllt, heißt das nicht, dass man sie auch erteilt bekommt: Die Bundesländer sind in Kehrgebiete beziehungsweise in Kehrbezirke (Wien) eingeteilt. Pro Gebiet beziehungsweise Bezirk wird nur eine bestimmte Anzahl von Gewerbeberechtigungen vergeben, was über eine Bedarfsprüfung ermittelt wurde; zusätzliche Gewerbeberechtigungen erteilt die Behörde nicht. Das heißt, wer sich mit einem Betrieb selbstständig machen möchte, muss eine bestehende Gewerbeberechtigung übernehmen, zum Beispiel wenn jemand mit Berechtigung in Pension geht (was sich der zukünftige Pensionist bezahlen lässt).

Arbeitszeiten
In der Regel steht ein Rauchfangkehrer früh auf, zwischen 4 Uhr 30 und 5 Uhr am Morgen. Bevor mit der Arbeit begonnen wird, wird im Team oft noch der Tagesplan besprochen – wer welche Termine übernimmt. Seine Kundentermine kann man sich dann in der Regel frei einteilen. Zwischen 5 und 6 Uhr geht es bereits zur ersten Kundschaft. Dafür hat man aber bereits am frühen Nachmittag frei. Diese Arbeitszeiten sind sehr familienfreundlich: Hat man Kinder, kann man mit ihnen den Nachmittag verbringen. Samstag und Sonntag sind frei, außer man hat Notfalldienst.

Finanzieller Aspekt / Chancen am Arbeitsmarkt:

Als unselbstständig Beschäftigter verdient man zu Beginn etwa 1500.-brutto. Das Gehalt ist gestaffelt und wird mit den Jahren mehr.

Hat man einen Job, ist er krisensicher, da Rauchfangkehrer immer gebraucht werden.

Resümee:

Den meisten Rauchfangkehrern macht ihr Beruf Spaß, sie fühlen sich sogar richtig wohl, wenn sie recht rußig werden. Dadurch, dass man immer zu denselben Kunden kommt, kennt man sich nach einer gewissen Zeit und plaudert gern mit ihnen. Der Beruf ist deshalb auch zwischenmenschlich interessant.

Tischler

Definition:

Tischler fertigen nach Plänen und Werkzeichnungen Möbel, Fenster, Türen, Holzdecken, Fußböden und Bauteile aus Holz an und montieren die Teile in der Werkstatt oder am Einsatzort bei den Kunden. Weiters führen sie an diesen Produkten Reparaturarbeiten durch. Dabei vermessen sie die Werkstücke genau und wenden verschiedene Holzbearbeitungstechniken wie Hobeln, Sägen, Schleifen, Pressen usw. an. Sie hantieren mit verschiedenen manuellen und elektrischen Werkzeugen und Geräten. Im Bereich der industriellen Fertigung bedienen sie auch computergestützte Holzbearbeitungsmaschinen. (Siehe Hinweis am Ende des Vorworts)

Voraussetzungen / Aus- und Weiterbildung:

Die dreijährige Lehrausbildung erfolgt fast ausschließlich in auftragsbezogen fertigenden Klein- und Mittelbetrieben des Tischlerhandwerks. Eine allfällige Spezialisierung zum Beispiel für die Bereiche Innenausbau, Möbelbau, Kunsttischler oder Bautischler erfolgt erst nach Abschluss der Berufsausbildung als Facharbeiter oder Meister. Daneben besteht die Möglichkeit, eine Fachschule (vierjährig) beziehungsweise höhere technische Lehranstalt (fünfjährig, endet mit Reifeprüfung) oder, wenn eine Reifeprüfung bereits vorliegt, ein Kolleg für Möbel- und Innenausbau (zweijährig) zu besuchen. Absolventen dieser berufsbildenden mittleren und höheren Schulen finden nach einigen Jahren Praxis häufig als Produktions- oder Werkstättenleiter im technischen Management größerer holzbe- und verarbeitender Betriebe Verwendung. Nach abgelegter Reifeprüfung beziehungsweise Studienberechtigungsprüfung eröffnet sich die Möglichkeit des Besuches des Design-Centrums in St. Pölten beziehungsweise des Fachhochschul-Studienlehrganges „Holztechnik und Holzwirtschaft" in Kuchl.

Arbeitsalltag / Vor- und Nachteile:

Kann man als Tischler heute noch überleben?
Wie schafft man es als Tischler, neben Ikea & Co zu existieren? Wer lässt sich heute noch Möbelstücke vom Tischler anfertigen? Und außerdem, wer bezahlt für ein vom Tischler gefertigtes Möbelstück mehr, als es ihm im Möbelhaus kosten würde? Als selbstständiger, „klassischer" Tischler ist es heute fast unmöglich zu überleben: Tischlereien sperren nach der Reihe zu und verschwinden von der Bildfläche. Am Land ist der Bedarf für Tischlereiarbeit wohl noch eher gegeben; aber in städtischen oder stadtnahen Bereichen, wo es die großen Möbelketten gibt, zahlt es sich kaum aus, einen Tischlereibetrieb zu eröffnen; hier muss man schon etwas Spezielles anbieten, um sein Überleben sichern zu können. Manche Tischlereibetriebe spezialisieren sich und restaurieren vielleicht Palais und Museen. Allerdings ist es nicht einfach, solche Aufträge zu bekommen – dafür braucht man Beziehungen. Im Grunde kommen die Leute zum Tischler, denen das Geld egal ist. Manche Kunden haben Spezialwünsche oder besondere Vorstellungen, die man nicht „von der Stange" kaufen kann, sondern die maßangefertigt werden müssen. Und es sind eher Leute, die langfristig in ihre Möbel investieren und zum Beispiel wissen, dass sie nicht in drei Jahren umziehen. Von der Maßarbeit alleine kann man heute nicht mehr leben – Leute wollen heute auch eines: Design, das heißt, Möbelstücke müssen gut ausschauen und nicht nur handwerklich top ausgeführt sein. Tischler müssen mit der Zeit gehen, wollen sie ihre Existenz sicherstellen. Dann macht es Sinn, auch Design und „coole" Holzverarbeitungsmöglichkeiten anzubieten. Freilich ist das in der Stadt, wo das Publikum offener ist, einfacher.

Kunden erkennen auch, dass Möbelhäuser nur bedingt billiger sind: Kauft man dort eine Küche und will man Extras, muss man für jede Änderung oder Spezialanfertigung bezahlen. Unter Umständen ist es dann besser, gleich zum Tischler zu gehen: Ist nicht teurer und passt dann wirklich.

Können bauen, aber nicht planen
Das Hauptproblem der Mehrheit der Tischler ist, dass sie nicht planen können. Im Prinzip ist die Ausbildung nicht dahingehend ausgerichtet, den Lehrlingen das beizubringen, was ein Tischler auch können muss – nämlich planen. Das Problem ist folglich, dass die meisten Tischler handwerklich top sind, es aber bei der Planung „hapert". Fast in jedem Möbelhaus gibt es inzwischen Leute, die eine Ahnung von der Planung haben. Das macht es für Tischlereien zusätzlich schwierig. Wesentlich an der Planung ist, etwas herzustellen, das funktionell und ästhetisch ist, sich aber auch umsetzen lässt. Es nutzt nichts, etwas zu planen, das nicht fertigbar oder zu teuer ist. Manche Tischler planen überhaupt nicht selber, sondern fertigen Möbelstücke nach Plänen an und/oder stehen 40 Stunden die Woche nur an den Maschinen.

Maßarbeit! Immer was Neues!
Im Prinzip macht man selten eine Sache zwei Mal. Der Job ist sehr abwechslungsreich: Man fertigt ein Bett an, einen Kasten, dann wieder eine Küche oder ein komplettes Schlafzimmer, ein Bad, einen Schreibtisch, Stiegen, Eingangstore usw. – und alles nach individuellen Wünschen der Kunden. Auch unselbstständig Beschäftigte bekommen Abwechslung. Jeder

Tischler „betreut" ein Möbelstück vom Anfang bis zum Ende, vom Zuschneiden des Holzes bis hin zur Montage.

Exkurs Montagetischler
Im Endeffekt ist die Arbeit des Montagetischlers nicht viel anders, als sich jeder Außenstehende vorstellt. Der Kunde bestellt zum Beispiel eine Küche in einem Möbelhaus oder Küchenstudio; man liefert sie dem Kunden, montiert sie und stellt sie auf. Die Arbeit an sich ist nicht schwierig – das hat man gelernt. Das Anstrengendste ist, bei heißen Außentemperaturen die Möbelpakete in den fünften Stock eines Altbaus ohne Lift – in einem vielleicht noch engen Stiegenhaus – zu tragen. Die „Schlepperei" ist das Mühsame. Wenn die Möbel oben sind, ist der Rest ein Klacks.

Hat man zusätzlich die Wasser- und Strominstallationsprüfung gemacht, darf man in Küchen auch Wasser und Strom anschließen (wofür ein Kunde normalerweise einen Installateur und Elektriker brauchen würde) und verdient jedenfalls mehr als in einer Tischlerei. Zusätzlich bekommt man Diäten und vom Kunden Trinkgeld, beziehungsweise wird man zumindest von ihm verköstigt. Das Schöne am Job ist, dass man täglich sieht, was man geleistet hat: Man packt abends sein Werkzeug zusammen und steht vor einer fertigen Küche.

Kostenfaktor
Will sich ein Tischler selbstständig machen, muss er eine Menge Geld in die Hand nehmen. Man braucht Startkapital für eine Halle und Maschinen. Außerdem sollte man bereits im Vorhinein einen potenziellen Kundenstock haben, sodass man abschätzen kann, ob sich das Geschäft rentieren wird. Vor allem die Maschinen kosten eine Menge Geld und ihre Lebensdauer ist begrenzt. Für Reparaturen und Ersatzteile muss man Geld flüssig machen – das kann „schmerzen". Ist man als Montagetischler selbstständig, braucht man zwar keine Maschinen, aber Werkzeug und Material müssen auch vorhanden sein. Gerade für die Jungen sind auch die Zahlungen an die Sozialversicherung ein Hindernis für die Selbstständigkeit.

Arbeit? Freizeit!
Grundsätzlich kann es in dem Job – wie in jedem anderen auch – nur funktionieren, wenn einem die Arbeit Spaß macht. Denn obwohl man bewusst teilweise zeitlich zurücksteckt, gibt es Spitzenzeiten, wo ein selbstständiger Tischler 80 Stunden die Woche arbeitet – und da sollte die Arbeit einen nicht stören. Man muss damit leben, dass man dann arbeitet, wenn es etwas zu tun gibt. Wenn es sich ergibt, auch am Wochenende. Im Grunde macht es jeder so, wie er will. Als unselbstständiger Montagetischler hat man die üblichen Arbeitszeiten von 7 Uhr bis maximal 17 Uhr.

Finanzieller Aspekt / Chancen am Arbeitsmarkt:
Ein unselbstständiger Tischler verdient durchschnittlich 2.000 Euro brutto im Monat. Als selbstständiger kommt es auf die Spezialisierung, die Zeitinvestition und vor allem auf den Kundenstock an.

Für Tischler stehen die Chancen am Arbeitsmarkt derzeit schlecht.

Resümee:

Als Tischler hat man also – wenig überraschend – um seine Existenzberechtigung im Angesicht der großen Möbelhäuser zu kämpfen. Das Schöne an der Arbeit – neben den typischen Tischlereitätigkeiten – ist der Kundenkontakt (vorausgesetzt man steht als Tischler nicht nur in der Produktionshalle …). Außerdem erschafft man etwas, das man im Ergebnis sieht und den Kunden Freude macht.

IT

Bei den IT-Berufen gibt es aufgrund der Komplexität der IT und ihrer Rolle als unterstützende Funktion quer durch alle Branchen und Abteilungen eine Unzahl an Berufsbildern und Aufgabenbereichen. Viele der Berufsbezeichnungen haben übergreifende Funktionen, was eine logische und den faktischen Gegebenheiten (hinsichtlich der Betätigungsmöglichkeiten) entsprechende Gliederung nicht leichter macht. Auf der anderen Seite ermöglicht einem gerade das problemlos einen Jobwechsel innerhalb der Branche.

Voraussetzungen / Aus- und Weiterbildung:

Prinzipiell ist für die im Folgenden vorgestellten IT-Berufsbilder rechtlich keine bestimmte Ausbildung vorgeschrieben. Sie ist auch nicht notwendig, denn im Ergebnis zählt nur, dass man „es" kann, gleich, ob man nun studiert, Kurse absolviert, sich das erforderliche Know-How selbst beigebracht hat und/oder im Unternehmen ausgebildet wird. Vielmehr geht es nämlich um die Fähigkeiten, Begabungen und Interessen, die jemand für die diversen IT-Berufe mitbringen sollte. Daher wird in den folgenden angeführten Berufen meist nicht auf die Aus- und Weiterbildung im engeren Sinn, sondern kurz auf die für die einzelnen Berufe erforderlichen Fähigkeiten eingegangen.

Es steht jedoch außer Frage, dass eine technische Ausbildung, sei es HTL oder ein Universitäts- oder Fachhochschulstudium eine solide Grundlage für viele IT-Berufe darstellt und die Chancen am Arbeitsmarkt verbessert.

Leute aus der IT-Branche sind auch als Unternehmensberater gefragt *(siehe Unternehmensberater)*.

Finanzieller Aspekt:

Die Gehälter in der IT-Branche gehen weit auseinander. Je nach Fachgebiet, Position, Ausbildung und Größe des Unternehmens, in dem man arbeitet, variiert die Bandbreite zwischen mehreren Tausend Euro im Jahr. Die Einstiegsgehälter sind relativ einheitlich, später werden große Unterschiede möglich.

Anwendungsprogrammierer/-entwickler / Softwareentwickler (kurz: Programmierer)

Definition:

Anwendungsprogrammierer entwickeln und testen Software für spezielle betriebliche Anwendungsfälle, und zwar sowohl für Einzelanwendungen als auch Netzwerklösungen. Sie analysieren die genaue Bedarfslage des Kunden beziehungsweise Arbeitsgebers und erarbeiten Lösungsvorschläge, die sie in Abstimmung mit den Kunden implementieren. Außerdem prüfen sie bestehende Anwendungen, stellen Änderungs- beziehungsweise Anpassungsbedarf fest und adaptieren die Programme für die aktuellen Anforderungen. (Siehe Hinweis am Ende des Vorworts)

Voraussetzungen / Aus- und Weiterbildung:

Wichtigste Voraussetzung für einen Programmierer ist logisches Denkvermögen. Ebenso notwendig sind Kreativität und die Fähigkeit, für die unterschiedlichsten Aufgaben Lösungen finden zu können. Analytisches Denkvermögen, Abstraktionsvermögen, Genauigkeit und Konzentrationsfähigkeit sind wichtig, eine mathematische Begabung sollte vorhanden sein und um sehr gute Englischkenntnisse kommt man nicht umhin, da die Fachkommunikation ausschließlich in Englisch erfolgt. Ist man nicht der Freak, der mit 15 schon Programme entwickelt, besitzt man aber die genannten Eigenschaften, braucht man zumindest zwei bis drei Jahre, um das Programmieren „gut draufzuhaben".

Arbeitsalltag / Vor- und Nachteile:

Was ist Programmierung?

Ein Programmierer entwickelt Computerprogramme (Software) – was das (inhaltlich) bedeutet beziehungsweise was hinter einer Programmierung steht, können sich nicht mit der Materie Befasste wohl schwer vorstellen. Welche Programme entwickelt er? (Word & Co gibt es doch schon!) Und was tut ein Programmierer de facto, wenn er programmiert? Was macht Programmierung schwierig und wieso läuft selten alles reibungslos ab?

Einen Bedarf an individuell an die Bedürfnisse der einzelnen Unternehmen angepassten Programmen gibt es immer. Zum Beispiel sollen Datenverarbeitungsprogramme oder Dokumentenverwaltungsprogramme entwickelt werden oder ein Programm, welches GPS-Daten verarbeitet und auf einer Webseite visualisiert. Möglichkeiten gibt es so viele wie unterschiedliche Bedürfnisse der Anwender. So viel dazu.

Und der Programmierer? Seine Aufgabe ist es, das Programm zu „schreiben" (in gewisser Weise schreibt er wirklich). Ein Programm wird in einer geeigneten Programmiersprache ausgedrückt, dabei entsteht ein Code, der sich Quelltext oder Sourcecode nennt. Dieser ist übrigens auch für uns lesbar – verständlich wird er nur für einen Programmierer sein. Dieser Code wird infolge von einem weiteren Computerprogramm (einem Compiler oder

Interpreter – auch das sind Programme, die von Programmierern entwickelt wurden) für den Computer in dessen „Maschinensprache" übersetzt – in sogenannte „Binärcodes", was anderes „versteht" er nämlich nicht. Mithilfe einer Programmiersprache können Anweisungen, Verzweigungen, Schleifen usw. in einer für den Programmierer einfach lesbaren Form dargestellt werden. Größte Herausforderung für den Programmierer ist die logische Verknüpfung, Verschachtelung und Kapselung dieser Anweisungen. Klicken wir nun als Anwender auf einen Button auf der für uns sichtbaren Bildschirmoberfläche, wird der diesem Klick zugeordnete Sourcecode vom Computer ausgeführt beziehungsweise umgesetzt. Oder anders ausgedrückt: Der Computer macht nur deshalb das, was wir Anwender von ihm wollen, weil er dazu programmiert ist.

„IT-Architektur" – was planen denn Programmierer??
Im Idealfall wird – bevor man eine Software entwickelt (= programmiert)– ein standardisiertes Modell erstellt. Das ist „IT-Architektur". Gemeint ist damit das Anfertigen von Diagrammen, einer Form der Darstellung einzelner Anwendungsfälle, Aktionen, Abhängigkeiten und Beziehungen, aber auch ganzer Programmabläufe, die für Nicht-Techniker ebenso verständlich sind. Anhand dieser diversen Diagramme kann man den Kunden – die ja meistens nicht in der IT-Branche tätig sind – erklären, was die Ausgangposition ist, welche Varianten es im Ablauf geben kann und wohin diese im Ergebnis führen. Damit wird der Auftraggeber überhaupt erst in die Lage versetzt zu beurteilen, ob das Programm das Ergebnis beziehungsweise Output liefert, das er sich vorstellt. An und für sich ist Modellierung also ein wichtiger Bestandteil der Softwareentwicklung, dennoch wird in der Praxis meistens darauf verzichtet: Ohne Diagramm wird „einfach losprogrammiert". Diese Vorgehensweise fällt Unternehmen dann oft auf den Kopf.

„Nur" programmieren – das bedeutet das Erstellen der Programmcodes anhand von Diagrammen – ist langweilig. Vor allem in größeren Unternehmen übernehmen eigens darauf spezialisierte IT-Architekten die Diagrammerstellung; für den Programmierer verbleibt die eher einfache Aufgabe, den Programmcode anhand dieses Diagramms zu erstellen.

Die Logik dahinter und „über den Horizont blicken"
Die logische Arbeit am Programmieren ist das Erstellen des Diagramms. Der Rest – das Erarbeiten des Programmcodes anhand einer Programmiersprache – ist relativ unspektakulär. Wieso? Programmieren kann man mit einer Fremdsprache vergleichen: Mit der Programmiersprache kennt man die Grammatik einer Fremdsprache, unterhalten (das wäre das Erstellen des Diagramms) kann man sich deswegen noch nicht. Fakt ist, dass man mit den Dingen, die man auf der Uni/auf der FH lernt, nicht auskommt. Warum also ist programmieren so schwierig? Weil alles so komplex ist. Ein einfaches Programm ist einfach zu programmieren – als Diagramm dargestellt, wäre es geradlinig – ohne Verzweigungen/Optionen. Anspruchsvoller wird es bei Programmen, die das Terrain des Simplen verlassen. Die Schwierigkeiten liegen dann darin, dass man Problemstellungen sieht und an alle Eventualitäten denkt. Die Kunst liegt nicht darin, an den Normalfall zu denken, sondern an alle Ausnahmen und an alle Fehlerfälle, die eintreten k ö n n t e n, und diese abzudecken.

Ein Beispiel: Ein Programmierer entwickelte für einen Flugzeugtyp ein Programm, das dem Flugzeug sagte, was bei einer gewissen Geschwindigkeit zu tun ist: Ist die Geschwindigkeit schneller als 70 Knoten, mach das, ist sie langsamer als 70 Knoten, mach das. Als das Flugzeug genau 70 Knoten flog, stürzte es ab. Der Programmierer hatte zwar vorgesehen, was das Flugzeug bei über und unter 70 Knoten zu tun hat, nicht aber, wenn die Geschwindigkeit genau 70 Knoten beträgt; der Programmierer hatte die Variante „= 70" nicht bedacht. Das Programm war fehlerhaft.

„Sauber" programmieren

Ein Programmierer sollte „sauber" arbeiten, das ist auch eine der Schwierigkeiten in dem Job. Ein sauberer Code hat eine saubere Struktur, ist gut dokumentiert und hält sich an gewisse Regeln, sodass jeder (mit angemessenem Vorwissen), der ihn durchliest, auch verstehen und weiter nutzen kann. Gute, saubere Programmierung heißt auch, wartbare Sourcecodes zu erzeugen; wird etwas am Programm geändert und das Programm ist sauber programmiert, sollte die Änderung nur an einer Stelle im Code stattfinden können. Ist das nicht der Fall und muss der Code an zig Stellen geändert werden, erhöht sich damit die Fehleranfälligkeit des Programms: Es könnte eine Stelle übersehen oder vergessen werden, was zu schwerwiegenden Programmfehlern führen kann. Oder das Veränderte funktioniert zwar, aber plötzlich sind Dinge, die vorher funktioniert haben, nicht mehr intakt. Sie waren auf eine bestimmte Art und Weise von dem Geänderten abhängig. Sauber programmieren bedeutet also auch, solche Abhängigkeiten so gut wie möglich zu vermeiden (um die Fehleranfälligkeit möglichst gering zu halten). Wieso wird dann nicht immer von Haus aus sauber programmiert, wenn es das Leben leichter macht? Weil es viele einfach nicht können. Nicht alle beherrschen eben die oben beschriebene Logik.

Probleme mit den Kunden ...

gibt es immer. Das Schwierige ist, dass Kunden erst dann wissen, was sie stört beziehungsweise was sie anders haben möchten, wenn die Software entwickelt ist, wenn sie sie anwenden und testen können. Je besser das Diagramm, desto eher wird man sich solche Situationen sparen können. Gibt es Probleme, dann meist deswegen, weil das Ergebnis nicht den Vorstellungen entspricht. Es sind oft nur Kleinigkeiten, die sich zwar relativ schnell ändern lassen, doch sitzt den Programmierern die Zeit im Nacken:

Stress vor der Projektabgabe

Zu einem Projektende hin wird es immer stressiger. Kunden haben noch Änderungswünsche, das eine oder andere funktioniert nicht usw. Warum werden Termine nicht verschoben? Weil Zeit bekanntlich Geld ist. Soll eine Website zu einem bestimmten Termin online gehen, ist es für das betreffende Unternehmen ein Verlust, wenn zum Beispiel der Verkauf noch nicht übers Internet abgewickelt werden kann. So ist es gang und gäbe, dass Programmierer vor einer Projektabgabe bis in die Morgenstunden sitzen und arbeiten. Alles muss immer schnell gehen – der Druck kommt vor allem von den Kunden. Die Arbeitszeiten sind projektabhängig. Und gerade deshalb kann der Job nur sehr selten in Teilzeit ausgeübt werden – eine Mama, die am Nachmittag das Feld räumt, hat nicht wirklich gute Jobaussichten.

Das muss auch noch gesagt werden
Der Job ist ein sitzender Beruf. Wie jeder Probleme mit dem Computer im Alltag hat, haben das auch Programmierer: Das Netzwerk fällt aus, die Datenbankverbindung bricht ab oder was anderes funktioniert nicht und man kann die Arbeit nicht fertig machen – mit dem Unterschied, dass Programmierer an der Quelle sitzen und Fehler schneller behoben werden; nervig ist das trotzdem. Man muss als Programmierer ständig up to date sein – die Entwicklung ist rasant und man muss es schaffen, damit Schritt zu halten. Und noch etwas: Wenn man eine Programmiersprache beherrscht, kann man die anderen schneller lernen als die erste.

Finanzieller Aspekt / Chancen am Arbeitsmarkt:

Die Zeiten des Booms, wo man als Programmierer sehr gut verdient hat, sind vorbei. Gerade junge Programmierer haben oft ein mageres Einkommen.

Die Chancen am Arbeitsmarkt für Newcomer, die „gierig" (lernfähig und ehrgeizig) sind, stehen recht gut.

Resümee:

Das Tolle an dem Job ist, dass man sein Hirn anstrengen muss – vorausgesetzt man ist nicht dafür eingesetzt, Programmcodes nach Diagrammen zu schreiben. Die Erfolgserlebnisse sind „einfach befriedigend"; wenn man etwas schafft, wenn man weiß, man hat die Lösung, kann das wahrlich Glücksgefühle auslösen.

Datenbankadministrator

Definition:

Datenbankadministratoren bedienen und betreiben Datenbanken und Datenbanksysteme aller Art. Sie warten die Inhalte, speisen neue Datensätze ein und halten die Daten immer auf dem aktuellen Stand. Dabei arbeiten sie mit modernen Softwareprogrammen und Content Management Systemen. Datenbanken werden in Unternehmen und Organisationen aller Wirtschaftszweige und Branchen eingesetzt, vor allem auch in öffentlichen Institutionen wie zum Beispiel Krankenhäusern, Bibliotheken und Archiven, Sozialversicherungsanstalten und dergleichen. (Siehe Hinweis am Ende des Vorworts)

Voraussetzungen / Aus- und Weiterbildung:

Ein Datenbankadministrator bewertet Systeme analytisch. Genauigkeit und strukturiertes Denken sind wichtige Eigenschaften, die man für diesen Beruf mitbringen sollte. Grundlage zur Ausübung dieses Berufs sind IT-Grundkenntnisse. Einen eigenen Lehrgang für Datenbanken gibt es nicht, es gibt aber IT-Lehrgänge mit Schwerpunkt Datenbanken, zum Beispiel an Fachhochschulen/Unis.

Arbeitsalltag / Vor- und Nachteile:

Das nicht!
Laut sachlicher Berufsdefinition bedienen und betreiben Datenbankadministratoren Datenbanken und Datenbanksysteme. Tatsächlich bedient man aber keine Datenbanken und gibt auch keine Daten ein. Sind zum Beispiel 1.000 Kundendatensätze ins System zu übertragen, ist das Aufgabe der Fachabteilungen. Die Funktion des Datenbankadministrators in dem Zusammenhang wäre sicherzustellen, dass die Datenmengen transportiert werden können.

Was macht ein Datenbankadministrator?
Er gewährleistet, dass das Datenbanksystem effizient und sicher läuft. Ein Datenbanksystem besteht aus der Datenbank (den zu verwaltenden Daten) und einem Datenbankmanagementsystem (einer Verwaltungssoftware; die bekannteste mit einem Marktsegment von nahezu 50 Prozent ist Oracle der gleichnamigen Firma). Ein solches System ermöglicht die elektronische Datenverwaltung. Ein typischer Aufgabenbereich des Datenbankadministrators – aber nicht der einzige – ist das „Tuning" (die Feinabstimmung von Parametern einer Datenbankinstallation); ein wichtiger Teil der Arbeit, weil dieser Bereich mit vielen Installationen in Berührung kommt. Mit Tuning soll erreicht werden, dass das Gesamtsystem schneller funktioniert – der Benutzer soll nicht zu lange auf Ergebnisse warten müssen. Bei größeren abzurufenden Datenmengen wird ein Benutzer fünf Minuten Warten wohl noch akzeptieren, bei kleineren Datenmengen ist diese Zeit möglicherweise unerträglich lange. Als Datenbankadministrator sorgt man dafür, dass Benutzer die gewünschten Daten schnell abrufen können. Die Performance – also der Vorgang, dass Daten schnell abgerufen werden können – ist ganz wesentlich und oft gibt es damit Probleme. Ein Datenbanksystem funktioniert zum Beispiel im Probelauf perfekt, sind allerdings 700 Anwender daran angeschlossen, funktioniert es nicht oder nicht schnell genug. Wenn feststeht, dass ein Datenbankproblem die Ursache ist, muss man dafür sorgen, dass es gelöst wird. Daneben ist man für die Datensicherheit verantwortlich und für die Verfügbarkeit der Datenbanken beziehungsweise das Funktionieren des Systems. Will heißen: Bei einem Hardwaredefekt oder Benutzerfehler, der möglicherweise zu einem Datenverlust führt, ist man dafür verantwortlich, die Datenbank wiederherzustellen. Das möglich zu machen, kann bei Unternehmen über Sein oder Nichtsein entscheiden.

Schwierigkeiten auf unterschiedlichen Ebenen
Mit der Technik hat man immer zu kämpfen. Probleme beim Tuning, bei Back-ups oder mit dem Speichersystem ergeben sich ständig. Auf organisatorischer Seite hat man sich mit den Anwendern, dem Management, den Softwareherstellern und den IT-Abteilungen im

eigenen Unternehmen auseinanderzusetzen. Bei den Anwendern fehlt oft das Problembewusstsein; sie nehmen ein Problem nicht wahr und/oder verstehen es nicht. Der „Klassiker" ist das Unverständnis dafür, dass ein Datenbankproblem nicht in zwei Minuten gelöst ist. Daten abrufen, Daten ins System einspielen, eine Kopie von einem Datenbanksystem aufstellen kann Stunden dauern, vor allem wenn die Datenbanken sehr groß sind. Daneben hat man des Öfteren Diskussionen mit den Softwareherstellern. Der Hintergrund dafür ist, dass fast jede Software/jedes Programm auf Daten zugreifen können muss, die/das in der Datenbank abgelegt sind/ist – Software und Datenbank müssen kompatibel sein. Denn auch Programme (wie auch Benutzer) brauchen Zugriffsrechte, um eine Datenbank zu nutzen. Wenn nun eine Software – was häufig der Fall ist – nicht mit dem Datenbankmanagementsystem, das man im eigenen Unternehmen hat, kompatibel ist – weil von unterschiedlichen Herstellern – kann das Programm auf die (hauseigene) Datenbank nicht zugreifen. Die Softwarehersteller sind sich dieses Umstandes sehr wohl bewusst, es wäre aber viel zu aufwändig, die Programme so einzurichten, dass auf Datenbanken sämtlicher Hersteller zugegriffen werden könnte, beziehungsweise hat dies auch wirtschaftliche Gründe (man will den Verkauf der eigenen Datenbankmanagementsysteme fördern ...). In der Praxis sind damit die Produkte der verschiedenen Hersteller nicht kompatibel. Man könnte auch ein neues Datenbankmanagementsystem eines anderen Herstellers kaufen, aber eine neue Lizenz wäre mit Kosten verbunden. Die meisten Unternehmen haben wenige große, statt viele kleine Datenbanksysteme. Das zentralisierte System hat den Vorteil, dass man alles – zum Beispiel Datensicherung – unter einem Hut hat und die Lizenzkosten minimieren kann. So versucht man eben, die Software in die bereits vorhandene Datenbank einzuspielen.

Diese Probleme hat man in der Form mit den „hauseigenen" IT-Abteilungen nicht: Entwickeln diese die Software, schließt man sich bereits vorher zusammen und spricht ab, wie ein Datenbankmodell fachlich richtig und technisch optimal erstellt wird oder zum Beispiel wie viel Platz der Programmierer auf der Datenbank braucht.

Nichts für schwache Nerven
Wenn ein Fehler im Datenbanksystem auftritt, die Festplatte kaputtgeht, das Programm wegen eines Benutzerfehlers nicht mehr funktioniert, ist „Feuer am Dach". Es läutet ständig das Telefon, es hagelt Beschwerden – mit einem Wort: Die ganze Firma sitzt einem im Nacken und möchte, dass das System sofort wieder funktioniert. Stress, den man aushalten muss; hat man keine dicke Haut, muss man sich eine zulegen.

Herausforderung
ist, auf aktuellem Wissensstand zu bleiben – ein Punkt, der sich durch alle IT-Berufe zieht. Es werden ständig neue Programme, Versionen, Features entwickelt. Die Prinzipien bleiben dieselben, up to date muss man dennoch sein. Nicht zuletzt erwarten sich die Kunden laufende Beratung – um eine Entscheidung treffen zu können, brauchen sie Grundlagen, die man als Spezialist liefern können muss.

Dokumentieren und sichern
Grundsätzlich ist wichtig, genau zu arbeiten. Sachen aufzuschreiben, alles zu dokumentieren, nach Checklisten vorzugehen und zu verifizieren, ob alles so ist, wie man glaubt. Schiefgehen kann immer etwas, unverzeihlich für einen Datenbankadministrator ist, keine Sicherung vorzunehmen. Das zu verabsäumen wäre ein Kündigungsgrund.

Arbeitszeiten
Zeit für Privat- und Familienleben bleibt – die Arbeitszeiten sind ok. Ab und zu ist am Wochenende etwas zu erledigen, das aber eher selten. In großen Unternehmen ist es allerdings üblich, dass (auch) Datenbankadministratoren auf Rufbereitschaft sind und im Fall des Falles anrücken. Ein Schichtbetrieb für Datenbankadministratoren ist in Österreich nicht typisch.

Finanzieller Aspekt / Chancen am Arbeitsmarkt:
Ein angestellter Datenbankadministrator erhält ein Einstiegsgehalt von ca. 2.400 Euro brutto. Die Einkommen sind meist abhängig von der Unternehmensgröße und der Branche.

Resümee:
Manche Datenbankadministratoren arbeiten hauptsächlich mit dem Produkt Oracle – toll, weil sich ständig was tut und die Arbeit interessant bleibt. Andere sind vielleicht für mehrere Firmen tätig, was zusätzlich für Abwechslung sorgt.

Datenbankentwickler

Definition:
Datenbankentwickler sind Datenbank-Spezialisten, die sich auf die Konzeption und Programmierung von Datenbanken und Datenbanksystemen aller Art spezialisiert haben (zum Beispiel Online-Archive, Online-Bibliotheken oder Informationssysteme). Datenbanken kommen in Unternehmen und Organisationen aller Wirtschaftszweige und Branchen wie auch in der öffentlichen Verwaltung oder bei Sozialversicherungsanstalten zum Einsatz. Datenbankentwickler arbeiten bei IT-Servicefirmen, bei Datenbank- und Serveranbietern sowie bei Firmen der Softwareentwicklung. Sie arbeiten eigenständig und/oder im Team mit verschiedenen IT-Fach- und Hilfskräften und haben engen Kontakt mit ihren Kunden und Auftraggebern. (Siehe Hinweis am Ende des Vorworts)

Voraussetzungen / Aus- und Weiterbildung:

Eine der wichtigsten Voraussetzungen eines Datenbankentwicklers ist die Fähigkeit, logisch und analytisch zu denken. Grundlage zur Ausübung des Berufs sind IT-Grundkenntnisse und Programmierkenntnisse *(siehe daher Programmierer)*. Für die Spezialisierung zum Datenbankentwickler gibt es, wie beim Datenbankadministrator, berufsbegleitende Kurse, Schulungen oder Zertifizierungen.

Arbeitsalltag / Vor- und Nachteile:

Nur Daten eingeben?
Die Aufgabe ist, die zu speichernden Daten „richtig reinzubringen", indem man Datenbanksysteme plant und entwickelt. Eine sehr individuelle und auf das Unternehmen zugeschnittene Arbeit – je nach Arbeitsabläufen im Unternehmen (Welche Daten braucht der Benutzer? Welche Suchbegriffe gibt er ein? Namen oder Codes? Zahlencodes oder Strichcodes? Wonach sucht der Benutzer? Soll es unterschiedliche Abfragemöglichkeiten – weil verschiedene Benutzer mit verschiedenem Informationsbedarf auf die Datenbank zugreifen – geben?). Ein Datenbankentwickler muss sich also ein Bild über die Abläufe/die Prozesse im Unternehmen machen und auch ein Verständnis fürs Business haben. Er entwickelt passgenaue Datenbanken und je logischer ein Datenbanksystem aufgebaut ist, desto schneller bekommt der Benutzer die Daten, die er haben möchte. Der Datenbankentwickler erhält die bereits (von den Fachabteilungen) gespeicherten Daten und ist dafür verantwortlich, dass sie richtig gespeichert werden. In einer (ebenfalls gespeicherten) Prozedur sorgt er dann dafür, dass ganze Abläufe von Anweisungen unter einem Namen/Code gespeichert werden, die dann auf dem Datenbankserver zur Verfügung stehen und ausgeführt werden können. Mit einem Befehl kann dann eine Abfolge von gespeicherten Befehlen ausgeführt werden. Was heißt das in der Praxis? Viele haben sicher schon eine Ware im Internet bestellt. Mit der Bestellbestätigung per E-Mail bekommt man unter anderem auch einen Code, mit dem man abfragen kann, wo sich das Bestellte gerade befindet: verpackt, abgeschickt, in den USA, in Deutschland usw. Die Aufgabe des Datenbankentwicklers in dem Fall ist es, dafür zu sorgen, dass, wenn ein Benutzer einen Code/Namen oder Ähnliches ins System eingibt, die gewünschten Daten geliefert werden.

Die Herausforderung: die geeignete Methode zu wählen
Um ein Datenbanksystem zu programmieren, gibt es verschiedene Methoden. Die Aufgabe und Herausforderung besteht darin, Daten so anzulegen und einen Weg zu finden, der das effiziente und schnelle Abspeichern der Daten und deren raschen Abruf ermöglicht.

Die Anforderungen ändern sich
Der Kunde wünscht Änderungen, es sollen zusätzliche Infos gespeichert werden und abrufbar sein. Das System wird angepasst, die Prozedur neu gespeichert. Wichtig ist auch, dass man sich mit den Softwareentwicklern abspricht: Die meisten Programme greifen auf eine Datenbank zu. Es ist daher wichtig für den Programmierer zu wissen, wie die Datenbank

die Daten zur Verfügung stellt, und für den Datenbankentwickler, wie das Programm die Daten schickt.

Finanzieller Aspekt / Chancen am Arbeitsmarkt:
Datenbankentwickler haben ein durchschnittliches Jahreseinkommen von etwa 24.000 Euro brutto. Dieser Lohn ist allerdings abhängig von der Größe des jeweiligen Unternehmens und der Verantwortlichkeit. Der Verdienst erhöht sich allerdings auch mit steigender Berufserfahrung und möglichen Weiterbildungen.

Resümee:
Als Datenbankentwickler hat man überhaupt keinen Kundenkontakt. Man sitzt hauptsächlich vor dem Computer und nimmt an wöchentlichen Teambesprechungen teil, bei welchen die Entwicklung erörtert wird.

IT-Projektmanager / IT-Projektleiter

Definition:
Projektmanagement definiert sich als Gesamtheit von Führungsaufgaben, -organisation, -techniken und -mitteln für die Abwicklung eines Projektes. Da es sich beim IT-Projektmanagement nicht um gewöhnliche Projekte handelt, sondern um IT-Projekte, geht es hauptsächlich um die Abwicklung von Softwareentwicklungs-Projekten. Der Projektmanager ist Projektverantwortlicher und gegenüber dem Auftraggeber berichtspflichtig. (Siehe Hinweis am Ende des Vorworts)

Voraussetzungen / Aus- und Weiterbildung:
IT-Projektmanager ist eine berufliche Weiterbildung/ein beruflicher Aufstieg.

Arbeitsalltag / Vor- und Nachteile:

Leiten von Hard- und/oder Softwareprojekten
Wozu beschäftigt eine IT-Firma einen Projektmanager? Welche Projekte managed er? Ein IT-Projektmanager macht Folgendes: Ein fertiges Hardwareprodukt oder eine Standardsoftware (Microsoft XP, Office usw.) wird standardmäßig erzeugt. Nun will ein Kunde etwas, was es in dieser Form noch nicht gibt. Das Produkt muss deshalb an die individuellen Wünsche des Kunden angepasst oder erneuert werden beziehungsweise gibt es auch Projekte, wo die Entwicklung von Individualsoftware (ein Programm speziell für die Wünsche und

Bedürfnisse des Kunden) in Auftrag gegeben wird. Ein Projektmanager steuert das Projekt, er managed den Ablauf und ist zuletzt auch für das Ergebnis verantwortlich. Er schätzt ab, wie lange die Projektentwicklung und -umsetzung dauert, mit welchen Kosten der Kunde rechnen muss und welche Leute (Entwickler in der eigenen Firma) für die Realisierung des Projekts gebraucht werden. Aber nicht nur IT-Firmen beschäftigen Projektmanager.

Manche arbeiten in einer Consulting-Firma, die in unterschiedlichen Bereichen berät – ein Bereich ist IT. Externe Kunden (Unternehmen) wenden sich an die Consulting-Firma und „mieten" das IT-Team, wenn sie Beratung, Entwicklung, Umsetzung und Ähnliches im Hard- und/oder Softwarebereich benötigen. Ob man nun Projektmanager in einem IT-Unternehmen ist oder von einer Consulting-Firma an fremde Unternehmen „verliehen" wird, ist eins, wenn es um die Aufgaben des Projektmanagers im Projekt geht: Der Ist-Zustand (wie läuft der Prozess derzeit?) und der Soll-Zustand (wie soll der Prozess laufen?) werden analysiert, die Kosten und die Arbeitszeit geschätzt. Kommt das Ok zum Projekt, verteilt der Projektmanager die Aufgaben im Team.

Einblicke

Soll zum Beispiel ein Dokumentenmanagementsystem in einem Unternehmen eingeführt werden, muss der Projektmanager sich einmal informieren, wie die Prozesse in diesem Unternehmen ablaufen. Nur dann können die Programmierer die Software individuell an das Unternehmen anpassen. Erst danach kann er Kosten, Arbeitsaufwand und was überhaupt Gegenstand der Leistung sein soll, festlegen. Womit wir bei der nächsten Frage wären:

Muss sich ein Projektmanager in der Programmierung (= Entwicklung) auskennen?
Unbedingt! Es kann nicht anders sein, denn wie sonst könnte er eine Leistungsbeschreibung erstellen? Er muss erfassen, was der Kunde braucht und ob/wie es umsetzbar ist. Außerdem kann er nur dann sein Team sinnvoll leiten, wenn er eine Ahnung von dem hat, was es tut. Hat ein Programmierer irgendein Programmierungsproblem und muss das dem Datenbankspezialisten kommuniziert werden, damit dieser es wettmachen kann, schafft das der Projektmanager nur, wenn er das Problem des Programmierers versteht und es dem Datenbankprofi so erklären kann, dass dieser es versteht. Man sieht also: Ein Projektmanager muss von überall eine Ahnung haben. Auch muss er fähig sein, technische Entscheidungen zu treffen und die Arbeiten des Teams zu kontrollieren. Aus dem Grund ist Projektmanager/Projektleiter auch kein „Einstiegsjob" – man hat selbst zuvor als Programmierer, Datenbankspezialist, Netzwerktechniker gearbeitet.

Jeder würde machen, was und wann er will!
Dieser Satz gilt wohl bei jeder Art von Projektmanagement. Projektmanager müssen dem Team sehr konkrete Anweisungen geben, was wann in Angriff zu nehmen ist: heute das, morgen das. Würde es keinen Projektmanager geben, würde jeder machen, was und wann er es will. Die eingesetzten Programmierer belasten das Projekt mit ihren Aufwänden: Ihre Arbeitszeit muss bezahlt werden und wird dem Kunden verrechnet. Je organisierter der Ablauf, desto weniger Zeit – und damit Geld – geht verloren. Hätte man die Arbeiten nicht unter Kontrolle, könnte man den Kunden auch keine Schätzung geben, ob das Projekt nun

in drei Monaten oder in einem Jahr fertig ist. Umso wichtiger ist ökonomisches Arbeiten, wenn man Leistungen auf Pauschalpreisebene anbietet und nicht nach tatsächlich aufgewendeter Arbeitszeit: Brauchen die Programmierer (bei Pauschalpreisvereinbarung) länger als kalkuliert, ist das das Pech der IT-Firma oder der Consulting-Firma – sie bekommt nicht mehr bezahlt.

Im Kreuzfeuer
Das Hauptproblem ist, dass das Projekt nie im Zeit- und Kostenplan bleibt. Das ist im IT-Bereich grundsätzlich so (weil es immer Schwierigkeiten gibt). Vor Auftragserteilung optimiert man die Kosten und die Zeit, lässt sich aber dennoch einen Puffer, weil man aus der Praxis weiß, dass die Umsetzung immer länger dauert. Es passieren dauernd Dinge, die nicht vorhersehbar sind: Wenn man bereits in der Phase ist, in der die Programmierer die Software implementieren (heißt: die entwickelte Software wird in die Software des Kunden integriert) und es stürzt das Computersystem ab, ist das bitter. Es sollte zwar immer eine Sicherung geben, in der Praxis fehlt dafür aber die Zeit. Im Worst Case gehen Arbeitsschritte der Programmierer verloren. Oder – ganz simpel – bei der Programmierung gibt es Schwierigkeiten. Was nicht läuft, wie es sollte, führt prinzipiell zu Zeitverzögerungen (und die Projektmanager sind auf die Leistungen der eigenen Programmierer – auf deren Fortkommen – angewiesen). Dadurch gerät man als Projektmanager ins Spannungsfeld zwischen Kunde und Unternehmensleitung: Man muss sich vor dem Kunden und vor der Firma rechtfertigen. Meistens liegt man hinter der Planung, Zeitdruck ist ein Alltagszustand. Den Druck macht hauptsächlich der Kunde, der die Arbeitszeit bezahlt – und Zeit ist bekanntlich Geld.

Sklave der Kunden
Und – was nicht berufsspezifisch ist – der Kunde ist König. Das kann sich ins Negative steigern und es ist unangenehm, wenn man oft wie ein Sklave vom Auftraggeber behandelt wird. Fehler werden dem Projektmanager angelastet – egal was passiert ist, er ist die erste Anlaufstelle für Beschwerden.

Mit dem Fortschritt gehen
Manchmal kann es einem fehlen, dass man nicht mehr selbst entwickelt, aber langweilig wird einem nie. Jedes Projekt ist anders – der Job ist immer wieder eine Herausforderung. Außerdem ändert sich die IT-Branche ständig – alles ist schnelllebig; man macht die Veränderungen, den Fortschritt mit und lernt laufend: Es bleibt spannend, weil sich die Materie entwickelt.

Sofort auf die Spitze der Karriereleiter?
Man beobachtet immer wieder, dass Leute, die frisch von der Fachhochschule kommen oder anderswo eine Ausbildung zum IT-Projektmanager gemacht haben, glauben, sie können gleich große Projekte leiten. Ein Trugschluss. Die Leute haben zwar theoretisch eine Ahnung, aber die Praxis fehlt ihnen. Keiner wird von der Schule weg zum Projektmanager erkoren. Man fängt als Entwickler an – als Mitglied von einem Projekt – leitet dann klei-

nere und später (vielleicht) größere Projekte. Den Aufstieg in der Branche muss man sich erarbeiten!

Arbeitszeit und Familienleben
Man ist in seiner Zeiteinteilung grundsätzlich flexibel. Gegen Ende eines Projekts beziehungsweise wenn sich ein Abgabetermin nähert, wird der Job stressiger und man sitzt teilweise länger und am Wochenende bei der Arbeit.

Finanzieller Aspekt / Chancen am Arbeitsmarkt:
Die Gehälter unterscheiden sich prinzipiell nach Erfahrung, Qualifikationsniveau und Branche. In der Regel bekommen IT-Projektmanager ein prämienabhängiges Gehalt – das Grundgehalt ist mittelmäßig und geht durch Prämien in die Höhe.

Resümee:
Die IT-Branche ist nicht eingefahren, ständig gibt es Änderungen; Projekte von „außen" (von Kunden) sind spannend, weil sie immer verschieden sind – jedes Unternehmen hat andere Bedürfnisse. Der Verdienst kann sich durch die Prämien steigern und recht gut sein.

Netzwerktechniker und Systemadministrator / Netzwerkadministrator

Definition:
Netzwerke bilden in der heutigen Zeit die Grundlage für Kommunikation, Datenaustausch und Informationsbedarfsdeckung. Vom betriebsinternen Informationssystem bis hin zum Internet ist es wichtig, dass Informationen in digitaler Form zur Verfügung stehen, die schnell und bequem über Rechner abgerufen, ausgetauscht und vervielfältigt werden können. Unter Netzwerk im Bereich Computersysteme versteht man eine Gruppe von Computern und Peripheriegeräten (Drucker usw.), die durch Kommunikationseinrichtungen (zum Beispiel Kabel, Telefon) miteinander verbunden sind.

Netzwerktechniker im Bereich Computersysteme betreuen die miteinander in Verbindung stehenden Computer und Peripheriegeräte. Sie sind für Planung/Konzeption, Installation, Inbetriebnahme oder Änderung von Netzsystemen zuständig. Dabei sorgen sie für einen raschen und möglichst störungsfreien Austausch von Daten innerhalb des Netzes. Mit Switches und Routern oder über Funkverbindungen stellen sie den Datenaustausch zwischen den Netzwerkgeräten her. Unter anderem konfigurieren sie Firewalls und vergeben Zugangsberechtigungen, Benutzerrechte und Speicherkapazitäten.

Systemadministratoren/Netzwerkadministratoren konfigurieren, warten und betreuen Computersysteme und Computernetzwerke. Sie sind dafür verantwortlich, dass alle Computer laufen und die Netzwerke funktionieren. Sie unterstützen und beraten auch die Unternehmensführung bei Investitionsentscheidungen über die Planung und Anschaffung von Computernetzen, sorgen für die Datensicherheit und stellen Internetverbindungen her. Netzwerkadministratoren sind für die laufende Wartung des Netzwerkes und die Verbindung zum Internet verantwortlich. Sie schulen und betreuen die Anwender, vergeben Zugangsberechtigungen und suchen und beheben Fehler und Störungen. (Siehe Hinweis am Ende des Vorworts)

Voraussetzungen / Aus- und Weiterbildung:

Man sollte ausgeprägte analytische Fähigkeiten mitbringen, Genauigkeit und auch ein gewisses Maß an handwerklichem Geschick. Fachlich fundierte Englischkenntnisse sind notwendig.

Arbeitsalltag / Vor- und Nachteile:

Gibt es den typischen Techniker?
Viele in der Branche sagen, sie seien nicht „typisch", aber gerade das ist typisch. Man ist „Allrounder", man hat nicht nur von einem Bereich eine Ahnung, sondern von mehreren. Oft landet man auch nicht in einem Job, der genau auf seine Ausbildung zugeschnitten ist, sondern findet sich woanders wieder oder ist für mehrere Aufgabenbereiche zuständig. Je nachdem, worin man seinen Fokus sieht, bezeichnet man sich einmal als Netzwerktechniker, einmal als Administrator; wobei theoretisch der Administrator eher im Bereich Verwaltung eines Netzwerkes zu finden sein wird und ein Techniker an der technischen Basis arbeiten sollte – in der Theorie. Eine strikte Trennung, dass der eine das und der andere das macht, ist nicht möglich; zum einen, weil es eine Vielzahl unterschiedlicher Netzwerktechnologien gibt, zum anderen weil ein Systemadministrator auch über Wissen aus dem Bereich der Netzwerktechnik verfügt und dieses auch anwenden kann/wird.

De facto oft in einer Hand
Das Netzwerk ist ein System von Computern, die miteinander verbunden sind. Es besteht aus Servern, Clients, Netzwerk-Betriebssystemen und Netzwerkkabeln, die als Kommunikationsleitung dienen. Das Netzwerk verbindet alle Systeme (eines Unternehmens, mehrerer Unternehmen, weltweit: das Internet) miteinander, damit sie eben über das Netz kommunizieren können. Die Systeme sind verschiedene Server, die bestimmte Dienste bereitstellen, zum Beispiel den Mail-Dienst, den Web-Server, die Datenbank usw. Der Netzwerktechniker pflegt die gesamte Infrastruktur, die man benötigt, um ein Netzwerk zu betreiben, der Systemadministrator hält das System am Laufen – er wartet und betreut die Computer-Systeme. Aber das muss nicht sein: Der Inhalt der Aufgaben hängt einerseits davon ab, ob man beim Anbieter (Telekommunikationsunternehmen) oder auf „Kundenseite" – also in einem Unternehmen arbeitet, das ein Netzwerk in Anspruch nimmt.

Ist man unmittelbar beim Anbieter beschäftigt, ist man tatsächlich „reiner" Netzwerktechniker und konfiguriert im Normalfall sämtliche Arten von WAN (Internet über DSL oder Telekabel, virtuelle Firmennetze, um Standorte zu verbinden, Telefonnetze usw.). Und wenn man in einem Unternehmen beschäftigt ist, hängt der Tätigkeitsbereich davon ab, wie groß und wie „IT-nah" das Unternehmen ist. Man konfiguriert für gewöhnlich das interne Firmennetz und damit ein LAN. Man beschäftigt sich – theoretisch – ausschließlich mit der Technologie von Netzwerken (macht also beispielsweise keine Serverwartungen). Regelmäßig sind „Nicht-IT-Firmen" allerdings nicht groß genug, um einen eigenen Netzwerktechniker einzustellen. In der Praxis übernimmt dann ein Techniker oft nicht nur Netzwerktechnik, sondern auch Netzwerkadministration/Systemadministration (beziehungsweise umgekehrt!). Anders in größeren Firmen: Dort gibt es Administratoren, die für die Wartung jeweils eines einzelnen Services zuständig sind: zum Beispiel für den Mail-Server, die Sicherheit, den Internetzugang, Firewalls usw.

Daneben kommen natürlich auch Netzwerktechniker mit relativ tief gehenden Spezialisierungen vor, Sprachübertragungen über Datenleitungen zum Beispiel.

Warum hat man immer was zu tun?

Das Netzwerk zu pflegen, das System zu warten – klingt nicht so, als ob es laufend Arbeit gäbe. Falsch gedacht. Die Systeme laufen nicht durch. In der Realität müssen Wartungsarbeiten durchgeführt werden, Geräte fallen aus, Hardware muss ausgetauscht werden, eine Leitung gibt den Geist auf, die Route hat sich geändert und damit muss die Konfiguration angepasst werden (Netzwerktechnik). Es kann sein, dass man als Netzwerktechniker im Unternehmen vor Ort alles im Griff hat, aber Bauarbeiter irgendwo eine Leitung kappen. Man muss Lösungen finden, um die Verbindung dennoch zu gewährleisten. Wenn zum Beispiel die Verbindung zwischen Salzburg und Innsbruck gestört ist, findet der Netzwerktechniker andere Wege, über die er routen kann; wenn ein Handymast ausfällt, gibt es Wege über andere Handymasten, um den Endnutzern das Service weiterhin zur Verfügung zu stellen. Oder es schleicht sich ein Virus am Server ein, ein Update funktioniert nicht, Services sind gestört (Systemadministration). Das sind Probleme, die laufend auftreten. Für diese muss man Lösungen finden, sich Strategien überlegen, damit der Endnutzer die Wartungsarbeiten nicht mitbekommt oder die Störung schnellstmöglich behoben wird. Im Übrigen ist es auch nicht so einfach, einen Fehler (den „Knoten") zu finden. Je größer ein Unternehmen, desto schwieriger wird es festzustellen, wo der Fehler liegt, wo das System ausgesetzt hat. Und wenn mal wirklich weniger zu tun ist, hat man dennoch nicht „nichts zu tun": Man nützt die Zeit, sich um Dinge zu kümmern, die sonst anstehen und im alltäglichen Betrieb vernachlässigt werden. Man konfiguriert beispielsweise das System, denn die Konfiguration ist nie perfekt; auch das Netzwerk kann man immer optimieren; kurz: Bestehende Lösungen werden dann überarbeitet.

Die IT ist nicht statisch

Systeme veraltern und müssen aktualisiert werden, Versionen ändern sich, es kommen immer wieder neue Router auf den Markt (= eine weitere Herausforderung für die Konfiguration) oder bei Handys werden neue Techniken entwickelt (erfordert eine neue Konfiguration; man muss die Technik mitlernen und verstehen, um die Konfiguration durchführen zu können). Kurz: Es ändert sich laufend etwas und man ist gezwungen, ständig sein Wissen „up-to-daten". Das praktische Problem dabei ist oft, dass die Unternehmen die Weiterbildung ihrer Techniker nicht pflegen und auch die Kosten dafür nicht übernehmen. Sie setzen voraus, dass man selbst für seine Qualifizierung sorgt – vor allem, wenn man in einem Handelsunternehmen (und nicht beim Anbieter) tätig ist – und das außerhalb der Arbeitszeit und ohne Kostenersatz.

Klar können Fehler passieren – genug!
Und das Problem ist, dass man nicht abschätzen kann, welche negativen Folgen sie haben können. Durch einen Konfigurationsfehler zum Beispiel kann es passieren, dass plötzlich an 600 Mitarbeiter Löhne angewiesen werden, obwohl diese noch gar nicht fällig sind; oder ein administrativer Fehler könnte zur Folge haben, dass der österreichweite Verkauf an sämtlichen Standorten des Handelsunternehmens mit einem Mal nicht mehr funktioniert. Oder wenn zum Beispiel seitens Telekabel fehlerhafte Updates für diese Telekabelboxen an 5.000 Haushalte verschickt würden, kommen 1.000 Leute nicht ins Internet und rufen die Hotline an. Es gibt zwar Regeln, um Fehlerquellen zu minimieren, sie lassen sich aber nie ausschalten. Die Letztverantwortung liegt zwar beim IT-Leiter beziehungsweise beim jeweiligen Vorgesetzten, wenn man aber etwas „verbockt", muss man sehr wohl dafür geradestehen. Viele Netzwerktechniker beziehungsweise Systemadministratoren sind dem Druck auf Dauer nicht gewachsen.

Konflikte zwischen Geschäftsführung und Technikern – Budget und technisch ideale Lösung
Das Problem ist, dass die Entscheidungsbefugnis bei Leuten liegt, die (grundsätzlich) keine Ahnung von der IT haben – damit sind Konflikte vorprogrammiert. Es kommen laufend Vorgaben, die sich technisch nicht umsetzen lassen oder zwar umsetzen lassen, aber weit entfernt von einer optimalen Lösung sind – „Nichttechniker" bestimmen, wie sie es haben wollen. Es dauert lange, bis eine Entscheidung fällt, und wenn sie dann gefallen ist, muss die Durchführung nach Wünschen der Führungsebene sofort erfolgen. Wie lange die Umsetzung dauert und was es kostet, zum Beispiel (konkrete) Qualitätsmerkmale zu erfüllen (z. B. Ausfallsicherheit), wissen Nichttechniker nicht. Als Techniker steht man unter dem Druck, mit wenig Kostenaufwand hohe Qualität liefern zu müssen. Man ist angehalten, mit bewilligtem Material zu arbeiten, aber nicht unbedingt mit dem besten. Es gibt eben oft nicht nur eine Möglichkeit *(dazu gleich)*, sondern mehrere, und aus Kostengründen ist der Techniker gezwungen, die günstigste funktionierende Lösung zu finden, die quasi nie die ideale Lösung aus Sicht des Technikers ist.

Die „Handschrift" der Techniker
Es gibt nicht für jedes Problem nur eine Lösung: Oft sind zehn bis zwanzig Wege möglich, ein Problem zu lösen – die einen sind effizienter, die anderen weniger effizient. Der Job besteht einerseits aus einem Handwerk, das man lernen muss, und andererseits aus der Problemlösungskompetenz. Das Handwerk erwirbt man sich in der Ausbildung, die Problemlösung – anhand des gelernten Know-hows – ist der berufliche Alltag. Es geht also darum, Probleme zu erkennen und möglichst innovative Lösungen zu finden, und dabei sind ver-

schiedene Wege wählbar. Jeder Techniker entwickelt eine Handschrift, wie er auf Probleme zugeht und mit den unterschiedlichen technischen Möglichkeiten eine Lösung findet.

Nur Technik?
20 Prozent der Arbeitszeit verbringt man mit organisatorischen Dingen – mit dem Ausfüllen von Formularen und der schriftlichen Dokumentation der Arbeitsschritte. Damit wird die Arbeit überprüfbar gemacht, Fehler können ausgeschaltet werden. Der organisatorische Aufwand wird größer, desto menschennaher das Unternehmen, für das man arbeitet, ist: In einem Krankenhaus, wo Menschenleben an Netzwerken dranhängen, ist die Dokumentation umfangreicher als bei einem Unternehmen, das mit Waren handelt. In einem Krankenhaus muss für andere Techniker nachvollziehbar sein, was passiert, wenn „sie einen Stecker ziehen" – vereinfacht gesagt.

Die Arbeitszeit – nicht alles, was passiert, kann man planen
Die offizielle 38,5-Stunden-Woche lässt sich für Netzwerktechniker kaum einhalten. Die verschiedenen Services müssen rund um die Uhr (Anbieter), beziehungsweise zumindest während der Öffnungszeiten, zur Verfügung stehen. Wenn es zu einem unvorhergesehenen Ausfall kommt, ein Server kaputtgeht, eine Netzwerkkomponente ausgetauscht werden muss, Änderungen, Updates oder Wartungsarbeiten durchgeführt werden müssen, hat man gegebenenfalls auch außerhalb und zusätzlich zu der offiziellen Arbeitszeit beziehungsweise in der Nacht bereitzustehen. Updates und Wartungsarbeiten werden per se auf nachts oder übers Wochenende angesetzt, um den Geschäftsbetrieb nicht zu stören. So trifft es zumindest Netzwerktechniker kleinerer Unternehmen, wo die Leute nicht in Schichten arbeiten. Die Überstundenpauschalen, die die Mehrarbeit abgelten sollten, sind meist zu gering. Damit werden Überstunden de facto nicht zur Gänze bezahlt. Beim Anbieter oder in sehr großen Unternehmen sind im Gegensatz dazu immer Leute da, die in Schichten arbeiten – bei den Anbietern müssen ja die Services rund um die Uhr gewährleistet sein.

Finanzieller Aspekt / Chancen am Arbeitsmarkt:

In Österreich liegt das Anfangsgehalt von Angestellten im Bereich System-/Netzwerkadministration zwischen 1.500 und 1.800 Euro brutto pro Monat. Das Gehalt wird auch von der jeweiligen Branche beeinflusst.

Resümee:

Oft ist Netzwerktechniker/Systemadministrator ein Job, den man als Junger macht, wenn man noch flexibel ist und mit der Nachtarbeit und der Unterbrechung der Freizeit kein Problem hat. Den Druck und die Verantwortung, denen man in dem Job standzuhalten beziehungsweise die man zu tragen hat, sind nicht zu unterschätzen. Der Arbeitsalltag besteht darin, vorgegebene Aufgaben zu erfüllen – es ist nicht so, dass man seinen Interessen/Neigungen nachgehen kann, wie man es vielleicht zu Hause machen könnte/würde – die anfallenden Dinge sind zu erledigen; und das bedeutet Standardaufgaben zu lösen. Auf

Dauer schwächt das die Motivation. Das ist mit ein Grund, wieso sich viele Techniker, wenn sie älter werden, von diesen Bereichen weg-, beziehungsweise weiter-/hinaufentwickeln. Je älter man wird, desto organisatorischer wird der Job – denn Aufstieg bedeutet meist Projektleiter.

Kinder / Ausbildung

Kindergärtnerin

Definition:
Kindergärtnerinnen begleiten, betreuen und erziehen Kinder bis zum Alter von sechs Jahren in Kindergärten, Kindergruppen, Heimen usw. Sie unterstützen die Kinder bei ihrer Entwicklung und motivieren sie dazu, körperliche, geistige, emotionale und soziale Erfahrungen mit ihrer Umwelt zu machen. Sie malen und zeichnen, spielen und basteln, singen und turnen mit den Sprösslingen, erzählen Geschichten und machen Ausflüge. Kindergärtnerinnen arbeiten in den Räumlichkeiten von Kindergärten sowie im Freien auf Spielplätzen. Dabei kollaborieren sie mit Berufskolleginnen und Kindergartenhelferinnen und halten Kontakt zu den Eltern und Bezugspersonen der Kinder. (Siehe Hinweis am Ende des Vorworts)

Voraussetzungen / Aus- und Weiterbildung:
Man kann fünf Jahre Ausbildung in einer Bildungsanstalt für Kindergartenpädagogik absolvieren (endet mit Matura) oder zwei Jahre an einem Kolleg für Kindergartenpädagogik (auch berufsbegleitend möglich).

Weiterbildungsmöglichkeiten bestehen beispielsweise in Bereichen wie Spezialpädagogik, Therapie sowie Kunst und Kreativität. Kurse betreffen Bereiche wie Autismus, Früherziehung und -förderung, Gebärdensprache, konduktive Mehrfachtherapie, Integrationslehrgang etc.

Arbeitsalltag / Vor- und Nachteile:

Sitzen und spielen?
Kinder sind quirlig und ständig unterwegs. Sie sitzen kaum still und sind selten ruhig. Das führt dazu, dass auch eine Kindergärtnerin ständig in Bewegung ist. Also, ein ruhiges Sitzen und Spielen kommt zwar vor, ist aber nicht die Regel. Die Kinder bewegen sich, es machen nicht alle Kinder in der Gruppe dasselbe; zu den Aufgaben einer Kindergärtnerin gehört es, trotzdem den Überblick zu bewahren und an zehn Orten gleichzeitig mit seinen Augen und Ohren zu sein. Man trägt eine große Verantwortung – für die Unversehrtheit und Entwicklung der Kinder.

Die Kinder sind meistens im Kindergarten „braver" als zu Hause; vielleicht beruhigend zu wissen für diejenigen, die selbst kleine Geschwister oder ein Kind haben und es sich möglicherweise nicht vorstellen können, 15 Kinder und mehr unter Kontrolle zu halten. Kinder verhalten sich in der Gruppe anders und lernen teilen, borgen und aufeinander Rücksicht nehmen. Kindergärtnerinnen sind Pädagoginnen. Sie erziehen Kinder, lehren sie das soziale und kollegiale Zusammenleben und das Zusammenarbeiten in der Gruppe.

Ermüdend?
Sicher nicht im Sinne von langweilig. Die Zeit vergeht wie im Flug, von den Kindern wird man permanent gefordert, die Arbeit mit ihnen ist spannend. Man wird von den Wünschen der Kinder bombadiert und auch ständig unterbrochen. Aber der Job ist „ermüdend" im Sinne von körperlich anstrengend. 15 bis 20 Kinder „ausgehfertig" zu machen, dauert – vor allem im Winter. Als Kindergärtnerin hebt man ständig Kinder rauf und runter, das führt oft zu Kreuzschmerzen, aber man gewöhnt sich dran. Wickelkinder werden im Akkord einige Male auf den Wickeltisch gehoben, gewickelt, angezogen und heruntergehoben. Aber auch Kinder, die keine Windel mehr brauchen, fordern einen körperlichen Einsatz: Man setzt sie oft zig Mal aufs Klo, bevor wirklich „was" kommt und geht was daneben, wird es aufgewischt und das Kind wieder saubergemacht. Außerdem sitzt man als Kindergärtnerin genauso wie die Kleinen auf Kindersesseln, bequem ist das nach kürzester Zeit nicht mehr. Ruhepausen gibt es für Kinderbetreuer selten. Wie die Kinder sind auch die Kindergärtnerinnen ständig „auf Touren". Außer zu Mittag. Wenn die Kinder schlafen, können die Kindergärtnerinnen die Zeit für Erholung und Essen nützen oder sie plaudern und machen Bastelarbeiten fertig.

Die Vorbereitungszeit
Eine 40-Stunden-Anstellung bedeutet, 36 Stunden im Kindergarten und vier Stunden Vorbereitungszeit zu Hause. In den vier Stunden Vorbereitungszeit erledigen Kindergärtnerinnen die Arbeiten rund um Elterngeschenke und jahreszeitbedingte Bastelarbeiten, was Kinder noch nicht eigenständig können. Sie überlegen sich, welche altersangemessenen Spiele oder Reime den Kindern Spaß machen könnten. Es bleibt einem selbst überlassen, wie viel Zeit man dafür investiert. Manche nützen nicht mehr als die bezahlte Vorbereitungszeit, andere werden damit kein Auslangen finden. Manche sehr engagierte Kindergärtnerinnen haben eine eigene kleine Bibliothek mit Fachbüchern, wie zum Beispiel Entwicklungspsychologie, Sprachförderung, Bücher über verhaltensauffällige Kinder, Bücher über altersangemessene Spiele und Reime usw. Man setzt sich vielleicht gerne abends hin und holt sich neue Anregungen für die Arbeit. Fakt ist – und das wird keiner abstreiten – je lustiger die Spiele für die Kinder sind und je besser man sie unterhält, desto mehr Spaß hat man selbst.

Eltern
Eltern können so und so sein. Mit den meisten gibt es ein gutes Auslangen und kurze, nette Gespräche, wenn sie ihr Kind abholen. Manche allerdings sind anstrengend, stellen Forderungen, möchten interne Regelungen nicht akzeptieren oder setzen sich über einiges hinweg. Man muss eben auch mit schwierigen Eltern rechnen.

Drop-out
Ungefähr ein Drittel der jungen Kindergärtner hört nach einem halben Jahr mit dem Beruf auf. Wieso? Weil er kraftraubend und schlecht bezahlt ist. Eine undankbare Kombination. In den öffentlichen Kindergärten kommen oft 25 Kinder auf zwei Betreuer; mit dem Gehalt kann man als alleinstehende Person sein Leben nicht finanzieren. Man ist auf einen Partner angewiesen. Überstunden werden – außer in öffentlichen Kindergärten – selten bezahlt. Bis vor ca. fünf Jahren noch gab es einen Kindergärtnerüberschuss. Es kam vor, dass sich auf eine Stellenausschreibung bis zu 60 Kindergartenpädagogen meldeten. Diese Zeiten sind vorbei: Jetzt reagiert manchmal nicht einmal ein Bewerber auf ein Inserat.

Urlaub und Privatleben
Als weiteren Nachteil neben der schlechten Bezahlung empfinden manche, dass sie nicht spontan in ihrer Urlaubsplanung sein können. Wenn der Kindergarten über die Weihnachtsfeiertage oder im Sommer geschlossen ist, müssen sich de facto auch die Kindergärtnerinnen Urlaub nehmen. Spontan unter dem Jahr wegfahren ist schwierig. Immerhin muss man sich aber keine Sorgen machen, ob man über Weihnachten und im Sommer Urlaub bekommt; und das Wochenende ist frei.

Finanzieller Aspekt / Chancen am Arbeitsmarkt:

Leider ist das Gehalt (um die 1.000 Euro netto pro Monat) oft sehr gering und als Single kommt man vielleicht gar nicht damit aus. Dies ist auch der Grund, warum viele Kindergärtnerinnen den Beruf wechseln.

Engagierte Kindergärtner werden heute mehr denn je gesucht.

Resümee:

Unabdingbar für den Beruf ist, dass man Kinder sehr, sehr gerne mag – anders schafft man diese anstrengende Tätigkeit nervlich nicht. Der Kontakt zu Erwachsenen untertags geht einem oft nicht ab; Kinder sind erfrischend ehrlich und kleine Philosophen. Allerdings stehen das Gehalt und die Verantwortung, die man tagtäglich für die Kinder zu tragen hat, oft nicht in Relation.

Lehrer

Definition:

Volksschullehrer unterrichten Kinder vom Schuleintritt bis zur Beendigung der vierjährigen Volksschule in allen Unterrichtsfächern. Sie vermitteln konkrete Fertigkeiten wie Lesen, Schreiben und Rechnen und grundlegendes Wissen in den weiteren Sachgegenständen.

Sie kontrollieren regelmäßig den Wissensstand ihrer Schüler, indem sie deren Leistungen beobachten und korrigieren. Dabei verrichten sie auch Erziehungsarbeit, regen die Kinder zu selbstständigem Denken und Arbeiten an und erhalten beziehungsweise wecken das Interesse am Wissenserwerb und an der Umwelt. (Siehe Hinweis am Ende des Vorworts)

Voraussetzungen / Aus- und Weiterbildung:

Seit Oktober 2007 können an insgesamt neun Pädagogischen Hochschulen des Bundes und fünf privaten Pädagogischen Hochschulen Lehramtstudien für den Pflichtschulbereich (Volksschule, Hauptschule, Sonderschule, Polytechnische Schule, Religionspädagogik) und für den berufsbildenden Bereich (Berufsschule, Technisch-gewerbliche Pädagogik, Ernährungspädagogik, Informations- und Kommunikationspädagogik, Mode & Design) absolviert werden. Das Lehramtstudium schließt mit dem Bachelor, ist international anerkannt und ermöglicht einem, auch in anderen europäischen Ländern zu unterrichten.

Arbeitsalltag / Vor- und Nachteile:

Vier Stunden Arbeit und ein freier Nachmittag?
Volksschullehrer zu sein bedeutet nicht, vier bis fünf Stunden am Tag zu unterrichten und am Nachmittag freizuhaben. Es ist kein Halbtagsjob, der mit der letzten Unterrichtsstunde endet. Es ist zwar richtig, dass ein Lehrer in etwa 20 bis 25 Stunden in der Woche in der Schule verbringt. Aber woran manche nicht denken, ist, dass mit der Zeit in der Schule die Arbeit eines Lehrers nicht erledigt ist. In der unterrichtsfreien Zeit (Vorbereitungs- beziehungsweise Nachbereitungszeit) korrigiert man Arbeiten und Tests oder Schularbeiten und man bereitet den nächsten Schultag vor. Junge Lehrer kommen damit auf eine 40-Stunden-Woche, routinierte und langjährig gediente Lehrer müssen für die Vorbereitung des nächsten Schultages nicht mehr so viel Zeit aufwenden. Im Übrigen gibt es an manchen Volksschulen einen Hort und die Verpflichtung für den Lehrer, auch an einigen Nachmittagen in der Woche anwesend zu sein.

Ein wesentlicher Vorteil des Lehrerberufs ist, dass man im Übrigen sehr flexibel in seiner Zeiteinteilung ist: Ob man nun die Tests, Aufsätze und sonstigen Hausübungen am Nachmittag oder abends korrigiert und wann man den Stoff für den nächsten Unterrichtstag vorbereitet, kann man sich frei einteilen; ein großer Vorteil, den es in vielen Berufen nicht gibt.

Viiiiel Urlaub
Ja, das stimmt. Es gibt in manchen Schulen die Herbstferien, dann die Weihnachtsferien, die Semester- und Osterferien und schließlich die Sommerferien. Der Lehrerberuf ist ein sehr familienfreundlicher Beruf. Man muss sich keine Gedanken um die Betreuung seiner eigenen Kinder während der Ferien machen – man ist ja selbst zu Hause. Und auch während der Schulzeit gibt es um halb sechs kein Hetzen zum Hort, zur Nachmittagsbetreuung, um sein Kind abzuholen, weil man nicht direkt vom Arbeitsplatz zum Kindergarten/

Hort laufen muss. Aber zurück zu den zweimonatigen Sommerferien – eine tolle Sache. Die Ferien braucht man aber auch zur Erholung; Burn-out ist bei den Lehrern inzwischen weit verbreitet, mehr in den städtischen Gefilden als in Volksschulen am Land.

„Nur" unterrichten?
Unterrichten ist aktive Arbeit; Kinder lauschen nicht einfach nur dem Lehrer, weil er der Lehrer ist. Dafür muss dieser etwas tun. Erfolgreich unterrichten bedeutet, Dialoge zu führen, Kinder zu fordern und den Unterrichtsstoff so interessant zu gestalten, dass man die Aufmerksamkeit der Kinder gewinnt und deren Interesse am Zuhören und Lernen weckt. Es wird immer Kinder geben, die nicht lernen möchten, den Unterricht stören und den Lehrer nicht automatisch als Respektsperson anerkennen. Man muss sich als Lehrer diesen Respekt erst verschaffen – das ist wahrscheinlich in einer Volksschule noch leichter als in höheren Schulen. Der Lehrerberuf zieht – wahrscheinlich aufgrund der langen Ferien – viele ungeeignete Personen an, die nicht die nötige Durchsetzungsfähigkeit besitzen beziehungsweise es nicht schaffen, sich den nötigen Respekt zu erringen. Dann wird der Job wirklich zur psychischen und nervlichen Belastung.

Unterrichten bedeutet auch, auf jedes Kind einzugehen, dessen Begabungen und Schwächen zu erkennen und entsprechend darauf zu reagieren. Gerade schwächeren Kindern muss man Aufgaben geben, die sie lösen können. So verschafft man ihnen Erfolgserlebnisse: Diese Kinder müssen motiviert werden, um weiterzukommen. Ein Lehrer trägt eine große Verantwortung: Man prägt die Kinder, legt einen Grundstock für das soziale Zusammenleben (nicht nur fürs Lesen, Rechnen, Schreiben) und bereitet sie auf ihr weiteres Bildungsleben vor.

Lehrer sind für Kinder – gerade für die kleineren in der ersten und zweiten Klasse – so etwas Ähnliches wie eine Mama oder ein Kindermädchen; sie trösten die Kleinen, hören ihnen zu, wenn sie von ihrer Freizeit oder ihrem Haustier erzählen. Kinder verbringen doch relativ viel Zeit in der Schule. Da ist es nicht verwunderlich, dass sie in ihrem Lehrer auch eine Vertrauensperson sehen. Diese nehmen auch Einfluss auf die Erziehung der Kinder – noch konkreter gesagt: Sie leisten Erziehungsarbeit.

Der Job kann so und so sein
Mitentscheidend dafür, ob man in der Früh das Klassenzimmer gerne betritt oder nicht, ist, in welcher Schule (privat/öffentlich) und welcher Lage (Land/Stadt/Bezirk) man arbeitet. Schwierig für den Lehrer ist es, ein Niveau zu halten bzw. zu erreichen, wenn es vielen Schülern an Deutschkenntnissen fehlt.

Sichtbare Erfolgserlebnisse
Zu den schönsten Dingen zählt es, wenn man nach einem Schuljahr feststellen kann, was die Kinder gelernt, welche Fortschritte sie gemacht und wie sie sich entwickelt haben; und keine Schulklasse ist gleich. Kinder haben ihre Persönlichkeit, sind unterschiedlich begabt, Klassen haben ihre Persönlichkeit und Eigenheiten. Das Arbeiten mit Kindern ist immer aufs Neue spannend. Es ist zwar ein bestimmter Stoff, den es zu vermitteln gibt, vorgeschrieben, aber die Art, wie man es den Kindern beibringt, variiert; auch nehmen Kin-

der den Lernstoff unterschiedlich gut auf. Schön ist freilich auch ein Feedback zufriedener Eltern und man freut sich, von Hauptschullehrern/Lehrern am Gymnasium zu hören, dass die Schüler gut ausgebildet sind.

Frank und frei?
Man muss damit rechnen, dass man als Lehrer nicht selbstständig die Lehrbücher auswählen kann. In vielen Schulen haben die Eltern diesbezüglich Mitspracherechte. Der Kontakt mit den Eltern beschränkt sich oft auch nicht auf die Sprechtage: Elterngespräche finden – auf ihre eigene Initiative – de facto regelmäßig statt; und da kommt es auch vor, dass man sich als Lehrer für seine Lehrmethoden rechtfertigen muss oder diese von den Eltern hinterfragt werden. Dass mit dem Lehrerberuf so viel „Elternarbeit" verbunden ist, ahnen viele Lehrer nicht; darauf wird man bei seiner Ausbildung nicht vorbereitet.

„Vorgaben" von außen kommen allerdings nicht nur von Eltern, sondern ebenso von der Schulleitung und vom Landes- bzw Stadtschulrat. Manche Lehrer stört etwa, wenn Rahmenbedingungen vorgegeben werden, wie zu unterrichten ist beziehungsweise wie nicht. Etwas lästig kann der Zwang sein, eine bestimmte Anzahl von Fortbildungseinheiten pro Jahr zu besuchen. Erfahrenen Lehrern bringen diese nicht viel, sondern bestätigen vielleicht lediglich die Arbeitsweise – nach so vielen Jahren als Lehrer ist man eigentlich schon ein „alter Hase" – man weiß, wie's geht.

Finanzieller Aspekt / Chancen am Arbeitsmarkt:

Ob man nun als Lehrer gute Arbeit macht oder nicht, spiegelt sich nicht im Gehalt wider. Die Bezahlung erfolgt nicht nach Leistung, sondern nach Dienstalter und beträgt etwa zwischen 24.900 und 34.000 Euro brutto pro Jahr.

Wer jetzt mit einer Ausbildung beginnt, hat sehr gute Chancen, eine Stelle zu finden, denn es wird zwischen 2016–2018 eine Pensionswelle erwartet.

Resümee:

Der Beruf füllt einen aus, ist nie langweilig, die Kinder werden origineller, je älter sie werden. Sie werden allerdings auch frecher und (erschreckend) früh reif. Mühsam ist es, wenn sich Eltern zu sehr in die Arbeit einmischen und manchmal gegen den Lehrer arbeiten. Als solcher fühlt man sich oft als „Buhmann der Nation" – die Allgemeinheit schätzt die Arbeit der Lehrer nicht, sieht nur die Ferien und den – nach ihrer Meinung zu hohen – Verdienst. Lehrer zu sein ist anstrengender, als die meisten denken, und kann psychisch und physisch sehr belastend sein.

Kultur / Kunst

DJ

Definition:

Mittlerweile nehmen die Discjockeys (m/w) einen fulminanten Platz im Bereich der Musikszene ein. Sie legen nicht nur Musik auf, sondern produzieren eigene Labels (Marken) und sind somit als selbstständige Musiker und Interpreten zu verstehen. Ihr Instrument ist das Mischpult. Je nach stilistischer Ausrichtung (zum Beispiel Techno, House, HipHop, Black oder Oldies aus den 70ern, 80ern) gestalten sie ihren eigenen „Style". Sie legen hauptsächlich in Clubs und Diskotheken auf, aber auch bei Privatpartys, Hochzeiten, Betriebsfeiern usw. (Siehe Hinweis am Ende des Vorworts)

Voraussetzungen / Aus- und Weiterbildung:

DJ kann jeder werden, wenn er das richtige Gespür für Takt und Musiktrends mitbringt. Es gibt mittlerweile sogenannte „DJ-Schulen", in welchen einem zusätzlich die richtigen Techniken beigebracht werden (muss man aber nicht besuchen, wenn man die Techniken bereits beherrscht).

Was ungemein hilft, möchte man diesen Beruf ausüben: „Vitamin B" – also Menschen mit Beziehungen, die einem den Einstieg, also den Zutritt zu coolen Locations, in welchen man auflegen darf, erleichtern.

Arbeitsalltag / Vor- und Nachteile:

Zwei Stunden auflegen in der Woche – that's it? Cooles Leben!
Klischees werden mit dem DJ genug verbunden – die einen DJs werden ihnen gerecht, die anderen wiederum nicht. Um die Frage nach der Arbeitszeit zu beantworten, kurz vorweg zur Klarstellung: Die Branche unterscheidet booking DJs und resident DJs. Booking DJs werden von unterschiedlichen Clubs gebucht (legen also immer woanders auf – bekanntes Beispiel: David Guetta), und zwar aufgrund ihres eigenständigen Sounds, den sie produzieren und versuchen, unter die Leute zu bringen; man schaut, dass die eigenen Titel in Clubs und von Radiosendern gespielt werden, um sich so einen Namen zu machen. Entsteht eine Nachfrage und wird der booking DJ bekannt – entsteht also ein „Hype" um den Sound, wird man gebucht: Clubbesitzer promoten Partys unter dem Namen des DJs, kassieren Ein-

tritte und der DJ eine Gage. Die Höhe der Gage richtet sich nach dem Bekanntheitsgrad: Kennt einen die Masse nicht, schaut's mit dem Verdienst nicht so toll aus, weil man nicht gebucht wird (unbekannte DJs interessieren keinen Clubbesitzer eines angesagten Clubs). Manche DJs verdienen in den wenigen Stunden, die sie im Monat in Clubs auflegen, so viel wie beziehungsweise mehr als andere Menschen in einem Monat, doch ist der Job mit dem „bisschen Auflegen" nicht getan. Man legt zwar tatsächlich nur am Wochenende (ausschließlich in internationalen Städten) für zwei bis drei Stunden auf – also nicht die ganze Nacht und nicht jeden Tag – doch arbeitet man den ganzen Monat an der Produktion seiner Titel.

Resident DJs jobben im Gegensatz dazu fix in einem bestimmten Club (sie sind so gut wie nie angestellt, sondern ebenfalls selbstständig), legen also immer in derselben Disco auf, und zwar vom Aufmachen bis zum Zusperren; ist man für eine Club-Kette tätig, kann es sein, dass man innerhalb der Kette die Locations (und auch die Länder) wechselt.

DJs arbeiten je nach Öffnungszeiten sechs bis acht Stunden von Mittwoch/Donnerstag bis Samstag (manchmal bis halb acht Uhr morgens!) und legen keine eigenen Songs auf (resident DJs produzieren nur ganz selten selbst, wollen damit bekannt und irgendwann booking DJs werden), sondern fremde. Und jeder hat dabei seinen eigenen Stil.

Am Puls der Zeit sein
Booking DJs versuchen also, Titel zu produzieren und zu veröffentlichen. Zwangsläufig ist man in dem Job viel unterwegs und deswegen (er)kennt man den Spirit, weiß, was die Leute hören (wollen) und was ihnen gefällt; reisen und in der Welt herumkommen ist „super" für die Produktion, weil man sieht, was woanders funktioniert und wie der Zeitgeist ist – am „Puls der Zeit" ist man dann automatisch. Es kommt aber auch darauf an, welche Musik man produziert: Für Après-Ski-Hits muss man nicht viel reisen – dafür kann man auch in Österreich bleiben. Die meisten Sounds werden hierzulande allerdings erst dann angenommen, wenn sie international gespielt werden und vor allem in den USA erfolgreich sind. Schwierig ist, die besagten Produktionen auf die Reihe zu bekommen. Der Druck, gute Titel zu produzieren – und zwar kontinuierlich –, ist da.

Wer hat mehr Meilen am Konto?
So lautet das (nett gemeinte) „Wettrennen" unter den booking DJs. Sie sehen sich als professionelle Reisende – sie sind ständig unterwegs: Mit dem Flieger nach Frankfurt und von dort nach L.A., Stunden am Flughafen, Stunden im Flieger, um an einem oder zwei Abenden in der Woche aufzulegen und danach wieder nach Hause zu fliegen. Das bedeutet, viel Zeit unterwegs zu sein und Jetlags wie Piloten und Stewardessen zu haben.

Warum legt ein booking DJ nicht länger auf?
Zwei bis drei Stunden auflegen ist ja relativ kurz, doch ein booking DJ spielt nie sein volles Programm – und er spielt auch nie am Schluss, wenn die Aufbruchsstimmung im Publikum einsetzt: Er legt auf, wenn die Stimmung gut und bereits angeheizt ist. Dann steht man zwei Stunden auf der Bühne und um drei/vier Uhr morgens übernimmt wieder der resident DJ. Im Übrigen erfordert Auflegen – wenn man nicht nur einen Titel nach dem anderen

abspielt – Konzentration. Man lässt sich zwar vom „Feeling" leiten und geht auf das Publikum ein, dennoch geht es nicht ohne stark erhöhte Aufmerksamkeit.

Harter Weg?
Dem internationalen Erfolg der booking DJs gehen viele Jahre voraus – man muss Geld und Zeit investieren. Es gibt zwar booking DJs, denen es egal ist, ob sie gebucht werden oder nicht: Sie kommen alle zwei bis drei Monate ins Studio, haben eine Idee und produzieren in drei Tagen eine Nummer, die bei den Leuten ankommt. Sie haben Glück, wenn sie genau das produzieren, was die Leute wollen. Grundsätzlich aber steckt eine Menge Arbeit dahinter. Die Chance, einen Hit zu landen, wird größer, wenn man hartnäckig daran arbeitet. Geld in Anlagen und sonstiges Equipment muss man zwar hineinstecken, aber das hält sich heute – wo „alles im Computer ist" – in Grenzen. Mit 3.000 Euro ist man schon dabei, da kann man bereits selbst aufnehmen und braucht kein Studio mehr. Erfolg ist nicht unbedingt eine Frage des Equipments, sondern die Kunst, den Nerv der Gesellschaft, den Zeitgeist zu treffen.

Kann jeder auflegen?
Die hohe Kunst ist es nicht, a b e r es kommt darauf an, wie man auflegt, wie man auf der Bühne steht und auf die Bühnenpräsenz. Ganz entscheidend ist, mit welchem Titel man beginnt. Resident DJs kennen ihr Publikum, sie wissen, was die Leute gerne hören. Deshalb legen sie auch auf, bevor der booking DJ auftritt – sie sorgen für die Grundstimmung. Wenn ein booking DJ in einem Club gebucht wird, weiß er das nicht. Er versucht, das Publikum einzuschätzen, und fragt sich, was die Leute erwarten. Startet man mit einem bekannten oder unbekannten Titel? Mit der ersten Nummer entscheidet sich, ob die Nacht gut läuft oder nicht; geht der erste Titel „daneben", ist es oft schon gelaufen. Beim Auflegen ist entscheidend, wie man die Titel zusammenstellt, wie man sie im Rhythmus mischt, übereinander spielt, damit sie zusammenpassen, wie lange man sie laufen lässt, an welcher Stelle man einen Titel in einen anderen hineinspielt, damit sie gut ankommen und gut klingen. Wenn man zum Beispiel in 20 Minuten acht Titel verschiedener Stilrichtungen abspielt, wo jeder einzelne Titel für sich betrachtet gut ist, sie nur in der Mischung nicht zusammenpassen, kann das gut ankommen oder nicht. Conclusio: Gut mischen ist nicht einfach. Es gibt auch DJs, die einen Titel nach dem anderen spielen (die nicht mischen können), persönlich coole Typen sind, lässige Ansagen durchs Mikro machen und es so schaffen, dass es im Publikum brodelt. Es kann aber wiederum auch sein, dass null Stimmung aufkommt und die Leute sich langweilen.

Jeder resident DJ hat quasi dasselbe Repertoire, es kommt schlagend darauf an, wie man die Titel spielt und welche Persönlichkeit man hat. Früher war auch das anders. Als noch nicht jeder DJ aufgrund der Möglichkeiten des Internets alles hatte, sondern es noch die Vinyl-Platten gab, war es etwas Tolles, wenn man spezielle Platten aufgetrieben hatte. Man tauschte dann untereinander. Heute gibt es eben nichts Spezielles mehr, deshalb ist so wichtig, Titel gut mischen zu können. Dadurch schafft man etwas Individuelles – den Song in der Form gibt es dann woanders nicht. Die Konkurrenz unter den resident DJs ist größer geworden. Es ist nicht einfach, im favorisierten Club die Chance zu erhalten aufzulegen – man braucht auch Glück (und wie bereits erwähnt: „Vitamin B" hilft).

„Leichtes Spiel" als resident DJ?
Sicher ist es toll, dort zu arbeiten und sein Geld zu verdienen, wo andere Leute feiern: Das Publikum ist gut drauf und die Stimmung ist lässig. Dennoch sind resident DJs unter Adrenalin beziehungsweise „schwitzen", dass die Stimmung nicht abreißt. Das ist der Druck, unter dem sie stehen: Für sie gibt es ein „morgen" – für booking DJs nicht. Als resident DJ fragt man sich, wie man sich fühlen wird, wenn man das nächste Mal in den Club kommt. Wenn man es vor allem nicht drauf hat, kontinuierlich für gute Stimmung zu sorgen, wird man sich in dem Club auch nicht lange halten. Resident DJs arbeiten häufig auch nebenberuflich.

DJ mit 50?
Als DJ hat man doch in gewisser Weise ein Ablaufdatum, kaum ein ausübender DJ ist älter als 50 Jahre. Es gibt sie, wenn auch sehr selten: Carl Cox, Eberhard Forcher, die kommen noch heute gut an. Ablaufdatum muss nicht unbedingt sein – die Jugend hört das, was die (älteren) DJs auflegen. Die meisten DJs sind über 30, sie haben mehr Erfahrung als die 17-Jährigen – doch wie geht es weiter? Vielleicht in booking Agenturen oder musikalisch in der Werbeproduktion.

Unrealistisch ist es, nur noch in der Produktion zu arbeiten. (Erfolgreich) produzieren kann man nur, wenn man international auflegt und viel unterwegs ist, nur so bleibt man am Puls der Zeit.

Sich Nächte um die Ohren schlagen
Der Job ist ein Nacht- und Wochenendjob. Entscheidet man sich für diesen Beruf, entscheidet man sich auch für diese Arbeitszeiten. Wenn das Vertrauen des Partners fehlt und er den Job nicht akzeptieren kann, funktioniert die Partnerschaft nicht.

Finanzieller Aspekt / Chancen am Arbeitsmarkt:

Hier ist es sehr schwer, eine Angabe zu machen, denn die Stundenlöhne können 30 bis 250 Euro (und sogar mehr) betragen – je nachdem, ob man als resident oder booking DJ arbeitet, und abhängig davon, wie bekannt man ist. Ausschlaggebend ist außerdem, ob man vom Veranstalter Zusatzleistungen wie Übernachtung (beim booking DJ), Essen, Getränke usw. erhält.

Für resident DJs ist die Konkurrenz größer geworden; für gute booking DJs wird immer Platz sein.

Resümee:

Die Grundlagen des Jobs – alles Technische – kann man erlernen; das Gespür, das Musik- und Rhythmusgefühl muss man haben. Der Job erweitert den Horizont, man reist viel (zumindest als booking DJ) und lernt Menschen kennen, die Welt wird kleiner – das ist toll. Als resident DJ hat man zwar eine Zeit lang einen relativ sicheren Arbeitsplatz, dafür ist der Verdienst geringer und der Arbeits„tag" länger.

Fotograf

Definition:

Fotografen halten mit ihrer Kamera individuelle Eindrücke von Menschen, Landschaften, Ereignissen oder Objekten fest und bearbeiten die Bilder anschließend im Fotolabor beziehungsweise am Computer mit speziellen Bildbearbeitungsprogrammen (zum Beispiel Photoshop lightroom). Sie fertigen Schwarzweiß- oder Farbfotografien, Vergrößerungen, Poster, Plakate, Fotobände und dergleichen an. Fotografen im Kunstbereich (als Künstler) sind fast ausschließlich selbstständig/freiberuflich mit eigenem Studio und Fotolabor tätig. Meist sind sie auf bestimmte Genres wie Porträt-, Landschafts-, Gebäude/Architektur-, Modefotografie oder Bildjournalismus spezialisiert. Sie nehmen an Ausstellungen und Fotowettbewerben teil und haben engen Kontakt zu Galeristen, Modezeitschriften, Kunstverlagen usw. (Siehe Hinweis am Ende des Vorworts)

Voraussetzungen / Aus- und Weiterbildung:

Es gibt verschiedene Möglichkeiten, den Beruf des Fotografen zu erlernen und auszuüben: Man kann eine Lehre zum Fotografen absolvieren oder eine Berufsfachschule bzw. ein Kolleg besuchen. Um sich selbstständig zu machen und die Gewerbeberechtigung zum Berufsfotografen zu erlangen (daneben gäbe es noch den Pressefotografen), muss man die Meisterprüfung ablegen. Einen guten Überblick gibt die Internetplattform www.fotografen.at.

Doch es sind gewisse Voraussetzungen notwendig, um als Fotograf auch Erfolg zu haben: Viele denken, mit einer Spiegelreflexkamera umgehen zu können, ist bereits die halbe Miete. Diese Einschätzung rührt vermutlich daher, dass die heutige Technik das Fotografieren leichter gemacht hat. Die technischen Anforderungen sind nicht mehr das, was sie waren, als es nur die analogen Kameras gab. Diese Vereinfachungen betreffen aber eher Hobbyfotografen, denn der Berufsfotograf muss wesentlich mehr können, als eine Kamera zu bedienen und sich mit einem Bildbearbeitungsprogramm auszukennen.

Arbeitsalltag / Vor- und Nachteile:

Die Kreativität im Vorfeld
In welchem Ausmaß diese gefragt ist, hängt davon ab, was man fotografiert. Ob man Portraits aufnimmt, Menschen bei der Arbeit oder Architektur fotografiert, macht in der Vorbereitung einen Unterschied.

Bei der Architekturfotografie knipst man sowohl Innenarchitektur (Bars, Lokale usw.) als auch Gebäude von außen. Die Arbeit beginnt damit, dass sich der Fotograf das Objekt ansieht und sich mit ihm auseinandersetzt. Man fragt sich, was dem Architekten wichtig war und wie man als Fotograf diese Message am besten über ein Foto transportieren kann. Daneben überlegt man sich Dinge wie: Zu welcher Tageszeit es geschickt wäre, die Aufnahmen zu machen, mit welchem Lichteinfall usw.

Auch in der Werbefotografie ist wichtig zu verstehen, was dahintersteckt. Fotografiert man für Unternehmen deren jeweilige Produkte oder Mitarbeiter bei der Arbeit, für ihre Homepage, für Werbeaussendungen usw., könnte man nun typische Images heraussuchen oder aber versuchen darzustellen, worum es wirklich geht, und das durch Fotos vermitteln. Ein Fotograf sammelt also vorher Ideen und entwickelt ein Konzept, auf welche Art er eine Aussage „rüberbringen" beziehungsweise Emotionen transportieren kann. Manches passiert aber auch spontan.

Der Job ist bunt und unterschiedlich. Macht man jetzt „lediglich" ein Portrait – geht es also nicht darum, Stimmungen und Emotionen zu vermitteln – hat man keine Vorarbeit im beschriebenen Sinn: Es ist dann wichtig, zu den Menschen, die man knipst, „einen Draht aufzubauen", um zu erreichen, dass sie sich entspannen, damit man die Person gut abbildet – zumindest dann, wenn man keine Profis vor der Linse hat.

Promis, Kult und Lifestyle

Bei „Lifestyle-Fotografen" beschränkt sich die Arbeit nicht nur aufs Set: Man ist ständig auf der Suche nach coolen Locations, kümmert sich um Bewilligungen (wenn an öffentlichen Orten fotografiert werden soll) usw. Sind z. B. Autos im Fokus der Aufnahmen, holt man diese ab und fährt sie dorthin, wo man sie fotografieren möchte. Ein Fotograf malt sich im Kopf aus, wie das Foto im Ergebnis sein soll. Auch bei den Portraits macht man sich Gedanken: Man fotografiert die Promis in einer signifikanten Art und an Orten, die nach eigener Empfindung zu dieser Person passen könnten: Sportler in Hotelbars, Schauspieler und Opernsänger an ungewöhnlichen Plätzen usw. Man lernt viele Leute (Künstler, prominente Sportler usw.) kennen, zu denen man sonst nicht so leicht Zugang finden würde, und erlebt mit ihnen durchaus lässige und private Stunden – zum Beispiel wenn man nach getaner Arbeit noch gemütlich zusammensitzt und plaudert. Die Arbeit wird durch die wechselnden Schauplätze abwechslungsreich. Es ist einfacher, mit solchen Fotos ein Feeling – Lifestyle – zu transportieren, wenn man das Ambiente gezielt und treffsicher wählt. Es fließt einiges in den Job ein (gewisses technisches Sourrounding muss gegeben sein, Beleuchtung etc.) – wichtig ist unterm Strich, dass man frei ist für Ideen. Oft sind es Leute, die von ganz woanders kommen und quereinsteigen (zum Beispiel aus der Modebranche), auf Konventionen pfeifen und lässige Ideen haben, auf die ein gelernter Fotograf vielleicht nicht kommt. Man versucht sich daher auch immer wieder neu zu erfinden und kreativ zu bleiben.

Technische Umsetzung

Erst nachdem die Fotos aufgenommen sind, kommt die technische Umsetzung. Heute ist der Job zwar weniger pannenanfällig (man sieht ja das Foto bereits am Display und weiß, wie gut/wie schlecht es ist), aber dennoch ist das Foto für den Berufsfotografen nicht fertig, nachdem er abgedrückt hat – für ihn ist es noch ein „rohes Bild". Er sucht die besten heraus und bearbeitet (zumindest) Farben und Belichtung. Wenn man bei einem Termin einen Tag lang fotografiert, heißt das etwa einen Tag perfektionieren und nachbearbeiten. Was heute computertechnischer Bereich (Nachbearbeitung) ist, war in den analogen Zeiten Physik vor dem Abdrücken. Aber nicht alles läuft heute digital: Gerade bei der Architekturfotografie greifen die Profis gerne auf analoge Großformatkameras zurück – mit ihnen kann man korrekter arbeiten, sie haben mehr Detailschärfe und vor allem nicht die Schwächen einer Digitalkamera bei zum Beispiel Lichteinfall im flachen Winkel.

Arbeitsplatz Studio?
Für manche ausschließlich, für andere teilweise oder kaum. Das hängt davon ab, wie man sein Geschäft aufzieht und was man fotografiert. Klar, dass ein Fotograf vor Ort beziehungsweise im Freien arbeitet, wenn er Autos, Motorbikes, Gebäude, Betriebe, Menschen bei der Arbeit fotografiert. Man ist dann „nur" zum Sichten und Nachbearbeiten der Bilder im Studio.

Arbeiten in der Werbeproduktion
Manche mögen es, andere nicht. Grundsätzlich bekommt ein Werbefotograf ein fertiges Layout vorgelegt, nach dem er die Fotos anfertigt. Das heißt, das Konzept hat sich schon jemand anderer überlegt. Man selbst ist dann wirklich nur noch der, der fotografiert. Denn auch am Set sind Leute von der Werbeagentur anwesend, die mehr oder weniger Regie führen, die Models und/oder Produkte arrangieren beziehungsweise zumindest dabei mitreden. Es gibt aber auch Werbeaufträge, bei welchen man mit der Werbeagentur zusammenarbeitet – also noch nicht alles vorab feststeht. Tatsache ist, in der Werbefotografie dauert alles länger. Ist man hingegen der Einzige, der entscheidet, wann, was, wo, geht es schneller.

Umsetzung durch Grafiker
„Lässig, wenn Grafiker etwas machen, das fetzt": Wenn ein Grafiker aus dem Bild zum Beispiel das Panorama rausschneidet und es schaut cool aus, stört das nicht – Umsetzungen durch Grafiker können durchaus witzig sein. Sie können aber auch alles zerstören; dann nämlich, wenn man mit einem Bild etwas ohne Worte aussagen will, die Grafiker diese Bildsprache nicht verstehen (wollen) und die Pointe weglassen (zum Beispiel das Bild abschneiden, sodass der eigentliche Gag nicht mehr zu sehen ist). Mühsam sind meistens die Grafiker, die für Zeitschriften arbeiten – sie kümmern sich oft nicht darum, dass das Foto gut rüberkommt, sondern schneiden es sich so zurecht, wie es ihnen ins Konzept passt. Die Zusammenarbeit mit den Grafikern kann also durchaus Probleme aufwerfen.

Auftraggeber – das Ergebnis muss passen
Der Vorteil, wenn man viele Kunden und nicht nur einen oder zwei Großkunden hat, ist, dass man nicht so abhängig ist. Außerdem kann es mit nur einem Kunden langweilig werden: Alle drei Wochen zum Beispiel bei Veranstaltungen fotografieren, nützt sich ab. Bei größeren Events zu arbeiten bedeutet einen gewissen Stress: Man muss funktionieren und das Ergebnis muss passen – die Veranstaltung wird nicht wiederholt. Grundsätzlich sind die Wünsche des Auftraggebers zu erfüllen, nicht immer bleibt Platz für die eigenen Ideen.

Finanzieller Aspekt / Chancen am Arbeitsmarkt:
Das Einkommen macht eine Wellenbewegung, je nach Auftragslage. Oft hat man viele Auf-

träge, dann wieder monatelang keinen einzigen – und dementsprechend auch kein Einkommen. Der wirtschaftliche Bereich strengt an und es ist schwierig, über die Runden zu kommen. Die wenigsten können sich leisten, das zu machen, was sie wollen, weil sie eben von wirtschaftlichen Beweggründen beeinflusst werden und überleben müssen. Miete, Haftpflichtversicherung usw. laufen trotzdem und die Steuernachzahlung kommt auch wie das Amen im Gebet. Besonders schwer haben es die Pressefotografen. Im Pressebereich werden oft schon Fotos von Hobby-Fotografen herangezogen oder den verlagseigenen Journalisten wird die Kamera mit dem Auftrag in die Hand gedrückt, Fotos zu machen. Dadurch sinken die Preise für Pressefotografien, die Fotos sind „heute nichts mehr wert". Im Verhältnis zur Zeit, die man in dem Beruf für die gelieferten Ergebnisse aufwendet, ist der Verdienst nicht so toll, ABER man hat auf der anderen Seite jede Menge Lebensqualität. Der Job macht Spaß und man kann sich seine Zeit frei einteilen.

Es gibt sehr viele Fotografen und einfacher wird es bestimmt nicht. Wenn man gut ist und die richtigen Leute kennt, kann man sich auch als Junger nach wie vor durchsetzen. Das Schwierige ist wie immer der Aufbau eines Kundenstamms. Die Qualität seiner Arbeit muss sich auch herumsprechen ... Das sind die anfänglichen Probleme – man muss bekannt werden – die Welt beziehungsweise ein Teil davon sollte bemerken, dass es einen gibt. Gerade als Kreativer ist man oft nicht unbedingt super in der Selbstvermarktung, aber es ist wichtig, sich gut zu verkaufen.

Resümee:

Es gibt viel Konkurrenz und es ist nicht einfach, gut von der Berufsfotografie zu leben. Nur wenige können sich leisten, das zu fotografieren, was sie wollen, und ihrem eigenen Stil zu folgen. Vielen bleibt nichts anderes übrig, als das zu fotografieren, was gefragt ist oder womit sie ein regelmäßiges Einkommen erzielen (zum Beispiel Kindergarten- und Schulkinder, Mitarbeiterfotos für Homepages etc.). Dennoch ist es ein toller Job, der zwar viel Raum für Freizeit lässt, aber auch sehr stressig sein kann – und wenn man Glück hat, kann man sogar seine Kreativität ausleben und künstlerisch tätig sein.

Galerist / Kunsthändler

Definition:

Galeristen (Kunsthändler) sind eine wichtige Vermittlungsstelle zwischen Künstlern und Kunden, da sich über sie der Verkauf künstlerischer Produkte abwickelt. Dabei tragen sie die Entscheidung, welche Kunstgegenstände, Malereien unterschiedlicher Kunstrichtungen, Skulpturen usw. sie in ihren Galerien zum Verkauf anbieten. Meist sind Galeristen auf bestimmte Kunstobjekte oder auch Künstler spezialisiert. (Siehe Hinweis am Ende des Vorworts)

Voraussetzungen / Aus- und Weiterbildung:

Es gibt keine verbindliche Ausbildung für Berufe in diesem Bereich. Als Studienrichtungen bieten sich zum Beispiel Kunstgeschichte an, aber auch wirtschaftswissenschaftliche Studien, verbunden mit Fachkenntnissen im Kunstsektor, gelten als möglicher Einstieg. Maturanten haben die Möglichkeit, das Kolleg für Kunstmanagement zu besuchen. Der Kunsthandel ist ein (freies) Gewerbe und bei der Gewerbebehörde anzuzeigen.

Arbeitsalltag / Vor- und Nachteile:

Galerist ist nicht gleich Kunsthändler!!
Es sind zwei verschiedene Berufe – entgegen der oben zitierten Definition. Es gibt Gemeinsamkeiten, klar – beide haben mit Kunst zu tun und möchten im Ergebnis Kunst verkaufen – aber inhaltlich/im Kern unterscheiden sie sich grundlegend: Ein Galerist baut junge Künstler auf und macht sie auf dem Markt bekannt. Ein Kunsthändler kauft Kunst aus Privatsammlungen oder bei Versteigerungen (Auktionen) und verkauft sie an Kunden.

Es ist so/es ist nicht so, wie man es sich vorstellt
Jeder wird ein anderes Bild vom Kunsthändler und vom Galeristen im Kopf haben.

Manche werden denken, dass der Galerist vor Ort in seiner Galerie sitzt, von seiner Kunst umgeben ist und auf Kunden wartet. Ganz falsch. Wenn das so wäre, würde die Galerie nicht funktionieren. Die Herren und Damen, die wir in den Galerien vorfinden, sind Verkäufer, Kunstgeschichtestudenten oder bereits fertige Magistri der Kunstgeschichte. Der Galerist selbst ist viel unterwegs und laufend bei Terminen, er muss „networken" – also Kontakte knüpfen und halten – um sein Ziel, den Künstler bekannt zu machen, zu erreichen. Networking ist das Um und Auf in dem Geschäft. Der Galerist trifft sich international mit Kuratoren, also Leuten, die Ausstellungen (zum Beispiel Biennalen, documenta, Kunstverein) organisieren, mit dem Ziel, dass „sein" Künstler ausgestellt wird. Als bereits in der Szene etablierter Galerist wird man es einfacher haben, Kuratoren zu überreden, den gepushten Künstler in eine Ausstellung aufzunehmen.

Das ist eine Arbeit, die primär kein Geld bringt, sondern erst dann, wenn der Künstler bekannt ist und auch international ausgestellt wird. Die Früchte, wenn ein Maler/Grafiker/Bildhauer einmal aufgebaut ist, ernten überwiegend die Auktionshäuser: Internationale VIPs kaufen die Kunstobjekte meistens bei Auktionen ein.

Als Kunsthändler hingegen blättert man untertags Kataloge durch und hält Ausschau nach Gemälden, die man kaufen könnte. Vieles erkundet man auch im Internet– man verbringt also einen Großteil seiner Zeit damit, Bilder zu sichten und potenzielle Verkaufsobjekte zu suchen; und man betreut und berät Kunden. Man arbeitet in seinem Geschäft und hat die Arbeitsumgebung, die einem gefällt. Denn wie in der Definition richtig wiedergegeben ist, sind Kunsthändler (meistens) spezialisiert – und kaum jemand schwört sich auf eine Epoche ein, die ihn persönlich nicht begeistert. Grundsätzlich schaut sich ein Kunsthändler die Bilder, die er kauft, vorher persönlich an. Er fährt daher auch vor Ort zu den Auktionen oder zu den privaten Verkäufern nach London, Paris, Rom und entscheidet dann über den Einkauf. Es ist schön, sich mit Kunst auseinandersetzen zu können. Passt der Beruf, dann gibt es kaum Nachteile. Hat man einmal weniger zu tun, geht man zu Ausstellungen. Das gehört zum Job und macht Spaß. Man macht beruflich das, was einem Freude bereitet – der Beruf ist das Hobby.

Künstler und Kunden
Ein Galerist hat direkten, persönlichen Kontakt zu den Künstlern und arbeitet eng mit ihnen zusammen. Man besucht sie in New York, London usw. in ihren Ateliers und schaut sich ihre Arbeiten an. Das Schöne am Beruf ist, dass man den Künstler wirklich kennenlernen kann. Kunstschaffende sind oft sehr feinfühlige, sensible, offene, aber auch schwierige Menschen, die umsorgt und persönlich betreut werden müssen: Als Galerist ist man auch ein bisschen Psychologe und Freund. Daneben begleitet der Galerist auch potenzielle Käufer (Kunden) zu Ausstellungen. Abendtermine mit Kunden und Künstlern gehören ebenfalls zum Job. Teilweise lebt man allerdings in einer Scheinwelt.

Mit den Künstlern hat ein Kunsthändler keinen Kontakt – man ist auf Gemälde vergangener Epochen spezialisiert. Er hält die Verbindung zu den Kunden – Neukunden und Stammkunden. Diese machen den Beruf manchmal aber auch etwas mühsam: Das Bild gefällt, aber der Rahmen nicht usw. Sie sind oft nicht so nahe an der Kunst und sehen diese vielfach „nur" als Geldanlagemöglichkeit. Kunden wollen ein Bild eines bestimmten Künstlers (weil der Nachbar auch eines hat, weil es einen hohen Wert hat …), sind aber nicht daran interessiert, was hinter dem Gemälde steht oder was der Maler aussagen wollte. Damit muss man sich abfinden.

Das Wichtigste
für den Galeristen ist, Qualität zu erkennen und das Gefühl zu entwickeln, aus den jungen Künstlern diejenigen herauszufiltern beziehungsweise ausfindig zu machen, die das Potential haben, sich international durchzusetzen. Das Auge verbessert sich mit der Zeit und das Gefühl entwickelt sich.

Das Wichtigste im Kunsthandel ist, solide und transparent zu arbeiten. Manche Leute sehen in Kunsthändlern oft lediglich Geschäftemacher, die mit enteigneten, gestohlenen oder gefälschten Bildern handeln. Sie wissen zu wenig über den Beruf und das macht den Kunsthändler für sie suspekt. Umso wichtiger ist jahrzehntelanges solides Arbeiten, um sich einen guten und zuverlässigen Ruf in der Branche zu erwerben.

Sonst noch
Der Galerist erstellt Kataloge, hält Kunden über Ausstellungen in der Galerie am Laufenden, verschickt diesbezügliche Einladungen, veranstaltet Essen und Events für Sammler, vereinbart Liefertermine und Ähnliches.

Was man – wie jeder Selbstständige – machen muss, ist die Buchhaltung. Daneben betreuen manche eine eigene Homepage. Das könnte man ja eigentlich outsourcen, aber die Gefahr dabei ist, dass den IT-Profis das Gefühl für den sensiblen Bereich der Kunst fehlt; deshalb machen es viele lieber selbst. Daneben erstellen Kunsthändler Expertisen, also Gutachten über die Echtheit eines Gemäldes. Hier kann man sich sehr gut etablieren.

Kein 9-to-5-Job
Wie gesagt, Galeristen sind viel unterwegs, haben Termine – untertags und abends. Sie teilen sich ihre Zeit frei ein, was ein großer Vorteil ist. Dass man auch als Kunsthändler keinen 9-to-5-Job hat, kann positiv sein. Die Zeiteinteilung obliegt einem oft selbst. Der Beruf ist auch nicht stressig – die Kunden haben es ja im Grunde nicht eilig. Man hat bestimmte Öffnungszeiten, zu denen man anwesend ist. Toll sind auch die Reisemöglichkeiten: Wenn zum Beispiel eine Auktion in London oder Paris Freitag nachmittags stattfindet, kann man das Wochenende dort verbringen.

Wie kann man sich diese Berufe leisten?
In der Regel verkauft man nicht laufend Bilder beziehungsweise Kunstwerke, die viel Geld einbringen. Oft tut sich tagelang nichts. Als Galerist wird man nicht reich, man muss vorher schon vermögend sein, um sich diesen Beruf leisten zu können. Oder man hat jemanden, der einem das Geschäft finanziert. (Oft werden defizitäre Galerien als Abschreibposten „missbraucht".) Für vermittelte Kunstobjekte erhält der Galerist eine Provision, die er sich vom Verkaufspreis abzieht. Es ist sehr schwierig und hart, sich zu etablieren – das Auge und das Gefühl für aufstrebende Künstler alleine nützen wenig, wenn man nicht den finanziellen Background hat, um eine Galerie zu eröffnen und diese zu finanzieren. Man kann aber – was viele auch machen – zunächst angestellt in einer Galerie arbeiten und den Galeristen unterstützen. So betreut man Künstler und Kunden und erhält Provisionen für vermittelte Bilder.

Der Kunsthandel ist ebenfalls sehr kapitalintensiv: Man muss das Geld haben, um Bilder einzukaufen, die man dann verkauft. Es geht ohne Fremdfinanzierung, wenn der Kunsthandel gut eingeführt ist. Mit Krediten wäre das schwierig – Geldgeber würden sich in den Kauf zu sehr einmischen.

Finanzieller Aspekt / Chancen am Arbeitsmarkt:

Das Klischee vom glamourösen Leben trifft eher selten zu. Ein gewisses Startkapital ist jedenfalls vonnöten, um ein eigenes Geschäft aufzubauen. Das Wichtigste ist in der Folge ein ausreichend großer Kundenstock, um gut verdienen zu können.

Das Geschäft ist beinhart und die Konkurrenz groß – schwierige Voraussetzungen!

Resümee:

Beides keine Berufe, die man für sich auswählt und dann – nach einer entsprechenden Ausbildung – umsetzt. Man wird nicht „einfach" Galerist oder Kunsthändler. Leichter ist es, wenn man zum Beispiel im Kunsthandel in einen Familienbetrieb einsteigt. Ohne Kapital beziehungsweise Investoren oder andere Geldgeber wird man keine/keinen Kunsthandel eröffnen können.

Künstler – Maler

Definition:
Als Künstler werden heute meist die in der bildenden Kunst, der angewandten Kunst, der darstellenden Kunst sowie die in der Literatur und Musik tätigen Menschen bezeichnet, die Kunstwerke schaffen. (Siehe Hinweis am Ende des Vorworts)

Voraussetzungen / Aus- und Weiterbildung:
Eine Ausbildung ist an Hochschulen beziehungsweise Kunsthochschulen möglich. Es finden sich zahlreiche Autodidakten in der Kunstszene, die Wert darauf legen, KEINE Ausbildung zu besitzen.

Arbeitsalltag / Vor- und Nachteile:

Nichts ist vorhersehbar – der Erfolg nicht und das Einkommen nicht!
Nur sehr, sehr wenige können von der Malerei (das gilt für alle künstlerischen Sparten) alleine leben – vielleicht drei von 100 – und auch das nicht gleich in jungen Jahren. Man kann nicht davon ausgehen, dass man Erfolg haben wird, und man kann auch nicht erwarten, dass man nach einer bestimmten Anlaufzeit seine Bilder verkauft – das kann zehn Jahre oder länger dauern, oder es kann auch nie dazu kommen. Nach außen mag es toll wirken, wenn ein Bild um 1.000 Euro den Besitzer wechselt. Dem geht aber in der Regel eine lange Periode des Nichtverkaufens voraus – der Job ist sehr lange brotlos. Die meisten haben daher eine Arbeit neben ihrer Malerei, mit der sie ihr Leben finanzieren. Ein Vorteil am Nebenjob ist, dass man versichert ist und nicht auch noch Geld für seine Sozialversicherung (es gibt eine eigene Künstlerversicherung) aufwenden muss und vor allem ein fixes Einkommen hat, also eine gewisse finanzielle Sicherheit. Wenn man Glück hat, findet sich ein Sponsor, der einem das Leben und die Materialien zumindest eine Zeit lang finanziert. Dann kann sich ein Künstler rein seiner Karriere widmen und braucht nicht nebenher jobben, muss seinem Sponsor allerdings dann bei Bildverkäufen oft Geld abgeben. Apropos Bildverkauf: Man wird immer im Preis gedrückt. Die Leute wollen nie so viel hergeben, wie für ein Bild veranschlagt. Vor allem wenn man jung ist, verhandeln die Käufer wie am Basar und nutzen die Lage der Künstler aus. Kunstschaffender ist man, weil es einen dazu drängt, weil man es tun will und muss, nicht weil man damit Geld verdienen möchte. Man kann auch versuchen, eine Förderung zu bekommen – es gibt allerdings so viele, die eine Förderung haben wollen, und selbst wenn man eine bekommt, hilft sie nur ein bisschen, weil sie nicht hoch ist.

Kontakte knüpfen
Gut sein, um Erfolg zu haben? Muss man nicht unbedingt. Sehr wichtig ist es, Kontakte zu knüpfen und/oder zu haben. Der Erfolg läuft größtenteils über Beziehungen. Hat man

Leute um sich, die etwas in der Branche zu sagen haben und einen gut finden, kann man erfolgreich werden. Die Kunstszene in Österreich ist sehr klein – der Markt ist von einigen Galerien beherrscht und hier hineinzukommen, ist schwierig. Man kann mit seiner Mappe Galerien abklappern und versuchen, einen Galeristen dazu zu bewegen, seine Bilder auszustellen und einen zu pushen, das hat aber wenig Sinn. In der Regel ist ein junger Künstler auf jemanden angewiesen, der einen in die Szene „einführt". Als Gegensatz zur klassischen Galerielandschaft sieht sich die sogenannte Offspace-Szene: Vor allem junge Künstler schließen sich zusammen und stellen in privaten Ausstellungsräumen – in Wohnungen, Kellern, gemieteten Räumlichkeiten – aus. In den USA sind Offspaces sehr weit verbreitet und es gehen daraus teilweise wirkliche Stars hervor – in Europa (noch) nicht.

Man muss sich verkaufen können
Das Handwerk ist eine Sache – was man daraus macht und wie man sich verkauft, ist eine andere. In der Kunstszene ist sehr entscheidend, wie man sich vermarktet und wen man kennt. Man steckt mitunter sehr viel Geld in Marketing, um auf sich aufmerksam zu machen. Es gibt sehr viele Künstler und man muss versuchen herauszustechen. Man kann auch an Wettbewerben teilnehmen, um auf sich aufmerksam zu machen. Das Studium jedenfalls ist eine behütete Landschaft: Man hat eine Führung und eine Bewertung durch die Professoren, jährlich werden von der Uni aus Ausstellungen organisiert, wo man seine Werke zeigen kann und vielleicht sogar ein Bild verkauft. Nach Ende des Studiums ist da ein Loch – man steht alleine da und hat keine Ahnung, wie die Kunstwelt abläuft. Man muss sich vermarkten und das ist nicht so leicht.

Nichts tun und inspirieren lassen?
Manche können oder wollen sich diesen Luxus leisten. Anderen bleibt nichts übrig, als sich hinzusetzen und zu malen, und zwar nicht nur dann, wenn sie inspiriert sind. In diesem Fall muss man aus dem Inneren schöpfen. Die Herausforderung dabei ist, Gedanken und Ideen zu entwickeln und diese danach auf die Leinwand zu bringen. Das kann sehr anstrengend sein. Wer acht Stunden an einem Bild arbeitet, ist danach ziemlich erledigt.

Trends
gibt es auch in der Malerei. Eine Zeit lang zum Beispiel waren großformatige Portraits sehr gefragt. Ein Maler könnte den Verkauf also insofern versuchen zu steuern, als er etwas auf die Leinwand bringt, was gerade „in" ist.

Dekorationsmalerei
Das Alltagsleben eines Dekorationsmalers ist ganz anders als jenes des „klassischen" Künstlers: Die Kunden bestimmen, was wie gemalt wird – es ist eine vorgegebene Kunst. Man malt etwas nach, man imitiert vorhandene Materialien, zum Beispiel Holz, Marmor, Stein, bemalt Wände, Türen und Möbel. Wenn man Geld verdienen möchte, muss man sich anpassen, flexibel sein und sich nach der Nachfrage richten. Schwierig ist es, wenn man alleine arbeitet, denn dann kann nicht auf Masse produziert werden. Würde man zum Bei-

spiel von einem Hotel den Auftrag bekommen, Tapeten für 100 Zimmer zu malen, kann eine einzelne Person dies nicht erfüllen. Ein Vorteil an dieser Kunstform ist, dass ein Dekorationsmaler nicht auf Galerien angewiesen ist – er lebt von Aufträgen Privater und Firmen und ist quasi Auftragsmaler beziehungsweise Unternehmer. Das führt aber wieder dazu, dass man nicht die Kunst malen kann, die man will. Der Markt ist nicht allzu groß und man muss sich ihn mit anderen Dekorationsmalern teilen.

Studium notwendig?
Manche studieren an der Universität für angewandte Kunst in Wien bildende Kunst mit Schwerpunkt Malerei, andere studieren nicht. Nötig ist es keinesfalls. Das Handwerk lernt man nur am Rande im ersten Studienabschnitt, teilweise wird es im Studium vorausgesetzt. Ein Studium ist angenehm, weil man währenddessen noch in einer geschützten Umgebung ist. Man sollte jedenfalls irgendwann ins Ausland gehen, um seinen Horizont zu erweitern und Fremdes zu sehen.

Finanzieller Aspekt / Chancen am Arbeitsmarkt:

Durch die Ungewissheit der Auftragslage ist das Einkommen schwer abschätzbar. Es zählen die Kontakte und was am Markt „in" ist.

Resümee:

Man hat kein strukturiertes Leben, das Einkommen ist unsicher, man wird von Existenzängsten geplagt, man hat nicht gleich eine Bestätigung beziehungsweise ein Erfolgserlebnis, wenn man eine Arbeit abgeschlossen hat, und man kann nicht vorhersehen, wie sich die Situation entwickeln wird. Es gibt sehr viele Maler, die Konkurrenz ist groß. Das Tolle ist, dass alles in einem selbst drinnensteckt. Im Prinzip kann einem niemand dreinreden – außer bei der Auftragsmalerei, zu der im Wesentlichen auch die Dekorationsmalerei zählt. Malerei ist etwas, was man für sich selbst macht und im besten Fall noch etwas dabei verdient. Ein Bild im Monat zu verkaufen wäre toll, ist aber leider utopisch.

Künstler – Musiker (Instrumentalist)

Definition:

Als Musiker werden Personen bezeichnet, die „musizieren", also als produzierende (Komponisten) oder reproduzierende (Sänger, Instrumentalisten) Künstler Musik erzeugen – im engeren Sinne professionell oder im Nebenberuf im weiteren Sinne auch als Laie. Als Berufsmusiker gilt, wer seinen Lebensunterhalt ausschließlich oder überwiegend aus der Musik erwirtschaftet. Ein professioneller Musiker betreibt die Musik mit der sogenannten Gewinnerzielungsabsicht.

Instrumentalmusiker spielen und interpretieren Musikstücke auf Musikinstrumenten. Sie treten als Solisten sowie in Orchestern, Ensembles oder in Musikgruppen auf. Instrumentalmusiker sind in der Regel auf bestimmte Musikinstrumente, zum Beispiel Klavier, Gitarre, Geige, Cello, Kontrabass, Saxophon oder Schlagzeug, sowie auf bestimmte Stilrichtungen wie zum Beispiel Klassik, Jazz, Pop, Rock, Electro spezialisiert. Sie üben und proben in Studios und führen die Stücke bei Veranstaltungen und Konzerten auf. Instrumentalmusiker arbeiten eigenständig sowie im Team mit anderen Musikern, Sängern, Dirigenten, Tontechnikern usw. Sie unterrichten auch an Musikschulen und Musikhochschulen. (Siehe Hinweis am Ende des Vorworts)

Voraussetzungen / Aus- und Weiterbildung:

Die berufliche Musikausbildung wird von speziellen Bildungs- und Ausbildungseinrichtungen angeboten und verantwortet. Sie reichen von Musikhochschulen über wissenschaftliche Hochschulen, Kirchenmusikschulen oder -hochschulen, Konservatorien und Fachakademien bis hin zu Spezialinstituten wie Opernstudios an Musiktheatern.

Arbeitsalltag / Vor- und Nachteile:

Hungerjob?
Für die Masse der Musiker stimmt das – es liegt am Überangebot an Musikern. Die wenigsten schaffen es, sich (halbwegs) zu etablieren und vom Musikerdasein zu leben. Suchen die Wiener Philharmoniker zum Beispiel einen Geiger, bewerben sich 100 für die Stelle, 25 werden zum Hearing eingeladen und einer wird genommen. Dazu kommt, dass von den 100 Bewerbern einer besser ist als der andere. Es werden jedes Jahr tolle Musiker ausgebildet, aber nur wenige werden gebraucht. Das heißt, man kann nicht sagen, dass man mit Talent und Können den Job bekommt – es gehört Glück dazu. Und ist ein Orchesterposten einmal besetzt, bleibt er es für längere Zeit. Außerdem reicht es heute nicht mehr, gut spielen zu können, man muss auch gut aussehen, sich gut vermarkten und die richtigen Leute kennen – also „networken" – und das am besten bereits während des Studiums. Als Frau ist es auch wesentlich, sich im Musikbusiness – nach wie vor eine Männerdomäne – durchzusetzen. Die Hoffnung auf die große Karriere wird bei vielen enttäuscht.

Wie finanziert man sein Leben?
Eine Pianistin aus dem klassischen Bereich, die seit 20 Jahren im Geschäft und inzwischen bekannt ist, aber auch jahrelang gebraucht hat, um von der Musik leben zu können, muss heute den Aufträgen nicht mehr hinterherlaufen – sie ist in der Situation, dass Agenturen und Veranstalter an sie herantreten und buchen. Dann ist man bereits im höheren Gagenbereich angesiedelt, die Zeiten des „Klinkenputzens" (des „Sich-Einschleimens", um Aufträge zu bekommen) sind vorbei.

In dieser Lage sind viele (befragte) junge Musiker – egal ob Jazz, Pop oder Klassik – noch nicht. Selbst wenn man schon CDs veröffentlicht und Auftritte in New York, Athen und Istanbul gehabt hat, bedeutet das nicht, dass man von der Musik leben kann. Im Jazzgenre zum Beispiel ist es schwieriger, Geld zu verdienen. Eine Hilfe können Förderungen des Bundes und der Länder sein. Nur das Problem ist, dass es im Kunst- und Kulturbereich wenig Geld gibt, beziehungsweise der Jazz nicht so gefördert wird wie die klassische Musik. De facto hält man sich – wie viele andere Musiker auch – von Monat zu Monat über Wasser und weiß nicht, wie viel man verdienen wird. Daneben erschweren wirtschaftliche Krisenzeiten das (Über-)Leben. Wenn die Veranstalter aufs Geld schauen (müssen), wird bei der Musik (nebst Catering – und dort nicht immer) gespart: Statt der Live-Musik gibt es einen DJ.

Kommerz oder Selbstverwirklichung?
Irgendwann trifft jeder Musiker die Entscheidung, ob er ausführend die Kommerzschiene einschlägt oder ob er selbst kreativ sein will. Mit Kommerz – Firmenfeiern, Events (Musikantenstadl & Co) – würde sich Geld verdienen lassen, aber das wollen viele nicht, sondern ihre Energie in die eigene Kreativität stecken. Schlägt man die kommerzielle Laufbahn ein, hat man keine Energie mehr, sich künstlerisch eigenständig zu entwickeln – man ist zu müde und hat auch keine Zeit dafür. Jeder sucht sich den Platz, wo er hingehört. Wenn man sich einmal festgelegt hat, wird es schwer zu wechseln: Würde man von der Kreativität in den Kommerz einsteigen wollen, müsste man sich erst einmal beweisen.

Wie kommt man zu den Auftritten?
Networken, kontakten, sich sehen lassen, networken, kontakten, sich sehen lassen … Das heißt viel ausgehen und bei „Musiksessions" auftreten. Sessions sind Events, wo Einzelkünstler spielen. Ließe man sich eine Zeit lang nicht sehen, wäre man schnell vergessen – man muss ständig präsent bleiben. Daneben ist viel Organisatorisches angesagt: Man zieht Aufträge an Land – telefoniert, schreibt Veranstalter und Clubs an. Auch das Organisieren eines Auftritts ist sehr aufwendig – soweit man keinen Manager hat. Viele unterschätzen, wie beanspruchend die Organisation und das Networken sind.

Zweites Standbein – Musikschuljob
Viele Musiker haben daneben noch eine halbe Stelle als Lehrer an einer Musikschule. Das ist insofern angenehm, als man sicher sein kann, dass man zumindest ein bestimmtes monatliches Einkommen fix haben wird. Aber einfach ist es nicht, eine Stelle – zumindest in Wien – zu bekommen: Auf eine Stelle als Klavierlehrer an einer Wiener Schule bewerben sich unter Umständen 300 Musiker und lassen einige Hearings über sich „ergehen". Letzen Endes kann auch jemand mit den besseren Kontakten die Stelle bekommen …

Sinnkrisen und Glücksgefühle
Irgendwann hat jeder Musiker eine Sinnkrise. Jeder hat schon überlegt, ob das richtig war/ist, was er tut und wie er es tut. In gewisser Weise arbeitet man ins Leere. Man macht „sein Ding", aber erst die Resonanz des Publikums zeigt einem, wie es ist beziehungsweise ob es gefällt. Man hat seine Musikkollegen, mit denen man redet, wenn man eine schlechte Phase hat – man baut sich gegenseitig immer wieder auf. Das ist gut, um sich wieder emotional zu

fangen. Man taucht diese Phasen durch und macht weiter, weil Musik für einen das Leben ist. Es gibt einem Glücksgefühle, wenn ein Auftritt gut läuft. Als junger Musiker hat man oft keine eigene Band; man spielt immer wieder mit anderen Musikern und das ist toll. Jeder Musiker performed anders, man wird durch den Stil der anderen beeinflusst und inspiriert und spielt dann auch selbst einmal anders als sonst. Das ist ein Erlebnis und einfach spannend!

Musik zu machen = Nichtstun?
Ein Musiker (außer man ist Wiener Philharmoniker) wird oft mit Aussagen wie „Du hast ja eh den ganzen Tag nichts zu tun! Wieso hast du keine Zeit?" oder „Und was arbeiten Sie sonst noch?" konfrontiert. Außenstehende haben (wie so oft!) keine Ahnung davon, was es bedeutet, Musiker zu sein. Der Beruf wird von der leistungsorientierten Gesellschaft nicht ernst genommen, außer man ist sehr bekannt und spielt mit seiner Musik viel Geld ein. Musik zu machen, um davon leben zu können, ist ein harter Job. Man muss um Aufträge kämpfen und bewusst täglich einige Stunden üben (mit der Zeit wird es weniger). Auch zum Komponieren muss man sich bewusst hinsetzen, damit was „weitergeht". Manche machen auch bei Wettbewerben mit. Ein Zeitaufwand, der vielleicht nicht honoriert wird, da nur einer gewinnen kann. Aber Wettbewerbe sind eine Möglichkeit, um an Geld zu kommen – man könnte ja gewinnen. Daneben hat man als Musiker Büroarbeit und Organisatorisches zu erledigen *(siehe oben unter „Wie kommt man zu den Auftritten?")*. In der klassischen Musik ist es sehr wichtig, dass man entsprechend gekleidet ist. Das gilt für Männer und Frauen. Das heißt, Gewand rechtzeitig zur Putzerei bringen und abholen oder selbst aufbügeln. Schlampige Kleidung oder weiße Socken zum Anzug sind ein „No-Go".

Berufsorchester – Traumjob oder Gefangensein?
Eine Orchesterstelle bedeutet regelmäßige und fixe Übungseinheiten (Staralüren und Disziplinlosigkeit sorgen für einen frühzeitigen „Abtritt", sprich, man wird gekündigt, wenn man sich solch ein Verhalten leistet) und man ist sehr viel und für längere Phasen unterwegs. Aber es heißt auch ein fixes monatliches Einkommen, das bei den größeren Orchestern sehr gut ist. Eintönig und deprimierend kann es für Musiker werden, die jahrelang dasselbe Stück spielen und das zwei Mal am Tag, sechs Mal die Woche.

Eine unnatürliche Körperhaltung
nimmt man bei fast jedem Instrument ein. Die Folge sind instrumentenabhängige Beschwerden und Verschleißerscheinungen. Auch Tinnitus und Gehörstürze kommen vor. Für einen Musiker das Schlimmste – man kann arbeitsunfähig werden.

Arbeitszeit? Selbstdisziplin!
Als selbstständiger Musiker kann man sich aussuchen, wann und wie viel man arbeitet. Diese Freiheit ist auf der einen Seite toll, kann auf der anderen aber auch zum Verhängnis werden: Es ist niemand da und fordert Leistungen zu einem bestimmten Zeitpunkt ein; man muss sich selbst disziplinieren und einen Arbeitsplan aufstellen. Bei Berufsmusikern (im Orchester) erledigt sich das von selbst: Sie haben ihre fixen Übungszeiten. Proben finden

vormittags und nachmittags statt. Der Beruf an sich konzentriert sich sehr auf den Abend – die meisten Auftritte sind zu dieser Zeit. Ist man für CD-Aufnahmen im Studio – zehn Stunden oder mehr – kann man am nächsten Tag nichts arbeiten, weil man so erledigt ist.

Privatleben und Wohnsituation
Wie gesagt, ist man als Musiker vor allem abends unterwegs. Ein Vorteil daran ist, dass man nachmittags, wenn die Kinder von der Schule kommen, für diese Zeit hat. Das Privat- und Familienleben lässt sich also durchaus managen. Einen verständnisvollen Partner braucht man, wenn man überwiegend abends arbeitet und/oder auch im Ausland unterwegs ist. Nicht unwesentlich (und das betrifft insbesondere Stadtbewohner): Wenn man als Musiker Pech mit den Nachbarn hat (das Üben ist ihnen zu laut), kann es sein, dass man ausziehen muss.

Finanzieller Aspekt / Chancen am Arbeitsmarkt:

Wenn man lange genug im Geschäft bleibt und mit seiner Musik bekannt wird, kann man sehr gut verdienen. Als junger Musiker ist es oft schwer, das Überleben zu sichern.

Resümee:

Man kann nie sagen, dass man es geschafft hat; man darf nicht abheben, weil man schneller wieder „weg sein kann", als man denkt. Selbst wenn man gut im Geschäft ist, bedeutet das noch nicht, dass man allein vom Job super leben kann – doch genau das ist das Ziel jedes Musikers.

Künstler – Musiker (Sänger)

Definition:

Zur Definitinion Musiker allgemein, siehe Musiker (Instrumentalist)
Sänger studieren, interpretieren und präsentieren Vokalmusik. Sie singen als Solisten, im Vokalensemble oder im Chor oder nehmen Tonträgeraufnahmen auf. Sänger erarbeiten sich vorerst ihr Stimmfach im Eigenstudium, nehmen an Proben teil und zeigen ihr Können bei Aufführungen. Sie arbeiten auf Bühnen, in Konzertsälen, in Probesälen und in Tonstudios. Sänger haben Kontakt mit den an der jeweiligen Aufführung oder Produktion beteiligten Personen (zum Beispiel zu Chorleitern, Dirigenten, Regisseuren und Orchestermusikern). (Siehe Hinweis am Ende des Vorworts)

Voraussetzungen / Aus- und Weiterbildung:

Es gibt keine geregelte Ausbildung, generell wird aber für die Berufsausübung eine einschlägige abgeschlossene Ausbildung vorausgesetzt. (Zum Beispiel Universität, Konservatorium, private Gesangsausbildungen usw.)

Arbeitsalltag / Vor- und Nachteile:

Sänger „U-Musik" (Pop)

Womit verdient man sein Geld?

Kann man allein von diesem Job leben? Die meisten können es (noch) nicht, auch wenn sie objektiv gesehen erfolgreich sind – so wie eine Singer-Songwriterin, die bereits CDs herausgegeben hat und auf Radiosendern zu hören ist ... Die Realität ist, dass man meistens einen Nebenjob hat, mit dem man sein Leben finanziert. Die meisten jungen Sänger sind im „Independent Bereich" angesiedelt: Independent ist alles, was nicht von den Major-Labels, also den großen, marktführenden Musiklabels (Plattenfirmen), herausgebracht wird. Man sieht zu, dass man ein Label findet – und das sind zunächst in der Regel Independent Labels –, das eine CD von einem herausbringt und diese verkauft, oder man gründet sein eigenes Label. Man ist auf privaten Radiosendern zu hören und nicht in der Hitparade oder auf internationalen Sendern. Daneben versucht man noch irgendwie, finanziell ein Musikvideo auf die Beine zu stellen. Die Vorstellung „Ich nehm eine CD auf und komm groß raus" ist realitätsfern. Das Einkommen setzt sich übrigens aus mehreren Faktoren zusammen: Aus dem CD-Verkauf, den Tantiemen, die man bekommt, wenn der Song auf einem Musiksender gespielt wird, und den Konzerten. Der CD-Verkauf ist heute minimalst, damit ist kaum mehr etwas zu verdienen. Das, was reinkommt, geht ans Management und ans Label. Oft sind die Ausgaben höher als der Verdienst. Das ist deprimierend – es steckt so viel Arbeit dahinter. Wichtig ist, am Ausbau seiner Konzertauftritte und seinem Bekanntheitsgrad zu arbeiten. Ein Konzert ist im Wesentlichen das Einzige, womit man wirklich verdienen kann. Es ist besser, nicht nur Musik zu machen, sondern auch eine Ausbildung in eine andere Richtung, damit man etwas hat, worauf man zurückgreifen kann, wenn es mit der Musik nicht klappt.

Finanzielle Unterstützung

Ohne Förderungen geht es nicht, vor allem in der ersten Zeit. Das Problem ist, dass die Popmusik im Vergleich zur klassischen Musik sehr gering gefördert wird. Bekommt man eine solche finanzielle Unterstützung, können zumindest teilweise die Produktionskosten abgedeckt werden. Im Grunde bräuchte man auch eine „Export-Förderung": Der österreichische Markt ist zu klein. Will man verdienen und nicht im Austro-Pop-Sektor angesiedelt sein, muss man schauen, dass man irgendwie ins Ausland kommt und international gehört wird. Aber dafür braucht man Geld. Es ist für diejenigen einfacher, die über die notwendigen finanziellen Mittel verfügen.

Wie schwer ist der Einstieg in die „professionelle" Musik?
Es ist heute insofern leichter, als es in der Zwischenzeit Netzwerke und Infoplattformen wie „Mica" oder „Soundbase" gibt. Vor Jahren hatte man als Sänger keine Ahnung, was ein Label ist und wie man grundlegende Dinge „angeht" und organisiert. Wenn man Glück hatte, lernte man von anderen Sängern, die schon länger im professionellen Musikgeschäft tätig waren und mit Produzenten zusammenarbeiteten. Heute kann man sich auf diesen Plattformen informieren: Was ist ein Label? Braucht man das? Wie gründet man sein eigenes Label? Wie organisiert man Live-Auftritte? Wie stellt man eine Tonträger-Produktion an? Wie promotet man sich? Welche Förderungen gibt es? Daneben werden auch Workshops angeboten, wo man viel über die Praxis erfahren kann und Musiker kennenlernt. Eine tolle Sache.

Wie schafft man es, dass man gespielt wird?
Vorweg: Nur, weil man im Radio gespielt wird, heißt das noch nicht, dass man super verdient. Das Wichtigste ist, dass die Leute zu den Konzerten kommen, weil das das meiste Geld bringt. Dennoch: Wie gelingt es, im Radio gespielt zu werden? Mit Glück und den richtigen Kontakten. Man braucht Leute, die an einen glauben und einen pushen. Wie so oft muss man zur richtigen Zeit am richtigen Ort sein. Dass ein Sänger auf verschiedenen Radiosendern gespielt wird, ist meistens der Verdienst des Labels. Die Labels haben Beziehungen und Netzwerke zu den Radiosendern und stellen einen vor („Wir haben hier was Neues! Hört euch das mal an!"). Es ist ein Unterschied, ob man selbst zum Radiosender geht oder das Label.

Das Team dahinter
In der Regel hat man ein Team hinter sich – eine Band, einen Produzenten und/oder einen Manager. Vor allem ein Manager nimmt einem viel Arbeit ab und man kann sich mehr auf seine Musik konzentrieren. Manche (vor allem im Independent-Bereich) erledigen alles im Alleingang. Wenn man den Durchbruch schafft, verdienen die Leute, die sich selber managen und produzieren, alleine an ihrem Erfolg. Kein Label und kein Management schneidet mit. Hat man Management & Co zu bezahlen, verkauft man im besten Fall so viele CDs, dass man trotzdem verdient.

Alltag – hauptsächlich kreativ?
Abgesehen davon, dass viele einen mehr oder weniger kreativen Nebenjob haben, ist in der Musik auch nicht alles kreativ, was zu tun ist, sondern es gibt auch viel Organisationsarbeit: Man checkt und bearbeitet E-Mails und organisiert allerhand für Konzerte. Man kümmert sich um die Technik und kommuniziert mit seinem Label. Vieles macht zwar das Management, aber einiges hat man auch selbst zu bewerkstelligen. Der kreative Teil – Songs schreiben, soweit man das überhaupt selbst macht – ist ein Bereich von vielen im Alltag.

Konzerte: „Schleppen und warten"
Im Independent-Bereich ist so schnell keiner groß genug, um andere bezahlen zu können, die alles fürs Konzert herrichten. So macht man das meist selber: Man schleppt alles hin,

was man für den Auftritt braucht, man macht den Soundcheck, man wartet auf den Auftritt. Und nach dem Auftritt räumt man alles wieder weg. Der Großteil bei einem Konzert ist Schleppen und Warten.

Leben für die Musik?
Irgendwie schon. Man macht Musik, weil man nicht anders kann, und trennt seine Lebenszeit nicht in Arbeitszeit und Freizeit. Es ist schon sehr angenehm, wenn man einen Partner hat, der ebenfalls aus der Künstler-Branche kommt, weil das Verständnis gegeben ist. Wenn allerdings der Partner auch viel beschäftigt und/oder unterwegs ist, kann es auch sein, dass einem das Privatleben entgleitet.

Resümee:

Es ist ein Beruf, bei dem man nicht davon ausgehen sollte, dass man ihn hauptberuflich machen kann. Wie in jeder Kunstform ist es auch als Sänger so, dass man ein Grundbedürfnis stillt – man muss es machen. Es gibt wenige, die planen, was sie in einem Jahr, in fünf Jahren usw. erreicht haben wollen. Das wäre allerdings klug.

Sänger „Klassik"

Networking – Kontakte haben
Man braucht Beziehungen! Eine gute Stimme ist zu wenig, wenn man an die (Wiener) Staatsoper oder Volksoper möchte. Die große Herausforderung besteht – neben der Ausbildung seiner Stimme – darin, Netzwerke aufzubauen und Leute kennenzulernen, die Beziehungen haben: Gesangslehrer mit Kontakten zu Agenturen, Agenturen mit Kontakten zu Entscheidungsträgern in Opernhäusern und/oder Theatern. In der Regel hat ein Opernsänger einen Agenten, einen Gesangslehrer und unter Umständen auch einen Opern-Coach. Insbesondere sind es die Agenturen, mit denen die Opernhäuser kommunizieren, wenn Sänger gesucht werden. Ein Agent ist dann gut, wenn er die nötigen Kontakte hat. Man muss also die „richtigen Leute" auf seiner Seite haben, die einen pushen. Je mehr Leute man kennt, desto besser. Bestenfalls hat man jemanden, der für einen beim Opernhausdirektor ein gutes Wort einlegt.

Wie kommt man weiter? Agenten und Vorsingen
Üblicherweise wird jeder Sänger von einer Agentur gemanagt, die für ihn Termine zum Vorsingen vereinbart. Es ist nicht so schwierig, in eine Agentur hineinzukommen: Agenturen sind ständig auf Talentsuche und vermitteln auch ins Ausland. Es ist manchmal leichter, an ein Arrangement in der Schweiz oder in Deutschland zu kommen als an ein österreichisches Opernhaus. Grundsätzlich werden mit Sängern fixe Arrangements, meist für ein Jahr, oder Gastverträge abgeschlossen. Bei Letzteren ist man nur für ein konkretes Stück engagiert. Nicht erspart bleibt einem auf jeden Fall das Vorsingen. Man hat oft zwei Stunden oder länger zu warten und vor Ort besteht keine Möglichkeit mehr, seine Stimme „aufzu-

wärmen" und sich unmittelbar vor seinem Auftritt vorzubereiten. Außerdem ist es auch ein psychischer Stress: Bei einem Vorsingen hat man nur eine Chance – verpatzt man sie, war es das. Das ist insofern bitter, als ein Vorsingen nicht ein Mal im Monat stattfindet, sondern nur zwei bis drei Mal im Jahr.

In die oberste Liga kommen – Konkurrenz
Der Wettbewerb ist groß. Es gibt so viele Bewerber und sie kommen von überall her. Bei den Vorsingterminen finden sich keineswegs lediglich Österreicher ein. Gegen eine große Konkurrenz müssen sich vor allem Sängerinnen durchsetzen, nicht so sehr die Sänger und am wenigsten die Tenöre: Gute Tenöre sind selten, vor allem unter den Österreichern. Es gibt nicht so viele, die hier stimmlich mitmischen können. Bei den weiblichen Stimmfächern sieht das anders aus – es gibt viele gute Sängerinnen. Als solche hat man vor allem dann einen Vorteil, wenn man Partien singen kann, die schwierig sind und die nicht jeder kann. Das Aussehen spielt bei den Sängerinnen ebenfalls eine größere Rolle. Singt man nicht wie Montserrat Caballé, sollte man auch nicht so wie sie aussehen. Eine schlanke und hübsche Erscheinung hilft einem weiter. Im Tenorfach ist das Aussehen weniger wichtig.

Absprung schaffen
Manche verpassen den Absprung und sind mit 40 noch an einem kleinen Theater und warten auf den Durchbruch. Viele singen schlecht beziehungsweise nicht gut genug und wissen es nicht. Wichtig ist daher, dass man kompetente Leute um sich hat, die einen ehrlich beurteilen und denen man trauen kann.

Starallüren? Disziplin!
In dem Job muss man sehr diszipliniert sein und jeden Tag an sich arbeiten beziehungsweise weiterarbeiten. Manche Sänger üben teilweise an sechs Tagen in der Woche. Dazu kommen noch die Bühnenproben. Disziplin und Geduld werden vor allem auch bei den Proben verlangt: Es gibt lange Wartezeiten; oft sitzt man ein bis zwei Stunden und wartet, bis man drankommt.

Chorsänger – Was ist vergleichbar, was ist anders?
Man ist kein Einzelkämpfer, sondern muss sich in ein Team eingliedern können und zusammen eine Leistung erbringen. Finanziell kann der Job sehr interessant sein, aber künstlerisch kann man sich nicht verwirklichen. Manche Sänger singen daher gerne solo und verdienen lieber weniger. Ein Sänger in einem großen österreichischen Chor verdient unter Umständen mehr als ein Solist, der zum Beispiel in Deutschland auftritt. Wichtig ist für Chorsänger auch das Networking. Es ist schwierig, in einen guten Chor hineinzukommen, weil es sehr viele Sänger gibt, die gerne in einem Chor – insbesondere im Staatsopernchor – singen würden. Vor 30 Jahren war es noch einfacher, weil es weniger internationale Konkurrenz gab. Wenn heute ein Vorsingen in Wien zur Besetzung einer (!) Chorstelle stattfindet, kommen 150 oder mehr Bewerber von überall her. Es gibt viele, die auf dem gleichen Level sind. Dann ist es sehr von Vorteil, wenn man gut gemanagt wird und Beziehungen hat. Man muss hartnäckig bleiben. Wenn man zum Beispiel fünf Mal zu einem Vorsingen geht und fünf

Mal hört „Wir melden uns" und dann allerdings nichts hört, soll man sich nicht entmutigen lassen. Man muss sich eine dicke Haut zulegen und an sich glauben.

Abhängig von der Gesundheit
Der Körper ist das Instrument eines Sängers und es muss ihm gut gehen. Das Schlimmste für einen Sänger ist, wenn er krank ist oder der Körper sonst nicht mitspielt. Ist man verkühlt, ist Singen Schwerstarbeit oder gar nicht möglich. Auch wenn man psychische oder zwischenmenschliche Probleme hat, kann es schwierig sein, beim Auftritt alles zu geben. Man muss also Wert auf sein Wohlbefinden legen. Manche reden Stunden vor ihrem Auftritt nichts mehr oder essen aus Aberglauben immer dasselbe. Man muss auch aufpassen, dass man nicht vollkommen ausbrennt.

Familienfreundlich?
Wenn man ein fixes Engagement an einem Opernhaus hat, dann lässt sich der Beruf einfacher mit dem Familienleben unter einen Hut bringen. Die Vorstellungen sind zwar abends, aber nicht jeden Tag. Ein Chorsänger hat unter Umständen an 200 Abenden im Jahr Auftritte, ein Opernsolist an 80. Es kommt auch vor, dass man unterm Jahr zwei Wochen nichts zu tun hat, weil keine Proben und keine Auftritte anstehen. Ist man allerdings Gastsänger, hat also an einem Opernhaus immer nur für kurze Zeit einen Vertrag, dann ist man sehr viel unterwegs. Wenn man ein festes Arrangement an einem Opernhaus im Ausland hat, wo man für Jahre beschäftigt ist, ist das nicht familienfreundlich. Auch als Chorsänger ist man viel unterwegs, manchmal für zwei Wochen. Der Partner muss Verständnis haben. Eine Beziehung zwischen Musiker und Nichtmusiker ist auf Dauer nicht einfach.

Finanzieller Aspekt / Chancen am Arbeitsmarkt:

Mit einem fixen Arrangement verdient man ganz gut. Schwieriger ist das finanzielle Überleben für einen Gastsänger, der immer nur für ein Stück engagiert wird und sich von Auftrag zu Auftrag „am Leben erhält". Es kann sein, dass man fünf Monate oder ein Jahr zu Hause sitzt und nichts zu tun hat. Wenn man den nötigen finanziellen Background hat, um auf ein Einkommen aus dem Singen nicht angewiesen zu sein, kann man sich voll und ganz auf die Karriere konzentrieren. Ein Nebenjob nimmt oft Energie weg. Als Chorsänger unterschreibt man meistens Verträge auf ein bis zwei Monate und lebt damit von Projekt zu Projekt. In der Regel ist man freiberuflich tätig und nicht angestellt. Das ist schwierig, weil man nicht weiß, was man die nächsten Monate verdienen wird.

Resümee:

Der Beruf des Musikers wird allgemein unterschätzt. Die Mühe und das jahrelange Studieren werden oft nicht zur Kenntnis genommen. Es ist ein harter Weg. Neben Können braucht man Glück und Leute, die an einen glauben und einem weiterhelfen. Die meisten Opernsänger, die erfolgreich sind und Engagements an tollen Opernhäusern haben, studierten Gesang nicht an der öffentlichen Universität, sondern privat. Auch wenn das teurer ist, zahlt es sich aus – die Ausbildung soll besser sein. Der Job ist ein Auf und Ab und die Karriere ist, wie oft bei künstlerischen Berufen, nicht absehbar.

Schauspieler

Definition:
Schauspieler stellen auf Bühnen oder in Filmen Figuren (Rollen) aus einer Textvorlage und einem Regiekonzept dar. Dazu setzen sie ihre Stimme, Gebärden und Mimik ein. Die dargestellten Figuren sind meist fiktiv, manchmal aber auch realen Personen nachempfunden. Schauspieler arbeiten nach Anweisungen der Regisseure. Sie lernen ihre Texte und beschäftigen sich intensiv mit der ihnen zugedachten Rolle. Sie nehmen regelmäßig an Proben teil und arbeiten im Team mit allen an der Produktion (Theater oder Film) beteiligten Personen. (Siehe Hinweis am Ende des Vorworts)

Voraussetzungen / Aus- und Weiterbildung:
Manche machen eine Ausbildung, andere nicht. Es gibt viele Möglichkeiten und jeder muss seinen Weg finden – Ausbildung ja oder nein, privat oder staatlich, wie und wo. Eine Ausbildung ist vor allem für später hilfreich: Es ist durchaus ein Thema, mit wem man gearbeitet hat und wo man gelernt hat. Das Max-Reinhardt-Seminar ist in Österreich die erste Wahl: Wer dort war, wird in der Regel kein Problem haben, an Jobs zu kommen. Nur, es ist sehr schwierig, aufgenommen zu werden. Vor allem Österreicher haben es schwer – es sind überwiegend Deutsche dort. Das Max-Reinhardt-Seminar ist aber nicht die einzige Wahl. Man sollte sich unbedingt ein Bild vom Angebot machen und sich umhören oder schauen, wo andere (heute erfolgreiche) Leute ihre Ausbildung getätigt haben. Es gibt seriöse und unseriöse Anbieter. Es existieren zum Beispiel private Schulen, die jeden aufnehmen und so lange wie möglich „mitnehmen", weil man mit den Leuten Geld verdient. Erst vor der Diplomprüfung bekommen diese dann zu hören, dass sie nicht antreten können (weil ihnen das Talent fehlt).

Arbeitsalltag / Vor- und Nachteile:

Traumberuf?
Außenstehende sehen nur das Produkt und bekommen den Hype um einen Schauspieler mit. Was sie nicht registrieren, sind die Arbeit und die Zeit, die dahinterstecken, um überhaupt den Punkt in seiner Karriere zu erreichen, dass man dreht/auf der Bühne steht und bekannt wird. Man braucht viel Durchhaltevermögen und man muss hartnäckig bleiben. Ein Jahr auf ein Angebot zu warten ist überhaupt keine Zeit. Das Business ist sehr hart und das Unberechenbare an der Branche ist, dass man eine tolle Ausbildung haben kann und

15/20 Jahre nichts Nennenswertes vorzuweisen hat, dass es aber mit dem Erfolg auch sehr schnell gehen kann. Es gibt sehr viele Leute, die als Schauspieler arbeiten und leben wollen, aber bei Weitem nicht genug Jobs. Oft bleiben nur die übrig, die dranbleiben. Nach fünf Jahren Ausbildung sind von zehn Leuten vielleicht drei/vier übrig (der Rest ist nicht gut genug oder gibt auf), einer bis zwei können von dem Job leben und einer von 100 kann sehr gut davon existieren. Man weiß durchaus, dass keiner auf einen wartet, aber man denkt sich oft, dass es schon irgendwie gehen wird und man eine Rolle bekommt, obwohl man die schwierige Lage kennt. Nur, es läuft dann oft eben doch nicht. Schauspieler muss ein persönlicher Traumberuf von einem sein, sonst könnte man nicht durchhalten. In Österreich gehen viele zunächst zur Bühne – die Film- und Fernsehbranche ist sehr klein. Die meisten uns bekannten Fernsehschauspieler waren zuerst Bühnenschauspieler.

Nicht nur Texte lernen: Selbstvermarktung!
De facto muss man eine kleine Firma aufbauen, sich vermarkten und networken. Wichtig ist, die richtigen Leute kennenzulernen – da gehört auch Glück dazu – und Wege zu finden, um eine Chance zu erhalten. Das Problem ist, dass man am Anfang kaum eine solche bekommt (außer man hat seine Ausbildung auf einer der Elite-Schauspielschulen gemacht).

Braucht man eine Agentur??
Kommt darauf an und ist (wiederum) Geschmackssache. Gerade am Anfang ist eine Agentur hilfreich: Man braucht jemanden, der einen zu den Castings bringt, der einem sagt, mach das, mach das nicht (beim Imageaufbau muss man schlau sein). Die Agentur hilft einem, „in die Auslage zu kommen". Wenn man keine hat und noch nicht viel vorweisen kann, wird man es nicht einmal zu 10 Prozent der Castings schaffen. (Castings gibt es nur dann, wenn Produzenten nicht von vornherein wissen, wen sie haben wollen.) Aber selbst dann, wenn jemand bereits bekannt ist, benötigt er eine Agentur, weil er sonst nicht an die Drehbücher kommt. In Österreich gibt es ein paar große Agenturen; daneben kommen auch deutsche infrage. Man bewirbt sich mit einem Demo-Band, das Szenen aus Filmen/Kurzfilmen enthält, nicht aus der Werbung. Ein Demo-Band braucht man nur für das Fernsehen, nicht für die Bühne. Es ist nicht einfach, in eine gute Agentur zu kommen. Bestenfalls hat man schon etwas gemacht und verfügt bereits über ein Image. Anfänger haben es schwerer: Die Agentur muss erst ein solches Image aufbauen. Wenn sie von einem nicht überzeugt ist, lehnt sie ab. Im Endeffekt geht es nur um die „Kohle" – für den Agenten ist im Ergebnis nur der interessant, mit dem sich Geld verdienen lässt.

Der österreichische Theater-Markt
Es gibt sehr viele Theater in Wien/in Österreich, aber nur sehr wenige, gut etablierte Bühnen. Man muss sich genau überlegen, wo man spielt und ob man „jeden" Auftrag annimmt. Das ist eine Frage des Imageaufbaus – irgendwann muss man aufpassen. Gerade deshalb ist auch eine gute Agentur oder ein guter Manager wichtig, die/der einen gut kennt und weiß, welche Rollen passend für einen sind. Der Frustrationsgrad soll hoch sein: Von zehn Produktionen ist vielleicht eine so, dass man sich denkt: „Super!" Nachteil am Theater: Es gibt viel weniger Frauenrollen.

Kritik in ihren Facetten
Ein Außenstehender, dem man vertrauen kann und der einen kritisch beurteilt, ist viel wert. Kritik bringt einen weiter. Man wird von allen kritisiert: von seinem Lehrer, vom Regisseur, vom Publikum, von Zeitungen – man ist einer Geballtheit an Kritik ausgesetzt und muss daher diese negativen Beurteilungen aushalten können. Die Kritik, die man vom Regisseur einstecken muss, empfinden manche Schauspieler als die schlimmste, und zwar deswegen, weil es eine persönliche Kritik ist. Diese ist ärger als ein Statement in der Zeitung, dass die Aufführung schlecht war/der Film schlecht ist. In seiner Karriere gerät man an die unterschiedlichsten Regisseure. Die Zusammenarbeit mit dem jeweiligen Regisseur kann super, aber auch furchtbar sein. Es gibt Regisseure, die einen zwar gut finden, aber dennoch „fertigmachen" durch ihre Behandlungsweise, es gibt welche, die einen brechen und neu aufbauen wollen, was überhaupt das Schlimmste ist. Punkt ist: Es prallen viele unterschiedliche Charaktere zusammen, die ein in sich homogenes Werk machen sollen, und das ist nicht immer einfach.

Man weiß nie, wie es weitergeht! Verdienst und Erfolg – nichts ist vorhersehbar
Der Beruf ist nicht vorhersehbar, gerade wenn man keine fixen Verträge hat. Man weiß nicht, ob man nicht zum Beispiel die nächsten Jahre in Deutschland verbringt, weil man dort ein Angebot bekommt, oder ob man überhaupt einen Auftrag erhält. Es gibt nie einen Punkt, wo man sich zurücklehnen kann. Man muss immer offensiv sein und um jeden Auftrag kämpfen, auch wenn man bekannt ist – es heißt „dranbleiben". Man kümmert sich im besten Fall selber um Aufträge und wartet nicht, dass die Agentur anruft. Bereits während man für einen Auftrag auf der Bühne/vor der Kamera steht, ruft man Caster und Agenten an und schickt Bewerbungen aus. Man muss große Disziplin haben, sehr fleißig und optimistisch sein.

Die Probleme der weiblichen Schauspieler
Eine Schwangerschaft ist immer ein Problem, weil man eine Zeit lang nicht arbeiten kann. Ganz schlimm ist, wenn man seine Figur nicht mehr wiederbekommt. Das Optische spielt eine riesen Rolle (auch für den Mann). Es ist schwierig, Familie und Beruf unter einen Hut zu bringen. Gerade weil man eben flexibel sein sollte. Ein Problem ist nicht nur die Schwangerschaft, sondern auch die Zeit danach. In den Künstlerberufen ist es so, dass man „weg vom Fenster ist", wenn man einige Jahre nichts von sich hören lässt.

Krank sein gibt es nicht
Wenn man krank, nicht gut drauf oder traurig ist, muss man trotzdem auf die Bühne. Der Grund, nicht zu einer Aufführung zu erscheinen, muss äußerst wichtig sein, um akzeptiert zu werden. Man wird von den Bühnenärzten „niedergespritzt" und hat nie Zeit, sich auszukurieren. Wenn einem gesundheitlich etwas Gravierendes passiert, war es das. Dann kann man danach wieder bei null anfangen.

Nicht viel Freizeit!
Viele sind nicht Schauspieler geworden, weil sie berühmt werden oder viel Geld verdienen

wollten. Geld und Image haben sie nicht interessiert, sie fühlten sich zum Künstlerleben berufen. Das muss auch so sein, denn viel Privatleben hat man in dem Beruf nicht. Wenn man bereits erfolgreicher ist, checkt man mehrmals am Tag seine E-Mails, schreibt Honorarnoten, sitzt zu Hause und lernt Text. Man verbringt zwar dem äußeren Anschein nach relativ viel Zeit zu Hause, aber das ist keine Freizeit. Das Telefon läutet häufig – ein erfolgreicher Schauspieler arbeitet immer an mehreren Projekten und ist nicht auf ein einziges fixiert. Man muss auch spontan einspringen und relativ schnell Texte lernen können. Das ist schwierig, weil man vielleicht drei Tage vor der Aufführung hinzugezogen wird und am gesamten Probenprozess nicht mitgemacht hat. Außenstehende glauben, dass Bühnenschauspieler am Abend die paar Stunden der Aufführung etwas zu tun haben und ansonsten ein gemütliches Leben führen. Das ist aber nicht so – man geht auf Proben und bereitet sich vor. Aber selbst, wenn man noch nicht so erfolgreich ist und einen Nebenjob hat, um leben zu können – beziehungsweise gerade dann – hat man wenig Privatleben: Man macht seinen Nebenjob, hetzt zu den Proben, lernt seinen Text, hat seine Aufführungen – und ist dann meistens fertig, wenn man nach Hause kommt.

Mehr Freizeit vor der Kamera?
Den Drehzeitraum über muss man sehr intensiv arbeiten. Hat man in einer Telenovela eine Hauptrolle, dann dreht man ein Jahr lang jeden Tag und macht nichts anderes. Hat man eine Nebenrolle, ist man nicht so ausgelastet und verdient trotzdem genug, um eine Familie erhalten zu können. Neben dem Dreh muss man noch Texte lernen und Drehbücher durchlesen. Wenn man schon länger in dem Geschäft ist, empfindet man ein Jahr Hauptrolle als leichter – es bedeutet nämlich um halb sieben in der Früh ins Studio, in die Maske und einen Drehtag bis sieben Uhr am Abend.

Man braucht einen loyalen Partner ...
…jemanden, der einem nicht im Wege steht, wenn man für das nächste Jahr ins Ausland geht, und versteht, was es fürs Privatleben bedeutet, als Schauspieler (erfolgreich) zu arbeiten. Ein Partner allerdings, der ebenfalls Schauspieler ist, ist Segen und Fluch zugleich. Es ist toll, weil ihm nichts erklärt werden muss und der andere einen versteht, aber man sieht sich kaum, weil auch er viel unterwegs und beschäftigt ist.

Der Beruf schränkt das Privatleben ein
Wenn man einen gewissen Bekanntheitsgrad erreicht hat, kann man sich in der Öffentlichkeit nicht mehr so benehmen, wie man möchte. So hat ein verheirateter Schauspieler schnell eine üble Nachrede, wenn er mit einer fremden Frau beim Kaffetrinken gesehen wird oder beim Alkoholtrinken und Feiern „erwischt" wird (vor allem als erfolgreicher Bühnenschauspieler). Man steht in der Öffentlichkeit unter Beobachtung. Dessen muss man sich bewusst sein und sich überlegen, wie man auftritt.

Finanzieller Aspekt / Chancen am Arbeitsmarkt:

Das „große Geld" verdienen nur sehr wenige. Selbst wenn man bekannt ist, heißt das nicht, dass man sehr gut verdient. Jeder bekommt eine andere Gage, das lässt sich nicht verallgemeinern. Die Verträge können unterschiedlich gestaltet sein: Heute werden den wenigsten Bühnenschauspielern Fixverträge angeboten (damit wären sie fix angestellt). Üblich sind sogenannte „Stückverträge": Man ist selbstständig und wird für ein konkretes Stück und/oder auf gewisse Dauer engagiert. Manche Theater engagieren Schauspieler nur für den Tag, an dem sie spielen. Mit einer fixen Anstellung hat man zwar ein regelmäßiges Einkommen, als Selbstständiger verdient man aber wahrscheinlich in Summe mehr. Film und Fernsehen sind übrigens viel besser bezahlt als das Bühnenschauspiel. Es stimmt nicht, dass man vom Beruf des Schauspielers nicht leben kann, im Verhältnis zur Anzahl der ausgebildeten Schauspieler können aber nur wenige ihren Lebensunterhalt alleine von der Schauspielerei bestreiten. Viele haben einen Zweitjob. Das bringt allerdings auch Schwierigkeiten: Man sollte eigentlich voll und ganz beim Schauspielen bleiben und an sich arbeiten. Hat man einen Nebenjob, hat man oft kaum Zeit für Bewerbungen und ist nicht flexibel für Proben.

Resümee:
Wenn man eine starke (psychische) Basis hat, wird man bestehen. Man sollte stressresistent und nervlich belastbar sein. Schauspiel ist ein ständiger Lernprozess. Auch im künstlerischen Werdegang entwickelt man mit dem Alter neue Facetten.

Zauberer

Definition:
Zauberkünstler führen mit Hilfe von Tricks, Spezialeffekten, Sinnestäuschungen und viel Fingerfertigkeit Zauberkunststücke aller Art vor. Sie lassen zum Beispiel Gegenstände, Tiere, auch Personen verschwinden oder scheinbar aus dem Nichts auftauchen. Dabei wenden sie spezielle Tricks an, die sie streng geheim halten und durch hartes Training einstudieren. Sie arbeiten in Zirkussen, Varietés, auf Kleinkunstbühnen, in Fernsehshows oder auf Jahrmärkten. Je nach Programm sind sie alleine tätig oder im Team mit Hilfskräften und Assistenten. Ein Großteil ihrer Arbeit besteht in der Entwicklung von neuen Tricks und im ständigen Trainieren und Perfektionieren der eingeübten Kunststücke. (Siehe Hinweis am Ende des Vorworts)

Voraussetzungen / Aus- und Weiterbildung:
Zauberschule? Von wegen! Eine Ausbildung zum Zauberer gibt es nicht. Zauberer sind Autodidakten, sprich, sie bringen sich das Zaubern selber bei. In geringem Umfang (und geringer Auflage) gibt es Fachliteratur und inzwischen auch DVDs, womit man sich eindeckt, gewisse Techniken ausprobiert und erlernt. Jeder kann Zauberer werden, wenn er

nur täglich übt, übt, übt, übt, durchhält und mit Leidenschaft dabeibleibt. Ohne Ehrgeiz, Disziplin und hohes Konzentrationsvermögen lässt sich dieser Beruf nicht erlernen. Hat man jedenfalls einige Tricks perfekt einstudiert, kann man versuchen, Mitglied in einer magischen Vereinigung zu werden. Dort werden Erfahrungen und Wissen ausgetauscht, man lernt Kollegen kennen, profitiert von ihnen, gibt sich Tipps usw.

Arbeitsalltag / Vor- und Nachteile:

Alles à la David Copperfield?
Es gibt verschiedene Sparten der Zauberei und oft greifen diese auch ineinander über. Da wäre die mentale Zauberei. Sie ist sehr komplex und die wenigsten können diese Art der Zauberei erlernen und beherrschen. Als psychologischer Illusionist (so wird man in der mentalen Zauberei auch genannt) möchte man Leute verblüffen, Bilder in Köpfe projizieren, Emotionen erzeugen: Die Leute, die die Veranstaltungen besuchen, denken nach einer Vorführung darüber nach, was sie erlebt haben, und können das Erlebte nicht als „nett" abtun – sie finden ja nicht wirklich eine Erklärung dafür. Daneben gibt es die Illusionen, die wir von – bekanntestes Beispiel – David Copperfield kennen: Der Zauberer lässt größere, schwere Gegenstände schweben, Menschen und Tiere erscheinen und verschwinden usw. Die Requisiten, die man für die Illusionen benötigt, sind sehr teuer – mit ein Grund, wieso es in der Praxis weniger Berufszauberer mit dieser Spezialisierung gibt. Am häufigsten kommen die Bühnen- und Partyzauberei (Zauberei mit einfachen Requisiten), die Close-up-Magie (der Zauberer steht unmittelbar vor dem Publikum und zaubert mit kleineren Gegenständen) und die Kinderzauberei vor. Gemeinsam ist den Sparten der Zauberkunst, dass man – möchte man gut sein – hohes Konzentrationsvermögen und Kreativität braucht und viel üben muss.

10 Jahre Zeit nehmen
Mit dem Geldverdienen sollte man es nicht eilig haben. Will oder braucht man von Anfang an ein Einkommen, sollte man sich einen Alternativjob überlegen. Es ist ein jahrelanger Prozess, bis man das Metier erlernt und Fuß gefasst hat. Im Übrigen bauen sich auch ein Netzwerk (Kontakte) und ein Bekanntheitsgrad nicht von heute auf morgen auf.

Zauberer ist nicht gleich Zauberer
Es ist nicht nur wichtig, dass ein Zauberer die Techniken, die er anwendet, vollkommen beherrscht, sondern er sollte auch eine Persönlichkeit mitbringen. Zauberer arbeiten nicht im stillen Kämmerlein (auch wenn sie dort stundenlang täglich üben), sondern treten auf der Bühne auf. Es muss einem liegen, sich vor einem Publikum zu präsentieren, und man sollte gewisse Voraussetzungen mitbringen, um „gut rüberzukommen" – Charisma, Stimme (sehr wichtig), die Art – kurz: die Persönlichkeit – spielen dabei eine Rolle. Das Publikum möchte unterhalten und begeistert werden. Findet das Publikum die Person gut, dann gefällt ihm auch die Show. Ein guter Zauberer bringt seinen eigenen Stil und Charakter ein. Stimmt die Chemie und läuft die Kommunikation zwischen Publikum und Zaube-

rer, „lebt" die Vorführung. Abgesehen von den unterschiedlichen Spezialisierungsmöglichkeiten, unterscheiden sich Zauberer also vor allem durch ihren Stil und ihre Persönlichkeit.

Routine in der Show?
Ohne Routine im Sinne von Perfektion geht gar nichts. „Auftrittsfähiger" Zauberer wird man durch jahrelanges Üben, Perfektionieren und mit der Erfahrung. Beherrscht man die Tricks seiner Vorstellung nicht, wird man ein Mal und nie wieder gebucht beziehungsweise nie bekannt. Aber dadurch wird der Beruf nicht langweilig. Die „Routine" macht es überhaupt erst möglich, dass man auf die Kommentare des Publikums spontan eingehen und darauf reagieren kann. Andere Leute – andere Antworten – andere Reaktionen: Damit gleicht keine Vorführung der letzten. Wenn man dieselbe Sache zum 100. Mal vorführt, ist sie 100 Mal anders. Dazu kommt, dass man Tricks in den Jahren weiterentwickelt, perfektioniert, variiert und neue kreiert. Die Entwicklung eines Tricks kann Tage, Monate, eventuell Jahre dauern; man hat eine Idee, überlegt die Umsetzung, probiert aus, feilt an dem und an jenem usw. Es ist ein „Handwerk", das sehr viel Kreativität fordert. Hochkonzentriert muss ein Zauberer immer sein – auch wenn er in der Ausführung seiner Tricks routiniert ist.

Wie kommt man mit dem Beruf Zauberer bei der Allgemeinheit an?
Grundsätzlich wird der Beruf nicht als ernsthafter Beruf angesehen. Die Allgemeinheit denkt beim Zauberer eher an den „Zauberclown" als an den Profi und nimmt den Beruf deshalb nicht „für voll" („Ist das überhaupt ein Beruf???"). Wenn der mentale Zauberer Interessierte über seine Spezialisierung aufklärt, bekommen sogar manche Menschen Angst, da ihnen der Beruf unheimlich ist. Als Nächstes – klar – möchten sie wissen, ob man jetzt/in dem Moment seine/ihre Gedanken lesen kann. Grundsätzlich weiß die Mehrheit sicher nicht, dass es zwischen David Copperfield und den Zauberern, die man aus Kindheitstagen kennt, noch etwas anderes gibt.

Wer bucht einen Zauberer?
Ein mentaler Zauberer wird für Shows (wo sich jedermann Eintrittskarten besorgen kann), Galas, Firmen- oder Kundenveranstaltungen gebucht. An die Vorstellung auf der Bühne schließt man oft noch Close-up-Magie unmittelbar an den Tischen der Leute an. Auftraggeber anderer Zauberer sind ebenfalls Firmen, man wird aber auch für Hochzeiten, Kindergeburtstage und sonstige Events gebucht. Manche Zauberer treten auch auf Wettbewerbsveranstaltungen auf.

Das „Drumherum" und das Erscheinungsbild
Auch ein Zauberer hat sich um Büroarbeit zu kümmern – hat E-Mails zu checken, Aufträge an Land zu ziehen, Anfragen zu beantworten; man muss sich gut verkaufen können und seinen Wert kennen, wenn man über seine Gage verhandelt. Wichtig ist auch das eigene Erscheinungsbild auf der Bühne: Ein elegantes und gepflegtes Aussehen gehört zum Job dazu.

Abendjob und viel unterwegs

Ein Zauberer kann sich seine Zeit frei einteilen (morgens länger schlafen, Dinge nachmittags erledigen usw.), ist relativ flexibel und könnte weltweit arbeiten. Aber – und dessen sollte man sich bewusst sein – der Beruf ist ein Abendjob. Oft fängt man sogar erst um 21/22 Uhr zu arbeiten an und kommt nicht vor ein Uhr morgens heim. Vor allem im Dezember, wenn vor Weihnachten die vielen Firmenfeiern stattfinden, ist ein Zauberer beinahe jeden Abend gebucht, das wird anstrengend. Viele Veranstaltungen laufen auch am Wochenende ab. Besonders starke Monate sind auch Mai und Juni (die „Hochzeitsmonate") – drei bis vier Auftritte an einem Wochenende kann es durchaus geben. Tritt man österreichweit auf, ist man viel unterwegs. Das Reisen wird anstrengend.

Finanzieller Aspekt / Chancen am Arbeitsmarkt:

Viele fragen sich wahrscheinlich, ob man von Zauberei leben kann, vor allem diejenigen, die nicht in Erwägung ziehen, dass Zauberer ein (ernst zu nehmender) Beruf ist. Ja, man kann. Manche üben diesen Beruf sogar hauptberuflich aus. Oft verdient man mit einem Auftritt ein halbes durchschnittliches Monatseinkommen. Allerdings ist die Auftragslage nicht kontinuierlich. In Krisenzeiten, wo die Unternehmen ihr Marketingbudget kürzen, gehen Firmenbuchungen natürlich zurück – gespart wird bei der Unterhaltung, die „nicht sein muss".

Resümee:

Man hat den „besten Job der Welt" und ist insofern privilegiert, als man beruflich etwas machen darf, womit man Geld verdient und das einem Spaß macht. Es ist toll, wenn zwischen Zauberer und Publikum der Funke überspringt und die Kommunikation funktioniert. Man freut sich, wenn die Leute die Vorstellung lächelnd verlassen.

Marketing / PR / Werbung

Will man im Bereich Marketing / PR / Werbung tätig sein, sind die Möglichkeiten sehr vielfältig, weil Marketing viele Bereiche abdeckt. Man muss sich auch zu Beginn seiner beruflichen Karriere nicht auf einen bestimmten Job festlegen. Die Leute in der Branche hoppen zwischen den Unternehmen und auch Tätigkeitsbereichen.

Creative Director

Definition:
Creative Directors sind für die inhaltliche und formale Gestaltung von Werbebotschaften verantwortlich. Sie arbeiten großteils in Werbe- und Multimedia-Agenturen, Grafik-Studios und Werbe- wie auch PR-Abteilungen von Unternehmen und leiten dort das zuständige Team, bestehend aus Werbetextern und Grafikern beziehungsweise Art-Directors, das für die Ausgestaltung der Entwürfe sorgt. (Siehe Hinweis am Ende des Vorworts)

Voraussetzungen / Aus- und Weiterbildung:
Creative Director ist kein Beruf, den man als Berufseinsteiger wählen kann; zum Creative Director – „CD", wie er in der Branche genannt wird – arbeitet man sich in der Hierarchie hoch, und zwar als Grafiker (beziehungsweise Art-Director, *siehe Grafiker*) oder Werbetexter.

Arbeitsalltag / Vor- und Nachteile:

Kreativer Ideenentwickler?
Die kreativen Ideen entwickeln die Grafiker (beziehungsweise Art-Directors) und Werbetexter; der Creative Director leitet dieses Team. Ob man sich selbst auch noch kreativ betätigt, hängt von der Struktur und der Größe der Agentur ab, in der man arbeitet. In kleineren Agenturen kann man nach wie vor – je nach seinem Können als Grafiker oder Werbetexter – an der Ideenentwicklung mitarbeiten; in den größeren Agenturen überlässt man den kreativen Prozess der Ideenfindung den anderen; man gibt die strategische Richtung einer Werbekampagne vor, soweit diese noch nicht zwischen Kunde und Kontakter *(siehe Kontakter)* abgeklärt ist: Zum Beispiel, die Kampagne soll in Richtung Wellness, Lebensfreude oder Jugend gehen. Wenn das feststeht, setzt man sich mit seinem Team zusammen und

weist es an. Ein CD bespricht immer wieder den Fortschritt im Team, gibt Feedback, bewertet entwickelte Ideen, verbessert sie usw. Es ist ein Prozess, bis eine Kampagne fertiggestellt ist, und diesen Prozess „dirigiert" man und ist für das Ergebnis verantwortlich. Das ist der Unterschied zu der Position, aus der man gekommen ist: Als Grafiker oder Werbetexter war man noch kreativ tätig. Das Ziel vieler ist, CD zu werden. Allerdings erkennt man dann möglicherweise, dass einem die Arbeit als Werbetexter oder Grafiker besser gefallen hat, weil einem die kreative Tätigkeit abgeht. Je höher man die Karriereleiter hinaufsteigt, desto weniger Zeit bleibt für kreative Arbeit. Man befindet sich in einer Managementposition und ist für 15 bis 20 Mitarbeiter verantwortlich.

Der Druck wird größer
Der CD trägt die Verantwortung für das Projekt und indirekt auch für den Erfolg des Kunden. Texter und Grafiker bringen die Ideen und man wählt aus. Hat man Wettbewerbspräsentationen und geht es darum, einen „Pitch" zu gewinnen – einen Auftrag zu bekommen – steht man unter Druck. Dazu kommt die Personalverantwortlichkeit.

Nichts wird so umgesetzt, wie man es vorschlägt
Es ist generell schwierig, Kreative zu motivieren, weil sie Kritik schwer verkraften. Dafür braucht man Fingerspitzengefühl und Know-how. Der CD muss seine Leute dazu bewegen, eine Idee nochmals zu überarbeiten, die ihnen vielleicht schon perfekt erscheint, von der man selbst aber noch nicht überzeugt ist. Man hat auch die unangenehme Aufgabe, das Feedback des Kunden nach der Präsentation an sein Team weiterzugeben. So, wie dem Kunden eine Idee präsentiert wird, wird sie selten umgesetzt. Der Auftraggeber reklamiert meist immer noch Dinge, will etwas anders, zusätzlich oder geändert haben. Die Leute haben Wochen an einer Kampagne gearbeitet, sind bis spätabends gesessen und dann kommt man von einer Präsentation zurück und muss seinem Team sagen „Es war zwar super, aber der Kunde möchte das und das noch anders machen". Die Idee wird verwässert und Frust setzt ein. Man muss sein Team und den Kunden bei Laune halten können.

Kundenkontakt – an vorderster Front
Der CD schreibt die Präsentation für den Kunden. Die Präsentation der Idee selbst erfolgt in der Regel durch den Kontakter. Wenn es allerdings um neue und/oder große Kampagnen beziehungsweise wichtige Kunden geht, ist der CD bei der Präsentation mit dabei, weil Kreative kreative Ideen besser präsentieren können. Die Präsentation ist sehr wichtig: Eine eher schlechte Idee kann – wenn sie gut präsentiert wird – positiv rüberkommen. Die Präsentation selbst ist eine Kunst. Vom Briefing bis zur Präsentation ist man dann an vorderster Front und teilweise auch bei den Produktionen dabei. Zu einer Hörfunkspotproduktion schickt man meist den Werbetexter alleine, aber bei den TV-Spots ist man auf jeden Fall zugegen. Produktionen sind oft „lässig", weil man mit lässigen Leuten zu tun hat – mit Schauspielern, Sportlern und anderen Promis, aber auch mit dem Team an sich, das für das Entstehen eines Spots mitarbeiten muss – mit Fotografen, Regisseuren, Kameraleuten usw.

Eingeengte Kreativität?
Man hat Vorgaben vom Kunden und einen Budgetrahmen, innerhalb dessen man sich bewegen kann. Kreativität hängt nicht vom Budget ab. Aber das Budget bestimmt mit. Man muss es nur vorher kennen, dann kann man sich danach richten und sein Team entsprechend instruieren. Eingeengt ist die Kreativität auch durch inhaltliche Vorgaben, durch das Produkt, durch die Zeit – das macht es schwierig, aber auch spannend. Man darf den Zug der Zeit, aktuelle Trends, nicht verpassen und nicht den Fehler machen, das zu kopieren, was vor zehn Jahren gut war. Wenn man selbst nicht am Puls der Zeit steht, muss man zumindest Leute im Team haben, die das sind. Und das Wichtigste ist, dass der Kunde sich auch traut, eine kreative Idee umzusetzen. Die besten Ideen sind wertlos, wenn der Kunde nicht mitziehen möchte. Daran scheitert es sehr oft.

Wo sind die Älteren in der Branche???
Die kreativen Jobs sind Jobs, die sich am Puls der Zeit bewegen müssen. Tatsächlich ist die Branche eine junge und es werden immer junge Leute gesucht und tatsächlich verschwinden die Älteren aus den Werbeagenturen. Viele brennen aus und hören auf, andere werden „gefeuert", weil Ältere nicht mehr gefragt sind, andere machen sich selbstständig und gründen ihre eigene Agentur, wieder andere werden vielleicht Geschäftsführer der Agentur. Tatsache ist, dass man sich nie zurücklehnen und sagen kann, dass man eine gesicherte Position hat. (Das konnten noch die Kreativen aus den 70-er und 80-er Jahren.) Wenn die Agentur zum Beispiel einen großen Kunden verliert, ist man vielleicht – auch als Creative Director – seinen Job los. Wenn man auf höherer Ebene rausfliegt, kommen nicht so viele gleichwertige Stellen infrage. Grundsätzlich geht man als angestellter Texter, Grafiker oder Creative Director nicht in Pension.

Viel Party?
Die Branche ist sehr locker, ebenso der Umgang mit den Kunden. In der Regel ist man, mit wenigen Ausnahmen, „per Du". Das Schlimmste, was man machen kann, ist, mit Krawatte aufzutreten. Bei Besprechungen mit dem Vorstand einer Bank zieht man sich möglicherweise einen Anzug an, aber auch hier durchaus lässig. Man genießt zwar noch diese gewissen Freiheiten, aber die Arbeit in einer Agentur ist hart. Der Job ist anstrengend und verlangt einem Disziplin und viel Zeit ab. Wer mit der Vorstellung in eine Werbeagentur geht, dass man Models um sich hat, nur auf Partys geht und viel unterwegs ist, hat eine falsche Vorstellung. So läuft es nicht ab. Es ist zwar grundsätzlich schon eine Branche, wo viel gefeiert und ausgezeichnet wird (Werbepreise), es gibt tolle Einladungen zu Partys und anderen Events von TV- und Radiosendern und seinen Kunden; die Frage ist aber, ob man diese Einladungen überhaupt noch wahrnehmen kann und will. Als Junger geht man nach der Arbeit, um zehn/elf Uhr abends, wenn man aus der Agentur kommt, noch weg; später, beziehungsweise wenn man Familie hat, interessiert einen das weniger.

Cooles Leben in der Werbeagentur? Arbeitszeiten!
Um 18 Uhr abends ist nie Schluss. Das ist eher die Ausnahme. Man arbeitet viel und diszipliniert und sitzt auch am Abend länger – bis 10 oder 11 Uhr ist die Regel und nicht die

Ausnahme. Auch darauf, dass man manchmal bis zwei Uhr morgens arbeiten muss, sollte man sich einstellen. Wochenendarbeit kommt ebenfalls vor, genauso wie Durcharbeiten (sehr selten). Der Lebenswandel ist ungesund: Man sitzt ewig, raucht, ernährt sich schlecht und zermartert sich den Kopf. Gerade die Jungen werden „verheizt": Sie beißen rein und jammern nicht. Wenn sie dann ausgebrannt sind, werden sie durch andere ersetzt. Ein paar Jahre muss man da jedenfalls durch. Ob man als Creative Director weniger arbeitet und den Druck nach unten weitergibt, ist eine Frage der Persönlichkeit. Der Job ist sehr schwer mit einem Privatleben vereinbar. Ausnahmen gibt es noch eher in den kleineren Agenturen.

Finanzieller Aspekt / Chancen am Arbeitsmarkt:

Die „fetten Jahre" sind vorbei! Die Werbebranche hatte immer noch den Ruf, dass dort ordentlich bezahlt wird. Die Traumgagen sind allerdings Geschichte und gerade als Anfänger ist der Verdienst nicht gut. Die Jungen werden ausgenutzt und ausgesaugt. Die unzähligen Überstunden werden nicht bezahlt und auch nicht in Freizeit ausgeglichen. Der Druck nimmt allgemein zu: Die Unternehmen haben weniger Geld für Werbung, die Projekte werden kleiner, was aber nicht bedeutet, dass weniger zu arbeiten wäre. Ganz im Gegenteil: Die Arbeit wird mehr, nur bekommen Agenturen nicht mehr diese Honorare und Provisionen bezahlt, wie sie noch vor 20 Jahren üblich waren. Damit verdienen auch die Angestellten weniger. Man muss sehr enthusiastisch sein – des Geldes wegen hat es keinen Sinn, einen Agenturjob zu ergreifen. Als Creative Director verdient man aber sehr gut, im Durchschnitt 5.000 Euro brutto im Monat, und bekommt oft auch weitere Leistungen wie Firmenhandy und -auto. Es ist dann eine Typfrage, ob einem das Gehalt das verlorene Privatleben ersetzen kann. Man muss ein „harter Hund" sein, um den Job des Creative Directors gut und über längere Zeit zu machen.

Die Chancen am Arbeitsmarkt werden schlechter, aber: Wo ein Wille, da auch ein Weg.

Resümee:

Unterm Strich kann man zusammenfassen, dass der größte Nachteil an der Agenturarbeit in den Arbeitszeiten und dem Zeitdruck liegt. Der Verdienst ist zu Beginn nicht sehr gut, wird mit der Zeit besser, nur reich wird man nicht. Als Selbstständiger hat man mehr Spaß, weil die Strukturen nicht so vorgegeben sind: Die Lust am Kreativsein, die durch den Job als CD verloren geht, kommt zurück.

Eventmanager

Definition:
Eventmanager planen und organisieren Großveranstaltungen im Sport-, Kultur- und Unterhaltungsbereich wie zum Beispiel Konzerte, Festivals, Tourneen, Konferenzen, Messen oder Tagungen. Sie erstellen die Programme, buchen die Räume, entsenden Einladungen und Ankündigungen, organisieren das notwendige Personal und betreuen die Gäste. Nach Ablauf der Veranstaltung rechnen sie die Kosten ab und kontrollieren das Budget. Sie führen den Telefon-, E-Mail- und Schriftverkehr durch und versenden Einladungen, Newsletter, Karten, Prospekte sowie Info-Broschüren. (Siehe Hinweis am Ende des Vorworts)

Voraussetzungen / Aus- und Weiterbildung:
Es geht auch ohne Ausbildung. Wichtig sind ein organisatorisches Talent und Hausverstand. Eine Ausbildung in Richtung Marketing ist zwar sicher von Vorteil, aber das Um und Auf in dem Geschäft sind die Erfahrung, die man mit der Zeit erwirbt, also ein „learning by doing", sowie ein gutes Netzwerk. Eventmanagement ist nicht so einfach, wie viele glauben, es bedeutet nicht bloß, „ein Festl zu organisieren". Man braucht auch sehr viel Know-how – man muss einfach wissen, wie es geht, welche Fehler passieren können und wie man sie vermeidet, da man auch in dieser Branche aus Erfahrung klug wird. Im Ergebnis macht dann genau dieses Wissen den Unterschied, wieso ein Event gut ist und ein anderes nicht.

Arbeitsalltag / Vor- und Nachteile:

Let's Party!!! (?)
Eventmanager sein und sein halbes Berufsleben selbst Party haben? Von wegen! Aber das ist das Image der Eventmanager. Doch es ist eine harte und anstrengende Branche. So lustig und – vermeintlich – „bürofern" ist der Beruf nicht: 97 Prozent der Zeit verbringt ein Eventmanager ebendort, 3 Prozent der Zeit dann am Event. Ist man bei der Veranstaltung vor Ort (irgendjemand vom Team muss dort sein), ist das für den Eventmanager Arbeit und kein Vergnügen. Der Job erfordert großes Organisationstalent, aber auch Kreativität. In dem Beruf sitzt man sehr viel vor dem Computer, telefoniert, koordiniert, organisiert – sehr lange Zeit bereits vor dem Event. Die meiste Zeit beschäftigt man sich mit Abwicklungsdetails und schreibt Ablaufpläne: Wie geht man vor? Punkt für Punkt wird aufgelistet, wer was wie und wann zu tun hat. Die Aufgaben werden verteilt. Auch für die Promotoren vor Ort – das sind Leute, die die Kunden und Gäste betreuen – muss klar vorgegeben werden, wofür sie zuständig sind und was sie zu tun haben. Diese Ablaufpläne müssen auch laufend aktualisiert werden, weil immer der eine oder andere ausfällt oder sonstige Änderungen notwendig sind. Man hat viel mit Zahlen zu tun, ist man doch auch für die Kalkulation und Kostenkontrolle verantwortlich. Das Event wird im Rahmen des Budgets des Auftraggebers – und das kann bei zwischen 2.000 und 200.000 Euro liegen – organisiert. Die Ver-

anstaltungen können dabei verschiedenster Art sein: Produkteinführungen, Presseevents, Jubiläumsfeiern ...

Ein Event hat mit einer Party nichts zu tun
Eventmanagement bedeutet nicht, Partys oder Clubbings zu organisieren. Partyveranstaltungen sind etwas ganz anderes. Veranstaltet und organisiert man Partys, ist man nicht im Eventmanagement, sondern im Partymanagement tätig.

Jahresprojekte
Für manche Eventmanager sind Events mit bis zu 2.000/3.000 Leuten nicht unüblich. Bei einem solchen Großereignis organisiert man nicht von einem Monat aufs nächste, sondern von einem Jahr aufs nächste. Es ist so viel, an das man denken und das man organisieren muss – Unterkunft, Busse (wenn Gäste abgeholt werden), Location, Catering, Programm, Musik etc., und darin stecken wieder zig Details. Eine Person alleine kann das nicht schaffen. Mehrere Leute müssen daran arbeiten und trotzdem ist die Organisation nicht in einigen Monaten erledigt. Man hat meistens mehrere Projekte parallel laufen – einige große und daneben auch kleinere.

Teamarbeit
Hinter der Arbeit stecken auch viel Schweiß und Geduld. Damit es einen reibungslosen Abend gibt, braucht es eine perfekte Organisation und man muss mit einem „sicheren Netz" arbeiten, auf das man zurückgreifen kann. Man braucht genug – verlässliche – Leute vor Ort/beim Event, die gebrieft sind und wissen, was zu tun ist. Ebenso wichtig sind verlässliche Geschäftspartner, mit denen man in der Vergangenheit schon gut zusammengearbeitet hat und von denen man weiß, dass man sich auf sie verlassen kann.

Promotorencastings
Im Vorfeld ist es auch sehr wichtig, die passenden Promotoren auszuwählen. Ihr Typ muss zum Profil des Veranstalters (des Unternehmens) beziehungsweise zum Image des Produktes passen. Das gilt insbesondere auch dann, wenn Promotions zu organisieren sind, auf welchen Leute zumeist an stark frequentierten Plätzen platziert werden, um die Produkte des Auftraggebers an Passanten zu verteilen. Deshalb führt man meistens ein Mal im Jahr Promotorencastings durch, um die passenden Leute zur Verfügung zu haben, wenn die Aufträge reinkommen.

Individuelle Kunden – individuelles Event
Seine Kunden muss man kennenlernen. Man sollte wissen, welcher Typ der Kunde ist: konservativ, spritzig, aufgeschlossen? Je nachdem organisiert man das Event. Ein konservativer Kunde mit einem konservativen Produkt braucht ein konservatives Event. Mit dem Kunden setzt man sich auseinander – ein Eventmanager muss ihn und sein Produkt verstehen. Man lebt sich – immer wieder – in die branchenspezifischen Befindlichkeiten ein, weil man ja laufend Kunden aus unterschiedlichsten Branchen hat. Das ist toll, weil abwechslungsreich, aber auch anstrengend. Man entwickelt also abgestimmt auf den Kunden ein Konzept, das man

dem Kunden präsentiert (bevor man noch gebucht wird – man hat also auch insofern Arbeit vorab). Danach erst bekommt man den Auftrag oder nicht. Meistens gibt es übrigens in einer Eventagentur eigene Leute, die sich mit der Ideen- und Konzeptentwicklung befassen.

Hauptfeind Zeit!
Ein Eventmanager arbeitet stets gegen die Zeit – es passiert immer etwas Unvorhersehbares, nicht selten am Tag des Events. Dann heißt es Lösungen beziehungsweise Alternativen finden. Auch mit personellen Ausfällen muss man immer rechnen und hat für Ersatz zu sorgen. Wenn die Promotion am eigenen Wohnort ist, kann man zur Not selbst einspringen. Ist sie außerhalb, braucht man wiederum vor Ort zuverlässige Mitarbeiter, die sich darum kümmern. Neben diesen Zwischenfällen sind es aber auch oft die Kunden, die kurzfristige Änderungswünsche haben. Man muss wissen, wie man damit umgeht – nicht immer lassen sich Änderungen zeitlich bewerkstelligen. Und das muss man den Kunden beibringen.

Hausaufgaben machen
Man muss immer seine Ansprechpartner (Location, Catering, usw.) vorab kennen und wissen, ob sie Erfahrung haben, vor allem was Großevents betrifft. Eine nicht gemachte Hausaufgabe wäre zum Beispiel, eine Location vorzuschlagen, wo es keinen professionellen Ansprechpartner gibt. Probleme in der Organisation und Abwicklung sind vorprogrammiert.

Mundpropaganda und Networken
Welches (erfolgreiche) Unternehmen beauftragt eine Eventagentur, die unbekannt ist und vergleichbare Events noch nicht organisiert hat? Zu den (guten) Events kommt man nur durch Mundpropaganda (man braucht Referenzen) und ein Netzwerk. Networken und kontakten sind sehr wichtig, beziehungsweise gute Kontakte machen alles leichter. In der Branche muss man sich einen Namen machen, denn in Wahrheit kennt jeder jeden. Es gibt Konkurrenz und auch böses Blut.

Die zeitliche Intensität
Den Job macht man entweder zu 100 Prozent oder gar nicht. Gerade im Eventmanagement ist es wichtig, knapp vor und bei der Ausführung der Veranstaltung 24 Stunden erreichbar zu sein. Für Änderungen und Notfälle muss man als Verantwortlicher sofort reagieren können. Diese zeitliche Belastung ist das Hauptnegativum an dem Beruf. Gerade für Frauen im Eventmanagement ist es schwierig, Familie und Beruf unter einen Hut zu bringen. Man bräuchte flexible Arbeitspartner, die einen entlasten. Dennoch: Es ist kein Job, der einen um 17 Uhr, wenn die Kindergärten schließen, den Arbeitstag beenden ließe. Manchmal fehlt die Berechenbarkeit eines 9-to-5-Jobs.

Finanzieller Aspekt / Chancen am Arbeitsmarkt:

Ist man selbstständig und gut im Geschäft, kann (!) es finanziell sehr gut laufen. Als Einsteiger ohne Erfahrung verdient man im Schnitt 2.000 Euro brutto im Monat (auch als WU-

Absolvent!). Nach zwei/drei großen Events wird man dann gehaltsmäßig angepasst. Bringt man als Angestellter neue, gute Kunden, gibt es meistens Provisionen.

Es finden sich sehr viele Eventagenturen, vor allem in den Städten (Eventmanagement ist ein freies Gewerbe, jeder kann es anmelden). Die Konkurrenz ist groß. Für den angestellten Eventmanager hat das den Vorteil, dass er sich aussuchen kann, wo er arbeiten möchte – Jobs gibt es immer. Anhand der Referenzen, die eine Agentur hat, kann man abschätzen, welche Events diese Agentur ausrichtet.

Resümee:
Die Arbeit mit Menschen macht Spaß. Der Erfolg ist toll – auch der Erfolg für die Firma, der zum Teil jener des Eventmanagers ist. Für gewisse Aufgabenstellungen Lösungen zu konzipieren, um Wünschen gerecht zu werden und innerhalb des finanziellen Rahmens zu bleiben, macht ebenfalls viel Freude. Aber der Job ist auch sehr anstrengend – irgendwann droht man auszulaugen, wenn man sich nicht etwas zurücknimmt.

Kontakter

Definition:
Berater, auch Kontakter genannt, stellen das Bindeglied zwischen Agentur und Kunden dar und sind für Ziel-, Budget- und Termineinhaltung zuständig. Je nach Hierarchie und Qualifikation sind Kontakter eher ausführend oder auch beratend tätig. Senior-Berater übernehmen häufig die strategische Konzeption für den Kunden und sind agenturintern auch für die Akquisition von Neukunden zuständig. (Siehe Hinweis am Ende des Vorworts)

Voraussetzungen / Aus- und Weiterbildung:
Im Grunde ist der Kontakter-Job ein typischer Marketing-Job, daher ist eine Aus- und Weiterbildung im Bereich Marketing oder auch ein Studium sinnvoll. Es finden sich hier – wie überhaupt in der Werbung (außer in der Grafik) – auch viele Quereinsteiger.

Arbeitsalltag / Vor- und Nachteile:

Schnittstelle zwischen den Kreativen und dem Kunden
Ein Kontakter arbeitet in einer Werbeagentur in einem nicht kreativen Bereich – man ist Ansprechperson für den Kunden. Der Kunde, beziehungsweise die Marketingleitung in einem Unternehmen, sagt dem Kontakter, was gewünscht ist, und der Kontakter gibt die Infos an die Kreativen in der Werbeagentur – die Grafiker und Werbetexter, beziehungs-

weise den Creative Director (je nach Struktur einer Agentur) – weiter. Anschließend präsentiert man dem Kunden die Vorschläge der Kreativabteilung. Bei großen Projekten und/oder wichtigen Kunden führt diese Gespräche auch der Creative Director alleine oder gemeinsam mit dem Kontakter. Brauchen die Kreativen weitere Infos, ist es ebenfalls der Kontakter, der diese einholt. Man ist intern quasi der Projektmanager. Je nach Agenturstruktur gibt es nicht nur „den" Kontakter, sondern eine Hierarchie aus zum Beispiel Assistenten, Junior-Kontakter, Senior-Kontakter, Etat-Direktor. Als Etat-Direktor führt man das Team der Kontakter und hat die Verantwortung für alle Abläufe innerhalb der Gruppe. Man betreut als Kontakter in der Regel mehrere mittelgroße Kunden aus verschiedenen Branchen, zwischen denen man dann auch gedanklich switchen können muss. Es ist aber auch möglich, dass man nur einen Kunden hat, dann nämlich, wenn es sich um ein großes Unternehmen handelt, das permanente Betreuung benötigt. Es gibt in einer Agentur also nicht nur einen Kontakter-Posten, sondern mehrere. Die Unterschiede in Agenturen verschiedener Größen liegen in den Strukturen und in den Aufgabenbereichen. Nicht immer hat man als Kontakter zum Beispiel automatisch Budgetverantwortung.

Briefing mit dem Kunden

Die Besprechung mit dem Kunden ist das Wichtigste und Schwierigste an dem Job. Es ist wichtig, dass man dem Auftraggeber gut zuhört und erfasst, was er möchte, und die nötigen Infos einholt. Wenn man nicht versteht, was sich der Kunde vorstellt beziehungsweise worum es geht, kann man der Kreativabteilung keine konkreten Anweisungen erteilen. Umso besser der Kontakter den Kunden brieft, umso leichter haben es die Kreativen. Dadurch, dass man „seine" Kunden kennt und laufend dieselben betreut, ist man mit ihren Produkten und Bedürfnissen vertraut und versteht die Marke. Oft weiß der Kunde selbst noch nicht, was er möchte – er hat zum Beispiel nur vor sich, dass er seinen Umsatz steigern und deshalb eine Kampagne anlaufen lassen möchte. Dann bespricht man mit dem Kunden unter Umständen auch die strategischen Möglichkeiten und berät ihn. Teilweise ist es auch erforderlich, dass man Kunden in Dingen unterstützt, von denen man keine Ahnung hat. Dann muss man wissen, wo man die Infos herbekommt. Sehr wichtig ist die Abklärung des Budgets, das der Kunde für eine Werbung ausgeben möchte. Kostet eine Kampagne 100.000 Euro, will der Kunde aber nur 20.000 Euro investieren, was man nicht mit ihm abgeklärt hat, ist das schlecht: Man kann ein Werbeprojekt nicht einfach kleiner machen.

Nur Kundengespräche?

Man begleitet den gesamten Prozess, bis die Kampagne veröffentlicht wird. Intern hat man sich mit den Kreativen laufend abzustimmen, bis die Idee verkauft ist. Danach checkt und organisiert man alles für die Umsetzung des Werbespots, des Plakates oder des Flyers: Man überprüft das Filmteam, Models, Fotografen, Druckereien usw. – man kümmert sich darum, dass die Werbung auch in der Realität entsteht. Dafür braucht man ein gutes Netzwerk an Partnern/Zulieferern (Druckerein, Fotografen …), von denen man weiß, dass sie gut arbeiten, und auf die man sich verlassen kann. Diese organisatorischen Angelegenheiten werden in manchen Agenturen von sogenannten Art-Buyern erledigt; es kommt eben darauf an, wie die Aufgaben in einer Agentur verteilt sind.

Immer unter Zeit- und Kostendruck
Eine Kampagne soll zu einem gewissen Zeitpunkt fertig werden und es steht auch nur ein gewisses Budget zur Verfügung. Man trägt die Verantwortung, dass unterm Strich ein positives Ergebnis herauskommt. Ein Projekt ist so zu koordinieren, zu organisieren und zu kontrollieren, dass es sich zeitlich ausgeht und im Budgetrahmen bleibt. Man muss die Kreativen ständig „treten", damit sie ihre Ideen abliefern (die nicht nur an diesem einen Projekt arbeiten, sondern mehrere Dinge parallel laufen haben). Man hat ständig mit zeitkoordinatorischen Problemen zu kämpfen. Auch man selbst hat nicht nur ein Projekt, das in zwei Wochen fertig sein muss, sondern zehn Projekte und dafür nur drei/vier Kreative, die man heranziehen kann, und trotzdem muss es funktionieren und alles fertig werden. Ein Kontakter muss strukturiert und ein sehr guter Zeit- und Projektmanager sein.

An Land ziehen von Neugeschäften?
Normalerweise muss man sich als Kontakter nicht darum kümmern. Dafür ist die Geschäftsleitung oder auch ein eigenes Team zuständig.

Gute Nerven!!!
Man ist der „Depp der Nation", der, der alles abbekommt – von den Kreativen und den Kunden: Wenn man glaubt, dass das, was die Kreativen produzieren, für den Kunden nicht brauchbar ist, oder es zwar eine gute Idee ist, aber vom Kunden nicht angenommen werden wird, muss man das den Kreativen mit Fingerspitzengefühl beibringen. Man ist derjenige, der die Ausführenden drängt, Ergebnisse zu liefern. Daneben bekommt man es als Erster vom Kunden ab, wenn etwas nicht passt und der Kunde nicht zufrieden ist. Oft wird man angeschrien und muss einstecken können. Diesbezüglich ein undankbarer Job. Gute Nerven braucht man auch, wenn eine verkaufte Idee umgesetzt wird: Im Produktionsprozess geht selten alles glatt.

Mühsame Kunden
Kunden, mit denen ein partnerschaftliches Arbeiten nicht möglich ist, nerven. Sie drängen einen in die Rolle des Lieferanten – was man auch ist – und lassen einen das auf einem unangenehmen Level spüren. Trotzdem muss man freundlich bleiben – die Agentur braucht Kunden und Aufträge. Oder Kunden, die einen quälen und am Freitag Nachmittag anrufen, weil sie am Montag eine Kampagne brauchen … Das Team – die Texter und Grafiker – sitzt am Wochenende, aber auch der Kontakter, weil er ja vom Kunden gebrieft ist.

Arbeiten mit Freelancern
Eine kleine Agentur, die keine fix angestellten Grafiker und Werbetexter hat, kauft diese Leistungen zu: Die Agentur engagiert für jedes Projekt selbstständige Kreative – sogenannte Freelancer. Man hat keine Leute in der Agentur, auf die man spontan zugreifen könnte, man muss erst welche finden, die Zeit haben, wenn man sie braucht. Damit hat man auch mehr Abwicklungsaufwand und ist mit seiner Budgetverantwortung noch mehr unter Druck: Wenn ein interner Grafiker ein Layout zum fünften Mal überarbeitet, ist das egal – er wird ohnehin von der Agentur bezahlt. Ein Freelancer verrechnet das und man muss trotzdem im Budget bleiben. In einem guten Netzwerk zu arbeiten ist hier noch wichtiger.

Arbeitszeiten
Ein Job in einer Werbeagentur ist in der Regel kein 9-to-5-Job: Man fängt spät an – so um 9/10 Uhr am Vormittag – und arbeitet bis 11 Uhr am Abend. Damit hat man eine 50-bis-70-Stunden-Woche. Man kann auch abends zu Hause und nicht mehr in der Agentur arbeiten. Das funktioniert allerdings nur, wenn man erreichbar und zeitlich flexibel ist. Aus der Agentur gehen und abschalten schafft man eigentlich nicht: Man bleibt im Prozess drinnen, bis das Projekt abgeschlossen ist.

Finanzieller Aspekt / Chancen am Arbeitsmarkt:
Große Agenturen zahlen besser! Im Durchschnitt liegt der Gehalt eines Kontakters bei etwa 40.000 Euro brutto im Jahr, das durchschnittliche Einstiegsgehalt liegt bei der Hälfte.

Resümee:
Manche machen den Job sehr gerne, andere nicht: Die einen finden ihn genial, weil man sieht, dass und wie ein Projekt umgesetzt wird, andere betrachten den Job als undankbar, weil sich an einem der Frust aller entlädt. Einstecken muss man jedenfalls können. Es ist kein statischer Job: Man kann nie sagen, dass man ausgelernt hat.

Marketingleiter / Marketingassistent

Definition:
Marketingleiter (auch Werbeleiter, Head of Marketing oder Chef Marketing Officer genannt) sind für Aufgaben im Bereich Werbung, Marketing und Public Relations (PR) eines Unternehmens zuständig. Sie entwickeln Marketingkonzepte, planen Werbemaßnahmen und Werbekampagnen sowie Messen, Firmenevents und andere Marketing-Veranstaltungen. Sie führen Markt- und Meinungsanalysen durch und verfolgen, wie die Produkte oder Dienstleistungen ihres Unternehmens in der Öffentlichkeit beziehungsweise am Markt aufgenommen werden. Sie wirken bei der strategischen Entwicklung des Firmenleitbildes (Corporate Identity) und der Firmenziele mit (zum Beispiel Marktpositionierung, Marktanteile). Marketingleiter arbeiten in Industrie-, Handels- und Dienstleistungsbetrieben aller Branchen sowie für öffentliche Institutionen und Organisationen.

Dem Marketingleiter untergeordnet ist der Marketingassistent/Werbeassistent. (Siehe Hinweis am Ende des Vorworts)

Voraussetzungen / Aus- und Weiterbildung:
Man kann nach der Matura Marketing an der Werbeakademie oder Fachhochschule studieren. Eine Ausbildung ist möglich, aber nicht unbedingt erforderlich, um Erfolg zu haben.

Für die meisten ist es „learning by doing". Man fängt als Marketingassistent in einem Unternehmen an und steigt zum Marketingleiter auf. Man kann auch zwischen Unternehmen und Funktionen „hoppen". Viele sind nicht mehr in dem Unternehmen, in dem sie gelernt haben. Man wechselt Branchen, aber teilweise auch Funktionen (z.B. von der Marketingabteilung eines Unternehmens in eine Mediaagentur *(siehe unter Mediaplaner)* und als Kontakter in eine Werbeagentur *(siehe unter Kontakter)*). Manche Firmen nehmen auch heute noch Maturanten auf, andere möchten niemanden mehr ausbilden, sondern stellen nur noch Leute ein, die eine Marketingausbildung haben. Diese ist sehr theoretisch, das Wichtigste lernt man in der Praxis. Fakt ist: Erfahrung ist sehr wichtig in dem Job und die bekommt man erst mit der Zeit.

Arbeitsalltag / Vor- und Nachteile:

Wie kreativ ist der Job?
Nicht alle „Marketingmenschen" sind kreativ und lassen sich Kreatives einfallen. Oft glauben Außenstehende, jeder, der mit Marketing zu tun hat, hat ständig fantastische Ideen. Das ist nicht so. Im Marketing gibt es kreative Jobs und weniger kreative. Es kommt darauf an, was man macht und wo man arbeitet – und zwar deshalb, weil es nicht schlechthin „den" Marketingjob gibt, sondern immens viele Jobs, die sich mit Marketing beschäftigen *(siehe dazu im nächsten Absatz)*. Ein Mitarbeiter der Marketingabteilung eines Unternehmens – was hier das Thema ist – arbeitet nicht kreativ. Bewirbt man sich also auf eine Stellenausschreibung, wo ein Unternehmen einen Marketingassistenten sucht, und erwartet man als Bewerber eine kreative Tätigkeit, liegt man falsch. Für die kreativen Jobs muss man in die Werbeagentur (und auch dort gibt es übrigens nicht nur kreative Tätigkeiten).

Marketing bedeutet nicht gleich Werbung – „Marketingjobs"
Marketing ist nicht Werbung. Werbung ist ein Teil von Marketing. Im Marketing geht es darum, Waren und Dienstleistungen zu verkaufen. Marketing beginnt bei der Planung und Entwicklung eines neuen Produkts, dessen Verpackung und Aufmachung und setzt sich über die Preisfindung und Verteilung fort. Werbung, PR, Sponsoring und Marktforschung sind lediglich ein Teil des Marketings. Vielleicht ist es nun verständlicher, warum es „den" Marketingjob nicht gibt. Marketing setzt sich aus mehreren Bereichen zusammen und in jedem davon praktiziert man Marketing im weiteren Sinn: Man kann nämlich unmittelbar im Unternehmen als Marketingleiter beziehungsweise Marketingassistent in der Marketingabteilung sitzen. Man kann als PR-Berater im Unternehmen oder extern in einer PR-Agentur arbeiten *(siehe unter PR-Berater)*; auch in der Markt- und Meinungsforschung ist man im Marketing tätig; ebenso zählt Sponsoring zu Marketing; weitere Bereiche von Marketing sind etwa Media *(siehe unter Mediaplaner)*, Events und Promotions *(siehe unter Eventmanager)*. In manchen – vor allem größeren – Unternehmen gibt es eigene Marketingabteilungen für Online-Marketing (organisiert und plant Werbemaßnahmen im Internet) oder auch für Kundenbindung und Marktverhalten („Kundenclub"). Die zitierte sachliche Berufsbeschreibung fasst mehrere mögliche Betätigungsfelder zusammen, nämlich Mediaplanung,

Eventmanagement, Marktforschung, PR und Werbung. Es kann schon sein, dass ein Marketingleiter für mehrere Bereiche zuständig ist. In der Regel sind es aber verschiedene Leute, die diese Bereiche betreuen. Diese Funktionen können intern (das Unternehmen selbst hat die entsprechenden Job-Positionen eingerichtet) oder extern (eigene Media-, Event-, PR-Agenturen usw. werden beauftragt) erledigt werden. Oft ist es so, dass man in kleineren Unternehmen eher ein Allroundtalent sein muss, weil man mehr Aufgaben zu übernehmen hat.

Was also macht man in der Marketingabteilung eines Unternehmens? Briefing externer Agenturen

In der Marketingabteilung koordiniert, organisiert und überwacht man Aufträge an Werbe-, Media-, Grafik- oder auch Eventagenturen und hat überhaupt viel Organisatorisches rund um Werbemaßnahmen zu erledigen. So erteilt man der Werbeagentur einen Auftrag für eine Werbeaktion und liefert ihr das, was sie an Infos braucht, um die Werbung zu gestalten. Soll etwa ein Verkaufsflyer auf den Markt, bekommt die Werbeagentur Daten, wie und an welche Zielgruppe der Flyer verteilt wird, um welche Produkte es geht, in welcher Auflage der Flyer produziert werden soll, wie viel Zeit zur Verfügung steht und wie hoch das Budget ist. Die Marketingabteilung gibt vor, die Werbeagentur setzt um. Ein gutes Briefing ist das Um und Auf, weil sonst die Ideen und Vorschläge der Werbeagentur am Ziel vorbeigehen. Um beim Flyer zu bleiben: Der Marketingleiter/Marketingassistent wirkt bei der Befüllung des Flugblattes mit, das heißt, man wählt die Produkte für die Werbemaßnahme aus, für das Design und das Layout sind die Grafiker (entweder einer Werbeagentur oder einer Grafikagentur) zuständig. Weitere (organisatorische) Arbeiten wären zum Beispiel das Einholen von Angeboten bei Druckereien und das Organisieren und Überwachen von Fotoshootings. Toll, weil man sich durchaus auch selbst einbringen kann. Der Probedruck geht retour zur Kontrolle. Man überprüft, ob das richtige Material und die richtige Farbe verwendet wurden, ob die Preisangaben und sonstigen Angaben passen usw. Gut ist es auch bei der Produktion von TV-Spots und Hörfunkspots vor Ort zu sein, um eingreifen zu können.

Funktionsunterschiede Leiter und Assistent

Ein Marketingleiter ist für den rechtzeitigen Ablauf verantwortlich, überwacht das Budget und kontrolliert die Rechnungen, die die diversen Agenturen dem Unternehmen ausstellen, und trägt im Ergebnis die Endverantwortung. Wenn Fehler im Flugblatt sind (zum Beispiel ein zu niedriger Preis), die einem nicht auffallen, kann das dem Unternehmen sehr teuer kommen. Der Job ist sehr stressig und belastend und die Verantwortung ist sehr groß. Man muss schon aufpassen, dass man nicht ausbrennt. Die Aufgaben und Tätigkeiten des Marketingassistenten hängen von der Struktur und Organisation im Unternehmen ab. In der Regel arbeiten Assistenten dem Marketingleiter beim Tagesgeschäft zu. Je selbstständiger und besser Marketingassistenten tätig sind, desto verantwortungsvoller werden die ihnen übertragenen Aufgaben sein.

Wie ist die Arbeit?

Es kommt sehr darauf an, ob man in einem „marketinglastigen" Unternehmen arbeitet oder in einem Unternehmen, das auf Marketing nicht so viel Wert legt. Wird die Marketingabteilung budgetär kurz gehalten, kann man nicht viel bewirken und die Arbeit ist langweilig. Als Marketingleiter, dem „nettesten Marketingjob", sitzt man am längeren Hebel, denn schließlich ist das Unternehmen Kunde beziehungsweise Auftraggeber der Werbeagenturen und Mediaagenturen. Der Kunde ist König. Wenn etwas nicht passt, „quält" man die Agenturen (nicht böswillig), bis es passt. Dazu kommt, dass man sehr nahe am Unternehmen arbeitet – man kennt die Hintergründe und man ist eine der ersten Stellen, die weiß, wohin sich das Unternehmen entwickelt. Der Job ist auch sehr abwechslungsreich: So gut wie jedes Unternehmen hat verschiedene Saisonen, was nach unterschiedlichen Kampagnen verlangt. Das Tolle an der Arbeit ist auch, dass man sehr viel bewegen kann und zentrale Stelle im Unternehmen ist: Man arbeitet mit vielen Abteilungen zusammen – mit der Produktion, mit der Geschäftsführung, mit dem Controlling usw.

Interne Entscheidungsfindung

Abstimmungsvorgänge sind mühsam. Je nach Größe und Struktur des Unternehmens, muss man sich mit unterschiedlich vielen Leuten abstimmen und Freigaben (das „Ok") einholen. Ein großes Unternehmen ist stark gegliedert und viele Leute reden mit. Je mehr, desto schwieriger wird es und die eigene Entscheidungsfreiheit ist eingeschränkt. Wenn der Vorschlag bei der Geschäftsführung nicht gut ankommt, wird es nicht so gemacht. Durch die Abstimmungsvorgänge werden kreative Ideen oft abgeschnitten. Von einer Grundidee bleibt oft nur die Hälfte über. Auf der anderen Seite helfen die Abstimmungsvorgänge, wenn die Kampagne nicht so gut läuft: Dann kann man sagen „Ich hab das doch gleich gesagt, aber ihr wolltet die Kampagne nicht so kreativ haben".

Party am Abend?

Man bekommt tolle Einladungen zu tollen Events. Es ist aber nicht so, dass man sich die Abende um die Ohren schlägt, denn es stellt sich oft die Frage: Hat man überhaupt Zeit, diese Termine wahrzunehmen? Der Zeitaufwand wird bei diesem Beruf am meisten unterschätzt. Der Job ist zeitintensiv, stressig und definitiv kein 9-to-5-Job. Nach acht Stunden kann man nicht den Bleistift fallen lassen. Möglicherweise sitzt man von neun bis Mitternacht. Es kommt aufs Unternehmen an und darauf, wie groß es ist. Grundsätzlich aber muss man den Willen haben, mehr zu leisten. Es gibt zwar Arbeiten, die man im Vorfeld abschätzen kann, aber es kommt immer Ungeplantes auf einen zu und man ist von Arbeiten anderer und deren Qualität abhängig: Man wartet auf die Entwürfe der Werbeagentur oder anderer Abteilungen und gerät dadurch unter Termindruck – alles verzögert sich. Höhen und Spitzen gibt es immer. Vor Einführung einer Kampagne hat man durchaus 12-bis-14-Stunden-Tage. In der Lebensmittelbranche z. B. gibt es zudem auch wenig Leerzeiten. Ständig ist ein Thema aktuell: Advent, Weihnachten, Ostern, Muttertag usw. Im Sommer plant man bereits die Werbung für Weihnachten. Stoßzeiten gibt es in jedem größeren Unternehmen. In der Marketingabteilung eines Handyunternehmens hat man mehr zu tun, wenn ein neuer Tarif auf den Markt kommt, oder bei Sportgeschäften zu Weihnachten und Ostern. Der Job ist nicht der familienfreundlichste – die Beziehung kann unter den Arbeitszeiten leiden. Als guter Marketingassistent oder Marketingleiter denkt man rund um die Uhr daran, was man machen kann, damit die Werbung besser wird. Auch im Urlaub schaltet man nicht ab. Tolle Einladungen und Events: ja. Aber im Ergebnis ist es ein beinharter Dienstleistungsjob. Die Fluktuation ist deshalb auch relativ groß.

Finanzieller Aspekt / Chancen am Arbeitsmarkt:

Es wollen viel mehr Leute ins Marketing hinein, als es Jobs gibt. Teilweise herrscht auch eine ziemliche Konkurrenz in einer Abteilung. Wenn man es nicht schafft, als Marketingleiter den Marktanteil zu steigern beziehungsweise die gewünschten Effekte zu erzielen, wird man ausgewechselt. Die glorreichen Zeiten sind vorbei – Wirtschaftskrisen haben einiges relativiert. Allerdings kann man nach wie vor ziemlich gut verdienen. In einem großen Konzern gibt es oft klare Gehaltsschemata – für eine bestimmte Funktion wird ein Gehalt „von bis" bezahlt und nicht mehr. Will man irgendwann mehr verdienen, muss man den Job wechseln. Toll sind allerdings die Prämiensysteme, die die meisten großen Unternehmen bieten: Für gute Leistungen gibt es „extra Money". Die Einstiegsgehälter sind in der Regel nicht so toll, der Durchschnitt liegt bei etwa 1.600.- Euro brutto im Monat.

Resümee:

Oft glauben Leute, „die in der Marketingabteilung" sind die Kreativen. Aber das Kreative kommt von der Werbeagentur. Man kann eine Idee an die Werbeagentur weiterleiten, wo sie vielleicht aufgegriffen wird oder auch nicht. Man ist zwar selbst nicht kreativ tätig, hat aber mit Leuten aus der kreativen Branche zu tun. Als Marketingleiter hat man meistens ein gutes Standing innerhalb des Unternehmens und auch bei den Kollegen. Damit der Job Spaß macht, muss man die Marke lieben, das Produkt verstehen und sich mit dem Unternehmen identifizieren.

Mediaplaner

Definition:

Mediaplaner sind für den strategisch-beratenden Teil der Medien-Arbeit zuständig und stellen nach den vorgegebenen Marketingplänen und Zielgruppen den richtigen Media-Mix zusammen. Sie analysieren, in welchen Medien zu welchem Zeitpunkt die Werbebotschaften am besten verbreitet werden können, und treffen die Auswahl der Medien. Mediaplaner kennen die Auflagenhöhe, Verbreitung/Reichweite und die Preise der wichtigsten Medien oder recherchieren diese und sind auf dem Gebiet der Marktforschung versiert. Sie arbeiten vor allem in Mediaagenturen oder Werbeagenturen, aber auch in Markt- und Meinungsforschungsinstituten. (Siehe Hinweis am Ende des Vorworts)

Voraussetzungen / Aus- und Weiterbildung:

Es gibt keine einheitlichen Ausbildungswege für Berufe im Bereich Werbung, PR, Werbekommunikation. Je nach beruflicher Schwerpunktsetzung eignen sich dafür sowohl allgemeinbildende als auch berufsbildende höhere Schulen (vor allem kaufmännischer, wirtschaftlicher oder grafischer Ausrichtung) beziehungsweise spezielle Kurse.

Arbeitsalltag / Vor- und Nachteile:

Strategisch-beratend und nicht kreativ!
Auch bei diesem Marketing-Job ist gleich zu Beginn zu sagen, dass er nicht kreativ ist. Als Mediaplaner „kauft" man auf den Kunden zugeschnittene TV-, Print-, Hörfunk- und/oder Internetwerbung, so wie es auch in der sachlichen Definition richtig wiedergegeben ist. Vom Kunden, der für sein Produkt wirbt, wird ein bestimmtes Budget zur Verfügung gestellt. Als Mediaplaner überlegt man, wie man diese finanziellen Mittel sinnvoll investiert. Die Auswahl des Media-Mix (Print, Hörfunk, Rundfunk, Internet) ist schnell entschieden. Noch leichter geht es mit einem großen Budget. Soll zum Beispiel eine Kampagne auf drei Wochen ausgelegt sein und beträgt das Budget 500.000 Euro, könnte ein Mediaplan so ausschauen, dass drei Sonntage hintereinander ein Inserat in der „Krone bunt" geschaltet und der Rest in den Hörfunk investiert wird. Parallel fragt man sich, mit welchen Mediakanälen man wann „seine" Zielgruppe am besten trifft. Eine Schokoladenwerbung schaltet man nicht in einem Automagazin; eine Print-Werbung für Tampons ist in der „Woman" besser aufgehoben als in der Kronenzeitung. Wenn das Produkt zum Beispiel nur eine kleine Zielgruppe interessiert, dann wählt man ein Medium, mit dem man diese Personen besser erreicht. Als Mediaplaner eines Segelyachtherstellers schaltet man ein Inserat in der „Yachtrevue" und keinen TV-Spot oder Inserat in der „News". Selbst wenn 10 Prozent der Zuschauer beziehungsweise Leser Yachtinteressierte sind, verpuffen 90 Prozent. Man ist bei der Auswahl der Medien nicht auf sich alleine gestellt. Die Medien beraten Kunden, welche Zielgruppe wann das Medium nutzt.

Klingt einfach. Was steckt dahinter?
Seinen Vorschlag – den Mediaplan – präsentiert man dem Kunden. Wenn man Glück hat, ist er mit dem Vorschlag einverstanden. Meistens ist es allerdings so, dass man den Mediaplan noch „100 Mal" umändern muss. Erst wenn der Plan abgesegnet ist, kann man die Werbeschaltungen einkaufen. Man muss aber schon vorher abgeklärt haben, ob die Verfügbarkeit in den vorgeschlagenen Medien gegeben ist. Es wäre peinlich und unprofessionell, wenn der Mediaplan Vorschläge enthielte, die nicht realisierbar sind. Außerdem müssen auch Preise und Rabatte bereits verhandelt sein, weil man sonst nicht abzuschätzen vermag, ob man im vorgegebenen Budgetrahmen bleiben kann. Bevor man also dem Kunden den Mediaplan vorlegt, hat man schon einiges verhandelt, abgesprochen und ausgekundschaftet. Passt dem Kunden der Vorschlag nicht, muss der Plan „umgestrickt" und gegebenenfalls mit anderen Medien verhandelt werden. Kunden können sehr anstrengend sein und ihr oft besserwisserisches Verhalten kann nerven. Wenn der Kunde kein Vertrauen hat und

für alles eine Erklärung braucht, wird es anstrengend. Der Job ist sehr zahlenlastig. Man muss pingelig sein und genau arbeiten. Ist man das nicht, kann man „Schaden ohne Ende" anrichten. Zum Beispiel, wenn bei der Erstellung eines Mediaplans vergessen wird, bei einer Kampagne Sonderkosten miteinzuberechnen. Der Kunde segnet den Plan ab und wenn die Rechnungen bei der Mediaagentur eintreffen und der Fehler auffällt, kann es sein, dass die Agentur auf den Mehrkosten sitzen bleibt. Am Ende eines Werbeprojekts, wenn die Rechnungen der Verlage, Radio- und/oder Fernsehsender einlangen, werden diese kontrolliert. Haben die Verlage und Sender richtig verrechnet und vereinbarte Rabatte berücksichtigt usw. Die Summe zuzüglich des Honorars der Mediaagentur verrechnet man an den Kunden weiter. Man trägt eine hohe Verantwortung – es geht um (große) Budgets und es liegt am Mediaplaner, gute Deals auszuverhandeln.

Kommunikation und Kontakte

Man muss viel und gut verhandeln – damit kann man seinen Kunden viel Geld sparen. Kommunikationsscheu sollte man nicht sein. Aber als Mediaplaner geht man nicht nur auf die Medien zu – man wird auch viel von den Medien angesprochen – mehr als einem recht ist. Man muss auch nein sagen können. Toll ist, dass man super Kontakte zu Leuten aus der Medienwelt knüpfen kann und Einladungen zu vielen Events bekommt.

Stress und Arbeitszeiten

Man arbeitet oft 12/13 Stunden am Tag und manchmal auch am Wochenende. Wenn etwas Dringendes „reinkommt", sitzt man auch am Abend. Gegessen wird neben der Arbeit, für das Checken privater E-Mails ist keine Zeit. Jeder ist überfordert, weil er mehrere Kunden betreut. Es gibt keine Zusammenarbeit mit Kollegen – jeder kämpft, dass er mit der eigenen Arbeit fertig wird. Am Jahresende wollen Kunden „Saving-Listen" sehen (Statistiken, was der Kunde durch Einschaltung der Mediaagentur gespart hat). Das auszurechnen, ist Aufgabe des Mediaplaners. Da man mehrere Kunden hat, ist auch mit den „Saving-Listen" eine Menge zu tun. Daneben erwarten Kunden bereits Vorschläge fürs nächste Jahr. Langweilig kann einem nicht werden. Denn neben den Leistungen, die an bestehende Kunden erbracht werden, muss man sich darum bemühen, neue zu gewinnen und an Konzepten für potenzielle Auftraggeber zu arbeiten, um vielleicht eine Ausschreibung (den „Pitch") zu gewinnen. Überwiegend sind eher junge Leute in Mediaagenturen zu finden, weil es ältere mit dem Stress nicht schaffen. Die Media-Agenturen wissen, wie hart der Job ist, und versuchen, sich durch Extras bei ihren Mitarbeitern zu revanchieren.

Finanzieller Aspekt / Chancen am Arbeitsmarkt:

Der Verdienst kann sehr gut sein, obwohl die Gehälter in der Branche ziemlich auseinanderklaffen. Die Jungen nach der Matura werden oft ausgenutzt: Sie arbeiten 12 Stunden am Tag und bekommen nicht so toll bezahlt (um die 1.600 Euro brutto im Monat).

Resümee:

Als Job-Anfänger in eine Mediaagentur zu gehen ist nicht sehr empfehlenswert. Man muss sehr viel arbeiten, hat viel Stress und verdient nicht gut. Als Einstieg in die „Marketingwelt" ist es in der Marketingabteilung eines Unternehmens viel netter.

PR-Berater

Definition:

PR-Berater (auch PR-Profi, PR-Fachmann, PR-Manager oder PR-Referent genannt) sind in oder für Unternehmen und Institutionen im Bereich Öffentlichkeitsarbeit (Public Relations) tätig. Public Relations bedeutet die planmäßige Gestaltung und Imagepflege von Beziehungen eines Unternehmens/einer Institution zu seinen Kunden und Geschäftspartnern, zur Öffentlichkeit und zu den Medien. PR-Berater planen und organisieren Maßnahmen zur Image- und Beziehungspflege und leiten deren Durchführung, wie zum Beispiel Werbekampagnen, Pressekonferenzen, Präsentationen. Sie werten Marktanalysen und Umfragen aus, erarbeiten Informationsmaterialien, Pressetexte und Pressemappen, versenden Broschüren und halten persönlichen Kontakt zu Vertreter des Medienbereichs, zum Beispiel zu Journalisten/ Redakteuren. (Siehe Hinweis am Ende des Vorworts)

Voraussetzungen / Aus- und Weiterbildung:

Die meisten PR-Berater haben Publizistik studiert. Es werden allerdings auch eigene PR-Lehrgänge angeboten. Auch Fachhochschulen bieten verschiedene Studienrichtungen an, die für PR-Berater infrage kommen. In viele Unternehmen wird man ohne PR-Ausbildung nicht mehr aufgenommen. Je mehr Bildung man hat, desto leichter ist es jedenfalls, einen Job zu finden. Eine journalistische Vorbildung ist deshalb hilfreich, weil man mit der Sprache arbeitet. Man muss es schaffen, Inhalte, die oft sehr komplex sind, an unterschiedliche Zielgruppen zu bringen. Die Kunst ist es, Kompliziertes kurz und verständlich zu verpacken, also „short and simple" und ohne „Schnick-Schnack". Ist der Kunde der Meinung, das hätte er auch gekonnt, ist die Arbeit gut.

Arbeitsalltag / Vor- und Nachteile:

Sachliche Statements – keine Werbung

Öffentlichkeitsarbeit – was bedeutet das eigentlich? Was macht ein PR-Berater? Vorab: Eines ganz klar nicht: Werbung! Dafür sind die „Kreativen" in der Werbeagentur zuständig. Ein PR-Berater ist für sachliche Mitteilungen an die Öffentlichkeit zuständig, die sich auf Fakten stützen. Man schreibt Pressemitteilungen und Presseaussendungen über das Unternehmen, über Produkte, über Dienstleistungen, oder man bereitet Pressekonferenzen vor.

Ganz wichtig ist auch die Imagepflege für ein Unternehmen oder eine Person: Was kann man machen, um zu zeigen, was hinter dem Unternehmen oder hinter der Persönlichkeit steht beziehungsweise wofür es/sie steht? Kreativ ist der Job grundsätzlich nicht – er kann dann kreativ sein, wenn es darum geht, Konzepte zu entwickeln, wie man „die Messages an die breite Masse transportiert". Aber das Erarbeiten dessen, wofür ein Unternehmen steht, ist alles andere als kreativ: Es bedeutet zunächst Fragebögen ausarbeiten, die an Mitarbeiter verteilt und danach ausgewertet werden. Ein PR-Berater kann auch Reden, Statements verfassen, Imagetexte für Homepages gestalten, aber auch für Facebook und Twitter; die neuen Medien sind für den öffentlichen Auftritt sehr wichtig geworden.

Agentur versus Unternehmen
Macht es inhaltlich einen Unterschied, ob man nun in einer Agentur oder intern in einem Unternehmen arbeitet? Ja, macht es und die sind nicht unwesentlich. In einer Agentur ist das Aufgabengebiet vielfältiger. Man macht quasi alles, was „reinkommt": Presseaussendungen für ein Pharmaunternehmen, das ein neues Medikament auf den Markt bringt, dann für einen Bauunternehmer, der seinen Umsatz gesteigert hat und expandieren möchte, oder für ein Schuhgeschäft, das seinen Standort verlegt. Man muss sich in verschiedene Themenbereiche relativ schnell hineindenken und einarbeiten können – klar: Man hat unterschiedliche Kunden aus unterschiedlichen Branchen. Der Job ist sehr abwechslungsreich. Genauso ist es für den selbstständigen PR-Berater, wenn er jeden Auftrag übernimmt.

In der PR-Abteilung eines Unternehmens ist man näher am Business, mehr in die Vorgänge im Unternehmen involviert und hat mehr Entscheidungskraft. Man sitzt an der Informationsquelle und „am Hebel". In manchen Unternehmen arbeitet die PR-Abteilung noch zusätzlich mit einer PR-Agentur zusammen – diese ist aber lediglich der verlängerte Arm der unternehmensinternen PR-Abteilung und muss sich nach ihr richten. Es macht Spaß, Presseaussendungen für die Medien zu schreiben, wenn ein neuer Tarif oder ein neues Produkt auf den Markt kommt. Langweilig wird es nie, weil sich im Unternehmen täglich etwas tut: Ein Konkurrent setzt zum Beispiel einen Tarif runter – das eigene Unternehmen zieht nach und wird noch günstiger. Wie lange dauert die Umsetzung? Drei Stunden! Der Tarif wird beschlossen, die Marketingabteilung arbeitet mit der Werbeagentur zusammen, kümmert sich um die Werbeaussendungen und platziert sie im Internet, im Print und TV; die PR-Abteilung verschickt Presseaussendungen und die Mitarbeiter im Call-Center werden auf den neuen Tarif geschult. Das ist toll, spannend, aufregend – es kann so schnell gehen. Wichtig ist aber grundsätzlich, dass man sich fürs Unternehmen und dessen Produkte interessiert.

In Kontakt mit Journalisten
Unternehmen oder Agentur – in beiden Fällen ist ein PR-Berater ständig in Kontakt mit den Medien. Die Pressemitteilungen usw. schickt man an Journalisten, die diese Mitteilungen, wie sie sind, übernehmen und veröffentlichen oder ihre eigene Story daraus machen. Man selbst arbeitet nicht wie ein Journalist; wie gesagt, man gibt sachliche Infos und Fakten weiter. Ist man in einem bekannten Konzern tätig, muss man den Journalisten nicht nachtelefonieren, damit sie eine Pressemitteilung veröffentlichen – sie rufen in der PR-Abteilung

an und fragen, was es Neues gibt. (Aus dieser Arbeit ergeben sich zwangsläufig Kontakte mit Medienvertretern und man bekommt coole Einladungen.)

100 Prozent PR?
Die Arbeit in der PR-Abteilung eines Unternehmens hängt zum einen von seiner Größe ab. Nicht jedes Unternehmen ist groß genug, um einen 100-prozentigen PR-Job zu garantieren beziehungsweise um überhaupt einen PR-Job zu bieten. Legt das Unternehmen auf PR keinen großen Wert, wird auch der Job in dem Unternehmen nicht so toll sein. Zum anderen ist man als PR-Berater in einem Unternehmen immer auf bestimmte PR-Bereiche spezialisiert. In der Produkt-PR im Mobilfunkbereich sitzt man an der Schnittstelle zu den Medien, steht Journalisten Rede und Antwort, verschickt Presseaussendungen, bereitet Pressekonferenzen vor und ist damit „Sprachrohr" des Unternehmens. In einem Gastronomiebetrieb zum Beispiel spielen diese Tätigkeiten eine geringere Rolle. Dort ist man eher mit der Gestaltung des Auftrittes auf einer Gastro-Messe und der internen Kommunikation zu den Mitarbeitern beschäftigt und gestaltet vielleicht Infoblätter für diese. Es lässt sich nicht verallgemeinernd sagen: Das macht ein PR-Berater in einem Unternehmen und das macht er in einer Agentur.

Der Kampf in der Selbstständigkeit
Am schwierigsten ist die eigene Positionierung auf dem Markt neben den bekannten „Platzhirschen" in der PR-Branche, die sich die Großkunden mehr oder weniger aufteilen. Die „kleineren" Kunden teilt man sich mit anderen Einzelkämpfern und kleineren Agenturen. Es ist nicht einfach. Ganz wichtig ist – wie immer – Networking, um an Kunden zu kommen, und gute Kontakte. Je mehr und je bessere Kontakte man hat, desto eher wird man sich als PR-Berater in der Branche durchsetzen. Informationsverbreitung ist einfacher und effizienter, wenn man die Leute kennt, die einem dabei behilflich sein können. Es ist auch wichtig, Nachrichten „zu lieben". Man muss wissen, was in der Welt täglich vor sich geht – in Wirtschaft und Politik –, um eine grundsätzliche Ahnung zu haben und damit unter Umständen Neuigkeiten für seine Stammkunden verwerten zu können. Im Prinzip nimmt man alle Aufträge an, die man bekommt. Man überlegt sich auch ständig neue Ideen, wie man in der Öffentlichkeit auftreten kann, um neue Kunden zu gewinnen beziehungsweise Kunden an sich zu binden. Bekommt man einen Auftrag und führt ihn aus, hat man mit einem weiteren Problem zu kämpfen: der schlechten Zahlungsmoral, die in der Branche weit verbreitet ist.

„Fehlgeleitete PR"
PR ist nicht einfach. Nicht immer erreicht man mit der (sachlichen) Wiedergabe von Statements von in der Öffentlichkeit stehenden Personen oder Unternehmen das, was man eigentlich möchte – nämlich sie gut „dastehen zu lassen". PR kann auch nach hinten losgehen. Ein Beispiel, das komplett schiefging: Eine Biografie der spanischen Königin Sofia sollte deren Image verbessern – so war jedenfalls der Plan. Nur sind in der Biografie (von Pilar Urbano) Statements der Königin enthalten, die dem Volke gar nicht gefielen (die Königin sei gegen die Homo-Ehe und gegen die Abtreibung).

9-to-5-Job oder freie Zeiteinteilung?
Ein „Entweder – Oder" gibt es in dieser Allgemeinheit nicht. Sind die Journalisten die ausschließlichen Ansprechpartner, hat man im Grunde einen 9-to-5-Job, weil das auch die Arbeitszeiten der Journalisten sind. In einer Agentur kommt man im Wesentlichen mit 40 Stunden aus, wenn es eine kleinere Agentur ist. In anderen Agenturen arbeitet man unter Umständen 50 Stunden und mehr. Als selbstständiger PR-Berater ist man zeitlich sehr flexibel und die Arbeitszeiten sind projektbezogen. Manchmal hat man eine 5-Stunden-Woche, manchmal arbeitet man 60 Stunden und mehr. Man ist im Normalfall für seine Kunden 24 Stunden erreichbar.

Finanzieller Aspekt / Chancen am Arbeitsmarkt:

Beim Karrierestart als PR-Assistent wird ein Einstiegsjahresgehalt von durchschnittlich 20.000 Euro netto gezahlt. PR-Juniormanager erhalten ein Einkommen von rund 31.500 Euro. Bei einem Seniorberater liegt der Verdienst bei rund 50.000 Euro und mehr.

Der Markt steht derzeit eher still. Agenturen nehmen kaum Leute auf, Unternehmen bauen ab – es wird gespart. Ein Fehler? Der Punkt ist nur, dass PR und dessen Erfolg schwer messbar und daher oft für die Unternehmen nicht sichtbar sind. Daher wird hier eingespart.

Resümee:

Für einen PR-Interessierten ist es quasi unmöglich, keinen Betätigungsbereich zu finden, der ihn interessiert. Auch wenn man als PR-Berater nicht zu den „wirklich Kreativen" zählt, sondern einen sachlichen Job hat, gehen die Leute lässiger auf einen zu und erwarten sich auch eine gewisse Lockerheit. Schnell und leicht wird man geduzt.

Werbetexter

Definition:

Werbetexter sind für die sprachliche Formulierung von Werbebotschaften zuständig und wirken bei der Erörterung von werbestrategischen Zielen der Auftraggeber mit. Dabei arbeiten sie mit Fachleuten zusammen, die für Entwurf, Gestaltung und Ausführung der Werbekampagnen zuständig sind (zum Beispiel Art Director, Creative Director, Grafiker, Fotograf). Ziel ihrer Tätigkeit ist es, eine Produktidee in sprachlicher Form zu transportieren. Ihre Aufgaben reichen dabei von der Erarbeitung von kurzen, prägnanten Slogans bis hin zu umfangreichen Texten für Werbeinformationsmaterial, wobei die textliche Gestaltung abhängig von Produkt und Zielgruppe erfolgt. (Siehe Hinweis am Ende des Vorworts)

Voraussetzungen / Aus- und Weiterbildung:

Eine Ausbildung zum Werbetexter gibt es in Österreich – im Gegensatz zu Deutschland – noch nicht. Sehr viele haben die Werbeakademie besucht oder Germanistik studiert. In der Branche findet man sehr viele Quereinsteiger – oft Schul- und Studienabbrecher. Es ist aber schwieriger, ganz ohne werbemäßiger Vorbildung hineinzukommen. In der Regel ist eine Anstellung als Praktikant oder Trainee der erste Schritt in den Beruf. In dieser Zeit, die üblicherweise zwischen drei Monaten und einem Jahr dauert, erlernt man die Grundlagen des Textens, auch „Training-on-the-job" genannt.

Arbeitsalltag / Vor- und Nachteile:

Man hat irgendwann eine kreative Idee?
Es ist nicht so, dass ein Werbetexter gemütlich auf eine kreative Idee wartet. Ideen müssen erarbeitet werden. Texten ist ein beinharter Job. Es bedeutet Schreiben und das ist etwas, was man handwerklich beherrschen muss. Ähnlich einem Journalisten muss man auch als Werbetexter schreiben können; beim Journalisten kommt die Recherche dazu, beim Werbetexter die eigene kreative Idee. Grundsätzlich ist viel Kreativität verlangt, aber hauptsächlich heißt es nicht, neue Ideen suchen und finden – ein großer Teil ist Schreibarbeit. Man lässt sich nicht nur zündende Slogans einfallen, sondern schreibt auch Folder, Flyer und Produktprospekte, zum Beispiel für Versicherungen und Banken – auch das ist Werbung und gehört zu den Aufgabengebieten eines Werbetexters: Je nach Agentur wird alles vom TV-Spot beziehungsweise Inserat bis hin zu Werbebroschüren angeboten. Gerade für einen jungen Werbetexter kann der Job trocken sein – wenn man Pech hat, schreibt man hundertseitige Unternehmensprospekte für (große) Firmen.

Frei in der Selbstverwirklichung?
Ein Werbetexter ist nicht so frei, wie man vielleicht glaubt. Man ist Dienstleister und entwickelt eine Idee, die verkauft wird, und es gibt sehr viele Leute, die mitentscheiden: der Creative Director, der Agenturleiter, der Kunde. Auch innerhalb der Unternehmensstruktur des Kunden gibt es mehrere Leute, die eine Idee befürworten müssen. Schon alleine durch diesen langen Entscheidungsweg muss ein Entwurf zig Mal geändert werden. Daneben gibt es vielfach Vorgaben durch die Marke/das Produkt selbst: In einer Werbung für einen Energy-Drink kann man andere Sachen machen als bei der für eine Bank oder ein Waschmittel. Man muss auch dem Image der Marke gerecht werden. Das schränkt aber die Kreativität nicht unbedingt ein: Es gibt zwar äußere Rahmenbedingungen, wie die Werbung sein muss, aber innerhalb dieses Rahmens kann man sich austoben. Was man jedenfalls braucht, sind eine dicke Haut und eine hohe Frustrationstoleranz, weil es nicht der Regelfall ist, dass eine Idee so umgesetzt wird, wie man sie vorschlägt; nur ein Bruchteil von dem, was man selber gut findet, wird tatsächlich so verwirklicht. Man produziert viel für den Papierkorb. Dennoch: Unterm Strich kann man sich kreativ betätigen und Dinge machen, die in anderen Jobs nicht möglich sind: Man hat die Möglichkeit, etwas zu erschaffen, und es gibt – je nach Kundenbudget – viele Arten, das auch umzusetzen.

Das Interessante am Job – alles kann einem unterkommen

Jedes Thema kann einem unterkommen – es gibt nichts, wofür es keine Werbung gibt! Je nach Anforderung muss man sich mit dem Thema auseinandersetzen und/oder sich in Produkte vertiefen. Gewisse Infos kommen natürlich vom Kunden, anderes muss man sich aneignen. Allerdings betreut man immer dieselben Kunden – und das sind je nach Größe bis etwa 20 verschiedene Unternehmen.

Sich von Dagewesenem inspirieren lassen?

Das Rad wird nicht neu erfunden und man holt sich durchaus von bereits dagewesenen Kampagnen Anregungen. Nur, Ideen abkupfern ist verpönt und sollte nicht passieren.

Bei den Produktionen live dabei?

Bei den Hörfunkpräsentationen ist der Werbetexter meist mit dabei. Man hat ja den Text geschrieben und hat es im Kopf und im Ohr, wie der Spot im Ergebnis sein soll. Dadurch kommt man mit lässigen und bekannten Leuten zusammen; oft mit Schauspielern und Kabarettisten, die den Werbespot sprechen. Unter Umständen ist man auch bei TV-Spots vor Ort. Der Creative Director jedenfalls.

Arbeit im Team

Man arbeitet in Teams. Wie sie zusammengesetzt sind, ist unterschiedlich – dafür gibt es kein allgemeingültiges Rezept. Meistens sind ein Grafiker und ein Werbetexter „zusammengespannt", manchmal arbeiten die Werbetexter für sich in einem Team und die Grafiker ebenso. Man ist jedenfalls meistens zu zweit.

Zeitdruck – die Branche ist schnelllebig

Die Schnelllebigkeit ist auch das Interessante: Man weiß in der Früh nicht, was einen am Nachmittag erwartet. Das macht den Beruf aber auch stressig und fordernd. Ein Texter arbeitet an vielen (kleinen) Projekten und für ein solches hat man oft nicht mehr Zeit als einen Tag. Das heißt, man macht jeden Tag etwas anderes und muss sich in kurzer Zeit in etwas Neues vertiefen. Es gibt Projekte, wo einem sogar zu wenig Zeit gegeben wird, um sie ordentlich machen zu können. Man ist ständig unter Zeitdruck und permanent gefordert, Ideen zu haben und zu liefern.

Jobhopping

Die Fluktuation ist sehr hoch und man kann Job wechseln ohne Gesichtsverlust. Wenn man das die erste Zeit alle ein bis zwei Jahre macht, nimmt einem das keiner übel – es wird allgemein viel gewechselt. Ein Grund für laufende Wechsel ist auch die Auftragslage: Wenn eine Agentur einen großen Kunden verliert, werden Leute abgebaut.

Unterschied selbstständig – Werbeagentur

Inhaltlich gibt es keine wesentlichen Unterschiede, ob man nun Werbetexter in einer Agentur ist oder selbstständig arbeitet. Wie jeder Selbstständige muss man sich um Aufträge kümmern. So besteht ein Großteil der Arbeit darin, Kontakte zu pflegen. Super am selbstständigen Arbeiten ist, dass man selbst mit dem Kunden spricht und die Infos nicht von einem Kontakter oder Creative Direktor übermittelt bekommt. Und man entscheidet selbst, welche Vorschläge man dem Kunden präsentiert – die eigene Idee muss damit nicht noch die gegebenen Hierarchien der Agentur überstehen. Arbeitet man hingegen als Selbstständiger einer Werbeagentur zu, dann ist es hinsichtlich der soeben genannten Punkte quasi so, als wäre man in die Agentur eingegliedert.

Arbeitszeiten
Ein Werbetexter hat sich darauf einzustellen, dass er viel arbeiten muss. Eine 60-Stunden-Woche ist normal. Überstunden werden nicht bezahlt. Es ist kein 9-to-5-Job und man hat keine geregelten Arbeitszeiten: Die Projekte sind spontan und nicht planbar, und man muss verfügbar sein. Bei größeren Projekten oder solchen, die sich am Freitag ergeben und Anfang der Woche fertig sein müssen, sitzt man am Wochenende oder unter Umständen auch die Nacht durch. Arbeiten bis zwei Uhr früh ist nicht selten. Dafür schafft man selbstverantwortlich und selbstständig. Man muss das Ergebnis liefern – wie und wo man arbeitet, ist einem meistens selbst überlassen.

Weitere wichtige Infos zur Werbebranche an sich sind beim Creative Director zusammengefasst. Und: Als angestellter Werbetexter beziehungsweise Creative Director geht man quasi nicht in Pension (siehe Creative Director „Wo sind die Älteren in der Branche?").

Finanzieller Aspekt / Chancen am Arbeitsmarkt:

Entsprechend dem Auftragsvolumen und den vertraglichen Regelungen kann der Stundenlohn überdurchschnittlich in der Höhe ausfallen – aber oft ist auch das Gegenteil der Fall. Das durchschnittliche Einstiegsgehalt liegt bei 1.600 Euro brutto (Mittel-, Hochschulabschluss) bzw. 2.000 Euro brutto (Universitäts-, Fachhochschulabschluss).

Resümee:

Wenn man gerne schreibt und mit Vorliebe seine Ideen zu Papier bringt, ist das der richtige Job. Wie für jeden Kreativen gilt auch hier, dass man Enthusiasmus und Begeisterungsfähigkeit mitbringen muss. Regelmäßig heißt es aber auch „Zurück an den Start"; die Arbeitszeiten und der Verdienst sind oft schlecht. Das Schwierige ist, dass man auf Knopfdruck kreativ sein muss, was eigentlich ein Widerspruch in sich ist.

Medizin / Gesundheitswesen / Soziales

Aerobic-Trainer

Definition:

Aerobic ist ein dynamisches Fitnesstraining, das, zumeist innerhalb einer Gruppe, mit rhythmischen Bewegungen zu motivierender Musik ausgeführt wird.

Aerobic-Trainer planen die Kursabläufe hinsichtlich der Choreographie der einzelnen Trainingseinheiten, einer Mischung aus klassischer Gymnastik und Tanz, und zeigen ihren Kursteilnehmern die Bewegungsabläufe vor. Sie arbeiten in Fitnessstudios, Hotelanlagen, Kuranstalten, Seniorenheimen, Schulen (vereinzelt sogar bereits in Kindergärten) oder auch auf Kreuzfahrtschiffen. Außerdem geben sie Kurse in Volkshochschulen oder Sportvereinen. (Siehe Hinweis am Ende des Vorworts)

Voraussetzungen / Aus- und Weiterbildung:

Aerobic-Trainer kann im Prinzip jeder werden, der körperlich fit ist. Es werden Lehrgänge von den unterschiedlichsten Sportverbänden angeboten, die sich in mehrere Qualifikationsstufen gliedern. Einzige (gewünschte, nicht verpflichtende) Voraussetzung, um einen Lehrgang zu absolvieren, ist, dass man bereits einige Zeit selbst an einem Kurs teilgenommen hat.

Am Ende des Lehrgangs steht meist eine Prüfung in Theorie (menschliche Anatomie und Physiologie, Bewegungslehre) und Praxis (Methodik von Aerobic-Stunden).

In diesem Beruf ist es jederzeit möglich, Weiter- und Zusatzausbildungen zu absolvieren, beispielsweise in Wirbelsäulen- und Beckenbodentraining, Tanzpädagogik, Pilates oder BodyART (bestenfalls mit Diplom). Außerdem kann man auch Lizenzen für diverse andere Trainingsmethoden erwerben, zum Beispiel Les Mills (Gruppenfitness-Programm).

Jede Zusatzausbildung kostet etwas, wie schon die Grundausbildung, – es muss jeweils mit zwischen 600 und 800 Euro gerechnet werden.

Arbeitsalltag / Vor- und Nachteile:

Vorbereitung
Vor allem die Choreographie der Stunden muss Hand und Fuß haben. Ein Trainer kann nicht ohne Vorbereitung die Stunde „drauflos" halten – viele Kursteilnehmer kommen regelmäßig und wünschen sich daher Abwechslung und auch eine Steigerung des Schwierigkeitsgrades. Sie erwarten sich außerdem die perfekte Motivation und wollen unterhalten werden. Wenn man dies nicht kontinuierlich bieten kann, bleiben die Teilnehmer aus. „Fade" Kurse interessieren niemanden.

Man ist der Unterhalter vorne
In gewisser Weise zieht man als Trainer eine Show ab, ähnlich einem Animateur im Ferienparadies. Andere mitzureißen und bestens gelaunt zu sein ist nicht immer einfach, vor allem dann, wenn man Sorgen oder Probleme hat – dann muss man eben „gute Miene zum bösen Spiel" machen und eine Stunde lang fröhliche Begeisterung mimen und verbreiten.

Motivation ist alles
Grundsätzlich turnen die Personen in den Kursen fleißig mit, doch natürlich kommt es auch vor, dass vereinzelt Leute nicht aufpassen und tratschen – diese müssen dann zusätzlich motiviert werden. Oder aber, die Freude an der Bewegung lässt bei manchen generell nach, dann schrumpft ein Kurs auch schon mal von 20 auf fünf Teilnehmer (dass das unter Umständen auf den Trainer zurückfällt, dürfte klar sein).

Es ist gar nicht so einfach (die physische Belastung mal ausgeblendet), gute, abwechslungsreiche Stunden zu halten und dabei allen gleichermaßen gerecht zu werden. Jeder Teilnehmer ist „anders drauf", jeder reagiert anders und jeder will etwas anderes – man muss als Trainer also nicht nur qualifiziert sein, sondern auch mit Leuten „gut können", sich stets freundlich, fröhlich und flexibel zeigen sowie im besten Fall Hobby-Psychotherapeut und -Pädagoge in einer Person sein.

Den Leuten etwas mitgeben
Ein engagierter Trainer möchte seinen Kursteilnehmern auch immer etwas mitgeben, etwa eine veränderte Lebenseinstellung oder eine bessere Beziehung zum Körper, oder aber er bezweckt, dass die Menschen etwas dort lassen, beispielsweise 5 Kilo.

Raubbau am Körper – widerspricht das nicht dem Image des Jobs???
Ein Aerobic-Trainer ist so gut wie immer selbstständig. Angestellt wird man selten. Als Selbstständiger verdient man insbesondere im Urlaub oder wenn man krank ist, nichts. Das ist der Grund, wieso viele Aerobic-Trainer und auch Fitnesstrainer (die ebenfalls in der Regel selbstständig sind) kaum Urlaub machen und auch arbeiten gehen, wenn sie sich gesundheitlich nicht so wohl fühlen. Aber nicht nur das: Man ist in der Bewegungsaerobic (also nicht in ruhigen Stunden wie zum Beispiel in Rückenstunden) schnell in einem „Übertraining". Im Sport braucht man aber Ruhe- bzw. Regenerationsphasen und es sollte Kraft und Ausdauer an verschiedenen Tagen trainiert werden. Diese Regeln konsequent

umzusetzen ist einem Aerobic-Trainer fast nicht möglich (außer man hat nicht mehr als vier bis sechs Stunden in der Woche). Bis zu einem gewissen Grad ist der Job toll – man bleibt im Training und macht was für seinen Körper. Ab einem gewissen Punkt kann es auch zu viel werden.

Arbeitszeiten – Das Privatleben leidet
Ein Aerobic-Trainer hält seine Stunden häufig am Abend, aber auch am Wochenende. Ist man jung und braucht das Geld, machen einem diese Arbeitszeiten weniger aus, doch irgendwann könnten eine Partnerschaft und das Social Life darunter leiden.

Finanzieller Aspekt / Chancen am Arbeitsmarkt:

Für die meisten Aerobic-Trainer ist dieser Beruf ein Nebenjob, es gibt nur sehr wenige, die allein von dieser Tätigkeit leben können. Und das hat körperliche wie auch finanzielle Gründe: Acht Stunden täglich Sport – das ist viel zu anstrengend und würde der Körper auf Dauer nicht mitmachen. De facto schafft man nicht mehr als vier bis fünf Trainingsstunden an einem Tag und auch das nicht sieben Mal die Woche. Außerdem bekommt man von den Fitnessstudios pro Stunde nicht genug bezahlt, um alleine davon leben zu können: um die 20 bis 30 Euro brutto (manche weniger, ganz wenige mehr – hängt von der Qualifikationsstufe und der Zusatzausbildung ab). Das klingt zwar viel, ist es aber nicht, weil davon diverse Versicherungsbeiträge zu zahlen sind und das Einkommen auch noch versteuert werden muss. Man müsste 30 bis 40 Trainingsstunden in einer Woche abhalten, um gut davon leben zu können. Und hier wären wir wieder am Anfang: Das schafft man körperlich nicht.

Außerdem ist es auch praktisch gesehen ein Ding der Unmöglichkeit: Nur wenige Studios bieten stündlich Kurse an, und wenn, dann lassen sie diese nicht von ein- und demselben Trainer abhalten. Somit müssen Aerobic-Trainer fast immer „Studio-Hopping" betreiben und zwischen mehreren Arbeitsplätzen hin- und herpendeln, um überhaupt auf vier/fünf Stunden täglich zu kommen. Rechnet man die Fahrt- und Vorbereitungszeit dazu (dabei ist der Organisationsaufwand noch gar nicht inkludiert), kommt man ohnehin bereits auf sieben bis acht Stunden täglich.

Die Chancen am Arbeitsmarkt sind nach wie vor gut, da die verschiedensten Kursanbieter immer wieder qualifizierte Trainer suchen.

Resümee:

Ein toller Job, auch mit guten Aussichten für die Zukunft: Man bleibt fit, hilft anderen Menschen dabei, etwas für ihren Körper zu tun, und verdient auch noch Geld. Allerdings hat man als Aerobic-Trainer in der Regel noch eine weitere Beschäftigung, da man alleine von dieser Tätigkeit seinen Lebensunterhalt kaum zur Gänze bestreiten kann.

Apotheker

Definition:

Apotheker üben einen naturwissenschaftlich geprägten Heilberuf aus. Sie versorgen ihre Kunden fachgerecht mit Arzneimitteln, beraten sie in Gesundheits- und Hygienefragen und stellen gegebenenfalls Medikamente nach vorgegebenen Rezepten her. In der Industrie entwickeln sie Arzneimittel und prüfen ihre Nebenwirkungen. Apotheker kontrollieren auch in der Apotheke die Arzneimittel und sorgen für die fachgerechte Lagerung. Je nach Arbeitsplatz (Apotheke, pharmazeutische Industrie, Krankenhaus) kollaborieren sie unter anderem mit pharmazeutisch-kaufmännischen Assistenten, Ärzten und Ärztinnen oder Pharmavertretern. (Siehe Hinweis am Ende des Vorworts)

Voraussetzungen / Aus- und Weiterbildung:

Als Apotheker hat man Pharmazie studiert, im Idealfall sogar einen Doktorgrad erworben. Erst wenn man nach einem Jahr Berufspraxis („Aspirantenjahr") eine Prüfung bestanden hat, kann man als angestellter Apotheker tätig werden.

Eine kontinuierliche Weiterbildung in Form der Aktualisierung und Auffrischung von Kenntnissen und Fertigkeiten ist sehr wichtig. Bestimmte Fortbildungsmaßnahmen sind sogar zwingend vorgeschrieben. Auch die Möglichkeiten, die man in diesem Beruf hat, sind vielfältig: Man kann sich nämlich spezialisieren, auf Chinesische Medizin, Homöopathie, Vitamine, Schönheit, Kosmetik – alles geht. Ebenso ist es möglich, Vorträge an den verschiedensten Institutionen zu halten oder aber bestimmte Produkte wie etwas Hustensäfte, Augentropfen, Zäpfchen, Globoli usw. selber herzustellen.

Als Pharmazeut ist man auch in der Unternehmensberatung (*siehe Unternehmensberater*) gefragt.

Arbeitsalltag / Vor- und Nachteile:

Nur Lade auf und zu? Apotheker – akademische Verkäufer?
Vordergründig stimmt das, aber damit ist es nicht getan: Ein Apotheker trägt Verantwortung dafür, was er über den Ladentisch reicht.

Zunächst kontrolliert man die Formalitäten auf den Rezepten, beispielsweise, ob es vollständig ausgefüllt ist. Ist das Verschriebene nicht lesbar oder ergeben sich andere Fragen, hält man kurz Rücksprache mit dem Arzt. Es kommt auch vor, dass ein „Patient", wie wir Kunden vom Apotheker genannt werden, etwas anderes behauptet, als auf dem Rezept steht: „Der Herr Doktor hat aber gesagt, drei Mal täglich" – auch das muss abgeklärt werden. Am wichtigsten jedoch ist die „Letztkontrolle": Ein Apotheker überprüft die verschriebene Dosierung auf Plausibilität und verlässt sich nicht blind auf die Angaben des Arztes.

Wurden mehrere Medikamente verschrieben, checkt man etwaige Wechselwirkungen, was heuzutage automatisch mithilfe eines Computerprogrammes erfolgt – die Ergebnisse müssen allerdings richtig gedeutet werden. Sollte dem Apotheker nicht auffallen, dass etwas mit der verschriebenen Dosierung nicht stimmt, und ergeben sich daraus Konsequenzen für den Patienten, muss er dafür die volle Verantwortung tragen und könnte im Falle des Todes eines Patienten unter Umständen sogar dafür ins Gefängnis gehen.

Diese gelben Tropfen, die bei Magenverstimmung helfen, hätt' ich gern
Vom Apotheker wird nicht selten erwartet, dass er sich als Allgemein- oder Tiermediziner betätigt, über hellseherische Fähigkeiten verfügt oder ein Merkgenie ist: „Mein Herz flattert", „Manchmal ist mir leicht schwindelig", „Mein Dackel hat Durchfall", „Ich habe immer diese Augentropfen in der rosafarbenen Verpackung" oder „Sie wissen schon, na, diese Verdauungstropfen, die ich immer hab". Als Apotheker ist man auch oft erste Anlaufstelle für Menschen, bevor diese den Arzt aufsuchen beziehungsweise zum Arzt weiterverwiesen werden (müssen). Außerdem kann man in diesem Beruf – wenn man aufmerksam ist – viel tun oder auch verhindern: Wenn derselbe Jugendliche drei Tage hintereinander in die Apotheke kommt, um eine Packung Schmerzmittel zu kaufen, gibt man sie beim dritten Mal nicht mehr her, ohne kritisch nachzufragen. Oder jemandem, der offensichtlich nasensprayabhängig ist, verkauft man keinen Nasenspray mehr. Arzneimittel sind eben keine „gewöhnlichen" Waren, die Menschen brauchen auf diesem Gebiet oft eine Hand, die sie führt.

Kunden – Segen oder nervig?
Kunden sind keine Kenner der Materie, sie wissen oft nicht, was sie benötigen, sondern suchen Rat. Es müssen ihnen die richtigen Fragen gestellt werden, um die Antworten zu erhalten, die man braucht, um das Richtige zu empfehlen. Patienten sind oft nicht einsichtig, wenn sie ein rezeptpflichtiges Medikament nicht bekommen, oder beschweren sich, wenn ein Medikament nicht von der Krankenkasse bezahlt wird. Außerdem sind sie oft ungeduldig und werden grantig, wenn ein Arzneimittel nicht lagernd ist. Das muss man aushalten. Was an diesem Beruf noch interessant ist: Man muss mit den unterschiedlichsten Gesellschaftsschichten umgehen können – vom Obdachlosen bis zum Generaldirektor kommen alle in die Apotheke. Ein Apotheker hat ein Abbild der Gesellschaft vor sich.

Konkurrenz Internet?
Derzeit ist es eine kleine Konkurrenz. Bei der Abschätzung der weiteren Entwicklung des Internethandels, der in Österreich (noch) verboten ist – also österreichische Apotheker dürfen Medikamente nicht übers Internet vertreiben –, gehen die Meinungen der Apotheker auseinander: Die Österreicher sind ein sicherheitsliebendes Volk und wollen beraten werden – der Internethandel wird die Beratung in der Apotheke nie ersetzen. Aber: Durch die Möglichkeit, im Internet rezeptpflichtige oder in Österreich nicht zugelassene Arzneimittel zu kaufen oder Medikamente einfach billiger zu bekommen, könnte sich in der Zukunft eine größere Konkurrenz entwickeln. Den Menschen fehlt es teilweise an der

nötigen Sensibilität im Umgang mit Medikamenten – Wechselwirkungen sind egal, wirken muss es. Diese Einstellung kann insbesondere bei Schlankheits- oder Potenzmitteln beobachtet werden.

Nachtdienste ...
Nachtdienste sind körperlich anstrengend, aber manche machen sie nicht ungerne. Es kommt schon vor, dass 100 (!) Leute pro Nacht in eine dienstbereite Apotheke kommen, vor allem, wenn sich diese im Zentrum einer größeren Stadt befindet. Paradebedürfnisse sind die „Pille danach", Mittel gegen grippale Infekte und Kopfwehpulver. Die Zahl relativiert sich etwas, wenn man bedenkt, dass der Nachtdienst in der Regel 14 Stunden dauert (von sechs Uhr abends bis acht Uhr morgens). Dass die Leute in der Nacht Schlange stehen, passiert allerdings eher nur in Wien, in einer Apotheke am Land ist deutlich weniger los, unter Umständen kann der Diensthabende durchschlafen.

... und andere Anstrengungen
Ein Apotheker steht viel, bückt und streckt sich nach Medikamenten in Laden und Schränken – außer die Apotheke ist schon auf die „Rohrpost" umgestiegen (Medikamente werden computergesteuert über ein Rohr zum Verkaufstresen befördert). Es herrscht meist ein ständiges Kommen und Gehen und ein hoher Geräuschpegel in der Apotheke, die Leute reden oft ohne Unterlass auf einen ein und dazwischen läutet das Telefon: Kunden wollen (auch telefonisch!) beraten werden, verstehen den Beipackzettel nicht und fragen nach, oder Firmen rufen wegen Bestellungen an. Außerdem ist es im Winter im Geschäft kalt, weil die Türe ständig auf und zu geht, und im Herbst schwirren einem die Grippeviren um die Ohren. Als Apotheker ist man daher, wenn man nach Hause kommt, relativ ruhebedürftig, was der Partner akzeptieren sollte.

Die eigene Apotheke
Frühestens nach fünf Jahren Tätigkeit als angestellter Apotheker kann man sich selbstständig machen. Dafür braucht es aber mehr als eine getroffene Entscheidung und sehr, sehr viel Kapital. Denn ähnlich wie bei den Notaren gibt es auch bei den Apothekern einen Gebietsschutz: Eine Apotheke darf man nicht an einem beliebigen Ort eröffnen – gewisse Voraussetzungen (insbesondere Einzugsgebiet) müssen erfüllt sein und werden in einem sehr strengen Konzessionsverfahren geprüft. Man kann aber auch versuchen, die Konzession und Leitung einer bestehenden Apotheke zu übernehmen. Beides ist nicht einfach und alles andere als billig. Die Kosten dafür liegen bei 400.000 Euro und mehr (je nach Lage bis das Doppelte und darüber!).

Sehr flexible Arbeitszeiten sind nicht nur frauenfreundlich
In diesem Beruf ist es keine Utopie, nur so viel zu arbeiten, wie und wann man kann, sondern Praxis. Etwa 70 Prozent der Apotheker sind im Teildienst beschäftigt (nicht nur Frauen!). Die Arbeitszeit wird in Zehntel geteilt, ein Fulltime-Job als Apotheker sind 40 Stunden, das sind zehn Zehntel. Ein Zehntel sind demnach vier Stunden und das minimalste Maß beträgt zwei Zehntel beziehungsweise acht Wochenstunden. Praktisch!

Demnach lässt sich – wenn man das möchte – dieser Beruf hervorragend mit dem Privat- und Familienleben vereinbaren. Als Leiter einer Apotheke ist man schon mehr eingesetzt. Dann arbeitet man zwischen 70 bis 80 Stunden in der Woche, außer man kann sich genügend Personal leisten, das einem gewisse Arbeiten abnimmt.

Finanzieller Aspekt / Chancen am Arbeitsmarkt:

Apotheker sind reich!
Das stimmt nicht. Zum einen ist die Konkurrenz, vor allem in der Stadt, trotz Gebietsschutzes groß, zum anderen werden immer mehr „Nachahmermedikamente" (Generika) zu Dumping-Preisen auf den Markt geworfen – diese sind billiger als das Original, aber das heißt auch, dass die Gewinnspannen für den Apotheker geringer werden. Dazu kommt die Politik der Krankenkassen, die darauf bedacht sind, dass die Ärzte billige Medikamente verschreiben. Als Apothekenleiter (= mit eigener Apotheke) ist es schwierig, den Kunden ein gutes Service zu bieten, wenn immer weniger Geld in die Kassa fließt – im Ergebnis muss man beim Personal sparen. Zusätzlich machen „Kollegen" (also andere Apotheken) einem das Leben schwer: Man versucht, die Preisstruktur aufrechtzuerhalten und manche Konkurrenten machen unter Umständen die Preise kaputt, indem sie ihren Kunden nicht unerhebliche Prozente gewähren.

Für angestellte Apotheker gibt es ein fixes Gehaltsschema (siehe www.gehaltskasse.at). Das Einstiegsgehalt liegt demnach bei 2.364 Euro brutto. Was man schlussendlich verdient, hängt noch von der Anzahl der übernommenen Nachtdienste ab. Im Schnitt wird ein Einsteiger auf knapp 2.000 Euro netto kommen.

Das Pharmaziestudium ist nicht überlaufen und Pharmazeuten haben nach dem Studium sehr gute Berufsaussichten. Das österreichische und deutsche Pharmaziestudium wird innerhalb der gesamten EU anerkannt und als qualitativ sehr hochwertig eingestuft.

Resümee:

Das Studium ist sehr hart und lang und man braucht „Sitzfleisch", aber die Früchte des Durchhaltens kann man im Berufsleben ernten. Außerdem sollte man sich nicht deswegen vom Studium abhalten lassen, weil man „Angst" vor dem chemischen Lernstoff hat – das ist zu schaffen, man muss „nur" durchhalten. Apotheker ist ein toller und finanziell lohnender Beruf und mit Sicherheit der einzige akademische, der einem so viel Flexibilität in der Zeiteinteilung erlaubt.

Arzt

Definition:

Das Aufgabengebiet von Ärzten umfasst die Diagnose (Feststellung) und Therapie (Behandlung) von Krankheiten sowie Maßnahmen zur Verhütung von Krankheiten (zum Beispiel Impfschutz, Gesundheitsberatung und -vorsorge). Neben der Ausbildung zum Arzt für allgemeine Medizin (praktischer Arzt) besteht auch die Möglichkeit einer Ausbildung zum Facharzt für ein bestimmtes Gebiet der Medizin. (Siehe Hinweis am Ende des Vorworts)

Einleitung

Angesichts der Tatsache, dass es derzeit 44 Facharztrichtungen (vgl. *§ 20 Ärzte-Ausbildungsordnung)* gibt, daneben noch den praktischen Arzt, der kein Facharzt ist – zumindest nicht in Österreich –, man als Arzt im Krankenhaus und/oder in einer Praxis arbeiten kann, war es nicht einfach, diesen Beruf *übersichtlich* darzustellen.

Letztendlich wurde eine Unterteilung in **Arzt im Krankenhaus** und **Arzt in der Praxis** vorgenommen und bei Letzterem der **praktische Arzt** herausgegriffen. (Zur Info: Fachärzte (nicht jeder Fachrichtung) können in einem Krankenhaus und/oder in einer Praxis arbeiten.) Die Unterteilung ist praktikabel, weil für jeden, der sich grundsätzlich dafür entscheidet, Arzt zu werden, allgemeine Umstände interessant sein werden, die mit der Arbeit in einem Krankenhaus oder einer Praxis zusammenhängen – unabhängig von der gewählten Spezialisierung.

Zwei Fachärzte wurden dennoch in einem eigenen Kapitel beschrieben. Wieso? Teils wegen ihrer medialen Präsenz **(Gerichtsmediziner)**, teils wegen ihrer „Eigenständigkeit" **(Psychiater)**.

Als „Sonderweg" wird auch noch der **Notarzt bei der Rettung** erläutert, als Beispiel für einen Arzt, der weder im Krankenhaus noch in einer Praxis arbeitet. Ein sehr geringer Anteil der Medizin-Absolventen wählt übrigens einen unkonventionellen Weg und betätigt sich zum Beispiel bei *Ärzte ohne Grenzen*, als *Ärzte in Gefängnissen, Betriebs- und/oder Schulärzte* oder auch in der *forensischen Psychiatrie*.

Mit einer medizinischen Ausbildung ist man auch in der Unternehmensberatung gefragt *(siehe Unternehmensberater)*.

Voraussetzungen / Aus- und Weiterbildung:

Mit einem fertigen Medizinstudium kann man weder als praktischer Arzt eine Praxis eröffnen noch als (Fach)Arzt in einem Krankenhaus zu arbeiten beginnen: Die Ausbildung geht weiter (nicht in Deutschland übrigens; dort sind Uni-Absolventen – auch die aus Österreich – sofort berufsberechtigt; deswegen wandern auch viele österreichische Fertigstudierte ins Ausland ab). Weiß man schon, dass man praktischer Arzt werden will, braucht man einen Turnusplatz. Aber auch anstrebende Fachärzte beginnen in der Regel den Turnus, außer sie starten auf einer Uniklinik mit einer Facharztausbildung, wofür man dann keinen Turnus benötigt (Unikliniken gibt es in Wien – das „AKH" –, in Salzburg, in Innsbruck und in Graz).

Der Kampf um einen Turnusplatz

Was die Ausbildung in Österreich betrifft, ist man hierzulande etwas rückständig. Es gibt zu wenig Turnusplätze und man muss lange (in Wien im Schnitt drei Jahre) auf die Stelle warten – außer man hat Beziehungen oder wohnt außerhalb eines Ballungszentrums. Eine Reihung der Kandidaten erfolgt nach Priorität: Die Absolventen kommen nacheinander auf eine Warteliste für einen Turnusplatz – Studienerfolg oder Können spielen dabei keine Rolle. Der Turnus dauert drei Jahre und endet mit einer Prüfung zum Allgemeinmediziner (praktischen Arzt). Danach könnte man als praktischer Arzt eine Praxis eröffnen.

Die Ausbildung zum Facharzt – und danach?

Manche bleiben nach dem Turnus im Spital und machen eine Facharztausbildung (Turnus zum Facharzt in einer bestimmten Facharztrichtung), die mindestens sechs Jahre dauert. Wenn es darum geht, eine Facharztstelle zu ergattern, erfolgt die Auswahl nun schon eher leistungsgebunden: Der jeweilige Primarius vergibt die Plätze und wählt eher den Arzt, der als Turnusarzt gut gearbeitet hat. Nach der Facharztausbildung kann man eine Facharztpraxis als niedergelassener Arzt eröffnen oder seine Ausbildung im Krankenhaus fortsetzen.

Sonderfall Uniklinik – Wie kommt man dorthin?

In der Regel bekommen heute nur noch Leute eine Facharztausbildungsstelle in einer Uniklinik, die im Anschluss an das Medizinstudium das PhD-Studium (postgraduales Doktorat-Studium, das drei Jahre dauert) angehängt haben. Klassisch arbeitet man bereits als Student in einer wissenschaftlichen Arbeitsgruppe mit, engagiert sich, versucht positiv aufzufallen und bewirbt sich dann für eine Ausbildungsstelle im gewünschten Fach. Günstig ist auch, wenn man bereits selbstständige wissenschaftliche Arbeiten vorweisen kann. Es dauert unterschiedlich lange, bis man eine Facharztstelle auf einer Uniklinik bekommt. Die Wartezeit dazwischen kann (und sollte) man nutzen, um wissenschaftlich zu reifen. Es ist besser, sich drei Jahre nach dem Studium in die Wissenschaft zu vertiefen und „mit breitem Rücken" und viel Ruhe die Ausbildung zum Facharzt zu beginnen, als sofort eine Facharztstelle anzunehmen, ohne wissenschaftliche Arbeit geleistet zu haben. Früher fand übrigens ein Run auf Facharztausbildungsstellen in der Wiener Universitätsklinik statt, heute bewerben sich dafür wesentlich weniger junge Mediziner – der Grund dafür sind die hohen Leistungsanforderungen und die allgemeinen Zustände (schlechte Behandlung, schlechte Bezahlung, viel Arbeit, unsichere Perspektiven).

Arzt im Krankenhaus

Arbeitsalltag / Vor- und Nachteile:

Will man etwas lernen, muss man selbst dahintersein!
Als Turnusarzt hat man wenig Kontakt zu Patienten und wird eher für klassische „Kaffeekoch-Arbeiten" herangezogen: Blutabnahmen, Telefonate und Schreibarbeit (Aufnahmepapiere und Entlassungspapiere von Patienten schreiben u. Ä.). Die Bezahlung und die Arbeitszeiten sind schlecht. Auch als Assistenzarzt – das sind die Ärzte in Facharztausbildung – wird man oft zur Erledigung von Dingen herangezogen, die eine gute Krankenschwester auch machen könnte. Die Ausbildung kommt dabei oft zu kurz. Das System in Österreich ist nicht so gut wie zum Beispiel jenes in der Schweiz oder in Schweden. Es geht nach dem Prinzip „Der Stärkste überlebt"; es muss jeder selbst schauen, dass und wie er zu seiner Ausbildung kommt. Kein Facharzt hat Zeit, sich zum Jungarzt zu stellen und ihn zu überwachen und anzuleiten. Man ist auf sich alleine gestellt.

Weiteres Problem: Mit einer Facharztausbildung hat man es noch nicht geschafft
Hat man seine Facharztausbildung beendet, heißt das noch nicht, dass man es geschafft hat und im Krankenhaus bleiben kann. Mit dem Ende der Ausbildung läuft der Vertrag mit dem Spital in der Regel aus und man bräuchte einen neuen Dienstvertrag. Ob man als Facharzt bleiben kann, hängt davon ab, ob das Krankenhaus einen überhaupt haben möchte und ob eine Facharztstelle frei ist. Vordergründig ist das Prinzip überall dasselbe: Die Übernahme hängt von persönlichen (Mag einen der mitentscheidende Primar, setzt sich dieser für einen ein?), fachlichen (Ist man gut?) und strukturellen Gründen (Ist eine Facharztstelle frei?) ab. In einem Gemeinde-/Privatspital weiß man früher, woran man ist. Ist keine Stelle frei, muss man gehen. Im AKH wird einem sehr lange „die Karotte" vorgehalten und man weiß nicht, wie es langfristig weitergehen wird; in der Regel schlägt man sich von einem befristeten Vertrag zum nächsten durch, bevor man sich dann möglicherweise endgültig verabschieden muss. Selbst wenn man also zunächst die Möglichkeit erhält, eine Zusatzausbildung zu machen (ein Facharzt für Innere Medizin absolviert beispielsweise das Zusatzfach Onkologie) oder als „Staff Sufficient" zu arbeiten (als Teil der Belegschaft, der nicht wissenschaftlich arbeiten muss), heißt das nicht, dass man sich zurücklehnen kann, denn einen unbefristeten Vertrag hat man damit noch nicht in der Tasche und es kann jederzeit vorbei sein. Auch mit Qualifizierungsvereinbarungen wird man im Unsicheren gelassen: Erreicht man während seiner Zusatzausbildung bestimmte Ziele wissenschaftlicher Art (nicht absehbar!), darf man bleiben – auf diese Weise kann man jahrelang hingehalten werden.

Uniklinik: Der Weg nach oben – Bewertung ausschließlich nach wissenschaftlichen Kriterien
Es zählt nicht, wie gut oder schlecht man seine Patienten versorgt oder ob man ein guter oder ein schlechter Arzt ist, sondern wie viel und gut man wissenschaftlich arbeitet. Auf einem Unispital bleibt man letztlich nur dann mittel- bis langfristig, wenn man wissenschaftlich punktet. Das Problem dabei ist, dass man mit der Arbeit, nach der man bewertet

wird und die für die Karriere zählt, erst beginnen kann, wenn man nach einem 8-Stunden-Tag eigentlich nach Hause gehen könnte. Alle Ärzte an einer Uniklinik machen prinzipiell Überstunden. So ist das System. Die Überstunden werden zwar nicht bezahlt, aber dokumentiert. Nicht zuletzt will man mit den geleisteten Überstunden sein Interesse bekunden und einen guten Eindruck machen – viele haben oft nur befristete Verträge und wollen zumindest verlängert werden. Es gibt immer wieder Leute, die am System zerbrechen. („Erzählen Sie mir nicht, wie viel Sie arbeiten, sondern welche Ziele Sie erreicht haben.") Die Leute, die oben sitzen, erkennen Leute von ihrem Schlag. Ist man wie sie, wird man in der Regel auch entsprechend gefördert.

„Stressfaktor"
Chirurgen stehen mehr unter Stress und Druck als zum Beispiel ein Internist, Nuklearmediziner oder Pathologe. Auf der Unfallchirurgie steht man oft die ganze Nacht im OP und operiert und muss zusätzlich oft schnell Entscheidungen treffen. Stressfrei kann der Arztberuf an sich nie sein – man ist ja für Menschen verantwortlich. Wenn man seinen Beruf ernst nimmt, ist er immer stressig.

Und nicht alles ist eine Frage der Zeit: Man kann sich Zeit für Entscheidungen nehmen und trotzdem passieren Fehler. Fast in jedem Fachbereich ist der Beruf eine Mischung aus Wissen und der Fähigkeit, das umzusetzen, was man gelernt hat. Die Realität sieht immer anders aus, als es im Lehrbuch steht. Man setzt sein Wissen um und trifft Entscheidungen. Als Arzt muss man entscheidungsfreudig sein und Konsequenzen abschätzen können.

Karriere als Frau?
Eine Frau hat es jedenfalls schwieriger. Als Ärztin und Mutter braucht man ein gutes Organisations- und Zeitmanagement und auf jeden Fall jemanden, der die Kinder am Wochenende oder in der Nacht beaufsichtigt, wenn man Dienst hat. Das Traurige im AKH ist, dass das weibliche Geschlecht spürbar benachteiligt wird. Solange man nicht Karriere machen will, stört man nicht und wird als Arbeitskraft gesehen, aber eben auch nicht gefördert. Frauen machen Routinearbeiten – Männer machen Karriere. Das muss man sich gefallen lassen, denn man hat keine Wahl; nur jene zu gehen.

Nettes Klima im Krankenhaus?
Auch wenn man sich in kleineren Spitälern durchaus wohlfühlen kann, weil ein nettes Betriebsklima herrscht – so wie im Fernsehen, wo im Vordergrund die zwischenmenschlichen Beziehungen stehen, ist es dennoch nicht. Anders im AKH (Wien): Der Wohlfühlfaktor ist äußerst gering. Zumeist verfolgt jeder seine eigenen Interessen. Die dort arbeitenden Mediziner – eine Selektion von Karrieristen – sind nicht kollegial, es findet permanent ein Wettlauf um die besten Positionen statt, es wird gemobbt, Freundschaften sind selten. Man muss eine einigermaßen gefestigte Persönlichkeit sein, sonst geht man unter (Drogen, Burn-out).

Jede Menge Überstunden?
Das Klischee lautet: Ein Arzt „schiebt" ständig Überstunden, doch das stimmt nicht unbe-

dingt. Es kommt auf das Krankenhaus an, in dem man arbeitet. In Gemeinde- und Privatspitälern sind die Arbeitszeiten geregelt und man hört normalerweise mehr oder weniger pünktlich auf: Es gibt eine Grundarbeitszeit – je nachdem fünf oder sechs Stunden ab halb acht/acht Uhr morgens von Montag bis Freitag – und dazu kommen die Nacht- und Wochenenddienste. In einer Universitätsklinik ist das ein wenig anders, neben dem „Routinegeschäft" – das ist die Patientenbetreuung – muss noch wissenschaftlich gearbeitet werden. Laut Dienstvertrag hätte man von 8 bis 13 Uhr Patienten zu betreuen und von 13 bis 16 Uhr Zeit für die Wissenschaft. De facto aber hat man bis 16 Uhr mit Patienten zu tun und muss die wissenschaftliche Arbeit im Anschluss daran machen. Das heißt, man schließt – quasi in seiner Freizeit – die Arbeit für Forschung und Lehre an. Und das muss sein, denn danach folgt die Bewertung.

Generelles zur Arbeitszeit – alles steht und fällt mit der Güte der Nachtdienste
Der Arztberuf im Krankenhaus ist kein 9-to-5-Job. Der Arbeitstag eines Arztes in einem Gemeinde- oder Privatspital schaut anders aus als der eines Arztes im AKH Wien. Der Gemeindearzt kann um circa ein Uhr mittags gehen. Viele führen noch eine Privatordination daneben und arbeiten nachmittags in ihrer Praxis. Der Arzt einer Uniklinik ist noch länger mit Patientenbetreuung und wissenschaftlicher Arbeit beschäftigt. Jedenfalls kommen zum „normalen" Dienst aller Ärzte Nacht- und Wochenenddienste sowie Dienste an Feiertagen hinzu. So ergeht es allerdings jedem, der in einem Krankenhaus arbeitet (Pflegepersonal, Hebammen). Je nach Krankenhaus und Größe der Abteilung hat man zwischen fünf und acht Nachtdienste im Monat – auch schon als Turnusarzt – und im Schnitt nur ein (vollständiges) Wochenende im Monat frei. Die Dienste untertags sind unterschiedlich stressig, wenig zu tun hat man nie. Richtig anstrengend wird es dann, wenn man turbulentere Nachtdienste hat – sehr viel steht und fällt mit der Güte der Nachtdienste. Wird man in der Nacht oft geweckt (leider auch oft wegen Kleinigkeiten), ist man „erledigt". Das Anstrengende ist, dass man mit dem Nachtdienst nicht erst um sieben Uhr abends beginnt, sondern bereits den ganzen Tag von morgens an gearbeitet hat. Ältere Ärzte verkraften anstrengende Nachtdienste noch viel schlechter als junge.

Hat ein (Krankenhaus-)Arzt ein Privatleben?
Will man Karriere machen und träumt man davon, neben dem Job im Krankenhaus eine Privatordination zu führen, in der man entsprechend hohe Honorare verlangen kann, muss man viel arbeiten. Wer den Arztberuf ehrgeizig verfolgt, hat in Wahrheit keinen Platz für Familie. Es ist immer eine Frage dessen, was man erreichen will, wie viel man verdienen will, womit man zufrieden ist. Als Arzt in einem Gemeindespital kann man zu Mittag gehen und muss sich nicht zwingend in die Arbeit „tigern". Karriere und Verdienst bleiben dann eher auf der Strecke, dafür ist man nicht so abgearbeitet.

Finanzieller Aspekt / Chancen am Arbeitsmarkt:

Die Ausbildung dauert „ewig" ... Wann fängt man an zu verdienen???
Fakt ist, dass man im Schnitt mit Mitte 30 überhaupt erst anfangen kann, als Facharzt zu arbeiten: Das Studium dauert mindestens sechs Jahre (schnell ist, wer mit 26 fertig ist). Dann wartet man im Schnitt drei Jahre auf einen Turnusplatz (außer man hat Beziehungen ...), beginnt den Turnus mit 29 und hat ihn mit 32 beendet. Man könnte dann eine Praxis als praktischer Arzt aufmachen und wartet wiederum Jahre auf einen Vertrag mit einer Krankenkasse *(siehe dazu praktischer Arzt)*. Oder aber man schließt an den Turnus eine Facharztausbildung an, die sechs Jahre dauert. Allerdings muss man wiederum damit rechnen, zwischen ein bis zwei Jahre oder auch länger, auf eine Facharztstelle zu warten. Das heißt, man beginnt etwa zwischen 35 und 40 Jahren, als Facharzt zu arbeiten. Auf einer Uniklinik spart man sich zwar den dreijährigen Turnus, dafür aber muss man eine Doktorarbeit beziehungsweise das dreijährige PhD-Studium gemacht haben, und wartet dann ebenfalls auf eine Facharztstelle. Im Ergebnis – was die Dauer betrifft, ab wann man als Facharzt arbeiten kann – ist es gleichgültig, ob man sich für die Uniklinik oder ein Gemeindespital entscheidet. Man steckt sehr, sehr viel Zeit in seine Ausbildung und fängt erst sehr spät mit dem Geldverdienen an. Will man als Frau Karriere machen, kann man seine Eierstöcke einfrieren lassen ...

Man wird reich! (???)
Ein minimaler Prozentsatz wird reich und auch das erst frühestens mit Mitte 30 – vorher ist ans große Geldverdienen nicht zu denken (außerdem kommt es auch auf die Facharztrichtung an, für die man sich entscheidet). Wem es nur ums Geldverdienen geht, ist in dem Job falsch, denn er stellt lediglich eine langfristige Investition ohne klares Ende dar. Einer von tausend Ärzten geht im Monat mit 15.000 Euro netto nach Hause. In der Ausbildung verdient man wenig (als Turnusarzt kommt man auf einen Stundensatz von acht oder neun Euro), aber auch als Facharzt in einem Krankenhaus ist man Gemeindebediensteter beziehungsweise Bundesbediensteter und verdient nach dem Gehaltsschema keine großartigen Summen. Der Hebel im System heißt „privatversicherte Patienten". Das bedeutet, erst dann, wenn man fertiger Facharzt ist und neben seiner Tätigkeit im Krankenhaus eine Ordination eröffnet, kann man wirklich sehr gut verdienen. Wenn ein Schilddrüsenchirurg an seinem freien Tag privat drei Schilddrüsen-OPs durchführt und pro OP 2.000 Euro brutto verdient, hat er an einem Tag das Monatsgehalt eines Gemeindearztes in der Tasche. Das macht er vier Mal im Monat ...

Freie Stellen in Krankenhäusern sind schwer zu ergattern, doch die Chancen am Arbeitsmarkt für Fachärzte, die nebenbei eine eigene Praxis eröffnen, sind je nach Bereich und regionaler Niederlassung gut bis sehr gut.

Resümee:

Der ärztliche Beruf an sich ist nicht mehr so attraktiv, wie er einmal war – sein Image hat gelitten, er ist nicht so gut bezahlt, man hat Nachtdienste und jede Menge schriftliche Arbeit

(Dokumentation, um sich möglichst gut gegen eventuelle Klagen von Patienten abzusichern). In Wahrheit muss man sich zwischen Karriere und Familie entscheiden. Wenn man Karriere machen will – was man am besten auf einer Universitätsklinik kann – muss man sehr viel Zeit und damit Privatleben in den Beruf stecken. Dennoch ein wunderschöner Beruf, weil man sein Leben sinnvoll gestaltet: Man verbringt seine Zeit damit, anderen zu helfen.

Praktischer Arzt

Wie in der Einleitung erklärt, können praktische Ärzte und (die meisten) Fachärzte eine Praxis führen. Im Fachjargon spricht man dann von „niedergelassenen Ärzten". Die Praxis kann eine Kassenordination (Vertrag mit einer Gebietskrankenkasse) und/oder Wahlarztordination/Privatarztordination sein. Man kann sie alleine führen oder mit Kollegen gemeinsam (Gemeinschaftspraxis).

Der praktische Arzt, üblicherweise die erste Anlaufstelle für Kranke, untersucht den Patienten, stellt eine Diagnose und verordnet danach die geeigneten Medikamente oder schickt ihn zum passenden Facharzt.

Arbeitsalltag / Vor- und Nachteile:

Ist der Beruf so, wie ihn sich Außenstehende (vielleicht) vorstellen?
Der praktische Arzt, der in seiner eigenen und nach seinen Vorstellungen eingerichteten Praxis arbeitet, Patienten behandelt, sich mit ihnen freundlich unterhält und im Grunde einen schönen Alltag hat? Ja und nein!

Es gibt sehr schöne Momente in dem Beruf, die sich hauptsächlich um das Thema „Man kann Menschen helfen!" drehen: Es ist fein, wenn es einem Patienten nach einer Behandlung besser geht, wenn man erkennt, was ihm fehlt, und/oder ihn früh genug behandeln kann. Von diesen Fällen lebt man. Der Job ist toll, weil es der breiteste Medizinberuf ist – von der kleinen Warze bis zum Verkehrsunfall kann einem alles unterkommen. Aber daneben gibt es auch die weniger angenehmen Seiten, wie Büro- und Schreibarbeit, Zeitdruck (wenn die Praxis voll ist), finanziellen Druck und fordernde Patienten. Dann gibt es auch Fälle – chronische oder symptomatische Erkrankungen –, wo man nicht weiterkommt und nicht wirklich zu helfen in der Lage ist. Auch kann es nicht immer eine 100%-ige Diagnose geben. Manchmal hat man auch das Gefühl, immer dasselbe zu tun und immer dieselben Leute vor sich zu haben, die einem immer dasselbe vorjammern.

Internetdiagnosen und Eigenrecherchen
Viele kommen heute bereits mit einer Diagnose in petto – aus dem Internet oder der Zeitung – in die Ordination ihres Arztes. Sie haben in Google ihre Symptome eingegeben und erklären nun dem Arzt, worunter sie leiden könnten – die Vorinformation der Patienten

hat in der letzten Zeit stark zugenommen. Das ist gut, weil man bereits auf einem gewissen Niveau einsteigen kann. Der Punkt ist allerdings, dass es gute und schlechte Internetseiten gibt und die Patienten den Arzt teilweise mit kryptischen Aussagen, konstruiert aus der Diagnose eines virtuellen Doktors und den Erfahrungsberichten von Forumsbesuchern, konfrontieren. Nicht selten kommt es also vor, dass man seinen Patienten den Blödsinn, der sich in ihren Hirnen festgesetzt hat, wieder ausreden muss; beispielsweise kann die in einem Bericht beschriebene Krankheit zwar dieselben Symptome aufweisen, aber eine ganz andere Erkrankung darstellen. Am Land neigen die Leute teilweise auch dazu, dem, was die Nachbarin sagt, mehr Glauben zu schenken als dem Arzt – die Kollegen aus der Stadt kennen dieses Phänomen weniger bis gar nicht. Das sind zwar Kleinigkeiten, aber Dinge, über die man sich als Arzt an einem stressigen Arbeitstag ärgert. Oft wird auch das, was der Arzt sagt, bis ins letzte Detail hinterfragt und ausdiskutiert – das kann mühsam sein. Eine Folge der Selbstdiagnosen kann auch sein, dass Patienten Untersuchungen einfordern, die auf diversen Internetseiten empfohlen werden. Es fehlt ihnen dann leider oft die Compliance, also die Bereitschaft, dem Rat des Arztes zu folgen. Für Mediziner, die über Erfahrung verfügen und „das Gespür für die Sache haben", wird es zunehmend schwieriger, die Patienten zu führen, da diese immer weniger voll und ganz dem Arzt vertrauen. Eine grundsätzlich gute Entwicklung, weil der Patient Selbstverantwortung übernimmt – er fordert eine „anständige" Aufklärung, was wiederum der Qualitätssicherung dient, die Ärzte allerdings wiederum unter Druck setzt, weil sie sich vor dem Patienten rechtfertigen müssen.

Da muss es doch ein Medikament dagegen geben!!!
Patienten möchten geheilt werden und manche verstehen nicht, dass es nicht gegen alles ein Medikament gibt. Die Begehrlichkeit mancher, Tabletten zu schlucken, ist so groß, dass sie – selbst langjährige Patienten – den Arzt wechseln, wenn man ihnen nichts verschreibt. Sie suchen sich einen anderen Mediziner, in der Hoffnung, dass der ihnen „helfen" kann, sprich, ihnen etwas verschreibt. Patienten benehmen sich heutzutage wie Konsumenten: Sie glauben, dass es gegen jedes „Wehwehchen" ein finanziell leistbares Mittel gibt, und nehmen lieber mehr Tabletten ein, als zum Beispiel ihre Ernährung und/oder Lebensweise umzustellen. Es ist viel Arbeit, Patienten umzuerziehen.

Wartezeiten und grantige Patienten
Wartezeiten ergeben sich vorwiegend in Kassenpraxen. Die Leute fordern für sich selbst ein, dass sich ihr Arzt 20 Minuten für sie Zeit nimmt, wollen aber nicht akzeptieren, dass er diese Zeit für die Patienten davor ebenfalls aufwendet. Wartezeiten von einer Stunde ergeben sich zwangsläufig, wenn bereits vier oder fünf Patienten warten. Wenn sie dann e n d l i c h aufgerufen werden, sind sie grantig und/oder regen sich auf; ihren Unmut bekommt ein Arzt durchwegs zu spüren (so wie auch die Sprechstundenhilfe).

Der Kampf mit den Krankenkassen (den man als Privatarzt nicht zu führen hat)
Aus Sicht der Krankenkassen ist derjenige ein effizienter Arzt, der billig arbeitet – sprich, der weniger kostet. (Zur Erklärung: Der Kassenarzt erbringt Leistungen an Patienten und rechnet diese gegenüber der Krankenkasse ab; das heißt, er wird von der Krankenkasse

„bezahlt". Der Patient muss für seine Dienste nicht in die Tasche greifen.) Die Krankenkassen üben Druck auf die Ärzte aus, indem sie nur einen gewissen Leistungsumfang bezahlen und überprüfen, wie kosteneffizient der einzelne Mediziner arbeitet. Pro Quartal erhält man einen „Folgekostenbrief", der aufschlüsselt, um wie viel Geld der Arzt Medikamente verschrieben oder Leistungen erbracht hat. Auf Grundlage dieses Folgekostenbriefes wird man mit dem Schnitt der Ärzte aus dem jeweiligen Bundesland verglichen, und zwar mit allen niedergelassenen Ärzten, nicht nur mit den praktischen. Es werden beispielsweise auch die Kosten nebeneinandergestellt, die für Patienten mit derselben Diagnose aufgewendet werden: Sind es bei einem Patienten 200 Euro, beim anderen 1.000, wird nachgefragt, wieso. Leistungen werden weiters „gedeckelt" und nur in gewissem Umfang bezahlt. So wird zum Beispiel lediglich eine gewisse Anzahl von Blutabnahmen pro Quartal (insgesamt, nicht pro Patient) von der Krankenkasse bezahlt; braucht man mehr Blutabnahmen, muss die der Mediziner selber bezahlen (die Krankenkasse zieht sich diese Kosten vom Geld, das sie dem Arzt überweist, ab). Dadurch ist man als Arzt angehalten, „Generika" (billige Kopien des Originals) zu verschreiben beziehungsweise ökonomisch zu arbeiten, und die Krankenkassen erreichen das, was sie möchten. Die Patienten wiederum beschweren sich beim Arzt, weil sie das Originalmedikament verschrieben haben möchten. Nun muss wiederum erklärt werden, dass (in der Regel) dieselben Wirkstoffe in der Kopie enthalten sind. Nur: Das interessiert die Patienten nicht.

Kassensystem – Touch des Unbestechlichen
So belastend, nervend und nachteilig das Kassensystem von den meisten Kassenärzten auch empfunden wird, hat es auch seine positiven Seiten: Es gibt dadurch ein – mehr oder weniger – fixes Einkommen, weil man einen fixen Patientenstamm hat. Die Leute kommen, weil die Behandlung für sie „gratis" ist, was einen Arzt auch „unbestechlich" macht. Wenn er der Meinung ist, ein Patient muss kein weiteres Mal wegen einer Erkrankung zu ihm kommen, dann war es das. Ein Privatarzt will natürlich, dass der Patient möglichst oft wiederkommt – daran verdient er schließlich.

Darauf angesprochen meinen viele Privat-/Wahlärzte, dass es eine grundsätzliche (ethische) Frage sei, wie man als Arzt Medizin betreibt.

Ich möchte einen Kassenvertrag!
So einfach ist das nicht. Um einen Kassenvertrag muss man sich bewerben und ihn „bekommen". Es werden von den Gebietskrankenkassen Listen geführt: Mit der Zeit und mit den erbrachten, verschiedenen Leistungen (man sammelt Punkte – kompliziertes System) wandert man die Positionen auf der Liste hinauf und ist irgendwann (der Wiener Schnitt sind fünf bis sechs Jahre!!!) realistisch in der Lage, sich für einen Kassenvertrag zu bewerben. In der Zwischenzeit kann man als Privatarzt arbeiten und warten. Die Lage der Ordination kann man sich als Kassenarzt übrigens nicht aussuchen. Der Kassenvertrag ist an einen bestimmten Ort gebunden.

Wahlarzt – Nische suchen!
Diejenigen, die keinen Vertrag mit der Krankenkasse bekommen oder keinen wollen, ordi-

nieren als Privat- beziehungsweise Wahlarzt und bauen sich – mühsamst – einen Patientenstamm auf. Bietet man nichts Besonderes an – also Leistungen, die nicht im Repertoire des Kassenarztes sind – läuft der Patient zum Kassenarzt, den er nicht bezahlen muss. Vorteile, als praktischer Arzt privat zu ordinieren, sind, dass man sich nicht gegenüber der Kasse rechtfertigen muss, sich die Lage seiner Ordination frei wählen kann und auch entscheiden kann, wie viel beziehungsweise wie wenig man arbeiten möchte: Für Kassenärzte gelten Mindestordinationszeiten pro Woche.

Menschliche Zuneigung
Als Hausarzt, vor allem wenn man am Land tätig ist, bekommt man sehr viel Zuneigung der Patienten und Vertrauen zu spüren. Die Ärzte am Land kennen die Leute seit Generationen – auch deren Veranlagungen, familiäre Krankheiten etc., was wiederum bei der Diagnose hilfreich ist. Die Patienten jedenfalls erzählen dem Arzt Persönliches und Dinge, die sie belasten oder beschäftigen. Das gefällt so manchem Mediziner „am Land", er ist eben auch ein „Seelendoktor". Andere finden wiederum genau das unter Umständen weniger reizvoll, da die Leute sie von der Arbeit abhalten, wenn sie ihm stundenlang ihr Herz ausschütten wollen.

Die lange Erreichbarkeit und „Nicht-Anonymität" als Landarzt
Sie haben zwar Ordinationszeiten, zu denen Patienten in die Praxis kommen, aber grundsätzlich sind sie als Landärzte rund um die Uhr erreichbar, auch am Wochenende, weil ja die Dorfbewohner wissen, wo der Arzt wohnt. Die Leute haben allerdings auch gelernt, dass man nicht nur da ist, um ihnen rund um die Uhr zu helfen, sondern auch ein Privatleben hat. Schwieriger wird es, wenn man in der Öffentlichkeit unterwegs ist – einkaufen geht oder seine Kinder in den Kindergarten beziehungsweise in die Schule bringt. Vor allem Letzteres geht kaum, ohne dass man um medizinischen Rat gefragt wird. Allmählich setzt auf dem Land eine Umbruchstimmung ein: Das System, dass der praktische Arzt vor Ort lebt und auch sozial in das Gemeindeleben eingebunden ist, ändert sich: Ärztezentren scheinen der neue Trend zu sein, was auch etwas an der „privaten Greifbarkeit" der praktischen Ärzte am Land ändern wird.

Einmal Arzt – immer Arzt!
Ärzte werden auch im Privatleben oft mit ihrem Beruf konfrontiert: Das muss kein Nachteil sein, denn im Grunde beginnt man als Privatarzt zunächst im Bekannten- und Verwandtenkreis, seinen Patientenstamm aufzubauen. Mundpropaganda im Privaten ist daher eine gute Werbung und durchaus wichtig.

Arbeitszeit und Freizeit
Man ist selbstständig und kann sich aussuchen, wie viele Ordinationsstunden man in der Woche halten möchte – nur Kassenärzte müssen zumindest 20 Stunden ordinieren. Dazu kommen am Nachmittag Hausbesuche – in Wien eher selten, am Land gang und gäbe –, Organisatorisches und Schreibarbeit. Die Dokumentation, die sich durch alle medizinischen Berufe zieht, ufert aus – sie nimmt Zeit weg. Anderseits findet jeder Arzt Wege

zu rationalisieren und legt sich Schemata zurecht, die Zeit sparen. Auch ein Privatarzt hat medizinische Schritte zu dokumentieren. Was er sich allerdings spart, sind die Aufstellungen für/an die Krankenkasse. Ärzte arbeiten unterschiedlich viel – manch einer 30 bis 40 Stunden pro Woche, ein anderer bis hin zu 60 bis 70 Stunden. Es kommt eben wie fast immer darauf an, wie viel man verdienen möchte. Seine freie Zeit lernt man sich jedenfalls einzuteilen.

Finanzieller Aspekt / Chancen am Arbeitsmarkt:

Mit Reichtum verbunden?
Selten! Vor allem Kassenärzte werden nicht wirklich reich. In der Stadt ist die Konkurrenz sehr groß – quasi an jedem zweiten Eck ordiniert ein praktischer Arzt. Betreut man am Land ein großes Einzugsgebiet, kann man unter Umständen sehr gut verdienen und das trotz eines Quartalsatzes von circa 30 Euro pro Patient – diesen bekommt man nur ein Mal im Quartal, egal, ob der Patient ein Mal oder zehn Mal behandelt wird. So kann es sein, dass die Praxis voll ist, aber man sich dennoch – dem äußeren Anschein zuwider – keine goldene Nase verdient. Als Privatarzt hat man anfangs in Aufbauzeiten Durststrecken beim Verdienst hinzunehmen – zwei bis drei Jahre muss man schon einrechnen, bis eine Wahlarztordination so anläuft, dass man davon leben kann. Dafür aber hat man später weniger Stress.
Gute Ärzte mit gut geführten Praxen werden immer gesucht und gebraucht.

Resümee:

In diesem Beruf lebt man von den medizinischen und menschlichen Erfolgserlebnissen. Eine Ärztin mit einer Praxis mag die selbstständige Arbeit mit Menschen, die Möglichkeit, sich die Zeit besser einteilen zu können, die freien Wochenenden – in einem Krankenhaus als angestellte Ärztin war sie unzufrieden. Anderen gefällt die große Bandbreite an Fällen und die Möglichkeit, als praktischer Arzt den Patienten in seiner unmittelbaren Umgebung (Arbeit, Wohnung) wahrnehmen zu können und nicht nur die rein medizinische Seite beurteilen und mit einbeziehen zu müssen.

Fitnesstrainer

Definition:

Fitnesstrainer beraten und betreuen ihre Kunden bei der Auswahl und Durchführung von Trainingsprogrammen und stellen individuelle Fitnesskonzepte für sie zusammen. Dabei vermitteln sie die jeweilgen Trainingsprinzipien des Instituts. Sie warten die Geräte, stellen Mitgliedskarten aus und verkaufen Vitamingetränke und Fitnesszubehör. Weiters führen sie auch diverse Büro- und Verwaltungsaufgaben durch. Fitnesstrainer arbeiten in Fitness-

Centern, Fitnessstudios, Freizeit- und Trainingszentren mit Berufskollegen sowie mit Aerobic-Trainern und Gymnastik-Lehrern zusammen. (Siehe Hinweis am Ende des Vorworts)

Voraussetzungen / Aus- und Weiterbildung:

Fitnesstrainer ist ein Lehrberuf. Daneben bieten auch berufsbildende Schulen sportliche Zusatzausbildungen an. Manche haben auch Sportwissenschaften studiert beziehungsweise sind Studenten dieses Studiums.

Arbeitsalltag / Vor- und Nachteile:

Lässiger Job?
Mit dem Berufsleben des Fitnesstrainers (ebenso wie mit dem des Aerobic-Trainers) ist es ähnlich wie mit jenem des Skilehrers: Die Allgemeinheit glaubt, Fitnesstrainer führen ein lässiges Leben und strengen sich nicht an, doch dieser Eindruck täuscht.

Man hat mit Sport und Menschen zu tun
Der Beruf macht Spaß, es ist toll, mit Menschen zu arbeiten, deren körperliche Erfolge zu sehen und sein Wissen weiterzugeben. Wenn man den Job gut machen will, ist Kommunikation sehr wichtig. Die Clubmitglieder kommen oft aus unterschiedlichen Schichten mit unterschiedlichsten Berufen, man lernt mit jedem Menschen umzugehen und ihn einzuschätzen. Mit Mitgliedern, die man schon länger kennt, hat man oft einen sehr lockeren Umgang und redet auch über Privates. Man will, dass sich die Leute im Studio wohlfühlen und wieder kommen: Auch deshalb motiviert und bestärkt man sie. Dazu gehört nun mal Unterhaltung und den Mitgliedern das Gefühl zu geben, dass man sie beim Erreichen ihrer Fitnessziele unterstützt. Dass man mit Leuten zu tun hat, kann Vorteil und Nachteil zugleich sein – man trifft lässige Leute, mit „denen man gut kann", aber auch viele „Unsympathler".

Muskeln und nichts im Kopf?
Dieses Klischee kennt man – bei manchen wird es wohl auch zutreffen, bei anderen nicht. Es gibt genug sehr gut ausgebildete Trainer, die über großes Fachwissen verfügen und sich der Verantwortung gegenüber der Kunden bewusst sind. Ein Trainer muss fähig sein, Trainingsfehler und körperliche Probleme, Stärken und Schwächen der Clubmitglieder zu erkennen und darauf einzugehen beziehungsweise diese zu berücksichtigen, wenn man Trainingspläne erstellt. Es braucht Fachwissen, um diese Aufgaben, die den Kernbereich der Tätigkeit des Fitnesstrainers bilden, überhaupt erfüllen zu können. Besonders erfolgreich wird ein Fitnesstrainer dann sein, wenn seine Trainingspläne individuell auf die Kunden abgestimmt sind.

Für alles zuständig
Wenn irgendetwas im Trainingsbereich nicht passt, ist der Trainer dafür zuständig. Sei es, dass es nicht gut riecht, ein Monitor oder ein Gerät nicht funktioniert – die Leute kommen immer zum Trainer.

Auf sein Kapital muss man schauen
Der eigene Körper, Gesundheit und Fitness sind bei diesem Beruf sehr wichtig. Das ist das Kapital eines Fitnesstrainers. Niemand ergreift diesen Beruf, wenn er sich selbst nicht für Fitness interessiert, sondern nur wer sich im Gegenteil gerne fit hält. Es ist wichtig, sich viel Zeit für sich selbst zu nehmen und sich geistig und sportlich weiterzuentwickeln. Ein Fitnesstrainer muss gewisse Grundvoraussetzungen erfüllen. Kein Studio wird jemanden einstellen, der zu dick ist – eine gewisse Statur und Kondition muss man mitbringen. Von einem „Pummerl" lassen sich die Clubmitglieder nichts sagen, sie nehmen einem nicht ab, dass man sich auskennt und sie trainieren beziehungsweise zu ihrem persönlichen Trainingsziel bringen kann.

Nicht immer in einem Angestelltenverhältnis und Verkaufsdruck
Früher waren die meisten Trainer als freie Dienstnehmer beschäftigt und damit als Selbstständige tätig, heute werden sie schon oft angestellt, was rechtlich gesehen die richtige Variante ist. Die freie Dienstnehmerschaft hat einige Nachteile: Man verdient nichts, wenn man krank ist oder auf Urlaub geht, was dazu führt, dass man sich zu wenig Urlaub beziehungsweise Erholungsphasen gönnt; oder auch dann arbeiten geht, wenn man eigentlich zu Hause bleiben sollte; man muss sich selbst versichern und seine Steuererklärungen beim Finanzamt einreichen und die Steuer abführen.

Teilweise werden die Trainer ausgenutzt
Manche der Trainer stehen zusätzlich noch unter dem Druck, Umsätze machen zu müssen und Leistungen zu verkaufen – Mitgliedschaften, Leistungsdiagramme und Ähnliches. Wird zu wenig verkauft, muss man im Worst Case mit der Auflösung des Vertragsverhältnisses rechnen. Manche Trainer müssen auch Sanitäranlagen kontrollieren und gegebenenfalls putzen. Als fertig ausgebildeter Sportwissenschaftler will man das nicht mehr. Mit ein Grund, weshalb sich doch einige selbstständig machen.

Arbeitszeiten
Je nach Öffnungszeiten des Studios kann man Dienste haben, die um 7 Uhr morgens beginnen oder um 22 Uhr enden. Man arbeitet auch am Wochenende und an Feiertagen. Am meisten ist abends los. In Vollzeit ist der Beruf hart, er ermüdet und laugt aus.

Finanzieller Aspekt / Chancen am Arbeitsmarkt:
Die Bezahlung ist sehr schlecht. Wenn man den Job hauptberuflich beziehungsweise ausschließlich macht, ist es schwierig, davon zu leben. Der übliche Stundensatz liegt um die 8 bis 10 brutto (!) im Monat. Fitnesstrainer haben in den Augen der Studiobetreiber keinen hohen Stellenwert, ihre Arbeit wird nicht geschätzt und das schlägt sich im Verdienst nieder. Der Verdienst ist der Hauptgrund dafür, dass viele Trainer nicht ewig Fitnesstrainer bleiben: Sie suchen sich einen anderen Job oder zumindest einen Nebenjob.

Ist man selbstständig tätig, kann man mit Glück und Gespür mit einer Gehaltssteigerung von etwa 300 Prozent rechnen.

Die Fluktuation in der Branche ist sehr hoch, die Leute wechseln oft. Doch die Branche boomt.

Viele glauben jedoch, dass sie einen Job bekommen, wenn sie die entsprechende Ausbildung vorweisen können. So einfach ist das leider nicht, außer man ist mit einem sehr niedrigen Stundensatz zufrieden.

Resümee:

Für so manchen ein super Beruf – Leute zu trainieren und zu motivieren, es macht Spaß mit so vielen unterschiedlichen Menschen zu arbeiten. Für die meisten Fitnesstrainer ist der Beruf allerdings ein Nebenjob, es gibt nur sehr wenige, die allein von dieser Tätigkeit leben können. Und das hat körperliche wie auch finanzielle Gründe.

Gerichtsmediziner

Definition:

Der Fachbereich Gerichtsmedizin ist eine Spezialisierung innerhalb der Medizin. Gerichtsmediziner arbeiten im Auftrag von Gerichten. Sie untersuchen bei plötzlichen, natürlichen und gewaltsamen Todesfällen die Leichen und Leichenteile und stellen Identitäten und Todesursachen fest. In strittigen Rechtsfällen nehmen sie an lebenden Personen Untersuchungen vor, etwa, wenn es um die Aufklärung von Körperverletzungen und Gesundheitsschädigungen sowie Verletzungsfolgen nach Unfällen (Rekonstruktion) geht. Sie begutachten und untersuchen Vergiftungen, die Wirkung von Alkohol und Rauschgiften, strittige Abstammungsverhältnisse und analysieren medizinische Behandlungsfehler bei Lebenden und Toten. Oft stehen sie dem Gericht als Sachverständige sowie für die Bearbeitung medizinisch-juristischer Fragen zur Verfügung. (Siehe Hinweis am Ende des Vorworts)

Voraussetzungen / Aus- und Weiterbildung:

Der Gerichtsmediziner ist ein Facharzt. Nach dem Medizinstudium schließt die Facharztausbildung zum Gerichtsmediziner an.

Arbeitsalltag / Vor- und Nachteile:

„CSI" & Co versus wahren Berufsalltag
Generell ist es sicher so, dass die Allgemeinheit ein gewisses Klischee von jedem Beruf im Kopf hat, so auch von dem des Gerichtsmediziners. Das von den Serien vermittelte Bild, dass die Leichen schön, jung und gepflegt, und die Tatorte cool, designt und aufgeräumt sind, sollte man aus seinem Kopf verbannen – so ist es in der Realität nicht. Die zu obduzie-

renden Leichen sind oft schon verfault oder verwest und die überall vorhandene Fäulnisflüssigkeit erschwert das Obduzieren. Außerdem ist die Gerichtsmedizin nicht unfehlbar: Den Todeszeitpunkt kann man nicht immer so genau feststellen und auch ein toxikologisches Gutachten ist nicht quasi sofort verfügbar, sondern kann Monate dauern. Eine DNA-Analyse hat man, wenn man sehr schnell ist, in einem Tag, aber nicht in drei Stunden (das ist auch in den USA nicht anders). Weiters werden auch Leichen untersucht, die an einer natürlichen Todesursache gestorben sind, und Lebende obduziert. So nimmt man an Lebenden zum Beispiel Altersschätzungen vor und untersucht bei Verdacht, ob ein Fall sexuellen Missbrauchs oder körperlicher Gewalt vorliegt. Im Unterschied zu der Darstellung in amerikanischen Serien liegt das Hauptaugenmerk der österreichischen Gerichtsmedizin nicht in der Kriminaltechnik, also in der Spurenermittlung, wo Zentimeter für Zentimeter am Körper nach Beweisen abgesucht wird, sondern in der Obduktion. Als Gerichtsmediziner ist man für alle organischen Spuren zuständig: Man untersucht Leichen, Tatverdächtige, nimmt DNA-Abstriche, analysiert sie, untersucht Blut und Urin – nicht aber Faserspuren und Haare. Für Letzteres ist in Österreich die Kriminaltechnik (*siehe Kriminalbeamter*) zuständig. Weiters wird in Serien oft der Eindruck vermittelt, dass nur ein Fall nach dem anderen bearbeitet wird. In der Praxis allerdings hat man mehrere Fälle parallel, fünf bis 15 Fälle in der Woche gleichzeitig.

„Man könnte aus der Gerichtsmedizin viel mehr rausholen"
… nämlich im Zusammenhang sowohl mit der Obduktion an Toten als auch an Lebenden. Großes Manko in der österreichischen Gerichtsmedizin bei der Aufklärung von Todesfällen: Der Gerichtsmediziner wird (anders als in „Tatort" dargestellt) nicht zum Tatort gerufen, um den Todeszeitpunkt zu schätzen oder überhaupt um sich ein Bild von der Todesursache und den Begleitumständen zu machen – es gibt keine Totenbeschau. Anders in der Schweiz, wo Gerichtsmediziner auch am Tatort arbeiten. Dadurch, dass in Österreich die Gerichtsmediziner – falls überhaupt gerichtsmedizinisch obduziert wird – die Fälle erst „irgendwann" bekommen, muss damit gerechnet werden, dass manche Fragen (zum Beispiel Todeszeitpunkt) nicht mehr beantwortet werden können: Die Zeit arbeitet dagegen. Der Lokalaugenschein wäre vor allem auch dann sinnvoll, wenn der Tatvorgang nicht klar ist und aufgrund der örtlichen Gegebenheiten Rückschlüsse auf den Tathergang, insbesondere auf die Tatwaffe, gezogen werden könnten/sollen. In Österreich findet, wenn überhaupt, die Obduktion ohne Lokalaugenschein – also nur im Obduktionssaal – statt: Der Gerichtsmediziner bekommt die Leiche „auf den Tisch". Das ist ärgerlich am System. Was die Obduktion an Lebenden in Österreich betrifft, steckt diese „noch in Kinderschuhen". Zum Beispiel gibt es eine Studie, wonach lediglich 17 Prozent aller (mutmaßlichen) Täter von Vergewaltigungen auch verurteilt werden. Der Grund dafür liegt darin, dass in der Mehrheit der Fälle kein gerichtsmedizinisches Gutachten angefordert wird. In Gerichtsverfahren gibt es oft nicht mehr als die gegenteiligen Aussagen des Opfers und des Angeklagten, eventuell der Zeugen. Wenn Gerichtsmediziner Spuren sichern und Gutachten erstellen würden, würde der Prozentsatz anders lauten. Ein Problem ist auch, dass die Staatsanwaltschaft, die in Fällen wie Körperverletzung, Vergewaltigung, Mord oder anderer Gewaltverbrechen ermittelt, im Grunde keine Ahnung hat, was Gerichtsmediziner alles können. In der Regel stellt die

Staatsanwaltschaft 0815-Fragen und bekommt von der Gerichtsmedizin dementsprechende Antworten. Die Kapazitäten werden nicht genutzt.

Das System – und was den Beruf schwierig macht
Als Gerichtsmediziner hat man mit beinahe allen Fächern der Medizin zu tun. Es gibt quasi keine Grenze, wo man sagen kann: „Hier endet das Aufgabengebiet des Gerichtsmediziners." Es kann manchmal etwas frustrierend sein, weil man als Anfänger viel Zeit und Erfahrung brauchen würde, um das Gelernte richtig umzusetzen. Das meiste bringt man sich selbst bei beziehungsweise lernt man von Obduktionsassistenten. Im Unterschied zum Studium gibt es niemanden, der einen an der Hand führt und sagt, wie es funktioniert. Toll ist die Ausbildung in der Schweiz: Dort wird in einer Art und Weise obduziert, die es in Österreich nicht gibt: In jede Körperöffnung wird geschaut. Etwaige Ausbildungszeiten im Ausland kann man sich in Österreich anrechnen lassen. Bei uns sind im Übrigen die Ausbildungsplätze spärlich.

Einsamer und ruhiger Job, weil von Leichen (= stumm) umgeben?
Nein. Der Job besteht nicht nur aus Obduzieren: Man schreibt Gutachten, ist – als Gutachter – bei Gerichtsverhandlungen anwesend, wo man seine Feststellungen erörtert und dem Richter und Staatsanwalt sowie dem Verteidiger Frage und Antwort steht. Ein Teil der Arbeit besteht in der Forschung und man obduziert auch Lebende. Man hat Kontakt zu Opfern (bei Obduktionen von Lebenden), zu Tätern, zur Polizei, zu Juristen, zu Chemikern. Bei manchen Fällen ist es erforderlich, dass man sich im Team zusammensetzt und den Fall bespricht. Oft hält man Rücksprache mit Spezialisten einer anderen Fachgruppe, man arbeitet als Gerichtsmediziner nicht einsam und still vor sich hin.

Extrem vielseitiger und abwechslungsreicher Job
Langweilig ist es selten. Das sind dann eher die Tage, an denen nichts zu obduzieren oder zu untersuchen ist. Das Gute ist, dass jeder Fall anders ist. Man weiß nie, was man heute „bekommt". Man stößt immer wieder auf Probleme, die man in der Form noch nicht hatte. Doch so ausgerissene Fälle, wie sie in den Serien gezeigt werden, kommen im Alltag dennoch kaum vor. Und nicht jeder Fall wird gelöst. Es ist oft unbefriedigend, weil sich auf manche Fragen keine Antworten finden lassen. Man muss damit leben, dass man in seiner Arbeit immer wieder auf Fragen stößt, die in der Wissenschaft noch nie behandelt wurden. Hier können Gerichtsmediziner mit der Forschung ansetzen, die ebenfalls zum Beruf gehört. (Zur Info: Gerichtsmediziner – arbeitet man nicht privat als Gutachter – sind an einem Universitätsinstitut tätig, welches – als Teil der Uni – einen Forschungsauftrag zu erfüllen hat.) Eine Frage könnte zum Beispiel lauten, ob man bei einer Person, die gewürgt wurde, aufgrund der Einblutungen im Hals feststellen kann, ob für diese Person Lebensgefahr bestanden hat. Eine Obduktion dauert übrigens zwischen 30 Minuten und Stunden. Das ist fallabhängig. Ein Herzinfarkt ist zum Beispiel schneller abgeklärt als ein schwieriger Mord oder eine Faulleiche, wo die Verwesung schon viele Spuren beseitigt hat.

Gutachten – nur lästige „Muss-halt-sein-Arbeit"?
Einen nicht kleinen Teil der Arbeitszeit wendet der Gerichtsmediziner für schriftliche Arbeiten auf, fürs Schreiben beziehungsweise Diktieren von Protokollen und von Gutachten. Das ist manchmal mühsam, aber auch hier eignet man sich Routine an und die Dinge lassen sich dann schnell und effizient erledigen: In einfacheren Fällen hat man ein Gutachten in einer halben Stunde diktiert. Die Gutachten sind Grundlage der Gerichtsurteile und damit „Kern des Ganzen". Die Herausforderung liegt darin, das Gutachten so zu erstellen, dass es keine Fehler enthält, lückenlos und auch für „Nichtmediziner" verständlich ist.

Geld und Einsparungen regieren die Welt
In vielen Fällen gibt es keine gerichtsmedizinische Untersuchung mehr und bei Todesfällen ohne Hinweis auf Fremdverschulden werden zum Beispiel die Zusatzuntersuchungen nicht bezahlt und man muss sich die Todesursache „zusammenreimen" – obwohl die eine oder andere Zusatzuntersuchung vielleicht einige Fragen aufklären würde. Das derzeitige (österreichische) System ist insofern lückenhaft.

Arbeitszeit und Zeiteinteilung
Gerichtsmediziner als Universitätsangehörige arbeiten im sogenannten nichtklinischen Bereich. Dort ist der Tagesablauf nicht vorgegeben und man ist in seiner Zeiteinteilung relativ flexibel. Grundsätzlich ist der Job nicht sehr stressig. Es gibt allerdings auch Tage, an denen man nicht weiß, wo einem der Kopf steht. Bei den meisten Arbeiten hat man eine Deadline: Angehörige wollen den Verstorbenen beerdigen und die Leiche schnellst möglich abholen, beziehungsweise Richter drängen darauf, dass man sein Gutachten fertig macht. Im Schnitt arbeitet man in der Regel mehr als 40 Stunden die Woche. Dazu kommen Nacht- und Wochenenddienste. Einen Job zu finden ist nicht so schwierig (einen Ausbildungsplatz schon), weil das Fach der Gerichtsmedizin nicht so oft gewählt wird.

Finanzieller Aspekt / Chancen am Arbeitsmarkt:
Der Verdienst ist vor allem von der Berufserfahrung abhängig. Er ist allerdings nur dann wirklich gut, wenn man Institutsvorstand der Gerichtsmedizin ist. Nur wird man das nicht so leicht. Durchschnittlich verdient man etwa 3.000 bis 5.000 Euro brutto im Monat.

Resümee:
Die meisten Gerichtsmediziner machen ihren Beruf gerne und würden ihn wieder ergreifen. Ein Problem mit der Arbeit an Leichen sollte man, wenn man diesen Beruf ergreift, nicht haben. Fäulnisflüssigkeit und Maden in Leichen sollten für einen nicht „grauslich" sein; das gehört zum Job. Jemand, der mit Leichen nicht arbeiten kann, würde sich ohnehin nicht für den Beruf entscheiden. Es ist jedenfalls anzuraten, zumindest einen Teil der Ausbildung im Ausland zu absolvieren.

Hebamme

Definition:

Hebammen/Entbindungshelfer beraten und betreuen schwangere Frauen, begleiten Geburten und versorgen Mutter und Neugeborenes in den ersten Tagen nach der Geburt. Frei praktizierende Hebammen und Entbindungshelfer führen auch Hausgeburten und ambulante Geburten durch. Die Arbeitsorte von Hebammen und Entbindungspflegern sind Kreißsaal, Wochenstation, Säuglingszimmer oder bei der Gebärenden zu Hause. Hebammen arbeiten mit medizinischem und pflegerischem Personal, zum Beispiel mit Ärzten und Kinderkrankenschwestern zusammen. (Siehe Hinweis am Ende des Vorworts)

Voraussetzungen / Aus- und Weiterbildung:

Die Ausbildung zur Hebamme erfolgt (nach Matura oder Studienberechtigungsprüfung) durch ein Bachelor-Studium an einer Fachhochschule bzw. Hebammenakademie.

Arbeitsalltag / Vor- und Nachteile:

Die Geburt – ein dynamischer Vorgang – nicht „romantisch schön"
Erstens: Den Beruf Hebamme gibt es noch – entgegen vielen Fehlmeinungen. Zweitens: Die Geburt ist ein einzigartiges Ereignis und als Hebamme ist man die erste Person, die das Neugeborene hält. Aber nicht immer kann man als Hebamme ein gesundes Baby den Armen der Eltern übergeben: Babys sterben im Mutterleib, es gibt Totgeburten, Fehlgeburten oder Notsituationen, die unter Umständen tödlich für die Mutter und/oder für das Kind enden.

Und täglich grüßt das Murmeltier?
… denkt man sich als Hebamme vielleicht bei den Geburtsvorbereitungskursen, wenn immer wieder dieselben Fragen zu beantworten sind. Die Arbeit der Hebamme im Kreißsaal ist allerdings alles andere als eintönig. Sie ist abwechslungsreich, weil man es immer mit anderen Müttern und Vätern in spe zu tun hat und mit verschiedenen Ärzten zusammenarbeitet. Bei einer Geburt sind unzählige Faktoren im Auge zu behalten und an viele Dinge gleichzeitig zu denken. Nie gleicht eine Geburt der anderen. In der Vorteilhaftigkeit der Abwechslung liegen allerdings auch die Schwierigkeiten: Als Hebamme muss man sich immer wieder aufs Neue auf die Bedürfnisse der Frau einstellen. Was den Beruf schwierig macht, ist, dass die Hebamme erfassen muss, was die einzelne Frau braucht. Die Anforderung an die Geburtshelferin sind immer andere. Man arbeitet meist sehr eigenständig und kann sich selbst und seine Erfahrungen einbringen.

Große Erwartungen
Die Erwartungen der werdenden Mütter sind groß. Sie sind der Meinung, dass die Heb-

amme die Geburt gestaltet und zu einem besonderen Erlebnis macht. Manche Frauen liegen eher passiv im Bett – diese Frauen brauchen eine starke Lenkung und großen Ansporn. Man redet ihnen permanent gut zu und baut sie auf; dafür braucht man auch mentale Stärke. Andere Frauen sind wiederum relativ unkompliziert.

Väter
… sind heute oft bei der Geburt anwesend. Und manchmal sind es gerade die Männer, die „Schwierigkeiten" machen. Sie halten die Schmerzen der Frau nicht aus und können nicht verstehen, wieso die Hebamme nichts dagegen macht. Diese Männer glauben, ihre Frau gegen die Hebamme verteidigen zu müssen, und sind der Meinung, die Hebamme tue ihrer Partnerin etwas an. Es ist daher sehr wichtig, bei der Geburt auch die Männer mit einzubeziehen. Wie gesagt, die Geburt ist kein romantisch schöner Vorgang – Schmerzen gehören dazu. Kommunikation ist daher wichtig und mehrere Leute sind zu berücksichtigen: Man beruhigt den Mann, betreut die Frau und spricht sich mit dem Arzt zusammen.

Schlagkräftige Mütter
Frauen sind bei der Geburt in einer Ausnahmesituation – da kommt es schon vor, dass sie entgleisen, verbal und körperlich. Als Hebamme wird man schon gebissen, gekratzt und weggetreten.

Die Zusammenarbeit mit den Ärzten
Das Hebammengesetz legt fest, was man als Hebamme darf und was nicht; und alles hat in Absprache mit dem Arzt zu geschehen. Als Geburtshelferin muss man seine Grenzen erkennen und rechtzeitig den Arzt über verschiedenste Umstände informieren. Jeder Arzt hat eine andere Einstellung – zur Geburt und zur Hebamme; manche sind unhöflich, manche freundlich. Machtkämpfe zwischen Arzt und Hebamme kommen mitunter vor und können die Aufgabe der Hebamme schwierig machen. Manche Ärzte (deren Ego) würden es nicht vertragen, wenn man als Hebamme dem Arzt einen Vorschlag macht.

Unterbesetzt
Die Position der Hebamme im öffentlichen Krankenhaus ist grundsätzlich unterbesetzt. Das ist ein Strukturproblem, das sich durch die öffentlichen Krankenhäuser zieht. Krankenhäuser kassieren von den Versicherungen (der Mütter) nicht für die Geburt, sondern für den stationären Aufenthalt von Mutter und Kind nach der Geburt. Hebammen sind damit ein teurer Faktor, weil sie für eine Leistung vom Krankenhaus bezahlt werden, an der das Krankenhaus nicht verdient. Krankenhäuser richten es daher mit den Posten der Hebammen relativ knapp ein. In den Privatkrankenhäusern hingegen ist das Verhältnis Patientin und Hebamme ausgeglichen; selten betreut dort eine Hebamme zwei Frauen gleichzeitig.

Störfaktor Dokumentation
Mit der Tätigkeit als Hebamme ist sehr viel Dokumentation und damit Schreibarbeit verbunden. Der Geburtsvorgang ist auf die Minute genau zu dokumentieren; es müssen im Nachhinein jeder Schritt (Medikamente verabreichen usw.), jeder Handgriff (zum Beispiel

Massage) und die Herztöne des Kindes nachvollziehbar sein. Der Aufwand dafür ist nicht zu unterschätzen, vor allem muss die Dokumentation unmittelbar geschehen. Stressig wird es dann, wenn man gleichzeitig mehrere werdende Mütter betreut; dann kann es schon sein, dass man mit der Dokumentation der Vorgänge bei den Geburten etwas in Verzug gerät.

High life und ruhigere Zeiten – das Baby macht keinen Termin aus
Die Babys kommen am Tag und in der Nacht mit gleicher Häufigkeit, das heißt, ein Nachtdienst ist nicht ruhiger als ein Tagesdienst. Für die Hebamme im öffentlichen Krankenhaus kann es schon stressiger werden, wenn sie mehrere werdende Mütter gleichzeitig betreut; man switcht dann zwischen den Kreißsälen. Wenn es ruhiger ist, wird Material aufgefüllt und die Bestandlisten werden kontrolliert.

(Nacht)Dienste und Hebammenwechsel
Ein Dienst sind 12,5 Stunden am Stück, und zwar von sieben (morgens beziehungsweise abends) bis halb acht (abends beziehungsweise morgens). Im Privatkrankenhaus dauert der Nachtdienst sogar 13 Stunden. Der Vorteil daran ist, dass es für die werdende Mutter nicht so oft zu einem Hebammenwechsel kommt; die Wahrscheinlichkeit, dass eine Hebamme die Geburt in ihrer ganzen Länge betreut, ist groß. Wenn es dann trotzdem zu einem Hebammenwechsel kommt, sind die Frauen oft entsetzt und verstehen nicht, wieso die vorbetreuende Hebamme ihren Dienst nicht überzieht. Die Frauen erwarten, dass man freiwillig länger bleibt, weil man ja seinen Job ohnehin gerne macht. Tut man auch, aber man muss auch leben und sich erholen.

Zurück zu den Nachdiensten: Je nach Diensteinteilung und Krankenhaus muss man mit sechs bis acht Nachtdiensten im Monat rechnen. Nach einem solchen kann man oft nicht schlafen, weil man aufgekratzt nach Hause kommt. Man kann daher auch meist den folgenden Tag nicht voll nützen und hat oft sehr wenig Regenerationszeit.

Die Dienstpläne sind ein Korsett – einmal eingeteilt sind sie nur in Ausnahmesituationen änderbar; Tausch zwischen Kollegen ist möglich, wenn man einen Kollegen findet, der tauschen will.

Privatleben
Nach einem Nachtdienst ist man am nächsten Tag gerädert; man hat Wochenenddienste und arbeitet, wenn der Partner frei hat. Wenn er zum Beispiel auch aus der „medizinischen Branche" ist, hat das den Vorteil, dass das Verständnis für Nacht- und Wochenenddienste da ist. Man muss nicht erklären, dass man nach einem Nachtdienst erledigt ist und bis am frühen Nachmittag schläft. Praktisch ist auch, wenn der Partner selbstständig ist und sich seine Arbeitszeit frei einteilen kann. Allerdings kann der Beruf fürs Privatleben zum Problem werden, wenn man eben keinen zeitflexibeln Partner hat. Für Hobbys bleibt sehr wenig Zeit, vor allem kann ihnen nicht mit einer Regelmäßigkeit nachgegangen werden – wegen der unregelmäßigen Dienstzeiten.

Finanzieller Aspekt / Chancen am Arbeitsmarkt:

Der Verdienst ist nicht besonders gut. Man bekommt als Einsteiger im Durchschnitt 2.100 Euro brutto im Monat und arbeitet oft daher daneben noch selbstständig. Viele Hebammen bieten Hausgeburten, Geburtsvorbereitungskurse und Visiten zu Hause an.

Resümee:

Manche Hebammen sind anfangs sehr idealistisch und bleiben freiwillig länger im Dienst, doch das bleibt nicht so. Man hat die erste Zeit noch eine Hebamme hinter sich und weiß, nichts kann schiefgehen. Irgendwann betreut man die Geburt alleine und eine gewisse Routine hält Einzug. Hebammen finden es oft schade, dass viele Frauen ihren Instinkt fürs Natürliche verloren haben und sich für einen Wunschkaiserschnitt entscheiden (bei der Operation ist übrigens auch eine Hebamme anwesend). Schön ist natürlich positives Feedback während und nach der Geburt und es gibt unzählige unvergessliche Momente in dem Beruf.

Krankenschwester / Krankenpfleger

Definition:

Diplomierte Gesundheits- und Krankenpfleger / diplomierte Gesundheits- und Krankenschwestern pflegen und betreuen Patienten in Krankenhäusern, Ambulanzen, Hospizen und Pflegeheimen. Sie wechseln Verbände, verabreichen Injektionen und Medikamente, sie waschen und lagern die Patienten und sind wichtige Ansprechpartneren für die Angehörigen. Sie erklären die pflegerischen Maßnahmen und unterweisen Patienten und Angehörige über die weitere Betreuung zu Hause. (Siehe Hinweis am Ende des Vorworts)

Voraussetzungen / Aus- und Weiterbildung:

Der erfolgreiche Abschluss der dreijährigen Ausbildung an einer Gesundheits- und Krankenpflegeschule oder an einer Fachhochschule berechtigt zur Betreuung und Pflege von Menschen aller Altersstufen. Für die Spezialbereiche Kinder- und Jugendlichenpflege sowie psychiatrische Gesundheits- und Krankenpflege sind Zusatzausbildungen erforderlich.

Als Krankenschwester gibt es viele Möglichkeiten zur Weiterbildung: Fachwirt im Sozial- und Gesundheitswesen, staatlich anerkannte Gerontopsychiatrie-Fachkraft, Heimleiter/Sozialmanager, staatlich anerkannter Leiter eines Pflegedienstes, Pflegemanager, Qualitätsbeauftragter/Qualitätsmanager, Schmerzmanager in der Pflege – um nur einige zu nennen.

Arbeitsalltag / Vor- und Nachteile:

Frauenberuf?
Typischerweise sind es mehr Frauen als Männer, die diesen Beruf ergreifen, aber nicht ausschließlich. Vielen männlichen Krankenpflegern passiert es immer wieder, dass Patienten aufgrund des Geschlechts annehmen, man sei „bloß" Pflegehelfer; im Kopf der Gesellschaft ist verankert, dass Frauen Krankenschwestern und Männer Pflegehelfer sind (also dem diplomierten Gesundheits- und Pflegepersonal unterstellt – *siehe zu diesem Beruf unter Pflegehelfer*). Aber gerade auf den Intensivstationen sind oft die Männer in der Überzahl – möglicherweise, weil es hier „technischer" wird: Ein Patient ist oft an 25 Geräte angeschlossen, die kontrolliert und überwacht werden müssen. Der Einfachheit halber werde ich im Folgenden – wenn es um allgemeine Aussagen geht – den (weiblichen) Begriff „Krankenschwester" benutzen, weil nun einmal Frauen in diesem Beruf in der Überzahl sind.

Nur pflegen und Essen bringen?
Nicht nur, aber Tatsache ist, dass pflegerische Tätigkeiten am Patienten zu den Hauptaufgaben einer Krankenschwester gehören. Zwischendurch werden Patienten aufgenommen, andere entlassen und das alles muss man schriftlich festhalten und dokumentieren. Es ist also zwischen pflegen und Essen bringen jede Menge Schreibarbeit zu erledigen. Ein anspruchsloser Beruf ist es aber sicher nicht. Denn wenn es um die Verabreichung von Medikamenten oder um das Anhängen an Infusionen geht, trägt man Verantwortung; ein Medikament auf falschem Weg oder überhaupt das falsche Medikament verabreicht, könnte den Tod eines Patienten bedeuten. Im Übrigen entscheidet jeder selbst, wie positiv er an die Arbeit herangeht, ob er mit den Patienten plaudert, sie aufmuntert, etwas scherzt usw. Das tut nicht nur den Patienten gut, sondern auch einem selbst.

Ein ganz normaler Arbeitstag ...
Am Beginn jedes Dienstes steht die Dienstübergabe: Die Krankenschwester, deren Dienst beendet ist, berichtet ihrer „Nachfolgerin" kurz über jeden Patienten: Was in der Nacht beziehungsweise am Tag passiert ist, welche Untersuchungen wann geplant sind, wie der Zustand der Patienten ist und was es zu tun gibt. Danach wird am Morgen als Erstes das Frühstück in den Zimmern der Station verteilt. Wenn notwendig, hilft man beim Frühstücken: Man streicht Semmeln und gibt Essen ein. Man kontrolliert, ob jeder das richtige Frühstück bekommt, ob die Patienten, die nüchtern sein müssen, auch nüchtern bleiben. Man hilft beim Waschen, beim Zähneputzen, macht die Betten, lüftet, räumt ein bisschen auf, verabreicht Medikamente und kontrolliert deren Einnahme. Je nach Handhabe auf der Station begleitet man (als Stationsschwester jedenfalls) das Ärzteteam vor oder nach dem Frühstück bei der Visite, notiert ärztliche Anordnungen und weist auf Probleme der Patienten hin. Dazwischen/danach/davor misst man Blutdruck/Puls/Fieber, hängt Infusionen an/um, wechselt Verbände, begleitet Patienten aufs Klo. Auf einer chirurgischen Station bereitet man Kranke auch für die OP vor, bringt sie in den OP-Saal, hilft Operierten beim ersten Aufstehen usw. Als Krankenschwester auf einer Überwachungsstation von Schlaganfallpatienten hat man im Schnitt sechs Patienten, also weniger als Kollegen auf den meisten

anderen Stationen – hier ist die Körperpflege am Vormittag die Haupttätigkeit. Für Außenstehende oft schwierig nachzuvollziehen, aber es dauert lange, sechs Patienten zu waschen und zu versorgen. Schlaganfallpatienten sind sehr pflegeintensiv. Weniger Patienten zu betreuen hat den Vorteil, dass man mehr Zeit für den Einzelnen aufwenden kann. Auf der Intensivstation betreut man noch weniger Patienten: meist zwei oder drei. Auch hier gehört die Körperpflege zu den alltäglichen Tätigkeiten: Patienten, die künstlich beatmet werden oder an andere Geräte angeschlossen sind und sich daher nicht bewegen können, müssen gewaschen und versorgt werden. Alle zwei Stunden dokumentiert man diverse Kurven (Atmung, Blutdruck, Sauerstoffsättigung ... das wird zwar von den Geräten aufgezeichnet und gespeichert, muss aber zusätzlich dokumentiert werden). Auf einer Intensivstation muss man die Geräte bedienen können und fähig sein zu erkennen, wenn und ob etwas „nicht stimmt", dann die notwendigen gedanklichen Verbindungen herstellen und schnell die nötigen Maßnahmen einleiten können. Wichtig ist auch, die Patienten im Bett zu bewegen, Verbände zu wechseln und mit den Leuten zu reden. Es sind nicht alle Patienten auf der Intensivstation ohne Bewusstsein, aber sogar mit jenen beziehungsweise solchen in einem „Wach-Schlaf-Zustand" spricht man und gibt ihnen zeitliche Orientierungspunkte. Damit lässt sich ihr Stress senken.

Kaffeetrinken und Zusammensitzen – zumindest während der Besuchszeiten?
Das ist der Eindruck, den manch Außenstehender haben könnte, wenn er zu den Besuchszeiten ins Krankenhaus kommt. In Wahrheit sitzt man nicht zusammen und tratscht, sondern nützt die Besuchszeit (in der die Patienten ohnehin beschäftigt sind) dafür, die Dokumentation nachzuholen. Man füllt Aufnahme- und Entlassungspapiere und Untersuchungsanträge aus und schreibt Berichte. Die Besuchszeit ist oft die einzige Zeit, die man für die schriftliche Arbeit findet. Das dauert, daher ist die Dokumentation keine Tätigkeit, die daneben locker herläuft. Diese Schreibarbeit ist mit den Jahren immer mehr geworden (und trifft übrigens jeden im medizinischen Bereich Tätigen, der Kontakt zum Patienten hat), nicht zuletzt deswegen, um gegen mögliche Klagen oder Beschwerden „gewappnet" zu sein.

Same Procedure ...
Am Nachmittag sind ansonsten (bis aufs Waschen) dieselben Dinge zu erledigen wie am Vormittag: Verbände und Infusionen wechseln, Medikamente und Spritzen verabreichen, etwas aufräumen, mit den Patienten small-talken. Später wird das Abendessen verteilt, man hilft beim Waschen und Zähneputzen und bringt Patienten ins Bett (sofern sie nicht ohnehin im Bett liegen).

Ein Nickerchen in der Nacht?
Ist nicht erlaubt. Eigentlich wäre Fernsehen auch nicht erlaubt, aber die meisten Stationen haben einen Fernseher. Man muss sich wachhalten, am besten geht das mit Kommunikation: Man plaudert (jetzt wirklich!) mit Kollegen, schaut fern, löst Rätsel, holt schriftliche Dokumentationen nach, füllt Medikamentenschränke auf oder hält sich sonst irgendwie wach. Die Nachtdienste sind ruhiger – Körperpflege und Verbandswechsel fallen weg. Man

macht alle zwei bis drei Stunden einen Routinegang, schaut, ob alle schlafen und ob alles in Ordnung ist. Nur bei manchen Patienten sind auch in der Nacht Infusionen zu wechseln, Urinbeutel zu leeren, Werte zu messen und Ähnliches.

Stoßzeiten im Krankenhaus
Es gibt Tage und Stunden, an denen alles zusammenkommt. Man macht seine Pflegerunde, zeitgleich kommen neue Patienten zur Aufnahme, bei einem geht der Herzalarm los, ein Patient fällt am Gang um, einer stürzt auf der Toilette oder andere Notfälle ereignen sich. Dann heißt es Überblick bewahren und abschätzen, was prioritär ist. Der Stress ist da, aber er ist nicht unangenehm oder nicht zu bewältigen. In der Regel hat man nicht drei Herz- und Kreislaufstillstände gleichzeitig, sondern die Fälle lassen sich nach Wichtigkeit reihen und so auch abhandeln. Aber auch außerhalb der „Stoßzeiten" hat man oft Mühe, mit seiner Arbeit fertig zu werden. Es ist sehr viel zu tun und die Zeit läuft dahin.

Arbeiten im Team und „Prellbock" der Interessen
Teamarbeit gehört zu den schönen Dingen, die der Beruf mit sich bringt. Man arbeitet „interdisziplinär" – sprich mit Ärzten zusammen – und ist je nach Größe der Station zu zweit im Dienst. Man spricht sich ab und kann sich austauschen. Das Arbeiten im Team – wie bei jeder Teamarbeit – kann aber auch nervig sein: Man versteht sich mit manchen Kollegen und/oder Ärzten nicht. Man ist auch Schnittstelle zwischen Arzt und Patient. Manchmal gerät man dadurch etwas unter Druck, weil man alles koordinieren muss und erster Ansprechpartner für den Patienten und deren Angehörige ist. Man muss sich mit Leuten auseinandersetzen, die sich im Internet schlaumachen und meinen, vieles besser als der Arzt oder die Krankenschwester zu wissen. Oder Patienten sind schlecht gelaunt, weil es ihnen nicht gut geht und/oder die Genesung zu lange dauert. Kranke sind grundsätzlich mündiger und fordernder geworden. Das macht die Arbeit etwas anstrengend, aber nicht nur für die Krankenschwester, sondern insbesondere auch für die Ärzte.

Helfersyndrom und sich aufopfern?
Natürlich sollte man gerne mit Menschen zu tun haben und sie pflegen wollen. Wichtig ist aber auch, auf Distanz zu gehen und die Probleme der Patienten nicht mit nach Hause zu nehmen. Lässt man die Dinge zu sehr an sich heran und opfert sich für seinen Beruf auf, kann man selbst unter die Räder geraten: Das Burn-out-Syndrom ist in dem Job ohnehin weit verbreitet. Viele brennen aus, selbst wenn sie sich nicht zu 100 Prozent aufopfern. Die Arbeit kann psychisch sehr belastend sein. Das Personal wechselt regelmäßig und ein gewisser Drop-out ist nicht zu leugnen.

Viel Freizeit! (?)
ist ein großer Vorteil in diesem Beruf. Ein Dienst besteht aus 12,5 Stunden am Stück. Der Tagesdienst beginnt (je nach Krankenhaus und Modell verschieden – aber im Ergebnis ähnlich) um 6 Uhr 45 und dauert bis 19 Uhr 15. Der Nachtdienst beginnt um 19 Uhr und dauert bis 7 Uhr 30 morgens. Einem Nachtdienst folgt ein freier Tag, den man, wenn man ihn nicht zur Gänze verschläft, nützen kann. Es kommt auch vor, dass man mehrere Tage

hintereinander frei hat. Wie die freien Tage liegen, ist Einteilungssache; der Dienstplan wird in Absprache mit dem Team lange im Vorhinein festgelegt. De facto hat man 14 Tage Dienst im Monat und den Rest frei – in Summe verfügt man also über mehr Freizeit als bei einem 9-to-5-Job, der von Montag bis Freitag dauert. Wie erledigt man nach den Diensten ist und ob man die freie Zeit nützt (manche brauchen einfach einen Tag zum Ausschlafen nach einem Nachtdienst), ist individuell.

Der Dienstplan gibt das Leben vor
Die Dienstpläne werden zwei bis drei Monate vorher erstellt, die Urlaubspläne sogar noch früher. Urlaub in den Sommermonaten und zu Weihnachten und Silvester ist heiß begehrt. Man muss aber entweder zu Weihnachten oder zu Silvester arbeiten. Die relativ unregelmäßigen Arbeitszeiten sind schwer mit dem Privatleben vereinbar, vor allem, wenn man Kinder hat.

Finanzieller Aspekt / Chancen am Arbeitsmarkt:

Das Gehalt des diplomierten Pflegepersonals ist kollektivvertraglich geregelt. Im Ergebnis hängt die Höhe von den Dienstjahren, Diensten und Zulagen ab. Das Einstiegsgehalt (unter Berücksichtigung von Zulagen) liegt ungefähr zwischen 1.890 und 2.710 Euro brutto im Monat.

Resümee:

Die Ausbildung gibt einen guten Einblick in das, was auf einen im Berufsleben zukommt: Die gesamte Ausbildungszeit über ist man im Krankenhaus tätig und sieht, wie es abläuft. Langweilig wird es nie. Es ist ständig etwas zu tun, teilweise hängt man mit der Arbeit hinterher und die Arbeitszeit verfliegt. Der Job ist abwechslungsreich, die Krankheitsbilder sind verschieden, die Patienten individuell. Man hat viel Kontakt zu Menschen und erwirbt zwangsläufig eine Menge Menschenkenntnis. Je nach Station und eigenem Können kann man mehr oder weniger selbstständig arbeiten und auch individuell auf Patienten eingehen – soweit es die Zeit erlaubt. Allerdings sind die Arbeitszeiten mit einer Familie nur schwer vereinbar. Dazu können Rückenschmerzen und die psychische Belastung kommen. Viele Krankenschwestern wissen, dass sie in dem Job nicht „alt werden".

Notarzt bei der Rettung

Definition:

Ein Notarzt ist ein Arzt mit einer entsprechenden Zusatzausbildung, der in Akutsituationen mit Transportmitteln des Rettungsdienstes (Notarzteinsatzfahrzeug, Notarztwagen, Rettungshubschrauber) in kürzestmöglicher Zeit zum Patienten gelangt und diesen präklinisch (vor einem Krankenhausaufenthalt) behandelt. Ihm stehen eine Reihe von Medikamenten und Gerätschaften zur Verfügung, um vor Ort tätig werden zu können. (Siehe Hinweis am Ende des Vorworts)

Voraussetzungen / Aus- und Weiterbildung:
Notärzte müssen nach dem Medizinstudium den dreijährigen Turnus zum Allgemeinmediziner absolvieren.

Arbeitsalltag / Vor- und Nachteile:

Action und Retter in der Not?
Spektakuläre Fälle und Rettung in letzter Sekunde? Viele haben vielleicht das Bild des Notarztes vor Augen, der zu Unfallorten à la „Medicopter 117" rast. Aber: Das ist nicht der Alltag. Der Großteil der Einsätze sind „Bagatellen" – zumeist wird ein Notarzt von Leuten nach Hause gerufen, die nicht in Not sind. Die Leute sind teilweise bequem beziehungsweise wissen: Wenn sie die Rettung rufen, müssen sie dann im Krankenhaus nicht warten. In anderen Fällen wäre überhaupt nur der Besuch beim Hausarzt angesagt. Ist es allerdings wirklich kritisch – liegt also tatsächlich ein Notfall vor – kommt der Notruf oft zu spät: Bis man mit seinem Team vor Ort (im Haus/in der Wohnung/im zigsten Stock) ist, vergehen ab dem Anruf zumindest zehn Minuten. Wenn nun jemand einen Kreislaufstillstand hat und keine Wiederbelebung durch einen Anwesenden erfolgt, ist der Patient tot, bis der Arzt eintrifft; das heißt, der Notarzt ist (oft) nicht der Retter in letzter Sekunde.

Unterforderung Alltag?
Die spektakulären Einsätze merkt man sich sicher besonders, aber sie sind wie gesagt nicht in der Überzahl. Auf der einen Seite ist es ermüdend, dass man Einsätze hat, die „gewöhnliche Versorgungsfälle" sind und zum praktischen Arzt gehören würden – das kann mitunter belasten, weil Unterforderung nicht gut ist. Auf der anderen Seite ist es wiederum ein Vorteil, dass viel Blut und dramatische Einsätze nicht der Alltag sind – das wäre nämlich viel zu anstrengend. Wenn man in 24 Stunden von einem schweren Fall zum nächsten kommen würde, würde das die Belastbarkeitsgrenze überschreiten; man braucht auch während des Dienstes eine Regenerationszeit. Nahe gehen einem auch Fälle, wo Kinder Opfer von Gewaltverbrechen oder Unfällen sind und man zum Beispiel deren Tod feststellen muss, was nicht selten vorkommt.

Was erwartet den Notarzt am Einsatzort?
Was ist passiert? Wie schwer ist der Patient verletzt? Wie ist sein Zustand? Weiß ein Notarzt das, wenn er zum Einsatzort kommt? Man bekommt Vorabinformationen. Das Problem allerdings ist, dass die Infos nie 100-prozentig zutreffen. Doch man muss auch dann an den Einsatzort fahren, wenn man aufgrund der Vorabinfo denkt, dass es sich nicht um einen Notfall handelt. Denn manche Menschen können sich nicht klar ausdrücken bzw. sind

nicht imstande, die Lage zu erkennen, und vor Ort entpuppen sich banale Kreuzschmerzen als lebensbedrohend. Jedes Mal findet man sich in einer neuen Situation wieder. Bei einem Notfall hat man innerhalb weniger Sekunden die richtige Entscheidung zu treffen – und man ist der einzige Arzt (mit zumindest einem Sanitäter; die Anzahl der Sanitäter beziehungsweise die Größe des Teams hängt übrigens von der Art des Einsatzfahrzeuges – Notarzteinsatzfahrzeug oder Rettungswagen – ab) am Einsatzort, das heißt, die gesamte Verantwortung liegt bei einem selbst.

Ruhig denkender Generalist und Routinist
In einer Notsituation muss der Notarzt gefasst bleiben. Zunächst hat man zwar schnell zu handeln (zum Beispiel wiederzubeleben), aber man muss wieder zum ruhigen Denken zurückfinden und überlegt Entscheidungen treffen. Man hat viele verschiedene Fälle – ein Notarzt ist nicht Spezialist auf einem Gebiet, man ist Generalist. Die Abwechslung ist sicher überwiegend positiv, führt aber dazu, dass man auch zu Fällen kommt, die nicht zu 100 Prozent perfekt gelöst werden können. Durch die Ausbildung, das Training und die Erfahrung lernt man aber, in diesen Situationen bestimmte Standards abzurufen und innerhalb von Sekunden zu handeln; man wird auch mit der Zeit routinierter, bekommt ein Gefühl und kann auf entwickelte Strategien zurückgreifen. Trotzdem ist der eigene Puls in diesen Situationen „auf hundert".

„Hours of boredom, minutes of thrill, seconds of horror"
… oder frei übersetzt, auf weiten Strecken ist es relativ gemütlich, Minuten geht die Post ab und Sekunden herrscht Horror. Die Dienste sind sehr unterschiedlich. Manchmal ist wenig los, man wartet auf den nächsten Einsatz; manchmal folgt ein Einsatz auf den nächsten. Es kommt auch darauf an, wo man stationiert ist. In Außenstellen oder außerhalb von Ballungszentren ist grundsätzlich weniger los.

Auch das macht die Arbeit schwierig
Manche Menschen setzen zu hohe Erwartungen an den Notarzt und sein Team. Sie glauben, eine Spritze „wird's schon wieder richten". Wenn das nicht der Fall ist und man die betreffende Person zum praktischen Arzt weiterverweist oder ins Krankenhaus bringen möchte, ist sie bestenfalls überrascht, schlechtestenfalls weigert sie sich und will nicht auf den Notarzt hören. Leute sind uneinsichtig. Schwierig ist auch, wenn man mit zwei Schwerstverletzten konfrontiert wird und man alleine ist – man muss sie dann (alleine) gleichzeitig versorgen. Daneben findet man am Einsatzort auch aggressive, alkoholisierte und/oder „weggedröhnte" Menschen vor, die ebenfalls nicht auf Anweisungen hören wollen. Auch Angehörige können problematisch sein. Ein anderes Hindernis ist ganz banaler Natur: Patienten sprechen nicht Deutsch – es kommt vor, dass man die Patienten nicht versteht und umgekehrt. Sehr oft wird man als Notarzt auch mit psychisch labilen oder kranken Menschen oder auch mit Menschen mit Panikattacken konfrontiert. Wenn man mit diesen Leuten nicht umgehen kann, hat man es schwerer.

Warum macht man den Job?

Es ist befriedigend, wenn man Menschen helfen kann beziehungsweise sie erfolgreich versorgt und/oder ins Krankenhaus gebracht hat, wo sie entsprechend behandelt werden. Wenn man einen Menschen wiederbelebt und dieser ohne körperliche und/oder geistige Beeinträchtigungen weiterleben kann, ist das toll. Viele Menschen sind auch sehr dankbar: Sie freuen sich, wenn sie wieder schmerzfrei sind oder Luft bekommen. Angenehm ist sicher auch, dass man keine Arbeit mit nach Hause nimmt – man schließt die Fälle ab, wenn auch nicht immer im Kopf.

Dokumentation

Jeder Schritt ist zu dokumentieren. Der administrative Aufwand ist sehr groß, im Vergleich zur ärztlichen Tätigkeit vielen zu groß. Die Dokumentation ist deshalb wichtig, um „auf Nummer sicher" gehen zu können. Behandlungsfehler oder eine falsche Diagnose sieht die Gesellschaft einem praktischen Arzt viel eher nach als einem Notarzt – an die Notärzte stellt sie höhere Erwartungen.

Dienste, Zeitmanagement & Co

Notärzte haben – je nach System – 12- oder 24-Stunden-Dienste. Bei Letzterem kann man 20 bis 25 Einsätze haben. Die Nachtdienste sind anstrengend. Der Verdienst ist nicht so toll – er ist schlechter als jener der Gemeindeärzte im Krankenhaus. Aber im Vergleich zu anderen Ärzten hat man wiederum relativ viel freie Zeit zur Verfügung; denn zwischen den Diensten hat man oft nichts zu tun. Überstunden werden bezahlt.

Finanzieller Aspekt / Chancen am Arbeitsmarkt:

Ein Notarzt verdient im Schnitt rund 37.000 Euro brutto im Jahr.

Die Notärzte werden heute weniger und durch gut ausgebildete Sanitäter ersetzt – ganz nach amerikanischem Vorbild. Die Sanitäter dürfen jetzt schon sehr vieles machen und sie können das auch.

Resümee:

Man macht im Normalfall seinen Beruf sehr gerne. Vor allem ist die Dienstzeit gegenüber Ärzten in Krankenhäusern humaner. Manchmal würde man sich etwas Feedback von den behandelnden Ärzten aus dem Krankenhaus wünschen.

Pflegehelfer

Definition:

Pflegehelfer arbeiten in Krankenhäusern, Alten- und Pflegeheimen und in der mobilen Hauspflege. Sie stehen täglich in engem Kontakt mit ihren Patienten. Sie helfen ihnen bei der Körperpflege, beim An- und Ausziehen, beim Essen, richten ihnen die Betten, messen die Temperatur usw. Sie begleiten oder befördern ihre Patienten zu medizinischen Untersuchungen, unterstützen gebrechliche Personen beim Gehen und Bewegen und bereiten die Patienten für die Behandlung vor. Sie arbeiten im Team mit verschiedenen Fachkräften aus dem Gesundheits- und Sozialwesen. (Siehe Hinweis am Ende des Vorworts)

Voraussetzungen / Aus- und Weiterbildung:

Die mindestens einjährige Ausbildung erfolgt im Rahmen von Pflegehilfelehrgängen, die an oder in Verbindung mit Krankenanstalten abgehalten werden und umfasst Theorieunterricht und Praktika mit jeweils 800 Stunden. Alle Theorieeinheiten und Praktika sind in Einzelprüfungen positiv abzuschließen. Das Zeugnis erwirbt man mit einer kommissionellen Abschlussprüfung.

Nach zweijähriger Praxis in einer Vollzeitbeschäftigung ist eine verkürzte zweijährige Ausbildung zum diplomierten Gesundheits- und Krankenpfleger möglich *(siehe Krankenschwester/Krankenpfleger)*.

Arbeitsalltag / Vor- und Nachteile:

Warum Helfersyndrom?

In der zitierten sachlichen Definition heißt es zwar, dass Pflegehelfer in Krankenhäusern, Alten- und Pflegeheimen und in der mobilen Hauspflege arbeiten, de facto ist es allerdings so, dass man als Pflegehelfer in Krankenhäusern heute so gut wie gar nicht mehr angestellt wird; und zwar deshalb nicht, weil der Aufgabenbereich des Pflegehelfers gegenüber jenem der Krankenschwester – oder wie es im Terminus richtig heißt „diplomierter Gesundheits- und Krankenpfleger" (in der Folge „Krankenschwester") – sehr eingeschränkt ist. Pflegehelfer dürfen beispielsweise keine Verbände wechseln, keine Injektionen geben und nur bereits von der Krankenschwester vorbereitete Medikamente verabreichen. Früher war das nicht so; erst eine Gesetzesänderung hat die Tätigkeitsbereiche zwischen Pflegehelfer und Krankenschwester abgegrenzt. Deshalb wird in Krankenhäusern heute quasi nur noch diplomiertes Pflegepersonal (neu) eingestellt. Um auf den Punkt zu kommen: De facto werden Pflegehelfer überwiegend in der (Alten-)Pflege beschäftigt. Und hier gilt mehr noch als für die Krankenschwester im Krankenhaus: Man wird in dem Beruf keine Erfüllung finden, wenn man nicht von dem Wunsch, (alten) Menschen zu helfen und zu pflegen, getragen ist.

Schön, aber auch traurig
Vorteil im Altersheim gegenüber der Tätigkeit in einem Krankenhaus ist, dass man längerfristig dieselben Menschen betreut. So eröffnet sich die Möglichkeit, eine persönliche Beziehung zu den Menschen aufzubauen, man sieht sie ja täglich. Das Traurige an der Arbeit ist, dass die Menschen, die man betreut, in absehbarer Zeit sterben. Auch den Verfall mitanzusehen ist hart. Man versucht daher, emotionale Bindungen zu vermeiden, weil einen der Tod des Patienten wirklich hart treffen kann.

Es ist immer dasselbe
Abwechslung darf man sich im Altersheim nicht erwarten. Der Tagesablauf ist durchorganisiert: Vormittags die Menschen waschen, mittags gibt es Essen, dann kommt das „Mittagsschläfchen" (in der Zeit haben die Pflegehelfer Pause), die Nachmittagsjause, eventuell ein Spaziergang, Abendessen, schlafen gehen. Fakt ist, es passiert wirklich jeden Tag dasselbe. Auch die Gespräche kreisen immer um dieselben Themen: Wetter, Essen und wie es einem geht. Man freut sich über die Kleinigkeiten des alltäglichen Lebens: wenn die Patienten ein ganzes Brot aufessen und wieder zu Kräften kommen zum Beispiel. Zwischendurch räumt man auf, macht Betten, bringt Essen, unterstützt beim Essen usw.

Psychisch und physisch belastend
Die letzte Station im Leben eines Menschen zu sein kann psychisch belasten. Das wird vor allem darauf ankommen, wie jeder Einzelne mit dieser Tatsache umgeht. Fakt ist aber, dass die Arbeit als Pflegehelfer physisch anstrengend ist. Wieso? Man hebt Menschen aus dem Bett, hebt sie in den Rollstuhl, hebt sie unter die Dusche, wäscht sie, kleidet sie an. Viele können sich wahrscheinlich bildlich vorstellen, wie anstrengend es ist, einen Menschen rundum zu pflegen. Sie können sich dann auch vorstellen, welcher Aufwand damit verbunden ist, sechs bis acht Menschen zu versorgen: Diese Menschen (im Akkord) ausziehen, waschen, anziehen, ihnen Essen eingeben, in den Rollstuhl heben, wieder ins Bett heben usw. Der Vormittag geht für die Körperpflege auf. Dass Rückenschmerzen, Bandscheibenvorfall & Co berufsbedingte Begleitkrankheiten des Pflegehelfers sind, bedarf wohl keiner Erklärung mehr. Pflegehelfer ohne solche Leiden gibt es zwar, aber selten. Außerdem brauchen diese Menschen persönliche Zuneigung (viele haben zwar noch Angehörige, aber werden wenig besucht). Man versucht daher nach Möglichkeit, mit jedem ein bisschen zu plaudern. Viele Außenstehende glauben, der Beruf sei auch deshalb schwierig, weil man viel mit Ausscheidungen zu tun hat. Das empfinden die meisten Pfleger aber nicht als belastend. Man wird mit dem Beruf sowieso nicht zufrieden sein, wenn die soziale Ader fehlt …

Teamwork
Die Probleme des Alltags liegen eher in den zwischenmenschlichen Beziehungen. Kollegen, die nicht zuverlässig sind oder ihre Arbeit zu langsam erledigen, machen es manchmal erforderlich, dass man selbst einspringt. Oder wenn die Dienstübergabe nicht zeitgerecht erfolgt, ist das ärgerlich: wenn Infos nicht weitergegeben beziehungsweise festgehalten werden (Patient hat Verstopfung und sollte ein Abführmittel bekommen); oft kommt man dann erst Stunden später drauf, dass der Patient noch nicht entsprechend versorgt wurde.

Die Ruhe in der Nacht

Nachtdienste sind ruhiger als Tagesdienste. Als Pflegehelfer macht man regelmäßig Kontrollgänge. Ansonsten kann man fernsehen, lesen, Kreuzworträtsel lösen oder sich mit Kollegen unterhalten. Schlafen ist nicht erlaubt.

Definitiv kein 9-to-5-Job

… und wie immer bei Berufen, die nicht in die 9-to-5-Kategorie passen, kommt es auf die eigene Lebenssituation an, ob man das als Vorteil oder Nachteil empfindet. Grundsätzlich hat man als Pflegehelfer 12-Stunden-Dienste. Tag- und Nachtdienste wechseln sich ab, der Körper muss seinen Rhythmus immer wieder umstellen. Er entwickelt zwar eine gewisse Routine, aber anstrengend ist es trotzdem. Man hat – bedingt durch den Wechsel zwischen Tag- und Nachtdienst – zwangsläufig unter der Woche zwei bis drei Tage frei, arbeitet allerdings auch am Wochenende. Mehr als ein freies Wochenende im Monat gibt es nicht. Ein Nachteil ist weiters, dass Pflegehelfer auch an Feiertagen und – was vor allem bitter ist, wenn man Familie hat – über Weihnachten und/oder Silvester arbeiten müssen.

Die Dienste beziehungsweise dienstfreien Tage werden etwa einen halben Monat vorher eingeteilt. In seiner Freizeitgestaltung ist man dann nicht mehr flexibel; spontane Treffen mit Freunden sind genauso wenig möglich wie der Besuch eines Kurses (Fitness, Lernkurs), der wöchentlich immer zur selben Zeit stattfindet. Man lernt, seine Freizeit anders – nämlich flexibel – zu planen.

Privatleben

Das Timemanagement ist nicht schwierig, wenn man Single ist. Hat man eine Beziehung mit einem zeitlich nicht flexiblen Partner, können die Dienstzeiten (Wochenende, Feiertage, Nachtdienste) das Privatleben sehr erschweren. Mit Kindern ist man auf Betreuungsmöglichkeiten außerhalb des Kindergartens angewiesen.

Finanzieller Aspekt / Chancen am Arbeitsmarkt:

Dafür, dass man nur ein Jahr Ausbildung absolvieren muss, ist der Verdienst nicht so schlecht, das Einstiegsgehalt liegt bei etwa 1.600 Euro brutto im Monat.

Resümee:

Man macht im Normalfall den Beruf gerne, weil man sich gerne um alte Menschen kümmert. Als größten Nachteil empfinden manche die Arbeitszeiten. Schön, wenn man in einem tollen Team tätig sein kann und sich mit den Vorgesetzten und dem diplomierten Gesundheitspersonal gut versteht. Und es ist sehr befriedigend, wenn einem die Patienten dankbar sind und von den Kollegen die Arbeit geschätzt wird.

Physiotherapeut

Definition:

Physiotherapeuten behandeln Menschen, deren körperliche Beweglichkeit beispielsweise durch Alter, Krankheit, Verletzung oder Behinderung eingeschränkt ist. Behandlungsziele der Physiotherapie sind unter anderem die Erhaltung und Wiederherstellung der natürlichen Bewegungsfähigkeit, die Vermeidung von Funktionsstörungen des Bewegungssystems und auch die Gesundheitserziehung. Sie erstellen Therapiepläne, dokumentieren die Heilungsentwicklung und verwenden unterschiedliche Gymnastikgeräte und Hilfsmittel zur physikalischen Therapie wie Strom, Ultraschall usw. Physiotherapeuten arbeiten in Kranken- und Behandlungszimmern, Sporthallen und Schwimmbädern im Team mit therapeutischen Fachkräften, Ärzten und Pflegepersonal. (Siehe Hinweis am Ende des Vorworts)

Voraussetzungen / Aus- und Weiterbildung

Nach der dreijährigen Ausbildung (Fachhochschule oder Akademie für den physiotherapeutischen Dienst) hat man einen Überblick, danach überlegt man, in welche Richtung man gehen möchte. Die Spezialisierung kommt durch den Job beziehungsweise durch die Fortbildungen (Physiotherapie ist sehr vielschichtig, es gibt viele Spezialgebiete, weshalb man sich arbeitsbedingt spezialisiert – je nachdem, auf welcher Abteilung man arbeitet) und durch Zusatzausbildungen. Ein Physiotherapeut behandelt also zum Beispiel nicht sofort wie ein Profi nach der Ausbildung Sportler oder Kinder, das muss man sich erst erarbeiten und sich „hinspezialisieren". Auf dem Gebiet der Physiotherapie tut sich ständig etwas – Therapietechniken ändern sich oft. Um up to date zu bleiben, sollte man laufend Fortbildungen machen.

Arbeitsalltag / Vor- und Nachteile:

Einsatzgebiete

Die Betätigungsfelder können ganz unterschiedlich sein: Man hat Menschen zum Beispiel nach einem Unfall zu betreuen (unfallchirurgischer Bereich), nach einem Bandscheibenvorfall (orthopädischer Bereich), nach einem Herzinfarkt (internistischer Bereich – sprich Herz, Lunge ...), nach einem Schlaganfall (neurologischer Bereich); weiters auf einer chirurgischen Abteilung (zum Beispiel nach einer Amputation oder auf einer bauchchirurgischen Abteilung), auf einer Intensivstation, auf der Psychiatrie; man kann mit Querschnittpatienten, mit älteren Menschen (Geriatrie), mit Frauen (Bereich Gynäkologie, zum Beispiel vor und nach einer Geburt; das schließt auch Brust-OPs und Unterleibs-OPs mit ein und geht bis hin zu Krebserkrankungen), mit Kindern (orthopädisch und neurologisch) oder mit Sportlern arbeiten; man hat die Wahl, in Kur- und Rehabilitationseinrichtungen oder in einem Krankenhaus (mehrere Fachrichtungen) jeweils als Angestellter tätig zu sein.

Daneben könnte man auch in einer Praxis arbeiten, als Angestellter oder selbstständig; oder als Betreuer für einen Sportverein/einen Sportler; weiters für ein Unternehmen, zum Beispiel für eine Bank, in der Arbeitsmedizin zwecks Prävention von Haltungsschäden am Arbeitsplatz … In der Physiotherapie gibt es Möglichkeiten über Möglichkeiten.

Wenn man selbstständig ist, sind gute Kontakte zu Ärzten sehr wichtig, die einem Patienten schicken. Manche wählen die Selbstständigkeit, um sich ihre Zeit besser einteilen und ihre Spezialisierung wählen zu können.

Arbeit mit Menschen
Ein Physiotherapeut ist nah an seinen Patienten dran und sieht sie regelmäßig; man betreut/begleitet oder coacht sie (es liegt hauptsächlich an der Kooperationsbereitschaft des Patienten, ob Veränderungen möglich sind) und das ist das Schöne an dem Beruf: die Arbeit mit Menschen. Man entscheidet sich gemeinsam für ein (realistisches) Ziel und probiert Behandlungsmethoden aus. Kann man Erfolgserlebnisse verbuchen, weiß man, dass man am richtigen Weg ist. Wenn zum Beispiel jemand mit Wirbelsäulenproblemen wegen der Schmerzen nicht durchschlafen kann und man schafft es mit einer Behandlung, dass ihm das möglich wird, ist das ein tolles Erfolgserlebnis. Es ist schön, dass man Menschen eine Zeit lang begleitet und sieht, wie sie ihre Fortschritte machen. Ein Physiotherapeut muss sich aber auch darüber bewusst sein, dass er nur für einen Teil der Heilung verantwortlich ist. Es gibt auch andere Gründe, wieso eine Behandlung nicht so gut anschlägt. Unter Umständen ist eine Heilung sehr langwierig und es kann dauern, bis man einen Erfolg sieht. (Da der Mensch komplex ist, liegt die Verletzung oder der Schmerz, der sich körperlich äußert, nicht immer im physischen Bereich, sondern auch im psychischen, wo man mit den besten Absichten als Physiotherapeut an seine Grenzen stößt.) Die meisten Patienten sind positiv und möchten etwas ändern. Aber es gibt auch schwierige Patienten und Patienten, die nicht aktiv am Heilungsprozess mitmachen wollen – diese müssen motiviert werden. Die Arbeit kann auch körperlich anstrengend sein; zum Beispiel auf den neurologischen Abteilungen, wo man die Patienten ständig bewegen muss. Nach OPs (eventuell im Zuge eines Durchgangssyndroms nach Vollnarkose) ist es möglich, dass Patienten sexuell enthemmt sind. Und es gibt auch bösartige/handgreifliche Patienten, die einen treten oder beißen.

Einsatz in einem Krankenhaus
Nicht immer fühlt man sich auf der Station, in der man eingesetzt ist, richtig am Platz. So zum Beispiel in der Altenbetreuung, wenn man mit den Menschen spazieren geht (= Grundmobilisation, Prophylaxe gegen Wundliegen (Dekubitus), Lungenentzündung (Pneumonie) und Thrombose) oder wenn man gegebenenfalls auf manchen Stationen auch als Sterbebegleitung fungieren muss. In einem Krankenhaus gibt es Hierarchien und verschiedene Berufsgruppen. Es kommt leider selten vor, dass sich die Berufsgruppen zu einem Fall zusammensetzen, was aber manchmal sinnvoll wäre. Zum Beispiel ist die OP zwecks Einsetzens des neuen Hüftgelenks gut verlaufen und man könnte mit der Physiotherapie beginnen, nur möchte der Patient nicht und bräuchte daher einen Psychologen, mit dem man sich zusammenschließen sollte. Positiv in einem Krankenhaus ist, dass man die

Möglichkeit einer Supervision hat, sich also mit Kollegen austauschen und mit ihnen über einen Fall fachlich reden sowie tragische Fälle besprechen und damit verarbeiten kann und nicht ins Privatleben mitnimmt.

Selbstständigkeit

Wie immer bei der Selbstständigkeit ist es das Schwierigste und Wichtigste zugleich, einen Kunden- bzw. Patientenstamm aufzubauen. Manche arbeiten Teilzeit in einem Krankenhaus und versuchen daneben ihre Praxis aufzubauen. Man könnte auch in einer Gemeinschaftspraxis mitarbeiten und so Synergien nutzen sowie Fixkosten teilen. Einfacher ist das „Fußfassen" mit Kontakten zu Ärzten (Orthopäden, praktischen Ärzten), die einen an Patienten weiterempfehlen.

Arbeitszeiten

Als Physiotherapeut in einem Krankenhaus hat man keine Sonn- und Feiertagsdienste und keine Nachtdienste wie andere in einem Krankenhaus tätige Berufsgruppen. In größeren Spitälern kann man Samstagsdienste ableisten müssen.

Finanzieller Aspekt / Chancen am Arbeitsmarkt:

Im Durchschnitt verdient man zu Beginn als angestellter Physiotherapeut für 40 Stunden ca 1.500 Euro netto im Monat. Mit Erschwernis- und Belastungszulagen kann man bis zu 200/300 Euro mehr im Monat bekommen.

Im Angestelltenverhältnis findet man eher schnell einen Job, vor allem in einem Krankenhaus. Meistens beginnt man dort auf einer internen Station, weil es leichter ist, in diesen Bereich hineinzukommen – hier sind die meisten Plätze frei. Wenn man in einem speziellen Gebiet arbeiten möchte, zum Beispiel in der Orthopädie, kann das Finden einer Stelle etwas dauern, aber grundsätzlich ist die Situation nicht schlecht, weil die Leute fluktuieren. Ein „Hopping" innerhalb eines Krankenhauses von Station zu Station ist in der Regel nicht so einfach, man muss warten, bis eine Stelle auf der gewünschten Station frei wird; außer es gibt einen sogenannten Turnus im Haus, wo nach einer bestimmten Dauer das gesamte Team automatisch rotiert.

Resümee:

Das Schöne an diesem Beruf ist, dass man mit Menschen für Menschen arbeitet – man darf ihnen helfen und sie unterstützen. Man begleitet sie und kann ihre Fortschritte miterleben und dadurch tolle Erfolgserlebnisse haben. Die Betätigungs- und Spezialisierungsmöglichkeiten sind sehr vielschichtig.

Psychiater

Definition:
Der Fachbereich Psychiatrie ist eine Spezialisierung innerhalb der Medizin. Das Sonderfach Psychiatrie umfasst die Erkennung, nichtoperative Behandlung, Prävention und Rehabilitation bei psychischen Krankheiten oder Störungen sowie bei psychischen (seelischen) und sozialen Verhaltensauffälligkeiten *(siehe zum Vergleich auch Psychologe und Psychotherapeut)*. (Siehe Hinweis am Ende des Vorworts)

Voraussetzungen / Aus- und Weiterbildung:
Nach dem Medizinstudium schließt man die Facharztausbildung Psychiatrie an.

Fort- und Weiterbildungen sind in diesem Beruf unumgänglich, da auch ständig Neues erforscht wird.

Arbeitsalltag / Vor- und Nachteile:

Schwere Psychosen? „Nur" Schizophrene?
Der Beruf des Psychiaters als Steigerung zu den Berufen des Psychologen und des Psychotherapeuten? Der Psychiater, der mit Fällen konfrontiert ist, wo Menschen – zumindest zeitweilig – jeglichen Realitätsbezug verloren haben und/oder wo nur noch Medikamente helfen? Beschäftigt sich ein Psychiater ausschließlich mit Menschen, die schizophren sind oder unter anderen schweren Psychosen leiden? Ja und nein. Das kommt nämlich darauf an, ob man in einem Krankenhaus arbeitet oder in einer Ordination. Auf der Psychiatrie behandeln Psychiater tatsächlich die schwersten Fälle. In einer Ordination (oder auch in einer Ambulanz) hat man wesentlich „gesündere" Leute – deren Schicksale sind nicht so schlimm und das Arbeiten außerhalb eines Krankenhauses ist daher angenehmer beziehungsweise nicht so belastend. In einer Ordination hat man jedenfalls eine große Bandbreite von Fällen vor sich – Menschen in Krisen bis hin zu Menschen mit psychischen Störungen, die medikamentös zu behandeln sind. Der Alltag besteht aber nicht darin, schwerste Psychotiker zu behandeln – diese kommen ins Krankenhaus. Die Praxen sortieren das Klientel für die Psychiatrie aus: Die „harmloseren" Fälle bleiben in den Praxen.

Ausschließlich Arzt oder auch Psychotherapeut?
Psychiater sind Ärzte – bedeutet das, dass sie rein medizinisch arbeiten, den Fall also ausschließlich von der medizinischen Seite betrachten und behandeln? Jeder Psychiater muss auch die Instrumente und Methoden der Psychotherapie erlernen – und sollte diese auch anwenden. Dadurch, dass auch Menschen in Krisen oder Leute mit „leichten" psychischen Problemen zu einen kommen, ist man nicht reiner „Medikamentenverschreiber", sondern arbeitet genauso mit den Instrumenten der Psychotherapie wie eben ein Psychotherapeut.

Oft ist es eine Kombination aus medikamentöser Behandlung und Psychotherapie, die ein Mensch braucht. Das ist fallabhängig.

Für Psychiater, die auf der Psychiatrie eines Krankenhauses arbeiten, schaut es etwas anders aus: Primär geht es darum, den Patienten die nötigen Medikamente und damit meist fehlende Stoffe im Gehirn zuzuführen. Erst wenn die Leute etwas gesünder sind, kann man psychotherapeutische Behandlungsmethoden einfließen lassen. Will man ein Boot über einen sich windenden Fluss bringen, wobei das Wasser nicht tief ist und am Grund Steine liegen, dann sind es die Medikamente, die das Boot heben; mit der Therapie kommt man schließlich um die Kurven. Der Punkt ist: Die Fälle auf der Psychiatrie sind so schwer – da ist eine primär eingesetzte Psychotherapie sinnlos („Mit Toten kann man nicht sprechen"), zuerst kommt die medikamentöse Behandlung. Der medizinische Anteil der Arbeit (Was kann ich tun? Was kann ich verschreiben? Erstellen der Diagnose, Erfassen des Krankheitsbildes und Behandlung) nimmt einen sehr großen Anteil der Tätigkeit ein. Daneben sind es (auch therapeutische) Gespräche, Behandlungen, Aufnahmen, Auskünfte an und Gespräche mit Familienangehörigen sowie schriftliche Angelegenheiten (zum Beispiel Dokumentation), die den Arbeitsalltag begleiten. Was man jedoch auch nicht vergessen sollte, sind die rein körperlichen Untersuchungen (Kreislauf, Hormonstatus ...). Nicht immer haben die Leute psychische Probleme, manchmal haben psychische Störungen körperliche Ursachen. Das Interessante an der Arbeit im Spital ist, dass man mit einer Mischung aus somatischer (körperlicher) und psychischer Medizin arbeitet.

Wie kann man nur ein Leben lang Psychiater sein?
Wie hält man den Job aus? Tagtäglich mit mehr oder weniger schwer psychisch kranken Menschen konfrontiert zu sein, kann nicht angenehm sein. Und auf der Psychiatrie ist es wohl am heftigsten. Wenn jemand nicht stabil und in sich gefestigt ist, sollte derjenige nochmals über den Berufswunsch Psychiater nachdenken. Wenn man mit jedem Patienten mitleidet, ist Psychiater für einen der falsche Beruf. Eines allerdings ist man nicht: nämlich nur von „tobenden Irren" umgeben – das ist nicht die Realität, nicht einmal im Krankenhaus. Die Leute werden behandelt und toben nicht herum. Und: Vieles wird Routine – auch der Umgang mit psychisch gestörten Menschen. Davon abgesehen lernt man, sich abzugrenzen. Man eignet sich Strategien und Entspannungstechniken an, die einem helfen, sich zu erholen. Daneben hat man noch die Möglichkeit der Supervision, sich also bei Berufskollegen Rat zu holen oder über die Belastung zu reden, wenn zum Beispiel ein Patient aggressiv ist und die Auseinandersetzung mit ihm über die eigenen Kräfte hinausgeht. Man muss die Arbeit hinter sich lassen, wenn man das Krankenhaus verlässt, und darf sie nicht mit nach Hause nehmen, zumindest nicht emotional. Mit Kollegen reden, was man zum Beispiel besser machen könnte oder Ähnliches, ist damit nicht gemeint. Man muss lernen, die Dinge dort zu lassen, wo sie hingehören – nämlich im Spital. Schafft man das nicht, wird man grantig, müde, belastet sich und seine Familie. Der Beruf ist interessant. Man erfährt, was Menschen erleben und wie sie darauf reagieren. Nicht jeder reagiert gleich. Manche erleben Schlimmes und tragen keine Folgen davon, andere erleben nicht so Schlimmes, sind jedoch so sensibel, dass sie viel mehr darunter leiden.

Manche wollen nicht, dass man ihnen hilft!
Suchen Patienten eine psychiatrische Ordination auf, tun sie das freiwillig und wollen geheilt werden; auf der Psychiatrie ist das meist nicht so. Oft sind die Leute gegen ihren Willen im Krankenhaus und/oder wollen nicht, dass man ihnen hilft. Manche Manisch-Depressiven zum Beispiel fühlen sich nur in ihrer Manie halbwegs wohl. Wenn man sie auf ein „normales" Level holt, sind sie unglücklich. Das ist auch der Grund, wieso sie sich häufig gegen eine Heilung sträuben: Der Psychiater zwingt sie zu etwas, das sie nicht wollen. Schwierig ist auch, wenn Leute einen nicht an sich heranlassen oder prinzipiell nicht das tun, was sie sollten.

Unheilbar
In vielen Fällen kann man nicht helfen. Manche Menschen leiden unter einem Defekt und das ein Leben lang. Mit den richtigen Medikamenten sollte es möglich sein, dass auch diese Menschen ein normales Leben führen können. Rückfälle allerdings sind möglich: Manche hören zum Beispiel auf, ihre Medikamente einzunehmen, weil sie sich nicht mehr krank fühlen. Mit einer guten Therapie und einem guten sozialen Umfeld sollte es möglich sein, ein halbwegs normales Leben zu führen.

Sind Täuschungen möglich?
Können Patienten dem behandelnden Psychiater ihre Heilung vortäuschen und eine Entlassung aus dem Krankenhaus erwirken? Ja, wenn Patienten intelligent sind, können sie das. Mit den Jahren wird man allerdings erfahrener und empfänglicher für äußere Eindrücke; man deutet auch die Körpersprache und lässt sich nicht so leicht fehlleiten.

Kann's gefährlich sein?
Ja. Es kommt vor, dass man von Patienten bedroht wird.

Druck, Dokumentation und Nachtdienste im Krankenhaus
… das sind die Dinge, die nicht inhaltlich mit der Arbeit an sich zusammenhängen, aber den Job etwas mühsam machen. Im Spital kommt Druck von unterschiedlichen Seiten: Die Leute sollen gesund entlassen werden, aber ihre Aufenthaltsdauer im Krankenhaus soll möglichst kurz gehalten werden. Und alles muss schriftlich dokumentiert sein – man hat jede Menge Schreibarbeit. Wie jeder im Krankenhaus tätige Arzt hat man mit Nachtdiensten zu leben.

Freiheiten als niedergelassener Psychiater
Demgegenüber kann der selbstständige Psychiater seinen Arbeitsalltag flexibler – nach den eigenen Bedürfnissen – gestalten und sich zum Beispiel die Arbeitszeiten, aber auch die Patienten aussuchen: Psychiater und Patient müssen „zusammenpassen", tun sie das nicht, kann der Psychiater die Behandlung ablehnen (im Spital geht das nicht). Umgekehrt kann sich – klarerweise – auch der Patient seinen Psychiater aussuchen. Es geht einem zwar als Einzelkämpfer manchmal die Arbeit im Team ab – aber die Freiheit, den beruflichen Alltag selbstständig zu gestalten, und das in vielerlei Hinsicht leichtere Arbeiten in einer Praxis

überwiegen oft über dem Bedürfnis, im Team zu arbeiten. Abgesehen davon sind Praxisgemeinschaften möglich. Daneben gilt – wie für jeden Selbstständigen – im Urlaub und Krankheitsfall gibt es kein Einkommen. Langweilig sind die administrativen Dinge, wie zum Beispiel Rezepte ausstellen.

Finanzieller Aspekt / Chancen am Arbeitsmarkt:

Wahlarzt – Kassenarzt
Ordination ist nicht Ordination. Einen Unterschied in der Arbeit macht es, ob man privat ordiniert oder einen Kassenvertrag hat. Von der Krankenkasse bekommt man pro Patient im Quartal gewisse Sätze bezahlt (nicht viel; etwa 14 Euro). Will man einkommensmäßig bestehen, ist man gezwungen, möglichst viele Patienten in einer Stunde zu behandeln. Man hat in der Regel vier pro Stunde und arbeitet damit für einen Stundensatz von rund 60 Euro. Vier Patienten in der Stunde – das heißt 15 Minuten Zeit für einen Patienten. Als privater Psychiater hat man es diesbezüglich angenehmer: Mehr Zeit für einen Patienten, weniger Stress und Druck und man kann je nach Qualifikation einen höheren Stundensatz verlangen.
    Als im Krankenhaus tätiger Arzt wird man wie ein solcher entlohnt.

Psychiatrie ist ein „Mangelfach" – verhältnismäßig wenig Medizinabsolventen entscheiden sich dafür, die Facharztausbildung zum Psychiater zu machen. Das betrifft übrigens auch die Schweiz und Deutschland.

Resümee:

Als Psychiater kann man – entgegen der Ansicht mancher Außenstehender – weder in die Menschen hineinschauen noch ist man automatisch mit schweren Psychosen konfrontiert. Ein Beruf mit viel Verantwortung, der sehr interessant und fordernd sein kann.

Psychologe

Definition:

Psychologen *(siehe zum Vergleich auch Psychiater und Psychotherapeut)* beschäftigen sich mit den Auswirkungen von biografischen und gesellschaftlichen Lebensbedingungen auf die Psyche (Seele) eines Menschen. Sie sind beratend und therapeutisch tätig. Ihr Arbeitsfeld ist äußerst umfangreich, man findet sie zum Beispiel im Gesundheits- und Sozialbereich, im Bildungsbereich (Erwachsenenbildung, Schulen, Kindergärten), im Personalwesen (Unternehmensberatung) oder im Bereich der Markt- und Meinungsforschung. Sie arbeiten in Büros, in Untersuchungsräumen sowie in Beratungs- und Gruppenräumen und führen Gespräche und Sitzungen mit ihren Klienten durch. Je nach Aufgabenbereich sind sie eigenständig tätig oder im Team mit verschiedenen medizinischen Fachkräften und Spezialisten. (Siehe Hinweis am Ende des Vorworts)

Voraussetzungen / Aus- und Weiterbildung:

Therapieren?
Eben nicht. Erwartet man sich nach Abschluss des Psychologiestudiums, seine Patienten mit Gesprächstherapie, Verhaltenstherapie, Psychoanalyse & Co behandeln zu dürfen, wird man enttäuscht: Es sind dies psychotherapeutische Behandlungsmethoden, die nur ein Psychotherapeut anwenden darf. Um Psychotherapeut zu werden, muss man zwar nicht Psychologie studiert haben, aber die Ausbildung zum Psychotherapeuten absolvieren (Lehrgang in zwei Teilen), was allerdings nicht ohne die nötigen finanziellen Mittel geht – die Ausbildung ist teuer! *(siehe Psychotherapeut)* Die Unterscheidung zwischen den Tätigkeitsbereichen eines Psychologen, Psychotherapeuten und Psychiaters ist gerade für den Laien nicht einfach – alle drei beschäftigen sich mit psychischen Problemen, Störungen und Fragestellungen. Dass der Psychiater Medizin studiert hat und als Einziger der Genannten berechtigt ist, Medikamente zu verschreiben, ist vielen noch klar. Schwierig wird es dann, wenn Psychologe und Psychotherapeut unterschieden werden sollen. In der Praxis gibt es auch tatsächlich Überschneidungen. Fakt ist allerdings, dass diese Berufe doch sehr verschieden sind – nicht nur in ihrer Ausbildung, sondern gerade auch in ihren Behandlungsmethoden. Als grobe Richtlinie kann man sagen, dass Psychologen beratend tätig sind. Dies zeigt sich auch in ihren Einsatzgebieten beziehungsweise Arbeitsplätzen.

Arbeitsalltag / Vor- und Nachteile:

Was konkret darf man?
Beraten; und das ist in vielerlei Hinsicht (mit der jeweiligen Zusatzausbildung) möglich: Psychologen arbeiten als Berater in diversen Beratungsstellen, in Spitälern, Kliniken und Rehabzentren oder selbstständig in (psychologischen) Praxen; sie können sich auf den Gebieten der Entwicklungs- und Schulpsychologie, der Ehe- und Familienberatung, im Personalmanagement, in der Werbepsychologie, in der Wirtschaftspsychologie betätigen, um nur einige zu nennen. Zum Beispiel kann man in der Telefonseelsorge arbeiten oder in den Bereichen Coaching, Mediation und Konfliktmanagement. Man hat die Möglichkeit zu jeder Menge von Zusatzausbildungen und kann sich damit sehr breit aufstellen: Familienberatung, Schulpsychologie, Gesundheits- und Lebensberatung, Style- und Imagecoaching ... So ist man zum Beispiel in Schulen eingesetzt, wenn es Konflikte zwischen Eltern und Lehrern gibt oder wenn ein Kind Lernschwächen hat, die auf eine schwierige familiäre Situation zurückzuführen sind; oder man berät Menschen, die sich beruflich oder privat verändern möchten. Wenn man die Zusatzausbildung zum Klinischen Psychologen und Gesundheitspsychologen absolviert hat, kann man in einem Rehab-Zentrum, also im kli-

nischen Bereich, arbeiten: Man unterstützt und betreut Menschen, die zum Beispiel durch einen Schlaganfall, ein Schädelhirntrauma oder einen Herzkreislaufstillstand Sprachprobleme oder Probleme in der Wahrnehmung, im Lernen, Denken, Sich-Erinnern haben (im Fachjargon: „kognitive Fähigkeiten"); oder Menschen, die durch einen Unfall in eine Krisensituation geraten und dadurch den Boden unter den Füßen verlieren. Hat der Patient Probleme mit seiner Aufmerksamkeit, hat er Gedächtnisstörungen oder Schwierigkeiten bei der Problemlösung? Wie gut oder wie schlecht ist der Patient dabei? Das sind die Fragen, mit denen man sich als Klinischer Psychologe beschäftigt.

Verändert der Beruf die Persönlichkeit?
Man gewöhnt sich daran, ständig nur Probleme zu hören. Mit der Zeit und Erfahrung wird das „Abstand-Halten" erlernt. Ein Klinischer Psychologe in einem Rehab-Zentrum beispielsweise hat nicht mit „verrückten" Menschen in dem Sinn zu tun, dass sie Persönlichkeitsstörungen oder Verhaltensauffälligkeiten aufweisen; es sind gesunde Menschen, die in Krisensituationen geraten. Sicher gibt es Schicksale und Fälle, die einen beschäftigen. Man muss zwar auf den Patienten eingehen und dessen Probleme nachvollziehen können, darf sich aber nicht mitreißen oder gar selbst deprimieren lassen. In der Telefonseelsorge erlebt man hingegen oft Situationen, die einen „extrem mitnehmen" – am schlimmsten sind Selbstmörder, die anrufen. Man ist hilflos (weil am Telefon und nicht vor Ort), redet, redet und redet und hofft, dass rechtzeitig die (inzwischen alarmierte) Rettung beim Anrufer eintrifft. Abschalten fällt einem Psychologen nicht immer leicht. Es ist kein Beruf, bei dem man nach Hause geht und die Arbeit leichterdings am Arbeitsplatz lässt. Die Gefahr, dass man mit der Zeit ausbrennt und es einem zu viel wird, ist grundsätzlich in allen sozialen Berufen gegeben. Aber deshalb gibt es auch die Supervision – die Möglichkeit, als Psychologe mit Psychologen, Psychotherapeuten und Psychiatern, die unbeteiligt sind, Fälle zu besprechen.

Man hat zu wenig Zeit!
Die Zeit, die man im klinischen Bereich zur Verfügung hat, um sich um einen Patienten zu kümmern, ist im Schnitt mit nur vier Wochen zu kurz. Zunächst lernt man den Patienten kennen und im Anschluss löst man alle seine Probleme? Diese Vorstellung hat man vielleicht anfangs. De facto muss man Schwerpunkte hinsichtlich der Ziele setzen, die realistischerweise in der kurzen Behandlungszeit erreicht werden können. Es ist unmöglich – und auch nicht sinnvoll – bei einem Patienten eine Fülle von Problemen in vier Wochen zu lösen! Die Herausforderung in dem Beruf liegt darin zu erkennen, was vorrangig getan werden muss, und sich nicht selbst unter Druck zu setzen. Daneben ist man als Psychologe grundsätzlich immer durch die Zeitvorgaben der einzelnen Sitzungen eingeschränkt. Man hat zum Beispiel ein gutes Gespräch mit einem Klienten und diesen endlich so weit, dass er aus sich herausgeht und Fortschritte macht, und man muss abbrechen, weil die Stunde aus ist und der nächste kommt. Das ist schade, weil man nicht weiß, ob es ein anderes Mal wieder funktioniert.

Der Patient bestimmt den Weg
Gemeinsam erarbeitet man mit seinem Patienten dessen Wünsche an die Therapie – was

möchte der Patient erreichen? Was erwartet er sich? Dabei gibt man ihm nicht einen Weg vor, sondern unterstützt ihn darin, dass dieser selbst seine Ziele definiert. Wichtig ist, dass der Entschluss vom Patienten selbst kommt, nur dann wird er auch zur Entscheidung stehen. Wichtig ist auch, dem Patienten bewusst zu machen, was er während des Behandlungszeitraumes erreichen kann und was nicht. Man muss am Beginn einer Behandlung klarstellen, dass die Leute eigenverantwortlich sind. Man ist keine gute Fee, die alle Wünsche erfüllen kann und Lösungen findet; man kann lediglich helfen, am Weg eine Lösung zu finden. Viele glauben, dass in dem Moment, in dem sie einem das Problem schildern, es zum Problem des Psychologen wird. Viele sind nicht bereit, etwas beizutragen, und extrem blockiert. Das macht die Arbeit schwierig.

Behandlungsfehler

Ein Psychologe muss immer zuhören und aktiv sein. Das ist anstrengend – vor allem hat man nicht eine einzige Sitzung, sondern mehrere hintereinander. Bei der Sache zu bleiben ist nicht immer einfach, es nicht zu sein, kann Folgen für den Patienten sowie das (Vertrauens-)Verhältnis zwischen Psychologen und Patienten haben. Das gilt übrigens für alle Berufe, die sich mit psychischen Erkrankungen beschäftigen. Wenn man manche Dinge überhört, auf die man eingehen sollte, oder die Probleme des Patienten nicht ganz ernst nimmt oder vergisst, dass man über ein bestimmtes Thema schon gesprochen hat, fühlt sich der Patient nicht ernst genommen, zweifelt die Sinnhaftigkeit der Behandlung an, bricht sie ab und/oder fühlt sich nach der Behandlung schlechter als vorher. Besser also, die Sitzung zu unterbrechen, wenn man nicht bei der Sache bleiben kann.

Menschen – Probleme – Alltag: Alles ist anders

Menschen sind individuell verschieden, ihre Probleme auch – das macht die Arbeit sehr spannend und abwechslungsreich. Jeder hat seine persönliche Lebensgeschichte. Es ist auch kein Job, wo man am Morgen weiß, was auf einen zukommt. Der Arbeits-Alltag ist nicht vorhersehbar.

Frustration in der Telefonseelsorge

Das Unbefriedigende an der Arbeit in einer Telefonseelsorge ist, dass man die Menschen, mit denen man spricht, nicht zu Gesicht bekommt: Man telefoniert lediglich mit ihnen und hört nie wieder etwas von ihnen. Man erhält kein Feedback und weiß nicht, wie sich die Anrufer weiterentwickeln. Oft ist man der letzte Strohhalm für Leute, viele sind sehr verzweifelt. Oder die Fragen, die an einen gerichtet werden, sind nur grundsätzlicher Natur wie „Mein Kind macht noch ins Bett – was kann ich tun?" In vielen Fällen vermittelt man dem Anrufer den passenden Psychologen, Psychotherapeuten, Psychiater oder Sachverständigen für ein Gerichtsverfahren.

Finanzieller Aspekt / Chancen am Arbeitsmarkt:

Das Betätigungsfeld bestimmt mitunter das Einkommen. Mehr verdient man in der Wirtschaftspsychologie (Coaching, Führungskräfteschulungen, Organisationspsychologie usw.).

Sehr schlecht bezahlt ist die Telefonseelsorge. Wenn man selbstständig ist, muss man sich einen Klienten-/Patientenstamm aufbauen. Häufig schließen sich auch einige Psychologen mit unterschiedlichen Spezialisierungen in Praxisgemeinschaften zusammen, um wechselseitig Synergien zu nutzen und sich Fixkosten zu teilen. Am härtesten ist für junge, selbstständige Psychologen der Aufbau einer fluktuierenden Praxis.

Wenn man einen Job als Psychologe sucht, darf man nicht so wählerisch sein: Für Psychologen ist es nicht so einfach, gleich nach dem Studium einen Job zu finden. Einfacher wird es, wenn man sich nicht auf etwas Bestimmtes versteift und bereit ist, in einem Betätigungsfeld zu arbeiten, das nicht der Traumjob ist, und/oder Teilzeitjobs annimmt. Viele arbeiten in der Diagnostik, erstellen Fragebögen und werten diese aus, oder eben in der Telefonseelsorge.

Resümee:

Ein Psychologe ist sehr vielseitig einsetzbar. Warum aber Psychologen (vom Gesetzlichen her) nicht therapieren dürfen, ist für die Mitglieder dieser Berufsgruppe nicht nachvollziehbar. Das Studium ist lang (und theoretisch), danach ist man mit einer Menge Wissen gewappnet und darf es therapeutisch nicht umsetzen. Die Vorstellung Außenstehender über den Beruf – sei es nun Patient oder nicht – ist leider so, dass sie glauben, wer zum Psychologen geht, ist nicht „normal" beziehungsweise „ziemlich gestört". Viele haben eine Hemmschwelle, einen Psychologen aufzusuchen, weil sie fürchten, als „krank" abgestempelt zu werden. Oder sie fühlen sich verunsichert, weil sie denken, ein Psychologe durchleuchtet sie.

Psychotherapeut

Definition:

Psychotherapeuten *(siehe zum Vergleich auch Psychiater und Psychologe)* diagnostizieren und behandeln Menschen mit psychischen oder psychosomatischen Problemen, Störungen, Erkrankungen oder Behinderungen. Sie betreuen ihre Patienten in beruflichen, persönlichen oder familiären Krisen- und Entscheidungssituationen. Bei ihrer Arbeit wenden sie verschiedene psychotherapeutische Methoden an: zum Beispiel Gesprächstherapie, Gruppentherapie, Psychoanalyse oder Psychodrama. Psychotherapeuten arbeiten eigenverantwortlich und selbstständig mit ihren Klienten und haben, je nach Problemlage, auch Kontakt zu deren Angehörigen und Bezugspersonen. Abhängig von ihrem Tätigkeitsbereich kooperieren sie auch mit Ärzten, Lehrern, Heilpädagogen und anderen therapeutischen Fachkräften. (Siehe Hinweis am Ende des Vorworts)

Voraussetzungen / Aus- und Weiterbildung:

Man hört es immer wieder: Die Ausbildung zum Psychotherapeuten soll extrem teuer sein. Der Weg, Psychotherapeut zu werden, scheitert oft am Geld. Wie viel muss in die

Ausbildung „gesteckt" werden? Das hängt davon ab, welche Therapieformen man erlernen möchte. Demnach bewegen sich die Kosten ca. zwischen 30.000 und 70.000 Euro. Das Psychologiestudium ist übrigens keine Voraussetzung, um Psychotherapeut zu werden. Die Ausbildung setzt sich aus dem psychotherapeutischen Propädeutikum und dem psychotherapeutischen Fachspezifikum zusammen und kann bei einem der zugelassenen Ausbildungsvereine absolviert werden. Die Weiterbildungs- und Spezialisierungsmöglichkeiten sind so vielfältig, wie es psychotherapeutische Methoden gibt.

Arbeitsalltag / Vor- und Nachteile:

Ist dieser Beruf sehr belastend?
Der Beruf ist viel lebendiger und vielfältiger, als man sich vorstellt. Dennoch wird man ständig mit psychischen Problemen anderer konfrontiert und/oder hat mit psychisch erkrankten Menschen zu tun. Wenn es jemandem gut geht, sucht er ja nicht den Psychotherapeuten auf. Probleme, Traurigkeit, Frustration, psychische Störungen und Erkrankungen sind somit Alltag eines Psychotherapeuten. Im Laufe der Jahre legt man sich verschiedene Verarbeitungsmechanismen zu. Auch gibt es die Möglichkeit, Gespräche mit Berufskollegen zu führen, um Ballast abzulassen – Stichworte Supervision und Intervision. Es stimmt – der Alltag sind die Lebenskrisen anderer Menschen. Deprimierend ist der Beruf meist aber dennoch nicht, es gibt in einer Therapie auch sehr schöne Erlebnisse und es wird auch gelacht. Man kann die Schritte und Veränderungen seiner Klienten miterleben – das ist eine sehr sehr positive Seite dieses Berufes. Für jeden Therapeuten wird es Bereiche geben, die einem nähergehen als andere, Probleme, die er gedanklich nicht in der Praxis lassen kann. Zum Beispiel sexueller Missbrauch von Kindern. Diese Geschichten nimmt man oft mit nach Hause. Statistisch ausgedrückt kann man schätzen, dass ca. 10 bis 15 Prozent der Fälle einen gedanklich auch in der Freizeit beschäftigen. Viele Therapeuten beziehen sogar Energie aus den Sitzungen, aber das nur, wenn man ausgeruht ist. Ist man übermüdet, ausgelaugt oder nicht gut drauf, kosten die Sitzungen Kraft. Der Beruf ist insofern belastend, als man sich als Projektionsfläche für die Probleme des Patienten zur Verfügung stellt. Dadurch dass der Klient dem Therapeuten seine Probleme erzählt und dieser darauf reagiert, sollen dem Patienten seine Probleme klar werden. Es gibt sehr wohl Sitzungen, nach denen man sich leer fühlt und etwas zum Auftanken machen muss, zum Beispiel essen. Es ist wichtig, eigene Strategien (nicht nur essen) zu entwickeln (Mediation, Sport), um wieder „runterzukommen".

Wie gelangt man zur Heilung?
Im Grunde gibt es nichts, was allgemein heilsam ist. Mitursächlich am Heilungsprozess ist die therapeutische Beziehung zwischen Klienten und Therapeuten – das Reden in einem geschützten Raum und die Tatsache, dass ein Fachmann da ist, der zuhört. Es gibt verschiedene Therapiemethoden beziehungsweise -techniken. Jene, die besser getestet sind, gelten allgemein als wirkungsvoller. Als Therapeut jedenfalls spezialisiert man sich auf einige wenige Methoden und wendet diese in den Sitzungen an. Wie die Therapiesitzung abläuft, hängt also davon ab.

Die Schwierigkeit der Diagnoseerstellung
Der Patient erzählt seine Geschichte und kommt mit einer offensichtlichen Problematik (zum Beispiel: Er steht zwischen zwei Frauen und kann sich für keine entscheiden). Aufgabe des Therapeuten ist es, die verborgene Problematik (zum Beispiel: Es geht nicht darum, sich für eine der beiden zu entscheiden; er hat Angst vor Nähe. So nimmt er sich gleich zwei Frauen und muss sich erst gar nicht wirklich einlassen.) zu erkennen. Wie man zur Diagnose/Hypothese kommt, ist methodenabhängig. In der Praxis jedenfalls begegnen einem nicht die Fälle aus den Lehrbüchern.

Die Lösung sollte vom Klienten selbst kommen. Es ist eben ein Unterschied, ob man selber Erdbeereis isst oder jemand einem erzählt, wie Erdbeereis schmeckt. Der Patient muss seine Probleme selbst lösen – das erledigt nicht der Therapeut für ihn. Viele glauben aber genau das: Sie erörtern ihr Problem und erwarten vom Therapeuten die Lösung.

Wieso braucht man dann überhaupt einen Therapeuten, was ist seine Funktion? Er lenkt den Patienten, gestaltet und fördert den Heilungsprozess – vollzogen werden kann dieser nur im Patienten selbst. In der Regel dauern die Prozesse lang – dem Patienten meist zu lang. Diese werden oft ungeduldig und unzufrieden. Analysiert man dann die Fortschritte gemeinsam mit dem Klienten, registrieren diese dann jedoch, dass sehr wohl ein Prozess im Gange ist. Wichtig ist zuhören und achtsam sein, nichts verpassen, was der Patient vielleicht nur beiläufig erwähnt. Wenn man als Therapeut seine Interventionen/Methoden über die Bedürfnisse des Klienten stellt, ist das ein Fehler.

Nicht jeder ist heilbar!
Nicht jedem kann geholfen werden. Am Anfang der Karriere denkt man das vielleicht, doch die Realität ist anders: Es spielt sich vielmehr so ab, dass man für den Beruf Erfahrung braucht, die man am Ende seiner Ausbildung noch nicht hat, sondern erst mit der Zeit erwirbt. Und es gibt Patienten, die nicht die günstigsten Voraussetzungen für eine Heilung mitbringen. Manchen ist nur mit Medikamenten zu helfen – sie brauchen die Betreuung durch einen Psychiater (Psychotherapeuten dürfen keine Medikamente verschreiben).

Ich bin berufen!
Auszubildende glauben oft, sie sind zu diesem Beruf berufen. Es gibt aber trotzdem Schüler, die ihre Hausaufgaben nicht machen wollen. Es reicht nicht aus, sich hinzusetzen und eine Methodik zu lernen. Man muss auch Selbsterfahrung betreiben und seine eigene Persönlichkeit einbringen. Viele drücken sich davor. Wenn man nicht an seinem eigenen Innenleben feilt, ist es schwer, an jemand anderem wirkungsvoll zu arbeiten. In der Ausbildung zum Psychotherapeuten muss man lernen, ein Thema längere Zeit zu bearbeiten, mit einem Leidensdruck umzugehen und ein Thema abzuschließen. Man ist aufgefordert, seine eigenen dunklen Flecken zu erkennen, lernt noch viel von seinen Klienten in der Praxis und ist nicht davor gefeit, Fehler zu machen.

Selbstständigkeit
Ist man selbstständig und muss damit zumindest kostendeckend arbeiten (und möglicherweise noch die Kosten der Ausbildung zurückzahlen), ist es eine reine Rechenaufgabe,

wie viele Patienten man am Tag betreuen sollte. Der Praxisaufbau ist einfacher, wenn man bereits ein Netzwerk hat. Es ist immer dieselbe Frage, die die Leute auf dem Weg in die Selbstständigkeit beschäftigt: Wie komme ich zu den Klienten? Man muss harte Aufbauarbeit leisten, um zu erreichen, dass die Praxis läuft.

Psychohygiene
Die meisten (großen) Psychotherapeuten sind psychisch mit sich vollkommen im Reinen, aber körperlich nicht in so gutem Zustand. Der Ausgleich zur psychischen Belastung, die dieser Beruf mit sich bringt, über den Körper (Sport, Ernährung) ist sehr wichtig. Viele Therapeuten sind übergewichtig – sie speichern die Belastung im Körper.

Arbeitszeit
Als Selbstständiger arbeitet man so viel, wie man es sich selbst einteilen möchte beziehungsweise (aus finanziellen Gründen) muss. Man braucht auch Ruhe und Zeit für sich selbst. Der Beruf ist lebendig und fordernd – der Gegenpol ist Ruhe. Alle Menschen, die in einem helfenden Beruf arbeiten, brauchen Rückzugsmöglichkeiten. Wenn man neben einem 6-8-Stunden-Tag noch Fachartikel schreibt, Vorträge vorbereitet und durchführt sowie in einem Verein aktiv beteiligt ist, bleibt quasi keine Freizeit.

Finanzieller Aspekt / Chancen am Arbeitsmarkt:
Die Einkommenshöhe wird bestimmt durch die Anzahl der Patienten. Für eine fünfzigminütige Sitzung verlangt man zwischen 70 Euro und 150 Euro.
   Psychotherapeuten gibt es mittlerweile sehr viele, vor allem in Ballungszentren.

Resümee:
Ja nicht zum Therapeuten gehen, das wäre ein Eingeständnis des eigenen Verrücktseins! Dieses Denken ist schicht- und bildungsabhängig, daneben eine Frage der Generation und des Stadt-Land-Gefälles. Jüngere und Menschen, die in der Stadt leben, suchen eher den Therapeuten auf, was dem dort tätigen Psychotherapeuten das Dasein erleichtert. Es ist schade, dass im Grunde eher nur finanzstarke Schichten Zugang zur Psychotherapie haben. Gerade junge Menschen haben nicht die finanziellen Mittel, sich die Sitzungen leisten zu können.

Sozialarbeiter

Definition:
Sozialarbeiter unterstützen einzelne Personen, Familien, Gruppen und das Gemeinwesen professionell bei der Bewältigung von sozialen Problemen, Konflikten oder schwierigen Lebenssituationen (Krisensituationen). Zu ihren Aufgabenbereichen zählen zum Beispiel

Altenarbeit, Jugend- und Familienhilfe, Bildungsberatung, Behindertenarbeit oder Drogenhilfe. Sie sind in den verschiedensten Einrichtungen des öffentlichen und privaten Sozialdienstes tätig, wobei sie je nach Aufgabenbereich mit anderen Fachkräften des Gesundheits- und Sozialwesens zusammenarbeiten. (Siehe Hinweis am Ende des Vorworts)

Voraussetzungen / Aus- und Weiterbildung:

Ohne Vorbildung von null in den Job? Das ist möglich! Im sozialen Bereich wird man auch einen Job ohne Ausbildung finden, allerdings muss man dann damit rechnen, dass Gehalt und Bedingungen schlechter sind. Grundsätzlich studiert man an einer Fachhochschule soziale Arbeit (Bachelor, Master), um Sozialarbeiter zu werden.

Arbeitsalltag / Vor- und Nachteile:

Betätigungsfelder – nicht nur Jugendamt!
Geprägt vom Fernsehen denken viele bei Sozialarbeit an Jugendamt und Bewährungshilfe. Das ist bei Weitem nicht alles, was einem Sozialarbeiter als Betätigungsfeld offensteht: Die Möglichkeiten sind sehr vielfältig – sie gehen von Hilfe für Kinder/Jugendliche/Minderjährige über Erwachsene (zum Beispiel in der Sozialhilfe, in Frauenberatungsstellen, Arbeit mit Alkoholikern, Drogenabhängigen und anderen Süchtigen, mit Arbeitslosen), über Behindertenhilfe bis hin zur Betreuung alter Menschen (zum Beispiel in Pensionistenheimen oder als Sachwalter). Sozialhilfe in öffentlichen Ämtern und Behörden, in Krankenhäusern und Hospizen, aber auch in privaten – kleineren und größeren – Vereinen ist möglich (zum Beispiel Caritas); im Grunde überall, wo es darum geht, Menschen zu unterstützen und ihnen zu helfen.

Krisenzentrum für Kinder – Was macht man dort? Was ist der Sinn eines solchen Zentrums?
Für maximal drei Monate werden dort Kinder untergebracht, deren Zustand psychologisch und pädagogisch abgeklärt wird. Danach sollte klar sein, ob das konkrete Kind wieder nach Hause oder in eine Einrichtung/Unterbringung kommt. In letzterem Fall muss man sich überlegen, welche Einrichtung infrage kommt und wie man das Kind dabei begleiten kann. Gleichzeitig werden maximal acht Kinder betreut, im Jahr 40 bis 50 Kinder. Damit gibt es nie eine konstante Gruppe, mit der man arbeitet: Die einen gehen, neue kommen – die Gruppe ist immer „unruhig". Man hat keine „Regelkonstanz", will heißen, keine Gruppe, die die Regeln kennt und sich danach verhält, sondern die Regeln des Zusammenlebens müssen immer wieder erklärt werden. Die Arbeit ist sehr anstrengend, aber auch sehr positiv. Das Schöne ist, dass man nah an den Kindern und Eltern ist. In einem Krisenzentrum arbeitet man nicht nur mit den Kindern, sondern hat auch viel mit den Eltern zu tun.

Jugendamt – zu wenig Zeit und zunehmende Standardisierung
50 Prozent sind Außendienst und 50 Prozent Büroarbeit und immer mehr ist „Case-Management": Man fährt zur betreffenden Familie, stellt Fragen, versucht abzuklären, ob

das Kind gefährdet ist und ob unmittelbar eine Maßnahme zu ergreifen ist. Wenn ja, leitet man ein Verfahren ein. Die „eigentliche" Arbeit macht dann ein anderer – man selbst überwacht (im „Back-Office"), ob das erwünschte Ziel erreicht wird. Ein Sozialarbeiter im Jugendamt ist nur sehr punktuell mit der Familie konfrontiert und tritt nicht intensiv in Kontakt mit ihr. Dafür fehlt die Zeit, weil die Fälle immer mehr werden. Dem Einzelfall kann man nicht so viel Zeit widmen; man schaut sich den Fall kurz an, beurteilt ihn, leitet gegebenenfalls Maßnahmen ein und sieht zu, „wie es läuft". Die Arbeit ist insofern stressig, als in sehr kurzer Zeit sehr wichtige Entscheidungen gefällt werden müssen, die eine Familie betreffen. Dadurch kann man in die Schiene geraten, Dinge nicht zur eigenen Zufriedenheit erledigen zu können, und fühlt sich unwohl. Das ist dann der Grundstein für ein Burn-out.

Der für das Jugendamt tätige Sozialarbeiter dringt in ein privates Umfeld ein („und steckt seine Nase in Dinge, die keinen was angehen") und ist nicht so willkommen; keine Familie hat eine Freude, wenn jemand von der Jugendfürsorge vor der Türe steht. Aber auch das ist unterschiedlich und es kommt dabei auf die Familie an.

Rechtliche Konsequenzen – Handeln wird strafrechtlich beurteilt
Bei Jugendamt-Sozialarbeitern steigt die Angst vor rechtlichen Konsequenzen im Zusammenhang mit ihrer Arbeit: Fehlentscheidungen werden strafrechtlich verfolgt. Meistens sind das Fälle, wo der Sozialarbeiter fahrlässig gehandelt, zum Beispiel übersehen hat, dass ein Kind aus einer Familie genommen werden hätte sollen. Aus dieser Angst heraus ist man auch in der Sozialarbeit dazu übergegangen, eine „Stricherlliste" anzulegen, mithilfe derer die Vorgehensweisen standardisiert werden: Man geht nach diesen Listen – Punkt für Punkt – vor, um sich abzusichern, damit einem dann im Nachhinein kein Vorwurf gemacht werden kann. Das zieht aber am Menschen vorbei: Wer mit Menschen arbeitet, muss sie einschätzen; nach Listen vorzugehen birgt die Gefahr in sich, wahre Probleme zu übersehen. Arbeit mit Menschen bedeutet immer, das Risiko einzugehen, eine falsche Entscheidung zu treffen. Ohne ein solches Risiko kann man in diesem Bereich nicht arbeiten: Es geht schließlich darum, ob man ein Kind aus der Familie nimmt oder nicht; jede Entscheidung kann großen Schaden – bis zum Tod des Kindes – anrichten. Diese Standardisierung trägt nicht dazu bei, dass das System besser wird – im Gegenteil, es wird schlechter, weil es am Menschen vorbeigeht. Dem Sozialarbeiter hilft es, sich keinem öffentlichen/strafrechtlichen Vorwurf aussetzen zu müssen.

In (diversen) Beratungsstellen – Anträge stellen und Organisatorisches erledigen
Leute dabei zu unterstützen, Anträge auf diverse Sozialleistungen zu stellen, klingt simpel. Das Problem ist aber, dass die Leute oft nicht wissen, welche Ansprüche sie haben und welche Anträge sie stellen können. Sie suchen einen auf, weil es ihnen schlecht geht und sie nicht wissen, wie sie ihr Leben organisieren sollen. Man redet mit ihnen und versucht im Gespräch herauszufinden, was genau das Problem ist, was der Einzelne braucht und wie ihm geholfen werden kann. Daneben ist auch Organisatorisches zu erledigen, „Hintergrundarbeit": Wenn man zum Beispiel jemandem eine soziale Wohnungseinrichtung vermitteln möchte, muss zuerst in Erfahrung gebracht werden, welche Einrichtungen es gibt, die sich eignen. Erst danach kann der Sozialarbeiter beim Stellen der Anträge helfen. Der

Beruf bringt es aber auch mit sich, dass man den Leuten klarmachen muss, dass/wenn sie gewisse Ansprüche nicht haben.

Harter Job – psychische Belastung?
Abgrenzung ist sehr wichtig. Der Sozialarbeiter ist nicht ein (privater) Freund – Arbeit und Privates sollten streng getrennt werden. Das muss auch den Klienten klar vermittelt werden. Man ist eine kurze Station, Leute erleben einen aber oft als Anker, klammern sich an einen und kommen mit vielen Wünschen und Hoffnungen – diese zu relativieren kann schwierig sein. Probleme sollte man in der Arbeit lassen und nicht mit nach Hause nehmen. Manche können das besser, andere schlechter. Viele, die im Sozialbereich beschäftigt sind, erleiden das Burn-out-Syndrom. Sich zum Beispiel ein halbes Jahr Auszeit zu nehmen oder Teilzeit zu arbeiten, wäre gut, machen auch manche, ist aber eine finanzielle Frage.

Sollte man einen Selbstverteidigungskurs machen?
Ein Sozialarbeiter kann auch mit aggressiven und unberechenbaren Menschen konfrontiert (im Drogenbereich zum Beispiel) oder bedroht werden, sodass die Polizei gerufen werden muss. In seiner Ausbildung lernt man, damit umzugehen (Interventionsmanagement). Nur manchmal kommt man auch mit körperlichen Auseinandersetzungen in Berührung – gerade bei der Arbeit mit Jugendlichen oder Drogenabhängigen ist das nicht selten. Wenn ein 14-Jähriger ausrastet, ist das nicht ungefährlich. Jemand, der ängstlich ist, kann nicht in jedem Bereich arbeiten.

Politischer und staatlicher Einfluss
Ein Sozialarbeiter muss Regeln durchziehen, die der Staat durch seine Gesetze festlegt. Dadurch gerät man in ein Spannungsfeld zwischen diesen Vorgaben und den Bedürfnissen der Menschen, die vor einem stehen: Der Einzelne bräuchte Hilfe, das Gesetz sagt nein. Überhaupt hat die Politik großen Einfluss auf die Arbeit als Sozialarbeiter. Ein politischer Wechsel oder Einsparungen können dazu führen, dass der eigene Posten verschwindet (soweit man in einer öffentlichen Einrichtung beschäftigt war; überwiegend sind die sozialen Einrichtungen öffentlich und nicht privat).

Sehr viel Verwaltungsarbeit?
Manchmal mehr, manchmal weniger – das hängt vom Handlungsfeld ab. Dokumentieren – also alles zu den Fällen schriftlich festhalten – muss man jedenfalls. Schriftliches – und damit Büroarbeit – nimmt einen fixen und großen Anteil im Job ein, wobei die Verwaltungsarbeit in Ämtern und Behörden höher ist als anderswo. Ein Sozialarbeiter kann auch in die Lage kommen, Projekte bei der EU einreichen zu müssen, um Gelder zu erhalten. Dann muss man Konzepte schreiben, Formulare ausfüllen usw. – und neben Englisch auch eine Ahnung vom Förderwesen haben.

Personalmangel
… ist ein grundlegendes Problem im öffentlichen Bereich. Anstatt mehr Leute aufzunehmen, wird in Kauf genommen, dass beschäftigte Sozialarbeiter mit der Zeit ausbrennen.

Wenn sie ausfallen, werden sie ausgewechselt. Das ist sehr schade, weil oft sehr gut ausgebildete Sozialarbeiter weggehen, bevor sie völlig erschöpft sind.

Der typische Sozialarbeiter – alternativ?
In Wahrheit ist alles vertreten – die Leute, die sich für Sozialarbeit entscheiden, kommen von überall her. Es gibt zwar auf den Fachhochschulen für soziale Arbeit mehr „Alternative" als in einem Wirtschaftsstudium, aber nicht ausschließlich.

Arbeitszeiten
Die Arbeitszeiten sind oft sehr flexibel, es kommt wiederum darauf an, wo man arbeitet. (Behörden und Ämter haben geregelte Arbeitszeiten.) Es gibt auch Nachtdienste und Wochenenddienste, zum Beispiel in einem Wohnheim, bei diversen Beratungsstellen und in Krisenzentren.

Finanzieller Aspekt / Chancen am Arbeitsmarkt:

Im öffentlichen Dienst wird man besser bezahlt als in privaten Organisationen. Das Einstiegsgehalt für einen studierten Sozialarbeiter liegt aber meist nicht über 1.500/1.600 Euro netto im Monat. Viele stehen zunächst nur in befristeten Vertragsverhältnissen; es gibt auch Organisationen, die ausschließlich mit freien Dienstnehmern arbeiten (damit ist man nicht angestellt im arbeitsrechtlichen Sinn: Man hat kein 13. und 14. Gehalt, muss sich selbst um seine Steuern kümmern ...).

Die Berufsaussichten sind ganz gut: Diejenigen, die eine Ausbildung haben, bekommen eine Stelle (nicht so leicht ist es, einen Ausbildungsplatz zu bekommen); die öffentlichen Jobs sind gedeckelt, das heißt, es gibt nur eine gewisse Anzahl von Stellen; sind die besetzt, werden nicht mehr Leute aufgenommen.

Resümee:

Am wichtigsten ist die Liebe zum Menschen, die man in einem sozialen Beruf haben muss. An und für sich ein schöner, aber anstrengender und fordernder Beruf: An manchen Tagen kommt man nach Hause und mag mit niemandem reden, weil man schon so viel hergegeben hat und ausgelaugt ist. Reich wird man als Sozialarbeiter nicht.

Natur / Umwelt / Tier

Förster / Forstwirt

Definition:

Förster pflegen die bestehenden Waldbestände und das Wild. Sie planen und organisieren alle im Forstgebiet anfallenden Arbeiten und teilen Fachkräfte und Hilfskräfte ein. Sie vermessen die Waldbestände nach Größe und Zustand und erstellen Pläne zur Bewirtschaftung und Nutzung der Waldflächen, überwachen und regulieren außerdem den Wildbestand. Zusätzlich sind sie mit verwaltungstechnischen Arbeiten befasst, führen Betriebsbücher und den Telefon- und Schriftverkehr mit Behörden und Kammern. Förster sind oft in leitender Funktion in privaten oder staatlichen Forstbetrieben tätig, wo sie die Forst-, Jagd- und Fischereiaufsicht innehaben. Sie arbeiten mit Forstwarten, Forstfacharbeitern, mit Landwirten, Jägern und Mitarbeitern von Behörden zusammen. (Siehe Hinweis am Ende des Vorworts)

Voraussetzungen / Aus- und Weiterbildung:

Förster = Forstwirt? Förster haben die Forstschule in Bruck an der Mur (die einzige in Österreich) besucht, die mit Matura und einer Diplomprüfung abschließt. Weist man eine zweijährige Praxiszeit als „Forstadjunkt" in einem Forstbetrieb nach und macht die vorgesehene Staatsprüfung, darf man einen Forstbetrieb in einer Größe bis 3.600 Hektar selbstständig leiten und nennt sich dann auch Forstingenieur.

Forstwirte hingegen haben auf der BOKU (Universität für Bodenkultur) Forstwirtschaft studiert. Wenn man nach Abschluss des Studiums zwei Jahre als Forstassistent arbeitet und die Staatsprüfung ablegt, darf man „unendlich" große Betriebe leiten. Das Studium alleine – ohne Praxis und Staatsprüfung – bringt einem nichts, wenn man beabsichtigt, einen Forstbetrieb zu führen. Einen Forstbetrieb, der kleiner als 1.000 Hektar ist, dürfen sogenannte Forstwarte leiten, die die einjährige Forstfachschule in Waidhofen an der Ybbs (ebenfalls die einzige in Österreich) besucht haben.

Arbeitsalltag / Vor- und Nachteile:

Was macht man das ganze Jahr über?
Es ist wichtig, den Wald gesund und vital zu halten, und darum kümmert man sich das Jahr über. Zentral sind die Aufforstungen und Durchforstungen: Man pflanzt neue Bäume an

und sieht zu, dass sie anwachsen (Aufforstung), sorgt aber auch für notwendige Lichtungen im Wald, damit er verjüngt und nicht verdichtet. Es werden also auch gezielt Schlägerungen durchgeführt (Durchforstung). Aber nicht nur die „typischen" Forstarbeiten gehören zum Aufgabenbereich, sondern vieles mehr. Ein Förster/Forstwirt ist in seinem Revier mit dem Geländewagen unterwegs, teilt seine Forstarbeiter zur Arbeit ein und verteilt die Aufgaben. Ein weiterer Punkt ist der Holzverkauf: Man organisiert und koordiniert alles rund ums Holzgeschäft, schließt Verträge mit den Holzkäufern, weist die Forstarbeiter an, welches Holz zu schlägern und wem welches Holz zu liefern ist. Beizeiten werden auch Grundstücke verkauft und/oder gekauft – es wird verhandelt, ausgehandelt und koordiniert. Gibt es Hütten und Häuser, die im Eigentum des Forstbetriebes stehen, gehört auch die Vermietung und Verpachtung mit in den Verantwortungsbereich, und zwar mit allem, was dazugehört (wird pünktlich bezahlt etc.). Wenn es Leute gibt, die Holznutzungsrechte, Weiderechte, Fischereirechte oder sonstige Rechte auf dem Forstrevier haben (sogenannte „Servitutsberechtigte"), stehen des Öfteren Besprechungen beziehungsweise jährliche Sitzungen mit den Servitutsberechtigten und Wegegemeinschaften an. Man ist Ansprechpartner für vieles. Es ist nicht leicht, es immer allen recht zu machen: Erlaubt man einem etwas und dem anderen nicht – zum Beispiel die Schlägerung von ein paar Bäumen am Straßenrand –, sind die Leute schnell beleidigt. Werden Rohstoffe im Revier abgebaut, überwacht man die Vorgänge und ist im konkreten Fall auch für die Rekultivierung und Aufforstung zuständig.

Nur im Freien?
Ein Förster/Forstwirt ist zwar die meiste Zeit im Freien, aber es sind auch Kanzleiarbeiten zu erledigen. Man kümmert sich um die Lohnabrechnungen der Forstarbeiter, um die der Schlägerungsunternehmen und andere Abrechnungen, kalkuliert Kosten und kümmert sich um Behördenaufgaben. Daneben erarbeitet man Schlägerungspläne, Aufforstungspläne usw. Oder kümmert sich um Betriebskostenabrechnungen von vermieteten Häusern und Hütten. Man macht sich Gedanken über den Ausbau beziehungsweise Bau von Forststraßen und Wegen, denn auch das gehört zu den Aufgaben eines Försters. Je mehr man übrigens in der Hierarchie aufsteigt (Revierleiter, Rentmeister), desto eher ist man mit Büroarbeiten beschäftigt und andere Unterstellte erledigen die Arbeit im Wald.

Schädlingsbekämpfung
Eines der größten Probleme, mit denen man in dem Beruf zu kämpfen hat, sind die Schädlinge – ständig sind andere Bäume im Revier von ihnen befallen. Grundsätzlich sollten Aufforstung und Durchforstung dazu führen, dass es bei großen Stürmen zu keinen Windwürfen kommt. Vor Fehlern beim Schlägern ist man nicht gefeit und vor großen Stürmen – wie in den Jahren 2007 und 2008 – auch nicht. Umgefallene und entwurzelte Bäume müssen zügig aufgearbeitet werden, weil die Schädlinge schnell sind und auch gesunde, noch stehende Bäume angreifen. Es geht dabei nicht nur um „ein paar Bäume", sondern um tausende. Die Schäden, die von den Borkenkäfern („Borkenkäfer-Kalamität") angerichtet wurden und werden, sind oft immens und zwei bis drei Jahre nach den Stürmen besonders schlimm. Es mussten schon sehr, sehr viele angefallene Bäume geschlägert, das Holz aufgearbeitet und entschieden werden, wann mit der Wiederbepflanzung begonnen wird. Das

muss alles koordiniert und vor allem auch bezahlt werden (das kann in die 10.000e Euro gehen, wovon eine Förderung meist nur einen Teil abdeckt).

Unkontrollierte Freizeitgestaltung
Die Freizeittouristen, die sich rücksichtslos nach dem Motto „Der Wald gehört jedem" über den Wald hermachen, ihn schädigen und das Wild aufscheuchen, stören sehr und man kommt nicht wirklich gegen sie an. Schifahrer, Langläufer und Tourengeher bleiben nicht immer auf den vorgesehenen Strecken, sondern fahren abseits, über neu eingesetzte Kulturen, deren Zipfel aus der Schneedecke herausragen: Diese Bäume sterben ab. Oder Mountain-Biker, die quer durch den Wald fahren. Aber selbst, wenn sie Forststraßen benutzen, sind sie störend: Denn wenn ein Biker auf der Straße stürzt und sich verletzt, weil z. B. ein Ast am Weg lag, hat man zumindest eine Teilschuld. Eine neue und lästige Freizeitbeschäftigung ist „Geo-Coaching", wo über GPS Sachen im Wald versteckt werden, die Koordinaten im Internet abrufbar sind und die Leute hinfahren und die Dinge ausgraben.

Eins mit der Natur
Man ist sehr viel draußen, in der Regel bei jedem Wetter (und damit auch jeder Witterung ausgesetzt). Es ist ein so schöner Beruf, weil man miterlebt, wie sich die Natur verändert.

Arbeitszeiten
Manchmal ist mehr, manchmal weniger zu tun. Man kann sich seinen Tag im Übrigen sehr gut einteilen, zum Beispiel mit der Familie zu Mittag essen oder am Nachmittag Kaffee trinken. So strikte und fixe Arbeitszeiten gibt es in dem Beruf nicht, außer es stehen Besprechungen mit Behörden oder auch Wegegemeinschaften und Servitutsberechtigten am Programm. Letztere sind vor allem im Frühjahr häufig und meistens abends, wo man auch länger sitzt.

Finanzieller Aspekt / Chancen am Arbeitsmarkt:

Der Verdienst eines Försters liegt bei durchschnittlich 2.500 Euro brutto und steigt mit der Position. Meistens bekommt man zusätzlich eine Dienstwohnung oder ein Forsthaus zur Verfügung gestellt, wo man mit seiner Familie wohnt und auch sein Büro untergebracht hat.

Eine Zeit lang war es für Förster sehr schwierig, einen eigenen Forst zur Leitung übertragen zu bekommen beziehungsweise einen Job zu finden. Derzeit ist es wieder besser. Von den Österreichischen Bundesforsten werden zum Beispiel manchmal auf einen Schlag 50 Förster aufgenommen, aber dann wieder einige Jahre keine. Möglicher Arbeitgeber kann jedoch nicht nur der Bund sein, sondern auch ein privater Forstbetrieb. Von den Absolventen der Forstschule in Bruck hat derzeit keiner Probleme, einen Job zu finden. Wenn man seine Praxiszeit absolviert, als Forstadjunkt in einem Betrieb arbeitet und gute Arbeit leistet, hat man vielleicht Glück und kann nach Beendigung der Ausbildung in dem Betrieb bleiben.

Für einen Förster ist es jedenfalls einfacher, ein Revier zu finden, als für einen Forstwirt. Dessen Berufsaussichten sind nicht sehr gut. Denn die meisten Reviere sind so um die 2.500 Hektar groß und können daher von einem Förster geleitet werden. Und selbst bei den Revieren, die über die 3600-Hektar-Grenze gehen, ist es in der Praxis oft so, dass diese von mehreren Förstern bewirtschaftet werden und der Name des Forstwirts lediglich auf dem Papier steht. Ist ein Posten für einen Forstwirt zur Leitung eines Forstes, also ein Forstmeisterposten, ausgeschrieben, dann werden oft zehn bis 15 Jahre Erfahrung verlangt. So schnell wird man also nicht zum Forstmeister ernannt. Häufig ist man eine Zeit lang als Assistent einer Geschäftsleitung tätig. Forstwirte können sich natürlich auch für Försterposten bewerben, aber dafür muss man nicht studiert haben.

Man hat aber auch andere Betätigungsmöglichkeiten: Man kann als Forstsachverständiger bei Landesforstdiensten, Agrarbehörden, Finanzämtern, Ministerien, Behörden der Forstaufsicht und der Jagd- und Fischereiaufsicht arbeiten. Oder man will sich im Natur- oder Umweltschutz betätigen. Forstwirte arbeiten auch oft in Nationalparks oder Vermessungsbüros. Als Sachverständiger für die Erstellung von Gutachten müsste man die Ziviltechnikerprüfung absolvieren.

Resumee:

Ein wunderschöner Beruf, man ist viel draußen in der Natur und kann dazu beitragen, dass der Wald gesund und vital bleibt. Am Land hat man auch als Förster und Forstmeister großes Ansehen. So romantisch, dass der Förster mit seinem Hund zu Fuß in seinem Revier nach dem Rechten schaut, ist es nicht: Man fährt mit seinem Geländewagen von A nach B. Der Verdienst ist gut und man hat den großen Vorteil, sich seinen Tag flexibel einteilen zu können.

Kulturtechniker

Definition:

Unter Kulturlandschaften versteht man durch den Menschen geprägte Landschaften. Kulturtechniker planen Maßnahmen zur besseren und schonenderen Nutzung dieser Areale. Sie arbeiten meist in Teams mit anderen Spezialisten zusammen und sind im Bauwesen (Hochbau, Tiefbau, hauptsächlich aber im Wasserbau), im öffentlichen Dienst (zum Beispiel Ämter, Behörden, Ministerien) oder in Zivilingenieurbüros in der Planung tätig. (Siehe Hinweis am Ende des Vorworts)

Voraussetzungen / Aus- und Weiterbildung:

Kulturtechniker sind Absolventen der Universität für Bodenkultur in Wien und – wie der Name schon sagt – Techniker. Das Studium ist vergleichbar mit dem Bauingenieurwesen der TU, weswegen die Absolventen beider Studienrichtungen häufig in den gleichen Bereichen tätig sind. Gerne wird ein Kulturtechniker auch als „grüner Bauingenieur" umschrieben.

Arbeitsalltag / Vor- und Nachteile: Breites Betätigungsfeld

Aufgrund der breit gefächerten Ausbildung sind auch die Betätigungsmöglichkeiten sehr vielfältig. Zu den klassischen Arbeitsbereichen gehören das Vermessungswesen, die Bewässerungswirtschaft, die Siedlungswasserwirtschaft (Wasserver- und -entsorgung sowie -aufbereitung), der Straßen- und Gleisbau (Verkehrswegebau), der Hochwasserschutz, die Gefahrenzonenplanung, der Natur-, Landschafts- und Umweltschutz, die Abfallwirtschaft und Deponietechnik, die Energiewirtschaft (Wasserkraftanlagen). Aber auch andere Gebiete, wie zum Beispiel Akustik oder Schall- und Erschütterungsschutz, stellen einen möglichen Betätigungsbereich dar, denn aufgrund der vielseitigen Ausbildung sind Kulturtechniker universell einsetzbar. Zusätzlich ist zwischen zwei Seiten zu unterscheiden. Eine Seite, die Maßnahmen plant und ausführt, und eine Seite, die diese Arbeiten beauftragt. Kulturtechniker können auf beiden Seiten tätig sein. Nachfolgend wird hauptsächlich auf die planende und ausführende Seite eingegangen, da wohl der Großteil der Absolventen in diesem Bereich zu finden ist.

Projektplanung – Projektbetreuung

Ein Kulturtechniker plant und/oder betreut Projekte in seinem jeweiligen Fachgebiet. Beispielsweise die Planung eines Kleinkraftwerkes im Wasserbau. Neben der Planung an sich werden auch alle notwendigen Daten gesammelt und erhoben, auf deren Basis zum Beispiel ein Gefahrenzonenplan erstellt werden kann. Dieser wird benötigt, um herauszufinden, wo es gefährlich ist zu bauen und wo nicht. Wird durch den Kraftwerksbau etwas im Wasserlauf geändert (Wasser wird entnommen, abgeleitet, neue Bauwerke mit Kontakt zum Wasser erbaut usw.), dann ist die betroffene Wasserstrecke neu zu berechnen. Denn jede derartige Änderung wirkt sich auf den Wasserstand und damit auf die Ausweisung eines Wasserabschnittes aus.

Der Kulturtechniker kann aber auch als „ökologische Bauaufsicht" zu Bauprojekten beigezogen werden. Er überwacht und kontrolliert die Bautätigkeit dahingehend, dass während und auch nach der Bauphase die Lebensräume nicht negativ beeinflusst werden. Am Beispiel des Wasserbaus darf zum Beispiel während der Laichzeit der im konkreten Bauabschnitt vorkommenden Fischarten nicht gebaggert werden. Dazu werden auch die Daten und Umstände des betroffenen Wasserabschnittes erhoben und erforderlichenfalls Gutachten erstellt. So kann es vorkommen, dass das gesamte Projekt verworfen werden muss, weil im geplanten Baubereich geschützte Tiere/Pflanzen ansässig sind. Die näheren Umstände sind gesetzlich geregelt.

Das Dilemma

Die Gratwanderung aus technischem Fortschritt und einem nachhaltigen Umgang mit dem Planeten Erde begleitet den Kulturtechniker permanent. Einerseits ist man dem Auftraggeber verantwortlich (der das Maximale herausholen möchte), fühlt aber auch eine Verantwortung der Natur gegenüber. Derjenige, der den Planungsauftrag bekommt, hat zumindest die Gelegenheit, dafür zu sorgen, dass das Projekt möglichst im Einklang mit der Natur erdacht und errichtet wird. Das Verwenden neuester Technologien hilft dabei, meistens ressourcenschonend zu arbeiten. Diese sind jedoch oft am teuersten und das erforderliche Geld steht dafür selten zur Verfügung. Zudem werden große Projekte stets über eine öffentliche Ausschreibung vergeben, bei denen mehrere Büros ihre Leistung anbieten und letztendlich die günstigste Variante den Zuschlag bekommt.

Probleme mit den Auftraggebern
In vielen Bereichen ist es die öffentliche Hand – der Bund, die Länder, die Gemeinden –, die Aufträge vergibt. Sie hat aber vielfach nicht genug Geld übrig, um diese Projekte in Auftrag zu geben. In der Praxis werden dann die Projekte zunächst lose mündlich beschlossen und das Ziviltechnikerbüro der Kulturtechniker muss sich darauf verlassen, dass es den Auftrag dann tatsächlich bekommt, wenn das Geld verfügbar beziehungsweise das Projekt abgesegnet ist.

Die „Datenabhängigkeit" von anderen Unternehmen
Wie immer im planenden Bereich ist man auch als Kulturtechniker meist von anderen abhängig, was die Bereitstellung von Daten betrifft. Liefern diese die benötigten Daten zu spät, unvollständig, fehlerhaft oder gar nicht, verursacht das unnötige Kosten und vor allem Arbeitseinsatz, wenn Pläne, Berechnungen oder Gutachten wiederholt überarbeitet werden müssen. (Das kommt in manchen Betätigungsfeldern oft vor.)

Viel draußen in der Natur??
Je nach Betätigungsfeld und Unternehmensgröße variiert das Verhältnis von Büro- und Feldarbeit. Wenn in einer kleinen Firma die meisten anfallenden Aufgaben selbst erledigt werden, hat das den Vorteil, dass die Tätigkeit für die einzelnen Mitarbeiter sehr abwechslungsreich ist. Außerdem ist man nicht nur im Büro beschäftigt, sondern auch draußen vor Ort. In großen Büros, die für die verschiedenen Arbeitsbereiche eigene Abteilungen haben, kann es vorkommen, dass man mehr Zeit vor dem Computer verbringt als draußen in der Natur.

(Frei-)Zeitmanagement
Wie auch in anderen technischen Berufen muss man als Kulturtechniker in einem Planungsbüro mit mehr als 40 Arbeitsstunden pro Woche rechnen. Die Arbeitszeit variiert jedoch mit der Größe des Unternehmens, der Position, die man innehat (Projektleiter oder -mitarbeiter) und dem Stadium des Projektes (kurz nach der Akquisition eines Auftrages oder kurz vor Projektabschluss). Als Projektleiter gibt es immer Arbeit, da auch administrative Tätigkeiten sowie die Projektorganisation zu erledigen sind. Steht ein Projekt vor dem Abschluss, sind lange Abende und eventuelle Zusatzstunden am Wochenende einzuplanen. Die Zeit für Hobbys ist in solchen Phasen dann eher spärlich bemessen.

Finanzieller Aspekt / Chancen am Arbeitsmarkt:

Im Verhältnis zu anderen Berufsgruppen und der Verantwortung, die man als Planender hat, ist die Bezahlung in technischen Berufen mitunter sehr gering. Als Planender befindet man sich zwischen Auftraggeber, der so wenig wie möglich für sein Vorhaben bezahlen will, und den ausführenden Firmen, die sich ihre Arbeit (verständlicherweise) gut bezahlen lassen. Im Falle eines/einer Angestellten eines kleinen Kulturtechnikbüros sieht es dann finanziell nicht so rosig aus, wie wenn man Mitarbeiter eines großen Ingenieurbüros ist, das in verschiedenen Geschäftsfeldern tätig ist, oder wenn man auf der Seite der Auftraggeber arbeitet. Als angestellter Berufsanfänger verdient man im Schnitt 2.500 Euro brutto im Monat.

Die Jobaussichten sind im technischen Bereich jedoch nach wie vor gut. Da während des Studiums ein Pflichtpraktikum zu absolvieren ist, sind erste Kontakte in die Arbeitswelt schnell geknüpft. Arbeitet man als Student in einem fachspezifischen Nebenjob, lernt man potenzielle Arbeitgeber kennen, die einen eventuell nach dem Abschluss übernehmen. Studierende, die „nur" studieren, super Noten haben und möglichst schnell mit dem Studium fertig werden, haben es mitunter schwerer, einen Einstieg ins Berufsleben zu finden.

Resümee:

Die Möglichkeiten als Kulturtechniker sind vielfältig und abwechslungsreich. Man kann dabei mitwirken, die Ressourcen unserer Erde zu schützen und nachhaltig zu nutzen. Doch nicht immer ist das Studium heutzutage tatsächlich ausschlaggebend für die Arbeit/den Fachbereich, in dem man im Laufe der Berufstätigkeit landet. Mit der breiten Basis an Grundlagen, die einem im Studium vermittelt werden, steht man als Kulturtechniker aber „nie so verkehrt da".

Landschaftsplaner / Landschaftsarchitekt

Definition:

Landschaftsplaner entwerfen und gestalten den Lebens- und Wirtschaftsraum des Menschen unter Einbeziehung der politischen, gesellschaftlichen und ökonomischen Verhältnisse. Im Zentrum der Arbeit stehen Gestaltung, Formung, Schutz, Sicherung, Sanierung und Pflege von Natur und Landschaft. In dieser Berufssparte ist eine Spezialisierung auf verschiedene Teilbereiche möglich, zum Beispiel Freiraumgestaltung, Naturschutz, Landschaftsbau oder andere. (Siehe Hinweis am Ende des Vorworts)

Voraussetzungen / Aus- und Weiterbildung:

Landschaftsplaner studieren auf der BOKU (Universität für Bodenkultur in Wien). Früher hat man Gewässerökologie und Landschaftsökologie beziehungsweise Landschaftsökologie und Landschaftsgestaltung studiert. Eine Berufsvertretung war nicht vorhanden und im

Wesentlichen hatte man nur die Möglichkeit, sich nach dem Uniabschluss selbstständig zu machen. Büros, wo man als Angestellter arbeiten hätte können, gab es (noch) nicht; die Idee, Technik und Natur miteinander zu verbinden, wurde erst vor dreißig Jahren entwickelt und ein nicht vorhandenes Berufsbild musste erst entstehen. Heute kann auf der BOKU „Landschaftsplanung und Landschaftsarchitektur" studiert werden. Nach einer gewissen Praxiszeit kann die Ziviltechnikerprüfung abgelegt werden und man ist damit Ingenieurkonsulent (*siehe unter Ziviltechniker*); erst dann kann man sich mit seinem eigenen Planungsbüro selbstständig machen.

Arbeitsalltag / Vor- und Nachteile:

Bestimmt der Schwerpunkt auf der Uni das spätere Betätigungsfeld?
Die Bereiche, in denen man nach Abschluss des Studiums tätig sein kann, sind sehr vielfältig. Man setzt schon während seiner Ausbildung Schwerpunkte, zum Beispiel in Richtung Landschaftsarchitektur, Landschafts-, Freiraum-, Entwicklungs-, Raum- und Verkehrs-, Gewässer-, Umwelt- sowie Freizeit- und Tourismusplanung. Diese Schwerpunkte geben aber noch nicht das Spezialgebiet im späteren Berufsleben vor. Durch das Studium schlägt man zwar eine gewisse Grundrichtung zum Beispiel in Planung oder Ökologie ein, innerhalb dieser gibt es dann eine große Bandbreite von Berufen. Uniabgänger sind quasi noch nicht einsetzbar, sie müssen erst ausgebildet werden. In den größeren österreichischen Büros – von denen es nicht viele gibt – arbeiten zwischen 20 und 40 Leute in den verschiedenen Fachgebieten. Es gibt meistens Entwurfsplaner, die die ersten Ideen skizzieren, und Ausführungsplaner, die die Ideen so umsetzen, damit danach gebaut werden kann. Die übrigen Büros sind deutlich kleiner.

Was macht ein Landschaftsplaner überhaupt?
Man berät im Umweltbereich bei verschiedensten Projekten und unterstützt seine Auftraggeber dabei, erforderliche Genehmigungen zu erlangen und die Projekte umzusetzen. Ein Landschaftsplaner ist kein „Eingriffsplaner", sprich, man greift nicht in die Natur ein und verändert sie. Man wird dort eingesetzt, wo durch Projekte nachteilige Effekte für die Natur zu erwarten sind. Wenn Straßen, Kraftwerke, Windkraftanlagen, Freizeit- und Tourismuseinrichtungen, Parks usw. errichtet werden oder Rohstoffe irgendwo im Grünen abgebaut werden sollen, dann geschieht dies nicht ohne Eingriff in die Natur beziehungsweise in das Landschaftsbild. Der Landschaftsplaner analysiert Bauvorhaben, setzt sich mit dem Ist-Zustand auseinander und entwickelt Konzepte, die den Bau trotz des Eingriffs in die Natur möglich machen; man überlegt sich, welche Begleitmaßnahmen in ökologischer/ökonomischer Hinsicht ergriffen werden könnten, damit der Eingriff minimiert oder kompensiert wird. Nicht alles ist übrigens Planung. Sehr wichtig ist auch die strategische Beratung: Wie legt man ein Projekt an? Wie geht man vor? Man koordiniert Projekte, leitet sie und/ oder hat die Bauaufsicht über. Bei Bauprojekten ist der Landschaftsplaner vor Ort und hat Projekt- und Baubesprechungen mit Auftraggeber und Behörden. Damit ist man auch viel unterwegs – außer man ist ausschließlich als Entwurfs- und Ausführungsplaner tätig.

Ein rauer Wind, der einem entgegenschlägt
Wenn zum Beispiel in einem Gemeindegebiet etwas gebaut werden soll, finden oft Bürgerinformationsveranstaltungen statt, wo das Projekt vorgestellt wird und die Bürger die Möglichkeit haben, Einblick in das Vorhaben zu erhalten. Da schlägt einem oft ein rauer Wind von den Betroffenen entgegen und man braucht eine dicke Haut: Die Leute wissen nicht, worum es geht, und sind dagegen.

Abhängig von öffentlichen Aufträgen
Auftraggeber von Planungsbüros sind überwiegend die öffentliche Hand (Bund, Länder, Gemeinden) und Unternehmen in Staatshand oder auch staatsnahe Firmen. Ein Vorteil ist, dass man nie Zahlungsausfälle erleidet, ein Nachteil, dass Budget-Engpässe zu spüren sind – es gibt dann weniger Aufträge. Staatliche Auftraggeber sind schwerfällig – es wird oft ewig lange überlegt und „nichts geht weiter", dann wiederum muss es schnell gehen und ein politischer Wille umgesetzt werden.

Politische Einflussnahme?
Es kommt auf den Sektor an, in dem ein Landschaftsplaner tätig ist: Im Gewässersektor zum Beispiel läuft es weniger politisch ab. Je mehr man in den Straßenbau kommt, desto mehr mischt die Politik mit: Eine Straße soll gebaut werden. Man erstellt ein Gutachten und erörtert, wo die Straße – um die Natur am wenigsten zu beeinflussen – verlaufen sollte. Mit dem Ergebnis ist der Bürgermeister nicht glücklich, für Gemeindeinteressen wäre es sinnvoller, wenn die Straße woanders gebaut würde. Es ist fast immer so, dass das Ergebnis des Gutachtens des Landschaftsplaners und die Gemeindeinteressen „meilenweit" auseinanderliegen. Landschaftsplanung bewegt sich immer im Spannungsfeld zwischen dem politischen Willen/der politischen Einflussnahme und dem Naturschutz.

Interdisziplinäres Arbeiten
Ein Landschaftsplaner ist kein Einzelkämpfer, sondern arbeitet im Team. In dem Beruf hat man auch – je nach Projekt – viel Kontakt zu anderen Berufsgruppen: zu Biologen, Technikern, Rechtsanwälten, zu Behörden, mit denen es auch Projektbesprechungen gibt.

Finanzieller Aspekt / Chancen am Arbeitsmarkt:

Ein Angestellter in einem Planungsbüro sollte sich darauf einstellen, dass er relativ viel arbeitet, aber nicht viel verdient. Für Projekte und Gutachten gibt es Abgabetermine, die einzuhalten sind, und gegen Ende wird es immer stressig; man arbeitet oft auch abends. Wenn man Projekte außerhalb des Wohnortes verwaltet und zu Projektbesprechungen und/oder Behördenterminen muss, kann es auch sein, dass man über Nacht weg ist. Meistens wird kollektivvertraglich entlohnt und das ist nicht viel. Es ist übrigens derselbe Kollektivvertrag wie der der Architekten. Manche Büros zahlen nach einigen Jahren über dem Kollektivvertrag. Als Selbstständiger ist man auch kein Schwerverdiener – die Konkurrenz wird größer und den Markt muss man sich teilen. Die Auftraggeber erwarten sich, dass die Leistung nicht viel kosten darf, aber von hoher Qualität ist. Will man viel Geld verdienen, ist das der falsche Job. Im Verhältnis zum Zeiteinsatz (als Selbstständiger arbeitet man auch oft am Wochenende) ist der Verdienst nicht berauschend.

Wie sind die Jobaussichten? Es ist eng, weil auch für die Planungsbüros – die Dienstgeber der Angestellten – der Markt enger geworden ist. Aber grundsätzlich findet ein Landschaftsplaner eine Anstellung, wenn er sich wirklich interessiert und dahinterklemmt. In diesem Beruf kann man in so vielen Bereichen arbeiten, es muss nicht klassisch ein Planungsbüro sein. Viele machen sich auch selbstständig und versuchen, eine Nische zu finden, oder nehmen an öffentlichen Ausschreibungen und Wettbewerben teil und hoffen zu gewinnen, um sich dadurch zu etablieren und zu Aufträgen zu kommen.

Resümee:
Die möglichen Betätigungsfelder eines Landschaftsplaners sind sehr vielfältig. Gut ist es, wenn man bereits neben dem Studium in unterschiedlichen Ziviltechnikerbüros arbeitet und sich anschaut, was es so alles gibt. Unter Umständen ergibt sich daraus bereits der erste richtige Job, wenn man mit dem Studium fertig ist.

Landwirt

Definition:
Ein Landwirt oder Bauer befasst sich mit der zielgerichteten Herstellung pflanzlicher oder tierischer Erzeugnisse auf einer zu diesem Zweck bewirtschafteten Fläche. (Siehe Hinweis am Ende des Vorworts)

Voraussetzungen / Aus- und Weiterbildung:
Eine Ausbildung ist vorteilhaft, zum Beispiel zum landwirtschaftlichen Facharbeiter. Quereinsteiger haben es nicht so einfach: Höfe werden in der Regel innerhalb der Familie weitergegeben; als „Nicht-Bauernkind" kann man eventuell von jemandem, der keine Kinder hat, den Betrieb übernehmen, meist auf Leibrentenbasis, oder aber man heiratet in eine Bauernfamilie ein. Eine weitere Schwierigkeit ist, dass gewisse Dinge nicht erlernt werden können; es dauert Jahre bis Jahrzehnte, um die für eine Führung eines landwirtschaftlichen Betriebs erforderliche Erfahrung zu gewinnen. Man muss zum Beispiel ein Gefühl für das Wetter entwickeln, um zu wissen, wann man ernten kann. Wenn man von diesen und ähnlichen Dingen keine Ahnung hat, kann eine Landwirtschaft hobbymäßig geführt werden, aber nicht hauptberuflich.

Arbeitsalltag / Vor- und Nachteile:

Es kommt auf den Betrieb an
Es lässt sich nicht verallgemeinern, wie das (Berufs-)Leben als Landwirt ist. Es kommt auf die Größe des Betriebes an (Hat man Angestellte oder bleibt die Arbeit hauptsächlich an einem selbst hängen?) und darauf, worauf der Betrieb spezialisiert ist. Allerdings lässt sich verallgemeinernd sagen, dass heutzutage kein Landwirt mehr alles selbst herstellt – das rentiert sich nicht mehr.

Ohne Förderung geht es nicht
Ohne EU-Förderung kann heute ein Vollerwerbsbetrieb nicht überleben, weil die Preise für die Produkte nicht passen (das Leben wird teurer, nur für seine Produkte bekommt man immer weniger bezahlt). So gesehen ist die Förderung ein Ausgleich für das finanzielle Loch, das entsteht. So sehr man die Förderungen braucht, so mühsam ist das „Drumherum". Bekommt man eine Förderung bewilligt, werden einem Auflagen erteilt und in seinen Entscheidungen ist man nicht mehr so frei – man muss sich an EU-Regeln halten und wird auch kontrolliert. Passt etwas nicht, werden Förderungen zurückgenommen und/oder Strafen erlassen. Das Schwierige ist, dass die Regelungen nicht einheitlich sind und jährlich geändert werden.

Geschäftsmann sein
Man hat ein Produkt, das man an den Mann bringen muss. Es ist also auch wichtig, in der Vermarktung gut zu sein und sein Produkt auch zu verkaufen, wenn es in einer Krise (zum Beispiel Fleischskandal) steckt und die Preise unten sind.

Freiheit – Verbundenheit mit der Natur
Auch wenn man viel zu tun hat, hat man die Freiheit, sich alles selbst einzuteilen. Man ist sein eigener Chef. Ein Landwirt arbeitet viel an der frischen Luft und am Abend, wenn man nach Hause kommt, weiß man, was man geleistet hat.

Arbeitszeiten

Ein Landwirt ist „angebunden" – eine Landwirtschaft ist sehr zeitaufwendig und man kann nicht einfach spontan ein Wochenende wegfahren. Ein Landwirt kann praktisch nicht Urlaub machen beziehungsweise es ist nicht so einfach. Grundsätzlich hat man wenig Freizeit und arbeitet viel für wenig Geld. Wenn ein Betrieb Tiere besitzt, hat der Bauer keinen freien Tag – vor allem Milchkühe müssen zwei Mal am Tag gemolken werden und das sieben Mal die Woche. In der Regel steht man früh auf und arbeitet, solange es hell ist. Im Winter ist weniger zu tun. Dennoch ist der Beruf sehr gut mit der Familie vereinbar.

Finanzieller Aspekt / Chancen am Arbeitsmarkt:

Das Einkommen lässt sich nicht einschätzen. Man weiß nicht, wie viele seiner Produkte man verkaufen wird. Die Höhe der EU-Förderung steht zwar von vornherein fest, das heißt allerdings noch nicht, dass man sie auch bekommt: Es werden Kontrollen durchgeführt und bei Unstimmigkeiten (zum Beispiel die Futterfläche ist nicht so groß wie angegeben, weil eine bestimmte Pflanze nicht als Futterpflanze gilt und daher die Fläche in Abzug gebracht wird), stehen finanzielle Abstriche an.

Wenn man Gewinne erzielen will, muss der Betrieb eine gewisse Größe haben.

Eine Anstellung zu finden ist nicht so einfach. Eine Landwirtschaft ist meist ein Familienbetrieb, an dem mehrere Generationen mitarbeiten. Je größer sie ist, desto eher werden „Familienfremde" angestellt. Landwirte von so großen Betrieben, dass sie nicht mehr als Landwirte im eigentlichen Sinn, sondern als Geschäftsleute gelten (Angestellte und Maschinen erledigen die Arbeit), sind hier nicht Thema.

Resümee:

Einer der Berufe, in die man hineingeboren wird oder beispielsweise durch Eheschließung kommt. Man lebt den Beruf – Wochenende im üblichen Sinn (Freizeit) gibt es hier nicht. Gesetzliche (EU-)Bestimmungen erschweren den Alltag, Förderungen ermöglichen ein Überleben.

Tierarzt

Definition:

Tierärzte (Veterinärmediziner) pflegen und behandeln erkrankte Tiere. Sie kümmern sich um die Krankheitsvorsorge (Impfungen, Seuchenbekämpfung), versorgen Wunden und Brüche, führen Sterilisationen und Kastrationen durch und schläfern altersschwache, schwer kranke oder stark verletzte Tiere ein. Im städtischen Bereich führen sie eigenständig oder gemeinsam mit Berufskollegen Kleintierpraxen und betreuen Haustiere wie Hunde, Katzen, Meerschweinchen oder Wellensittiche. Im ländlichen Bereich versorgen sie landwirtschaftliche Nutztiere wie Kühe, Pferde, Schafe, Ziegen vor Ort auf den Bauernhöfen medizinisch. Außerdem sind Tierärzte an veterinärmedizinischen Universitäten, in Versuchsanstalten und pharmazeutischen Labors beschäftigt. (Siehe Hinweis am Ende des Vorworts)

Voraussetzungen / Aus- und Weiterbildung:

Es ist an der Universität für Veterinärmedizin zu studieren.

Arbeitsalltag / Vor- und Nachteile:

„Man muss den Tieren manchmal wehtun, um ihnen zu helfen"
Nicht jedem, der Tierarzt werden will, ist das klar. Eine Impfung tut weh, Blut abnehmen tut weh, Zäpfchen in den After einführen ist unangenehm usw. Es ergibt sich zwangsläufig aus der Behandlung, dass Tieren manchmal wehgetan wird. Kein Arzt quält die Tiere unnötig, aber aus der Behandlung ergeben sich manchmal auch Schmerzen. Wenn man zum Beispiel ein verunfalltes Tier versorgen muss, hat man es zu untersuchen und zu röntgen, das ist für das Tier unangenehm. Außerdem kann man nicht immer alle Tiere retten – manche sterben.

Routinearbeiten
… des Tierarztes in der Großtierpraxis unterscheiden sich (klarerweise) grundlegend von jenen des Tierarztes in der Kleintierpraxis. Am Land arbeitet der Tierarzt überwiegend vor Ort im Kuh-, Pferde- und Schweinestall – um es beim Namen zu nennen – und das ist nicht böse gemeint – sehr viel im Dreck. So gemütlich und stresslos, wie das Tierarztdasein im Fernsehen gerne dargestellt wird, ist der Beruf nicht. Um sechs Uhr morgens – wenn die Bauern vom Stall kommen – gibt es die ersten Anrufe: Das Kalb frisst nicht, die Kuh kann nicht aufstehen, der Hund übergibt sich oder ein Tier ist zu operieren. Es kommen laufend Meldungen und man teilt sich den Tag ein. Es gibt Zeiten, da folgt ein Notfall dem anderen, und dann wiederum welche, an denen es eher ruhig abläuft. Wann ist ein Tag eher ruhig? Das sind so in etwa „nur" sechs Behandlungen am Tag. Zimperlich darf ein Tierarzt auch nicht sein; eine Kuh zu besamen (der Tierarzt führt die Samen ein!) und Kotanalysen gehören am Land zu Routinearbeiten.

Der Tierarzt in der Kleintierpraxis behandelt Kleintiere, also Hunde, Katzen, Meerschweinchen & Co, in seiner Praxis. Hausbesuche gibt es, aber sehr selten. Überwiegend handelt es sich bei den Routinearbeiten um Impfungen, Bissverletzungen, Augenverletzungen oder -entzündungen, Bänderrisse oder -zerrungen, Durchfall, Behandlungen von verunfallten Tieren und Ähnliches: Der Tierarzt gibt also nicht lediglich die Spritze und alles wird gut. Der Beruf ist sehr vielseitig und wie bei der Humanmedizin gibt es auch bei der Veterinärmedizin Spezialisierungen.

Kraftarbeit?
Das ist ein Irrglaube. Assistiert der Tierarzt zum Beispiel bei der Geburt eines Kalbes, dann richtet er die Kuh ein (das bedeutet, der Arzt sorgt dafür, dass das Kalb in der Kuh richtig liegt und dadurch leichter rauskommen kann) und beim Rausziehen helfen die Bauern; der Arzt gibt die Anweisungen.

Auch für den Tierarzt in der Kleintierpraxis ist der Beruf weniger körperlich als vielmehr oft psychisch anstrengend – ein nicht zu unterschätzender Teil der Arbeit ist psychologischer Dienst am Tierbesitzer. Diese wollen sich über ihre Probleme ausreden. Oder wenn ein Tier eingeschläfert werden muss, muss der Tierarzt einfühlsam sein können. Vor allem wenn Kinder ihre Tiere zum Einschläfern bringen, gibt es oft sehr traurige Situationen.

Auch das kommt vor
Dass am Sonntag am Abend jemand anruft, der Wurmtabletten für sein Tier haben möchte – und zwar sofort. Oder Tierbesitzer, die mittels Google die Krankheit ihres Tieres prognostizieren und dem Tierarzt sagen, was er verschreiben soll. Wenn der Tierarzt die Diagnose des Tierhalters nicht teilt, ist es oft schwierig, diesen zu überzeugen – und mühsam. Unbefriedigend ist der Job für einen Tierarzt am Land, wenn man weiß, was dem Tier fehlt, aber eine Behandlung nicht gewünscht ist: „I brauch kan Arzt, also brauchen meine Viecha a kan" oder abgelehnt wird, weil die Behandlung zu teuer und daher unwirtschaftlich ist. Leider steht bei den Bauern die Wirtschaftlichkeit oft im Vordergrund und nicht die Heilung oder schmerzfreie Behandlung des Tieres: Zum Beispiel werden Ferkel ohne Betäubung kastriert, weil die Bauern die Narkose nicht bezahlen wollen.

Langweilig?
Auf keinen Fall. Man ist ja ständig unterwegs, da man vor Ort behandelt, und jeder Tag schaut für den Tierarzt am Land anders aus. Der Alltag am Land und die dortigen Gegebenheiten sorgen für Abwechslung und oft lustige Situationen. Außerdem hat man viel Kontakt zu Menschen; und bleibt einem zwischen den Terminen Zeit für einen Kaffee, ist das „einfach nett".

In einer Praxis kann es zwar vorkommen, dass zehn Tiere hintereinander mit dem gleichen Leiden kommen, aber dennoch wird jedes Tier individuell behandelt. Die Ursache für dieselbe Krankheit kann eine ganz andere sein. Jedem Tierbesitzer stellt man viele unterschiedliche Fragen, um den Grund ermitteln zu können. Das macht es spannend.

Die Zahlungsmoral der Tierbesitzer
Mit Bauern gibt es keine Zahlungsprobleme – diese bezahlen immer. Im Gegensatz dazu ist die Zahlungsmoral von Pferdebesitzern sehr schlecht; meistens sind es junge Mädchen, die Pferde halten, und diese haben zu wenig Geld, um den Tierarzt zu entlohnen. Noch schwieriger hat es der Tierarzt in der Kleintierpraxis. Tierhalter wollen nicht verstehen, dass sie auch bezahlen müssen, wenn der Arzt feststellt, dass das Tier gesund ist; oder es gibt Tierhalter, die schon mit dem Vorsatz kommen, nicht zu bezahlen. Viele wollen nicht verstehen, dass Medizin für Tiere Geld kostet. Sie zahlen ja bei ihrem Hausarzt für sich selbst auch keine Behandlung – so die Denkweise mancher. Aber dass die Krankenkasse für Tiere nicht einspringt, wird gerne in den Hintergrund gedrängt. Oder es bitten Tierbesitzer um einen Erlagschein und zahlen dann nie ein. Nicht selten kommt es deswegen zu Diskussionen bis Streitereien, weil sie nicht bezahlen (möchten).

Latex bei -15°C und andere Unannehmlichkeiten
Besonders unangenehm ist es, im Winter bei -15°C bei der Geburt eines Kalbs zu helfen: Es ist nämlich wirklich sehr, sehr kalt, wenn man statt einem Anorak einen Latexmantel anziehen muss. Erkältungen und Gelenkschmerzen sind oft die Folge. Außerdem hat man von der Arbeit oft Schmerzen an der Halswirbel- und Lendenwirbelsäule. Manche Tiere im Stall beißen und treten – man muss aufpassen.

Aber auch der Tierarzt einer Kleintierpraxis kann sich kleinere und größere Verletzungen zuziehen: Bissige Hunden und Katzen gehören zum Alltag. Wenn man dem Hund einen Beißkorb umschnallt oder Katzen, die sich nicht behandeln lassen wollen, in den Quetschkäfig kommen, kann man sich einerseits schützen und andererseits überhaupt erst in die Lage kommen, die Tiere zu behandeln. Das gefällt den Tieren nicht, aber auch die Tierbesitzer sind oft entsetzt.

Stand-by und Arbeitszeiten

Als Tierarzt am Land ist man Tag und Nacht erreichbar. Man kann nicht sagen, ob der Arbeitstag um acht Uhr abends oder um Mitternacht endet oder ob noch in der Nacht schnelle Hilfe erforderlich ist. Die Bereitschaft eines Tierarztes am Land ist um zehn Uhr am Vormittag genauso gefragt und notwendig wie um zwei Uhr nachts. Man arbeitet also sehr viel. Zu Mittag kann man meistens Pause machen. Die Arbeit lässt sich im Grunde in Ruhe erledigen. Die Arbeits- und Ordinationszeiten kann der Tierarzt einer Kleintierpraxis hingegen selbst bestimmen. Zum Beispiel hat er nachmittags die „normale Ordination" und vormittags behandelt man nach Vereinbarung Tiere. Den Vormittag nützt man dann für Operationen und langwierigere Behandlungen. Es gibt auch die Möglichkeit, für den Notdienst am Wochenende und in der Nacht zu arbeiten. Die Tiernotzentrale leitet dann Anrufe weiter und so kann es sein, dass man mitten in der Nacht noch in die Praxis muss.

Privatleben

Als Tierarzt in einer Großtierpraxis beeinflussen die unberechenbaren Arbeitszeiten das Privatleben; man kann sich de facto keine Treffen mit Freunden abends ausmachen – oder zwar ausmachen und dann möglicherweise beziehungsweise meistens wieder kurzfristig absagen. Hat man keinen Kollegen, mit dem man sich die Abenddienste teilen kann, dann ist das oft der Fall. Diese Probleme hat man als Tierarzt in einer Kleintierpraxis nicht.

Finanzieller Aspekt / Chancen am Arbeitsmarkt:

Als Tierarzt ist man nicht automatisch reich – das ist eine Fehleinschätzung Außenstehender. Man darf nicht dem Irrtum unterliegen, dass man nach Absolvierung dieses „elendslangen" und sehr harten Studiums eine Praxis aufmacht, sich selbstständig macht und gut verdient. Grob gesagt gilt: Je mehr im Westen Österreichs, desto weniger Tierärzte gibt es und desto besser verdient man, weil die Konkurrenz in dieser Gegend geringer ist. In Wien gibt es an „jeder Ecke" einen Tierarzt und die Konkurrenz ist groß. Viele – vor allem junge Kollegen – arbeiten an der Selbstkostengrenze, um Patienten zu gewinnen. Sie verkaufen Medikamente zum Einkaufspreis und zahlen somit die Umsatzsteuer aus eigener Tasche (!!!), bloß, um billiger als alle anderen zu sein. Das schafft eine schwierige Situation, weil Patienten abwandern, wenn man nicht mitzieht.

Resümee:

Viele Tierärzte arbeiten in Tierkliniken oder sind in einer Praxis angestellt, wo sie meistens für relativ wenig Geld viel arbeiten. Weiters kann man als Tierarzt seine Zeit nicht nur mit der Behandlung von Tieren verbringen. Für Selbstständige kommt noch ein Administrationsaufwand dazu, mit dem viele nicht rechnen. Einen Teil der Zeit wendet man für Steuerangelegenheiten, Einhaltung diverser Vorschriften, für die Kammer und Behörden auf. Oft machen die Besitzer von Kleintieren dem Tierarzt das Leben sehr schwer.

Sicherheit / Zivilschutz

Berufsfeuerwehrmann

Definition:

In Gefahrensituationen sind die Berufsfeuerwehrleute rasch zur Stelle. Sie sind nicht nur bei Bränden im Einsatz, sondern auch im Zivil- und Katastrophenschutz (bei technischen Störfällen, Unfällen, Naturereignissen ...). Sie bergen Menschen und Tiere, etwa bei Einsturzgefahr von Häusern oder nach Unfällen aus Fahrzeugen, und verwenden unter anderem Löschgeräte, Schläuche, Leitern, Atemschutzgeräte und Bergegeräte. Berufsfeuerwehrleute verhalten sich äußerst diszipliniert, arbeiten im Team, außerdem mit Kollegen aus den Bereichen Sicherheit und Gesundheit (zum Beispiel mit der Polizei oder Fachkräften des Rettungsdienstes) zusammen. (Siehe Hinweis am Ende des Vorworts)

Voraussetzungen / Aus- und Weiterbildung:

Es ist nicht so einfach, in eine Berufsfeuerwehr hineinzukommen. Der österreichweite Brandschutz erfolgt durch die freiwillige Feuerwehr. Berufsfeuerwehren gibt es in Wien, Graz, Linz, Innsbruck, Klagenfurt und Salzburg – dementsprechend viele Bewerber konzentrieren sich also auf die sechs Berufsfeuerwehren. Immer wieder wird daher von der Wiener Berufsfeuerwehr ein Aufnahmestopp verhängt. Etwas einfacher ist es in den Bundesländern. In Linz zum Beispiel wird jedes Jahr ein Aufnahmeverfahren durchgeführt. Die Modalitäten sind von Bundesland zu Bundesland verschieden. Es macht daher auf jeden Fall Sinn, bei der Geschäftsstelle der jeweiligen Feuerwehr anzurufen, um sich zu erkundigen. Wird man zum Aufnahmeverfahren zugelassen, muss man (neben verschiedenen anderen Voraussetzungen) diverse Eignungstests bestehen (einen körperlichen und einen theoretischen). Dazu kommt, dass man schon einen Beruf erlernt haben muss. Technisch handwerkliche Ausgebildete (Mechaniker, Elektriker, Installateur, Tischler ...) werden bevorzugt aufgenommen. Für eine Offizierslaufbahn ist ein technisches Studium vorteilhaft. Hat man die Prüfungen geschafft und erfüllt auch die sonstigen Voraussetzungen, kommt man in die Phase des Aufnahmewerbers: Man wartet also darauf, aufgenommen zu werden, um zunächst mit der Grundausbildung beginnen zu können. Auch hier sind die Regelungen länderspezifisch verschieden: In Wien wird eine Liste geführt, in der die Leute nach dem Zeitpunkt ihres Bestehens der Prüfungen gereiht werden. Je mehr Aufnahmewerber vor einem die Prüfungen geschafft haben und auf eine Aufnahme warten, desto länger dauert es, bis man selbst an die Reihe kommt. Aber irgendwann klappt es. In Linz gibt es keine

Wartelisten, wird man nicht im Jahr der Prüfungen aufgenommen, muss man sich nächstes Jahr wieder bewerben. Aber selbst wenn man endlich mit der Grundausbildung beginnen kann, heißt das noch nicht, dass man fix bei der Berufsfeuerwehr bleibt. Die Karriere dort kann jederzeit (außer man ist bereits pragmatisiert) zu Ende sein. Die Aufnahmebedingungen sind übrigens für Frauen und Männer gleich. Wahrscheinlich mit ein Grund, wieso es in Wien nur drei Feuerwehrfrauen gibt (körperlich wird einem sehr viel abverlangt). Bei der Polizei oder beim Bundesheer gibt es für Frauen gelockertere Aufnahmebedingungen.

Arbeitsalltag / Vor- und Nachteile:

Heroes im Kampf gegen das Feuer?
Der Job wird spektakulärer dargestellt, als er in der Realität ist – mit viel Action und vielen gefährlichen Situationen. Tatsächlich aber verbringt ein Berufsfeuerwehrmann die meiste Zeit in Bereitschaft – wenn nichts passiert, dann passiert nichts. Es kommt zwar darauf an, wo man stationiert ist, aber es ist grundsätzlich nicht so viel los, wie sich manch Außenstehender vielleicht erwartet. So ist in Wien zum Beispiel die Arbeit nicht auf jeder Feuerwache gleich – in manchen Wiener Bezirken gibt es mehr Einsätze als in anderen. Es kann vorkommen – je nach Standort –, dass eine Woche lang (das sind zwei bis drei Dienste) nichts passiert und man nur auf der Wache sitzt. Und selbst wenn etwas los ist: Bei den wenigsten Einsätzen wird Feuer gelöscht. Hauptsächlich hat man „technische Einsätze", man wird also zu Verkehrs- oder Arbeitsunfällen gerufen, zur Beseitigung von Gefahren, zum Öffnen von Türen und Ähnlichem. Erwartet man sich, von einem Einsatz zum anderen zu fahren und überwiegend Bränden den Garaus zu machen, hat man damit eine grundlegend falsche Vorstellung von dem Beruf.

Was macht man in der „einsatzfreien" Zeit?
Ein Dienst dauert 24 Stunden: einen Tag und eine Nacht. Wie verbringt man die Zeit, in der kein Einsatz ist? Auf den Feuerwachen versorgt man sich selbst (die Feuerwehrleute kochen ihr Mittag- und Abendessen selbst), sie schlafen auf der Feuerwache (es gibt dort Betten), sie besuchen Kurse (man wird laufend aus- und weitergebildet), sie machen Sport, um sich fit zu halten, warten Geräte usw. Es ist wie eine Familie, die einen Haushalt führt, der 24 Stunden „geschupft" werden muss. Man hat eben keinen 8-Stunden-Bürojob, sondern arbeitet und lebt in einem System und verbringt auch Zeit mit den Kollegen – die Kamerad- und Kollegenschaft ist in diesem Job sehr ausgeprägt.

Die Einsätze
Jeder Tag ist anders und bringt etwas Neues. Kommt ein Einsatz rein und fährt man zum Einsatzort, weiß man grundsätzlich, welcher Art der Einsatz ist, ob zum Beispiel Verkehrsunfall oder einsturzgefährdetes Gebäude, man weiß, ob es gefährlich oder ungefährlich ist. Oft rückt man auch zu einem Fehlalarm aus: Eine Alarmanlage geht los, obwohl es gar nicht brennt. Teilweise rufen Leute wegen Banalitäten an – auch das ist Alltag.

Wie gefährlich ist der Job?
Begibt man sich in ein Gebäude, in dem es brennt oder das stark einsturzgefährdet ist, setzt man sich immer einer Gefahr aus. Zum Glück passiert relativ selten etwas. Das liegt zum einen daran, dass die Feuerwachen über sehr gute Ausrüstungen (Geräte und Einsatzkleidung) verfügen, und zum anderen daran, dass es genug Feuerwehrleute gibt, das Team sehr gut geschult ist und gut zusammenarbeitet – alle wissen in der konkreten Situation, was zu tun ist. Jeder, der einen Kollegen ins Feuer schickt oder selbst reingeht, weiß genau, was sich am jeweiligen Brandort, in der jeweiligen Situation, abspielt. Durch diese Faktoren verringert sich das Risiko, dass einem etwas zustößt. In den USA beispielsweise passiert viel mehr, weil die Feuerwehrleute viel offensiver und aggressiver vorgehen. Dort erledigen sie vieles im Alleingang, zum Beispiel das Dachfenster eines brennenden Hauses aufmachen und einsteigen. Keiner kann der Person helfen, wenn sie irgendwo hinein- oder hinunterfällt. In Österreich geht man in jeder Situation im Team vor. Überhaupt hat das Riskieren des eigenen Lebens seine Grenzen: Wenn ein Haus einzustürzen beginnt und man nicht weiß, ob sich noch ein Mensch drinnen befindet, muss man abwägen: Riskiert man sein eigenes Leben und das seines Teams, um herauszufinden, ob sich noch jemand im Gebäude befindet oder nicht?

Psychischer Druck
Auch wenn der Dienst in weiten Strecken in Bereitschaft besteht, sind die Einsätze selbst oft schwierig: Man wird beispielsweise bei schweren Verkehrsunfällen mit Dingen konfrontiert, mit denen man im „normalen" Leben nichts zu tun hat. Das kann belasten. Man muss abschalten können und gewisse Dinge in der Arbeit lassen. Schafft man das nicht, strapaziert man nicht nur sich selbst, sondern unter Umständen auch seinen Partner.

Dienste, Freizeit und Familienleben
Als Feuerwehrmann ist man 24 Stunden in der Arbeit und hat dann 24 Stunden frei. Mit zwei Diensten in der Woche kommt man bereits auf 48 Stunden, meistens hat man in der Woche bis zu drei Dienste, Überstunden sind vorprogrammiert. Pro Jahr gibt es daher zusätzlich zum Urlaub freie Tage als Ausgleich. Ein Beruf, bei dem man am Wochenende, an Feiertagen und abends arbeitet, unter Umständen auch zu Weihnachten und Silvester. Freie Wochenenden gibt es trotzdem nur, wenn man sich an einem Wochenendtag Urlaub nimmt. Hat man zum Beispiel am Samstag Dienst, sind Freitag und Sonntag nach dem 24-Stunden-Prinzip frei; nimmt man sich nun am Samstag einen Urlaubstag, hat man ein freies Wochenende. Man muss also damit leben, dass man am Wochenende nicht weggehen kann oder eben nicht so lange, weil um sechs in der Früh der nächste Dienst beginnt und man ausgeschlafen sein muss. Die Kinder eines Feuerwehrmannes empfinden das oft nicht als Problem. Ganz im Gegenteil: Für sie ist es sogar teilweise positiv, wenn der Papa untertags zu Hause ist. Eine Schwierigkeit ist es eher für den Partner, wenn dieser tagsüber arbeitet. Verständnis muss da sein, wenn man wegen eines Dienstes nicht zu einem Geburtstagsfest oder einer anderen privaten Einladung kommen, oder schlicht am Wochenende nicht zu Hause sein kann.

Exkurs freiwillige Feuerwehr

Mit Ausnahme der Berufsfeuerwehren in den genannten Städten ist der Brandschutz in Österreich durch freiwillige Feuerwehren sichergestellt. Die Mitglieder der freiwilligen Feuerwehr arbeiten ehrenamtlich (werden nicht bezahlt). Probleme kann man mit seinem Arbeitgeber haben, wenn und weil man wegen eines Einsatzes während der Arbeitszeit weg muss. Einsätze sind eben nicht planbar.

Finanzieller Aspekt / Chancen am Arbeitsmarkt:

Berufsfeuerwehrleute sind Beamte und beziehen als solche ein Beamtengrundgehalt. Das ist nicht hoch. Sie leben von den Zulagen (unter anderem Gefahren- und Wechseldienstzulagen, Branddienstzulage), die das Nettobeamtengehalt in die Höhe treiben.

Natürlich braucht das Land immer Berufsfeuerwehrleute, doch das Aufnahmeverfahren ist schwierig (siehe „Voraussetzungen/Aus- und Weiterbildung").

Resümee:

Die meisten Berufsfeuerwehrleute können sich keinen anderen Job mehr vorstellen, er macht ihnen Spaß, wenn er auch teilweise in der Realität nicht so ist, wie man dachte, dass er ist. Schwierig kann es sein, überhaupt in eine Berufsfeuerwehr aufgenommen zu werden. Man läuft auch nicht als Held herum, ist nicht unbedingt ein Frauenliebling. Und es muss einem klar sein, dass man Beamter ist.

Kriminalbeamter

Definition:

Kriminalbeamte sind Exekutivbedienstete im Polizeidienst, die nach mehrjähriger Berufserfahrung und Weiterbildung im Kriminaldienst tätig werden. Sie sind im Rahmen der geltenden Gesetze mit der Verbrechensbekämpfung beauftragt und arbeiten in verschiedenen Sachbereichen wie zum Beispiel Terrorismus, organisiertes Verbrechen, Umweltdelikte, Wirtschaftskriminalität usw. Bei Einsätzen sichern sie den Tatort und befragen Zeugen und Verdächtige. Auch Innendienste und Büroarbeit (Protokolle schreiben, Telefonate führen usw.) sind Teil des Berufes. Kriminalbeamte arbeiten im Team mit Berufskollegen und haben Kontakt mit Mitarbeitern von Ämtern und Behörden sowie mit Bürgern und Straftätern. (Siehe Hinweis am Ende des Vorworts)

Voraussetzungen / Aus- und Weiterbildung:

Jeder Polizist kann sich nach einer gewissen Zeit (nach fünf Jahren) für die Aufnahme zum

Kriminaldienst bewerben, soweit er diverse Voraussetzungen erfüllt (unter anderem keine disziplinären Verfehlungen begangen hat). Der Andrang zur Kriminalpolizei in den Landeskriminalämtern ist gar nicht so groß. Viele bleiben lieber im „normalen" Polizeidienst, weil sie wissen, dass man als Kriminalpolizist in Akten untergeht und sehr viel Schreibarbeit zu erledigen hat. Bei den Stadtpolizeikommanden gibt es hingegen mehr Bewerber als Stellen.

Arbeitsalltag / Vor- und Nachteile:

Einblicke in die Gesellschaft – aber in die Schattenseiten
Ein Kriminalbeamter hat immer mit den schlechten Seiten der Menschheit zu tun – er beschäftigt sich mit Tätern und Verbrechen. Ein „schöner" Beruf ist das nicht, die Kriminalität wird mehr, die Arbeit schlimmer. Man gewöhnt sich daran, aber man muss aufpassen, dass man nicht zynisch wird. Sehr befriedigend sind dafür die Erfolgserlebnisse: Wenn zum Beispiel eine Einbruchsdiebstahlsbande den Bewohnern einer Stadt Angst macht, weil sie in vier/fünf Häuser pro Nacht einbricht – und das, während die Leute zu Hause sind –, und man stellt die Bande, ist das toll. Man macht etwas Sinnvolles für die Menschen.

Es gibt nicht „den" Kriminalbeamten
Viele denken beim Kriminalbeamten an den „Tatort"-Kommissar, der in Mordfällen ermittelt. Es gibt ihn, aber eben nicht nur ihn. Als Kriminalbeamter kann man auf verschiedenen Ebenen und in noch mehr verschiedenen Bereichen arbeiten. Nicht jeder ermittelt in Mordfällen. Die „Mordgruppe" ist eine von vielen sogenannten Ermittlungsgruppen. Es gibt unter anderem die Sexualdelikts-, die Wirtschafts-, die Diebstahls- oder die Computergruppe. Es gibt Spezialgruppen und das ist auch nicht anders möglich: Ermittelt man zum Beispiel in einem komplexen Fall der Wirtschaftskriminalität in einer Steuerbetrugssache, muss man sich im Steuerrecht und mit Bilanzen auskennen, um dem kriminellen Verhalten überhaupt auf die Schliche zu kommen und es zu durchschauen. Die Ermittlungsgruppen ermitteln, um ein Verbrechen zu lösen beziehungsweise um Verbrechen zu verhindern. Man befragt nicht nur Zeugen und Tatverdächtige, sondern versucht – zum Beispiel durch Überwachungen, Recherchen usw. – Verbrechen überhaupt erst auf die Spur zu kommen.

Muss Polizeiarbeit wie im Fernsehen sein???
Neben den Ermittlungsgruppen gibt es noch die sogenannten Tatortgruppen, die dasselbe machen wie die „CSI"-Detectives: Man ist am Tatort und sucht nach Spuren, sichert sie, analysiert sie und wertet sie im Labor aus (Kriminaltechnik). In Österreich setzt die Öffentlichkeit an die Realität noch nicht die Maßstäbe, wie sie in den amerikanischen Fernsehserien vermittelt werden, wo alles möglich ist und das noch dazu in kürzester Zeit, wo jeder Täter überführt wird, weil er Spuren hinterlässt. Kommt ein Fall in Österreich vor Gericht, wird noch nicht nach Ergebnissen und Beweisen à la CSI gerufen – wie es durchaus in den amerikanischen Gerichtssälen der Fall ist –, aber einfach ist es auch hier nicht. Es kommen immer Einwürfe wie: „Wieso haben Sie das nicht gemacht/untersucht?" Die Verteidiger der

Täter haken überall ein, wo sie eine Möglichkeit sehen, die Anklage zu Fall zu bringen. Und so muss man bei seiner Arbeit als Kriminaltechniker alle Eventualitäten heranziehen, sie bedenken und sein Vorgehen bei der Spurensuche und -sicherstellung sehr gut überlegen. Dieses Suchen, Finden und Sicherstellen von Beweisen und Spuren ist nicht so einfach. Man sollte sich überall auskennen: in der Chemie, in der Ballistik, bei den DNA-Spuren, bei den Faser-Spuren usw. Man bräuchte ein Wissen, das eine Person nicht haben kann. Wenn zum Beispiel ein Flugzeug abstürzt, wobei es einen Toten gibt und daher ebenfalls die Kriminalpolizei des Landeskriminalamtes zuständig ist, wäre es hilfreich, wenn sich ein Kriminalbeamter der Tatortgruppe bei Flugzeugen auskennt, zum Beispiel ein ehemaliger Pilot. Ansonsten muss man sich eben einlesen und lernen. Es ist also wichtig, lernbereit und anpassungsfähig zu sein. Tatortermittlung ist im Übrigen sehr langwierig: Man muss alles absuchen, untersuchen, bedenken und dokumentieren. Nicht alle Methoden, die bei „CSI" gezeigt werden, sind übrigens unrealistisch – die technischen Möglichkeiten sind teilweise sogar tatsächlich gegeben, aber viel zu teuer in der Umsetzung. Nicht einmal in den USA wird in der Regel so gearbeitet.

Die verschiedenen Ebenen
Die großen Ermittlungs- und Tatortgruppen sind bei den Landeskriminalämtern angesiedelt, wovon es in jedem Bundesland eines gibt. Eine Ebene unter den Landeskriminalämtern kann man in einem Stadtpolizei- oder Bezirkspolizeikommando als Kriminalbeamter arbeiten, wo auch Spezialgruppen und Fachbereiche eingerichtet sein können (Ermittlungsgruppen und Tatortgruppen gibt es nicht). Der Unterschied zu den Landeskriminalämtern liegt darin, dass die schweren Fälle zum Landeskriminalamt kommen, nämlich die Serien- und Bandendelikte, Mord und Totschlag, schwerer Raub, Einbruch und Diebstahl, Missbrauchsfälle, Wirtschaftsfälle, Geldwäsche, schwerer Betrug usw. Man konzentriert sich nur auf bestimmte Verbrechen. Den Landeskriminalämtern ist das Bundeskriminalamt überstellt. Dort beschäftigt man sich mit bundesweiten, internationalen Verbrechen und schwer organisierter Kriminalität. Oft werden in Ermittlungen des Bundeskriminalamtes die Landeskriminalämter miteinbezogen und sogenannte SOKOS (Sonderkommissionen) gebildet.

Ein Großteil ist Bürokratie!
Ein Kriminalbeamter ist nicht Tag und Nacht unterwegs und ermittelt: 70 bis 80 Prozent der Zeit sitzt er hinter dem Schreibtisch. Das betrifft alle Kriminalbeamten auf allen Ebenen – doch je höher die Position, desto mehr ist man im Innendienst. Alles ist zu dokumentieren und besonders viel Arbeit hat man bei Seriendelikten. Es gibt zwar ein Protokollierungssystem, die Schreibarbeit ist aber dennoch sehr umfangreich und nimmt viel Zeit in Anspruch. Als ermittelnder Kriminalbeamter ist man zwar mit Täter-, Zeugen- und Verdächtigeneinvernahmen, mit Recherchen und sonstigen Ermittlungsarbeiten beschäftigt, als Kriminaltechniker mit der Sicherung und Auswertung von Spuren, aber größtenteils hat man einen Bürojob: Es muss alles niedergeschrieben, erfasst und dokumentiert werden. Man sitzt immer länger an den Aktenbergen.

Zusammenarbeit mit der Staatsanwaltschaft
Heute ist der Staatsanwalt der Ermittlungsleiter. Früher war es so, dass die Kriminalbeamten ihre Ermittlungen abgeschlossen haben und erst dann dem Staatsanwalt den Akt übergeben haben (außer man brauchte etwas Gravierendes wie eine Kontoöffnung oder eine Telefonüberwachung; dann hat man schon vorher mit dem Staatsanwalt zusammengearbeitet). Eventuell gab es noch weitere Fragen des Staatsanwaltes, aber im Grunde hat er sich den fertigen Akt angesehen und dann entweder Anklage erhoben oder das Verfahren „eingestellt" (das heißt das Verfahren gegen einen Verdächtigen nicht weiter betrieben, es war damit zu Ende). Heute muss man den Staatsanwalt über jeden Schritt informieren – spätestens alle drei Monate gibt es einen Zwischenbericht. Damit hat man einerseits noch mehr Schreibarbeit, andererseits ist man der Staatsanwaltschaft auch ausgeliefert: Will ein Staatsanwalt, dass man nicht weiterermittelt, findet er einen Weg, die Sache zu beenden. Kommunikation und Zusammenarbeit sind manchmal schwierig. Vor allem mit jungen Staatsanwälten (und Richtern) ist es nicht immer einfach, weil ihnen die Erfahrung fehlt.

Hemmschuh Gesetz?
Daneben hat man mit gesetzlichen Bestimmungen zu kämpfen, vor allem mit Datenschutzbestimmungen. Man ist zum Beispiel schon seit Längerem einer ausländischen Tätergruppe (wegen Diebstahl, Suchtgiftschmuggel oder Ähnlichem) auf den Fersen und weiß, dass sie demnächst in Österreich zuschlagen wird, weil die Kriminalpolizei zum Beispiel aus dem Ausland einen entsprechenden Hinweis erhalten hat. Nun bräuchte man die technischen Mittel (Überwachung, Abhörmaßnahmen), um die Tätergruppe im Auge zu behalten. Für eine Videoüberwachung ist das Ok der Staatsanwaltschaft notwendig, wofür in solchen Fällen oft keine Zeit ist (es würde zu lange dauern). Es gibt zwar auch die Möglichkeit, dass man bei Gefahr in Verzug ohne eine Anordnung des Staatsanwalts tätig wird, aber so einfach ist das nicht: Es sind meistens mehrere Einheiten der Kriminalpolizei an einer Ermittlung beteiligt und die wenigsten sind bereit, ohne Anordnung vorzugehen. Denn es könnte sich ja herausstellen, dass der Hinweis aus dem Ausland eine Falschinformation war. Dann hat man ohne Gefahr im Verzug und ohne Anordnung des Staatsanwalts gehandelt. Ein weiteres Problem ist, dass man eine Tätergruppe von einer Überwachung verständigen muss, wenn sie nicht zuschlägt. Die Tätergruppe weiß dann Bescheid, dass man gegen sie ermittelt, und kann sich entsprechend schützen beziehungsweise vorsichtiger vorgehen.

Genug Freizeit?
Das Leben richtet sich nach den Diensten, die man auch am Wochenende und über die Nacht hat *(siehe dazu auch unter Polizist)*, und nach den freien Tagen. Die Arbeitszeiten sind für manche nicht so schlimm und Überstunden nicht das Problem, für andere schon. Im Stadtpolizeikommando kommt man im Wesentlichen in der Woche auf nicht über 40 Stunden. Sehr unregelmäßige Arbeitszeiten hat man in einer Tatortgruppe: Passiert etwas mitten in der Nacht und/oder außerhalb der Dienstzeit, wird man angerufen. Andere Gruppen, wie zum Beispiel die Wirtschafts- oder die Computergruppe, haben geregeltere und absehbare Dienste. Frauen mit Familie gibt es im Kriminaldienst weniger. Es ist kein Job, den man in Teilzeit machen kann, und man muss sehr flexibel sein.

Finanzieller Aspekt / Chancen am Arbeitsmarkt:

Der Verdienst ist sehr gut und man hat einen sicheren Job. Die Chancen, eine Stelle im Kriminaldienst zu bekommen, sind durchaus gegeben.

Resümee:

Es ist ein abwechslungsreicher Job. Jeder Tag bringt etwas anderes, es gibt kein Schema. Man hat immer wieder mit neuen Herausforderungen zu tun. Aber es ist auch ein Beruf, der mit viel Bürokratie verbunden ist. Zusammenarbeit mit der Staatsanwaltschaft und gesetzliche Bestimmungen erschweren die Arbeit. Die unregelmäßigen und familienfeindlichen Dienstzeiten wird man ohnehin bereits aus dem Polizeidienst gewohnt sein und mit ihnen zurechtkommen. Nur kann es einem eben auch passieren, dass man außerhalb der Dienstzeit gewisse Arbeiten verrichten muss (was aber auch bezahlt beziehungsweise durch Zeitausgleich abgegolten wird).

Polizist

Definition:

Sicherheitswachebeamte der Bundespolizei sorgen für die Sicherheit und den Schutz der Bevölkerung sowie für die Aufrechterhaltung der öffentlichen Ordnung. Im Außendienst patrouillieren sie zu Fuß, per Fahrrad oder im Funkwagen durch das Gebiet, für das sie zuständig sind (Revier), sie beobachten Straßenzüge und Passagen und führen Fahrzeug- und Personenkontrollen durch. Im Innendienst arbeiten sie in Wachzimmern und erledigen organisatorische und verwaltungstechnische Aufgaben. Sie arbeiten im Team mit Berufskollegen sowie mit Mitarbeitern aus anderen Abteilungen und Behörden und haben direkten Kontakt zu den Bürgern. (Siehe Hinweis am Ende des Vorworts)

Voraussetzungen / Aus- und Weiterbildung:

In Österreich kann grundsätzlich jeder männliche und weibliche österreichische Staatsbürger, der mindestens 18 Jahre und maximal 30 Jahre alt und unbescholten ist, die volle Handlungsfähigkeit besitzt und die persönliche und fachliche Eignung (bestimmte Fähigkeiten, Gesundheitszustand und psychologische Voraussetzungen) für die vorgesehene Verwendung mitbringt, Polizist werden. Derzeit ist der abgeleistete Präsenzdienst bei den Männern Voraussetzung. Die Grundausbildung dauert 24 Monate – 19 Monate Theorie und 5 Monate Praxis. Die Bewerbung zur Aufnahme in den Dienst der Polizei erfolgt am jeweils zuständigen Landespolizeikommando (also für jemanden, der in Niederösterreich wohnt, beim Landespolizeikommando für Niederösterreich), oder bei der Bundespolizeidirektion Wien, für jemanden, der in Wien wohnt (darüber kann jede Polizeiinspektion Auskunft geben).

Weiterbildungsmöglichkeiten gibt es in Form von Spezialisierungen auf Fachgebiete wie Vermögens-, Betäubungsmittel- und Fahrzeugdelikte, Kapitalverbrechen oder Sexualstraftaten. Je größer das Revier, desto größer die Möglichkeiten zur Spezialisierung. Es besteht außerdem die Chance, sich zum Dienstchef-Stellverteter oder Dienstchef hochzuarbeiten. Will man zur Kriminalpolizei, ist eine vorhergehende Tätigkeit als Polizist Voraussetzung *(siehe Kriminalbeamter).*

Arbeitsalltag / Vor- und Nachteile:

Alles hat z w e i Seiten
Ein Polizist sieht die Schattenseiten der Menschheit. Er wird zu Raufereien, Einbrüchen, Ehestreitigkeiten usw. gerufen, er sieht Tote bei Verkehrsunfällen und bereits verweste alte Menschen in ihrer Wohnung (Mordopfer kommen im Vergleich dazu nicht so häufig vor). Aber das Positive überwiegt. Man macht etwas Nützliches, arbeitet als eines der Glieder, die das gesellschaftliche Gefüge zusammenhalten und funktionieren lassen, hilft seinen Mitmenschen, hat viel mit Menschen zu tun, erlebt viel – und ein weiterer Pluspunkt: Der Beruf ist sehr abwechslungsreich. Man weiß vor Dienstantritt nicht, was auf einen zukommt.

Stadt-Land-Gefälle
In der Bundeshauptstadt ist die Arbeit eine andere als in den Bundesländern. Abgesehen davon, dass man in Wien mit der gesamten Palette an Verbrechen, Vergehen und Verwaltungsübertretungen konfrontiert wird, ist die Arbeitsintensität eine andere. Die Einsatzdichte und überhaupt die Situationen, mit denen Wiener Polizisten (auch bezirksabhängig) umgehen müssen, sind für Polizisten aus den Bundesländern „schockierend". Dort ist viel weniger los und die Einsätze sind selten gefährlich. Das Schwierige an der Arbeit am Land ist, dass man teilweise alleine im Dienst ist. Falls es erforderlich wird, muss man einen Kollegen von der Nachbardienststelle rufen. Zum ländlichen Alltag gehören Körperverletzungen, gefährliche Drohungen, Verkehrsunfälle, Verkehrsdelikte (Geschwindigkeitsüberschreitungen, Alkoholdelikte), Betrugsangelegenheiten, Streitigkeiten zwischen Nachbarn und in Gasthäusern, oder Einsätze, weil eine Alarmanlage losgeht. Es gibt auch Tage, wo kein Einsatz notwendig ist – dann erledigt man Schreibarbeit.

Man ist nicht der Hero, den alles kaltlässt
Es gibt Fälle, die einem nahegehen: Wenn man zum Beispiel zu einem Einsatz gerufen wird, wo es um Familienstreitigkeiten geht und Kinder involviert sind; wenn man zu Unfällen geholt wird, bei denen Kinder oder Jugendliche verstorben sind, ist das besonders schlimm. Das sind Erfahrungen, die man macht, aber man muss es auch schaffen, derartige Situationen wegzustecken.

Immer gleich vor Ort?
Oft ist es Glück, zur richtigen Zeit am richtigen Ort zu sein: Selten ist ein Polizist in unmittelbarer Nähe, wenn zum Beispiel ein Handtaschendieb zuschlägt. Ein Notruf wird von der

Zentrale an den Einsatzwagen weitergegeben oder die Polizisten, die gerade auf Fußstreife sind, werden angefunkt. Das Problem ist, dass es im Schnitt zehn Minuten dauert, bis man selbst oder einer der Kollegen vor Ort ist – da ist der Täter oft schon weg.

Immer Action oder auch mal ruhiger?
Der Job ist nicht so, dass eine wilde Verfolgungsjagd der anderen folgt und jede Menge Action auf dem Alltagsprogramm steht. Das kommt vor, ist aber nicht das Übliche. Manchmal folgt ein Einsatz auf den anderen und dann ist es wieder ruhiger. Die Hälfte der Einsätze ist nichts außer heißer Luft und sehr oft sind es Ruhestörungen in der Nacht. Daneben gibt es auch per se langweilige Tätigkeiten: Bei Demonstrationen, diversen Paraden oder Staatsbesuchen beispielsweise heißt es zehn Stunden oder länger stehen, gehen, fahren und aufpassen, dass nichts passiert. Ist man 18 Stunden unterwegs, wird das ermüden. Meistens geschieht nichts, aber man muss bis zum Ende vor Ort sein. Oder man regelt drei Stunden eine Kreuzung – auch nicht aufregend und zusätzlich anstrengend bei minus 20 oder plus 30 Grad.

Wie gefährlich ist der Job? Setzt man sein Leben aufs Spiel?
So gefährlich wie in amerikanischen Serien dargestellt, ist das Polizistendasein hierzulande nicht. Ungefährlich ist es allerdings auch nicht. Grundsätzlich sind jene Situationen gefährlich, bei denen man nicht weiß, was einen erwartet. Wenn zum Beispiel die Wega (= Sondereinheit der Wiener Polizei) gerufen wird, können sich diese Beamten auf die Gefährlichkeit einstellen – sie wissen, was sie erwartet. Als „normaler" Polizist weiß man das nicht und rechnet auch nicht unbedingt damit. Möglicherweise wird man aber zu einem Einsatz gerufen, bei dem im Stiegenhaus eine bewaffnete Person auf einen „wartet". Vorbeugend wird die „richtige" Reaktion auf unterschiedlichste Situationen trainiert, Angriffe werden nachgespielt. Bei den nachgestellten Situationen weiß man, dass man in einem geschützten Umfeld ist und einem nichts passiert. In der Realität sieht das anders aus. Man weiß nie, wie das Gegenüber bei einer Konfrontation reagiert. Dann hat man nicht viel Zeit, lange zu überlegen, welche Reaktion richtig ist, und handelt so, wie man es für richtig hält. Vieles ist Bauchgefühl und Erfahrung. In Wahrheit kann man jeden Tag in eine lebensgefährliche Situation kommen. Solche Gedanken blendet man aus, sonst könnte man den Job nicht ausüben.

Medien und Gerichtsverfahren
In den Medien wird die Polizei kritisiert, wenn sie zu langsam reagiert beziehungsweise wenn befunden wird, es wurde zu schnell gehandelt. Fakt ist, es kann sich keiner vorstellen, was in einem Polizisten in lebensgefährlichen Situationen tatsächlich vorgeht. Die richtige Reaktion in einer Stresssituation kann man nicht lernen – jeder geht mit einer solchen anders um. Grundsätzlich aber wägt man als Polizist seine Entscheidung ab – soweit es die Zeit erlaubt. Wenn man etwas falsch macht oder untersucht wird, ob man etwas falsch gemacht hat, landet die Sache bei der Staatsanwaltschaft und gegebenenfalls vor dem Richter. Diese haben allerdings im Gegensatz zum Polizisten, der in der konkreten Situation schnell reagieren musste, eine Menge Zeit, sich im Nachhinein (!) zu überlegen, ob die

Reaktion des Polizisten angemessen war oder nicht. Das ist der Unterschied. Man muss auch damit leben können, dass in den Medien Fälle und richtiges Verhalten „auseinandergenommen" werden.

Fehlender Respekt und verbale Übergriffe
Es wird immer seltener, dass ein Polizist als Respektsperson angesehen wird. Den Leuten ist es egal, wer vor ihnen steht. Der Umgangston ist rüder geworden („Habt's nichts anderes zu tun, ihr Kapplsteher!"). Auf dem Land bekommt ein Polizist verbale Frechheiten seltener zu hören. Die Leute sind natürlich auch dort nicht erfreut, wenn man sie wegen eines Verkehrsdelikts, insbesondere Alkohol am Steuer, belangen muss; es herrscht allerdings noch mehr Respekt.

Sisyphusarbeit und jede Menge Schreibarbeit
Jede polizeiliche Maßnahme muss schriftlich festgehalten werden, alles ist zu dokumentieren. Der Dienst eines Streifenpolizisten teilt sich in acht Stunden Außendienst und vier Stunden Innendienst. De facto verbringt man mehr Stunden im Innendienst, weil so viel Schreibarbeit zu erledigen ist. Daneben kommt es noch auf die Position an: Je höher oben, desto mehr ist man im Innendienst. Alles, was man aufnimmt, geht zur Staatsanwaltschaft (Anzeigen, Vernehmungen von Verdächtigen usw.) oder zum Verwaltungsreferenten (Übertretungen im Straßenverkehr). In der Praxis werden sehr viele strafrechtliche Verfahren eingestellt (das heißt, Verfahren werden nicht weiterbetrieben). Viel Arbeit, die man machen musste, ist umsonst. Nimmt man einen Ladendiebstahl oder sogar Einbruchsdiebstahl auf, ist es im Ergebnis oft schade ums Papier – der Verdächtige (von dem man weiß, dass er es war) grinst einem ins Gesicht und sagt: „Ich weiß eh – ich geh gleich wieder heim." Und so ist es oft tatsächlich: Während man noch vor dem Computer sitzt und mit der Schreibarbeit beschäftigt ist, ist der Täter schon zu Hause. Das deprimiert viele.

Überstunden und so weiter
Die meisten Polizisten machen Überstunden – teils freiwillig, teils, weil es notwendig wird (Kollegen fallen aus, es kommt noch ein Einsatz rein …). Grundsätzlich sind sie kein Muss und halten sich in Grenzen. Überstunden werden gut bezahlt. Mit Überstunden, Wochenend- und Nachtdiensten kann man sein Gehalt sehr gut aufbessern.

Gesundheit
Schlafentzug und schlechte Ernährung sind an der Tagesordnung: Oft bekommt man um vier Uhr früh Hunger und dann gibt es Fast Food. Sich fit zu halten ist nicht einfach: Wenn man nach einem 24-Stunden-Dienst heimkommt, hält sich die Lust, Sport zu treiben, in Grenzen. Der Schichtdienst beziehungsweise überhaupt der Beruf an sich ist körperlich anstrengend.

Job und Freizeit
Alle fünf Wochen ist ein Wochenende frei, alle sechs Wochen hat man Freitag, Samstag und Sonntag frei. Im Übrigen ist jedes Wochenende zumindest ein Dienst angesetzt. Ein solcher

dauert 12 Stunden. Mit vier Diensten ist man schon auf 48 Stunden in der Woche. Daneben gibt es auch 24-Stunden-Dienste und es kann vorkommen, dass man zwei hintereinander hat. Leider sind die Wachzimmer in der Regel nicht sehr gut ausgestattet; meistens gibt es keinen eigenen Ruheraum, um sich während eines Nachtdienstes beziehungsweise im Zuge von 24-Stunden-Diensten auch einmal kurz hinzulegen. Manchmal arbeitet man drei Tage mit 10 Stunden Schlaf – aber man gewöhnt sich daran und hat zum Glück im Anschluss zwei Tage frei. An den meisten Wochenenden ist man nicht zu Hause und private Treffen kann man oft nicht einhalten. Beziehungen leiden darunter.

Finanzieller Aspekt / Chancen am Arbeitsmarkt:

Der Verdienst ist sehr gut und liegt zwischen 1.500 und 3.600 Euro netto pro Monat (je nach Position, Gehaltsstufe und Höhe der Zulagen). Auch bereits während der Ausbildung verdient man nicht schlecht, nämlich etwa 1.300 Euro netto pro Monat.

Polizisten sollten eigentlich kein Problem haben, einen Job zu finden, der auch krisensicher ist.

Resümee:

Wenn man gut arbeitet, hat man tolle Aufstiegschancen *(siehe auch Kriminalbeamter)*. Als Junger will man oft zur Drogenfahndung oder zur Wega; mit den Jahren ändern sich die Wünsche. Polizisten haben kein gutes Image und sind in der Bevölkerung nicht unbedingt beliebt, denn die Leute denken grundsätzlich, die Polizei ist nur da, wenn sie etwas falsch machen. Man lebt mit der Gefahr, verletzt zu werden. Der Beruf ist abwechslungsreich und man tut der Allgemeinheit etwas Gutes.

Sonstiges

Berufsdetektiv

Definition:
Berufsdetektive holen für ihre Auftraggeber Informationen und Beweisstücke privater (Scheidungsfälle, Erbschaftsstreitigkeiten ...) oder geschäftlicher (Mietrechtsprozesse ...) Art ein. Sie ermitteln auch in Zivil- und Strafprozessen. Sie sichten die Informationen und werten sie aus. Sie arbeiten unauffällig und diszipliniert im Verborgenen, dabei halten sie sich jedoch streng an das Gesetz. Sie stehen bei ihrer Arbeit in Kontakt zu Fachkräften in den Bereichen Recht und Sicherheit (Rechtsanwälte Polizisten, ...) und pflegen den Austausch mit den Auftraggebern. (Siehe Hinweis am Ende des Vorworts)

Voraussetzungen / Aus- und Weiterbildung:
Die Detektei ist ein Gewerbe und man braucht für seine Ausübung eine Bewilligung der Gewerbebehörde. Die bekommt, wer die sogenannte Staatsprüfung besteht (eine jahrelange Praxis – auch zum Beispiel im Polizeidienst möglich – muss zusätzlich nachgewiesen werden). Das Schwierige ist, dass keine anerkannte Ausbildung zum Berufsdetektiven existiert: Es gibt keine Lehre und keine Berufsschule, wo einem das „Handwerk der Berufsdetektei" beigebracht wird. Wie man sich auf die Staatsprüfung vorbereitet, ist einem selbst überlassen. Es gibt Private, die Schulungen und Kurse anbieten, Informationen dazu erhält man auch beim europäischen Berufsverband (www.eurodet.at). Vielfach haben Berufsdetektive auch die Gewerbeberechtigung zum Sicherheitsgewerbe Bewachungsdienstleistungen, beispielsweise als Veranstaltungs-Security.

Arbeitsalltag / Vor- und Nachteile:

Wie ist der Job in der Realität?
Wenn in amerikanischen Serien in einem Fall ermittelnde Detectives mit kaltem Kaffee in ihrem Auto sitzen und ein Haus beobachten, zeigt diese Situation – im TV dargestellt in nur wenigen Sekunden – den Berufsalltag des Detektivs. Beobachtungen sind (in der Regel) langweilig – man sitzt stundenlang herum und wartet, verbringt im Normalfall drei Viertel der Zeit mit Nichtstun. Die Action hinterher gibt es zwar, aber selten. Der Detektiv sucht nicht die Konfrontation, sondern ermittelt und beobachtet möglichst unauffällig und ohne

aufgedeckt zu werden. Fakt ist: Es dauert oft sehr lange, bis man in die Situation kommt, eine Beobachtung zu machen, Fotos zu schießen und Beweise zu sammeln. Die Herausforderung liegt darin, 100 Prozent leistungsfähig zu sein, wenn „die" Person herauskommt und man die Zeit zuvor wartend beziehungsweise halb schlafend vor einem Haus mit einem Auge auf der Eingangstür verbracht hat. Man muss, aus einem Halbwach-Zustand heraus eine Top-Leistung erbringen können – das macht den Job schwierig. Dazu kommen weitere Alltagsprobleme: Der Berufsdetektiv – anders als der Fernsehdetektiv – bekommt so gut wie nie dort einen Parkplatz, wo er ihn braucht. Wenn man Glück hat, findet sich einer in der Nähe des „Objekts". Auch das Verfolgen eines Fahrzeuges ist nicht so einfach – hinter einem langsamen Autofahrer unentdeckt nachzufahren ist schwieriger als hinter jemandem, der zügig fährt. Wobei auch das Verfolgen eines „Hobby-Rennfahrers" alles andere als einfach ist. Unterm Strich passiert nicht viel Spannendes und Rasantes: Beobachtungen sind langweilig, Ermittlungen oft langwierig, weil es schwierig ist und lange dauert, Personen auszuforschen oder Beweise zu sammeln, und viele Arbeiten sind auch im Büro zu erledigen.

Internetrecherchen und Schreibarbeit
Neben dem Abtippen von Einsatzberichten sitzt ein Detektiv viel vor dem Computer und recherchiert, ist für gewisse Beobachtungen und Ermittlungen also nicht „auf der Straße". Die Leute geben sehr vieles von sich selbst preis, stellen Fotos, Daten und Fakten ins Netz, die einem gut weiterhelfen. Handelt es sich um Beweise, die in einem Gerichtsverfahren (zum Beispiel Scheidungsverfahren) verwertet werden, lassen sich Einwände des gegnerischen Anwalts, der sich auf eine Datenschutzverletzung beruft, leicht von der Hand weisen: Die Infos waren für jeden im Internet frei zugänglich! (Screenshots, Kopien und Ausdrucke müssen dafür immer aufbewahrt werden.) Man muss also wissen, wie man zu den benötigten Infos kommt.

Was darf man (nicht)?
Der Detektiv gehört zu den wenigen Berufsgruppen, die im Rahmen ihrer Tätigkeit Waffen tragen und auch benützen dürfen – zum Personenschutz, aber auch zum Selbstschutz. Die wenigsten müssen allerdings von ihrer Waffe Gebrauch machen, sie versuchen solchen Situationen aus dem Weg zu gehen. Im Übrigen darf ein Detektiv nicht viel mehr machen als jeder Bürger auch. Bricht ein Fernsehdetektiv im Schnitt ein Dutzend Mal pro Sendung das Gesetz, sollte das ein Berufsdetektiv nicht machen, außer er will seine Berufszulassung (Gewerbeberechtigung) riskieren. Ein Detektiv muss sich an die Gesetze halten und sie daher auch kennen, zumindest jene, mit denen er im Zuge seiner Arbeit in Berührung kommt. Technische Möglichkeiten gäbe es genug, nur darf man sie oft nicht in der gewünschten Art und Weise nutzen. Videokameras am Arbeitsplatz, Ortungsgeräte am Auto des untreuen Ehepartners oder Abhörvorrichtungen dürfen nicht so ohne Weiteres installiert werden. Jeder Detektiv hat allerdings seine Tricks, um das eine oder andere Verbot (legal) zu umgehen. Es ist zum Beispiel ohne Einverständnis des Gesprächspartners nicht erlaubt, Gespräche mitzuschneiden und aufzunehmen, man darf das Gesprochene allerdings in ein Protokoll übertragen und dieses dann dem Gericht vorlegen. Heikel kann

auch der Datenschutz sein: Nicht nur, dass bei einer Datenschutzverletzung unter Umständen Material vom Gericht nicht verwertet werden darf, macht sich der Detektiv einer Übertretung nach dem Datenschutzgesetz strafbar.

Der Grenzbereich des Zulässigen

Man stößt dann an die Grenzen des Zulässigen, wenn man sich bei der Auftragsvergabe keine Gedanken macht. Wenn beispielsweise jemand wissen möchte, ob Frau XY ihren Mann betrügt, dann müsste man den Auftrag ablehnen. Denn eine fremde und unbeteiligte Person mag zwar neugierig sein, ein rechtliches Interesse an der Aufklärung des Fremdgehens hat lediglich der Ehemann. Nimmt man so einen Auftrag an, befindet man sich bereits in der Ecke des Unerlaubten. Selbst wenn ein begründetes Interesse, in dem Fall vom Ehemann, vorhanden ist, darf man nicht alles machen, um zu einem Beweisfoto zu kommen: Es darf zum Beispiel nicht durch einen Vorhang ins Schlafzimmer fotografiert werden, indem man sich Mülltonnen vors Fenster stellt, um etwas zu sehen. Es ist also oft nicht einfach, sich Beweise zu verschaffen.

Wie sieht der Alltag aus? Welche Fälle?

Die Aufträge können sehr vielfältig sein, das Geschäft hat sich längst vom Aufdecken von Partnerschaftsbetrügereien weg weiterentwickelt, obwohl Letzteres natürlich nach wie vor ein wichtiger Teilbereich ist. Ein Großteil der Aufträge meiner Interviewpartner kommt allerdings aus dem Wirtschaftsbereich: Der Arbeitgeber möchte wissen, ob ihr Arbeitnehmer tatsächlich krank ist oder ob er unerlaubterweise eine Nebentätigkeit hat; ein Vermieter will erfahren, ob der Mieter die Wohnung überhaupt benützt; Gewerbebehörden sind interessiert daran, ob jemand ohne Berechtigung ein Gewerbe ausübt; Unternehmer brauchen Beweise, dass jemand ihre Ware fälscht; Versicherungen beauftragen Detektive, um Versicherungsbetrügereien aufzudecken und Banken erteilen einen Auftrag, um untergetauchte Schuldner aufzuspüren. Oft werden die Ermittlungsergebnisse in Gerichtsverfahren gebraucht, um zum Beispiel die Untreue des Ehepartners im Scheidungsverfahren zu beweisen oder im Falle einer Entlassung des Arbeitnehmers, weil dieser im Krankenstand – sehr fit – einer anderen Arbeit nachgegangen sein soll, gegen die sich der entlassene Arbeitnehmer wehrt, usw. Daneben können Detektive von Personen beauftragt werden, gegen die ein Gerichtsverfahren wegen einer Straftat (Betrug, Körperverletzung, Mord …) geführt wird und die dem Gericht Beweise für ihre Unschuld liefern möchten. Die Aufträge sind sehr unterschiedlich und ebenso unterschiedlich sind auch die Anforderungen an den Detektiv. Er beobachtet nicht nur, er ermittelt auch – arbeitet also auch aktiv. In Mietrechtsangelegenheiten zum Beispiel, wenn es darum geht, Beweise dafür zu liefern, dass der Mieter nicht in der Wohnung wohnt, wird ermittelt: Man befragt die anderen Bewohner im Haus. Oder wenn man nach einer untergetauchten Person sucht – auch hier hat Beobachten wenig Sinn – der Detektiv muss stattdessen recherchieren. Ein möglicher Tätigkeitsbereich ist auch die Arbeit in einem Kaufhaus als sogenannter Kaufhausdetektiv.

Kaufhausdetektive – viele schwarze Schafe

Es arbeiten viele in diesem Bereich, die keine Berechtigung der Gewerbebehörde haben und solche Jobs für wenig Geld übernehmen. Der Sektor „Ladendetektei" ist sehr unseriös geworden und als Berufsdetektiv kann man hier auch nicht mehr gut verdienen: Es gibt kein (sonst übliches) Stundenhonorar, sondern oft eine Pauschale, die sehr gering ist (etwa 10 Euro am Tag) und pro überführtem Dieb eine Prämie (zum Beispiel 100 Euro).

Auftragslage bestimmt die Arbeitszeiten
Steht ein Einsatz an, wird gearbeitet – egal, zu welcher Uhrzeit. Das gilt in erster Linie für den „einsamen Wolf" unter den Detektiven, der alleine arbeitet. Ist man in einer Detektei angestellt, kann man sich natürlich mit den Kollegen absprechen und muss nicht „allzeit bereit" sein.

Finanzieller Aspekt / Chancen am Arbeitsmarkt:

Der Verdienst war in den 90ern 10 Mal so hoch, doch er muss auch heute nicht schlecht sein: Es kommt auf die Auftragslage an, aber – und darauf sollte man sich einstellen – die Auslastung ist nicht kontinuierlich. Oft werden Aufträge kurzfristig abgesagt. Die meisten Detektive arbeiten nach Stundenhonoraren und wie viel sie pro Stunde verlangen, setzen sie selbst fest. Der Berufsdetektiv lebt vom (guten) Ruf seiner Arbeit. Wichtig sind auch eine seriöse Homepage und Werbeeinschaltungen. Berufsdetektiv-Assistenten (auch für sie werden bei „eurodet" Kurse angeboten) sind meistens nur geringfügig angestellt und haben daneben noch einen anderen Job, um Geld zu verdienen.

Viele Detektive haben noch ein zweites berufliches Standbein, aber es gibt auch Berufsdetektive beziehungsweise Detekteien, die ausschließlich vom Detektivgeschäft leben.

Grundsätzlich wird es immer Menschen geben, die anderen hinterherspionieren lassen, daher wird man, hat man sich erst einmal ein gutes Renommee verschafft, in diesem Beruf wohl nie arbeitslos sein.

Resümee:

Kein Fall ist gleich, es gibt sehr viele Betätigungsbereiche – man hat zwar nicht so viel Action wie Detektive im TV, aber durchaus einen abwechslungsreichen Job. Der Verdienst ist unter Umständen sehr gut. Interessant ist auch die zwischenmenschliche Komponente, die bei Nachforschungen und Ermittlungen ins Spiel kommt.

Croupier

Definition:

Croupiers betreuen und beraten Spielgäste in Casinos. Sie übernehmen die Spielleitung und sind meist auf bestimmte Spiele wie Französisches Roulette, American Roulette, Black Jack usw. spezialisiert. Sie bereiten die Spieltische vor, holen die Einsätze der Gäste ein und verteilen schließlich die Gewinne. Die jeweiligen Anweisungen geben sie in französischer oder italienischer Sprache. Croupiers arbeiten meist bis spät in die Nacht in Teams mit anderen Croupiers und haben Kontakt zu den Spielern und zum übrigen Personal des Casinos. (Siehe Hinweis am Ende des Vorworts)

Voraussetzungen / Aus- und Weiterbildung:

Man muss das 18. Lebensjahr vollendet haben, braucht die Matura (oder eine abgeschlossene Berufsausbildung), ein tadelloses Leumundszeugnis, gute Englischkenntnisse (Maturaniveau), Italienisch- und Französischkenntnisse in Grundzügen. Die Casinos Austria führen einen Eignungstest durch, dem eine 10-wöchige Ausbildung zum Junior-Croupier folgt. Diese betriebsinternen Kurse enden mit Prüfungen.

Man beginnt als Junior-Croupier und könnte die Karriereleiter wie folgt aufsteigen: Voll-Croupier, Sous-Chef, Tisch-Chef und Saalchef – diese Entwicklung kann bis zu 20 Jahre dauern. Ganz am Anfang hat ein Croupier nur Probeeinsätze und beginnt mit einem Spiel (zum Beispiel American Roulette).

Arbeitsalltag / Vor- und Nachteile:

Nicht jeder kann Croupier werden

Konzentrationsfähigkeit, mathematisch-analytisches Denkvermögen und Fingerfertigkeit sind vonnöten. Letzteres, weil ein Croupier mit Jetons und Karten arbeitet. Ein Junior-Croupier wird nie die Fingerfertigkeit eines Seniors haben, man eignet sich diese mit der Zeit an; manche lernen es nie und hören über kurz oder lang auf. Ob jemand die übrigen genannten Voraussetzungen erfüllt, wird in der Ausbildung festgestellt – ungeeignete Leute werden dabei ohnehin ausgesiebt.

Mit den Gästen auf „Tuchfüllung"

Ein Croupier muss die Nähe der Gäste „ertragen", mit ihnen umgehen, verschiedenste Situationen handeln können und immer die Etikette wahren. Man sitzt in keinem Büro – man hat ständig Kontakt mit Menschen, die serviciert werden wollen, und geht mit ihnen auf Tuchfüllung. Jemand der menschenscheu ist, kann nicht Croupier werden. Der Kontakt und der Umgang mit Menschen ist aber wiederum das Positive an diesem Beruf. Das Casino an sich hat seine Faszination – ein Grund, wieso sich viele entscheiden, Croupier werden zu wollen. Sicher ist es auch aufregend, wenn Persönlichkeiten am Roulettetisch stehen, doch mit den Jahren wird auch das Routine.

Stressresistenz

Es muss auf verschiedene Dinge gleichzeitig reagiert und insbesondere unter Stress Leistung erbracht werden können. Der Job an und für sich bringt es mit sich, dass man ständig gefordert wird, jeder etwas von einem will, man dauernd von allen Seiten angesprochen wird und sofort darauf reagieren muss. Beim Roulette zum Beispiel ist es oft so, dass kurz vor dem sogenannten Kugelfall mehrere Gäste gleichzeitig setzen möchten; der Croupier muss dann innerhalb weniger Sekunden setzen (größtenteils verteilt der Croupier die Jetons) und sich das auch merken. Der Stress macht den Beruf – nebst Nachtarbeit – schwierig.

Nachtarbeit und kaum an Wochenenden frei – der Freundeskreis löst sich auf
In der Regel hat ein Croupier vier Tage Dienst und zwei Tage frei. Es wird von 14 Uhr bis zwei/drei Uhr morgens gearbeitet – 10 Stunden am Wochenende sind keine Seltenheit. Ein Dienst dauert unterschiedlich lange, es kann im Vorhinein nicht gesagt werden, wie spät es werden wird – das entscheidet der Saalchef je nach Gästefrequenz. Erschwerend kommt hinzu, dass man sieben bis neun Stunden voll konzentriert sein muss (alle 45 bis 60 Minuten hat man 15 Minuten Pause) und sich vom Roulettetisch nicht wegbewegen darf. Am Vormittag und am frühen Nachmittag hat man frei. An den Wochenenden muss meistens gearbeitet werden: In sechs Wochen ist im Schnitt ein Wochenende frei. Durch die Arbeitszeiten hat man quasi kein Social Life – wenn sich abends, am Wochenende oder an Feiertagen die Leute treffen, arbeitet man. Mit der Zeit verflüchtigt sich der Freundeskreis. Die Arbeitszeiten sind auch belastend für eine Beziehung.

Finanzieller Aspekt / Chancen am Arbeitsmarkt:

Das Gehalt ist gut. Bezahlt werden alle Croupiers aus dem Trinkgeld, das österreichweit in den Casinos zusammenkommt, das wird in einen Pot geworfen und nach Punkten (Dienstjahren) verteilt. Persönliches Trinkgeld darf man nicht annehmen.

Die Junior-Croupier-Schulungen werden nur nach Bedarf durchgeführt. Derzeit ist es kaum möglich, überhaupt in die Situation zu kommen, den Eignungstest abzulegen, weil der Bedarf nicht gegeben ist. Es gibt ja nur 13 Casinos in Österreich und in den letzten Jahren wurde eher Personal abgebaut beziehungsweise kaum neues aufgenommen. Das kann sich wieder ändern. Man muss am Ball bleiben.

Resümee:

Ein fordernder, toller, aber auch anstrengender Beruf: Man arbeitet bis in die frühen Morgenstunden und meistens auch am Wochenende.

Historiker

Definition:

Historiker arbeiten an Universitäten oder in Museen, Bibliotheken und Archiven und befassen sich mit geschichtlichen Zusammenhängen. Sie werten schriftliche und nichtschriftliche Quellen (zum Beispiel Texte, Handschriften, Urkunden, Bilddokumente, historische Fundstücke) aus und erforschen Entwicklungsprozesse und Wechselverhältnisse in Politik, Wirtschaft und anderen Bereichen. Sie analysieren und dokumentieren ihre Ergebnisse und erstellen Studien und Forschungsberichte, publizieren diese oder präsentieren sie auf Tagungen und Kongressen. Historiker arbeiten mit Berufskollegen sowie mit Wissenschaftlern anderer Fachgebiete und wissenschaftlichen Assistenten zusammen. (Siehe Hinweis am Ende des Vorworts)

Voraussetzungen / Aus- und Weiterbildung:
Historiker haben Geschichte an einer Universität studiert.

Arbeitsalltag / Vor- und Nachteile:

Eher Bildung als Berufsausbildung
Wie bei den meisten geisteswissenschaftlichen Studienrichtungen ist es auch beim Geschichtsstudium so, dass man nach Ende der Ausbildung nicht mit einem „fertigen" Beruf dasteht. Möglichkeiten gibt es viele, es kommt darauf an, was jemand aus dem Studium macht. Die Entscheidung, in einem klassischen Berufsfeld zu bleiben, könnte bedeuten, auf der Uni (wissenschaftlich) zu arbeiten oder in ein Museum zu gehen. Die Möglichkeiten sind allerdings eingeschränkt, weil es nur eine bestimmte Anzahl dieser Einrichtungen gibt. Man könnte auch Lehrer werden, müsste in dem Fall aber Geschichte als Lehramt und nicht als Diplomstudium studiert haben. Auch in der Forschung zu arbeiten ist eine Option. Dafür bedarf es allerdings eines langen Atems – es muss einem liegen, monatelang alleine in Bibliotheken zu verbringen und zu recherchieren. Forschung ist einsam. Daneben gibt es für Geschichtsabsolventen auch andere, außerhalb des Kernbereichs liegende Berufsmöglichkeiten: Viele gehen in den Journalismus. Auch Unternehmensberatung oder die diplomatische Schiene sind denkbar. Als Bibliothekar oder Archivar bräuchte man eine zusätzliche Ausbildung.

Karriere planen!
Es funktioniert nicht, nach dem Studium bei einem Museum, einem Zeitungsverlag usw. „anzuklopfen", um einen Job zu bekommen. Es ist wichtig, bereits während des Studiums seine Berufsvorstellung zu schärfen, entsprechend Schwerpunkte im Studium zu setzen und Kontakte zu knüpfen. Netzwerke sind etwas Essentielles – durch sie ergeben sich in der Branche die Jobs. Praktika während des Studiums sind daher sehr wichtig. Hilfreich für einen Job können auch die Diplomarbeit und/oder die Doktorarbeit sein. Ist das Thema zum Beispiel für ein Museum interessant, erhöht man dadurch seine Jobaussichten. In Deutschland etwa wird eine Bewerbung ad acta gelegt, wenn sie von jemandem stammt, der kein Doktorat hat. Auf diese Art werden Bewerber gesiebt, weil es eben so viele gibt.

Variante beziehungsweise Ausweg Selbstständigkeit
Sehr viele Historiker sind selbstständig und versuchen zu Forschungsaufträgen oder Projektaufträgen zu kommen. Sie arbeiten Vorschläge für Forschungsprojekte aus, reichen sie an diversen Stellen ein und hoffen, dass sich jemand für das Projekt interessiert und einen mit der Forschung des vorgeschlagenen Themas beauftragt – und bezahlt. Man muss es allerdings erst schaffen, ein solches Vorhaben aufzustellen – die Konkurrenz wird größer und es steht immer weniger Geld zur Verfügung. Man selbst muss viel Zeit dafür aufwenden, um einen Projektantrag zu verfassen, und man weiß nicht, ob er einem bewilligt wird. Ein selbstständiger Historiker lebt von Projekt zu Projekt, arbeitet meist weit jenseits der 40-Stunden-Woche und verdient sehr wenig. In der Regel investiert man viel mehr Zeit, als kostenmäßig gedeckt wäre.

Im Museum – organisieren von Ausstellungen?
Nicht nur! In einem Museum beschäftigt, kümmert man sich meistens um einen konkreten Sammlungsbestand des Hauses. Das heißt, der Historiker schaut, ob die Bilder einer Sammlung richtig gelagert, inventarisiert und EDV-mäßig erfasst sind; auch, ob sie fotografiert und die Fotografien über den Computer abrufbar sind; man misst sie ab und erfasst ihre Maße, beantwortet Anfragen usw. Das ist die sogenannte kustodische Arbeit – die gehört dazu. Es müssen zuerst diese Grundlagenarbeiten erledigt werden, bevor mit bestimmten inhaltlichen Fragen an eine Sammlung herangegangen und/oder Ausstellungen organisiert werden können (kuratorische Arbeit). Die inhaltliche Arbeit ist das eigentlich Interessante, vorausgesetzt man ist in den Fragestellungen, die man behandeln möchte, frei. Interessant ist es auch, sich zu überlegen, wie ein Thema aufbereitet werden könnte, damit es auch für andere interessant und spannend ist.

Druck seitens der Museen
Der Erfolg für Museen misst sich an den Besucherzahlen und daran, wie oft ein Museum in der Presse erwähnt wird. Je mehr Ausstellungen, desto eher ist das der Fall. Das ist der Grund dafür, dass ein Historiker nie die Zeit für inhaltliche Recherchen und Forschungen bekommt, die er benötigen würde. Wichtig ist, dass schnell eine Ausstellung auf die Beine gestellt wird. Am liebsten wäre es den Museen, man wüsste sofort, wie man ein Thema in eine Präsentation umsetzt. Das ist schwierig, weil man sich eine Zeit lang mit einem Aufgabengebiet beschäftigen muss, um überhaupt zu wissen, welche Fragen man behandeln und welche Schwerpunkte man setzen möchte.

Profilierung – nicht so einfach
Sich einen Namen zu machen und durch seine Arbeit bekannt zu werden ist nicht so einfach. Arbeitet man in einem Museum, verschwindet man dahinter – über das Museum wird berichtet, nicht über den Historiker. Aber vor allem, wenn man selbstständig ist oder sich selbstständig machen will oder Job wechseln möchte, wäre es wichtig, einen Namen zu haben. Das „Rundherum" um den eigentlichen Job wird aufwendiger: Es sollte regelmäßig publiziert und am Aufbau eines Netzwerkes gearbeitet werden.

Finanzieller Aspekt / Chancen am Arbeitsmarkt:

Größter Nachteil (neben teilweise verstaubten Strukturen in Museen) ist die Bezahlung. Ein Historiker verdient nicht viel. Als Alleinernährer einer Familie hat man es mit einem Gehalt, das üblicherweise an Historiker bezahlt wird, sehr schwer und ist unter Umständen auf Hilfe Dritter angewiesen. Aber dieses Schicksal kennt man als Absolvent eines geisteswissenschaftlichen Studiums allgemein.

Einen Job zu finden ist sehr schwierig. Noch schwieriger ist es, eine fixe Anstellung zu erhalten und nicht bloß freiberuflich tätig zu sein. Einen unbefristeten Dienstvertrag in einem Museum zu bekommen ist ein großes Glück.

Resümee:

Es ist schwierig, als Historiker Fuß zu fassen. Die Jobaussichten sind nicht gut und der Verdienst ist schlecht. Dennoch ist dieser Beruf für Geschichtsinteressierte eine Erfüllung.

Model

Definition:

Models arbeiten in den Bereichen Werbung, Laufsteg und Fotoshootings. In der Werbung geht es zum Beispiel um Werbeaufnahmen fürs Fernsehen, Magazine oder Plakate. Auf dem Laufsteg präsentiert man die Kollektionen bestimmter Designer, tritt bei Modenschauen von Modeboutiquen und Kaufhäusern oder bei ähnlichen Anlässen auf. Bei Fotoshootings werden viele Aufträge von Versandhauskatalogen vergeben. Diese Aufnahmen finden oft im Studio statt. (Siehe Hinweis am Ende des Vorworts)

Voraussetzungen / Aus- und Weiterbildung:

Eine Ausbildung ist keine Voraussetzung für den Job.

Arbeitsalltag / Vor- und Nachteile:

Die Berufsrealität – was muss man als Model mitbringen?
Es kann vieles schieflaufen und vieles hängt von Zufällen ab; manche Models machen schlechte Erfahrungen mit unseriösen Fotografen oder Agenturen; andere wiederum treffen es von Anfang an gut und etablieren sich in der Modelszene. Die einen rutschen in die Drogenszene ab, bekommen Essstörungen und psychische Probleme, die anderen nicht. Wichtig ist, eine seriöse Agentur auszuwählen. Man erkennt sie daran, dass sie renommierte Kunden haben, kein Geld für Vorleistungen verlangen (wichtig!), professionell auftreten

und organisiert sind. Die meisten Agenturen haben eine Website mit einem Anmeldeformular. Alternativ ist eine Bewerbung per E-Mail, per Post oder persönlich nach einem Telefonat möglich. Grundsätzlich sollte man zumindest 14 Jahre alt, als Mädchen mindestens 1,72 und als Bursche zumindest 1,80 Meter groß sein. Für alle gilt: gesunder Teint, schöne Zähne, ästhetischer Körper. Für Mädchen ist die Faustregel: Körpergröße in Zentimeter minus 120 = Idealgewicht. Es gibt übrigens auch Agenturen, die „Allerwelts-Models" (People-Models) casten, für Werbespots und Ähnliches; manchmal wird eben beispielsweise der „sympathische Nachbar" gesucht.

Die Konkurrenz wird immer größer – sehr viele Models aus dem Osten strömen nach Österreich und machen das Geschäft für österreichische Models schwieriger.

Was geschieht, wenn man von einer Agentur aufgenommen wurde?
Es werden Testaufnahmen gemacht und Präsentationsunterlagen zusammengestellt. Die Agentur stellt üblicherweise die „Sedcard", das Portfolio, die Fotos auf der Homepage zur Verfügung und vereinbart Vorstellungstermine bei potenziellen Auftraggebern – sogenannte „Castings". Bei einem Filmcasting wird das Model einige Minuten lang gefilmt und es wird meistens verlangt, sich kurz vorzustellen und verschiedene Gefühlsausdrücke zu präsentieren. Sehr oft wird auch die Szene, die später im TV-Spot gefilmt wird, in vereinfachter Form gespielt. Bei einem Fotocasting wird man samt seinem Fotobuch vom Fotografen und dem Kunden begutachtet.

New York – Paris – Mailand – Tokio?
Ja, so kann es gehen! Wenn man es geschafft hat, bei einer (seriösen) Agentur in der Kartei geführt zu werden, dann ist es nicht mehr so schwierig, zu Castings in die Modemetropolen zu fliegen. Die größeren Agenturen in Österreich und Deutschland haben in Paris, London, Mailand, Tokio, New York usw. ihre Partneragenturen; das Model wird von der Agentur angerufen und es werden ihm die Termine und alles Weitere für die Castings mitgeteilt; man geht hin und hofft, dass man gebucht wird. Zu einem Castingtermin zu kommen ist nicht so das Problem – die Frage ist eher, wird man gebucht beziehungsweise bekommt man den Auftrag. Neben einem selbst finden sich oft 200 Models ein und ein Model bekommt den Auftrag. Castings sind übrigens ziemlich langweilig – dort heißt es nämlich zunächst nur warten; meistens Stunden, bis man an die Reihe kommt.

Gute Aufträge in Modemetropolen zu bekommen bedeutet allerdings nicht, dass das eigene Gesicht international bekannt wird. Dennoch: Es ist möglich, von internationalen Aufträgen gut zu leben, ohne ein international bekanntes Top-Model zu werden.

Clubs und Promis
Anstrengend ist der Beruf an sich nicht wirklich – es ist keine körperliche Arbeit. Kräfteraubend wird das Model-Leben nur dann, wenn man abends oft unterwegs ist und am nächsten Morgen Fototermine wahrzunehmen hat. Meistens gehen die Models gemeinsam weg (man ist in sogenannten Model-Appartements untergebracht und versteht sich in der Regel auch sehr gut; die anderen Models sind im Wesentlichen die einzigen Freunde …) und erhalten auch Eintritt in jeden Club (die Sedcards sind die Eintrittskarten). Man lernt

Schauspieler, Sänger, Fußballer (vor allem in Mailand!) kennen, sitzt mit ihnen auch ab und an am Abend (in größeren Gruppen) im Restaurant und feiert.

Freizeit und Freiheit
Die Freizeit kann jeder frei einteilen. Die Models, die bei einer Agentur in der Kartei sind, arbeiten immer selbstständig; möchte man eine Pause machen, teilt man das der Agentur mit und nimmt einfach keine Castingtermine wahr. Aber, wer macht das schon freiwillig, wenn das Geschäft gerade gut läuft?

Leben von einem Tag auf den nächsten
Es ist eine aufregende Zeit und man hat in Wahrheit keine Verantwortung. Um eine Wohnung muss man sich nicht kümmern, weil das die Agentur tut. Ein Nachteil ist, dass man nicht weiß, was kommt, welche und wie viele Aufträge man erhält (das geht aber wohl jedem Selbstständigen so …).

Und danach?
Wenn jemand hauptberuflich Model ist und in „reiferen Jahren" mit diesem Beruf altersbedingt aufhören muss, stellt sich für die meisten die Frage, wie es beruflich weitergehen soll. Ausbildung hat man zumeist keine, viele Models beenden ihre Schullaufbahn mit der vorgesehenen Schulpflicht. Wenn nicht genügend Geld beiseitegeschafft wurde, beginnt man mit Mitte 20 eine Ausbildung.

Finanzieller Aspekt / Chancen am Arbeitsmarkt:

Der Verdienst kann gut, ja sogar top sein, wenn man das „richtige" Gesicht hat – mit relativ wenig Zeitaufwand (die Agenturen ziehen sich im Schnitt 15 bis 20 Prozent Vermittlungsprovision ab); manche modeln nebenbei und finanzieren sich ihr Studium oder verdienen ein bisschen etwas „nebenbei". Die Agenturen zahlen nicht immer prompt – manchmal muss man auf sein Geld warten.

Es spricht nichts dagegen, sich bei einer Agentur zu bewerben und zu versuchen, angenommen zu werden – hübsche Gesichter und schöne Körper werden immer gesucht.

Resümee:

Sicher verdient man oft schnell relativ viel Geld – das ist eine wunderbare, positive Seite am Job und auch nicht verwerflich. Allerdings ist das Geldverdienen als Model schwieriger geworden, weil sehr viele Models aus dem Osten auf den Markt strömen, die weniger hohe Gagen verlangen – die Konkurrenz ist größer geworden. Der Job ist bei Weitem nicht so glamourös, wie er einmal gewesen ist.

Modelbooker

Definition:
Modelbooker arbeiten in Modelagenturen und vermitteln Aufträge an Models. (Siehe Hinweis am Ende des Vorworts)

Voraussetzungen / Aus- und Weiterbildung:
Modelbooker wird man nicht aus dem Nichts heraus – das ist eine Entwicklung. Ausbildung gibt es keine, das Business lernt man von der Pike auf in einer Agentur – der Job lebt von der Erfahrung. Viele Modelbooker machen sich irgendwann selbstständig und eröffnen ihre eigene Agentur. Ohne Vorerfahrung eine Agentur aufzuziehen ist nicht sinnvoll: Vor allem die Kontakte fehlen. Ansonsten gibt es keine besonderen Voraussetzungen – außer, dass man Englisch beherrschen muss.

Arbeitsalltag / Vor- und Nachteile:

Modelbooker „machen" die Karriere eines Models

Ohne Modelagentur beziehungsweise Modelbooker, die in einer Modelagentur tätig sind, läuft im Modelbusiness nichts: Jedes Model steht unter Vertrag mit einer Modelagentur, die dem Model Aufträge vermittelt (und für die Vermittlung eine Provision erhält). Der Modelbooker arbeitet daran, dass Kunden Models seiner Agentur buchen: Er ist für die Karriereplanung seiner Models zuständig und versucht sie zu pushen. Unverzichtbar sind Kontakte zu Kunden und internationalen Agenturen. Der Job ist ein reiner Organisationsjob. Das Model muss lediglich den von der Agentur bekannt gegebenen Termin wahrnehmen, das organisatorische „Drumherum" erledigt der Booker. Das ist: den Kunden Models vorschlagen, Gagen verhandeln, Verträge mit den Kunden abschließen, zwischen Model und Kunden vermitteln, die ganze Produktion auf die Füße stellen, Castings und den Ablauf einer Buchung (Flug, Hotel, Location, Zeitplan) organisieren, sicherstellen, dass das Model zum vereinbarten Termin erscheint, und sich letztlich um die Abrechnung kümmern. Als Booker hat man im Wesentlichen von jedem seiner Models die Tagesgage und deren Lebensmittelpunkt (ändert sich tageweise) im Kopf; und man weiß, wie es gerade aussieht (zugenommen, Haut usw.) – das ist sehr wesentlich in dem Business.

Networken und kontakten

Eine Agentur ist dann erfolgreich im Geschäft, wenn sie gute Kontakte zu den Kunden hat – klar: So bekommt man die Aufträge. Die Kunden der klassischen Modelagentur sind Magazine, Moderedaktionen, Werbeagenturen, Fotografen, Fotografenagenturen und sonstige Unternehmen im Modebereich. Dazu kommen Filmproduzenten, wenn die Agentur auch Schauspieler vermittelt. Die wichtigsten Kunden sind die Fotografenagenturen, weil diese das „Gesamtpaket" buchen: den Fotografen, das Model, den Stylisten usw. Die Kontakte zu Kunden/Auftraggebern entstehen durch jahrelanges Zusammenarbeiten, durch Networking; ein Kunde vertraut einem Booker nicht „einfach so" – dieses Vertrauen muss man sich erarbeiten.

Internationales Geschäft

Eine Agentur sollte auch Kontakte zu internationalen Modelagenturen haben (diese werden „Partneragenturen" genannt) und stellt diesen seine Models vor. So versucht der Booker zu erreichen, dass die ausländischen Agenturen seine Models für Modeschauen, Filmproduktionen, Magazine und Werbeproduktionen buchen, um sie so weltweit bekannt zu machen. Österreichische Agenturen vermitteln inländische Models und Models ausländischer Partneragenturen, umgekehrt bieten ausländische Partneragenturen auch Models österreichischer Agenturen an. Eine andere Frage ist, ob man Kunden außerhalb von Österreich gewinnt. Das ist schwierig und gelingt nur den besten Modelagenturen. Umgekehrt ist es aber auch für ausländische Vermittlungsstellen schwierig, in Österreich Kunden zu akquirieren.

Der „ganz normale" Wahnsinn im Alltag eines Modelbookers

Der Job ist hektisch und stressig, aber er ist im Vergleich zu Zeiten vor dem Internet um einiges ruhiger geworden. Früher hat der Modelbooker ständig telefoniert (400 Telefonate am Tag waren völlig normal!!!), die Fotomappen beziehungsweise Books der Models mussten hin- und hergeschickt werden, damit sich der Kunde (insbesondere Fotograf) überhaupt ein Bild von den (infrage kommenden und vom Modelbooker empfohlenen) Models machen konnte. Der persönliche Kontakt zu den Fotografen war schlicht intensiver. Heute wird zwar auch noch viel telefoniert, aber der Umfang ist stark zurückgegangen: Die Models und ihre Daten, verschiedene Bilder von ihnen stehen auf der Homepage der Modelagenturen; Modelvorschläge und Modelbooks werden per E-Mail verschickt – damit hat man weniger Stress, weil weniger Telefonate und weniger Post. Telefoniert werden muss aber trotzdem mehrmals mit jedem Kunden und Model – Termine sind zu koordinieren, Gagen zu verhandeln, dem Model muss gesagt werden, wann der Flug geht, wann das Casting oder Shooting ist, ob es was Bestimmtes anziehen muss, usw. In einer Agentur herrscht immer ein gewisses Chaos und Durcheinander und das muss man mögen.

Organisationsjob und Arbeit mit Menschen

Die Tatsache, dass es ein organisatorischer Job ist und man mit Menschen zusammenarbeitet, macht den Job hektisch: Es kann immer etwas dazwischenkommen. Im Durchschnitt vermittelt man drei bis vier Jobs am Tag und irgendetwas passiert meistens: Ein Model kommt zu spät zu einem Termin, verpasst den Flug, wird krank usw. Oder wenn das gewünschte Model schon erfolgreich arbeitet, kommt es nicht selten zu Terminkollisionen – es ist am gewünschten Termin nicht frei, weil es schon woanders arbeitet. Der Modelbooker ist Schnittstelle für alles. Wenn man sich vor Augen hält, dass man zu zweit beziehungsweise zu viert (die größeren Agenturen in Wien haben auch nicht mehr als fünf Mitarbeiter) für 150 beziehungsweise 800 Leute (davon 250 Models) die Aufträge checkt, kann man sich ein Bild von dem machen, wie es in einer Agentur zugeht. In Österreich gibt es übrigens (nur) zwei bis drei Agenturen, die um die 300 bis 400 Models vermitteln.

Wie kommt man zu den Models?

Models bewerben sich auf Eigeninitiative, Kunden empfehlen jemanden, Models bringen „Kandidatinnen" mit und man entdeckt sie „auf der Straße". Letzteres kommt vielleicht alle zwei Monate ein Mal vor. Jede Agentur setzt Model-Scouts ein, die ihre Augen nach potenziellen Models offen halten. Von 100 Bewerbungen im Monat bleibt vielleicht ein Model übrig, das tatsächlich Chancen auf eine Karriere hat. Die einen sind zwar hübsch, aber zu klein, die anderen zwar groß, aber etwas anderes passt nicht. Die meisten Models kommen aus Polen, Tschechien und der Slowakei. Auch die Modelmetropolen leben inzwischen von den „Zubringermärkten".

Verrufene Branche?

Nicht seriöse Agenturen bringen die Branche in Verruf. Agenturen also, die ungeeigneten Mädchen (zum Beispiel nur 1,65 Meter groß) Hoffnungen machen und hohe finanzielle Vorleistungen für Fotomappen verlangen (zum Beispiel „Wir machen Fotos, das kostet 500 Euro und dann wird's schon laufen"). Seriöse Agenturen kassieren für Fotomappen und andere Präsentationsunterlagen vorab kein Geld und machen Bewerberinnen keine unrealistischen Hoffnungen. Die „schwarzen Schafe" unter den Agenturen schaden vielleicht dem Ruf, aber nicht dem Geschäft – es ist in der Branche bekannt, welche Agenturen seriös arbeiten.

Traumjob? Nur von schönen Leuten umgeben und Einladungen zu coolen Events!

Am Anfang ist es toll, mit schönen Menschen zusammenzuarbeiten und Einladungen zu Events zu bekommen. Mit der Zeit werden Modeschauen usw. normal und sind nicht mehr so interessant. Man registriert nicht mehr, dass man mit schönen Menschen zusammen ist, ihre Schönheit tritt in den Hintergrund. Und auch Models nerven, sind lästig, wollen ständig etwas vom Booker (wissen) usw. Die Arbeit wird nicht einfacher, lässiger oder angenehmer, nur weil man schöne Menschen vermittelt. Und nicht zu vergessen, dass es ein Bürojob ist: Ein Modelbooker hat tägliche Büroarbeit, sitzt vor dem Computer, führt viele Telefonate und muss sehr genau arbeiten; eine falsche Zahl auf dem Fax ans Model (zum Beispiel im Datum) kann dazu führen, dass es nicht zum Castingtermin erscheint. Und man muss sich auf die telefonischen Zusagen der Partner verlassen können – vieles wird (trotz E-Mail) mündlich vereinbart. So locker, wie der Job nach außen zu sein scheint, ist er nicht.

Finanzieller Aspekt / Chancen am Arbeitsmarkt:

Es gibt in Österreich zwar zu viele Agenturen, aber das stört nicht wirklich. Das Geschäft teilt sich auf zehn davon auf. Für die klassischen Modelagenturen ist es wahrscheinlich national/international schwieriger, sich durchzusetzen, als für Agenturen, die auch Schauspieler und Kinder für Werbespots und Film vermitteln. Die blühenden 90-er sind vorbei und auch die Wirtschaftskrise hat für Einbußen gesorgt: Werbebudgets wurden gekürzt, Kunden greifen auf „Stockfotografie" zurück, das heißt auf fertige Fotos, weil das billiger ist, als von einem Fotografen neue machen zu lassen. Aber dennoch: Ein Geschäft ist es trotzdem noch beziehungsweise kann es sein.

Resümee:

Bringt man Flexibilität, Stressresistenz, Organisationstalent mit, mag man das Durcheinander und Chaos, wie es in jeder Agentur zu finden ist, erfüllt man schon wichtige Voraussetzungen für den Job. Von Vorteil sind Erfahrung und ein Netzwerk – beides lässt sich mit der Zeit gewinnen bzw. aufbauen.

Pilot

Definition:

Piloten sind bei Fluggesellschaften oder beim Militär beschäftigt und steuern Passagier- und Frachtflugzeuge oder Militärflugzeuge. Piloten tragen die gesamte Verantwortung für das Flugzeug, angefangen von den Vorbereitungsarbeiten vor dem Start, während des Fluges bis zur sicheren Landung. Sie arbeiten eng mit Berufskollegen im Bereich des Flugverkehrs (Flugsicherung, Flugwettertechnik, technische Überwachung, Bordpersonal) zusammen. Während des Fluges bedienen und überwachen die Piloten Bordcomputer und Navigationsgeräte und informieren die Fluggäste über die Flugbedingungen (Wetter, Flugzeit, Flughöhe). Sie haben Kontakt mit dem Bord- und dem Bodenpersonal. (Siehe Hinweis am Ende des Vorworts)

Voraussetzungen / Aus- und Weiterbildung:

Es gibt mehrere Wege zum Piloten. Fluglinien recruiten immer wieder Leute, die sie zu Piloten ausbilden. Wer das Auswahlverfahren nicht schafft, könnte seine Ausbildung auch im Ausland (beispielsweise USA) machen. Dann allerdings nimmt man das Risiko auf sich, viel Geld zu investieren, ohne zu wissen, ob man von einer deutschen/österreichischen Fluglinie angenommen wird. Ein Pilot ist übrigens immer nur auf eine Flugzeugtype zugelassen.

Arbeitsalltag / Vor- und Nachteile:

Zeiten des Autopilots ... Fliegen ist Arbeit mit der Technik
Wie also sieht der Alltag im Cockpit aus? Ist Fliegen noch spannend? Wie empfinden das die Piloten? Denn de facto fliegt ja der Autopilot das Flugzeug, oder? Fakt ist, ohne Autopilot geht es heute nicht mehr. Der Luftraum ist überfüllt und zwischen den einzelnen Flugzeugen ist – in der Vertikalen und Horizontalen – wenig Abstand. Der Autopilot ist ein notwendiges Instrument, um diesen regen Flugverkehr überhaupt zu ermöglichen. Denn nur er hält exakt zig Parameter über längere Strecken konstant und macht es möglich, dass Flugzeuge mehr oder weniger knapp aneinander vorbeifliegen können. Und lenkt dann der Pilot das Flugzeug manuell – etwa weil alle Autopiloten ausfallen – dann ist man nach dem Flug total erledigt, muss man doch drei Achsen konstant halten. Würde es keinen Autopilo-

ten geben, müssten die Piloten weniger arbeiten und könnten nicht so viele Flüge übernehmen, weil es einfach zu anstrengend wäre. Beim Airbus könnte der Autopilot übrigens auch die Landung durchführen, allerdings ist er zur Landung nur zugelassen, wenn die Wetterumstände passen; bei Wind, Schneefall und Ähnlichem führt der Pilot die Landung durch.

Die Herausforderung
… liegt woanders, als von den meisten vermutet wird. Stellen Sie sich vor, Sie sitzen elf Stunden im Kino. Sie schauen sich drei Filme, die Sie unbedingt sehen möchten und die neu für Sie sind, hintereinander an. Oder Sie sitzen elf Stunden auf einem bequemen Sessel zu Hause und schauen sich einen guten Film nach dem anderen an, ohne aufzustehen. Das mag vielleicht ein Mal lustig und auch spannend sein, weil die Filme ja neu für Sie sind; mit der Zeit wird das Sitzen aber – trotz bequemen Sessels – für Sie anstrengend, wahrscheinlich werden Sie auch müde und unkonzentriert. Ein Pilot fliegt nun aber nicht das erste Mal, sondern dieselbe Destination das 97. Mal. Zehn bis elf Stunden sitzen (für den Langstreckenpiloten) und das zehn Mal im Monat! Dazu kommt, dass sich der Pilot auf sehr engem Raum befindet. Von Aufregung und Spannendsein ist das meilenweit entfernt. Die Herausforderung liegt darin, wach und konzentriert zu bleiben. Man sitzt im Cockpit, draußen wird es dunkel, der Organismus fährt runter, man wird müde. Man muss etwas machen, damit das Hirn nicht abschaltet. Zeitung lesen, rätseln, mit dem Kollegen plaudern. Das hält einen wach. Wenn man nicht „voll da" ist, kann es sein, dass man drei Mal angefunkt wird und den Funk nicht hört – da muss man nicht einmal schlafen.

Was macht nun der Pilot während des Fluges?
Beim Fliegen ist es nicht wie beim Autofahren: Da fährt man an den Rand, wenn man schauen und überlegen möchte, wie man weiterfährt. Beim Fliegen geht das nicht: Man ist ständig unterwegs – mit hoher Geschwindigkeit – und kann sich keine Überraschungen leisten. Fliegen muss daher hochgradig exakt in der Vorbereitung sein: Der Pilot bereitet den Flug bis in die kleinste Phase vor und muss alle Eventualitäten mit einbeziehen. Denn alles, was unvorhergesehen passiert, erzeugt Stress. Dadurch, dass der Flug vorbereitet ist, wird die Sache sicher. Im Cockpit mag es vielleicht für manche so aussehen, als hätte ein Pilot nichts zu tun; dem ist nicht so: Man hat ständig etwas im Kopf, um gedanklich voraus zu sein. In dem Moment, wo man abhebt, hat der Pilot die Flugroute und alles andere Erforderliche programmiert; man hat alles zu checken und zu hinterfragen. Wenn der Flieger oben ist und seine Flughöhe erreicht hat, lässt der Stress nach und die stabile Phase beginnt. Man überlegt sich dennoch ständig, was zu tun wäre in welchem Fall: Wo kann der Flieger bei einem Notfall gelandet werden? Welcher Flughafen ist der nächste? Erlaubt das Wetter dort eine Landung? (Schwirig zum Beispiel bei Schneefall und Ähnlichem.) Man ruft sich ständig die erforderlichen Infos ab, um gewappnet zu sein. Es wird erwartet, dass der Pilot in jedem Augenblick weiß, was im Worst Case zu tun ist, und nicht erst dann zu überlegen beginnt. Fliegen verzeiht keine Fehler, man muss die richtige Entscheidung im richtigen Augenblick treffen.

Dark Cockpit Philosophy

Die Flugzeugkonstrukteure haben versucht, das Überwachen der Instrumente möglichst einfach zu machen: Es gilt die „Dark Cockpit Philosophy" – ist es dunkel und leuchtet kein Licht, ist alles ok. Wenn etwas nicht stimmt, leuchtet das betreffende Licht auf. Das hat den Vorteil, dass der Pilot es sofort sieht und nicht übersieht. Würden alle Schalter, Anzeigen usw. leuchten, würde ein (weiteres) aufleuchtendes Kontrolllämpchen kaum auffallen. Man hat sich viel einfallen lassen, um Fehler zu vermeiden. So sind die Schalter und Knöpfe (unzählige!) unterschiedlich in Form (und Farbe); dadurch kann man sie – wenn es sein muss – auch im Dunkeln auseinanderhalten.

Das Stresslevel steigt

Ist man seit zehn Jahren Pilot, gibt es nichts mehr, das überrascht. Es sind 16 Stunden Simulator-Training im Jahr zu absolvieren und dabei werden alle Eventualitäten und Szenarien trainiert. Man weiß beispielsweise, wie es ist, wenn der Strom ausfällt, und was in der Situation zu tun ist. Aber trotzdem erzeugt der tatsächliche Stromausfall in der Situation dann Stress. Wenn zum Beispiel ein Autofahrer, der keinen Schleuderkurs besucht hat, aufs Glatteis kommt, hat er in der Situation Stress und weiß vielleicht nicht, was am Ende rauskommt; ein Autofahrer mit Schleuderkurs weiß, was zu tun ist, und hat trotzdem Stress. So geht es einem als Piloten in einer Extremsituation auch – trotz Trainings und obwohl man weiß, wie die Situation ausgeht, ist man in einer Stresssituation.

Fliegen mit VIPs im Privatjet

Klingt toll, ist aber mühsam. Meistens lassen die Fluggäste auf sich warten und man sitzt zwischen einer Stunde und Stunden am Flughafen und hat nichts zu tun. Abgesehen davon, dass die „Warterei" langweilig ist, verschiebt sich dadurch der Flugplan und man muss die Flugroute neu eingeben und auf die Abflugerlaubnis warten. Nicht selten ändert ein Fluggast während des Fluges den Zielort. Dann muss gecheckt werden, ob genug getankt ist, es muss eine neue Route ins System eingegeben werden usw. Als Pilot eines Privatjets ist man direkte Ansprechperson für den Fluggast. Passt etwas mit dem Catering nicht oder gibt es andere Beschwerden, richten sich diese direkt an den Kapitän (!). Es ist zwar eine Stewardess an Board – diese ist allerdings ausschließlich für das Service zuständig. Die VIPs genießen auch den Luxus, höchstpersönlich vom Kapitän beim Flugzeugaufgang in Empfang genommen zu werden. Man ist also nicht nur der, der das Flugzeug von A nach B bringt, sondern man erbringt auch Dienstleistungen an den Fluggast.

Wo sind die Entwicklungsmöglichkeiten?

Anders als in einem Unternehmen, wo man sich hocharbeiten kann, wird man als Co-Pilot vielleicht einmal Kapitän; man wechselt dann im Cockpit die Seite – sitzt also links statt bisher rechts – die Arbeit bleibt aber dieselbe *(so die Co-Piloten)*. Das Cockpit schaut von links ganz anders aus. Man macht zwar denselben Job, aber mit einem „anderen Gefühl" *(Statement Flugkapitän)*. Der Kapitän ist der Vorgesetzte, er trifft die Entscheidungen und er trägt auch die Verantwortung. Das Upgrade zum Kapitän kann übrigens dauern; manche sind schon seit 13 Jahren Co-Pilot, weil der Bedarf an Kapitänen nicht gegeben ist.

Dennoch: Das Jobprofil bleibt lange Zeit gleich, der Beruf wird mit der Zeit monoton, die Abwechslung fehlt. Im Grunde weiß man, was einen erwartet, wenn man sich ins Cockpit begibt. Manch ein Pilot macht nebenher daher auch noch anderes, gibt Flugstunden oder bildet Piloten aus.

Gesundheitliche Begleiterscheinungen
Fliegen ist nicht gesund. Man ist der kosmischen Strahlung ausgesetzt. Die Luft im Cockpit ist sehr trocken – verglichen mit der Luftfeuchtigkeit am Boden (zwischen 30 und 40 Prozent), ist jene im Cockpit mit 10 Prozent sehr gering. Regelmäßig und viel trinken ist sehr wichtig. Langstreckenflüge sind eine Belastung für den Organismus und der Tag-/Nachtzyklus wird gestört. Man schläft am Tag, um in der Nacht für den Flug fit zu sein, aber nicht immer kann man schlafen, wenn man sollte. Manche Piloten bekommen Probleme mit der Schilddrüse und mit der Verdauung. Die Langstreckenflüge führen zu unregelmäßigen Essens- und Schlafenszeiten. Was dem Organismus zusätzlich zu schaffen macht, ist, dass sich die Wochenstopps bei Langstreckenflügen (Aufenthalt am Zielort für etwa eine Woche) quasi aufgehört haben. Heute dominieren die „24-Stunden-Stopps" den Flugalltag, das heißt, nach 24 Stunden geht es wieder retour. Folglich ist man bei einem Langstreckenflug drei Tage unterwegs und schläft zwei Nächte nicht. Das ist anstrengend. Ausgehen in New York oder in anderen Metropolen interessiert nicht, man will schlafen und das Leben aus dem Koffer wird mit der Zeit auch mühsam. Für den Piloten der Privatjets sind die Aufenthalte am Zielort länger und man wird auch in Hotels einer höheren Kategorie untergebracht, das Leben wird dadurch nicht einfacher: Das Wohnen im Hotel und die langen Abwesenheiten von zu Hause nerven mit der Zeit.

Unregelmäßige Arbeitszeiten
Bekanntermaßen hat ein Pilot keinen 9-to-5-Job, sondern Flüge in der Nacht, am Wochenende und an Feiertagen. Im Monat absolviert ein Langstreckenpilot bis zu zehn Langstreckenflüge (fünf Mal hin und fünf Mal retour), das heißt, man fliegt jeden dritten Tag. Im Monat hat man Anspruch auf einige freie Tage, die man sich datumsmäßig aussuchen kann; aber man kann nur ein Wochenende wählen (mehr bekommt man nicht frei). Seine Flugpläne erfährt man von Monat zu Monat.

Einfluss auf das Privatleben
Ein Pilot ist oft am Abend und am Wochenende nicht zu Hause, wo aber das gesellschaftliche Leben stattfindet. Spontane Treffen mit Freunden sind nicht möglich – der Dienstplan gibt das Leben vor. Man ist nicht so oft bei seiner Familie und Beziehungen scheitern. Aber auch mit einer Stewardess als Partnerin muss das nicht unbedingt einfacher sein. Oft sieht man sich auch hier einen Monat lang nicht, selbst wenn man bei derselben Fluglinie arbeitet: Die Fluglinien versuchen zwar, die Flugpläne aufeinander abzustimmen, aber mehr als eine gemeinsame Langstrecke (hin und retour) ist da auch nicht drinnen. Allerdings bringen Partner aus derselben Branche – wie in jedem Beruf – das Verständnis mit. Fragen, wieso man nach einem Flug erledigt ist, wo man doch „eh nur im Cockpit gesessen ist" werden einem nicht gestellt. Als Privatjetpilot ist ein Privatleben noch schwieriger: Man

hat – jeweils am Stück – 17 Tage Dienst und 13 Tage frei. Es kann sein, dass man an den 17 Tagen, wo man Dienst hat, nicht zu Hause ist. Es kommt auch vor, dass man in den 17 Tagen nur teilweise für Flüge eingeteilt ist und im Übrigen abrufbereit sein muss – aber auch in der Zeit kann man sich nichts vornehmen (vor allem nicht weggehen und Alkohol trinken).

Finanzieller Aspekt / Chancen am Arbeitsmarkt:

Reich wird man nicht, aber man kann davon leben. Nicht zu vergessen, dass man einen Teil der Ausbildungskosten zurückbezahlen muss oder selbst trägt und/oder für längere Zeit an eine Fluglinie gebunden bleibt. Die Gehälter zwischen den Fluglinien variieren. So kann es sein, dass ein Kapitän bei einer Fluglinie genauso viel verdient wie ein Co-Pilot bei einer anderen Fluglinie.

Oft bewerben sich 100 Leute auf einen Posten und zwei werden genommen. Es ist sehr schwer, die Selektionen zu schaffen. Verschont ist man auch nicht vor Krisen, wenn die eigene Fluglinie Personal abbaut. Man hat immer wieder Existenzängste. Denn was soll man arbeiten, wenn man gekündigt wird? Man kann die Fluglinie wechseln (Bedarf muss gegeben sein), nicht aber die Flugtype.

Resümee:

Die „Faszination Fliegen" gibt es nach einer gewissen Zeit nicht mehr. Fliegen wird mit der Zeit monoton, anstrengend und auch langweilig. Übrigens: Man fliegt immer mit einem anderen Team (Kapitän, Co-Pilot wechseln). Das ist nett, man muss aber auch fähig sein, mit jedem gleich gut zu arbeiten.

Profifußballer

Definition:

Fußballer treten (bekannterweise) im Rahmen eines Fußballspiels in zwei Mannschaften gegeneinander an mit dem Ziel, mehr Tore als der Gegner zu erzielen und zu gewinnen. (Siehe Hinweis am Ende des Vorworts)

Voraussetzungen / Aus- und Weiterbildung:

Man beginnt bereits im Schulkindalter mit der Ausbildung. Unter zehn Jahren Ausbildung beziehungsweise 6.000 bis 8.000 Ausbildungsstunden ist es unrealistisch anzunehmen, dass man Profifußballer werden kann. Es gibt nur ganz, ganz seltene Ausnahmen, die es mit weniger geschafft haben.

Ohne hohe Aufmerksamkeits- und Konzentrationsfähigkeit kann man kein Profifußballer werden: Fußball ist geistige Ausdauerleistung. Man muss fähig sein, komplexe Spielsituationen zu erkennen, zu analysieren, und dann in Sekundenbruchteilen entsprechend handeln. Diejenigen, die also annehmen, Fußballer hätten nichts zu denken, liegen falsch.

Arbeitsalltag / Vor- und Nachteile:

Karriere für den, der objektiv gut spielt?
Nicht unbedingt. Gute Leistung und Können sind kein Garant dafür, dass jemand Karriere macht. Will man ganz hinauf – in einen Bundesligaverein – dann schafft man das nicht durch Leistung alleine. Je weiter man in den Ligen aufsteigt, desto mehr kommen Beziehungen ins Spiel: Vereine bekommen Spieler von Managern vermittelt und beide kassieren, nämlich Verein und Manager. Hat ein Spieler einen Manager, mit dem der Verein nicht zusammenarbeiten möchte, bekommt er keinen Vertrag. Oder umgekehrt: Man kommt dann in den Verein und wird „gut behandelt", wenn man von einem bestimmten Manager vermittelt wird. Hat ein Spieler einen Manager, der international gute Kontakte besitzt, ist das von Vorteil – so verspricht zum Beispiel der Manager dem Verein, ihm einen guten internationalen Spieler zu bringen, wenn der Verein als „Gegenleistung" den Spieler, den er managt, einsetzt. Oder man kennt den Trainer des Vereins, der einem den Weg in den Verein ebnet: Wenn ein Trainer will, dass ein bestimmter Spieler ins Team kommt, dann passiert das auch. Darüber, wie es finanziell hinter den Kulissen abläuft, wer wie viel Geld für die Vermittlung eines Spielers in den Profiligen kassiert, spricht man nicht. Daneben muss der Fußballer menschlich mit dem Trainer und sportlich/menschlich mit der Mannschaft zusammenpassen. Wer dem Trainer nicht zu Gesicht steht, hat in einem Verein kaum eine Chance: Der beste Nachwuchsspieler vermag sein Können nicht unter Beweis zu stellen, wenn er vom Trainer nicht aufs Spielfeld geschickt wird. Man muss also ein guter Spieler sein u n d die richtigen Leute kennen, um nach oben zu kommen, und vor allem, um oben zu bleiben.

Fußball – wirklich ein Mannschaftssport?
Oder ist es nicht vielmehr so, dass man sogar im eigenen Team (im „Kader") in Konkurrenz steht? Dass Letzteres zu bejahen ist, lässt sich einfach erklären: In einem Kader sind 25 Leute. Von diesen spielen elf; fünf oder sechs Spieler sitzen auf der Ersatzbank, der Rest schaut zu und ist frustriert. Nicht nur, weil man nicht spielen kann (Fußball ist schließlich Leidenschaft ...), sondern weil es fürs Zuschauen keine Punkteprämien gibt. (Jeder Fußballer erhält ein eher niedriges Grundgehalt und dazu – je nach Leistung – Punkteprämien.) Spielt man also nicht, hat man keine Chance auf Punkteprämien. Aber selbst dann, wenn man aufgestellt wird, unterliegt man dem psychischen Druck, gut zu spielen – bringt man die Leistung nicht, gibt es weniger Punkteprämien, beziehungsweise wird man das nächste Mal vielleicht nicht aufgestellt. Die Bezahlung und die Frage, ob der Vertrag (meistens nur auf ein bis zwei Jahre abgeschlossen) verlängert wird oder man einen Vertrag mit einem anderen Verein bekommt, ist leistungsbezogen: Die Punkteprämien geben Aufschluss dar-

über, wie oft und wie gut man spielt. Wird ein Spieler länger nicht aufs Spielfeld geschickt und kann daher seinen Prämienstand nicht aufbessern, schaut es mit einer Vertragsverlängerung eher schlecht aus. Aber auch das Verhandeln mit anderen Vereinen steht unter einer schwierigen Ausgangsposition. Denn wieso wurde der Spieler nicht eingesetzt? Wieso schaut es mit den Punkteprämien so schlecht aus? Als Profifußballer lebt man oft mit der Angst, vom Trainer nicht eingesetzt oder ausgewechselt zu werden. Fußball ist zwar Mannschaftssport – man muss fähig sein, sich ins Team einzugliedern und als Mannschaft eine Gesamtleistung zu erbringen – aber man steht untereinander in Konkurrenz.

Der psychische Druck
Profifußball ist ein hartes Pflaster. Sensibel darf man nicht sein, man braucht eine dicke Haut und darf sich nicht unterkriegen lassen. Das Problem ist, dass man sich (alle anderen tun das auch) an der eigenen Leistung misst. „Reißt man nichts", fühlt man sich schlecht. Gegen Stimmungsschwankungen ist keiner gefeit. Der Druck kommt von der Erwartungshaltung aller: der Mannschaft, des Trainers, der Fans – alle erwarten Erfolge (die Gegner ein Versagen) und man setzt sich selbst unter Druck. Das muss man aushalten können, wenn man weiß, jetzt hängt alles von einem ab – beim Elfmeterschießen zum Beispiel; man hat Angst zu versagen und muss trotz einer enormen innerlichen Anspannung die Leistung erbringen. Die Enttäuschung dann, wenn es danebengeht, das Wissen um die Enttäuschung aller (inklusive Fans, die einen auspfeifen) und die Freude der gegnerischen Mannschaft und deren Fans, ist fürchterlich – das muss man psychisch „packen". Vom eigenen Versagen ist der ganze Verein betroffen. Das nächste Mal ist man vielleicht nicht mehr auf dem Feld und ein anderer Spieler wird aufgestellt.

Im Fußball muss man auf Situationen innerhalb eines Sekundenbruchteiles reagieren – eine zweite Chance gibt es nicht. Wenn man es nicht schafft, absolut cool zu bleiben, kann es sogar passieren, dass man als Profi einen Pass nicht stoppen kann. Wenn der Kopf nicht mitspielt, wird es schwierig. Unglaublich dagegen natürlich, wenn man die Leistung erbringt beziehungsweise ein Tor schießt. Sieg und Niederlage, Enttäuschung und Hochgefühl liegen extrem knapp beieinander.

Leben mit einer immanenten Verletzungsgefahr
Angst vor Fouls, vor Verletzungen – Angst, dass man aufgrund einer Verletzung eine Zeit lang nicht spielen kann, wie geht man damit um? Man denkt nicht daran; würde man während des Trainings oder eines Spieles daran denken, würde man sich garantiert verletzen. Wer verletzt ist, denkt nicht an die Schmerzen – in erster Linie überlegt er, ob er überhaupt wieder spielen kann. Existenzängste (was, wenn es jetzt vorbei ist???) kommen auf. Kann man zwei bis drei Wochen nicht spielen, wird ein anderer Spieler eingesetzt; kommt man zurück, ist man ausgetauscht.

Und wie schaut es nach der Karriere aus?
Diese Frage stellen sich die wenigsten und fallen in ein finanzielles Loch, wenn es mit der Karriere, ob abrupt und unerwartet infolge einer Verletzung oder als „Alterserscheinung", vorbei ist. Denn Tatsache ist, dass der Beruf des Profifußballers einer mit Ablaufdatum

ist: Mit 33/34 Jahren ist die Karriere vorbei. Und was dann? Die ganz wenigen österreichischen Topverdiener – und das sind nicht mehr als 5 Prozent mit einem Jahresgehalt von 300.000/400.000 Euro, einige wenige sogar 1.000.000 Euro – haben nach ihrer Karriere ausgesorgt. Sie haben so viel verdient, dass sie nach dem Karriereende nichts mehr arbeiten müssen. Die anderen 95 Prozent sind darauf angewiesen, eine andere Verdienstmöglichkeit zu finden. Es ist klar, dass nicht alle Ex-Profispieler die Trainerlaufbahn einschlagen können (so viele Trainer werden nicht gebraucht). Das Problem ist, dass man während seiner aktiven Karriere in der Bundesliga keine Zeit für eine (andere) Ausbildung hat und nach der Karriere quasi am Arbeitsmarkt nicht vermittelbar ist; fürs Wirtschaftsleben war man die letzten zehn Jahre „arbeitslos".

Dolce Vita und am Wochenende weggehen?
Nikotin und Alkohol sollten tabu sein, weil sie die Leistungsfähigkeit einschränken. Kein Ausgehen am Wochenende. Das ist die Theorie. Und die Praxis? Viele Spieler rauchen und trinken auch Alkohol. Freilich gibt es Spieler, die das jeweilige Extrem praktizieren: Kein Alkohol, keine Zigaretten, nur gesunde Ernährung die einen; weggehen und Zigaretten – sogar noch kurz vor einem Spiel – die anderen. Viele liegen dazwischen. Je bekannter man ist, desto mehr muss man sich in der Öffentlichkeit zurücknehmen. Es wird sofort medial berichtet und geurteilt.

Freizeit?
In der Bundesliga und der Erste Liga hat man im Sommer zwei Wochen und im Winter drei bis vier Wochen frei. In der dritten Liga hat man sogar weniger frei – man spielt zwei Wochen länger. Mit Ausnahme dieser paar Wochen ist man unterm Jahr mit seiner Freizeitgestaltung ziemlich eingeschränkt. Ein Wochenende zu verreisen ist nicht möglich. Zu Meisterschaftszeiten hat man maximal (!) einen Tag in der Woche frei. Meistens wird dann drei Wochen durchtrainiert.

Die Partnerin muss „mitspielen"
… und akzeptieren, dass sich im Leben eines Profifußballers alles um Fußball dreht. Man steht im Mittelpunkt, und das in der Öffentlichkeit, und hat den Druck. Man hat schlechte Phasen und Stimmungsschwankungen. Das reflektiert in die Partnerschaft. Wenn die Partnerin das nicht mitleben und -tragen kann, wird es schwierig. Vor allem muss sie auch akzeptieren (können), dass sich das Privatleben nicht am Wochenende „abspielt".

Finanzieller Aspekt / Chancen am Arbeitsmarkt:

Fußballer haben ein schönes Leben, verdienen viel Geld, haben viel Freizeit und nicht viel zu denken – jede Menge „viel" in einem Satz, was die öffentliche Meinung mit dem Fußballer-Dasein verbindet. Wie ist es tatsächlich mit dem Geld-Verdienen? Es gibt Fußballer, die sehr gut verdienen. Die Spitze wird nach oben hin dünner – es gibt eben „nur" zwei Profiligen in Österreich. Manche Spieler haben noch nie in der Bundesliga gespielt und trotzdem 20.000 Euro im Monat verdient – ist aber nicht die Regel. Man kann jedoch in Österreich auch außerhalb der Profiligen – im Amateurfußball – sehr gut vom Fußball leben. Es gibt Vereine in der dritten Liga, die sehr, sehr viel bezahlen, weil zum Beispiel der Präsident gute Spieler haben und halten möchte. Die meisten Berufsfußballer können grundsätzlich angenehm von ihrem Verdienst leben und verdienen im Schnitt 3.000 bis 4.000 Euro netto im Monat (auch 1.000 Euro netto – gerade für Neulinge – sind möglich). Nur die Frage ist, wie viel man sich monatlich von seinem Verdienst für das Leben nach der Karriere beiseitelegen kann, um eben später nicht von der staatlichen Notstandshilfe leben zu müssen. Als junger Spieler jedenfalls, wenn man noch keinen Namen hat, wird man zu Beginn noch nicht so toll verdienen. Die Fixgehälter sind sehr niedrig angesetzt – der Verdienst steigt mit den Prämien.

In Österreich gibt es nur 430 bis 450 Arbeitsplätze für Berufsfußballer – 200 Berufsfußballer sind permanent arbeitslos. Transferzeiten, um von einem Verein zum anderen zu wechseln, sind im Sommer und im Winter. Wenn man in diesen Zeiten keinen Verein findet, dann ist es für diese Saison vorbei.

Resümee:

Fußball ist eine Leidenschaft. Auch nach den Jahren, in denen man profimäßig spielt – was mit nahezu täglichem Training verbunden ist – macht der Sport noch immer Spaß. Ein Profifußballer kommt in der Welt herum, lernt viele Menschen kennen, liest über sich selbst in Zeitungen, feiert mit der Mannschaft Siege – das ist einfach toll. Außerdem bekommt man dafür bezahlt, dass man Sport macht und seinen Körper in Schuss hält. In der Bundesliga ist es in der Vorbereitung sehr ernst. Kein Schmäh, keine „Hetz" im Training. Berufsfußballer haben rechtlich (derzeit noch) den Status eines Arbeiters.

Steward / Stewardess

Definition:

Flugbegleiter betreuen die Fluggäste an Bord von Passagierflugzeugen. Sie begrüßen die Passagiere und informieren sie über das Verhalten im Notfall. Sie kontrollieren die Einhaltung der Sicherheitsvorschriften während des Fluges und versorgen die Fluggäste mit Speisen, Getränken, Medikamenten (zum Beispiel bei Übelkeit) und Decken oder verkaufen Duty-Free-Waren an Bord. Dieser Beruf bringt je nach Flugroute unregelmäßige Arbeitszeiten und Aufenthalte im Ausland mit sich. Flugbegleiter arbeiten im Team mit Kollegen aus dem gesamten Luftfahrtbereich (zum Beispiel Piloten, Bodenpersonal, Flugsicherung). (Siehe Hinweis am Ende des Vorworts)

Voraussetzungen / Aus- und Weiterbildung:

Flugbegleiter werden innerbetrieblich von den Fluglinien ausgebildet. Auf ihren jeweiligen Homepages halten diese Informationen bezüglich Bewerbung und Ausbildungskurse bereit. Quereinsteiger jeder Richtung haben die Möglichkeit, sich als Flugbegleiter zu bewerben.

Arbeitsalltag / Vor- und Nachteile:

Kellner der Lüfte?
Was hat es mit dieser Aussage, die so viele Flugbegleiter erbost, auf sich? Was macht ein Flugbegleiter sonst noch? Flugbegleiter sind primär für die Sicherheit der Passagiere zuständig und dazu ausgebildet, im Notfall (Rauchbildung, Feuer, Notlandung usw.) inklusive gesundheitlicher Notsituation (zum Beispiel Herzinfarkt eines Passagiers) schnellstmöglich das Richtige zu tun. De facto beziehungsweise vom zeitlichen Aufwand her gesehen, gehört das Service an Board jedoch tatsächlich zu den Haupttätigkeiten eines Flugbegleiters; allerdings in unterschiedlicher Intensität – je nach der Position, die man innehat. Der „Purser" (das ist der ranghöchste Flugbegleiter) führt meistens kein Service in der Economy Class durch, sondern betreut lediglich die Passagiere der Business Class (also schon Service, aber stressfreier, weil weniger Passagiere). Ihm unterstellt sind die „Seniors" (mittlerer Rang) und die „Juniors" (rangunterste Flugbegleiter), die für das Service der gesamten Economy Class zuständig sind. Im Gegensatz zum Kellner nimmt man keine Bestellungen entgegen und kassiert nicht – also doch Kellner, jedoch mit großem Fachwissen.

Die Schinkenfleckerl sind aus und andere „Katastrophen"
Ein Flugbegleiter muss damit rechnen, dass er von Passagieren für alles verantwortlich gemacht wird, was bei einem Flug nicht so abläuft, wie von ihm erwartet – und das kann eine Menge sein. Der Flieger ist verspätet, die gewünschte Zeitung ist nicht mehr verfügbar, der Sitznachbar nervt, der Passagier will einen anderen Platz oder hat Probleme, seinen Platz zu finden (!), das Essen schmeckt nicht – es wird immer Passagiere geben, die deshalb grantig werden und ihren Unmut nicht nur bei den Flugbegleitern auslassen, sondern auch offen aussprechen: „Kein Wunder, dass es der Fluglinie xy so schlecht geht, wenn das Personal so schlecht ist." Ein Unverständnis herrscht vor allem in Bezug aufs Essen. Wenn es – wie auf Kurzstrecken als Folge diverser Einsparungsmaßnahmen – überhaupt kein Essen mehr gibt, sondern nur noch einen Snack oder Schokolade, ist das „erbärmlich" oder eine „Zumutung". Solche und ähnliche Aussagen stehen auf der Tagesordnung. Es mangelt den Passagieren immer öfter am nötigen Respekt, am guten Benehmen und/oder an der Einsicht, dass es an Board nur begrenzte Möglichkeiten gibt. Mit Diplomatie, sozialer Intelligenz, Humor beziehungsweise Coolness kommt man aber auch damit zurecht.

Es geht auch anders
Tagtäglich hat man natürlich auch mit netten und unkomplizierten Passagieren zu tun. Mit manchen unterhält man sich, führt etwas Small-talk; die Kommunikation ist zwar oberflächlich, aber erfrischend und „einfach nett".

Alles Routine und immer dasselbe?

Sicher werden die Abläufe an Board Routine, das ist aber nicht negativ, sondern macht die Arbeit sogar angenehmer. Langweilig wird es trotzdem nicht (außer alle Passagiere schlafen), und zwar deshalb, weil man ständig mit anderen Passagieren zu tun hat (und mit dem Service beschäftigt ist). Im Laufe der Tätigkeit als Flugbegleiter erwirbt man eine Menge Menschenkenntnis. Man erfährt (am eigenen Leib), wie unterschiedlich die Menschen auf unterschiedliche Situationen reagieren.

Die Passagiere sind versorgt – und dann?

Flugbegleiter essen oder trinken dann selbst; plaudern miteinander, lesen oder lernen. Die Zeit dafür gibt es eher bei Langstreckenflügen. Zwischendurch wird die Kabine gecheckt und die WCs – Letztere vor allem im Hinblick darauf, ob sie als „illegale" Raucherorte genutzt werden. Das kommt häufig vor und führt nicht selten dazu, dass der Feuerlöscher eingesetzt werden muss.

Vor dem Boarding und nach der Landung

Die Arbeit beginnt nicht erst mit dem Boarding der Passagiere, sondern schon vorher. Die Besatzung (inklusive Piloten) trifft sich vor dem Abflug im sogenannten Crew-Gebäude zu einem kurzen Briefing. Danach ist an Board das Emergency Equipment auf Vollständigkeit und Funktionsfähigkeit zu überprüfen; die Zeitungen werden aufgelegt und erst dann beginnt das Boarding. Nach der Landung räumt man (in der Regel nur die Juniors – also die rangruntersten Flugbegleiter) die Sitztaschen der Passagiere und die Kabine auf. Auch das sogenannte „Cleaning" gehört zu ihren Aufgaben. Was angenehm ist – und Erwähnung finden sollte – ist, dass man als Flugbegleiter keine Arbeit mit nach Hause nimmt; man steigt aus dem Flieger und hat frei.

Das Team

… wechselt ständig und man muss sich daher immer auf neue Leute einstellen. Das ist zwar mühsam, weil man sich aufs Neue mit den Kollegen zusammensprechen muss, wer was zu erledigen hat (das betrifft vor allem die Aufgaben vor dem Boarding und nach dem Landing), wird aber als überwiegend positiv bewertet. Es wird immer Kollegen geben, mit denen man sich nicht versteht oder nicht so gut zusammenarbeitet; diese wird man – bedingt durch die Rotation – länger nicht sehen. Allerdings bleiben die Beziehungen zwischen den Flugbegleitern oberflächlich: Man tauscht Telefonnummern aus und weiß bereits, dass man sich nie anrufen wird.

„Ich wollte mir die Welt anschauen!!!"

… und dann ist man überrascht – denn es ist nicht so, dass man es sich aussuchen kann, wohin man fliegt und wie lange man dort Aufenthalt hat. Zunächst fliegt man eine Zeit lang (ein dreiviertel Jahr bis Jahr) ausschließlich Kurzstrecken. Sicher – Sight-Seeing in Rom oder eine Shopping-Tour in Paris wäre auch nicht schlecht, denkt man sich; nur geht es für die Crew in der Regel nach der Landung wieder retour. Es gilt das Senioritätsprinzip: Wer länger dabei ist, bekommt die „besseren" Flüge und Aufenthalte. Also kurzum: Geduld ist gefragt. Früher gab es noch Möglichkeiten, sich die Welt anzuschauen. Damals hat es noch sehr häufig bis laufend bei Langstreckenflügen sogenannte „Wochenstopps" gegeben, sprich, man durfte sich über längere Aufenthalte am Zielort freuen. Heute haben die Fluglinien die Wochenstopps stark eingeschränkt. Nach 24 Stunden – das ist bei Langstreckenflügen der vorgeschriebene Minimumaufenthalt – geht es wieder retour („24-Stunden-Stopps").

Haut, Kreuz und Dauerschnupfen ... oder die Gesundheit über den Wolken
Zeitverschiebungen, Klimawechsel und Nachtflüge sind anstrengend. Ein Flugbegleiter hat mit unregelmäßigen Schlafzeiten, Jet-Lag und Einschlafproblemen zu kämpfen, denen viele mit der Einnahme von Schlafmitteln abhelfen. Man kann sich – was das Aufstehen in der Nacht betrifft – auch eine Routine antrainieren.

Daneben führen die doch einseitigen Bewegungen (beim Servieren an Board) oft zu Rückenschmerzen. Die meisten Flugbegleiter haben wegen der Aircondition einen Dauerschnupfen. Manche kämpfen in ihrer Anfangszeit auch mit Harnweginfekten und Fieberblasen. Für Stewardessen ist es besonders gefährlich zu rauchen und/oder die Pille zu nehmen; damit steigt die Thrombosegefahr. Die Arbeit in den Lüften fördert auch die Bildung von Krampfadern. Viele Flugbegleiter beugen dem vor, indem sie Stützstrümpfe tragen. Was vor allem für die weiblichen Flugbegleiter interessant sein könnte, ist, dass die Haut eines Flugbegleiters schneller altert (Sauerstoffmangel, trockene Luft; die Kabine ist wie eine Druckkammer!). Außerdem sind Flugbegleiter erhöht dem Ozon und der kosmischen Strahlung ausgesetzt. Inwieweit das gesundheitsschädigend ist beziehungsweise zu (Langzeit-)Schäden führt, ist von der Wissenschaft noch nicht erforscht.

Arbeitszeiten – verhältnismäßig viel Freizeit
Eindeutig kein 9-to-5-Job, sondern ein unregelmäßiges (Arbeits-)Leben. Flugbegleiter sind abends, in der Nacht und am Wochenende unterwegs. Außerdem an Feiertagen, Weihnachten und Silvester. Manchmal kommen sie eine Woche nicht nach Hause. Dafür ist man dann allerdings wieder mehrere Tage daheim (nach einem Japan-Flug beispielsweise muss man fünf Tage freihaben, bevor man wieder fliegt!). Die Aufenthaltszeit am Zielort (so die 24-Stunden-Stopps nach Langstreckenflügen) wird als Dienstzeit gerechnet; daraus ergibt sich im Vergleich zu anderen Berufen relativ viel Freizeit. Der Flugplan wird zwei Monate im Vorhinein erstellt. Will jemand im Februar fünf Tage freihaben, meldet er das im Dezember an und erfährt im Jänner, wann die fünf Tage anstehen.

Privatleben oder wieso Flugbegleiter untereinander beziehungsweise mit Piloten liiert sind
Ein Privatleben ist für einen Flugbegleiter sehr schwierig zu führen, vor allem, wenn der Partner in seiner Arbeitszeiteinteilung nicht flexibel ist. Einfacher – weil auch die Flugpläne (wenn auch nicht immer) aufeinander abgestimmt werden können – ist es, wenn man mit einem Flugbegleiter oder Piloten eine Beziehung hat. Außerdem kommt es allgemein in der Männerwelt nicht unbedingt gut an, wenn man offenlegt, dass man Stewardess ist: Männer ziehen sich eher zurück, weil sie Stewardessen unterstellen, per se Affären mit Piloten zu haben.

Finanzieller Aspekt / Chancen am Arbeitsmarkt:

Das Anfangsgehalt beträgt, je nach Fluglinie und Vorbildung, zwischen 1.200 und 1.600 Euro netto pro Monat.

Flugbegleiter werden immer wieder gesucht und aufgenommen. Schwierig ist der Aufstieg zum Purser: Es gibt daher immer wieder Aufnahmesperren.

Resümee:

Als Flugbegleiter braucht man eine dicke Haut und der Beruf ist schon lange nicht mehr (so) angesehen, wie er einmal war. Wer länger in diesem Beruf tätig war, hat damit bewiesen, ausdauernd und zäh zu sein. Ein guter Skill, wenn man eine Karriere nach dem Job als Flugbegleiter plant. In der Privatwirtschaft weiß man die Flexibilität und soziale Intelligenz der Flugbegleiter zu schätzen.

Technik

Elektroniker

Definition:

Elektroniker entwerfen, bauen, prüfen und warten elektronische Bauelemente, Baugruppen, Steuereinheiten oder Mess- und Regelungsanlagen, elektronische Schaltungen usw. Jedes elektronische Gerät, jede Anlage besteht aus einer Vielzahl elektronischer Bauteile und Schaltungen, woraus sich eine Reihe unterschiedlicher Aufgaben- und Anwendungsbereiche der Elektronik ergibt: Apparatebau, Computertechnik, Datenverarbeitung, IC-Technik (= integrierte Schaltungen), Leistungselektronik und Ventiltechnik, Medizintechnik, Mess-, Regelungs- und Automatisierungstechnik, Mikroelektronik, Optische Elektronik, Schaltungstechnik, Sensortechnik, Signaltechnik usw. (Siehe Hinweis am Ende des Vorworts)

Voraussetzungen / Aus- und Weiterbildung:

Elektronik ist ein Teilbereich der Elektrotechnik. Möglich ist daher, auf der TU dieses Fach zu studieren und sich dann auf Elektronik zu spezialisieren. Es käme aber auch die Fachhochschule für Elektronik infrage. Der Vorteil – wie an jeder Fachhochschule – ist die Praxisbezogenheit. So wird zum Beispiel die Entwicklertätigkeit auf der FH mehr gefördert als auf der Uni, wo alles sehr theorie- und „mathelastig" ist und man womöglich nie ein Messgerät in die Hand bekommt. In der Regel ist ein FH-Absolvent für Unternehmen sehr schnell einsetzbar. Ein Uniabschluss hingegen ist sehr gut für ein Unternehmen, das auch forscht und mit Grundlagen zu tun hat. Manche Unternehmen stellen bewusst sowohl Absolventen von der FH als auch von der Universität ein.

Daneben gibt es die Möglichkeit, den Lehrberuf Elektroniker zu wählen.

Arbeitsalltag / Vor- und Nachteile:

Kernaufgabe – Leiterplatten

Klassisch designt und konstruiert der Elektroniker Leiterplatten (= Platine, das Trägerelement für elektronische Bauteile), die er zu elektronischen Bauteilen, Anlagen und Geräten zusammenbaut. Danach wird die Anlage getestet und Probeläufe werden durchgeführt. Wer Leiterplatten konstruiert, sitzt monatelang alleine vor der Schaltung, baut und testet – eine „Tüftlertätigkeit". Möglich ist auch die Arbeit im Team, wobei dies lediglich bedeutet, dass jeder einzelne Elektroniker eine Aufgabe übernimmt: Einer hat die Idee, der Nächste macht das Schaltungsdesign (bringt die Idee auf den Computer), der andere sucht die Bauteile aus usw. Wer in einem für ihn interessanten Gebiet tätig ist, für den kann die Arbeit rund um die Konstruktion eines elektronischen Bauelements toll sein. Ein Nachteil ist, dass es dauert, bis ein Erfolg ersichtlich wird, unter Umständen sogar sehr lange. Mit Durchlaufzeiten von ein bis zwei Jahren muss man rechnen und dazwischen immer wieder Rückschläge einstecken.

Jeder muss für sich selbst herausfinden, ob er der Typ dafür ist oder ob er etwas anderes – zum Beispiel Kundenkontakt – möchte. Denn genauso gut kann ein Elektroniker im Service, in der Kundenberatung, im Vertrieb/Verkauf oder im Marketing tätig sein. In diesen Bereichen ist es jeden Tag möglich, Erfolge zu verbuchen, wenn man gut ist. Manche Elektroniker gehen auch in die IT-Branche *(siehe IT)*.

Fehlt einem im Vertrieb nicht die Herausforderung?
Wenn man reine Verkaufsgespräche führt, kann es schon langweilig werden – es fehlt die technische Tiefe. Man betreut ein Produktgebiet, ist damit Produktmanager und hat finanzielle Verantwortlichkeit. Ist man aber beispielsweise im Verkauf von Bauteilen tätig, die innerbetrieblich auch entwickelt werden, wird das Aufgabengebiet bereits umfangreicher und anspruchsvoller. Denn es muss jemanden geben, der den Überblick bewahrt, sich technisch auskennt, um auch in die Tiefe zu gehen; der Probleme erkennt, mit dem Kunden bespricht und auch abschätzen kann, was technisch umsetzbar ist und was nicht: Wenn Kundenwünsche nicht umsetzbar sind, ist es ein Vorteil, dies demjenigen sofort mitteilen zu können und nicht erst nach dem Briefing mit den Entwicklern. Hat man einen solchen Aufgabenbereich, wird das technische Interesse durchaus gestillt.

Ostabwanderung?
Eine Ostabwanderung ist auch in der Elektronik zu beobachten, betrifft allerdings primär Österreich als Produktionsstandort (nicht die Entwicklung) – manche Unternehmen verlegen ihre Produktionsstätten in den Osten; in manchen Bereichen bleibt der Standort Österreich erhalten – das betrifft Nischenprodukte oder solche, deren Auslagerung von der Stückzahl her uninteressant ist.

Arbeitszeiten
Die Arbeitszeit hält sich meistens im gesetzlichen Rahmen. Im Vertrieb tätige Elektroniker haben einen Außendienstjob und sind zwischen einem und vier Tagen die Woche in ihrem jeweiligen Vertriebsgebiet unterwegs und betreuen ihre Kunden. Ein Vorteil dabei ist, dass einem in der Regel ein Firmenauto zur Verfügung gestellt wird, das auch privat genutzt werden darf. Als Entwickler hat man gegen Projektende häufig eine 55-bis-60-Stunden-Woche. Das ist fast bei jedem Projekt so – auch in anderen Branchen – und gehört quasi zum Berufsbild der Entwickler.

Finanzieller Aspekt / Chancen am Arbeitsmarkt:

Die Branche an sich ist ganz gut bezahlt, man kann durchaus etwa 2.500 Euro netto pro

Monat verdienen, wenn man genug Prämien „an Land zieht". Im Vertrieb tätige Außendienstmitarbeiter müssen gewisse Deckungsbeiträge erwirtschaften und Umsätze erzielen. Zu ihrem Grundgehalt (etwa 500 Euro netto pro Monat) werden Prämien ausbezahlt.

Es werden ständig neue Technologien in der Unterhaltungselektronik, für Handy, Computer usw. entwickelt. Daraus ergeben sich neue Betätigungsfelder für Elektroniker.

Resümee:

Die Kernaufgabe des Elektronikers ist das Herstellen von Leiterplatten – eine Tüftlertätigkeit, die einen langen Atem fordert und bei der man auch Rückschläge einstecken können muss. Aber nicht alles muss Technik sein: Für die Elektronik als Teilbereich der Elektrotechnik gilt hinsichtlich des breiten Betätigungsfeldes dasselbe: Man kann im Kundenservice, im Vertrieb, im Marketing usw. arbeiten.

Elektrotechniker

Definition:

Elektrotechniker beschäftigen sich mit der Herstellung, der Aufbereitung, dem Transport und der Verwendung elektrischer Energie. In der Elektrotechnik unterscheidet man zahlreiche klassische Berufsbereiche, wie die Nachrichtentechnik, Energietechnik, Regelungstechnik usw. Dazu entwickelten sich in den letzten Jahren weitere Aufgabengebiete, insbesondere in den Bereichen der Computer- und Kommunikationstechnik. Elektrotechniker spezialisieren sich zumeist auf bestimmte Bereiche, planen, entwerfen, bauen und organisieren. Dabei arbeiten sie mit anderen Elektrotechnikern und Spezialisten der genannten Bereiche zusammen. (Siehe Hinweis am Ende des Vorworts)

Voraussetzungen / Aus- und Weiterbildung:

Für diesen Beruf ist in der Regel eine abgeschlossene Schulausbildung mit entsprechendem Schwerpunkt (etwa HTL) oder ein abgeschlossenes Universitäts- oder Fachhochschulstudium zum Beispiel in Elektrotechnik, Kommunikationstechnik oder Elektronik erforderlich. Aufgrund der vielfältigen Überschneidungen sind aber auch einschlägige Ausbildungen für Nachrichtentechnik, EDV, zum Teil auch Maschinenbau möglich. Alles dreht sich darum, die physikalisch-mathematischen Gesetzmäßigkeiten von elektro- und informationstechnischen Vorgängen zu erlernen, weiterzuentwickeln und anzuwenden.

Im Studium ist es wichtig, vom ersten Tag an „am Ball zu bleiben" und selbstständig zu arbeiten. So zum Beispiel selbst physikalische Experimente durchzuführen, denn auf der Uni lernt man das nicht; ein grundsätzliches Problem auf der TU: viel Theorie und wenig Praxis. Auslandserfahrung bereits während des Studiums wäre von Vorteil und gutes Englisch ist ein Muss. Ist Mathe im Studium wichtig? Ja, aber alles ist erlernbar. Kommt man von der HTL, sind die Anforderungen kein Problem; hat man allerdings ein Gymnasium hinter sich, dann springt man zunächst ins kalte Wasser; man braucht dann oft jemandem, der einem die Dinge erklärt (Kollegen von der HTL beziehungsweise Nachhilfe). Wer nach zwei Semestern noch dabei ist, schafft das Studium wahrscheinlich.

Arbeitsalltag / Vor- und Nachteile:

Einsatzmöglichkeiten
Die Einsatzmöglichkeiten sind sehr breit und die Spezialisierung kommt erst nach dem Studium durch die Wahl des Arbeitsplatzes/des Betätigungsfeldes. Manche gehen in den IT-Bereich, zum Beispiel als Projektmanager oder als Hard- und Softwareentwickler oder Systementwickler. Manche in die Forschung und Entwicklung, in die Konstruktion, Fertigung, Montage und Inbetriebnahme von elektrischen Anlagen. Aber nicht nur rein technische Gebiete kommen infrage: Viele machen etwas Kaufmännisches und betätigen sich im Verkauf/Vertrieb oder managen Projekte (Projektmanagement). Jede Branche ist anders und hat ihre Spezifikationen.

Konstruktion
Ob man in einem Team oder alleine tätig ist, hängt von der Komplexität des Projekts ab. Alles ist möglich. In einem (Projekt-)Team ist es jedenfalls so, dass der Elektrotechniker auch mit Berufsträgern anderer Branchen (beispielsweise Maschinenbautechnikern, IT-Leuten) zusammenarbeitet beziehungsweise zusammenarbeiten muss, weil dies die Arbeit (Konstruktion z. B. eines Fahrzeuges) erforderlich macht. Möglicherweise sind auch mehrere Elektrotechniker an einem Projekt beteiligt, wobei trotz Arbeit im Team immer wieder auch Einzelarbeit notwendig wird. Als reiner Elektrotechniker erstellt man unter anderem Schaltpläne und Kabelverlegepläne. Wo die Anschlüsse sind, wo die Kabel verlegt werden, ist nicht gleichgültig; wird eines so verlegt, dass Störungen auftreten, ist die Arbeit schlecht gemacht. Neben dieser sogenannten Anlagenkonstruktion kann man auch in der Entwicklungskonstruktion tätig sein. Die Möglichkeiten sind so vielfältig, wie es Branchen gibt. Ein Höhepunkt wäre sicher zum Beispiel, für Porsche am Design mitzuarbeiten.

Entwicklung – es geht um Funktion
In der Entwicklung geht es weniger ums Design als vielmehr um die Funktion. Der Umstieg von der Uni in die Entwicklung ist angenehm, weil beides theoretisch und sehr technisch abläuft: Man testet aus, probiert, simuliert. Die Arbeit in der Entwicklung ist die Arbeit eines Einzelkämpfers. Man muss sehr viel denken, arbeitet in Ruhe – Hektik ist hier unangebracht. Der Kontakt zu Menschen fehlt manchen. Dafür arbeitet man in einem Kerngebiet der Elektrotechnik.

Vertrieb – ist das noch technisch?
Im Vertrieb verkauft man. Es ist richtig, dass diese Arbeit weniger mit Technik zu tun hat,

allerdings ist technisches Wissen wichtig. Primär ist der im Vertrieb tätige Elektrotechniker mit Kundenanfragen konfrontiert, die verstanden und an die Techniker weitergegeben werden müssen. Es kann zwar meist nicht mehr als 1 Prozent des auf der Uni erlernten Wissens umgesetzt werden, allerdings ist durch die Ausbildung bekannt, worauf es ankommt. In diesem Zweig ist es schon eher ein Bürojob, der allerdings mit Kundenkontakt verbunden ist. Es wird auch beim Kunden vor Ort gearbeitet, um sich abzustimmen, um Infos einzuholen und sich einen Überblick zu verschaffen. Auch hier gilt: Es kommt auf die Branche und deren Anforderungen an, wie technisch der Vertriebsjob letztendlich ist.

Fehler kann man nicht vertuschen
Das, was ein Unternehmen verlässt, muss funktionieren. Wenn es das nicht tut, muss man so lange daran arbeiten, bis es funktioniert. Das Tolle ist, dass man als Techniker immer die Erfolge (auch im Team) sehen kann.

Finanzieller Aspekt / Chancen am Arbeitsmarkt:

So verschieden die Einsatzmöglichkeiten der Elektrotechniker sind, so variabel sind auch die Durchschnittsgehälter. Das durchschnittliche Einstiegsgehalt liegt bei 2.600 Euro brutto im Monat und kann im Laufe der Zeit je nach Fachrichtung bis auf 5.000/7.000 Euro brutto steigen.

Die Betätigungsbereiche für Elektrotechniker wachsen ständig. Sie sind immer gefragt. Viele Unternehmen möchten ihre Arbeitnehmer nicht ausbilden, sondern Mitarbeiter aufnehmen, die von vornherein ihre Anforderungen erfüllen. Deshalb haben es mitunter Absolventen der Fachhochschule in manchen Bereichen leichter, da sie Praxis vorweisen können.

Resümee:

Als Elektrotechniker ist einem kein bestimmter Karriereweg vorgegeben; nach der Ausbildung stehen einem unterschiedliche Betätigungsfelder offen und auch ein Wechsel zwischen den Gebieten (zum Beispiel von der Konstruktion zum Verkauf) ist möglich. Einen Job wird man als Elektrotechniker immer finden, nur die Frage ist, ob man das machen kann, was man machen möchte.

Maschinenbautechniker

Definition:

Maschinenbautechniker (Maschinenbauingenieure) sind in Gewerbe- und Industriebetrieben des Maschinen-, Apparate- und Anlagenbaus tätig. Sie entwickeln, planen und konstruieren Maschinen und Anlagen und kümmern sich um deren Verkauf und Vertrieb. In der Regel sind sie auf bestimmte Bereiche wie zum Beispiel Maschinen-, Fahrzeug- sowie Schiffsbau, Montanmaschinen (Maschinen für den Rohstoffabbau) oder land- und forstwirtschaftliche Maschinen spezialisiert. Sie arbeiten in Planungsbüros wie auch in den Werkstätten und Werkhallen von Betrieben der Metall-, Elektro- und Maschinenbauindustrie im Team mit verschiedenen Spezialisten und Fachkräften. (Siehe Hinweis am Ende des Vorworts)

Voraussetzungen / Aus- und Weiterbildung:

Es ist Maschinenbau auf der Technischen Universität (TU) oder auf einer FH zu studieren.

Arbeitsalltag / Vor- und Nachteile:

Zum Konstrukteur geboren!
Die Arbeit als Konstrukteur ist die Ur-Aufgabe/das Kernbetätigungsfeld für Maschinenbautechniker. Die wenigsten allerdings konstruieren. Wieso? Konstruktion ist eine „künstlerische Tätigkeit": Man muss Ideen haben und abstrakt denken können. Zum Konstrukteur wird man geboren, konstruieren zu können, ist eine Begabung – lernen kann man das nur bis zu einem gewissen Grad, der allerdings nicht ausreicht, um als Konstrukteur arbeiten zu können. Viele sind dann im Verkauf und Vertrieb tätig (auch dafür braucht man technisches Hintergrundwissen) oder suchen sich ein anderes Betätigungsfeld.

Konstruktion

Verstehen aller Umgebungsbedingungen
Wenn zum Beispiel für einen Unimog (allradbetriebener Kleinlastkraftwagen) ein seitlicher Unterfahrschutz konstruiert werden soll, gilt es zunächst, alle Umgebungsbedingungen/ Varianten zu verstehen. Bereits ein Auto kann mit verschiedenen Extras bestellt werden: mit Radio, automatischen Fensterhebern, unterschiedlicher Bereifung und Felgen usw. Bei einem Lkw sind diese Varianten noch vielfältiger; es gibt nicht nur einen einzigen Unimog – es gibt 10.000 Varianten. Ein Konstrukteur soll diese Verschiedenheiten kennen und bei der Konstruktion mit einbeziehen. So muss man zum Beispiel wissen, dass dieses spezielle Nutzfahrzeug an einer bestimmten Stelle eine Stange hat, die bei der Konstruktion entsprechend zu berücksichtigen ist. Oder man muss davon Kenntnis haben, dass, wenn zum Beispiel die Achse (in der Konstruktion) verschoben wird, dies Einfluss auf die Lenkung hat. Man muss Querverweise herstellen (können). Die Kunst liegt darin, alle „Umgebungsbedingungen" zu kennen und die optimale Lösung umzusetzen.

Das Optimum!
Nicht immer ist es möglich, die optimale Lösung zu finden beziehungsweise die „perfekte"

Idee umzusetzen. Einflüsse kommen von verschiedenen Seiten: vom Fahrzeug selbst, vom Kunden, der eine spezielle Lösung möchte, von Gesetzen. Das Fahrzeug muss zulassungsfähig sein beziehungsweise bleiben: Findet man zum Beispiel für eine Aufgabenstellung die technisch optimale Lösung, bedingt diese allerdings, dass der Auspuff links (und nicht rechts) herauskommen würde, dann ist diese Lösung nicht umsetzbar, weil es dafür keine Zulassung gibt. Es ist an alle Parameter gleichzeitig zu denken – das ist die Herausforderung. Das Tolle ist, dass man sein gesamtes Wissen und seine Erfahrung tagtäglich in den Job einbringen kann und laufend an Kenntnissen dazugewinnt.

Vom Grobkonzept bis zur Serie
Ein Auftrag kann zum Beispiel so ausschauen: Ein Tank soll in einen Lkw eingebaut und etwas konstruiert werden, damit dieser Tank nicht herunterfällt. Man hat eine Idee, erstellt ein Grobkonzept, an das eine Plausibilitätsprüfung anschließt (Geht das so? Gibt es Gründe, dass es so nicht konstruiert werden könnte? Man denkt an alle Parameter ...). Vom Konzept geht es in die Konstruktionsphase: Es wird ein Prototyp gebaut, der erprobt wird („Läuft's? Funktioniert's?"). Wenn ja, folgt die Freigabe und das Fahrzeug geht in die Serienproduktion. Es ist selten so einfach, wie es klingt. Zum Beispiel wird vom Team eine Radaufhängung für einen bestimmten Lkw konstruiert und der Prototyp erzeugt. Dann kommt ein Anruf der Mechaniker, weil es Probleme gibt: Sie wissen nicht, wie sie an einer bestimmten Stelle schweißen sollen, weil sich ein Teil verzogen hat und schwer einzurichten ist. Man kommt, macht sich vor Ort ein Bild und entscheidet, was zu tun ist (in dem Fall eine simple Bohrung). Das geschilderte Ereignis ist noch relativ unkompliziert – in der Konstruktions- und Umsetzungsphase hat das Team oft mit schwerwiegenderen Problemen zu kämpfen. Dazu kommt, dass einem immer die Zeit im Nacken sitzt: Das Fahrzeug soll auf den Markt kommen.

Kleinere Unternehmen machen mehr Spaß!
Ein Konstrukteur kann in großen und kleinen Firmen arbeiten. Kein Vergleich. Das Tolle an der Arbeit in kleineren Unternehmen ist das umfassende Betätigungsfeld und die damit verbundene Abwechslung: Man macht die Rahmenkonstruktion, ist für den Achseneinbau, die Lenkung, die Radaufhängung, den Luftfilter, den Getriebe- und Motoreinbau usw. zuständig – mit einem Wort: Man konstruiert das ganze Fahrzeug. In den großen Firmen gibt es für jeden Bereich einen Verantwortlichen: Der eine konstruiert die Türschnallen, der andere die Rücklichter.

Synergien aus dem Team
Der Konstruktionsleiter gibt meistens das erste Input. Dann ist es in der Regel so, dass die Ideen im Team (weiter) entwickelt werden. Am Schluss, wenn feststeht, wie und was konstruiert wird, kann man nicht mehr sagen, wessen Idee das Ergebnis war. Es ist eine Mischung und das ist gut so – mehr Meinungen führen zu einem meist besseren Ergebnis.

Leute reden mit, die keine Ahnung haben!
Mühsam ist es – aber das ist nicht auf die Konstruktion beschränkt –, wenn Leute mitreden, die nichts von der Arbeit verstehen. Man wird mit Forderungen und Ideen der Führungs-

ebene konfrontiert, die oft danebenliegen: Deren Umsetzung führt dazu, dass die Konstruktion schlechter funktioniert, als sie müsste, und/oder zu teuer wird. Im schlimmsten Fall ist sie schlicht nicht umsetzbar. Man muss sich (je nach Unternehmensstruktur) von Leuten etwas sagen lassen, die nichts vom Konstruieren verstehen, das kann einem auf die Nerven gehen.

Was sonst noch die Arbeit erschwert
Das sind eher banale Dinge, die aber sehr gewichtig sind. Oft hat man keine guten Computer zum Zeichnen und verliert dadurch Zeit, weil eben das „Werkzeug" nicht optimal ist. Konstrukteure brauchen gute Rechner – da wird oft gespart.

Vertrieb und Verkauf

Ausschließlich Vertrieb und Verkauf?
Ist ein im Vertrieb und Verkauf tätiger Maschinenbautechniker quasi ein Verkäufer? Nicht nur, man macht im Grunde die gesamte technische Betreuung für den Käufer mit. Eine Anlage, eine Maschine, ein Fahrzeug usw. muss behördlich genehmigt werden und die Behörde möchte eine Menge technischer Daten wissen oder verlangt vom (zukünftigen) Betreiber weitere Auflagen (das heißt, eine Genehmigung gibt es, wenn zig weitere Punkte erfüllt beziehungsweise weitere Maßnahmen ergriffen werden, die die Behörde vorschreibt). Man gibt diverse Auskünfte, legt der Behörde die nötigen Dokumentationen und Gutachten vor, um nachzuweisen, dass die Anlage die technischen Anforderungen erfüllt. Daneben ist man Ansprechpartner des Kunden in allen Belangen, den Kauf betreffend. Technisches Wissen und Verständnis sind auch im Verkauf und Vertrieb vonnöten.

Wenn alles so einfach wäre ...
Die Zusammenarbeit mit den Behörden gestaltet sich oft mühsam. Das Genehmigungsverfahren bei zum Beispiel Windkraftanlagen ist oft ein „Ende-nie-Verfahren". Die Behörden machen es den potenziellen Betreibern oft sehr schwer bis unmöglich, eine solche Anlage aufzustellen. Das hat selten technische Gründe, sondern vielmehr politische. Man „will" die Anlagen ganz einfach nicht im Gemeindegebiet stehen haben. Mit den technischen Anforderungen und Auflagen werden die Genehmigungen erschwert. Man legt zum Beispiel technische Nachweise und Gutachten vor, die Behörde will eine Änderung oder möchte zusätzliche Punkte erfüllt haben: Man fasst beim eigenen Werk nach, es folgen Nachrüstungen, es wird ein neues Gutachten erstellt und der Behörde erneut vorgelegt. Ausdauer ist nötig ... Außerdem ist das Geschäft von den Gesetzen abhängig: Wenn das Betreiben von Windkraftanlagen gesetzlich erschwert wird, wird es auch schwieriger, diese zu verkaufen, beziehungsweise wird es für Investoren uninteressanter, in Windkraftanlagen zu investieren.

Arbeitszeit
Eine 40-Stunden-Woche für Konstrukteure ist selten, meistens sind es um die 60 Stunden

pro Woche. Im Verkauf und Vertrieb ist das unterschiedlich, in der Regel bleibt es beim gesetzlichen Ausmaß.

Finanzieller Aspekt / Chancen am Arbeitsmarkt:
Ein Maschinenbautechniker mit Uni- oder Fachhochschulabschluss kann sich in der Regel über ein Einstiegsgehalt von etwa 1.800 Euro netto im Monat freuen. Dabei muss es aber nicht lange bleiben, denn das Durchschnittsgehalt in diesem recht weit gefassten Berufsfeld liegt etwa bei 2.700 Euro. Das sagt natürlich nicht viel darüber aus, wie hoch das maximale Einkommen sein kann.

Es ist mehr Arbeit vorhanden, als erledigt werden kann – prima Berufschance!

Resümee:
Konstrukteure mögen das vernetzte Denken und das selbstständige Arbeiten. Man erwirbt in den Jahren so viel Know-how, dass man ein Nutzfahrzeug von null weg entwickeln könnte. Im Verkauf und Vertrieb ist die Mischung aus Verkauf, Technik und dem Kontakt zu den Behörden und Kunden das Spannende.

Ziviltechniker

Ziviltechniker ist eine Standesbezeichnung für freiberuflich tätige Personen und demnach *kein Beruf*. Architekten und Ingenieurkonsulenten sind Ziviltechniker. Für diese gibt es eine eigene Standesvertretung: die Kammer der Architekten und Ingenieurkonsulenten.

Architekten, die nach ihrem Architekturstudium eine mindestens dreijährigen Praxiszeit absolvieren und danach die Ziviltechnikerprüfung schaffen, sind damit Ziviltechniker mit vielen dazugehörigen Rechten *(siehe Architekt)*.

Aber was sind „Ingenieurkonsulenten"? Man studiert auf der TU (Technische Universität), BOKU (Universität für Bodenkultur) oder Montanuniversität (in Leoben) eine der vielen Studienrichtungen oder macht die Ausbildung auf einer Fachhochschule. Nach einer dreijährigen Berufspraxis legt man die Ziviltechnikerprüfung ab und ist damit „Ingenieurkonsulent" der gewählten Richtung. Ihre (vollständige) Berufsbezeichnung lautet „Ingenieurkonsulent für beispielsweise (je nach Studienrichtung) Maschinenbau, Bauingenieurwesen, Elektrotechnik, Kulturtechnik, Informatik, Landschaftsplanung usw. usw. etc."

Nur als Architekt oder als Ingenieurkonsulent ist man berechtigt, sein eigenes (Ziviltechniker)Büro zu führen und damit als Selbstständiger zu arbeiten.

Siehe auch:
- *Architekt*
- *Bauingenieur*
- *Elektrotechniker*
- *Kulturtechniker*
- *Landschaftsplaner*
- *Maschinenbautechniker*

Zeitung / Radio / TV / Film

Filmproduzent

Definition:

Produzenten realisieren Kino-, Fernseh- und Videofilmproduktionen, Theateraufführungen, aber auch Musicals, Konzerte, Musikfestivals und Tourneen. Sie wählen Produktionsideen aus (zum Beispiel Drehbücher, die sie erhalten), planen den organisatorischen und zeitlichen Ablauf, kalkulieren die Kosten und stellen die Finanzierung auf. Sie wählen den/die Regisseur/in für die Produktion aus, besprechen gegebenenfalls mit diesen die Zusammensetzung des weiteren Teams und schließen die Verträge mit den Schauspielern, Musikern und allen anderen an der Produktion Beteiligten. Eine wichtige Aufgabe im Zusammenhang mit der Finanzierung ist es auch, etwaige Film- oder Kulturförderungen zu beantragen. Produzenten halten sich über den Vorgang der Produktion ständig auf dem Laufenden. Sie arbeiten im Team mit Regisseuren, Produktionsleitern und -assistenten, Aufnahmeleitern und dem gesamten Produktionsteam. (Siehe Hinweis am Ende des Vorworts)

Voraussetzungen / Aus- und Weiterbildung:

Die Filmproduktion ist ein freies Gewerbe, für dessen Ausübung eine Ausbildung nicht Voraussetzung ist. Ein Weg ist – wie so oft – von unten nach oben: Man beginnt möglicherweise als Produktionsassistent (holt Kaffee, hält Parkplätze frei ...) und entwickelt sich weiter, bis man selbst einen Film auf die Beine stellt (z. B. vom Aufnahmeleiter zum Produktionsleiter, Herstellungsleiter, Produzenten). Auch ein Quereinstieg ist möglich, wenn man ein Team aufstellen kann und über die finanziellen Mittel verfügt. Der Beruf ist ein „Selbststudium". Es gibt keine Formel, wie man Filmproduzent wird. Will man eine Ausbildung machen, so könnte man auf der FH Wien Film-, TV- und Medienproduktion studieren (gut, weil auch im Business tätige Produzenten vortragen). Im Ergebnis sind Begeisterung, Praxis und Glück notwendig.

Arbeitsalltag / Vor- und Nachteile:

Filmwirtschaft = Lobbying
Der österreichische Film ist subventioniert – ohne Subvention kein österreichischer Film, vor allem ohne öffentliche Subvention kein Film. Mit Privatsubventionen alleine lässt sich

keine Produktion auf die Beine stellen. Für eine Filmproduktion braucht es Grundfinanzierer, den ORF beispielsweise. Geht es dem finanziell schlechter, geht es auch der österreichischen Filmwirtschaft schlechter. Es ist eben ein Problem, dass der Fernsehmarkt von einem Monopolisten – dem ORF – beherrscht wird. Die anderen Sender können nicht genug Geld aufbringen, um Produktionen zu finanzieren. Auf den ORF als Geldgeber kann man daher kaum verzichten. Nur, der Topf ist begrenzt und es gibt viele, die an den Topf ranwollen, um zu produzieren. Daneben muss man Menschen kennen, die bereit sind, ein Filmprojekt mit Geldinvestitionen zu unterstützen, oder welche finden, die zumindest teilweise mitfinanzieren. Politisieren (Lobbying) ist aus der Filmwirtschaft nicht wegzudenken und in den letzten Jahren wieder wichtiger geworden. Denn als Folge der Finanzkrise haben deutsche beziehungsweise internationale Unternehmen ihre (Förder-)Gelder aus Österreich abgezogen. Damit sind wichtige Geldgeber weggefallen – und die österreichischen Produktionsfirmen auf inländische – vor allem staatliche – Geldgeber angewiesen.

Networking

Der Produzent ist laufend in Kontakt mit Menschen, die als Finanzierer infrage kommen. Ohne Networking – also Kontakte – läuft nichts. Die „wichtigen" Menschen lernt ein Produzent natürlich nicht von heute auf morgen kennen, das entwickelt sich und wächst. Man wird ja auch nicht von einem Tag auf den nächsten Produzent – man arbeitet sich hoch und ein – nicht nur in die Materie, sondern auch in das soziale Umfeld, in das Netzwerk. Man geht auf Partys, lernt jemanden kennen, geschäftliche Beziehungen vertiefen sich. Wenn eine Vertrauensbasis geschaffen ist, dann funktioniert es vielleicht später mit der Finanzierung.

Ideen, Drehbücher und Autoren

Wie kommt der Produzent zu den Projekten, die schließlich auch umgesetzt werden? Manche Produzenten entwickeln selbst Geschichten; in der Regel aber treten Autoren und Regisseure (in Österreich und Deutschland oft der Fall) an Produzenten heran und präsentieren ihre Ideen. Es werden laufend Stoffe und Drehbücher – die meisten Autoren arbeiten übrigens autodidakt, das heißt, ohne es gelernt zu haben – an den Produzenten herangetragen; er liest sie, klopft Ideen ab, entwickelt Projekte – allein und im Team – und ist folglich ständig im Gespräch mit Menschen, Autoren, Kreativen. Dabei hat man natürlich auch im Hinterkopf, ob der Stoff Quoten bringt, also gut ankommt.

Zusammenspiel Geldgeber – Regisseur – Schauspieler

Klar, je interessanter das Projekt, umso einfacher wird es sein, Geldgeber (ORF, andere österreichische und deutsche Sender, Förderinstitute) zu gewinnen. Sender sind schneller für ein Projekt zu begeistern, wenn der Produzent mit Schauspielern aufwarten kann, die Quoten bringen. Oft wird die Produktionsfirma den/die Sender in die laufenden Verhandlungen auch einbinden (denn auch die Schauspieler und das gesamte Film- und Produktionsteam müssen finanziert werden; für einen „Publikumsliebling" wird ein Sender leichter tief in die Tasche greifen – er erwartet sich ein entsprechendes Output). Für den konkreten Schauspieler ist vielleicht ein spezieller Regisseur Grund genug, die Rolle zu übernehmen – oder im gegenteiligen Fall – nicht zu übernehmen. Den Regisseur lockt der Produzent wiederum vielleicht mit dem Schauspielteam und dem Stoff. Fakt ist, das „Gesamtpaket" muss stimmen und in seiner Gesamtheit vom Produzenten organisiert werden. Mit Verhandlungsgeschick und Ausdauer wird das dem Produzenten/der Produktionsfirma gelingen.

Einen langen Atem

... braucht man auch, denn manche Projekte benötigen Jahre bis zum Drehbeginn. Bis die Finanzierung steht, kann es dauern und dann kommt immer noch etwas dazwischen: Ein Schauspieler springt ab, das Drehbuch wird umgeschrieben, eine Förderung fällt weg, man fängt teilweise wieder von vorne an. Verträge mit Schauspielern, dem Regisseur werden ausgestellt, geprüft, geändert ... Schwierig und langwierig ist es auch deswegen, weil oft das eine das andere bedingt. Ohne Finanzierung kein Drehbeginn. Wenn nun ein Senderintendant die Finanzierung in gewisser Höhe zusagt, allerdings nur für den Fall, dass der Produzent schon vor dem zugesagten Geldfluss mit dem Dreh beginnt, gerät man in eine Pattstellung. Es kann schon nervenaufreibend sein, bis ein Projekt auf den Beinen steht und mit dem Dreh begonnen werden kann.

Am Film-Set

Am Set begleitet der Produzent mit seinem Team den Dreh. Er überwacht den organisatorischen/koordinierenden Ablauf. Der Produzent ist Letztentscheider: Er hat das Geld und somit die Verantwortung. Auch wenn der Regisseur die Geschichte ändern will (= also eine künstlerische Entscheidung zu treffen ist), muss er das mit dem Produzenten besprechen. Da es sich oft um „Autorenfilme" handelt (Filme, die der Regisseur auch geschrieben hat), hat dieser viel Mitspracherecht, er ist aber dennoch weisungsgebunden gegenüber dem Produzenten. Der Produzent hat dann noch eine Entscheidung zu treffen, wenn es ums Finanzielle geht beziehungsweise eine künstlerische Entscheidung ansteht, die Geld kostet (zum Beispiel der Regisseur möchte eine Szene woanders drehen als geplant – und das kostet mehr).

Arbeitszeiten

... gibt es nicht. Man „lebt" diesen Beruf.

Finanzieller Aspekt / Chancen am Arbeitsmarkt:

Das Budget des Produzenten ist beziehungsweise sollte – wie alle Kosten, die das Projekt aufwirft – von den Produktionskosten gedeckt sein. Es gibt sehr viele Produzenten in Österreich – der Schätzung nach existieren um die 2.500 angemeldete Gewerbescheine – etwa 70 Produzenten sind aktiv tätig und nur wenige verdienen wirklich gut.

Einfach ist es nicht, als Filmproduzent in Österreich oder Deutschland Fuß zu fassen. Konkret auf die österreichische Filmwirtschaft bezogen, ist der größte Nachteil die Subventionslastigkeit hierzulande: Es ist schwierig, eine Produktionslandschaft mit Förderungen aufzubauen. Dazu kommt, dass bei uns amerikanische Filme gezeigt werden, die ein Vielfaches des Budgets zur Verfügung haben, mit tollen Schauspielern aufwarten und damit bei den meisten Österreichern der amerikanische Film beliebter ist als der österreichische. Umgekehrt interessiert sich kaum jemand in Amerika für den österreichischen Film. Dieser lässt sich oft auch schwer nach Deutschland exportieren – die Deutschen bräuchten nicht selten Untertitel.

Dass der Sprung nach Hollywood nicht ausgeschlossen ist, zeigen erfolgreich dort tätige europäische Produzenten. Bei „2012" beispielsweise ist ein Österreicher Produzent (und ein Deutscher Regisseur). Man kann in Hollywood auch als Österreicher Fuß fassen – die amerikanische Filmwelt ist immer auf der Suche nach kreativen Köpfen. Die Frage ist nur, ob man dort überhaupt arbeiten möchte ... Hollywood ist wirtschaftlich getrieben – in Europa ist man eher „kunstgetrieben". Doch in den USA gibt es einen riesen Vorteil: Produzenten in Hollywood sind nicht so subventionsabhängig.

Resümee:

Als Filmproduzent lebt man in einer eigenen Welt und muss für diesen Beruf ein eigener Typ sein; eine Persönlichkeit mit Charisma und Überzeugungskraft. Geschichten zu entwickeln macht Spaß. Dennoch ist es schwer, in dieser Branche Fuß zu fassen – man sollte die richtigen Leute kennen und muss einen langen Atem haben.

Redakteur / Journalist

Definition:

Ein Journalist ist gemäß dem Deutschen Journalisten-Verband hauptberuflich an der Verbreitung von Informationen, Meinungen und Unterhaltung durch Massenmedien beteiligt. Journalisten arbeiten in Printmedien wie Zeitungen, Zeitschriften und Anzeigenblättern, aber auch im Hörfunk und Fernsehen, machen Öffentlichkeitsarbeit *(siehe PR-Berater)* oder haben einen Job in Nachrichtenagenturen oder Pressebüros. Mit dem Online-Journalismus kamen als jüngstes Tätigkeitsfeld Online-Redaktionen hinzu. Ferner sind Journalisten als Pressesprecher oder Pressereferenten in den Pressestellen (auch PR- oder Marketingabteilungen) von Wirtschaftsunternehmen, Behörden oder Organisationen tätig. Im Bereich der Tageszeitungen arbeitet ein großer Teil als Lokaljournalisten. Bei überregionalen Tageszeitungen, bei Zeitschriften und in den Bereichen Rundfunk und Fernsehen findet in der Redaktion eine Spezialisierung auf bestimmte Ressorts statt, zum Beispiel Nachrichten, Sport, Wirtschaft, Kultur, Musik, Wissenschaft, aber auch für Seitengestaltung und Überschriftenformulierung, Recherche, Koordination.

Wer bei Presse, Hörfunk oder Nachrichtenagenturen Nachrichten innerhalb einer Redaktion bearbeitet, also redigiert, gilt als Redakteur. Dabei werden Bild- und Text-Redakteur unterschieden. Im Gegensatz dazu arbeitet der Reporter vor Ort, etwa bei einem großen Unglück oder einer Naturkatastrophe, recherchiert also die Fakten einer Geschichte. Ein Korrespondent ist für seine Heimatredaktion (Zeitung, Hörfunk, Fernsehen, Nachrichtenagentur) in der Bundes- oder Landeshauptstadt oder im Ausland tätig. Außerdem gibt es noch den Moderator, der Sendungen entweder im Fernsehen oder im Hörfunk präsentiert.

Im Folgenden wird der Redakteur beschrieben. (Siehe Hinweis am Ende des Vorworts)

Voraussetzungen / Aus- und Weiterbildung:

Man muss nicht zwingend Publizistik studiert haben, um Redakteur zu werden. Vor allem, wenn man in Bereichen schreibt, die Spezialwissen erfordern (zum Beispiel Biologie, Geologie, Innenarchitektur ...), ist Wissen in diesen Gebieten vordergründig wichtig.

Arbeitsalltag / Vor- und Nachteile:

Es geht hauptsächlich ums Geschäft

Einem Zeitungs- bzw. Zeitschriften-Verlag geht es primär darum, das Heft zu erhalten, und das klappt nur noch über die Anzeigen – ohne Anzeigen würde sich kein Lifestyle- oder Modemagazin rechnen. Für den Verlag zählt primär das Geschäft (Wie kommt das Geld rein?), dann die Optik (Hauptsache die Bilder sind gut!) und dann erst die Inhalte, die auf eine bestimmte Art und Weise vorgegeben sind.

Freier Journalismus?

Die Realität – zumindest bei den Lifestyle- und Modemagazinen – ist geprägt von der Anzeigenpolitik: Erscheint z. B. in der nächsten Ausgabe ein Artikel über Kaffeemaschinen und hat man einen zahlenden Anzeigekunden, der Kaffeemaschinen herstellt, reicht es nicht zu schreiben, dass auch jene des Anzeigenkunden sehr gut sind – also neutral zu bleiben –, sondern man muss Position für ihn beziehen. Oder dem Bild-Redakteur, der für die Modeseiten zuständig ist, wird vorgegeben, welche Marken die zu fotografierenden Models zu tragen haben – Kleidung von den zahlenden Anzeigenkunden. Daneben gibt es interne Listen, welche Unternehmen in einem Text vorkommen dürfen und welche nicht. Ist man nicht von den Anzeigenkunden eingeschränkt, so muss man zumindest das schreiben, was die Leser interessiert. Die „Anzeigenpolitik" tangiert einen wenig, wenn man für Wirtschaftsmagazine schreibt. Bei Tageszeitungen hat man sich nach der politischen Ausrichtung des Blattes zu orientieren, aber die kennt man ohnehin, bevor man sich bewirbt.

Herzblut? – Copy and Paste!

In den 80-ern hat die Arbeit für ein Lifestyle- oder Modemagazin noch Spaß gemacht. Man schrieb seine „Geschichten" und kassierte für eine Story umgerechnet um die 1.000 Euro. Heute bekommt man 350 Euro – wenn man Glück hat. Wer sein Herzblut investiert, steht auf verlorenem Posten: Man hat nicht die Zeit, eine Woche zu einem Thema zu recherchieren, Experten zu interviewen, usw. Und es zahlt sich nicht aus, sich in ein Thema hineinzusteigern oder mehr Arbeitszeit hineinzustecken, um einen guten Text zu schreiben, weil es einem nicht abgegolten wird. („Dadurch, dass man wenig Geld verdient, ist man im Vorhinein schon sauer, weil man nicht gut entlohnt wird. Darunter leidet die Qualität des Heftes, weil man die Zeit nicht investiert, um eine Story zu perfektionieren – zahlt ja keiner.") Daher bleibt man meistens an der Oberfläche und „leidet" zuletzt oft selbst, weil die Geschichten nicht wirklich gut sein können. Quasi jeder Redakteur eines Lifestyle- oder Modemagazins bezieht die Infos für seine Storys aus dem Internet. Vieles ist „Copy und Paste": Ideen werden aus anderen Magazinen übernommen, dort behandelte Storys aufgegriffen und neu zusammengestellt. Im Ergebnis ist dem eigenen Verlag der Inhalt der Geschichten auch relativ egal, der Text „muss gut klingen", und die Bilder müssen schön anzusehen sein. Auch Reisejournalisten beziehen ihre Infos heute größtenteils aus dem Internet und fahren kaum mehr vor Ort, um dort direkt und unmittelbar zu recherchieren. Das Problem ist, dass immer weniger Leute mehr Arbeit erledigen müssen.

Das gehört auch dazu
Dinge, die einem im Interview locker erzählt werden, müssen überprüft und nachrecherchiert werden – man muss die Quellen gegenchecken (für wirklich sorgfältig arbeitende Journalisten/Redakteure gilt: check – recheck – doublecheck). Das kann teilweise eine trockene Angelegenheit sein.

Viele haben einen erweiterten Aufgabenbereich: Es geht nicht nur ums Schreiben – man ist teilweise auch mit der Bilderauswahl betraut und quasi für das Zustandekommen der Geschichte von A bis Z verantwortlich und hat Organisatorisches zu erledigen (sich z. B. mit dem Layouter zusammenzureden). Man muss auch ein Gefühl dafür entwickeln, was man schreiben kann und darf. Wichtig ist ebenso, informiert zu sein, um Themen zu finden. Man muss gut improvisieren können, wenn zum Beispiel ein Gesprächspartner ausfällt und damit eine Geschichte nicht gebracht werden kann – man braucht etwas anderes ...; leichter hat man es in diesem Job sicher als gelassener Mensch.

Schnelligkeit ist Trumpf
Geht es bei Zeitungen und Magazinen schon hektisch zu, kommt man als Radio- oder TV-Redakteur oft noch mehr ins Schwitzen: Um 10 Uhr ist eine Pressekonferenz, deren Ergebnisse, bereits aufbereitet, das heißt mit geschnittenen O-Tönen (Original-Zitaten) und mit einer Moderation versehen, um 12 Uhr in den Nachrichten verkündet werden sollen (Beispiel: Ende der Pressekonferenz 11 Uhr, zurück ins Studio, Moderation „rundherum" schreiben, O-Töne schneiden, Moderation aufnehmen (ist die Zeit knapp, kann der getippte Info-Text auch vom Moderator gelesen werden), O-Töne und Moderation zusammenschneiden). Oft drückt man im letzten Moment „auf den Knopf", um die Nachricht ins Studio einzuspielen.

Traumjob?
Der Job ist beinharte Arbeit. Man sitzt viel vor dem Computer, recherchiert und schreibt. Und wenn man 80/90 Stunden die Woche für viel zu wenig Geld arbeitet, fragt man sich schon, wofür man das alles macht, vor allem, wenn dann nicht einmal das im Text bleibt, was man möchte, weil es dem Anzeigenkunden nicht passt. Irgendwie stumpft man mit der Zeit ab. Wenn in einer Redaktionssitzung zum zigsten Mal dasselbe Thema vorgeschlagen wird, denkt man sich nur noch, wie fad das ist. Aber gerade im Modejournalismus ist es so – alles

kommt wieder. Man muss die Dinge selber neu erfinden. Aber: Man hat einen vielfältigen und abwechslungsreichen Beruf und kann in der Regel eigenverantwortlich arbeiten. Aus dieser Tätigkeit kann man auch immer wieder Kraft schöpfen – man lernt viele Menschen kennen, sollte also eine kommunikative Persönlichkeit sein. Nicht alle Gesprächspartner sind allerdings interessant und sympathisch; auch unhöfliche, herablassende, eingebildete Menschen werden einem irgendwann unterkommen.

Arbeitszeit

Es gibt immer einen Redaktionsschluss und Abgabetermine. Vor Redaktionsschluss ist stets viel zu tun. Danach ist es normalerweise wieder ruhiger. Prinzipiell gibt es bei einem Monatsmagazin vom Arbeitsrhythmus her die größten Freiheiten: Man hat nur ein Mal im Monat Redaktionsschluss und damit nur eine stressige Woche im Monat. Die restlichen drei Wochen kann man sich relativ frei einteilen und es bleibt einem selbst überlassen, ob man täglich in die Redaktion kommt. Arbeitet man für ein Wochenmagazin, bedeutet das einen Wochenrhythmus, wöchentlich Redaktionsschluss und damit ein bis zwei stressige (und auch längere) Arbeitstage pro Woche. Bei einer Tageszeitung hat man einen täglichen Rhythmus: Zwischen 15 und 16 Uhr ist Redaktionsschluss. Danach kann man trotzdem noch nicht nach Hause gehen – man bereitet die Artikel für die nächste Ausgabe vor und führt zum Beispiel Interviews. Man kann dann zwar nach Redaktionsschluss durchatmen, weil der Stress vorerst vorbei ist; das heißt aber nicht, dass die Arbeit erledigt ist. Abend-, Wochenend- und Feiertagsdienste (ein bis zwei Mal im Monat) sind bei einer Tageszeitung Usus. „Fenstertage" kann man für Kurztrips nicht nutzen. Auch bei einem Wochenmagazin stehen Sonn- und Feiertagsdienste hin und wieder auf der Liste. Darauf also muss man sich einstellen. Egal, ob man nun für ein Monats-, Wochen- oder Tagesmagazin arbeitet. Meistens ist diese Arbeit kein 40-Stunden-Job, sondern eher ein 50-bis-90-Stunden-Job (je nach Magazin und Position).

Teilzeit und Mutter? Man wird schnell ersetzt

Ein 20-Stunden-Job kann dieser Beruf nicht sein, zumindest dann nicht, wenn man davon leben will. Kolumnisten beispielsweise haben neben ihrer Kolumne in einer Zeitung oder Zeitschrift einen anderen Job oder betreuen zumindest auch eine Online-Kolumne. Als Mutter hat man es besonders schwer in dem Business. Bewirbt man sich, bekommt man meistens Absagen – die Verlage wissen, dass eine Mutter nicht 180 Prozent Leistung erbringen kann, und 100 Prozent reichen nicht. Im Grunde kann man sich nicht einmal fünf Monate Babypause leisten – man wird sehr leicht ersetzt und es wird immer – vor allem junge – Leute geben, die bereit sind, um wenig Geld den Job zu übernehmen. Solidarität findet man wenig. Auch weibliche Chefredakteurinnen, die selbst Kinder haben und wissen, wie schwer es in dem Geschäft als Mutter ist, stärken einem selten den Rücken.

Finanzieller Aspekt / Chancen auf dem Arbeitsmarkt:

Es ist schwer, von dem Job zu leben – als Redakteur verdient man nicht so gut und von einer Kolumne beispielsweise kommt man schon gar nicht über die Runden. Vor zehn Jahren hat man noch besser verdient. Redakteure sind hauptsächlich freie Mitarbeiter, selten wird man angestellt.

Will man als Redakteur arbeiten, muss man meistens „Knebelverträge" unterschreiben – man hat keine andere Wahl, außer man nimmt den Job nicht an. Mit der Unterschrift auf dem Dienstvertrag werden in der Regel alle Rechte an den Verlag abgegeben: Dieser darf den Text veröffentlichen, sooft er will, er kann ihn quasi „verbraten" – Verlage haben meist mehrere Medien und es kann sein, dass der eigene Text in sieben Zeitschriften erscheint – eventuell umgeändert – aber man bekommt kein Geld dafür. In der Regel arbeiten Redakteure „exklusiv" für einen Verlag, das heißt, sie können nicht für mehrere Verlage Texte verfassen, was aber super wäre, um sein Einkommen aufzubessern. Das ist eben das Unfaire: Die Verlage stellen einerseits ihre Mitarbeiter nicht an und verbieten ihnen andererseits für andere Verlage zu arbeiten – so haben sie ihre Mitarbeiter unter ihrer „totalen Kontrolle".

Am meisten verdient man als TV-Redakteur, da können es schon bis zu 2.500 Euro netto pro Monat werden. Beim Radio oder bei Printmedien kommt man selten über die 2.000-Euro-Grenze hinaus (außer man ist CvD = Chef vom Dienst, oder Chefredakteur) – eher wird man weniger verdienen.

Einen Job als Redakteur zu bekommen (nämlich so einen, von dem man leben kann) ist extrem schwer. Meist werden eher Praktikanten gesucht (und ausgenutzt).

Resümee:

Es ist schade, dass man nicht die Zeit besitzt beziehungsweise es einem nicht bezahlt wird, sich auf die verschiedenen Themen einzulassen und diese zur eigenen Befriedigung auszurecherchieren. Gut ist wiederum, dass man einen vielseitigen und eigenverantwortlichen Beruf hat – je höher die eigenen Ansprüche sind, desto besser werden die Texte.

Regisseur

Definition:

Regisseure sind die künstlerischen Leiter von Theater-, Film- und Fernsehproduktionen. Sie setzen Konzeptideen, Drehbücher und literarische Vorlagen, wie zum Beispiel Romane, in eine szenische oder filmische Darstellung um. Sie bearbeiten die Vorlagen nach eigenen Vorstellungen, wählen die Schauspieler aus und verteilen die Rollen. Sie erstellen einen Drehplan, suchen geeignete Drehorte aus und bereiten Studios für die Dreharbeiten vor. Regisseure arbeiten im Team mit allen an der Produktion beteiligten Personen, das sind zum Beispiel Regieassistenten, Darsteller, Bühnen- und Kostümbildner, Kameraleute sowie handwerklich-technisches Personal. (Siehe Hinweis am Ende des Vorworts)

Voraussetzungen / Aus- und Weiterbildung:

Nimmt man an einer Sitzung des Verbands der österreichischen Filmregie teil (Mitglieder können nur Regisseure sein, die zumindest einen Kinofilm gedreht haben) und schaut sich in der Runde um, lässt sich feststellen, dass jeder der Regisseure einen anderen Werdegang hat. Nicht, weil Regisseur so ein geheimnisvoller Job ist, sondern weil er so viele Facetten aufweist. Eine Ausbildung in der Filmakademie oder am Max Reinhardt Seminar ist zwar insofern hilfreich, als man in gewisse – wichtige – Kreise hineinkommt und Netzwerke aufbaut, die einem später helfen können, wenn man Langfilme drehen möchte. Um erfolgreicher Filmregisseur zu werden, muss aber nicht unbedingt eine Ausbildung in einer der genannten Einrichtungen absolviert werden. Heute erfolgreiche Regisseure wurden dort abgewiesen oder kommen aus einer „ganz anderen Ecke" und haben trotzdem viel erreicht beziehungsweise wurden sogar preisgekrönt. Manche sind gerade deshalb so gut, weil sie nicht auf der Filmakademie waren – sie haben sich dadurch ihren eigenen Stil erhalten. Also, verallgemeinern lässt sich das nicht.

Arbeitsalltag / Vor- und Nachteile:

So viele Regisseure braucht doch niemand! (?)
Macht es überhaupt Sinn, sich in Österreich – wo der Markt für den Film und damit für Regisseure relativ klein ist – für diesen Beruf zu entscheiden? Für Regisseure gibt es keinen „Markt" – es ist ein künstlerischer Beruf und es ist keinem zu raten, diese Laufbahn nicht einzuschlagen, wenn es ihn in die Regie drängt. Man kennt Aussagen wie „Pro Semester werden zwei/drei Regisseure fertig – so viele braucht doch niemand". Aber: Das kann keiner wissen und hoffentlich wird es immer Menschen geben, die es versuchen. Dass man ohne Umwege zum Filmemachen kommt, ist nicht wahrscheinlich. Und man braucht Glück. Manche arbeiteten bereits als Kameramann, als Cutter und als Oberleuchter, bevor sie Regie führten.

Man kennt dich nicht und deshalb gibt's kein Geld
Eine Aufgabe ist es zuallererst, überhaupt jemanden zu finden, der einen Regie führen lässt. Man muss tough sein, man braucht Glück und häufig auch Zufälle. Wenn man einen Namen hat, ist das einfacher. Ein Produzent *(siehe Filmproduzent)* engagiert einen nicht als Regisseur, wenn er nicht weiß, wie man arbeitet – wenn ein Produzent so viel Geld in die Hand nimmt und investiert, will er wissen, ob es der Regisseur auch schafft. Ein solcher Vertrauensvorschuss – nämlich dass man „es schon irgendwie machen wird" – wird einem selten entgegengebracht. Hat man zum Beispiel 45-minütige Dokumentarfilme gedreht, heißt das nicht, dass man das Vertrauen verdient, auch einen 90-minütigen Kinofilm abzuwickeln. Ausdauer und Leidensfähigkeit sind vonnöten und Networking und Kontakte zu den „richtigen" Leuten knüpfen ist sehr wichtig. Nach der Ausbildung beziehungsweise am Anfang ist man ein Nichts, keiner reißt sich um einen und bis zum Regisseur ist es ein langer Weg.

100 Prozent seiner Vision wird man nie erreichen
Erreicht man 80 Prozent, ist man schon super. Ein Film ist ein Teamergebnis, deshalb ist es so schwierig, die Perfektion zu erlangen, die man gerne hätte. Man hat Bilder im Kopf und der Rest der Truppe versucht, diese in die Realität umzusetzen. Daher ist es auch so wichtig, mit guten Leuten zusammenzuarbeiten. Daneben wollen auch die Geldgeber mitreden und unter all dem versucht man noch immer, seine Ideen zu verwirklichen. Regisseur ist ein Kompromisse-Beruf, aber das muss nicht notwendigerweise Negatives bedeuten. Zum Beispiel hat man als Regisseur eine bestimmte Besetzung im Kopf; der Wunschkandidat kann oder will nicht und man weicht auf jemand anderen aus mit einem möglicherweise besseren Ergebnis. Oder das Geld reicht nicht bzw. ein Geldgeber fällt aus. Man muss in der Lage sein, seine Ideen flexibel zu verwalten. Wenn man das nicht kann, ist man falsch in dem Job.

„Was braucht man, um eine gute Geschichte zu erzählen?"
Zunächst Wissen und Können, denn Regieführen ist auch ein Handwerk. Es gibt aber auch Regisseure, die super inszenieren und keine Ahnung vom Handwerk haben. Weiters braucht es Leute im Team, die in ihrem Bereich gut sind und auf die man sich verlassen kann; und man muss die Fähigkeit haben, alles zu einem fertigen Produkt zu bündeln. Das geht besser, wenn man eine Ahnung hat, wie die einzelnen Techniker (Kameramann, Cutter usw.) arbeiten. Dadurch entwickelt man auch ein Gespür dafür, welche Dinge beim Regieführen wichtig sind.

Knallhart, wenn man eine Idee hat ... Man braucht viel Geld
Was unterschätzt wird, ist, dass Filmemachen eine wirklich sehr teure Kunstform ist. Ein Produzent muss zunächst von einer Idee überzeugt und begeistert werden, denn erst dann wird sich dieser um Fördergelder bemühen (außer von den Regisseuren, die oft auch Drehbuchautoren sind, kommen Ideen vom Produzenten und von Drehbuchautoren). Unter 1,5/2,5 Millionen Euro braucht man (in Österreich – und das ist noch wenig im Vergleich zu anderen Ländern) nicht anfangen. Das ist das Schwierige – denn im Grunde hat man nichts in der Hand außer 100 Seiten Skript. Wie schafft man dann die Umsetzung?

Kommunikation
Man muss permanent kommunizieren – man muss die Leute dazu bringen, Geld in das Projekt zu stecken. Dabei kommt es nicht auf die Sprachgewandtheit an, sondern auf die eigene Glaubwürdigkeit. Diejenigen, die zum Beispiel helfen, zwei Millionen Euro auf die Beine zu stellen, müssen vom Projekt überzeugt sein, ebenso wie das gesamte Team, und zwar das technische (Kamera, Licht, Ton) und das künstlerische (Schauspieler). Auch diese Leute muss man davon überzeugen beziehungsweise dazu bringen, das zu tun, was man sich als Regisseur vorstellt. Und all das ist sehr anstrengend.

Man sucht sich aus, was man braucht, und macht dann ...
Man läuft mit dem Megaphon herum und gibt Anweisungen? Falsch. Man arbeitet nicht nur während des Drehs – man ist vom Anfang bis zum Ende dabei und muss den Überblick wahren können. Vom Versuch, ein Projekt zu verwirklichen, bis zur Umsetzung dauert es

im Schnitt zweieinhalb Jahre. Der Regisseur bespricht das Buch, schreibt oft eine Regie- beziehungsweise Drehfassung und nach dem Dreh dauert es zumindest noch ein halbes Jahr, den Film „abzunehmen". Man ist beim Cut dabei beziehungsweise überwacht ihn. Es müssen so viele Komponenten verwaltet und durchgesetzt werden. Es gibt zum Beispiel Filmarchitekten, die einem die Kulisse für Szenen vorschlagen, etwa vier/fünf Kaffeehäuser für eine Szene, und man überlegt, ob das, was man gezeigt bekommt, das ist, was man sich vorstellt. Man fährt durch die Gegend – das ist langwierig. Auch die Kostümleute und Requisiteure fragen einen tausend Dinge. Ebenso ist es nicht einfach, die passende Beset- zung zu finden. Es gibt zwar Castingdirektoren, mit denen man die Rollen durchbespricht, denen man sagt, was man sucht und braucht, und die dann nach zwei Wochen fünf bis zehn Kandidaten vorschlagen; der Grundanstoß – auf wen die Wahl fällt – kommt allerdings vom Regisseur, nachdem er sich die Kandidaten auf Band oder persönlich angeschaut hat. Wenn seine Rechnung aufgeht (die Wahl erweist sich als richtig), ist das super. Hinter der Kamera muss man sich darum kümmern, dass das Team harmoniert und oft etwas „Moderator" spielen, um ein gutes Teamgefüge zu erhalten. Nebenbei knüpft man Kontakte, liest viel und sucht neue Ideen für neue Projekte. Hat man dann wirklich Stehzeiten, schaut man, dass man über die Runden kommt.

Man hat immer ein Zeitproblem beziehungsweise ein Zeit-Geld-Problem
Ein Drehtag kostet eine Menge Geld (um die 70.000 Euro im unteren Bereich), dessen Ver- wendung straff durchgeplant beziehungsweise verplant ist. Wenn beim Dreh etwas nicht „hinhaut", ist es nicht so günstig – das kostet und das Geld fehlt dann anderswo. Man hat nicht viel Spielraum, der Raum für Improvisationen, während man bereits dreht, ist eng. Am Set muss es „laufen" und effizient „durchgezogen" werden. Der Theaterregisseur hat nicht so ein großes Zeitproblem – er inszeniert hauptsächlich (hat sich um die anderen Dinge nicht zu kümmern) und verfügt in der Regel über lange Probezeiten, was der Film- regisseur nicht tut.

Wie gut „kann man" mit dem Produzenten?
Ein Regisseur hat seine Visionen und will seine Ideen durchsetzen, ein Produzent will das auch. Letzerem geht es vor allem um den kommerziellen Erfolg, also darum, wie viele Leute den Film sehen. Dessen Interessen und die Vorstellungen des Regisseurs gehen oft weit aus- einander. Wie sehr ein Produzent dem Regisseur „dreinredet", ist verschieden. Klar ist, dass er mitredet. Er nimmt schließlich eine Menge Geld in die Hand und hat die Verantwortung für das Projekt. Manche Regisseure haben auch eine Produktionsfirma und produzieren ihre Filme selbst. Dann gibt es kein Problem mit dem Produzenten.

Finanzieller Aspekt / Chancen am Arbeitsmarkt:

Leben kann man (als noch nicht so bekannter und erst aufstrebender) Regisseur nur, wenn man auch Imagefilme, Eventdokumentationen und Werbespots dreht. Nicht einmal, wer alle zwei/drei Jahre einen Film dreht (und das ist toll!), kann davon leben, er muss auch etwas anderes machen, zum Beispiel Serien und/oder Werbefilme. Es ist deshalb so schwierig, als Regisseur zu arbeiten und zu leben, weil es lediglich in den USA, in Hongkong und in Indien eine Filmindustrie gibt; überall sonst ist es eine staatlich oder privat geförderte Kunst. Es gibt auch viele Regisseure in Österreich, die als sogenannte Gestalter für Doku-Soaps arbeiten.

Resümee:

Den Job lebt man – es gibt keine Arbeitszeiten im eigentlichen Sinn. Man schaltet nie ab und wenn einen die Filmleidenschaft ausgesucht hat, ist es herrlich, sie ausüben zu können. Wenn man eine Idee hat, braucht man die Kraft, die Idee umzusetzen, und das wiederum bedarf eines großen Selbstvertrauens – primär muss man an seine Ideen glauben und überzeugend sein. Man kann nicht alles vorhersagen und es ergeben sich oft ganz tolle Dinge. Es ist ein spannender Beruf, der nie langweilig werden kann. Nicht immer ist es gut, jeden Job anzunehmen, nur weil er Geld bringt – manchmal ist es besser, auf den richtigen Job zu warten.

Quellen

Stand der Internetseiten per Ende 2012.

http://www.ams.at
http://arbeitgeber.monster.at/hr/personal-tipps/markte-analysen/branchen-trends/gehalts-report-it.aspx
http://www.berufslexikon.at
http://www.bic.at/bic_brfzustieg2.php
http://www.casinos.at
http://diepresse.com/home/bildung/schule/lehrerbildung/679603/Bis-2025-geht-die-Haelfte-der-Lehrer-in-Pension
http://www.eurodet.at
http://www.fachhochschulen.ac.at/
http://www.fotografen.at
http://www.gehaltskasse.at
htpp://www.gehaltskompass.at/berufsliste
http://www.immobilienakademie.at
http://www.notar.at
http://www.physioaustria.at
http://www.pisa-austria.at/drohender-lehrermangel-in-oesterreich/
http://www.psy-akademie.at
http://www.tischler.at/lehre/lehrberufe/326
http://www.wienkav.at
http://www.wikipedia.at
http://www.zabmwf.at/attachments/article/4/Gehaltstabellen%202012.pdfhttp://www.zeit.de/2012/14/WP-Branchenportraet-Unternehmensberater
Gewerbeordnung 1994 in ihrer geltenden Fassung
Ziviltechnikergesetz 1993 in seiner geltenden Fassung

Stichwortverzeichnis

Aerobic-Trainer **234**
Anwendungsentwickler 155, **156**
Anwendungsprogrammierer 155, **156**
Apotheker **237**
Architekt **11**, 16, 20
Arzt im Krankenhaus 241, **243**
Arzt 48, **241**

Bankangestellter **71**
Bauer **299**
Bauingenieur **15**, 20, 26
Baumeister 12, **19**, 26
Bauprojektmanager **22**, 26
Bautechniker 12, 20, 22, **25**
Berufsdetektiv **318**
Berufsfeuerwehrmann **306**
Buchhalter **77**
Buchhändler **29**

Callcenter-Agent **33**
Creative Director **210**, 232
Croupier **321**

Datenbankadministrator 155, **159**
Datenbankentwickler 155, **162**
Detektiv **318**
DJ **179**

Elektriker **132**
Elektroniker **345**, 347
Elektrotechniker 164, 345, **347**
Eventmanager **214**

Feuerwehrmann **306**
Filmproduzent **354**
Finanzberater **87**
Fitnesstrainer **251**

Florist **135**
Flugbegleiter **340**
Fondsmanager **80**
Förster / Forstwirt **290**
Fotograf **183**
Friseur **138**
Fußballer **336**

Galerist **186**
Gastronom **91**
Gerichtsmediziner 241, **254**
Grafiker **60**, 210, 212

Hebamme **258**
Historiker **323**
HTL-Ingenieur 12, 20, 22, **25**

Immobilienmakler **36**
IT-Berufe **155 ff.**
IT-Projektleiter 48, 155, **164**
IT-Projektmanager 48, 155, **164**

Journalist **357**
Jurist 40, **109**, 113, 117, 122

Kellner **95**
Kfz-Techniker **141**
Kindergärtner **173**
Koch **100**
Kontakter **217**
Kosmetiker **145**
Krankenschwester / Krankenpfleger **261**
Kriminalbeamter **309**
Kulturtechniker 15, **293**, 353
Kunsthändler **186**
Künstler **190** ff

Landschaftsplaner / -architekt 15, **296**, 353
Landwirt **299**
Lehrer **175**

Maler **190**
Marketing-Jobs **221** ff
Marketingassistent **220**
Marketingleiter **220**
Maschinenbautechniker **349**
Mechaniker **141**
Media-Planer **224**
Modedesigner **63**
Model **326**, 330
Modelbooker **329**
Musiker **192**

Netzwerkadministrator 155, **167**
Netzwerktechniker 155, **167**
Notar **113**, 117, 122, 127
Notarzt 241, **265**

Personalberater **40**
Pflegehelfer **269**
Physiotherapeut **272**
Pilot **332**
Polizist **313**
Praktischer Arzt 241, **247**
PR-Berater **227**, 357
Profifußballer **336**
Programmierer 155, **156**
Psychiater 241, **275**
Psychologe 40, 48, **278**
Psychotherapeut 275, 279, **282**

Rauchfangkehrer **149**
Rechtsanwalt 110 f, 113, 116, **117**, 122, 127

Redakteur **357**
Regisseur **361**
Reisebüro-Assistent **44**
Rezeptionist **104**
Richter 113, 117, **122**, 127, 130, 131

Sänger **196**
– Chorsänger 200
– Klassik 199
– U-Musik/Pop 197
Schauspieler **202**
Schmuckdesigner **67**
Softwareentwickler 155, **156**
Sozialarbeiter **285**
Staatsanwalt 113, 117, 122, **127**
Steuerberater **83**
Stewardess **340**
Systemadministrator 155, **167**

Tierarzt **301**
Tischler **151**

Unternehmensberater **48**

Verkäufer **52**
Vermögensberater **87**
Versicherungsberater **57**

Werbetexter 212, 213, **230**
Wirtschaftsprüfer **83**

Zauberer **206**
Ziviltechniker 14, 18, 26, 297, **353**